2010

中国第三产业统计年鉴

CHINA STATISTICAL YEARBOOK OF THE TERTIARY INDUSTRY

中华人民共和国国家统计局 编
Compiled by National Bureau of Statistics of China

中国统计出版社
China Statistics Press

(京)新登字 041 号

图书在版编目（CIP）数据

中国第三产业统计年鉴. 2010/中华人民共和国国家统计局编. -- 北京：中国统计出版社，2010.11
ISBN 978-7-5037-6124-9

Ⅰ. ①中… Ⅱ. ①中… Ⅲ. ①第三产业－经济统计－统计资料－中国－2010－年鉴 Ⅳ. ①F719-54

中国版本图书馆 CIP 数据核字(2010)第 201803 号

中国第三产业统计年鉴-2010

作　　者/中华人民共和国国家统计局
责任编辑/佘竞雄　高媛媛
封面设计/杨　超
出版发行/中国统计出版社
通信地址/北京市西城区月坛南街 57 号
邮政编码/100826
办公地址/北京市丰台区西三环南路甲 6 号
网　　址/www.stats.gov.cn/tjshujia
电　　话/邮购（010）63376907　书店（010）68783172
印　　刷/河北天普润印刷厂
经　　销/新华书店
开　　本/880×1230 毫米　1/16
字　　数/1320 千字
印　　张/42.75
版　　别/2010 年 12 月第 1 版
版　　次/2010 年 12 月第 1 次印刷
书　　号/ISBN 978-7-5037-6124-9/F・2962
定　　价/320.00 元

本书附同版本 CD-ROM 一张，光盘内容以书面文字为准。
中国统计版图书，如有印装错误，本社发行部负责调换。

《中国第三产业统计年鉴—2010》

编委会和编辑出版人员

编者说明

一、《中国第三产业统计年鉴—2010》收录了全国和各省、自治区、直辖市2009年第三产业方面的统计数据以及部分历史数据，是一部反映中华人民共和国第三产业发展情况的资料性年刊。

二、本年鉴正文内容分为7个篇章：1.第三产业单位数和人员数；2.第三产业增加值；3.第三产业固定资产投资；4.第三产业部分行业主要财务指标；5.第三产业部分行业主要业务指标；6.第三产业复合性行业情况；7.港澳台第三产业情况。同时附录一个篇章：世界及主要国家第三产业主要统计资料。各篇章前设有《简要说明》，对本篇章的主要内容、资料来源、统计范围、统计方法以及历史变动情况予以简要概述，篇末附有《主要统计指标解释》。

三、本年鉴所涉及的全国性统计数据，除森林面积和森林覆盖率外，均未包括香港、澳门特别行政区和台湾省数据。

四、香港、澳门特别行政区的统计是构成国家统计总体的一部分。但根据中华人民共和国“香港特别行政区基本法”和“澳门特别行政区基本法”的有关原则，香港、澳门与内地是相对独立的统计区域，根据各自不同的统计制度和法律规定，独立进行统计工作。本年鉴中香港、澳门特别行政区统计资料分别由香港特别行政区政府统计处、澳门特别行政区政府统计暨普查局提供，国家统计局国际统计信息中心负责整理、编辑。

五、台湾省数据来自台湾省行政院主计处统计资料，国家统计局国际统计信息中心负责整理、编辑。

六、与2009年版《中国第三产业统计年鉴》相比较，本年鉴内容主要做了如下修订：根据第二次全国经济普查结果对有关统计指标的历史数据进行了修订；增加了第三产业租赁和商务服务业总产出、居民服务和其他服务业总产出数据。

七、本年鉴中凡未注明年份的数据，均指2009年的数据。

八、本年鉴所使用的度量衡单位，均采用国际统一标准计量单位。

九、本年鉴中部分数据合计数或相对数由于单位取舍不同而产生的计算误差，均未做机械调整。

十、符号使用说明：年鉴各表中的“空格”表示该项统计指标数据不足本表最小单位数、数据不详或无该项数据；“#”表示其中的主要项。港澳台部分的符号使用方法具体见其篇章说明。

目录

一、第三产业单位数和人员数

二、第三产业增加值

三、第三产业固定资产投资

四、第三产业部分行业主要财务指标

五、第三产业部分行业主要业务指标

六、第三产业复合性行业情况

七、港澳台第三产业情况

附录一、世界及主要国家第三产业主要统计资料

1 第三产业单位数和人员数

简要说明

一、主要内容

本篇单位数统计资料通过对一定时期第三产业法人单位数量上的描述，反映报告期内第三产业法人单位的数量变化。

就业基本情况主要包括经济活动人口、就业人员、私营企业和个体就业人数等。

二、统计范围与统计口径

第三产业基本单位统计范围包括：我国境内从事社会经济第三产业活动的法人单位，未包括香港、澳门特别行政区和台湾省。

《劳动统计报表制度》的调查范围为法人企业、事业、行政单位（不包括乡镇企业、私营企业和个体工商户）；《人口变动情况抽样调查方案》的调查范围为全国人口，本篇资料的统计范围为16岁及以上人口；《乡村社会经济调查方案》的调查范围为全国乡镇以下农村地区；《培训、就业统计报表制度》的调查范围为全国的城镇人口；私营企业及个体工商户统计范围为全社会。1990年至2000年的经济活动人口、就业人员数据，是根据第五次全国人口普查资料调整的，2001年及以后数据根据人口变动抽样调查资料推算，因此，与相应年份的分地区、分类型、分行业的资料相加不等于总计。1998年及以后城镇单位就业人员等指标中不再包括离开本单位仍保留劳动关系的职工。

三、资料来源

1.第三产业基本单位统计2004年和2008年的数据，来源于第一次和第二次全国经济普查数据，其余年份来源于基本单位统计数据。

2.就业基本情况资料，是国家统计局人口和就业统计司根据《劳动统计报表制度》、《人口变动情况抽样调查方案》、《劳动力调查制度》及《乡村社会经济调查方案》搜集资料，加工整理。

3.私营企业及个体工商业就业人员，由国家工商行政管理总局提供。

1-1 第三产业法人单位数及所占比重

单位：个

年 份	全部法人单位数	第一产业	第二产业	第三产业	比重(%)
1997	4344278	65307	1492302	2786669	64.1
1998	4417508	59692	1567816	2790000	63.2
1999	4221995	57177	1442405	2722413	64.5
2000	4366141	57542	1500106	2808493	64.3
2001	5107015	59104	1467937	3579974	70.1
2002	5170852	59522	1492241	3619089	70.0
2003	5214144	156033	1537037	3521074	67.5
2004	5169036	1835	1579340	3587861	69.4
2005	5647823	68800	1733605	3845418	68.1
2006	6068912	78205	1889475	4101232	67.6
2007	6495064	98546	2039702	4356816	67.1
2008	7098765	2023	2200376	4896366	69.0
2009	8003868	184764	2386389	5432715	67.9

注：2004年和2008年第一产业法人单位数为兼营第二、三产业的第一产业法人单位。

1-2 第三产业分行业法人单位数

单位：个

行　　业	2004	2005	2006	2007	2008	2009
第三产业总计	**3587861**	**3845418**	**4101232**	**4356816**	**4896366**	**5432715**
交通运输、仓储和邮政业	**81108**	**91565**	**104635**	**117228**	**157589**	**175914**
铁路运输业	**734**	**334**	**548**	**714**	**440**	**698**
道路运输业	36027	41340	47412	53673	73202	82287
城市公共交通业	5906	6253	6547	6840	7689	8156
水上运输业	5247	5853	6391	6984	8009	8770
航空运输业	479	627	857	1034	808	942
管道运输业	39	53	60	77	85	122
装卸搬运和其他运输服务业	19930	22757	26847	30489	44661	49326
仓储业	10828	11799	12864	13943	18207	19814
邮政业	1918	2549	3109	3474	4488	5799
信息传输、计算机服务和软件业	**72913**	**85499**	**100614**	**115101**	**153290**	**176326**
电信和其他信息传输服务业	12816	15651	18645	22224	22590	28423
计算机服务业	38971	43813	50279	56019	90843	99514
软件业	21126	26035	31690	36858	39857	48389
批发和零售业	**883653**	**994953**	**1122489**	**1246042**	**1403141**	**1670315**
批发业	530820	599766	684812	767147	854007	1027725
零售业	352833	395187	437677	478895	549134	642590
住宿和餐饮业	**92869**	**101853**	**109892**	**118173**	**145297**	**154895**
住宿业	39295	41951	44175	46826	54316	57385
餐饮业	53574	59902	65717	71347	90981	97510
金融业	**23793**	**26828**	**29201**	**31815**	**28668**	**36907**
银行业	16458	17156	16850	16541	7706	9242
证券业	865	1270	1471	1644	1116	1437
保险业	3713	4573	5619	6747	9146	10580
其他金融活动	2757	3829	5261	6883	10700	15648
房地产业	**129197**	**148059**	**165865**	**187444**	**214391**	**244043**
房地产业	129197	148059	165865	187444	214391	244043
租赁和商务服务业	**249192**	**291498**	**331904**	**368763**	**427001**	**511666**
租赁业	9057	10890	12949	14829	18330	23202
商务服务业	240135	280608	318955	353934	408671	488464
科学研究、技术服务和地质勘查业	**136555**	**153076**	**166240**	**176677**	**201689**	**233221**
研究与试验发展	14598	16668	18900	20460	21317	26573
专业技术服务业	69403	75294	81584	87374	99966	111782
科技交流和推广服务业	50139	58487	62911	65722	76591	90652
地质勘查业	2415	2627	2845	3121	3815	4214
水利、环境和公共设施管理业	**44352**	**46847**	**48811**	**50953**	**57553**	**61740**
水利管理业	18661	18922	18844	19022	20827	21220
环境管理业	9801	10523	11145	11862	12801	13945
公共设施管理业	15890	17402	18822	20069	23925	26575
居民服务和其他服务业	**83606**	**93947**	**102228**	**110525**	**120467**	**141936**
居民服务业	41715	46149	50349	53493	61339	68079
其他服务业	41891	47798	51879	57032	59128	73857
教育	**299418**	**305446**	**308760**	**312339**	**335065**	**342003**
教育	299418	305446	308760	312339	335065	342003
卫生、社会保障和社会福利业	**181877**	**183760**	**185014**	**187376**	**206480**	**209016**
卫生	155773	156998	157828	159362	171449	172838
社会保障业	8892	9135	9381	9688	11428	11784
社会福利业	17212	17627	17805	18326	23603	24394
文化、体育和娱乐业	**64741**	**69490**	**72873**	**76430**	**81878**	**90891**
新闻出版业	5015	5291	5460	5607	6278	6733
广播、电视、电影和音像业	14002	14539	14769	15139	13481	14432
文化艺术业	27770	29742	30970	32253	33830	37948
体育	5531	6022	6322	6581	7405	8262
娱乐业	12423	13896	15352	16850	20884	23516
公共管理和社会组织	**1244587**	**1252597**	**1252706**	**1257950**	**1363857**	**1383842**
中国共产党机关	39719	40137	39835	39829	39846	40062
国家机构	330798	334091	335246	338413	396222	399955
人民政协和民主党派	5659	5684	5670	5689	6209	6234
群众团体、社会团体和宗教组织	140940	149582	156823	163156	234644	247353
基层群众自治组织	727471	723103	715132	710863	686936	690238

注：2008年铁路运输业单位数只包括铁路系统从事第二、三产业活动的企业和单位。

1-3 各地区第三产业法人单位数

单位：个

地区	1998	1999	2000	2001	2002	2003	2004	2005	2006	2007	2008	2009
全国	**2790000**	**2722413**	**2808493**	**3579974**	**3619089**	**3521074**	**3587861**	**3845418**	**4101232**	**4356816**	**4896366**	**5432715**
北京	63909	69807	72207	202002	207162	151226	183368	245878	263513	269987	229389	326070
天津	36550	39699	42081	60395	61104	66880	59579	60468	64945	73215	98185	99464
河北	114927	114936	114873	156140	156153	154289	140691	149265	157775	164897	186396	214124
山西	87378	80244	79904	91855	92336	89922	99336	106664	115662	123459	125381	136363
内蒙古	55811	63235	61310	59696	59054	58417	57395	62495	66923	72388	89959	98756
辽宁	117418	119332	119629	147232	149862	144846	141357	152738	165102	178286	210793	227113
吉林	57893	46961	57686	68262	68323	66481	61408	64075	66135	68672	92475	95522
黑龙江	80598	74148	72264	83485	83489	81502	77727	82706	86166	89162	111957	121344
上海	188537	201688	233730	180807	203108	204896	266168	262116	265885	269674	260136	259954
江苏	178470	148367	150665	220727	222771	217095	216449	240130	267939	292981	336147	386037
浙江	136122	139531	133962	195252	198958	205903	206307	221409	239312	265194	298851	328369
安徽	114553	108607	110434	131746	131778	131360	114906	125930	130233	135710	138043	150844
福建	70349	69876	72870	97503	98031	95263	108706	117178	127690	140569	156314	178045
江西	73298	72266	72368	105370	104045	97917	80243	87722	85933	88429	102964	113261
山东	181944	177243	194980	232950	231842	228752	237085	257960	284328	304705	397970	441614
河南	130161	128263	129906	174134	174131	171382	177069	180643	190390	198698	227803	241904
湖北	106812	99300	95940	126512	126131	118558	123618	129609	139130	153270	218863	241083
湖南	107571	107564	107456	130696	130527	127247	131927	133148	137102	139855	184994	194537
广东	178332	163968	194386	247502	250094	261554	279006	303434	337402	373128	401828	459624
广西	72243	72826	72750	102736	102550	97838	99826	104380	110849	118180	127997	147604
海南	13817	14138	14556	25326	27692	27653	20257	21287	22308	23796	24778	25822
重庆	57182	65176	57432	68270	68551	64708	61434	66188	75490	82382	99975	108699
四川	161359	161133	161031	207371	208938	213585	204461	214587	227621	235118	242396	256626
贵州	61949	63725	63545	73571	73318	67566	65075	68906	72624	75697	78319	83325
云南	62353	62526	61866	78991	78908	74674	74850	76833	79024	84756	98542	114897
西藏	8146	450	435	15033	15062	14505	12621	12617	12912	13053	14582	14940
陕西	142287	143375	147952	131470	130627	125781	123319	125244	128793	132944	141049	156630
甘肃	60175	43907	42012	69803	69729	68249	71341	72333	73158	75899	79055	83061
青海	16797	16963	16861	17939	17803	17247	17918	18479	18924	19533	20686	21533
宁夏	8883	8786	8964	20118	20133	19299	18806	21402	23466	25353	23903	26354
新疆	44176	44373	44438	57080	56879	56479	55608	59594	64498	67826	76636	79196

1-4 各地区第三产业法人单位数及所占比重

单位：个

地 区	全部法人单位数	第一产业	第二产业	第三产业	
					比重(%)
全 国	**8003868**	**184764**	**2386389**	**5432715**	**67.9**
北 京	374647		48577	326070	87.0
天 津	147164	1312	46388	99464	67.6
河 北	328608	9226	105258	214124	65.2
山 西	195104	20438	38303	136363	69.9
内蒙古	128774	4415	25603	98756	76.7
辽 宁	345704	8822	109769	227113	65.7
吉 林	131963	3894	32547	95522	72.4
黑龙江	164232	3312	39576	121344	73.9
上 海	362553	2248	100351	259954	71.7
江 苏	718516	10489	321990	386037	53.7
浙 江	622940	16539	278032	328369	52.7
安 徽	227055	2527	73684	150844	66.4
福 建	271175	8177	84953	178045	65.7
江 西	167772	4929	49582	113261	67.5
山 东	674911	9195	224102	441614	65.4
河 南	385806	13388	130514	241904	62.7
湖 北	328068	5835	81150	241083	73.5
湖 南	277061	5536	76988	194537	70.2
广 东	716720	12794	244302	459624	64.1
广 西	180744	2630	30510	147604	81.7
海 南	31128	635	4671	25822	83.0
重 庆	156504	6862	40943	108699	69.5
四 川	339035	10043	72366	256626	75.7
贵 州	102937	2228	17384	83325	80.9
云 南	149157	7075	27185	114897	77.0
西 藏	15841	14	887	14940	94.3
陕 西	204938	5539	42769	156630	76.4
甘 肃	101839	2603	16175	83061	81.6
青 海	25877	564	3780	21533	83.2
宁 夏	33433	1057	6022	26354	78.8
新 疆	93662	2438	12028	79196	84.6

1-5 交通运输、仓储和邮政业按地区分组的法人单位数

单位：个

地区	法人单位数（2009年）	#多产业法人单位	法人单位数（2008年）	#多产业法人单位
全国	**175914**	**8896**	**157589**	**7490**
北京	7715	541	6002	412
天津	6435	159	7416	49
河北	6122	131	4967	104
山西	3560	164	2964	162
内蒙古	3525	178	3212	165
辽宁	9603	286	8958	222
吉林	2979	75	2901	69
黑龙江	3460	143	3124	138
上海	13410	765	13330	457
江苏	15236	405	13813	359
浙江	11331	831	10251	791
安徽	5747	299	5015	285
福建	6582	327	5763	255
江西	4021	134	3344	131
山东	14790	314	13025	242
河南	5422	144	4885	138
湖北	7032	307	6009	278
湖南	3972	146	3664	140
广东	17231	1454	14804	1174
广西	3929	371	3178	323
海南	666	66	632	53
重庆	4149	298	3691	263
四川	6420	422	5835	401
贵州	1397	114	1210	109
云南	2635	234	2206	218
西藏	168	25	161	26
陕西	3635	164	2930	142
甘肃	1460	125	1323	121
青海	432	62	409	62
宁夏	531	34	444	30
新疆	2319	178	2123	171

1-6 信息传输、计算机服务和软件业按地区分组的法人单位数

单位：个

地区	法人单位数(2009年)	#多产业法人单位	法人单位数(2008年)	#多产业法人单位
全国	**176326**	**4847**	**153290**	**3866**
北京	20987	944	15775	598
天津	2072	35	1843	12
河北	4773	74	3993	54
山西	3088	80	2603	76
内蒙古	1913	83	1630	79
辽宁	7777	131	6330	109
吉林	1837	70	1668	72
黑龙江	2690	89	2214	88
上海	10989	431	10745	322
江苏	13174	204	11692	165
浙江	13166	285	11514	264
安徽	5427	69	4880	60
福建	5775	114	4949	90
江西	1711	71	1310	70
山东	12911	189	11451	163
河南	5001	72	4631	73
湖北	7043	135	6024	128
湖南	7725	80	7213	70
广东	16479	764	14467	554
广西	5610	133	5040	102
海南	792	19	715	13
重庆	3668	150	3269	132
四川	8802	175	8384	158
贵州	1889	50	1699	48
云南	3278	93	2526	83
西藏	157	22	141	21
陕西	3600	71	2822	54
甘肃	922	61	804	62
青海	383	36	358	36
宁夏	677	21	621	17
新疆	2010	96	1979	93

1-7 批发和零售业按地区分组的法人单位数

单位：个

地区	法人单位数（2009年）	#多产业法人单位	法人单位数（2008年）	#多产业法人单位
全国	**1670315**	**65353**	**1403141**	**59536**
北京	113263	6707	85050	5396
天津	43702	783	44056	455
河北	64573	1526	46879	1182
山西	35126	1811	28977	1751
内蒙古	27710	862	23379	811
辽宁	80425	1561	72700	1439
吉林	31202	405	29534	401
黑龙江	39512	1261	33775	1228
上海	116462	6853	118526	7128
江苏	169042	5324	134732	5217
浙江	112898	6172	97126	5845
安徽	37307	1805	31128	1758
福建	53092	2383	42037	2080
江西	20410	526	15765	498
山东	154520	2605	129114	2389
河南	54469	1772	47473	1725
湖北	68643	1912	58526	1788
湖南	32058	582	27809	539
广东	172071	7384	141359	6198
广西	33174	2843	21560	2304
海南	6011	334	5630	291
重庆	31087	1733	27425	1580
四川	46364	2372	39561	2285
贵州	13607	799	11236	700
云南	30430	1785	20283	1549
西藏	886	67	668	63
陕西	35657	771	27687	692
甘肃	16361	893	14040	826
青海	3421	222	2878	215
宁夏	6994	210	5682	170
新疆	19838	1090	18546	1033

1-8 住宿和餐饮业按地区分组的法人单位数

单位：个

地 区	法人单位数 (2009年)	#多产业法人单位	法人单位数 (2008年)	#多产业法人单位
全 国	**154895**	**7058**	**145297**	**6577**
北 京	13195	1165	10667	983
天 津	2950	100	3844	72
河 北	4372	122	3947	107
山 西	3183	107	2866	101
内蒙古	3250	113	3047	104
辽 宁	5989	160	5658	150
吉 林	2413	35	2467	39
黑龙江	2334	69	2330	72
上 海	9464	601	9281	637
江 苏	9012	351	8366	336
浙 江	6958	1126	6426	1130
安 徽	4355	185	4025	174
福 建	4347	161	3695	134
江 西	3243	35	2955	33
山 东	14021	244	13190	222
河 南	9212	193	8809	190
湖 北	7794	189	7877	169
湖 南	6707	78	6547	76
广 东	14257	815	13309	722
广 西	2378	146	2152	144
海 南	1066	56	1033	55
重 庆	4407	215	4142	190
四 川	6060	276	5696	268
贵 州	1366	35	1251	30
云 南	2672	166	2531	154
西 藏	294	4	281	4
陕 西	5488	94	4964	71
甘 肃	1943	107	1884	101
青 海	550	27	517	27
宁 夏	561	15	493	13
新 疆	1054	68	1047	69

1-9 金融业按地区分组的法人单位数

单位：个

地区	法人单位数(2009年)	#多产业法人单位	法人单位数(2008年)	#多产业法人单位
全国	**36907**	**11359**	**28668**	**10792**
北京	1159	237	1025	163
天津	702	254	580	239
河北	1443	435	880	418
山西	993	343	731	341
内蒙古	1345	362	983	355
辽宁	1735	483	1410	481
吉林	744	270	671	269
黑龙江	1111	358	938	360
上海	817	210	707	16
江苏	2763	560	2310	553
浙江	2168	629	1961	614
安徽	1524	413	1151	405
福建	1963	365	1164	337
江西	913	331	556	322
山东	2588	705	1795	684
河南	1466	513	1076	505
湖北	1330	408	1074	392
湖南	1040	427	848	416
广东	2625	871	1969	824
广西	938	367	636	359
海南	211	61	200	56
重庆	1053	316	909	302
四川	1687	624	1503	620
贵州	647	237	521	233
云南	1158	431	772	406
西藏	109	64	105	64
陕西	1018	352	698	342
甘肃	583	283	525	272
青海	186	88	175	87
宁夏	241	70	190	68
新疆	647	292	605	289

1-10 房地产业按地区分组的法人单位数

单位：个

地区	法人单位数（2009年）	#多产业法人单位	法人单位数（2008年）	#多产业法人单位
全国	**244043**	**11404**	**214391**	**9869**
北京	13935	1392	10955	1194
天津	4303	236	3825	182
河北	7165	166	5523	98
山西	4286	124	3886	107
内蒙古	4500	54	3905	46
辽宁	12424	301	11379	290
吉林	3537	21	3361	18
黑龙江	4940	168	4426	159
上海	12128	770	11850	835
江苏	18651	725	16970	669
浙江	14531	1141	13267	1035
安徽	7977	292	7130	269
福建	8672	555	7725	470
江西	4843	74	4170	56
山东	16263	256	14013	206
河南	7985	54	6765	35
湖北	11468	328	10122	284
湖南	6946	57	6004	43
广东	32983	2645	28526	2192
广西	7084	346	5628	205
海南	2879	82	2763	58
重庆	6024	435	5363	368
四川	9358	481	8426	470
贵州	4046	127	3722	113
云南	5174	226	4298	151
西藏	106		94	
陕西	5112	73	4111	67
甘肃	2268	70	2062	62
青海	741	41	713	41
宁夏	886	16	778	10
新疆	2828	148	2631	136

1-11 租赁和商务服务业按地区分组的法人单位数

单位：个

地区	法人单位数(2009年)	#多产业法人单位	法人单位数(2008年)	#多产业法人单位
全国	**511666**	**12940**	**427001**	**10899**
北京	69420	1945	44997	1324
天津	11299	170	9546	90
河北	10000	214	7816	164
山西	7580	275	6615	259
内蒙古	6963	135	5776	119
辽宁	22526	286	20085	252
吉林	6655	65	6260	52
黑龙江	9124	184	8342	172
上海	43880	1402	43380	1370
江苏	38185	743	33041	660
浙江	43411	1286	37945	1155
安徽	10574	235	8806	215
福建	17485	405	13888	331
江西	5704	103	4568	90
山东	32470	382	26729	309
河南	11949	125	9821	114
湖北	18029	297	13630	262
湖南	9379	162	8165	146
广东	63854	2581	55996	2163
广西	12964	489	10535	403
海南	2872	99	2698	83
重庆	10629	199	8942	156
四川	15702	357	13675	321
贵州	4420	115	3652	95
云南	8281	248	6397	206
西藏	238	2	192	1
陕西	7451	94	5938	82
甘肃	3240	110	2911	103
青海	978	43	924	39
宁夏	1553	22	1238	17
新疆	4851	167	4493	146

1-12 科学研究、技术服务和地质勘查业按地区分组的法人单位数

单位：个

地　区	法人单位数 (2009年)	#多产业法人单位	法人单位数 (2008年)	#多产业法人单位
全　国	**233221**	**7122**	**201689**	**5860**
北　京	32508	995	20452	666
天　津	5859	83	4971	36
河　北	5053	101	4140	72
山　西	4309	117	3957	114
内蒙古	3837	78	3588	70
辽　宁	11819	157	10705	134
吉　林	4355	47	4160	42
黑龙江	5670	162	5236	152
上　海	15096	397	14823	356
江　苏	14409	294	13009	252
浙　江	14259	570	12396	532
安　徽	4822	172	4341	163
福　建	7175	269	6279	208
江　西	3653	96	3294	90
山　东	13020	168	11477	128
河　南	5648	79	5266	62
湖　北	11242	320	9841	273
湖　南	6768	187	6378	167
广　东	20148	861	16717	615
广　西	7627	524	7141	453
海　南	1004	67	957	60
重　庆	3739	153	3502	135
四　川	10808	293	10348	247
贵　州	3063	90	2901	87
云　南	5222	372	4911	337
西　藏	164	16	145	15
陕　西	5055	105	4287	87
甘　肃	2095	116	1963	113
青　海	864	50	848	47
宁　夏	684	26	617	24
新　疆	3246	157	3039	123

1-13 水利、环境和公共设施管理业按地区分组的法人单位数

单位：个

地区	法人单位数(2009年)	#多产业法人单位	法人单位数(2008年)	#多产业法人单位
全国	**61740**	**2533**	**57553**	**2410**
北京	2323	78	1719	66
天津	1074	36	987	31
河北	1786	55	1514	51
山西	1863	68	1720	66
内蒙古	1676	75	1584	73
辽宁	2788	66	2642	61
吉林	1303	23	1276	23
黑龙江	1563	72	1516	69
上海	1931	43	1906	42
江苏	5175	97	4935	93
浙江	3826	189	3580	183
安徽	1781	140	1654	140
福建	2128	88	1953	87
江西	1532	53	1404	49
山东	3442	125	3169	112
河南	2352	49	2206	46
湖北	3860	180	3760	171
湖南	2813	110	2684	109
广东	4323	207	3979	180
广西	2227	126	2081	120
海南	296	20	286	22
重庆	1337	75	1203	72
四川	3150	108	3021	100
贵州	1075	38	1004	38
云南	1816	114	1764	115
西藏	39	3	34	3
陕西	1988	49	1788	48
甘肃	847	112	821	109
青海	286	12	282	12
宁夏	257	18	224	16
新疆	883	104	857	103

1-14 居民服务和其他服务业按地区分组的法人单位数

单位：个

地区	法人单位数（2009年）	#多产业法人单位	法人单位数（2008年）	#多产业法人单位
全国	**141936**	**3710**	**120467**	**3445**
北京	14974	745	10239	593
天津	5547	94	5566	65
河北	3867	76	2814	60
山西	3239	88	2685	84
内蒙古	2022	47	1601	44
辽宁	6221	75	5711	64
吉林	2257	17	2140	17
黑龙江	3298	48	3233	49
上海	12303	470	12409	640
江苏	10283	185	8560	177
浙江	6330	294	5589	264
安徽	3089	73	2647	65
福建	4210	134	3433	123
江西	2394	22	1929	21
山东	11342	127	9351	116
河南	4227	47	3700	45
湖北	7722	91	6022	75
湖南	4976	31	4445	29
广东	14123	549	12140	468
广西	2152	87	1607	67
海南	529	18	499	17
重庆	2862	84	2499	78
四川	3834	84	3394	80
贵州	1417	24	1145	20
云南	2033	68	1566	61
西藏	101	3	93	2
陕西	3229	32	2465	29
甘肃	1305	42	1158	42
青海	250	9	215	7
宁夏	451	6	366	6
新疆	1349	40	1246	37

1-15 教育按地区分组的法人单位数

单位：个

地 区	法人单位数(2009年)	#多产业法人单位	法人单位数(2008年)	#多产业法人单位
全 国	**342003**	**33176**	**335065**	**32987**
北 京	8220	312	6242	254
天 津	3132	268	3130	255
河 北	19059	1150	18885	1150
山 西	9144	1092	9003	1093
内蒙古	5435	341	5296	349
辽 宁	11668	1057	11564	1052
吉 林	5699	670	5638	675
黑龙江	7558	703	7445	706
上 海	5244	115	5186	124
江 苏	14801	858	14470	839
浙 江	15997	1031	15711	1018
安 徽	13346	1642	13152	1642
福 建	11694	1039	11401	1036
江 西	10018	1362	9826	1360
山 东	20607	2027	20484	2027
河 南	22752	2007	22536	2010
湖 北	16918	2475	16788	2477
湖 南	14723	2118	14497	2051
广 东	29967	1398	29205	1358
广 西	16776	1211	16435	1213
海 南	2113	241	2092	238
重 庆	7612	1765	7393	1773
四 川	19612	2720	19476	2724
贵 州	9520	1309	9401	1307
云 南	7424	1387	7271	1378
西 藏	1039	272	1035	270
陕 西	15030	944	14779	945
甘 肃	9047	847	8974	843
青 海	1220	239	1185	245
宁 夏	1379	163	1344	163
新 疆	5249	413	5221	412

1-16 卫生、社会保障和社会福利业按地区分组的法人单位数

单位：个

地 区	法人单位数 (2009年)	#多产业法人单位	法人单位数 (2008年)	#多产业法人单位
全 国	**209016**	**13844**	**206480**	**13822**
北 京	3014	224	2270	210
天 津	1360	205	1505	202
河 北	7237	310	7105	310
山 西	5369	459	5292	459
内蒙古	4436	256	4379	256
辽 宁	10201	334	10138	335
吉 林	3620	134	3610	142
黑龙江	4793	502	4743	505
上 海	2491	86	2412	89
江 苏	9796	973	9660	974
浙 江	7206	949	7104	949
安 徽	7124	772	7048	772
福 建	6084	368	5970	370
江 西	7554	366	7448	364
山 东	15714	1263	15637	1264
河 南	26115	223	26057	223
湖 北	12176	1150	12213	1153
湖 南	8255	759	8136	741
广 东	8587	870	8323	870
广 西	6363	393	6207	390
海 南	761	20	749	20
重 庆	5880	600	5793	598
四 川	14283	581	14255	581
贵 州	3910	314	3852	313
云 南	4252	846	4226	848
西 藏	504	25	506	25
陕 西	14267	240	14223	239
甘 肃	3479	305	3461	304
青 海	761	95	757	95
宁 夏	801	45	791	45
新 疆	2623	177	2610	176

1-17 文化、体育和娱乐业按地区分组的法人单位数

单位：个

地 区	法人单位数(2009年)	#多产业法人单位	法人单位数(2008年)	#多产业法人单位
全 国	**90891**	**2560**	**81878**	**2407**
北 京	11456	352	7369	280
天 津	1233	56	1181	49
河 北	2207	55	1982	49
山 西	2463	81	2299	80
内蒙古	1744	30	1602	27
辽 宁	3660	67	3477	68
吉 林	1793	23	1758	22
黑龙江	1760	56	1754	56
上 海	3810	134	3692	161
江 苏	5518	98	5187	93
浙 江	5016	189	4703	177
安 徽	2336	59	2177	57
福 建	3503	119	3128	112
江 西	2145	35	1939	34
山 东	4559	108	4213	102
河 南	3629	52	3492	52
湖 北	4476	127	4191	127
湖 南	4028	67	3687	65
广 东	6367	282	5764	253
广 西	2795	101	2600	96
海 南	588	25	547	22
重 庆	2050	59	1904	56
四 川	4245	108	4342	106
贵 州	1428	20	1369	19
云 南	2381	86	2139	79
西 藏	163		160	
陕 西	2542	39	2328	34
甘 肃	1168	51	1121	51
青 海	380	20	373	20
宁 夏	324	12	298	11
新 疆	1124	49	1102	49

1-18 公共管理和社会组织按地区分组的法人单位数

单位：个

地区	法人单位数(2009年)	#多产业法人单位	法人单位数(2008年)	#多产业法人单位
全国	**1383842**	**151625**	**1363857**	**150793**
北京	13901	1139	6627	827
天津	9796	522	9735	516
河北	76467	4949	75951	4915
山西	52160	12959	51783	12941
内蒙古	30400	3079	29977	3066
辽宁	40277	3629	40036	3620
吉林	27128	1762	27031	1799
黑龙江	33531	4230	32881	4218
上海	11929	325	11889	327
江苏	59992	2838	59402	2827
浙江	71272	2601	71278	2607
安徽	45435	6106	44889	6105
福建	45335	10738	44929	10706
江西	45120	4232	44456	4213
山东	125367	12314	124322	12279
河南	81677	5004	81086	4866
湖北	63350	11906	62786	11734
湖南	85147	7568	84917	7554
广东	56609	8643	55270	8589
广西	43587	6764	43197	6758
海南	6034	583	5977	581
重庆	24202	3199	23940	3386
四川	106301	8385	104480	8343
贵州	35540	3077	35356	3065
云南	38141	5919	37652	5886
西藏	10972	646	10967	644
陕西	52558	8683	52029	8670
甘肃	38343	5224	38008	5187
青海	11081	1373	11052	1365
宁夏	11015	671	10817	669
新疆	31175	2558	31137	2530

1-19 第三产业按行业、东中西部以及东北地区分组的法人单位数

单位：个

行业	法人单位数	东部地区	中部地区	西部地区	东北地区
第三产业总计	**5432715**	**2719123**	**1077992**	**1191621**	**443979**
交通运输、仓储和邮政业	**175914**	**99518**	**29754**	**30600**	**16042**
铁路运输业	698	251	197	212	38
道路运输业	82287	40380	16762	17534	7611
城市公共交通业	8156	3036	1998	2054	1068
水上运输业	8770	5412	1799	1149	410
航空运输业	942	413	130	277	122
管道运输业	122	59	22	24	17
装卸搬运和其他运输服务业	49326	34801	4759	5574	4192
仓储业	19814	11221	3420	3006	2167
邮政业	5799	3945	667	770	417
信息传输、计算机服务和软件业	**176326**	**101118**	**29995**	**32909**	**12304**
电信和其他信息传输服务业	28423	13886	5201	6871	2465
计算机服务业	99514	51745	21117	21582	5070
软件业	48389	35487	3677	4456	4769
批发和零售业	**1670315**	**1005634**	**248013**	**265529**	**151139**
批发业	1027725	657661	127413	149632	93019
零售业	642590	347973	120600	115897	58120
住宿和餐饮业	**154895**	**79642**	**34494**	**30023**	**10736**
住宿业	57385	26867	12603	13890	4025
餐饮业	97510	52775	21891	16133	6711
金融业	**36907**	**16439**	**7266**	**9612**	**3590**
银行业	9242	3010	1938	3387	907
证券业	1437	804	282	234	117
保险业	10580	4715	2313	2427	1125
其他金融活动	15648	7910	2733	3564	1441
房地产业	**244043**	**131510**	**43505**	**48127**	**20901**
房地产业	244043	131510	43505	48127	20901
租赁和商务服务业	**511666**	**332876**	**63215**	**77270**	**38305**
租赁业	23202	12987	3226	5412	1577
商务服务业	488464	319889	59989	71858	36728
科学研究、技术服务和地质勘查业	**233221**	**128531**	**36442**	**46404**	**21844**
研究与试验发展	26573	16086	3706	3617	3164
专业技术服务业	111782	62628	17719	21205	10230
科技交流和推广服务业	90652	48570	14255	19855	7972
地质勘查业	4214	1247	762	1727	478
水利、环境和公共设施管理业	**61740**	**26304**	**14201**	**15581**	**5654**
水利管理业	21220	6339	5864	7042	1975
环境管理业	13945	6136	2924	3539	1346
公共设施管理业	26575	13829	5413	5000	2333
居民服务和其他服务业	**141936**	**83508**	**25647**	**21005**	**11776**
居民服务业	68079	38284	13405	9815	6575
其他服务业	73857	45224	12242	11190	5201
教育	**342003**	**130834**	**86901**	**99343**	**24925**
教育	342003	130834	86901	99343	24925
卫生、社会保障和社会福利业	**209016**	**62250**	**66593**	**61559**	**18614**
卫生	172838	49609	57368	51521	14340
社会保障业	11784	3375	2972	4405	1032
社会福利业	24394	9266	6253	5633	3242
文化、体育和娱乐业	**90891**	**44257**	**19077**	**20344**	**7213**
新闻出版业	6733	3556	1219	1337	621
广播、电视、电影和音像业	14432	6102	3251	3870	1209
文化艺术业	37948	16898	8678	9393	2979
体育	8262	4522	1400	1573	767
娱乐业	23516	13179	4529	4171	1637
公共管理和社会组织	**1383842**	**476702**	**372889**	**433315**	**100936**
中国共产党机关	40062	9927	10401	16023	3711
国家机构	399955	115722	109276	135972	38985
人民政协和民主党派	6234	2057	1480	2103	594
群众团体、社会团体和宗教组织	247353	91592	54574	82548	18639
基层群众自治组织	690238	257404	197158	196669	39007

注：东部地区包括北京、天津、河北、上海、江苏、浙江、福建、山东、广东、海南；中部地区包括山西、安徽、江西、河南、湖北、湖南；西部地区包括内蒙古、广西、重庆、四川、贵州、云南、西藏、陕西、甘肃、青海、宁夏、新疆；东北地区包括辽宁、吉林、黑龙江。

1-20 第三产业按行业、机构类型分组的法人单位数

单位：个

行业	法人单位数					
		企业法人	事业法人	机关法人	社会团体	其他
第三产业总计	**5432715**	**3253608**	**714280**	**251022**	**199289**	**1014516**
交通运输、仓储和邮政业	**175914**	**166509**	**6540**			**2865**
铁路运输业	698	651	24			23
道路运输业	82287	75627	5249			1411
城市公共交通业	8156	7961	95			100
水上运输业	8770	8171	435			164
航空运输业	942	867	57			18
管道运输业	122	118	2			2
装卸搬运和其他运输服务业	49326	48511	74			741
仓储业	19814	18973	539			302
邮政业	5799	5630	65			104
信息传输、计算机服务和软件业	**176326**	**167174**	**3982**			**5170**
电信和其他信息传输服务业	28423	24036	3247			1140
计算机服务业	99514	95263	645			3606
软件业	48389	47875	90			424
批发和零售业	**1670315**	**1667256**	**15**			**3044**
批发业	1027725	1024955	8			2762
零售业	642590	642301	7			282
住宿和餐饮业	**154895**	**149590**	**938**			**4367**
住宿业	57385	55244	745			1396
餐饮业	97510	94346	193			2971
金融业	**36907**	**34682**	**804**	**337**		**1084**
银行业	9242	8406	347	337		152
证券业	1437	1356	48			33
保险业	10580	10288	96			196
其他金融活动	15648	14632	313			703
房地产业	**244043**	**238655**	**2436**			**2952**
房地产业	244043	238655	2436			2952
租赁和商务服务业	**511666**	**438766**	**30456**			**42444**
租赁业	23202	22510	53			639
商务服务业	488464	416256	30403			41805
科学研究、技术服务和地质勘查业	**233221**	**155158**	**66875**			**11188**
研究与试验发展	26573	18745	5930			1898
专业技术服务业	111782	81702	27766			2314
科技交流和推广服务业	90652	51922	31817			6913
地质勘查业	4214	2789	1362			63
水利、环境和公共设施管理业	**61740**	**25694**	**33400**		**76**	**2570**
水利管理业	21220	2102	17907			1211
环境管理业	13945	5607	7723		76	539
公共设施管理业	26575	17985	7770			820
居民服务和其他服务业	**141936**	**126539**	**5567**			**9830**
居民服务业	68079	56861	4069			7149
其他服务业	73857	69678	1498			2681
教育	**342003**	**23997**	**224232**		**1**	**93773**
教育	342003	23997	224232		1	93773
卫生、社会保障和社会福利业	**209016**	**16659**	**106304**		**1609**	**84444**
卫生	172838	15630	85751			71457
社会保障业	11784	279	10756			749
社会福利业	24394	750	9797		1609	12238
文化、体育和娱乐业	**90897**	**42929**	**37165**		**1884**	**8919**
新闻出版业	6733	2793	3668			272
广播、电视、电影和音像业	14432	6474	7522			436
文化艺术业	37948	11225	22320			4403
体育	8262	2192	2646		1884	1540
娱乐业	23522	20245	1009			2268
公共管理和社会组织	**1383842**		**195566**	**250685**	**195719**	**741872**
中国共产党机关	40062		2022	38040		
国家机构	399955		193262	206693		
人民政协和民主党派	6234		282	5952		
群众团体、社会团体和宗教组织	247353				195719	51634
基层群众自治组织	690238					690238

1-21 第三产业按地区、机构类型分组的法人单位数

单位：个

地 区	法人单位数	企业法人	事业法人	机关法人	社会团体	其他
全 国	**5432715**	**3253608**	**714280**	**251022**	**199289**	**1014516**
北 京	326070	295860	10877	2116	4021	13196
天 津	99464	80628	6177	1805	1853	9001
河 北	214124	105089	32998	12061	5476	58500
山 西	136363	62366	23717	8985	5174	36121
内蒙古	98756	52059	16460	7648	5440	17149
辽 宁	227113	154449	26954	9463	7973	28274
吉 林	95522	53875	17106	5793	3904	14844
黑龙江	121344	69493	19183	9977	5134	17557
上 海	259954	237158	7930	1837	2944	10085
江 苏	386037	285949	37063	10203	13616	39206
浙 江	328369	218350	27802	8271	14211	59735
安 徽	150844	78882	23269	9917	8565	30211
福 建	178045	104262	24968	8009	10525	30281
江 西	113261	42964	24083	9291	6029	30894
山 东	441614	264742	36471	12150	13392	114859
河 南	241904	102455	40025	11814	5936	81674
湖 北	241083	131945	38666	10407	9540	50525
湖 南	194537	75629	40119	12920	7785	58084
广 东	459624	348142	39379	11595	10440	50068
广 西	147604	63627	38318	10069	7725	27865
海 南	25822	15772	3438	1362	812	4438
重 庆	108699	66208	16420	4540	3926	17605
四 川	256626	102046	50758	19597	16280	67945
贵 州	83325	29291	21486	7364	3335	21849
云 南	114897	57793	19595	10875	6967	19667
西 藏	14940	2003	2150	3894	557	6336
陕 西	156630	68223	31720	10077	4952	41658
甘 肃	83061	28320	17883	7074	5311	24473
青 海	21533	7036	3564	2729	1379	6825
宁 夏	26354	12260	2777	1487	2261	7569
新 疆	79196	36732	12924	7692	3826	18022

1-22 第三产业按行业、控股情况分组的企业法人单位数

单位：个

行 业	企业法人单位数	国有控股	集体控股	私人控股	港澳台商控股	外商控股	其他
第三产业总计	**3253608**	**174058**	**160581**	**2496965**	**26972**	**35726**	**359306**
交通运输、仓储和邮政业	**166509**	**15742**	**10342**	**118617**	**1999**	**1570**	**18239**
铁路运输业	651	233	68	260			90
道路运输业	75627	5021	4686	56418	477	291	8734
城市公共交通业	7961	1190	820	4853	51	32	1015
水上运输业	8171	922	886	5251	87	74	951
航空运输业	867	270	33	416	8	22	118
管道运输业	118	47	7	42	4	3	15
装卸搬运和其他运输服务业	48511	2407	2463	37201	905	561	4974
仓储业	18973	4836	1298	9958	440	568	1873
邮政业	5630	816	81	4218	27	19	469
信息传输、计算机服务和软件业	**167174**	**5750**	**1989**	**136074**	**2091**	**4253**	**17017**
电信和其他信息传输服务业	24036	3921	635	15725	305	341	3109
计算机服务业	95263	942	695	83067	392	772	9395
软件业	47875	887	659	37282	1394	3140	4513
批发和零售业	**1667256**	**57253**	**65701**	**1342599**	**8009**	**12535**	**181159**
批发业	1024955	36404	33396	835169	6377	10573	103036
零售业	642301	20849	32305	507430	1632	1962	78123
住宿和餐饮业	**149590**	**11263**	**8522**	**110548**	**1710**	**2010**	**15537**
住宿业	55244	8702	5175	34367	666	502	5832
餐饮业	94346	2561	3347	76181	1044	1508	9705
金融业	**34682**	**10616**	**3907**	**13756**	**239**	**635**	**5529**
银行业	8406	4392	2382	399	88	258	887
证券业	1356	521	61	460	3	12	299
保险业	10288	3945	974	2926	94	282	2067
其他金融活动	14632	1758	490	9971	54	83	2276
房地产业	**238655**	**19615**	**18900**	**168745**	**5635**	**3437**	**22323**
房地产业	238655	19615	18900	168745	5635	3437	22323
租赁和商务服务业	**438766**	**24935**	**30619**	**321477**	**4297**	**6615**	**50823**
租赁业	22510	769	741	17960	68	103	2869
商务服务业	416256	24166	29878	303517	4229	6512	47954
科学研究、技术服务和地质勘查业	**155158**	**13810**	**7447**	**111430**	**1723**	**3108**	**17640**
研究与试验发展	18745	1230	628	13301	466	874	2246
专业技术服务业	81702	8860	4048	57634	750	1213	9197
科技交流和推广服务业	51922	3062	2671	38882	498	975	5834
地质勘查业	2789	658	100	1613	9	46	363
水利、环境和公共设施管理业	**25694**	**3770**	**2214**	**16164**	**171**	**183**	**3192**
水利管理业	2102	724	317	747	5	5	304
环境管理业	5607	847	447	3472	39	84	718
公共设施管理业	17985	2199	1450	11945	127	94	2170
居民服务和其他服务业	**126539**	**3670**	**6014**	**98587**	**544**	**740**	**16984**
居民服务业	56861	1545	2726	44866	282	358	7084
其他服务业	69678	2125	3288	53721	262	382	9900
教育	**23997**	**1547**	**1339**	**17381**	**104**	**153**	**3473**
教育	23997	1547	1339	17381	104	153	3473
卫生、社会保障和社会福利业	**16659**	**1398**	**1631**	**10960**	**35**	**67**	**2568**
卫生	15630	1189	1451	10515	33	64	2378
社会保障业	279	70	69	81			59
社会福利业	750	139	111	364	2	3	131
文化、体育和娱乐业	**42929**	**4689**	**1956**	**30627**	**415**	**420**	**4822**
新闻出版业	2793	1562	192	758	6	6	269
广播、电视、电影和音像业	6474	1781	482	3539	45	25	602
文化艺术业	11225	651	463	8672	37	57	1345
体育	2192	202	93	1516	35	40	306
娱乐业	20245	493	726	16142	292	292	2300

1-23 第三产业按地区、控股情况分组的企业法人单位数

单位：个

地区	企业法人单位数	国有控股	集体控股	私人控股	港澳台商控股	外商控股	其他
全国	**3253608**	**174058**	**160581**	**2496965**	**26972**	**35726**	**359306**
北京	295860	14190	13265	234979	3411	6717	23298
天津	80628	5126	3429	54580	689	1361	15443
河北	105089	5953	7377	80852	139	185	10583
山西	62366	5870	4924	46799	73	72	4628
内蒙古	52059	2778	1441	38802	61	75	8902
辽宁	154449	8948	10496	123342	837	2254	8572
吉林	53875	3223	1673	41563	71	154	7191
黑龙江	69493	5496	2918	47609	106	150	13214
上海	237158	9588	8732	196091	5752	11003	5992
江苏	285949	8665	10353	249435	1701	2342	13453
浙江	218350	8138	11344	193616	1028	1584	2640
安徽	78882	5790	4182	56723	239	227	11721
福建	104262	6841	4033	72672	1544	1014	18158
江西	42964	4851	2041	29537	263	198	6074
山东	264742	9254	8837	193052	546	1257	51796
河南	102455	6791	6227	79099	182	162	9994
湖北	131945	8069	5498	88391	405	406	29176
湖南	75629	5111	3694	62927	294	268	3335
广东	348142	13736	26866	256047	8020	4459	39014
广西	63627	5002	3915	44347	277	234	9852
海南	15772	1362	811	9214	214	140	4031
重庆	66208	4171	2381	46606	294	266	12490
四川	102046	5889	3934	82118	308	495	9302
贵州	29291	3268	1772	19183	82	87	4899
云南	57793	3644	2960	42491	139	197	8362
西藏	2003	512	127	992	2	8	362
陕西	68223	5004	3669	42401	157	229	16763
甘肃	28320	2347	1904	18330	51	55	5633
青海	7036	837	391	4900	21	23	864
宁夏	12260	711	369	10114	13	26	1027
新疆	36732	2893	1018	30153	53	78	2537

1-24 第三产业按行业、登记注册类型分组的企业法人单位数

单位：个

行业	企业法人单位数	内资					
			国有	集体	股份合作	国有联营	集体联营
第三产业总计	**3253608**	**3184914**	**112691**	**116784**	**42044**	**1549**	**2965**
交通运输、仓储和邮政业	**166509**	**162067**	**11035**	**7649**	**2241**	**164**	**299**
铁路运输业	651	648	163	61	10	5	2
道路运输业	75627	74660	3323	3278	1162	45	164
城市公共交通业	7961	7847	748	462	194	21	20
水上运输业	8171	7868	515	757	102	11	25
航空运输业	867	814	163	18	12	4	
管道运输业	118	106	28	3			
装卸搬运和其他运输服务业	48511	46801	1356	2020	512	51	45
仓储业	18973	17758	3968	1011	200	26	39
邮政业	5630	5565	771	39	49	1	4
信息传输、计算机服务和软件业	**167174**	**160091**	**2829**	**668**	**1031**	**58**	**34**
电信和其他信息传输服务业	24036	23096	2288	308	207	33	13
计算机服务业	95263	94013	302	254	549	10	13
软件业	47875	42982	239	106	275	15	8
批发和零售业	**1667256**	**1645722**	**38927**	**51849**	**18160**	**621**	**1430**
批发业	1024955	1007405	24779	25409	8298	331	708
零售业	642301	638317	14148	26440	9862	290	722
住宿和餐饮业	**149590**	**145212**	**8978**	**6838**	**2540**	**99**	**187**
住宿业	55244	53736	7101	4438	1038	82	117
餐饮业	94346	91476	1877	2400	1502	17	70
金融业	**34682**	**33411**	**3699**	**1980**	**1694**	**32**	**31**
银行业	8406	8064	1977	1794	1193	9	14
证券业	1356	1301	118	1	15	1	1
保险业	10288	9580	735	46	284	9	6
其他金融活动	14632	14466	869	139	202	13	10
房地产业	**238655**	**229167**	**11876**	**11718**	**2621**	**162**	**189**
房地产业	238655	229167	11876	11718	2621	162	189
租赁和商务服务业	**438766**	**427021**	**14981**	**21226**	**6011**	**192**	**330**
租赁业	22510	22319	462	520	300	9	18
商务服务业	416256	404702	14519	20706	5711	183	312
科学研究、技术服务和地质勘查业	**155158**	**149778**	**9412**	**4637**	**2683**	**97**	**138**
研究与试验发展	18745	17269	826	348	401	11	13
专业技术服务业	81702	79498	6180	2371	1262	52	72
科技交流和推广服务业	51922	50285	1907	1849	981	30	51
地质勘查业	2789	2726	499	69	39	4	2
水利、环境和公共设施管理业	**25694**	**25246**	**2444**	**1614**	**339**	**33**	**42**
水利管理业	2102	2093	559	315	20	8	7
环境管理业	5607	5451	541	325	78	10	4
公共设施管理业	17985	17702	1344	974	241	15	31
居民服务和其他服务业	**126539**	**125049**	**2494**	**4724**	**2732**	**31**	**166**
居民服务业	56861	56116	1088	2144	1345	11	77
其他服务业	69678	68933	1406	2580	1387	20	89
教育	**23997**	**23700**	**1191**	**968**	**607**	**20**	**43**
教育	23997	23700	1191	968	607	20	43
卫生、社会保障和社会福利业	**16659**	**16535**	**1195**	**1522**	**447**	**10**	**31**
卫生	15630	15513	1011	1329	429	9	25
社会保障业	279	279	62	77	3		2
社会福利业	750	743	122	116	15	1	4
文化、体育和娱乐业	**42929**	**41915**	**3630**	**1391**	**938**	**30**	**45**
新闻出版业	2793	2774	1340	150	41	12	3
广播、电视、电影和音像业	6474	6386	1409	370	101	8	5
文化艺术业	11225	11113	436	287	381	6	11
体育	2192	2099	129	61	58		3
娱乐业	20245	19543	316	523	357	4	23

1-24 续表 1

单位：个

行业	内资						
	国有与集体联营	其他联营	国有独资公司	其他有限责任公司	股份有限公司	私营独资	私营合伙
第三产业总计	**1047**	**2428**	**8770**	**425193**	**73097**	**610408**	**109678**
交通运输、仓储和邮政业	**88**	**196**	**656**	**21952**	**4648**	**25563**	**8169**
铁路运输业	1		11	113	26	53	12
道路运输业	31	123	189	10378	2425	13683	3957
城市公共交通业	9	18	64	1695	508	930	338
水上运输业	3	11	47	1102	297	877	803
航空运输业		3	23	181	39	50	11
管道运输业			1	23	10	13	3
装卸搬运和其他运输服务业	18	23	114	5960	872	6005	1921
仓储业	26	14	197	1949	386	3190	961
邮政业		4	10	551	85	762	163
信息传输、计算机服务和软件业	**20**	**96**	**222**	**15373**	**2801**	**57114**	**6940**
电信和其他信息传输服务业	11	38	143	2792	1149	5879	845
计算机服务业	7	40	36	5618	808	49010	5250
软件业	2	18	43	6963	844	2225	845
批发和零售业	**455**	**1233**	**1917**	**200395**	**28192**	**337434**	**49393**
批发业	227	592	1369	127294	16124	157728	27113
零售业	228	641	548	73101	12068	179706	22280
住宿和餐饮业	**70**	**152**	**261**	**13948**	**2803**	**53971**	**7810**
住宿业	46	56	199	6307	1395	15409	2895
餐饮业	24	96	62	7641	1408	38562	4915
金融业	**21**	**22**	**308**	**5205**	**8788**	**1607**	**539**
银行业	9	3	30	141	2554	60	9
证券业		1	20	467	264	65	18
保险业	3	2	43	1085	5180	241	99
其他金融活动	9	16	215	3512	790	1241	413
房地产业	**102**	**153**	**1268**	**60447**	**8771**	**16208**	**4425**
房地产业	102	153	1268	60447	8771	16208	4425
租赁和商务服务业	**126**	**271**	**2757**	**60769**	**8973**	**43670**	**17105**
租赁业	8	9	40	2918	517	4017	973
商务服务业	118	262	2717	57851	8456	39653	16132
科学研究、技术服务和地质勘查业	**61**	**101**	**617**	**23391**	**3700**	**12280**	**3958**
研究与试验发展	12	13	58	2659	371	1621	476
专业技术服务业	27	45	416	13520	2429	6075	2023
科技交流和推广服务业	19	43	110	6673	781	4375	1407
地质勘查业	3		33	539	119	209	52
水利、环境和公共设施管理业	**19**	**27**	**393**	**4147**	**903**	**3103**	**692**
水利管理业	2	1	64	272	64	189	41
环境管理业	4	5	98	901	178	590	128
公共设施管理业	13	21	231	2974	661	2324	523
居民服务和其他服务业	**48**	**69**	**128**	**12252**	**2028**	**36592**	**5641**
居民服务业	25	35	44	4200	828	20053	2972
其他服务业	23	34	84	8052	1200	16539	2669
教育	**12**	**43**	**30**	**1917**	**430**	**6986**	**1558**
教育	12	43	30	1917	430	6986	1558
卫生、社会保障和社会福利业	**7**	**24**	**20**	**693**	**194**	**6681**	**1267**
卫生	4	23	17	620	178	6476	1232
社会保障业				29	11	26	4
社会福利业	3	1	3	44	5	179	31
文化、体育和娱乐业	**18**	**41**	**193**	**4704**	**866**	**9199**	**2181**
新闻出版业	2	5	56	312	57	119	23
广播、电视、电影和音像业	6	4	67	972	218	422	123
文化艺术业	3	8	40	1458	205	1367	336
体育		4	18	348	44	318	86
娱乐业	7	20	12	1614	342	6973	1613

1-24 续表 2

单位：个

行业	内资			港澳台商投资		
	私营有限责任公司	私营股份有限公司	其他内资企业		合资经营	合作经营
第三产业总计	**1487374**	**85506**	**105380**	**28194**	**6282**	**1694**
交通运输、仓储和邮政业	**70790**	**4671**	**3946**	**2240**	**657**	**315**
铁路运输业	146	13	32			
道路运输业	31504	2395	2003	524	133	258
城市公共交通业	2369	327	144	60	30	8
水上运输业	2911	202	205	142	87	8
航空运输业	282	10	18	14	6	
管道运输业	19	1	5	3		1
装卸搬运和其他运输服务业	25763	1237	904	977	237	25
仓储业	4904	353	534	491	152	14
邮政业	2892	133	101	29	12	1
信息传输、计算机服务和软件业	**65192**	**2835**	**4878**	**2243**	**319**	**42**
电信和其他信息传输服务业	7985	430	975	418	51	9
计算机服务业	27411	1335	3370	399	73	13
软件业	29796	1070	533	1426	195	20
批发和零售业	**820246**	**45363**	**50107**	**8127**	**1215**	**169**
批发业	561236	27689	28508	6444	827	99
零售业	259010	17674	21599	1683	388	70
住宿和餐饮业	**39017**	**3366**	**5172**	**1901**	**630**	**149**
住宿业	11937	1237	1479	786	353	92
餐饮业	27080	2129	3693	1115	277	57
金融业	**7786**	**782**	**917**	**254**	**60**	**6**
银行业	114	19	138	86	5	
证券业	259	26	45	7	6	
保险业	1431	199	217	98	23	2
其他金融活动	5982	538	517	63	26	4
房地产业	**99084**	**7510**	**4633**	**5795**	**2012**	**667**
房地产业	99084	7510	4633	5795	2012	667
租赁和商务服务业	**223511**	**11288**	**15811**	**4404**	**634**	**129**
租赁业	11016	812	700	73	25	6
商务服务业	212495	10476	15111	4331	609	123
科学研究、技术服务和地质勘查业	**77718**	**3845**	**7140**	**1823**	**356**	**43**
研究与试验发展	9436	488	536	483	80	8
专业技术服务业	40612	2207	2207	792	160	18
科技交流和推广服务业	26676	1066	4317	536	114	15
地质勘查业	994	84	80	12	2	2
水利、环境和公共设施管理业	**9832**	**760**	**898**	**204**	**73**	**18**
水利管理业	396	35	120	5	3	1
环境管理业	2213	156	220	50	17	5
公共设施管理业	7223	569	558	149	53	12
居民服务和其他服务业	**49386**	**3213**	**5545**	**592**	**140**	**46**
居民服务业	18965	1425	2904	317	74	29
其他服务业	30421	1788	2641	275	66	17
教育	**6492**	**518**	**2885**	**106**	**27**	**18**
教育	6492	518	2885	106	27	18
卫生、社会保障和社会福利业	**2308**	**276**	**1860**	**42**	**17**	**7**
卫生	2162	264	1734	39	16	6
社会保障业	36	1	28			
社会福利业	110	11	98	3	1	1
文化、体育和娱乐业	**16012**	**1079**	**1588**	**463**	**142**	**85**
新闻出版业	491	40	123	7	2	1
广播、电视、电影和音像业	2401	135	145	50	21	7
文化艺术业	5870	287	418	46	15	3
体育	871	64	95	40	7	6
娱乐业	6379	553	807	320	97	68

1-24 续表 3 单位：个

行业	港澳台商投资		外商投资				
	独资	股份有限		合资经营	合作经营	独资	股份有限
第三产业总计	**18994**	**1224**	**40500**	**9039**	**1634**	**27878**	**1949**
交通运输、仓储和邮政业	**1135**	**133**	**2202**	**860**	**242**	**986**	**114**
铁路运输业			3	2		1	
道路运输业	97	36	443	139	181	101	22
城市公共交通业	17	5	54	30	10	8	6
水上运输业	29	18	161	107	7	38	9
航空运输业	6	2	39	17	1	14	7
管道运输业		2	9	8		1	
装卸搬运和其他运输服务业	666	49	733	283	24	391	35
仓储业	306	19	724	247	18	426	33
邮政业	14	2	36	27	1	6	2
信息传输、计算机服务和软件业	**1679**	**203**	**4840**	**822**	**65**	**3615**	**338**
电信和其他信息传输服务业	250	108	522	58	8	334	122
计算机服务业	279	34	851	158	18	630	45
软件业	1150	61	3467	606	39	2651	171
批发和零售业	**6442**	**301**	**13407**	**2252**	**241**	**10452**	**462**
批发业	5318	200	11106	1538	137	9110	321
零售业	1124	101	2301	714	104	1342	141
住宿和餐饮业	**1038**	**84**	**2477**	**696**	**181**	**1474**	**126**
住宿业	306	35	722	291	95	299	37
餐饮业	732	49	1755	405	86	1175	89
金融业	**169**	**19**	**1017**	**460**	**10**	**378**	**169**
银行业	75	6	256	10	1	210	35
证券业		1	48	42		5	1
保险业	66	7	610	371	5	108	126
其他金融活动	28	5	103	37	4	55	7
房地产业	**2950**	**166**	**3693**	**1426**	**339**	**1814**	**114**
房地产业	2950	166	3693	1426	339	1814	114
租赁和商务服务业	**3474**	**167**	**7341**	**1054**	**213**	**5745**	**329**
租赁业	37	5	118	28	11	71	8
商务服务业	3437	162	7223	1026	202	5674	321
科学研究、技术服务和地质勘查业	**1354**	**70**	**3557**	**877**	**126**	**2386**	**168**
研究与试验发展	379	16	993	227	20	706	40
专业技术服务业	576	38	1412	361	46	919	86
科技交流和推广服务业	391	16	1101	283	32	744	42
地质勘查业	8		51	6	28	17	
水利、环境和公共设施管理业	**105**	**8**	**244**	**94**	**29**	**94**	**27**
水利管理业	1		4	1		3	
环境管理业	26	2	106	39	14	46	7
公共设施管理业	78	6	134	54	15	45	20
居民服务和其他服务业	**373**	**33**	**898**	**230**	**52**	**559**	**57**
居民服务业	202	12	428	99	21	279	29
其他服务业	171	21	470	131	31	280	28
教育	**56**	**5**	**191**	**48**	**23**	**111**	**9**
教育	56	5	191	48	23	111	9
卫生、社会保障和社会福利业	**12**	**6**	**82**	**38**	**31**	**10**	**3**
卫生	12	5	78	37	30	8	3
社会保障业							
社会福利业		1	4	1	1	2	
文化、体育和娱乐业	**207**	**29**	**551**	**182**	**82**	**254**	**33**
新闻出版业	2	2	12	7		5	
广播、电视、电影和音像业	22		38	19	3	16	
文化艺术业	26	2	66	19	4	40	3
体育	25	2	53	13	6	31	3
娱乐业	132	23	382	124	69	162	27

1-25 第三产业按地区、登记注册类型分组的企业法人单位数

单位：个

地区	企业法人单位数	内资					
			国有	集体	股份合作	国有联营	集体联营
全国	**3253608**	**3184914**	**112691**	**116784**	**42044**	**1549**	**2965**
北京	295860	285021	6977	8148	13199	71	150
天津	80628	78092	2892	3194	473	40	67
河北	105089	104650	4415	5328	1228	45	116
山西	62366	62188	4602	4008	835	30	63
内蒙古	52059	51852	1641	896	514	19	24
辽宁	154449	151197	6371	7384	2065	42	105
吉林	53875	53581	2382	1431	342	45	51
黑龙江	69493	69116	3839	2397	1112	27	74
上海	237158	219831	4438	6333	1305	136	174
江苏	285949	281626	5568	8157	1480	66	186
浙江	218350	215333	4399	7456	1325	70	129
安徽	78882	78340	3964	3723	1009	46	100
福建	104262	101299	4586	3839	1033	125	109
江西	42964	42444	3700	1577	1023	36	149
山东	264742	262543	5997	6285	1383	75	227
河南	102455	101999	4852	4844	958	44	90
湖北	131945	130901	5546	4244	1697	66	199
湖南	75629	74986	3655	2116	770	48	89
广东	348142	334779	9020	16266	4180	251	266
广西	63627	63014	3641	3302	830	38	105
海南	15772	15353	943	608	181	18	13
重庆	66208	65534	2170	1718	798	38	63
四川	102046	101138	3786	3307	1464	41	113
贵州	29291	29086	2322	1440	489	22	37
云南	57793	57378	2271	2185	619	16	65
西藏	2003	1982	405	91	38	7	8
陕西	68223	67721	3926	3695	974	44	105
甘肃	28320	28165	1495	1561	449	19	46
青海	7036	6970	604	294	113	5	10
宁夏	12260	12210	488	261	65	7	5
新疆	36732	36585	1796	696	93	12	27

1-25 续表 1

单位：个

地区	内资						
	国有与集体联营	其他联营	国有独资公司	其他有限责任公司	股份有限公司	私营独资	私营合伙
全　国	**1047**	**2428**	**8770**	**425193**	**73097**	**610408**	**109678**
北　京	97	67	1001	49515	4379	14287	3814
天　津	22	61	143	9597	1159	8092	1702
河　北	32	92	207	16301	3918	30526	4538
山　西	20	125	122	7892	2695	15194	2345
内蒙古	4	22	125	11036	1676	9255	1249
辽　宁	28	60	287	28638	2766	32574	2867
吉　林	17	43	119	6927	1644	16554	1133
黑龙江	15	100	149	11643	2555	13400	1605
上　海	213	121	439	11786	1161	23141	7285
江　苏	60	113	339	18284	4060	50150	6833
浙　江	68	30	1103	21737	2723	27916	8462
安　徽	18	76	385	8818	2506	18526	4061
福　建	33	99	370	14023	2393	16445	5961
江　西	26	69	105	6840	2134	10400	3944
山　东	52	123	291	21527	5409	78854	6471
河　南	16	117	214	17558	3771	33124	3750
湖　北	61	197	186	21426	3764	36502	7445
湖　南	32	93	268	6483	2304	27479	6879
广　东	82	385	796	52916	5424	46081	10484
广　西	11	69	217	7155	2374	14030	2607
海　南	11	16	49	5562	595	1271	513
重　庆	22	72	323	10734	2545	15874	3536
四　川	30	97	409	18411	4473	24330	4063
贵　州	8	31	221	9536	1039	5367	1356
云　南	20	28	280	6551	1814	8395	1687
西　藏	1	6	12	289	135	368	78
陕　西	25	42	197	11890	1648	19288	2729
甘　肃	8	52	69	4649	1175	5662	959
青　海	3	7	55	1112	216	1209	294
宁　夏	3	4	56	1417	211	2186	390
新　疆	9	11	233	4940	431	3928	638

1-25 续表2

单位：个

地区	内资			港澳台商投资		
	私营有限责任公司	私营股份有限公司	其他内资企业		合资经营	合作经营
全国	**1487374**	**85506**	**105380**	**28194**	**6282**	**1694**
北京	175548	7412	356	3631	901	214
天津	45222	1362	4066	784	241	23
河北	28838	3305	5761	172	69	11
山西	19669	2233	2355	80	29	9
内蒙古	22066	1280	2045	65	23	3
辽宁	60573	3635	3802	860	330	44
吉林	18901	1695	2297	70	34	4
黑龙江	25072	2652	4476	131	58	7
上海	156602	5892	805	5850	735	177
江苏	173385	6715	6230	1739	478	61
浙江	132084	3568	4263	1163	405	47
安徽	29984	2398	2726	241	75	10
福建	46084	2816	3383	1617	377	67
江西	8497	1597	2347	275	103	8
山东	113770	7270	14809	608	221	30
河南	26064	2318	4279	202	86	10
湖北	38143	3249	8176	490	169	16
湖南	17329	2900	4541	327	163	18
广东	170555	6464	11609	8106	1183	828
广西	23827	2222	2586	299	114	33
海南	4812	366	395	228	49	16
重庆	21673	2447	3521	313	99	9
四川	33659	3122	3833	312	97	15
贵州	5653	916	649	88	34	2
云南	29077	2535	1835	168	71	9
西藏	435	65	44	2		
陕西	17967	2975	2216	192	61	13
甘肃	10020	872	1129	69	31	3
青海	2485	442	121	33	14	2
宁夏	6419	387	311	18	6	2
新疆	22961	396	414	61	26	3

1-25 续表 3

单位：个

地区	港澳台商投资		外商投资				
	独资	股份有限		合资经营	合作经营	独资	股份有限
全国	**18994**	**1224**	**40500**	**9039**	**1634**	**27878**	**1949**
北京	2453	63	7208	1622	266	5145	175
天津	496	24	1752	479	62	1167	44
河北	65	27	267	92	35	106	34
山西	31	11	98	43	9	32	14
内蒙古	24	15	142	39	10	78	15
辽宁	427	59	2392	762	92	1435	103
吉林	25	7	224	58	15	141	10
黑龙江	54	12	246	88	16	110	32
上海	4871	67	11477	1220	238	9860	159
江苏	984	216	2584	669	74	1379	462
浙江	644	67	1854	579	39	1139	97
安徽	135	21	301	96	15	157	33
福建	1095	78	1346	348	57	840	101
江西	136	28	245	77	9	112	47
山东	319	38	1591	479	46	970	96
河南	96	10	254	126	14	90	24
湖北	275	30	554	181	23	310	40
湖南	129	17	316	167	19	111	19
广东	5835	260	5257	1128	450	3458	221
广西	128	24	314	114	37	134	29
海南	151	12	191	61	6	111	13
重庆	174	31	361	122	13	199	27
四川	170	30	596	195	40	296	65
贵州	45	7	117	41	9	53	14
云南	73	15	247	60	8	155	24
西藏	1	1	19	10	2	5	2
陕西	91	27	310	88	13	178	31
甘肃	29	6	86	37	2	38	9
青海	17		33	17	5	9	2
宁夏	2	8	32	11	1	16	4
新疆	19	13	86	30	9	44	3

1-26 第三产业就业人员数及比重

单位：万人

年 份	经济活动人口	就业人员合计	第一产业	第二产业	第三产业	
						比重(%)
1952	21106	20729	17317	1531	1881	9.1
1957	23971	23771	19309	2142	2320	9.8
1962		25910	21276	2059	2575	9.9
1965		28670	23396	2408	2866	10.0
1970		34432	27811	3518	3103	9.0
1975		38168	29456	5152	3560	9.3
1978	40682	40152	28318	6945	4890	12.2
1979	41592	41024	28634	7214	5177	12.6
1980	42903	42361	29122	7707	5532	13.1
1981	44165	43725	29777	8003	5945	13.6
1982	45674	45295	30859	8346	6090	13.5
1983	46707	46436	31151	8679	6606	14.2
1984	48433	48197	30868	9590	7739	16.1
1985	50112	49873	31130	10384	8359	16.8
1986	51546	51282	31254	11216	8811	17.2
1987	53060	52783	31663	11726	9395	17.8
1988	54630	54334	32249	12152	9933	18.3
1989	55707	55329	33225	11976	10129	18.3
1990	65323	64749	38914	13856	11979	18.5
1991	66091	65491	39098	14015	12378	18.9
1992	66782	66152	38699	14355	13098	19.8
1993	67468	66808	37680	14965	14163	21.2
1994	68135	67455	36628	15312	15515	23.0
1995	68855	68065	35530	15655	16880	24.8
1996	69765	68950	34820	16203	17927	26.0
1997	70800	69820	34840	16547	18432	26.4
1998	72087	70637	35177	16600	18860	26.7
1999	72791	71394	35768	16421	19205	26.9
2000	73992	72085	36043	16219	19823	27.5
2001	74432	73025	36513	16284	20228	27.7
2002	75360	73740	36870	15780	21090	28.6
2003	76075	74432	36546	16077	21809	29.3
2004	76823	75200	35269	16920	23011	30.6
2005	77877	75825	33970	18084	23771	31.4
2006	78244	76400	32561	19225	24614	32.2
2007	78645	76990	31444	20629	24917	32.4
2008	79243	77480	30654	21109	25717	33.2
2009	79812	77995	29708	21684	26603	34.1

1-27 各地区第三产业就业人员数及比重(2009年底)

单位: 万人

地区	就业人员合计	第一产业	第二产业	第三产业	
					比重(%)
全国	**77995.0**	**29708.0**	**21684.0**	**26603.0**	**34.1**
北京	1255.1	65.7	263.8	925.6	73.7
天津	507.3	77.7	209.4	220.2	43.4
河北	3899.7	1483.6	1214.7	1201.4	30.8
山西	1599.6	635.8	419.4	544.5	34.0
内蒙古	1142.5	558.0	193.3	391.2	34.2
辽宁	2190.0	694.4	559.6	936.0	42.7
吉林	1184.7	516.6	239.7	428.4	36.2
黑龙江	1687.5	781.0	343.9	562.6	33.3
上海	929.2	47.6	347.5	534.2	57.5
江苏	4536.1	896.9	2030.9	1608.4	35.5
浙江	3825.2	659.3	1795.4	1370.4	35.8
安徽	3689.7	1579.6	1041.7	1068.4	29.0
福建	2168.9	638.6	775.7	754.6	34.8
江西	2244.1	882.3	635.5	726.4	32.4
山东	5449.8	1994.4	1741.2	1714.1	31.5
河南	5948.8	2764.9	1674.7	1509.2	25.4
湖北	3024.5	990.1	814.7	1219.7	40.3
湖南	3907.7	1876.4	814.9	1216.3	31.1
广东	5643.3	1536.7	1922.7	2183.9	38.7
广西	2862.6	1561.2	582.1	719.3	25.1
海南	431.4	226.1	49.3	156.1	36.2
重庆	1878.5	655.7	519.5	703.2	37.4
四川	4945.2	2158.3	1110.1	1676.9	33.9
贵州	2341.1	1210.5	268.3	862.3	36.8
云南	2730.2	1672.7	353.4	704.1	25.8
西藏	169.1	92.2	18.2	58.7	34.7
陕西	1919.5	877.6	432.5	609.3	31.7
甘肃	1406.6	739.3	204.8	462.5	32.9
青海	285.5	122.6	62.8	100.1	35.1
宁夏	328.5	130.8	84.7	113.0	34.4
新疆	829.2	425.8	116.3	287.2	34.6

1-28 各地区按第三产业行业门类分城镇单位就业人员数(2009年底)

单位：万人

地　区	交通运输、仓储和邮政业	信息传输、计算机服务和软件业	批发和零售业	住宿和餐饮业	金融业	房地产业	租赁和商务服务业
全　国	**634.4**	**173.8**	**520.8**	**202.1**	**449.0**	**190.9**	**290.5**
北　京	50.1	36.2	50.2	28.3	25.4	30.1	72.9
天　津	12.3	2.5	11.9	4.1	6.7	3.1	7.3
河　北	25.5	6.0	22.1	4.5	23.4	3.3	5.1
山　西	21.3	4.3	17.9	4.2	14.0	2.7	6.2
内蒙古	16.2	3.9	6.6	2.3	9.9	1.4	2.9
辽　宁	31.8	6.1	17.1	6.7	20.2	7.5	10.1
吉　林	15.3	5.1	8.2	3.1	9.9	3.4	4.1
黑龙江	26.1	5.3	18.3	3.3	13.5	4.3	4.2
上　海	35.6	6.5	25.4	10.8	21.7	11.5	18.0
江　苏	30.7	7.3	27.7	10.5	26.6	6.5	11.5
浙　江	23.9	10.0	28.1	14.9	28.0	10.4	24.0
安　徽	14.7	3.7	13.5	3.7	14.5	4.4	4.3
福　建	16.2	4.1	13.1	6.1	12.2	8.8	10.4
江　西	15.6	3.6	8.3	1.8	10.0	2.0	2.7
山　东	33.2	6.2	40.4	11.7	32.8	9.4	11.7
河　南	28.8	5.2	38.9	9.5	22.0	8.6	12.1
湖　北	31.8	4.6	20.1	6.6	15.9	5.7	4.6
湖　南	21.8	4.9	15.9	8.3	17.3	8.3	7.3
广　东	53.5	16.7	40.8	23.7	37.5	26.1	28.5
广　西	17.5	3.5	11.6	4.5	9.4	3.7	8.3
海　南	4.2	0.7	3.2	4.0	2.0	2.4	2.1
重　庆	13.5	2.5	11.2	4.2	9.7	4.9	4.3
四　川	23.8	5.9	17.5	5.2	20.4	5.3	6.0
贵　州	9.1	2.4	10.0	2.7	5.9	3.7	4.1
云　南	14.3	4.1	14.7	5.9	8.8	3.7	5.8
西　藏	0.7	0.4	0.5	0.4	0.8		0.1
陕　西	19.2	6.2	12.3	5.7	12.9	4.5	3.1
甘　肃	10.3	2.2	5.6	2.0	6.6	1.7	2.0
青　海	3.3	0.8	1.8	0.5	1.8	0.7	0.9
宁　夏	3.0	0.7	1.6	0.5	2.7	0.8	1.1
新　疆	10.9	2.0	6.4	2.4	6.7	2.1	4.9

注：城镇单位就业人员数不含私营企业和个体。

1-28 续表 单位：万人

地区	科学研究、技术服务和地质勘查业	水利、环境和公共设施管理业	居民服务和其他服务业	教育	卫生、社会保障和社会福利业	文化、体育和娱乐业	公共管理和社会组织
全国	**272.6**	**205.7**	**58.8**	**1550.4**	**595.8**	**129.5**	**1394.3**
北京	43.8	8.8	7.6	41.7	20.1	15.8	40.0
天津	5.9	3.6	7.0	16.6	8.5	1.8	13.6
河北	8.4	9.3	1.9	82.5	25.8	4.7	75.6
山西	5.9	6.0	0.7	48.0	15.3	4.6	54.9
内蒙古	4.2	6.9	2.1	34.2	11.7	3.3	34.0
辽宁	10.8	11.5	2.4	50.9	24.5	5.4	49.9
吉林	6.4	7.8	1.1	37.1	15.0	3.7	30.6
黑龙江	11.4	9.2	5.9	45.2	18.5	3.9	40.9
上海	20.9	6.2	3.9	26.7	16.6	4.6	18.3
江苏	9.8	11.5	1.2	84.6	34.4	5.6	62.2
浙江	10.5	8.3	1.6	57.8	29.8	5.9	56.1
安徽	6.0	6.5	0.6	59.6	21.5	3.3	46.1
福建	4.8	4.4	1.5	43.7	15.2	3.7	29.8
江西	5.0	5.1	0.5	46.7	16.0	3.2	42.9
山东	10.0	11.1	3.3	106.0	40.4	6.4	103.1
河南	11.1	11.5	1.8	112.5	38.9	7.1	103.8
湖北	10.7	8.4	1.2	64.6	27.8	5.1	54.9
湖南	7.6	8.2	1.3	68.3	29.0	4.3	76.4
广东	15.4	13.6	5.9	109.0	46.3	9.0	91.3
广西	6.4	6.9	0.7	56.1	20.8	3.1	37.9
海南	1.6	2.0	0.2	11.2	3.8	1.4	9.5
重庆	5.4	3.4	0.8	33.8	10.9	2.4	23.4
四川	13.1	9.2	1.0	82.1	31.3	4.4	73.9
贵州	4.6	2.9	1.1	41.3	11.1	1.9	38.5
云南	6.4	5.1	0.7	50.7	15.0	3.5	45.2
西藏	0.7	0.2		3.9	1.4	0.6	8.3
陕西	12.8	7.2	1.6	53.6	17.9	4.4	47.5
甘肃	5.0	3.4	0.3	33.6	9.2	2.5	35.2
青海	2.1	1.0	0.3	7.3	3.0	0.7	8.5
宁夏	1.2	1.8		7.8	2.9	0.9	7.8
新疆	4.7	4.8	0.5	33.2	13.0	2.6	34.1

1-29 按第三产业行业门类分城镇单位就业人员数

单位：万人

行业门类	2003	2004	2005	2006	2007	2008	2009
交通运输、仓储和邮政业	636.5	631.8	613.9	612.7	623.1	627.3	634.4
信息传输、计算机服务和软件业	116.8	123.7	130.1	138.2	150.2	159.5	173.8
批发和零售业	628.1	586.7	544.0	515.7	506.9	514.4	520.8
住宿和餐饮业	172.1	177.1	181.2	183.9	185.8	193.2	202.1
金融业	353.3	356.0	359.3	367.4	389.7	417.6	449.0
房地产业	120.2	133.4	146.5	153.9	166.5	172.7	190.9
租赁和商务服务业	183.5	194.4	218.5	236.7	247.2	274.7	290.5
科学研究、技术服务和地质勘查业	221.9	222.1	227.7	235.5	243.4	257.0	272.6
水利、环境和公共设施管理业	172.5	176.1	180.4	187.0	193.5	197.3	205.7
居民服务和其他服务业	52.8	54.2	53.9	56.6	57.4	56.5	58.8
教育	1442.8	1466.8	1483.2	1504.4	1520.9	1534.0	1550.4
卫生、社会保障和社会福利业	485.8	494.7	508.9	525.4	542.8	563.6	595.8
文化、体育和娱乐业	127.8	123.4	122.5	122.4	125.0	126.0	129.5
公共管理和社会组织	1171.0	1199.0	1240.8	1265.6	1291.2	1335.0	1394.3

1-30 按登记注册类型分第三产业城镇单位就业人员数(2009年底)

单位：万人

行　业	合 计	国有单位	城镇集体单位	其他单位
交通运输、仓储和邮政业	**634.4**	**413.9**	**20.6**	**199.9**
铁路运输业	185.0	171.1	3.0	10.9
道路运输业	161.0	91.6	7.6	61.8
城市公共交通业	108.8	44.6	2.1	62.1
水上运输业	44.9	17.3	2.3	25.3
航空运输业	25.3	11.8	0.1	13.4
管道运输业	2.2	1.4		0.8
装卸搬运和其他运输服务业	27.0	8.1	4.2	14.7
仓储业	24.9	16.1	1.1	7.7
邮政业	55.3	52.0	0.2	3.1
信息传输、计算机服务和软件业	**173.8**	**64.6**	**1.1**	**108.1**
电信和其他信息传输服务业	118.9	60.8	0.8	57.3
计算机服务业	19.1	2.8	0.3	15.9
软件业	35.8	0.9	0.1	34.8
批发和零售业	**520.8**	**144.2**	**52.5**	**324.2**
批发业	259.6	100.0	23.5	136.1
零售业	261.2	44.2	29.0	188.0
住宿和餐饮业	**202.1**	**55.2**	**10.4**	**136.5**
住宿业	123.9	45.6	7.2	71.1
餐饮业	78.2	9.6	3.2	65.4
金融业	**449.0**	**146.0**	**53.1**	**249.9**
银行业	275.8	113.1	52.4	110.2
证券业	12.8	1.8		10.9
保险业	152.5	27.6	0.1	124.8
其他金融活动	8.0	3.4	0.6	3.9
房地产业	**190.9**	**43.5**	**8.7**	**138.7**
租赁和商务服务业	**290.5**	**125.4**	**36.7**	**128.4**
租赁业	4.9	1.0	0.7	3.1
商务服务业	285.6	124.4	36.0	125.2
科学研究、技术服务和地质勘查业	**272.6**	**209.4**	**4.2**	**59.0**
研究与试验发展	68.1	61.9	0.5	5.7
专业技术服务业	120.5	81.5	2.7	36.3
科技交流和推广服务业	48.2	33.6	0.9	13.7
地质勘查业	35.9	32.4	0.1	3.4
水利、环境和公共设施管理业	**205.7**	**178.3**	**10.5**	**16.8**
水利管理业	45.6	44.1	0.7	0.7
环境管理业	97.2	84.2	8.2	4.8
公共设施管理业	62.8	49.9	1.6	11.3
居民服务和其他服务业	**58.8**	**28.3**	**8.2**	**22.3**
居民服务业	29.3	17.4	3.7	8.2
其他服务业	29.6	10.9	4.5	14.2
教育	**1550.4**	**1490.6**	**17.4**	**42.3**
卫生、社会保障和社会福利业	**595.8**	**529.9**	**49.9**	**16.0**
卫生	567.5	504.0	48.6	14.9
社会保障业	14.9	14.3	0.3	0.3
社会福利业	13.3	11.6	0.9	0.8
文化、体育和娱乐业	**129.5**	**111.9**	**2.2**	**15.4**
新闻出版业	28.4	26.0	0.2	2.2
广播、电视、电影和音像业	41.0	37.7	0.4	2.9
文化艺术业	41.3	38.1	1.2	1.9
体育	9.0	7.8	0.1	1.1
娱乐业	9.8	2.3	0.3	7.3
公共管理和社会组织	**1394.3**	**1380.0**	**2.7**	**11.6**
中国共产党机关	54.5	54.5		
国家机构	1294.7	1293.5		
人民政协和民主党派	9.4	9.4		
群众团体、社会团体和宗教组织	26.6	21.3	0.9	4.4
基层群众自治组织				

1-31 各地区按第三产业行业门类分国有单位就业人员数(2009年底)

单位：万人

地　区	交通运输、仓储和邮政业	信息传输、计算机服务和软件业	批发和零售业	住宿和餐饮业	金融业	房地产业	租赁和商务服务业
全　国	**413.9**	**64.6**	**144.2**	**55.2**	**146.0**	**43.5**	**125.4**
北　京	11.2	1.2	4.3	5.5	2.1	3.1	21.8
天　津	6.3	0.4	3.5	0.6	0.8	0.7	5.0
河　北	20.4	3.1	9.4	2.8	5.0	1.8	2.9
山　西	18.1	3.2	8.8	2.0	5.7	0.8	3.1
内蒙古	14.6	3.3	3.2	1.0	4.4	0.8	1.9
辽　宁	24.2	2.0	4.7	1.5	7.6	2.4	6.3
吉　林	11.3	2.5	2.8	1.3	4.1	1.3	2.7
黑龙江	23.9	2.8	7.4	1.8	4.8	2.2	2.1
上　海	13.4	1.8	3.3	1.5	5.2	2.7	7.9
江　苏	18.0	2.5	4.9	2.0	8.4	1.7	5.3
浙　江	13.0	2.2	3.3	2.0	6.6	1.6	8.3
安　徽	9.3	2.1	5.4	1.1	5.3	1.1	2.2
福　建	11.9	1.5	4.0	1.7	4.7	2.7	3.4
江　西	13.5	2.5	4.7	1.1	4.4	1.1	2.0
山　东	22.4	2.6	9.5	5.1	8.0	2.6	4.4
河　南	21.8	2.7	14.1	3.5	6.3	1.4	5.2
湖　北	23.8	2.3	5.4	1.4	7.4	1.8	2.9
湖　南	15.4	2.8	4.0	2.3	3.9	1.5	3.5
广　东	24.6	5.5	8.8	4.5	13.2	4.2	14.2
广　西	11.9	2.1	4.6	1.7	4.8	1.1	3.7
海　南	1.8	0.2	0.7	0.9	0.8	0.4	1.4
重　庆	9.1	1.3	2.6	0.8	2.7	1.1	1.7
四　川	17.2	3.3	6.5	1.8	9.4	1.2	3.8
贵　州	7.7	1.4	3.7	0.9	1.8	0.8	1.0
云　南	9.6	1.9	3.8	1.5	4.2	0.4	2.0
西　藏	0.7	0.4	0.4	0.4	0.7		
陕　西	16.3	3.4	4.4	1.9	4.7	1.1	2.0
甘　肃	8.6	1.4	2.2	1.1	3.1	0.6	1.4
青　海	2.7	0.7	0.7	0.2	1.4	0.3	0.5
宁　夏	2.8	0.5	0.8	0.1	1.3	0.3	0.4
新　疆	8.4	1.0	2.3	1.2	3.2	0.5	2.4

1-31 续表

单位：万人

地区	科学研究、技术服务和地质勘查业	水利、环境和公共设施管理业	居民服务和其他服务业	教育	卫生、社会保障和社会福利业	文化、体育和娱乐业	公共管理和社会组织
全国	**209.4**	**178.3**	**28.3**	**1490.6**	**529.9**	**111.9**	**1380.0**
北京	19.4	6.0	1.3	33.3	17.0	11.4	34.4
天津	4.0	3.0	4.1	16.0	8.1	1.6	13.4
河北	7.5	8.7	1.6	82.2	24.0	4.4	75.5
山西	5.6	5.5	0.4	46.8	13.3	4.3	54.9
内蒙古	4.0	6.3	1.7	34.0	10.4	3.2	34.0
辽宁	9.0	10.8	1.5	49.9	22.1	5.0	49.7
吉林	5.5	6.3	0.7	36.5	13.6	3.3	30.5
黑龙江	10.6	8.5	4.3	44.8	17.9	3.8	40.9
上海	17.5	5.0	1.0	25.0	14.3	3.5	17.9
江苏	7.2	8.8	0.7	81.9	25.7	4.8	62.2
浙江	6.6	5.7	0.6	53.5	25.1	5.2	54.0
安徽	5.2	5.9	0.3	58.0	15.7	3.0	45.9
福建	3.7	3.7	1.0	42.2	12.7	3.2	29.7
江西	4.9	4.6	0.4	45.9	15.3	3.0	42.8
山东	8.2	10.2	2.2	102.3	34.6	5.9	102.0
河南	9.3	11.0	0.6	100.2	35.1	6.4	102.3
湖北	9.3	7.5	0.8	62.5	25.8	4.6	53.9
湖南	6.3	7.5	0.5	64.3	26.0	3.5	75.8
广东	9.5	10.0	1.6	104.9	43.2	6.9	91.1
广西	5.9	6.6	0.2	54.9	20.5	2.8	37.9
海南	1.2	1.7	0.1	10.2	3.3	0.9	9.5
重庆	2.7	2.8	0.2	32.7	9.5	2.0	23.3
四川	12.5	8.2	0.4	81.3	26.1	3.9	73.9
贵州	3.8	2.7	0.3	40.5	10.7	1.6	38.5
云南	5.6	4.3	0.3	50.0	14.5	2.8	45.1
西藏	0.7	0.2		3.9	1.4	0.6	8.0
陕西	11.8	6.1	0.7	51.5	16.6	3.5	47.5
甘肃	4.6	3.4	0.3	33.5	9.0	2.5	35.2
青海	1.9	0.9	0.3	7.1	2.8	0.6	8.5
宁夏	1.1	1.8	0.3	7.8	2.9	0.9	7.8
新疆	4.3	4.5	0.3	32.9	12.8	2.5	34.1

1-32 按第三产业行业门类分国有单位就业人员数

单位：万人

行业门类	2003	2004	2005	2006	2007	2008	2009
交通运输、仓储和邮政业	492.8	473.4	443.3	433.0	432.0	424.5	413.9
信息传输、计算机服务和软件业	72.0	74.1	65.8	65.6	62.5	63.0	64.6
批发和零售业	301.0	259.6	214.7	186.7	174.1	160.7	144.2
住宿和餐饮业	73.4	70.5	67.5	63.8	58.6	56.6	55.2
金融业	208.1	196.4	177.5	165.1	161.4	155.4	146.0
房地产业	52.2	50.9	47.5	45.0	45.2	43.5	43.5
租赁和商务服务业	106.0	107.9	114.6	121.0	120.5	125.9	125.4
科学研究、技术服务和地质勘查业	185.1	188.6	188.5	193.0	197.5	201.6	209.4
水利、环境和公共设施管理业	155.3	158.0	161.0	165.4	169.8	172.8	178.3
居民服务和其他服务业	22.1	24.2	24.9	27.7	28.7	28.8	28.3
教育	1378.3	1409.7	1424.9	1448.0	1462.9	1481.9	1490.6
卫生、社会保障和社会福利业	430.9	437.9	452.4	466.8	483.2	501.2	529.9
文化、体育和娱乐业	117.0	111.9	110.5	110.1	111.3	110.9	111.9
公共管理和社会组织	1165.1	1191.8	1234.3	1257.5	1285.0	1328.8	1380.0

1-33 各地区按第三产业行业门类分城镇集体单位就业人员数(2009年底)

单位：人

地区	交通运输、仓储和邮政业	信息传输、计算机服务和软件业	批发和零售业	住宿和餐饮业	金融业	房地产业	租赁和商务服务业
全国	**205734**	**11373**	**524767**	**104369**	**531491**	**87076**	**367150**
北京	8638	1107	17600	11412		16374	59260
天津	1784	123	6535	812	3194	471	3420
河北	5438	138	38201	3811	42500	997	12756
山西	5083	79	38058	3441	35080	1405	25674
内蒙古	2788	16	3798	1586	21708	70	1940
辽宁	10037	237	15049	3513	23853	2011	19032
吉林	11084	380	5009	2197	19227	437	2393
黑龙江	8287	174	22269	3104	19457	3307	9552
上海	5150	321	11708	1391	16	2848	21945
江苏	10693	956	21117	3475	23109	2602	15366
浙江	11515	764	9562	6807	14548	4351	31953
安徽	7612	189	14412	1375	16875	881	5434
福建	4287	29	13533	3010	12186	2117	10412
江西	6419	708	8772	483	17730	218	5203
山东	11219	1878	54202	7658	37624	5813	28520
河南	17232	438	89651	10900	35587	3319	19857
湖北	10983	31	13141	2696	20559	1313	2921
湖南	12787	136	6893	2847	13829	2427	11777
广东	19557	590	38006	11711	50073	22877	38380
广西	9640	99	15471	2960	17319	1346	6973
海南	810	23	3428	1294	3182	1048	923
重庆	2773	160	6149	1869	3374	1291	1267
四川	10203	2230	15543	4453	31936	1592	6934
贵州	2684	29	7413	737	8918	1827	4629
云南	2322	76	11812	3474	18092	808	6724
西藏	20		265	170			77
陕西	4835	104	23289	4578	16368	2615	4140
甘肃	899	354	6142	659	11593	1755	3361
青海	122		1201	609	1741	440	1462
宁夏	19		863	74	3135	10	496
新疆	814	4	5675	1263	8678	506	4369

1-33 续表 单位：人

地区	科学研究、技术服务和地质勘查业	水利、环境和公共设施管理业	居民服务和其他服务业	教育	卫生、社会保障和社会福利业	文化、体育和娱乐业	公共管理和社会组织
全国	**41753**	**105346**	**82089**	**173975**	**498592**	**21977**	**26960**
北京	6558	3435	9409	12641	11243	1780	992
天津	419	150	8123	2792	2704	96	431
河北	241	1572	3121	1247	16360	1700	1127
山西	527	3971	1616	3177	16605	2240	100
内蒙古	166	3062	2118	278	12468	41	
辽宁	3685	2649	3410	2406	16029	359	1263
吉林	753	8353	1803	729	10498	236	362
黑龙江	1091	3584	13037	1320	5015	45	287
上海	2103	4683	2748	3355	21993	1632	2990
江苏	1123	17655	1434	5698	68804	2693	15
浙江	4515	11624	1909	12858	38520	734	2357
安徽	1831	976	793	1971	49603	956	2793
福建	703	1326	852	790	23028	701	190
江西	44	3532	633	53	5985	11	177
山东	3231	3642	1955	21354	50880	1244	3913
河南	2486	924	3822	72421	17103	1689	3289
湖北	1067	5908	1946	4159	13141	490	2895
湖南	809	2427	2102	5300	18278	465	579
广东	3933	12462	6683	8153	18654	1287	1486
广西	417	702	2547	1811	674	184	128
海南	457	111	33	286	4976	600	56
重庆	278	2169	563	424	12978	216	315
四川	896	5373	3440	1104	49008	829	161
贵州	406	1972	1004	2192	774	79	130
云南	1168	1931	839	1872	959	228	816
西藏			4			24	
陕西	1432	974	5134	4912	8727	1168	47
甘肃	1036	19	319	551	1798	121	49
青海	316		403	1	191	116	
宁夏		155			162		
新疆	62	5	289	120	1434	13	12

1-34 按第三产业行业门类分城镇集体单位就业人员数

单位: 万人

行业门类	2003	2004	2005	2006	2007	2008	2009
交通运输、仓储和邮政业	38.7	34.1	30.6	27.2	24.6	22.2	20.6
信息传输、计算机服务和软件业	1.8	1.3	1.4	1.1	0.9	0.8	1.1
批发和零售业	128.6	108.9	89.9	77.4	69.0	58.6	52.5
住宿和餐饮业	16.2	15.0	13.7	12.7	11.6	11.0	10.4
金融业	67.0	66.6	63.8	62.1	61.3	60.1	53.1
房地产业	7.4	7.8	8.2	8.0	7.7	7.4	8.7
租赁和商务服务业	30.2	30.7	35.2	34.1	34.4	33.1	36.7
科学研究、技术服务和地质勘查业	4.8	4.5	3.8	3.5	3.4	3.4	4.2
水利、环境和公共设施管理业	10.7	10.2	9.6	10.0	10.2	10.8	10.5
居民服务和其他服务业	15.2	13.5	10.3	9.8	8.9	8.8	8.2
教育	57.1	43.1	40.2	36.0	34.3	24.6	17.4
卫生、社会保障和社会福利业	51.2	50.0	48.3	48.8	48.7	49.8	49.9
文化、体育和娱乐业	3.2	2.8	2.5	2.3	2.3	2.3	2.2
公共管理和社会组织	5.0	4.8	3.5	3.6	2.9	2.4	2.7

1-35 各地区按第三产业行业门类分其他单位就业人员数(2009年底)

单位：万人

地区	交通运输、仓储和邮政业	信息传输、计算机服务和软件业	批发和零售业	住宿和餐饮业	金融业	房地产业	租赁和商务服务业
全国	**199.9**	**108.1**	**324.2**	**136.5**	**249.9**	**138.7**	**128.4**
北京	38.0	34.9	44.1	21.6	23.3	25.4	45.2
天津	5.8	2.1	7.7	3.4	5.5	2.3	2.0
河北	4.5	2.9	8.9	1.4	14.1	1.4	1.0
山西	2.6	1.1	5.3	1.9	4.8	1.7	0.6
内蒙古	1.3	0.6	3.0	1.1	3.3	0.6	0.8
辽宁	6.6	4.0	10.9	4.9	10.2	4.9	1.8
吉林	2.9	2.6	5.0	1.6	3.8	2.1	1.2
黑龙江	1.5	2.5	8.7	1.1	6.7	1.8	1.2
上海	21.7	4.7	21.0	9.2	16.6	8.5	7.9
江苏	11.6	4.7	20.7	8.1	15.9	4.5	4.6
浙江	9.8	7.8	23.8	12.3	20.0	8.4	12.4
安徽	4.7	1.6	6.7	2.5	7.5	3.1	1.6
福建	3.9	2.6	7.7	4.2	6.2	5.9	6.0
江西	1.4	1.1	2.8	0.7	3.8	0.9	0.2
山东	9.8	3.4	25.5	5.7	21.0	6.2	4.5
河南	5.2	2.5	15.8	4.9	12.2	6.8	4.8
湖北	6.9	2.4	13.5	4.9	6.4	3.8	1.5
湖南	5.1	2.1	11.1	5.7	12.0	6.5	2.6
广东	27.0	11.2	28.2	18.0	19.2	19.6	10.5
广西	4.6	1.4	5.4	2.5	2.8	2.5	3.9
海南	2.4	0.5	2.1	3.0	0.8	1.9	0.6
重庆	4.1	1.2	8.0	3.2	6.7	3.6	2.4
四川	5.5	2.4	9.4	3.0	7.8	4.0	1.5
贵州	1.2	1.0	5.5	1.7	3.2	2.8	2.6
云南	4.4	2.1	9.7	4.0	2.8	3.1	3.1
西藏			0.1		0.1		0.1
陕西	2.4	2.7	5.5	3.3	6.5	3.1	0.7
甘肃	1.7	0.8	2.7	0.9	2.4	0.9	0.2
青海	0.5	0.1	0.9	0.2	0.3	0.4	0.2
宁夏	0.3	0.2	0.8	0.4	1.1	0.5	0.7
新疆	2.4	0.9	3.6	1.1	2.6	1.6	2.1

1-35 续表 单位：万人

地 区	科学研究、技术服务和地质勘查业	水利、环境和公共设施管理业	居民服务和其他服务业	教 育	卫生、社会保障和社会福利业	文化、体育和娱乐业	公共管理和社会组织
全 国	**59.0**	**16.8**	**22.3**	**42.3**	**16.0**	**15.4**	**11.6**
北 京	23.7	2.4	5.4	7.2	2.0	4.3	5.5
天 津	1.9	0.6	2.1	0.3	0.1	0.1	0.1
河 北	0.9	0.4	0.1	0.2	0.1	0.2	
山 西	0.2	0.1	0.2	0.9	0.3	0.1	0.1
内蒙古	0.2	0.2	0.1	0.2	0.1		
辽 宁	1.5	0.4	0.5	0.7	0.8	0.3	0.1
吉 林	0.9	0.6	0.2	0.5	0.3	0.4	
黑龙江	0.8	0.4	0.3	0.2	0.1	0.1	
上 海	3.2	0.8	2.6	1.4	0.1	0.9	
江 苏	2.5	0.9	0.3	2.1	1.8	0.5	
浙 江	3.5	1.4	0.7	3.1	0.9	0.6	1.9
安 徽	0.6	0.5	0.2	1.3	0.9	0.2	
福 建	1.0	0.7	0.4	1.4	0.3	0.4	
江 西		0.1		0.8	0.2	0.2	
山 东	1.5	0.5	0.9	1.5	0.7	0.4	0.7
河 南	1.5	0.4	0.8	5.1	2.0	0.5	1.1
湖 北	1.2	0.3	0.3	1.7	0.7	0.4	0.8
湖 南	1.2	0.5	0.6	3.5	1.3	0.7	0.6
广 东	5.5	2.3	3.7	3.3	1.2	1.9	
广 西	0.5	0.2	0.2	1.0	0.3	0.3	
海 南	0.3	0.3	0.1	1.0		0.4	
重 庆	2.7	0.4	0.6	1.1	0.1	0.4	
四 川	0.6	0.5	0.3	0.7	0.3	0.4	
贵 州	0.7	0.1	0.7	0.6	0.3	0.2	0.1
云 南	0.7	0.6	0.4	0.6	0.4	0.6	0.1
西 藏							0.2
陕 西	0.8	1.0	0.5	1.6	0.4	0.8	
甘 肃	0.2						
青 海	0.2			0.2	0.1		
宁 夏	0.2			0.1			
新 疆	0.3	0.3	0.1	0.2	0.1	0.1	

1-36 按第三产业行业门类分其他单位就业人员数

单位：万人

行业门类	2003	2004	2005	2006	2007	2008	2009
交通运输、仓储和邮政业	105.0	124.4	140.0	152.6	166.4	180.6	199.9
信息传输、计算机服务和软件业	43.0	48.3	62.8	71.5	86.8	95.7	108.1
批发和零售业	198.6	218.3	239.4	251.6	263.8	295.0	324.2
住宿和餐饮业	82.5	91.6	100.1	107.3	115.7	125.6	136.5
金融业	78.3	93.1	117.9	140.2	167.0	202.0	249.9
房地产业	60.6	74.7	90.9	101.0	113.6	121.8	138.7
租赁和商务服务业	47.3	55.8	68.7	81.6	92.3	115.7	128.4
科学研究、技术服务和地质勘查业	32.0	29.0	35.5	38.9	42.5	52.0	59.0
水利、环境和公共设施管理业	6.5	7.9	9.8	11.6	13.5	13.7	16.8
居民服务和其他服务业	15.6	16.5	18.7	19.0	19.8	19.0	22.3
教育	7.4	14.0	18.1	20.4	23.7	27.5	42.3
卫生、社会保障和社会福利业	3.6	6.8	8.2	9.8	11.0	12.6	16.0
文化、体育和娱乐业	7.5	8.7	9.6	10.0	11.5	12.7	15.4
公共管理和社会组织	0.8	2.5	3.0	4.4	3.3	3.8	11.6

1-37 各地区按第三产业行业门类分私营企业和个体就业人员数(2009年底)

单位：万人

地 区	第三产业合计	交通运输、仓储和邮政业	信息传输、计算机服务和软件业	批发和零售业	住宿和餐饮业	金融业	房地产业
全 国	**10182.4**	**512.7**	**263.4**	**5961.7**	**916.0**	**26.1**	**296.5**
北 京	407.5	13.4	6.0	133.8	28.7	0.3	12.7
天 津	80.5	5.3	0.9	40.4	5.2	0.3	2.4
河 北	550.5	19.9	7.7	415.1	42.8	1.1	9.9
山 西	192.7	4.5	3.2	122.7	21.9	1.0	2.2
内蒙古	186.1	13.2	3.5	103.0	24.4	0.8	5.6
辽 宁	500.5	88.4	17.6	250.7	34.3	1.7	16.8
吉 林	181.8	12.9	3.3	99.3	25.3	0.7	6.2
黑龙江	254.0	17.4	6.2	139.2	35.0	0.4	5.1
上 海	415.0	21.0	10.9	196.6	19.2	0.4	15.6
江 苏	793.7	35.1	14.9	489.3	54.5	2.6	28.7
浙 江	588.6	23.5	15.6	364.1	43.8	1.4	15.2
安 徽	343.0	12.2	8.9	209.2	31.3	0.9	8.4
福 建	303.8	6.3	8.5	187.6	24.9	1.0	8.1
江 西	292.5	16.1	6.2	178.4	28.9	0.4	12.4
山 东	662.2	34.2	17.0	419.7	54.9	1.7	19.1
河 南	442.7	16.1	8.0	277.7	45.7	0.6	9.9
湖 北	417.2	19.8	11.5	244.8	46.1	0.9	8.6
湖 南	371.2	11.6	15.4	212.7	19.0	0.7	12.6
广 东	1065.2	28.5	38.0	647.2	88.5	3.9	35.8
广 西	291.7	23.1	6.8	164.8	34.1	1.9	9.5
海 南	63.9	4.4	2.3	30.8	7.0	0.1	4.2
重 庆	237.6	9.0	12.0	131.8	19.6	0.8	9.6
四 川	534.2	23.4	18.4	286.7	69.1	0.9	12.0
贵 州	118.0	5.7	2.5	69.7	13.1	0.2	4.1
云 南	264.9	8.7	6.4	159.7	33.6	0.6	7.9
西 藏	27.1	0.7	0.5	14.4	5.0		0.3
陕 西	250.7	26.4	4.9	174.7	9.8	0.3	5.1
甘 肃	123.8	2.8	2.3	76.1	19.1	0.2	2.9
青 海	37.7	1.9	0.5	20.1	6.8		1.1
宁 夏	54.3	1.3	1.0	32.1	5.9	0.2	1.0
新 疆	130.0	6.0	2.6	69.4	18.7	0.2	3.3

1-37 续表 单位：万人

地区	租赁和商务服务业	科学研究、技术服务和地质勘察业	水利、环境和公共设施管理业	居民服务和其他服务业	教育	卫生、社会保障和社会福利业	文化、体育和娱乐业	其他
全国	**732.8**	**327.2**	**33.8**	**851.0**	**11.1**	**32.6**	**113.5**	**104.0**
北京	58.1	104.1	2.7	20.7	0.5	0.9	23.6	1.9
天津	7.7	11.3	0.4	5.0		0.4	1.1	
河北	11.6	3.4	0.8	31.2	0.2	0.9	1.6	4.1
山西	5.5	0.9	0.4	23.8	0.1	1.2	1.8	3.5
内蒙古	7.9	1.7	0.4	20.1	0.5	0.8	1.5	2.8
辽宁	27.0	10.4	1.6	40.6	0.3	2.0	3.6	5.5
吉林	6.9	2.7	0.5	18.1	0.3	1.3	1.2	2.9
黑龙江	10.7	3.3	0.5	26.8	0.1	0.7	2.4	6.4
上海	81.0	45.2	3.5	16.6	0.3	1.1	3.5	
江苏	56.1	28.0	4.3	69.4	1.0	2.1	7.3	0.3
浙江	47.1	12.0	2.1	53.8	0.8	1.3	5.7	2.2
安徽	16.8	3.6	1.0	40.7	0.4	0.8	3.7	5.1
福建	25.9	6.3	1.1	29.3	0.4	0.9	3.2	0.1
江西	11.1	0.9	0.5	26.4	0.1	0.6	2.9	7.6
山东	43.1	8.4	2.2	56.9	0.6	1.7	2.8	
河南	19.0	3.4	0.6	45.0	0.1	0.6	1.7	14.3
湖北	22.3	8.2	0.9	42.2	0.5	1.2	3.2	6.9
湖南	60.5	9.0	1.0	21.8	0.5	1.2	4.9	0.4
广东	85.6	40.2	3.4	79.4	1.7	0.6	8.3	4.0
广西	14.5	2.6	1.2	22.8	0.4	1.9	5.0	3.1
海南	5.7	0.9	0.3	6.5	0.1	0.3	1.1	0.1
重庆	26.3	5.9	1.4	17.8	0.5	0.5	2.5	
四川	35.6	6.8	0.7	53.5	0.6	3.0	8.4	15.1
贵州	4.5	0.4	0.2	11.8	0.2	0.9	1.2	3.7
云南	12.6	3.7	0.9	22.9	0.3	2.2	3.9	1.6
西藏	1.2	0.1		2.9		0.1	1.1	0.9
陕西	12.2	1.4	0.3	7.6	0.1	0.5	2.0	5.5
甘肃	4.5	0.7	0.1	11.7	0.2	1.1	1.1	0.9
青海	0.7	0.1		3.5		0.2	0.4	2.3
宁夏	2.8	0.5	0.1	7.5	0.1	0.3	0.6	0.9
新疆	8.3	1.4	0.4	14.8	0.1	1.3	1.8	1.8

1-38 各地区按第三产业行业门类分城镇私营企业和个体就业人员数(2009年底)

单位：万人

地 区	第三产业合计	交通运输、仓储和邮政业	信息传输、计算机服务和软件业	批发和零售业	住宿和餐饮业	金融业	房地产业
全 国	**7188.7**	**322.6**	**203.2**	**4082.0**	**670.7**	**19.9**	**227.8**
北 京	275.8	5.9	3.5	82.5	20.9	0.2	7.2
天 津	74.7	5.0	0.9	36.8	4.5	0.3	2.3
河 北	382.1	9.9	3.7	302.7	31.3	0.5	5.3
山 西	116.9	2.2	2.1	75.6	13.2	0.2	1.5
内蒙古	157.6	10.6	2.9	87.0	20.7	0.7	5.1
辽 宁	386.7	59.1	15.1	194.8	27.3	1.4	14.7
吉 林	152.4	11.2	2.8	82.8	20.9	0.6	5.7
黑龙江	190.2	13.1	4.9	103.3	25.5	0.2	3.8
上 海	261.5	12.9	5.5	111.1	16.6	0.4	11.7
江 苏	594.0	26.5	13.1	346.6	47.6	1.8	22.6
浙 江	426.8	14.5	13.5	256.5	34.4	1.1	12.5
安 徽	218.7	7.0	5.5	130.4	22.1	0.3	4.2
福 建	233.6	5.3	7.1	139.9	18.4	0.9	7.2
江 西	166.3	8.2	4.1	96.4	18.4	0.3	6.9
山 东	379.1	17.4	11.2	232.2	31.6	0.9	13.1
河 南	254.1	5.9	5.7	156.5	27.0	0.5	6.5
湖 北	312.6	13.6	8.6	181.9	32.1	0.8	6.7
湖 南	281.7	9.4	12.4	150.3	16.0	0.5	8.4
广 东	883.1	24.9	32.9	522.7	72.2	3.6	32.0
广 西	176.5	11.2	3.8	100.1	20.4	1.8	6.4
海 南	56.7	3.9	2.1	26.8	6.0	0.1	4.0
重 庆	204.6	7.1	11.0	110.0	17.7	0.7	8.8
四 川	355.6	15.5	14.2	186.7	44.0	0.7	9.9
贵 州	71.7	3.4	1.8	40.1	7.8	0.1	3.3
云 南	204.0	6.2	5.8	118.8	24.9	0.6	7.5
西 藏	23.3	0.6	0.4	12.6	4.0		0.2
陕 西	81.8	2.0	3.2	43.7	7.8	0.1	3.8
甘 肃	89.2	1.8	1.8	56.2	13.0	0.1	1.9
青 海	28.7	1.6	0.4	15.2	5.3		0.7
宁 夏	42.7	1.1	0.9	25.5	4.7	0.2	0.9
新 疆	105.8	5.3	2.1	56.2	14.3	0.2	3.0

1-38 续表 单位：万人

地 区	租赁和商务服务业	科学研究、技术服务和地质勘察业	水利、环境和公共设施管理业	居民服务和其他服务业	教育	卫生、社会保障和社会福利业	文化、体育和娱乐业	其 他
全 国	**593.4**	**256.7**	**23.1**	**606.4**	**8.1**	**24.8**	**88.1**	**61.7**
北 京	42.4	76.6	1.4	14.9	0.3	0.7	17.9	1.2
天 津	7.4	11.2	0.4	4.6		0.4	1.0	
河 北	6.4	1.8	0.4	17.3	0.1	0.5	1.0	1.0
山 西	4.1	0.6	0.2	14.0		0.8	1.1	1.2
内蒙古	7.4	1.6	0.3	16.6	0.5	0.7	1.3	2.2
辽 宁	24.0	9.4	1.3	31.3	0.2	1.8	3.2	3.2
吉 林	6.2	2.5	0.5	14.5	0.3	1.2	1.1	2.0
黑龙江	9.3	2.6	0.3	19.8	0.1	0.6	1.8	4.9
上 海	58.7	27.1	1.7	11.9	0.2	1.0	2.7	
江 苏	47.2	23.4	3.1	53.3	0.7	1.8	6.3	0.2
浙 江	35.8	10.3	1.5	39.5	0.5	1.0	4.4	1.2
安 徽	8.8	1.7	0.5	31.2	0.2	0.5	2.6	3.6
福 建	22.9	5.6	0.9	21.6	0.3	0.7	2.6	0.1
江 西	7.0	0.4	0.1	17.2	0.1	0.4	2.0	4.8
山 东	30.9	6.0	1.3	31.0	0.3	1.1	2.0	
河 南	14.8	2.8	0.4	27.3	0.1	0.4	1.3	5.0
湖 北	19.9	7.9	0.8	31.6	0.4	0.9	2.6	4.7
湖 南	53.5	7.1	0.7	17.3	0.5	1.0	4.2	0.2
广 东	79.0	37.2	2.9	63.5	1.4	0.5	7.1	3.1
广 西	10.4	2.0	0.5	14.8	0.2	0.9	2.8	1.3
海 南	5.4	0.8	0.3	5.7	0.1	0.3	1.1	0.1
重 庆	24.2	5.0	1.1	15.6	0.4	0.5	2.3	
四 川	27.2	5.8	0.5	32.1	0.4	2.2	6.0	10.5
贵 州	3.6	0.3	0.1	7.2	0.1	0.6	0.9	2.3
云 南	11.7	3.6	0.8	17.5	0.3	1.8	3.3	1.2
西 藏	1.1	0.1		2.5		0.1	1.0	0.6
陕 西	10.0	0.9	0.2	5.2		0.3	1.4	3.1
甘 肃	3.7	0.6	0.1	7.8	0.1	0.7	0.8	0.5
青 海	0.6	0.1		2.6		0.2	0.4	1.6
宁 夏	2.3	0.5	0.1	5.2	0.1	0.2	0.5	0.5
新 疆	7.4	1.3	0.4	11.7	0.1	1.0	1.4	1.5

【主要统计指标解释】

法人单位 指具备以下条件的单位：（1）依法成立，有自己的名称、组织机构和场所，能够独立承担民事责任；（2）独立拥有和使用资产，承担负债，有权与其他单位签订合同；（3）会计上独立核算，能够编制资产负债表。

经济活动人口 指在16周岁及以上，有劳动能力，参加或要求参加社会经济活动的人口。包括就业人员和失业人员。

就业人员 指在16周岁及以上，从事一定社会劳动并取得劳动报酬或经营收入的人员。这一指标反映了一定时期内全部劳动力资源的实际利用情况，是研究我国基本国情国力的重要指标。

各单位的就业人员 指在各级国家机关、政党机关、社会团体及企业、事业单位中工作，取得工资或其他形式的劳动报酬的全部人员。包括在岗职工、再就业的离退休人员、民办教师以及在各单位中工作的外方人员和港澳台方人员、兼职人员、借用的外单位人员和第二职业者。不包括离开本单位仍保留劳动关系的职工。各单位的就业人员反映了各单位实际参加生产或工作的全部劳动力。

城镇私营和个体就业人员 城镇私营就业人员指在工商管理部门注册登记，其经营地址设在县城关镇(含县城关镇)以上的私营企业就业人员，包括私营企业投资者和雇工。城镇个体就业人员指在工商管理部门注册登记，并持有城镇户口或在城镇长期居住，经批准从事个体工商经营的就业人员，包括个体经营者和在个体工商户劳动的家庭帮工和雇工。

国有单位 指资产归国家所有的经济组织。包括按《中华人民共和国企业法人登记管理条例》规定登记注册的非公司制的经济组织，以及中央、地方各级国家机关、事业单位和社会团体。

集体单位 指生产资料归集体所有，并按《中华人民共和国企业法人登记管理条例》规定登记注册的经济组织。

其他单位 包括股份合作单位、联营单位、有限责任公司、股份有限公司、港澳台商投资单位以及外商投资单位等其他登记注册类型单位。

2 第三产业增加值

简要说明

国内生产总值数据是由国家统计局国民经济核算司根据不同产业部门、不同支出构成的特点和资料来源情况计算的。

本年鉴公布的国内生产总值以及与之有关的指标数据，最后一年数据不是最终数，还会在获得更多的财务和行政记录等资料后发生变动。如果遇到普查，在能够获得更详细的基础资料的情况下，国内生产总值的历史数据还会发生变动。2008年是第二次全国经济普查年度，按照《经济普查年度GDP核算方案》的要求，重新计算了经济普查年度的国内生产总值，并利用趋势离差法，修订了2005-2007年国内生产总值历史数据。本年鉴中的数据是修订后的数据。

本年鉴所列分地区的数据来自各省、自治区、直辖市统计局的国民经济核算资料。由于采取分级核算，各地区数据相加不等于全国总计。

2-1 第三产业增加值及所占比重

单位：亿元

年份	国内生产总值	第一产业	第二产业	第三产业	
					比重(%)
1978	3645.2	1027.5	1745.2	872.5	23.9
1979	4062.6	1270.2	1913.5	878.9	21.6
1980	4545.6	1371.6	2192.0	982.0	21.6
1981	4891.6	1559.5	2255.5	1076.6	22.0
1982	5323.4	1777.4	2383.0	1163.0	21.8
1983	5962.7	1978.4	2646.2	1338.1	22.4
1984	7208.1	2316.1	3105.7	1786.3	24.8
1985	9016.0	2564.4	3866.6	2585.0	28.7
1986	10275.2	2788.7	4492.7	2993.8	29.1
1987	12058.6	3233.0	5251.6	3574.0	29.6
1988	15042.8	3865.4	6587.2	4590.3	30.5
1989	16992.3	4265.9	7278.0	5448.4	32.1
1990	18667.8	5062.0	7717.4	5888.4	31.6
1991	21781.5	5342.2	9102.2	7337.1	33.7
1992	26923.5	5866.6	11699.5	9357.4	34.8
1993	35333.9	6963.8	16454.4	11915.7	33.7
1994	48197.9	9572.7	22445.4	16179.8	33.6
1995	60793.7	12135.8	28679.5	19978.5	32.9
1996	71176.6	14015.4	33835.0	23326.2	32.8
1997	78973.0	14441.9	37543.0	26988.1	34.2
1998	84402.3	14817.6	39004.2	30580.5	36.2
1999	89677.1	14770.0	41033.6	33873.4	37.7
2000	99214.6	14944.7	45555.9	38714.0	39.0
2001	109655.2	15781.3	49512.3	44361.6	40.5
2002	120332.7	16537.0	53896.8	49898.9	41.5
2003	135822.8	17381.7	62436.3	56004.7	41.2
2004	159878.3	21412.7	73904.3	64561.3	40.4
2005	184937.4	22420.0	87598.1	74919.3	40.5
2006	216314.4	24040.0	103719.5	88554.9	40.9
2007	265810.3	28627.0	125831.4	111351.9	41.9
2008	314045.4	33702.0	149003.4	131340.0	41.8
2009	340506.9	35226.0	157638.8	147642.1	43.4

注：本表按当年价格计算。

2-2 第三产业分行业增加值

单位：亿元

年份	第三产业	交通运输、仓储和邮政业	批发和零售业	住宿和餐饮业	金融业	房地产业	其他
1978	872.5	182.0	242.3	44.6	68.2	79.9	255.6
1979	878.9	193.7	200.9	44.0	66.9	86.3	287.1
1980	982.0	213.4	193.8	47.4	75.0	96.4	356.0
1981	1076.6	220.7	231.1	54.1	79.8	99.9	390.9
1982	1163.0	246.9	171.4	62.3	114.8	110.8	456.8
1983	1338.1	274.9	198.7	72.5	149.0	121.8	521.2
1984	1786.3	338.5	363.5	96.8	203.9	162.3	621.2
1985	2585.0	421.7	802.4	138.3	259.9	215.2	747.5
1986	2993.8	498.8	852.6	163.2	356.4	298.1	824.6
1987	3574.0	568.3	1059.6	187.1	450.0	382.6	926.3
1988	4590.3	685.7	1483.4	241.4	585.4	473.8	1120.6
1989	5448.4	812.7	1536.2	277.4	964.3	566.2	1291.6
1990	5888.4	1167.0	1268.9	301.9	1017.5	662.2	1470.9
1991	7337.1	1420.3	1834.6	442.3	1056.3	763.7	1819.9
1992	9357.4	1689.0	2405.0	584.6	1306.2	1101.3	2271.3
1993	11915.7	2174.0	2816.6	712.1	1669.7	1379.6	3163.7
1994	16179.8	2787.9	3773.4	1008.5	2234.8	1909.3	4465.8
1995	19978.5	3244.3	4778.6	1200.1	2798.5	2354.0	5602.9
1996	23326.2	3782.2	5599.7	1336.8	3211.7	2617.6	6778.3
1997	26988.1	4148.6	6327.4	1561.3	3606.8	2921.1	8423.0
1998	30580.5	4660.9	6913.2	1786.9	3697.7	3434.5	10087.3
1999	33873.4	5175.2	7491.1	1941.2	3816.5	3681.8	11767.7
2000	38714.0	6161.0	8158.6	2146.3	4086.7	4149.1	14012.4
2001	44361.6	6870.3	9119.4	2400.1	4353.5	4715.1	16903.3
2002	49898.9	7492.9	9995.4	2724.8	4612.8	5346.4	19726.7
2003	56004.7	7913.2	11169.5	3126.1	4989.4	6172.7	22633.9
2004	64561.3	9304.4	12453.8	3664.8	5393.0	7174.1	26571.2
2005	74919.3	10666.2	13966.2	4195.7	6086.8	8516.4	31488.0
2006	88554.9	12183.0	16530.7	4792.6	8099.1	10370.5	36579.1
2007	111351.9	14601.0	20937.8	5548.1	12337.5	13809.7	44117.7
2008	131340.0	16362.5	26182.3	6616.1	14863.3	14738.7	52577.1
2009	147642.1	17057.7	28984.5	7118.2	17727.6	18654.7	58099.5

注：本表按当年价格计算。

2-3 第三产业分行业增加值构成

单位：%

年 份	第三产业	交通运输、仓储和邮政业	批发和零售业	住宿和餐饮业	金融业	房地产业	其他
1978	100.0	20.9	27.8	5.1	7.8	9.2	29.3
1979	100.0	22.0	22.9	5.0	7.6	9.8	32.7
1980	100.0	21.7	19.7	4.8	7.6	9.8	36.3
1981	100.0	20.5	21.5	5.0	7.4	9.3	36.3
1982	100.0	21.2	14.7	5.4	9.9	9.5	39.3
1983	100.0	20.5	14.8	5.4	11.1	9.1	38.9
1984	100.0	19.0	20.3	5.4	11.4	9.1	34.8
1985	100.0	16.3	31.0	5.3	10.1	8.3	28.9
1986	100.0	16.7	28.5	5.5	11.9	10.0	27.5
1987	100.0	15.9	29.6	5.2	12.6	10.7	25.9
1988	100.0	14.9	32.3	5.3	12.8	10.3	24.4
1989	100.0	14.9	28.2	5.1	17.7	10.4	23.7
1990	100.0	19.8	21.5	5.1	17.3	11.2	25.0
1991	100.0	19.4	25.0	6.0	14.4	10.4	24.8
1992	100.0	18.0	25.7	6.2	14.0	11.8	24.3
1993	100.0	18.2	23.6	6.0	14.0	11.6	26.6
1994	100.0	17.2	23.3	6.2	13.8	11.8	27.6
1995	100.0	16.2	23.9	6.0	14.0	11.8	28.0
1996	100.0	16.2	24.0	5.7	13.8	11.2	29.1
1997	100.0	15.4	23.4	5.8	13.4	10.8	31.2
1998	100.0	15.2	22.6	5.8	12.1	11.2	33.0
1999	100.0	15.3	22.1	5.7	11.3	10.9	34.7
2000	100.0	15.9	21.1	5.5	10.6	10.7	36.2
2001	100.0	15.5	20.6	5.4	9.8	10.6	38.1
2002	100.0	15.0	20.0	5.5	9.2	10.7	39.5
2003	100.0	14.1	19.9	5.6	8.9	11.0	40.4
2004	100.0	14.4	19.3	5.7	8.4	11.1	41.2
2005	100.0	14.2	18.6	5.6	8.1	11.4	42.0
2006	100.0	13.8	18.7	5.4	9.1	11.7	41.3
2007	100.0	13.1	18.8	5.0	11.1	12.4	39.6
2008	100.0	12.5	19.9	5.0	11.3	11.2	40.0
2009	100.0	11.6	19.6	4.8	12.0	12.6	39.4

注：本表按当年价格计算。

2-4 第三产业分行业增加值及占GDP的比重

行业	2007		2008	
	增加值(亿元)	占GDP的比重(%)	增加值(亿元)	占GDP的比重(%)
第三产业总计	**111351.9**	**41.9**	**131340.0**	**41.8**
交通运输、仓储和邮政业	14601.0	5.5	16362.5	5.2
信息传输、计算机服务和软件业	6705.6	2.5	7859.7	2.5
批发和零售业	20937.8	7.9	26182.3	8.3
住宿和餐饮业	5548.1	2.1	6616.1	2.1
金融业	12337.5	4.6	14863.3	4.7
房地产业	13809.7	5.2	14738.7	4.7
租赁和商务服务业	4694.9	1.8	5608.2	1.8
科学研究、技术服务和地质勘查业	3441.3	1.3	3993.4	1.3
水利、环境和公共设施管理业	1110.7	0.4	1265.5	0.4
居民服务和其他服务业	3996.5	1.5	4628.0	1.5
教育	7693.2	2.9	8887.5	2.8
卫生、社会保障和社会福利业	4013.8	1.5	4628.7	1.5
文化、体育和娱乐业	1631.3	0.6	1922.4	0.6
公共管理和社会组织	10830.4	4.1	13783.7	4.4

注：本表按当年价格计算。

2-5 第三产业分行业增加值发展速度

上年＝100

年 份	第三产业	交通运输、仓储和邮政业	批发和零售业	住宿和餐饮业	金融业	房地产业	其他
1978	113.8	108.9	123.1	118.1	109.8	105.7	111.0
1979	107.9	108.3	108.7	111.1	97.2	104.1	110.1
1980	106.0	104.3	98.1	103.9	106.6	107.9	115.1
1981	110.4	101.9	129.5	117.5	104.3	96.5	107.6
1982	113.0	111.4	99.3	131.6	144.6	109.1	113.6
1983	115.2	109.5	121.2	119.4	127.0	105.2	112.0
1984	119.3	114.9	124.7	108.1	131.1	127.7	115.5
1985	118.2	113.8	133.5	106.3	116.9	125.0	111.7
1986	112.0	113.9	109.4	115.6	131.6	125.9	103.0
1987	114.4	109.6	114.7	109.7	123.3	129.3	110.4
1988	113.2	112.5	111.8	125.1	119.5	112.7	109.4
1989	105.4	104.2	89.3	109.9	125.9	115.9	104.9
1990	102.3	108.3	94.7	103.5	101.9	106.2	103.7
1991	108.9	110.6	105.2	108.2	102.3	112.0	115.7
1992	112.4	110.1	110.5	127.0	108.0	134.7	111.5
1993	112.2	112.5	108.6	108.2	110.9	110.8	116.9
1994	111.1	108.5	108.2	127.1	109.4	112.0	112.7
1995	109.8	111.0	108.2	110.2	108.5	112.4	110.3
1996	109.4	111.0	107.6	106.8	107.5	104.0	112.7
1997	110.7	109.2	108.8	110.9	108.5	104.1	115.9
1998	108.4	110.6	106.5	111.1	104.9	107.7	109.7
1999	109.3	112.2	108.7	107.7	104.8	105.9	111.4
2000	109.7	108.6	109.4	109.3	106.5	107.1	113.0
2001	110.3	108.8	109.1	107.6	106.4	111.0	112.9
2002	110.4	107.1	108.8	112.1	106.9	109.9	113.6
2003	109.5	106.1	109.9	112.4	107.0	109.8	110.8
2004	110.1	114.5	106.6	112.3	103.7	105.9	112.6
2005	112.2	111.2	113.0	112.3	113.8	112.2	111.9
2006	114.1	110.0	119.5	112.6	125.9	115.5	110.8
2007	116.0	111.8	120.2	109.6	127.6	124.4	111.3
2008	110.4	107.3	115.9	109.6	113.3	101.0	111.0
2009	109.3	103.7	112.1	105.5	117.9	111.3	107.4

注：本表按不变价格计算。

2-6 第三产业分行业增加值指数

1978年＝100

年 份	第三产业	交通运输、仓储和邮政业	批发和零售业	住宿和餐饮业	金融业	房地产业	其他
1978	100.0	100.0	100.0	100.0	100.0	100.0	100.0
1979	107.9	108.3	108.7	111.1	97.2	104.1	110.1
1980	114.3	112.9	106.7	115.5	103.6	112.3	126.7
1981	126.2	115.0	138.2	135.6	108.0	108.4	136.4
1982	142.6	128.1	137.2	178.5	156.2	118.2	154.9
1983	164.3	140.2	166.3	213.1	198.3	124.3	173.5
1984	196.0	161.1	207.4	230.3	259.9	158.7	200.4
1985	231.7	183.3	277.0	244.8	304.0	198.4	223.8
1986	259.6	208.8	303.2	283.1	400.0	249.7	230.5
1987	296.8	228.9	347.8	310.5	493.2	322.9	254.6
1988	335.9	257.5	388.7	388.5	589.1	363.8	278.4
1989	353.9	268.3	347.1	426.9	741.6	421.8	291.9
1990	362.1	290.7	328.8	441.8	755.4	448.2	302.8
1991	394.3	321.4	345.8	477.9	772.8	501.7	350.3
1992	443.3	353.7	382.2	607.0	834.6	675.9	390.6
1993	497.4	398.1	414.9	657.0	925.2	748.6	456.7
1994	552.5	432.0	448.9	835.3	1011.9	838.2	514.9
1995	606.9	479.4	485.9	920.8	1097.9	942.5	568.1
1996	664.1	532.4	523.0	983.8	1180.3	980.5	640.2
1997	735.3	581.3	568.8	1091.4	1280.1	1021.0	741.9
1998	796.8	642.9	605.9	1212.2	1343.0	1099.4	813.6
1999	871.2	721.2	658.6	1305.7	1407.4	1164.7	906.2
2000	956.1	783.0	720.7	1427.7	1498.7	1247.5	1024.0
2001	1054.2	852.0	786.2	1536.8	1595.4	1384.6	1155.7
2002	1164.2	912.7	855.5	1723.4	1705.8	1521.8	1313.4
2003	1274.9	968.6	940.5	1936.4	1824.6	1671.0	1455.0
2004	1403.1	1108.9	1002.2	2175.3	1892.1	1769.6	1639.0
2005	1574.7	1233.1	1132.8	2442.0	2152.7	1986.1	1833.4
2006	1797.3	1356.0	1353.3	2748.9	2710.2	2293.5	2030.7
2007	2084.6	1516.0	1626.9	3013.3	3457.9	2852.1	2260.6
2008	2301.4	1627.1	1884.7	3302.6	3919.0	2879.5	2508.6
2009	2516.0	1687.9	2112.8	3483.5	4620.3	3204.3	2694.0

注：本表按不变价格计算。

2-7 三次产业贡献率

单位：%

年 份	国内生产总值	第一产业	第二产业	第三产业
1990	100.0	41.7	41.0	17.3
1991	100.0	7.1	62.8	30.1
1992	100.0	8.4	64.5	27.1
1993	100.0	7.9	65.5	26.6
1994	100.0	6.6	67.9	25.5
1995	100.0	9.1	64.3	26.6
1996	100.0	9.6	62.9	27.5
1997	100.0	6.8	59.7	33.5
1998	100.0	7.6	60.9	31.5
1999	100.0	6.0	57.8	36.2
2000	100.0	4.4	60.8	34.8
2001	100.0	5.1	46.7	48.2
2002	100.0	4.6	49.7	45.7
2003	100.0	3.4	58.5	38.1
2004	100.0	7.8	52.2	39.9
2005	100.0	5.6	51.1	43.3
2006	100.0	4.8	50.0	45.2
2007	100.0	3.0	50.7	46.3
2008	100.0	5.7	49.3	45.0
2009	100.0	4.5	52.5	42.9

注：1.产业贡献率指各产业增加值增量与GDP增量之比。
2.本表按不变价格计算。

2-8 三次产业对国内生产总值增长的拉动

单位：百分点

年 份	国内生产总值	第一产业	第二产业	第三产业
1990	3.8	1.6	1.6	0.6
1991	9.2	0.6	5.8	2.8
1992	14.2	1.2	9.2	3.8
1993	14.0	1.1	9.2	3.7
1994	13.1	0.9	8.9	3.3
1995	10.9	1.0	7.0	2.9
1996	10.0	1.0	6.3	2.7
1997	9.3	0.6	5.6	3.1
1998	7.8	0.6	4.8	2.4
1999	7.6	0.4	4.4	2.8
2000	8.4	0.4	5.1	2.9
2001	8.3	0.4	3.9	4.0
2002	9.1	0.4	4.5	4.2
2003	10.0	0.3	5.9	3.8
2004	10.1	0.8	5.3	4.0
2005	11.3	0.6	5.8	4.9
2006	12.7	0.6	6.3	5.7
2007	14.2	0.4	7.2	6.6
2008	9.6	0.6	4.7	4.3
2009	9.1	0.4	4.8	3.9

注：1.产业拉动指GDP增长速度与各产业贡献率之乘积。
2.本表按不变价格计算。

2-9 各地区第三产业增加值

单位：亿元

地 区	1994	1995	1996	1997	1998	1999	2000	2001
北 京	560.97	789.72	1001.19	1219.80	1460.53	1695.19	2051.13	2489.58
天 津	271.39	352.62	445.16	519.10	602.47	671.30	764.36	881.30
河 北	682.46	895.41	1087.42	1257.64	1381.08	1519.63	1704.45	1906.31
山 西	306.25	412.89	493.62	576.58	642.58	721.67	807.49	902.43
内蒙古	232.01	288.10	345.50	408.60	462.06	525.93	605.74	699.24
辽 宁	883.80	1011.20	1145.90	1364.20	1495.10	1649.40	1821.20	2048.09
吉 林	281.42	358.02	433.73	529.21	561.90	594.96	783.89	858.74
黑龙江	449.30	571.60	655.80	774.40	863.00	932.40	1036.55	1181.15
上 海	794.80	1020.20	1292.11	1592.74	1855.36	2129.60	2486.86	2728.94
江 苏	1186.64	1573.75	1940.91	2232.68	2512.69	2740.30	3069.46	3454.90
浙 江	852.52	1153.07	1361.43	1512.64	1676.38	1862.87	2236.12	2665.68
安 徽	439.23	566.45	682.79	782.21	878.38	991.30	1103.54	1231.06
福 建	560.52	747.74	920.23	1079.46	1214.82	1351.03	1495.52	1618.24
江 西	295.58	391.35	488.44	581.75	661.21	740.43	817.17	883.56
山 东	1178.04	1587.44	1899.54	2194.70	2397.49	2628.52	2904.45	3279.53
河 南	611.26	830.40	1019.43	1171.26	1299.02	1413.73	1597.26	1788.22
湖 北	541.84	709.43	859.75	1016.69	1136.71	1260.86	1445.71	1613.97
湖 南	527.41	676.16	826.09	951.73	1074.14	1243.30	1473.39	1593.35
广 东	1673.52	2168.34	2592.22	3091.81	3469.21	3882.66	4755.42	5544.35
广 西	398.52	512.06	579.02	624.04	669.76	734.59	808.58	945.64
海 南	142.54	155.87	167.01	179.51	194.66	208.04	230.85	248.56
重 庆	243.27	339.78	425.60	512.95	580.80	630.85	694.46	782.38
四 川	621.27	799.84	945.62	1095.87	1237.84	1373.46	1549.51	1739.81
贵 州	146.10	176.56	213.56	244.84	273.95	319.34	367.52	425.34
云 南	318.85	384.68	488.15	545.33	609.64	681.05	746.14	825.83
西 藏	16.97	19.39	26.46	31.13	39.99	47.86	54.37	69.65
陕 西	302.82	377.91	450.99	540.93	583.66	656.64	763.20	868.17
甘 肃	151.07	190.28	222.42	265.58	311.48	354.42	437.13	459.34
青 海	48.22	63.60	73.75	84.36	92.54	103.32	114.73	130.29
宁 夏	50.31	65.10	79.09	91.05	101.58	112.67	127.56	151.89
新 疆	225.52	290.17	337.92	374.75	420.15	474.18	537.80	629.57

2-9 续表 单位:亿元

地区	2002	2003	2004	2004	2005	2006	2007	2008	2009
北京	2998.28	3449.07	4113.26	4092.27	4854.33	5837.55	7236.15	8375.76	9179.19
天津	997.47	1150.81	1322.40	1319.76	1658.19	1902.31	2250.04	2886.65	3405.16
河北	2149.75	2439.68	2842.33	2805.47	3340.54	3895.36	4600.72	5276.04	6068.31
山西	992.69	1176.65	1375.67	1375.67	1611.07	1846.18	2257.99	2759.46	2886.92
内蒙古	811.47	1000.79	1270.00	1270.00	1542.26	1934.35	2467.41	3212.08	3696.65
辽宁	2258.17	2487.85	2811.95	2811.95	3295.45	3798.25	4486.74	5207.72	5891.25
吉林	958.88	1075.48	1223.64	1223.64	1413.83	1687.07	2025.44	2412.26	2756.26
黑龙江	1319.40	1467.90	1670.30	1657.77	1857.42	2096.35	2493.04	2905.68	3371.95
上海	3038.90	3404.19	4097.26	4097.26	4776.20	5508.48	6821.11	7872.23	8930.85
江苏	3891.92	4493.31	5198.03	5198.03	6612.22	7914.11	9730.91	11888.53	13629.07
浙江	3227.99	3890.79	4594.72	4584.22	5360.10	6281.86	7613.46	8799.31	9918.78
安徽	1399.02	1638.42	1963.92	1963.92	2137.77	2390.29	2789.78	3234.64	3662.15
福建	1765.80	1949.91	2206.02	2196.60	2551.41	3022.83	3770.00	4346.40	5048.49
江西	972.73	1043.08	1225.80	1216.58	1411.92	1614.65	1918.95	2355.86	2637.07
山东	3700.52	4112.43	4764.70	4732.60	5924.74	7187.26	8620.24	10358.64	11768.18
河南	1978.37	2358.86	2722.40	2677.13	3181.27	3721.44	4511.97	5099.76	5700.91
湖北	1795.93	2003.08	2292.55	2281.37	2655.94	3111.98	3812.34	4466.85	5127.12
湖南	1780.79	1995.78	2294.60	2410.30	2882.88	3229.42	3835.40	4633.67	5402.81
广东	6343.94	7178.94	8364.05	8335.30	9772.50	11585.82	14076.83	16321.46	18052.59
广西	1081.16	1184.75	1369.60	1361.89	1560.92	1835.12	2156.76	2529.51	2919.13
海南	270.96	293.85	335.30	335.30	377.17	433.57	528.84	643.47	748.59
重庆	891.17	1012.66	1151.96	1151.96	1440.32	1649.20	1825.21	2160.48	2474.44
四川	1943.68	2189.69	2510.30	2506.54	2836.73	3319.62	3881.60	4561.69	5198.80
贵州	480.37	558.28	661.80	655.95	815.32	989.38	1312.94	1652.34	1885.79
云南	914.50	1013.76	1206.69	1192.53	1374.62	1557.91	1896.78	2218.81	2519.62
西藏	89.56	96.76	123.30	123.30	137.24	159.76	188.06	218.67	240.85
陕西	963.62	1063.89	1250.20	1234.60	1546.59	1806.36	2178.20	2699.74	3143.74
甘肃	514.83	589.91	692.09	688.41	787.36	900.16	1037.11	1234.21	1363.27
青海	148.83	169.81	193.70	193.70	213.37	249.04	294.91	355.93	398.54
宁夏	171.14	195.46	227.73	225.64	259.49	294.78	366.18	475.00	563.74
新疆	704.50	753.91	848.41	833.36	929.41	1058.16	1246.89	1421.38	1587.72

注：本表按当年价格计算。1994-2004年数据基于《国民经济行业分类GB/T 4754-1994》，2004-2009年数据基于《国民经济行业分类GB/T 4754-2002》。第二次经济普查后，修订了2005-2008年(其中北京、湖南前至2004年)数据。

2-10 各地区第三产业增加值占地区生产总值的比重

地区GDP=100

地区	1994	1995	1996	1997	1998	1999	2000	2001
北京	49.0	52.4	56.0	58.8	61.5	63.3	64.9	67.1
天津	37.0	37.8	39.7	41.0	43.8	44.7	44.9	45.9
河北	31.2	31.4	31.5	31.8	32.4	33.6	33.8	34.6
山西	37.0	38.4	38.2	39.1	39.9	43.3	43.7	44.5
内蒙古	33.4	33.6	33.8	35.4	36.6	38.1	39.3	40.8
辽宁	35.9	36.2	36.3	38.1	38.5	39.5	39.0	40.7
吉林	30.0	31.5	32.2	36.1	35.6	35.6	40.2	40.5
黑龙江	28.0	28.7	27.7	29.0	31.1	32.5	32.9	34.9
上海	39.9	40.8	43.7	46.3	48.8	50.8	52.1	52.4
江苏	29.2	30.5	32.3	33.4	34.9	35.6	35.9	36.5
浙江	31.7	32.4	32.5	32.3	33.2	34.2	36.4	38.6
安徽	33.3	31.3	32.6	33.3	34.5	36.5	38.0	37.9
福建	34.1	35.7	37.1	37.6	38.4	39.6	39.7	39.7
江西	31.2	33.5	34.7	36.2	38.4	39.9	40.8	40.6
山东	30.6	32.0	32.3	33.6	34.2	35.1	34.8	35.7
河南	27.6	27.8	28.0	29.0	30.1	31.3	31.6	32.3
湖北	31.8	33.6	34.4	35.6	36.5	39.0	40.8	41.6
湖南	32.0	31.8	32.5	33.4	35.5	38.7	41.5	41.6
广东	36.2	36.5	37.9	39.8	40.7	42.0	44.3	46.1
广西	33.3	34.2	34.1	34.3	34.6	36.8	38.5	41.1
海南	42.9	42.9	42.9	43.7	44.0	43.7	43.8	44.5
重庆	32.1	33.4	35.9	37.7	40.3	42.3	43.3	44.3
四川	31.1	32.8	32.9	33.8	35.6	37.6	39.4	40.5
贵州	27.9	27.8	29.5	30.3	31.9	34.0	35.7	37.5
云南	32.4	31.4	32.1	32.5	33.3	35.9	37.1	38.6
西藏	36.9	34.6	40.7	40.3	43.7	46.7	48.6	52.4
陕西	36.1	36.4	37.1	39.7	40.0	41.2	42.3	43.2
甘肃	33.3	34.1	30.8	33.5	35.1	37.1	41.5	40.8
青海	34.8	37.9	40.0	41.6	41.9	43.2	43.5	43.4
宁夏	36.9	37.2	39.0	40.5	41.4	42.6	43.2	45.0
新疆	34.1	35.6	37.5	36.0	38.0	40.8	39.5	42.2

2-10 续表 地区GDP=100

地 区	2002	2003	2004	2004	2005	2006	2007	2008	2009
北 京	69.2	68.7	67.9	67.8	69.7	71.9	73.5	75.4	75.5
天 津	46.4	44.6	42.5	42.4	42.5	42.6	42.8	43.0	45.3
河 北	35.7	35.2	33.5	33.1	33.4	34.0	33.8	33.0	35.2
山 西	42.7	41.2	38.6	38.5	38.1	37.8	37.5	37.7	39.2
内蒙古	41.8	41.9	41.8	41.8	39.5	39.1	38.4	37.8	38.0
辽 宁	41.4	41.4	42.1	42.1	41.0	40.8	40.2	38.1	38.7
吉 林	40.8	40.4	39.2	39.2	39.1	39.5	38.3	37.5	37.9
黑龙江	36.3	36.2	35.2	34.9	33.7	33.7	35.1	34.9	39.3
上 海	52.9	50.9	50.8	50.8	51.6	52.1	54.6	56.0	59.4
江 苏	36.7	36.1	34.7	34.6	35.6	36.4	37.4	38.4	39.6
浙 江	40.3	40.1	39.4	39.4	39.9	40.0	40.6	41.0	43.1
安 徽	39.7	41.8	41.2	41.3	40.0	39.1	37.9	36.5	36.4
福 建	39.5	39.1	38.3	38.1	38.9	39.9	40.8	40.2	41.3
江 西	39.7	37.2	35.5	35.2	34.8	33.5	33.1	33.8	34.4
山 东	36.0	34.0	31.7	31.5	32.3	32.8	33.4	33.5	34.7
河 南	32.8	34.3	31.8	31.3	30.0	30.1	30.1	28.3	29.3
湖 北	42.6	42.1	40.7	40.5	40.3	40.9	40.8	39.4	39.6
湖 南	42.9	42.9	40.7	42.7	43.7	42.0	40.6	40.1	41.4
广 东	47.0	45.3	44.3	44.2	43.3	43.6	44.3	44.4	45.7
广 西	42.9	42.0	39.9	39.7	39.2	38.7	37.0	36.0	37.6
海 南	43.6	42.4	42.0	42.0	42.0	41.5	42.2	42.8	45.3
重 庆	44.8	44.6	42.8	42.8	41.5	42.2	39.0	37.3	37.9
四 川	41.1	41.0	39.4	39.3	38.4	38.2	36.7	36.2	36.7
贵 州	38.6	39.1	39.4	39.1	40.7	42.3	45.5	46.4	48.2
云 南	39.6	39.6	39.1	38.7	39.7	39.1	39.7	39.0	40.8
西 藏	52.9	53.7	56.0	56.0	55.2	54.9	55.1	55.4	54.6
陕 西	42.8	41.1	39.4	38.9	39.3	38.1	37.8	36.9	38.5
甘 肃	41.8	42.1	41.0	40.8	40.7	39.5	38.4	39.0	40.2
青 海	43.7	43.5	41.6	41.6	39.3	38.4	37.0	34.9	36.9
宁 夏	45.4	43.9	42.4	42.0	42.4	40.6	39.8	39.5	41.7
新 疆	43.7	40.0	38.4	37.7	35.7	34.7	35.4	34.0	37.1

注：本表按当年价格计算。1994-2004年数据基于《国民经济行业分类GB/T 4754-1994》，2004-2009年数据基于《国民经济行业分类GB/T 4754-2002》。第二次经济普查后，修订了2005-2008年(其中北京、湖南前至2004年)数据。

2-11 各地区第三产业增加值发展速度

上年=100

地 区	1994	1995	1996	1997	1998	1999	2000	2001
北 京	115.0	120.5	113.4	113.2	110.1	110.6	112.9	113.1
天 津	115.6	117.9	115.4	113.4	113.0	108.9	110.5	111.7
河 北	113.7	114.6	113.0	112.5	110.6	109.0	110.4	111.0
山 西	110.2	112.5	111.9	113.5	110.2	109.6	110.0	112.6
内蒙古	116.1	114.1	112.3	114.3	114.7	112.7	114.5	115.5
辽 宁	111.1	107.8	108.4	109.2	107.9	108.9	109.6	111.5
吉 林	115.6	110.9	111.8	116.7	108.1	109.6	111.7	109.9
黑龙江	108.6	109.0	109.3	112.7	111.5	109.9	111.8	108.8
上 海	116.2	113.7	118.1	117.9	114.8	113.4	113.5	109.4
江 苏	111.4	114.9	114.3	114.1	112.9	110.0	111.2	111.5
浙 江	115.8	118.3	111.1	110.5	111.7	109.9	111.8	111.7
安 徽	122.0	116.7	114.5	112.1	110.8	112.5	111.5	112.3
福 建	113.0	114.2	114.6	114.5	110.8	109.9	110.0	109.2
江 西	115.0	113.7	113.2	114.0	112.5	110.7	110.4	107.9
山 东	120.7	117.0	112.5	114.5	111.2	109.3	110.4	111.2
河 南	113.1	113.1	112.4	111.8	109.4	109.3	109.2	110.3
湖 北	112.4	112.5	111.3	113.5	111.5	111.0	111.5	110.8
湖 南	111.0	110.6	112.9	111.6	111.5	111.4	110.9	110.6
广 东	118.4	114.6	111.5	110.7	110.4	111.2	113.2	112.0
广 西	110.7	111.1	108.2	107.3	109.8	109.8	113.4	111.8
海 南	106.9	104.0	105.5	106.9	108.3	107.0	108.8	108.7
重 庆	118.3	115.3	114.6	114.2	113.9	108.0	109.4	109.1
四 川	110.7	114.7	115.4	112.8	112.2	108.6	113.1	109.8
贵 州	109.8	109.3	109.2	109.3	110.5	107.3	113.7	113.6
云 南	114.7	115.2	115.1	112.3	110.3	109.3	110.4	111.7
西 藏	125.5	113.2	134.9	116.7	115.6	113.2	112.6	116.0
陕 西	106.9	108.0	108.9	114.8	110.7	113.7	112.1	111.2
甘 肃	114.0	115.9	115.1	114.5	113.1	114.1	112.7	111.0
青 海	110.8	111.5	109.8	110.3	109.0	109.8	111.4	110.7
宁 夏	109.7	111.0	107.9	112.2	110.6	113.5	111.6	110.3
新 疆	115.3	110.9	108.0	109.7	109.6	112.3	112.1	112.1

2-11 续表 上年=100

地 区	2002	2003	2004	2005	2006	2007	2008	2009
北 京	113.3	110.8	113.1	113.4	114.3	115.4	112.5	110.2
天 津	111.4	111.9	111.9	112.1	113.6	115.0	115.2	115.2
河 北	110.2	110.0	112.6	113.2	114.3	114.1	111.1	111.4
山 西	111.2	115.5	115.9	113.3	110.0	116.3	112.6	110.5
内蒙古	115.3	114.5	122.0	118.1	115.9	116.0	115.8	115.0
辽 宁	111.3	111.7	110.7	112.1	112.9	114.5	111.6	112.1
吉 林	110.1	108.3	111.0	113.6	117.4	116.4	115.3	113.0
黑龙江	110.2	110.1	109.3	110.8	112.4	114.8	112.6	110.7
上 海	110.9	109.0	114.1	112.8	113.6	118.8	111.7	112.2
江 苏	111.6	112.4	113.4	114.9	115.5	116.4	113.4	113.6
浙 江	113.7	114.4	114.0	115.2	115.1	115.3	111.7	112.5
安 徽	113.0	114.3	114.2	108.2	109.6	112.4	111.1	111.0
福 建	109.2	109.7	110.8	113.7	117.1	114.6	112.3	112.3
江 西	106.9	107.4	109.8	110.8	109.9	111.7	111.5	110.7
山 东	110.9	111.4	112.3	114.4	114.5	114.6	113.9	111.2
河 南	109.9	110.1	110.4	112.8	112.9	114.1	110.7	111.1
湖 北	111.4	110.8	110.6	111.8	113.5	115.9	112.4	112.3
湖 南	110.5	109.7	110.5	113.8	112.0	115.7	115.5	111.3
广 东	112.5	111.3	112.0	114.3	113.8	113.8	109.8	110.8
广 西	112.0	110.0	110.7	111.3	112.1	114.6	111.8	113.8
海 南	108.5	107.8	110.3	110.8	112.6	116.4	115.5	114.1
				112.4	113.2	112.1	112.2	
重 庆	109.3	109.5	110.5					113.5
四 川	111.5	111.2	110.9	110.6	114.2	112.5	112.1	112.4
贵 州	109.4	110.1	112.0	117.6	116.0	121.1	115.8	113.1
云 南	111.4	109.1	112.8	111.7	109.0	112.5	110.7	113.1
西 藏	113.9	115.2	115.1	109.7	112.4	116.0	112.4	110.4
陕 西	111.0	109.8	109.7	112.5	114.9	116.5	115.8	115.3
甘 肃	111.3	112.0	113.0	112.8	111.1	110.5	113.2	111.2
青 海	110.6	109.9	110.3	110.2	113.1	114.2	112.2	109.8
宁 夏	109.4	110.4	109.8	108.9	110.2	110.3	111.5	110.0
新 疆	110.4	112.3	111.5	109.4	113.6	114.3	109.2	109.2

注：本表按不变价格计算。1994-2004年数据基于《国民经济行业分类GB/T 4754-1994》，2004-2009年数据基于《国民经济行业分类GB/T 4754-2002》。第二次经济普查后，修订了2005-2008年(其中北京前至2004年)数据。

2-12 各地区第三产业分行业增加值

单位:亿元

地 区	第三产业	交通运输、仓储和邮政业	批发和零售业	住宿和餐饮业	金融业	房地产业	其他服务业
北 京	9179.19	556.64	1525.03	262.51	1603.63	1062.47	4168.91
天 津	3405.16	471.01	836.84	131.84	461.20	308.73	1195.54
河 北	6068.31	1491.92	1157.80	247.14	525.67	612.40	2033.38
山 西	2886.92	523.38	557.86	203.58	361.64	173.31	1067.15
内蒙古	3696.65	773.29	915.89	294.73	291.10	286.65	1134.99
辽 宁	5891.25	790.56	1410.33	318.80	560.20	605.27	2206.09
吉 林	2756.26	341.76	673.12	157.73	180.83	200.14	1202.68
黑龙江	3371.95	433.55	757.36	211.00	227.54	301.18	1441.32
上 海	8930.85	635.01	2183.85	238.36	1804.28	1237.56	2831.79
江 苏	13629.07	1423.25	3579.81	678.36	1596.98	2025.39	4325.28
浙 江	9918.78	888.02	2119.39	416.84	1899.33	1316.83	3278.36
安 徽	3662.15	467.92	733.19	157.14	359.60	497.94	1446.36
福 建	5048.49	751.42	1043.42	235.98	612.20	656.61	1748.86
江 西	2637.07	394.90	553.89	167.59	165.10	305.90	1049.69
山 东	11768.18	1742.33	3106.24	594.50	1044.90	1329.59	3950.63
河 南	5700.91	823.57	1057.81	526.51	499.92	622.98	2170.12
湖 北	5127.12	642.72	979.14	337.81	479.11	546.11	2142.23
湖 南	5402.81	704.83	1221.20	304.93	402.57	400.11	2369.17
广 东	18052.59	1595.34	3907.43	945.76	2283.29	2470.63	6850.14
广 西	2919.13	378.75	551.14	208.00	336.82	348.98	1095.45
海 南	748.59	88.68	168.75	60.22	65.73	121.76	243.45
重 庆	2474.44	347.98	524.36	132.88	389.97	229.09	850.16
四 川	5198.80	520.71	868.98	405.45	524.63	548.14	2330.89
贵 州	1885.79	399.77	293.53	153.41	194.44	136.15	708.49
云 南	2519.62	179.45	571.03	162.10	351.74	205.14	1050.16
西 藏	240.85	21.19	27.06	14.70	23.17	13.28	141.45
陕 西	3143.74	423.24	707.39	175.01	336.21	239.92	1261.97
甘 肃	1363.27	213.64	231.21	88.52	88.27	101.37	640.26
青 海	398.54	49.32	66.13	14.54	45.63	23.05	199.87
宁 夏	563.74	114.77	74.52	25.59	75.54	47.56	225.76
新 疆	1587.72	209.10	253.60	62.25	198.87	115.23	748.67

注：本表按当年价格计算。

2-13 各地区第三产业分行业增加值构成

第三产业增加值=100

地区	交通运输、仓储和邮政业	批发和零售业	住宿和餐饮业	金融业	房地产业	其他服务业
北京	6.1	16.6	2.9	17.5	11.6	45.4
天津	13.8	24.6	3.9	13.5	9.1	35.1
河北	24.6	19.1	4.1	8.7	10.1	33.5
山西	18.1	19.3	7.1	12.5	6.0	37.0
内蒙古	20.9	24.8	8.0	7.9	7.8	30.7
辽宁	13.4	23.9	5.4	9.5	10.3	37.4
吉林	12.4	24.4	5.7	6.6	7.3	43.6
黑龙江	12.9	22.5	6.3	6.7	8.9	42.7
上海	7.1	24.5	2.7	20.2	13.9	31.7
江苏	10.4	26.3	5.0	11.7	14.9	31.7
浙江	9.0	21.4	4.2	19.1	13.3	33.1
安徽	12.8	20.0	4.3	9.8	13.6	39.5
福建	14.9	20.7	4.7	12.1	13.0	34.6
江西	15.0	21.0	6.4	6.3	11.6	39.8
山东	14.8	26.4	5.1	8.9	11.3	33.6
河南	14.4	18.6	9.2	8.8	10.9	38.1
湖北	12.5	19.1	6.6	9.3	10.7	41.8
湖南	13.0	22.6	5.6	7.5	7.4	43.9
广东	8.8	21.6	5.2	12.6	13.7	37.9
广西	13.0	18.9	7.1	11.5	12.0	37.5
海南	11.8	22.5	8.0	8.8	16.3	32.5
重庆	14.1	21.2	5.4	15.8	9.3	34.4
四川	10.0	16.7	7.8	10.1	10.5	44.8
贵州	21.2	15.6	8.1	10.3	7.2	37.6
云南	7.1	22.7	6.4	14.0	8.1	41.7
西藏	8.8	11.2	6.1	9.6	5.5	58.7
陕西	13.5	22.5	5.6	10.7	7.6	40.1
甘肃	15.7	17.0	6.5	6.5	7.4	47.0
青海	12.4	16.6	3.6	11.4	5.8	50.2
宁夏	20.4	13.2	4.5	13.4	8.4	40.0
新疆	13.2	16.0	3.9	12.5	7.3	47.2

注：本表按当年价格计算。

2-14 各地区第三产业分行业增加值发展速度

上年=100

地区	第三产业	交通运输、仓储和邮政业	批发和零售业	住宿和餐饮业	金融业	房地产业	其他服务业
北京	110.2	103.0	109.3	96.7	106.4	122.0	111.7
天津	115.2	108.2	118.3	112.5	116.8	120.9	114.8
河北	111.4	106.8	110.8	105.6	125.9	111.0	112.4
山西	110.5	103.3	117.1	114.2	123.3	105.7	108.6
内蒙古	115.0	109.6	117.8	113.3	134.2	104.6	116.0
辽宁	112.1	106.7	113.8	114.9	124.6	114.3	109.6
吉林	113.0	107.0	116.8	115.5	121.5	110.0	111.8
黑龙江	110.7	101.7	116.5	113.5	123.6	109.8	109.5
上海	112.2	91.4	113.6	96.9	124.9	127.0	107.0
江苏	113.6	104.4	114.4	112.9	128.1	127.3	107.5
浙江	112.5	104.0	114.0	105.2	116.1	122.4	109.8
安徽	111.0	105.4	118.9	106.7	113.2	111.1	109.3
福建	112.3	101.9	115.8	113.3	125.4	115.7	110.6
江西	110.7	101.1	117.9	113.1	119.0	109.5	110.8
山东	111.2	107.8	118.7	110.6	124.4	109.3	105.1
河南	111.1	102.7	116.1	99.0	127.8	113.2	111.8
湖北	112.3	103.7	117.4	114.6	122.8	111.1	110.5
湖南	111.3	106.8	114.9	106.0	118.0	110.0	111.0
广东	110.8	105.8	115.7	111.0	115.1	121.3	105.2
广西	113.8	107.5	119.4	102.8	125.3	118.3	111.3
海南	114.1	105.9	117.8	107.2	138.0	124.5	109.4
重庆	113.5	103.3	119.9	115.6	131.2	120.3	107.2
四川	112.4	93.4	117.9	117.9	128.1	120.5	110.4
贵州	113.1	105.3	120.8	116.0	126.4	117.6	110.0
云南	113.1	108.3	121.4	106.5	125.9	105.5	109.3
西藏	110.4	111.4	119.1	123.7	106.2	85.9	111.0
陕西	115.3	109.3	122.0	109.0	117.3	120.3	113.8
甘肃	111.2	100.8	115.3	108.9	120.1	107.0	113.2
青海	109.8	109.0	116.6	101.8	122.7	113.8	105.9
宁夏	110.0	103.0	108.3	111.0	122.1	116.6	108.0
新疆	109.2	107.0	113.4	85.1	111.8	123.3	108.7

注：本表按不变价格计算。

【主要统计指标解释】

国内生产总值（GDP） 指按市场价格计算的一个国家所有常住单位在一定时期内生产活动的最终成果。国内生产总值有三种表现形态，即价值形态、收入形态和产品形态。从价值形态看，它是所有常住单位在一定时期内生产的全部货物和服务价值超过同期投入的全部非固定资产货物和服务价值的差额，即所有常住单位的增加值之和；从收入形态看，它是所有常住单位在一定时期内创造并分配给常住单位和非常住单位的初次收入之和；从产品形态看，它是所有常住单位在一定时期内最终使用的货物和服务价值与货物和服务进出口价值之和。在实际核算中，国内生产总值有三种计算方法，即生产法、收入法和支出法。三种方法分别从不同的方面反映国内生产总值及其构成。

对地区而言，该指标称为“地区生产总值”。

3 第三产业固定资产投资

简要说明

一、主要内容

固定资产投资资料通过对一定时期第三产业建造和购置固定资产活动的数量方面的描述，反映报告期内第三产业固定资产投资的规模和速度、结构和比例关系、资金来源及投资效果等。

二、统计范围

第三产业固定资产投资统计的范围包括：城乡建设项目投资、房地产开发投资及国防、人防建设项目投资。

三、资料来源

跨省、自治区、直辖市项目资料来自国务院各部门；农户固定资产投资资料来自国家统计局农村社会经济调查司的乡村社会经济调查；除此以外的固定资产投资统计资料均来自国家统计局固定资产投资统计司统计调查。

四、统计调查方法

除农户固定资产投资统计采用抽样调查方法外，其他均为全面调查。

五、统计口径变化

自1997年起，除房地产开发投资、非农户投资、农户投资及城镇和工矿区私人建房投资外，固定资产投资的统计起点由5万元提高到50万元。

自2006年起，非农户固定资产投资统计改为按项目统计，调查方法由抽样调查改为全面统计报表，起点提高到50万元。

自2006年起，城镇和工矿区私人建房投资改为按项目统计，起点为50万元。

3-1 按行业门类分第三产业全社会固定资产投资

单位：亿元

行业门类	2003	2004	2005	2006	2007	2008	2009
第三产业合计	**32562.8**	**39846.3**	**47613.2**	**58769.2**	**72766.7**	**90802.7**	**121453.1**
交通运输、仓储和邮政业	6289.4	7646.2	9614.0	12138.1	14154.0	17024.4	24974.7
信息传输、计算机服务和软件业	1660.7	1657.7	1581.8	1875.9	1848.1	2162.6	2589.0
批发和零售业	922.7	1273.0	1716.4	2265.3	2880.3	3741.8	5132.8
住宿和餐饮业	423.0	560.8	808.8	1095.7	1519.4	1959.2	2625.4
金融业	90.2	136.0	109.5	121.4	157.6	260.6	360.2
房地产业	13143.4	16678.9	19505.3	24524.4	32438.9	40441.8	49358.5
租赁和商务服务业	375.5	420.8	549.6	725.6	949.3	1355.9	2036.2
科学研究、技术服务和地质勘查业	285.8	333.1	435.1	495.3	560.0	782.0	1200.8
水利、环境和公共设施管理业	4365.8	5071.7	6274.3	8152.7	10154.3	13534.3	19874.4
居民服务和其他服务业	241.6	313.7	363.5	389.5	434.7	522.0	801.9
教育	1671.1	2024.8	2209.2	2270.2	2375.6	2523.8	3521.2
卫生、社会保障和社会福利业	405.8	516.7	661.8	769.0	885.0	1155.6	1858.6
文化、体育和娱乐业	531.5	773.4	857.0	955.4	1243.4	1589.9	2383.4
公共管理和社会组织	2153.7	2437.4	2926.8	2990.5	3166.1	3748.5	4735.9
国际组织	2.5	2.0	0.2	0.1		0.3	0.2

3-2 按行业门类分第三产业投资占全社会投资比重

单位：%

行业门类	2003	2004	2005	2006	2007	2008	2009
第三产业合计	**58.6**	**56.5**	**53.6**	**53.4**	**53.0**	**52.5**	**54.1**
交通运输、仓储和邮政业	11.3	10.8	10.8	11.0	10.3	9.9	11.1
信息传输、计算机服务和软件业	3.0	2.4	1.8	1.7	1.3	1.3	1.2
批发和零售业	1.7	1.8	1.9	2.1	2.1	2.2	2.3
住宿和餐饮业	0.8	0.8	0.9	1.0	1.1	1.1	1.2
金融业	0.2	0.2	0.1	0.1	0.1	0.2	0.2
房地产业	23.7	23.7	22.0	22.3	23.6	23.4	22.0
租赁和商务服务业	0.7	0.6	0.6	0.7	0.7	0.8	0.9
科学研究、技术服务和地质勘查业	0.5	0.5	0.5	0.5	0.4	0.5	0.5
水利、环境和公共设施管理业	7.9	7.2	7.1	7.4	7.4	7.8	8.8
居民服务和其他服务业	0.4	0.4	0.4	0.4	0.3	0.3	0.4
教育	3.0	2.9	2.5	2.1	1.7	1.5	1.6
卫生、社会保障和社会福利业	0.7	0.7	0.7	0.7	0.6	0.7	0.8
文化、体育和娱乐业	1.0	1.1	1.0	0.9	0.9	0.9	1.1
公共管理和社会组织	3.9	3.5	3.3	2.7	2.3	2.2	2.1
国际组织							

3-3 各地区按登记注册类型分第三产业全社会固定资产投资

单位：亿元

地区	总计	内资	国有	集体	股份合作	联营
全国总计	**121453.1**	**115403.1**	**50701.9**	**6234.6**	**497.8**	**364.3**
北京	4146.4	3783.7	1345.4	46.5	9.8	2.6
天津	2509.3	2378.9	1236.6	162.7	7.2	17.2
河北	5839.4	5772.9	2036.9	664.2	20.1	17.0
山西	2598.2	2566.8	1482.8	173.2	6.3	3.2
内蒙古	3163.9	3142.5	1599.6	39.1	6.3	5.0
辽宁	6139.7	5280.1	1770.4	246.5	19.2	5.3
吉林	2682.4	2619.1	1192.7	20.2	5.4	1.8
黑龙江	2583.7	2532.8	1457.4	41.3	5.0	0.6
上海	3649.2	3331.6	1802.8	126.4	4.7	54.3
江苏	8468.1	7914.1	2617.5	541.6	26.7	27.3
浙江	6022.5	5638.1	2060.5	211.1	20.6	36.9
安徽	4847.8	4647.1	1819.8	118.6	15.2	15.9
福建	3738.7	3375.9	1702.6	163.2	4.8	17.2
江西	2758.8	2635.9	1287.2	62.9	19.3	8.9
山东	9221.8	8907.2	2147.0	1602.0	66.0	11.7
河南	5962.6	5841.1	1597.0	590.5	55.0	14.4
湖北	4482.6	4309.9	1820.6	256.5	21.6	26.3
湖南	4348.0	4271.9	2066.2	108.1	46.7	13.8
广东	8313.4	7393.8	2655.9	553.3	50.9	23.8
广西	3043.3	2920.7	1159.3	77.7	7.9	10.6
海南	813.4	718.8	234.7	1.0	9.4	0.1
重庆	3142.5	2937.5	1177.3	17.7	6.7	12.8
四川	6699.7	6465.9	3311.0	58.7	17.6	15.8
贵州	1422.5	1384.5	752.4	7.9	4.9	0.4
云南	2748.2	2665.9	1440.7	53.3	9.9	4.5
西藏	263.0	262.9	181.5	0.8	1.0	
陕西	3763.9	3671.2	1855.0	258.6	21.0	11.3
甘肃	1079.7	1062.2	619.1	22.3	2.0	4.8
青海	363.5	360.1	257.2	1.7	5.2	
宁夏	451.2	440.1	230.4	2.0	0.6	0.4
新疆	1258.0	1242.2	856.5	5.1	0.6	0.3
不分地区	4927.8	4927.8	4927.8			

3-3 续表 单位：亿元

地区	有限责任公司	股份有限公司	私营	个体	其他	港澳台商投资	外商投资
全国总计	**25941.6**	**4208.2**	**17796.2**	**6619.8**	**3038.8**	**3439.3**	**2610.7**
北京	2005.9	123.6	190.1	41.2	18.6	166.9	195.8
天津	722.7	42.0	139.2	26.5	24.6	54.7	75.7
河北	1295.2	248.3	1031.0	320.3	139.8	27.6	38.8
山西	327.2	83.9	298.4	151.5	40.3	16.2	15.2
内蒙古	870.1	108.0	431.1	48.4	34.9	11.2	10.2
辽宁	1265.7	171.1	1511.7	207.5	82.8	438.1	421.5
吉林	766.0	90.6	410.9	96.4	35.1	44.6	18.7
黑龙江	440.8	130.6	252.9	147.8	56.5	18.8	32.0
上海	754.0	57.1	519.1	0.9	12.4	164.3	153.3
江苏	1887.3	303.9	2059.5	298.6	151.6	316.0	238.0
浙江	1666.5	160.2	1003.6	396.5	82.1	245.3	139.1
安徽	1236.4	172.4	747.7	369.9	151.3	116.6	84.1
福建	552.1	114.3	536.7	166.5	118.6	228.7	134.0
江西	439.4	134.7	403.6	218.7	61.1	84.4	38.5
山东	1878.9	423.3	1646.1	490.8	641.4	193.3	121.2
河南	1156.5	283.4	951.0	754.9	438.4	51.8	69.7
湖北	950.3	228.9	630.6	259.2	115.7	110.4	62.3
湖南	814.1	174.3	574.7	273.7	200.2	45.8	30.3
广东	2020.9	360.4	1144.0	443.3	141.4	622.1	297.5
广西	638.3	138.2	503.7	288.3	96.7	75.4	47.3
海南	249.2	102.4	97.6	16.1	8.4	55.9	38.7
重庆	899.3	69.3	615.6	85.7	53.1	130.4	74.5
四川	1186.7	249.6	667.6	817.3	141.6	100.5	133.3
贵州	301.3	27.4	156.9	117.1	16.1	2.6	35.4
云南	440.5	85.6	413.2	164.6	53.5	52.7	29.6
西藏	13.0	1.1	12.8	36.7	15.9		0.2
陕西	781.1	69.4	419.3	177.7	77.8	51.2	41.6
甘肃	152.4	30.9	112.3	102.8	15.6	6.7	10.7
青海	31.9	1.7	39.6	19.5	3.2	0.6	2.8
宁夏	59.1	6.6	116.3	21.2	3.4		11.1
新疆	138.7	15.0	159.1	60.2	6.8	6.3	9.5
不分地区							

3-4 各地区按行业门类分第三产业全社会固定资产投资

单位：亿元

地区	第三产业合计	交通运输、仓储和邮政业	信息传输、计算机服务和软件业	批发和零售业	住宿和餐饮业	金融业	房地产业	租赁和商务服务业
全国合计	**121453.1**	**24974.7**	**2589.0**	**5132.8**	**2625.4**	**360.2**	**49358.5**	**2036.2**
北京	4146.4	662.5	140.0	20.2	40.4	7.4	2572.6	26.4
天津	2509.3	483.7	51.3	68.0	27.8	2.6	787.1	178.5
河北	5839.4	1026.2	12.4	442.6	106.6	12.0	2386.4	114.7
山西	2598.2	735.9	88.1	83.5	43.7	1.9	923.2	13.3
内蒙古	3163.9	786.4	47.9	211.8	61.9	23.3	966.8	27.5
辽宁	6139.7	757.6	132.6	393.6	177.4	41.1	2862.0	161.9
吉林	2682.4	423.8	57.0	226.4	71.4	8.3	1020.4	50.7
黑龙江	2583.7	651.8	146.3	136.8	45.7	6.5	829.7	27.2
上海	3649.2	882.8	125.8	43.2	48.2	15.6	1570.7	118.3
江苏	8468.1	1020.2	147.8	493.4	244.3	17.6	4077.4	228.2
浙江	6022.5	1008.7	160.1	169.7	127.5	22.2	2996.1	118.6
安徽	4847.8	460.1	91.5	212.4	125.5	16.3	2453.3	50.4
福建	3738.7	885.4	148.6	101.9	92.4	17.3	1417.4	68.4
江西	2758.8	382.0	50.5	171.0	161.7	21.7	925.1	58.0
山东	9221.8	1032.5	71.1	719.6	249.3	16.2	3956.9	137.7
河南	5962.6	583.8	76.1	370.3	166.3	12.7	2987.5	31.0
湖北	4482.6	767.4	70.5	249.6	153.6	16.8	1595.4	131.0
湖南	4348.0	1027.8	104.9	167.1	95.7	12.5	1512.7	65.0
广东	8313.4	1596.2	281.6	209.9	196.7	20.4	3805.2	147.5
广西	3043.3	602.3	94.4	113.2	59.8	16.9	1206.9	57.3
海南	813.4	186.4	19.6	2.6	35.5	2.6	329.2	1.1
重庆	3142.5	643.4	53.3	37.6	18.4	8.8	1506.3	30.2
四川	6699.7	1250.0	143.3	122.9	88.8	7.8	2749.4	89.7
贵州	1422.5	397.2	60.6	20.7	16.5	7.5	547.7	7.4
云南	2748.2	570.9	63.4	110.1	40.2	6.2	1040.5	16.8
西藏	263.0	82.4	9.6	6.0	8.9	0.4	60.1	0.5
陕西	3763.9	599.5	58.8	147.1	80.0	6.2	1212.3	57.1
甘肃	1079.7	155.0	19.5	41.7	20.7	2.8	358.2	6.7
青海	363.5	124.1	3.0	6.2	3.7	2.3	93.8	1.7
宁夏	451.2	90.1	13.1	5.6	3.6	1.0	195.4	1.2
新疆	1258.0	339.9	46.0	28.1	13.2	5.2	412.8	12.2
不分地区	4927.8	4758.7						

3-4 续表

单位：亿元

地区	科学研究、技术服务和地质勘查业	水利、环境和公共设施管理业	居民服务和其他服务业	教育	卫生、社会保障和社会福利业	文化、体育和娱乐业	公共管理和社会组织	国际组织
全国合计	**1200.8**	**19874.4**	**801.9**	**3521.2**	**1858.6**	**2383.4**	**4735.9**	**0.2**
北京	59.1	351.6	6.6	65.9	41.4	77.4	75.0	
天津	16.5	690.5	41.0	36.3	16.1	24.2	85.6	
河北	78.7	1133.7	52.8	141.8	115.2	90.3	125.9	
山西	9.2	469.7	5.8	102.9	36.3	55.9	28.8	
内蒙古	41.9	595.4	28.8	98.0	45.4	79.3	149.6	
辽宁	95.0	899.3	59.9	129.1	84.3	132.1	213.7	
吉林	47.8	549.3	20.2	76.5	55.1	37.2	38.3	
黑龙江	73.1	307.6	13.3	90.3	56.2	22.5	176.8	
上海	24.8	666.7	3.1	41.4	25.8	62.5	20.2	
江苏	108.5	1386.4	103.7	219.2	88.4	142.8	190.3	
浙江	31.9	979.1	13.5	126.8	79.7	84.3	104.3	
安徽	30.8	875.7	24.1	166.9	90.2	92.4	158.4	
福建	16.2	613.3	9.2	100.2	49.5	53.1	165.7	
江西	27.8	590.4	34.5	111.6	53.1	74.2	97.0	
山东	144.6	1236.9	109.0	245.9	133.9	402.4	765.7	
河南	41.1	934.3	66.0	235.5	132.8	149.7	175.5	
湖北	49.7	780.7	24.5	129.7	77.1	103.2	333.3	
湖南	36.9	796.3	34.6	101.1	93.1	79.2	221.2	
广东	67.9	1321.3	17.0	203.0	125.7	211.3	109.4	0.2
广西	16.8	566.6	16.1	109.7	54.9	36.5	92.0	
海南	2.2	69.9	0.1	16.0	12.4	66.7	69.1	
重庆	18.2	562.9	2.3	109.6	31.2	38.2	81.7	
四川	20.3	1397.8	61.5	366.5	154.4	82.6	164.6	
贵州	8.4	224.5	6.5	40.6	17.1	15.8	52.0	
云南	11.1	531.7	8.8	125.7	50.2	50.5	122.1	
西藏	0.5	19.7	0.6	10.0	3.6	4.9	55.8	
陕西	73.4	751.2	19.6	151.9	62.2	56.6	488.1	
甘肃	21.7	103.4	12.9	56.2	29.0	20.1	231.6	
青海	3.7	61.9	0.6	14.2	5.8	13.5	28.7	
宁夏	1.0	66.8	1.7	30.3	10.4	11.0	20.2	
新疆	13.7	187.9	3.7	68.4	28.2	13.0	85.8	
不分地区	8.2	151.5					9.4	

3-5 按行业分第三产业城镇固定资产投资和建设总规模

单位：亿元

行业	建设总规模	在建总规模	投资额	建筑安装工程投资
第三产业合计	**378557.9**	**318954.2**	**108572.5**	**77575.4**
交通运输、仓储和邮政业	**89283.5**	**77155.7**	**23271.3**	**16196.9**
铁路运输业	30643.0	27238.5	6660.9	4252.6
道路运输业	35507.0	30106.6	10557.6	8579.0
城市公共交通业	10862.7	10064.5	2034.1	1011.6
水上运输业	5459.7	4527.9	1670.7	898.3
航空运输业	2504.3	2015.6	604.9	267.2
管道运输业	197.7	125.4	73.1	46.4
装卸搬运和其他运输服务业	462.4	317.1	221.9	134.3
仓储业	3586.9	2730.1	1413.3	985.6
邮政业	59.7	30.0	35.0	22.0
信息传输、计算机服务和软件业	**4306.2**	**2676.9**	**2543.5**	**1152.9**
电信和其他信息传输服务业	3618.1	2125.3	2278.9	975.7
计算机服务业	102.9	56.4	62.0	35.2
软件业	585.2	495.2	202.6	142.0
批发和零售业	**8490.0**	**5102.5**	**4491.0**	**3165.9**
批发业	4197.0	2639.8	2123.4	1457.1
零售业	4293.0	2462.7	2367.6	1708.9
住宿和餐饮业	**5357.3**	**3686.4**	**2328.6**	**1691.0**
住宿业	4128.0	3154.8	1487.9	1100.4
餐饮业	1229.2	531.5	840.7	590.7
金融业	**921.2**	**660.0**	**348.5**	**185.0**
银行业	510.4	300.8	265.1	129.7
证券业	252.8	241.5	27.7	20.8
保险业	86.7	76.7	18.0	10.5
其他金融活动	71.3	41.1	37.8	23.9
房地产业	**182649.1**	**161782.4**	**43127.6**	**31472.3**
租赁和商务服务业	**5127.7**	**4084.6**	**1880.4**	**1305.5**
租赁业	147.2	14.6	113.6	21.2
商务服务业	4980.6	4070.0	1766.8	1284.3
科学研究、技术服务和地质勘查业	**2808.2**	**2000.6**	**1084.0**	**679.2**
研究与试验发展	1090.6	800.0	370.0	229.5
专业技术服务业	909.9	701.2	303.0	193.6
科技交流和推广服务业	536.1	358.0	235.0	159.2
地质勘查业	271.5	141.5	176.0	96.9
水利、环境和公共设施管理业	**52886.5**	**43046.6**	**17878.9**	**12932.9**
水利管理业	9089.2	7890.3	2217.9	1744.0
环境管理业	2986.4	2350.1	1197.3	827.7
公共设施管理业	40810.8	32806.3	14463.6	10361.1
居民服务和其他服务业	**1014.2**	**669.3**	**518.6**	**336.2**
居民服务业	634.8	411.7	317.4	229.9
其他服务业	379.3	257.6	201.2	106.3
教育	**8271.7**	**5907.5**	**3242.5**	**2595.8**
卫生、社会保障和社会福利业	**3941.0**	**2819.2**	**1698.0**	**1228.5**
卫生	3452.2	2510.5	1447.6	1026.7
社会保障业	197.3	145.0	83.3	64.6
社会福利业	291.5	163.7	167.1	137.1
文化、体育和娱乐业	**6091.8**	**4858.7**	**2125.4**	**1543.7**
新闻出版业	169.1	143.1	53.0	35.2
广播、电视、电影和音像业	672.0	528.7	163.1	100.2
文化艺术业	2021.0	1598.6	718.9	563.8
体育	1280.6	1048.5	419.3	330.4
娱乐业	1949.1	1539.7	771.2	514.1
公共管理和社会组织	**7409.7**	**4503.7**	**4034.2**	**3089.5**
中国共产党机关	67.8	39.1	26.5	21.0
国家机构	5896.3	3676.0	3138.2	2333.7
人民政协和民主党派	13.7	4.4	8.0	5.3
群众团体、社会团体和宗教组织	221.9	131.5	113.0	88.4
基层群众自治组织	1209.9	652.7	748.5	641.2
国际组织				

3-5 续表 单位：亿元

行业	设备工器具购置	其他费用	新建	扩建	改建
第三产业合计	**8371.6**	**22625.4**	**45165.9**	**11973.8**	**9836.1**
交通运输、仓储和邮政业	**2771.9**	**4302.5**	**15968.5**	**2928.6**	**2565.7**
铁路运输业	1020.5	1387.7	4958.9	619.1	281.9
道路运输业	324.0	1654.7	6744.2	1561.5	1961.6
城市公共交通业	367.9	654.6	1748.2	88.3	67.6
水上运输业	548.7	223.7	1014.4	204.2	84.9
航空运输业	235.5	102.2	215.4	169.9	62.8
管道运输业	22.4	4.4	46.0	16.8	9.3
装卸搬运和其他运输服务业	48.2	39.5	151.7	34.1	17.4
仓储业	195.5	232.2	1066.4	231.0	76.2
邮政业	9.4	3.6	23.2	3.7	4.0
信息传输、计算机服务和软件业	**1278.7**	**111.9**	**836.8**	**925.9**	**579.1**
电信和其他信息传输服务业	1223.2	80.0	666.1	902.2	535.1
计算机服务业	20.5	6.4	24.4	9.7	18.0
软件业	35.0	25.6	146.3	14.1	26.0
批发和零售业	**767.5**	**557.6**	**2630.5**	**869.4**	**756.2**
批发业	431.2	235.2	1183.3	458.2	327.0
零售业	336.3	322.4	1447.2	411.2	429.2
住宿和餐饮业	**331.8**	**305.7**	**1402.5**	**360.3**	**492.9**
住宿业	171.4	216.2	984.1	213.6	252.8
餐饮业	160.4	89.6	418.4	146.7	240.1
金融业	**114.0**	**49.6**	**146.6**	**44.3**	**85.1**
银行业	95.4	40.0	99.1	34.4	69.2
证券业	6.5	0.4	18.9	2.1	2.7
保险业	4.9	2.5	7.4	2.3	5.9
其他金融活动	7.3	6.6	21.2	5.5	7.3
房地产业	**610.4**	**11044.9**	**4607.6**	**685.7**	**526.5**
租赁和商务服务业	**239.7**	**335.2**	**1219.9**	**223.3**	**263.9**
租赁业	89.3	3.2	21.2	7.3	7.7
商务服务业	150.4	332.1	1198.7	216.0	256.2
科学研究、技术服务和地质勘查业	**248.5**	**156.4**	**599.9**	**198.5**	**170.4**
研究与试验发展	89.3	51.2	201.5	72.1	52.1
专业技术服务业	68.8	40.6	190.5	39.3	38.0
科技交流和推广服务业	45.2	30.7	151.1	34.9	31.3
地质勘查业	45.2	33.9	56.8	52.3	49.0
水利、环境和公共设施管理业	**621.6**	**4324.4**	**11091.8**	**3493.9**	**2996.4**
水利管理业	93.0	380.9	1218.7	402.5	553.6
环境管理业	138.1	231.5	668.4	206.0	283.3
公共设施管理业	390.5	3712.0	9204.7	2885.3	2159.5
居民服务和其他服务业	**101.8**	**80.5**	**271.6**	**98.3**	**112.2**
居民服务业	54.1	33.3	179.9	58.1	59.9
其他服务业	47.7	47.2	91.7	40.2	52.4
教育	**276.7**	**370.0**	**1777.2**	**785.3**	**282.6**
卫生、社会保障和社会福利业	**311.2**	**158.3**	**824.0**	**403.6**	**196.8**
卫生	293.0	127.9	660.1	366.4	179.7
社会保障业	8.7	10.0	54.4	7.7	5.8
社会福利业	9.5	20.5	109.5	29.5	11.4
文化、体育和娱乐业	**242.5**	**339.2**	**1499.7**	**297.7**	**264.4**
新闻出版业	10.1	7.7	33.3	6.9	7.1
广播、电视、电影和音像业	44.6	18.4	79.9	31.4	34.2
文化艺术业	49.4	105.6	492.3	103.7	104.7
体育	20.7	68.2	353.9	41.6	19.0
娱乐业	117.7	139.3	540.3	114.1	99.4
公共管理和社会组织	**455.5**	**489.2**	**2289.3**	**659.1**	**543.9**
中国共产党机关	2.2	3.3	14.5	4.2	5.4
国家机构	405.9	398.6	1784.4	505.8	436.4
人民政协和民主党派	2.1	0.6	4.1	0.7	1.2
群众团体、社会团体和宗教组织	12.5	12.2	70.6	23.6	12.1
基层群众自治组织	32.8	74.5	415.6	124.8	88.8
国际组织					

3-6 按行业门类分第三产业城镇固定资产投资

单位：亿元

行业门类	2003	2004	2005	2006	2007	2008	2009
第三产业合计	**28649.0**	**35548.1**	**42660.6**	**52705.6**	**65190.2**	**81588.0**	**108572.5**
交通运输、仓储和邮政业	5669.0	7091.5	8860.4	11224.5	12997.1	15700.5	23271.3
信息传输、计算机服务和软件业	1645.7	1638.0	1561.6	1772.0	1819.4	2131.3	2543.5
批发和零售业	791.4	1117.2	1532.1	1896.5	2450.6	3193.0	4491.0
住宿和餐饮业	321.3	438.1	675.9	938.7	1329.9	1735.0	2328.6
金融业	86.2	97.6	105.6	118.7	151.9	252.8	348.5
房地产业	11105.3	14547.0	17098.2	21586.2	28619.2	35914.2	43127.6
租赁和商务服务业	309.8	361.7	486.2	662.6	860.7	1255.1	1880.4
科学研究、技术服务和地质勘查业	281.7	311.8	424.5	465.1	521.2	717.6	1084.0
水利、环境和公共设施管理业	4220.2	4890.8	6097.9	7506.7	9276.0	12279.1	17878.9
居民服务和其他服务业	65.6	107.6	135.5	183.6	235.8	312.7	518.6
教育	1474.1	1803.0	1966.9	2128.8	2220.9	2355.4	3242.5
卫生、社会保障和社会福利业	357.7	446.9	591.8	708.0	809.4	1065.9	1698.0
文化、体育和娱乐业	479.6	531.2	685.8	858.2	1129.8	1436.5	2125.4
公共管理和社会组织	1841.2	2165.6	2438.1	2655.8	2768.4	3239.0	4034.2
国际组织	0.3	0.3		0.1			

3-7 按行业、登记注册类型和控股情况分第三产业城镇固定资产投资

单位：亿元

行业	投资额	内资	港澳台商投资	外商投资
第三产业合计	**108572.5**	**102633.5**	**3384.3**	**2554.8**
交通运输、仓储和邮政业	**23271.3**	**22877.9**	**230.7**	**162.7**
铁路运输业	6660.9	6641.7	7.0	12.2
道路运输业	10557.6	10519.7	21.7	16.2
城市公共交通业	2034.1	2014.4	18.7	0.9
水上运输业	1670.7	1533.1	81.1	56.5
航空运输业	604.9	596.2		8.6
管道运输业	73.1	63.4	9.4	0.3
装卸搬运和其他运输服务业	221.9	210.9	4.0	7.0
仓储业	1413.3	1263.7	88.7	60.9
邮政业	35.0	34.9		0.1
信息传输、计算机服务和软件业	**2543.5**	**1925.5**	**251.2**	**366.8**
电信和其他信息传输服务业	2278.9	1699.2	236.9	342.8
计算机服务业	62.0	57.9	2.9	1.2
软件业	202.6	168.4	11.4	22.7
批发和零售业	**4491.0**	**4298.5**	**86.0**	**106.5**
批发业	2123.4	2051.2	23.5	48.8
零售业	2367.6	2247.3	62.5	57.7
住宿和餐饮业	**2328.6**	**2153.0**	**86.4**	**89.3**
住宿业	1487.9	1345.5	69.3	73.1
餐饮业	840.7	807.5	17.1	16.2
金融业	**348.5**	**341.4**	**2.2**	**5.0**
银行业	265.1	261.3	1.8	2.0
证券业	27.7	24.6	0.3	2.9
保险业	18.0	17.7	0.1	0.1
其他金融活动	37.8	37.7		
房地产业	**43127.6**	**38962.8**	**2508.8**	**1656.0**
租赁和商务服务业	**1880.4**	**1781.4**	**51.0**	**48.1**
租赁业	113.6	113.2		0.4
商务服务业	1766.8	1668.1	51.0	47.7
科学研究、技术服务和地质勘查业	**1084.0**	**1056.0**	**11.5**	**16.5**
研究与试验发展	370.0	351.9	7.3	10.8
专业技术服务业	303.0	300.8	1.6	0.6
科技交流和推广服务业	235.0	229.1	2.3	3.6
地质勘查业	176.0	174.2	0.3	1.5
水利、环境和公共设施管理业	**17878.9**	**17746.8**	**83.0**	**49.2**
水利管理业	2217.9	2216.7		1.2
环境管理业	1197.3	1180.7	3.3	13.3
公共设施管理业	14463.6	14349.3	79.6	34.7
居民服务和其他服务业	**518.6**	**508.9**	**4.2**	**5.5**
居民服务业	317.4	310.7	3.8	2.9
其他服务业	201.2	198.2	0.3	2.6
教育	**3242.5**	**3226.4**	**8.2**	**7.8**
卫生、社会保障和社会福利业	**1698.0**	**1683.1**	**5.6**	**9.4**
卫生	1447.6	1434.0	4.3	9.3
社会保障业	83.3	83.3		
社会福利业	167.1	165.8	1.3	0.1
文化、体育和娱乐业	**2125.4**	**2042.1**	**54.4**	**28.8**
新闻出版业	53.0	53.0		
广播、电视、电影和音像业	163.1	161.6	1.3	0.2
文化艺术业	718.9	712.2	5.4	1.3
体育	419.3	405.2	12.6	1.5
娱乐业	771.2	710.2	35.1	25.8
公共管理和社会组织	**4034.2**	**4029.8**	**1.2**	**3.2**
中国共产党机关	26.5	26.5		
国家机构	3138.2	3137.1	0.6	0.5
人民政协和民主党派	8.0	8.0		
群众团体、社会团体和宗教组织	113.0	111.4	0.2	1.4
基层群众自治组织	748.5	746.8	0.4	1.3
国际组织				

3-7 续表 单位：亿元

行业	国有控股	集体控股	私人控股
第三产业合计	**58151.7**	**7294.9**	**34344.1**
交通运输、仓储和邮政业	**20601.4**	**591.3**	**1761.4**
铁路运输业	6539.8	65.5	55.4
道路运输业	9704.6	281.8	545.0
城市公共交通业	1969.0	10.4	33.0
水上运输业	1213.9	77.6	276.1
航空运输业	525.7	18.6	11.6
管道运输业	49.4	7.2	11.9
装卸搬运和其他运输服务业	45.3	16.4	151.3
仓储业	526.8	113.5	669.2
邮政业	26.7	0.2	7.9
信息传输、计算机服务和软件业	**1842.2**	**47.0**	**219.8**
电信和其他信息传输服务业	1773.8	24.5	80.4
计算机服务业	9.0	1.0	48.3
软件业	59.4	21.5	91.2
批发和零售业	**606.5**	**537.9**	**3213.1**
批发业	336.1	192.6	1558.9
零售业	270.4	345.4	1654.2
住宿和餐饮业	**348.2**	**157.9**	**1671.1**
住宿业	286.2	99.4	982.3
餐饮业	62.0	58.5	688.8
金融业	**248.6**	**48.8**	**48.3**
银行业	201.2	45.5	15.9
证券业	19.3	0.6	7.8
保险业	11.3	1.5	4.9
其他金融活动	16.9	1.2	19.7
房地产业	**8743.8**	**3339.9**	**23649.1**
租赁和商务服务业	**965.5**	**207.4**	**617.8**
租赁业	61.9	3.7	46.1
商务服务业	903.7	203.7	571.7
科学研究、技术服务和地质勘查业	**721.9**	**65.9**	**276.6**
研究与试验发展	260.2	12.2	86.2
专业技术服务业	197.7	23.2	79.9
科技交流和推广服务业	122.2	16.1	91.0
地质勘查业	141.8	14.4	19.4
水利、环境和公共设施管理业	**15459.8**	**1107.7**	**1189.0**
水利管理业	2055.0	112.9	47.0
环境管理业	964.8	81.3	138.5
公共设施管理业	12440.0	913.6	1003.5
居民服务和其他服务业	**141.8**	**79.6**	**286.5**
居民服务业	104.5	56.4	150.3
其他服务业	37.3	23.2	136.2
教育	**2714.2**	**157.7**	**356.7**
卫生、社会保障和社会福利业	**1381.0**	**108.7**	**194.1**
卫生	1184.8	84.0	165.8
社会保障业	70.1	8.0	5.2
社会福利业	126.1	16.7	23.0
文化、体育和娱乐业	**1243.4**	**184.8**	**625.6**
新闻出版业	43.7	1.1	8.1
广播、电视、电影和音像业	134.5	8.1	19.8
文化艺术业	558.3	73.5	80.8
体育	355.6	16.0	34.9
娱乐业	151.4	86.1	482.0
公共管理和社会组织	**3133.3**	**660.4**	**235.1**
中国共产党机关	25.6		0.9
国家机构	2922.3	119.4	94.4
人民政协和民主党派	7.5	0.5	
群众团体、社会团体和宗教组织	54.1	18.4	38.9
基层群众自治组织	123.8	522.2	100.8
国际组织			

3-8 按行业分第三产业城镇投资资金来源和新增固定资产

单位：亿元

行　业	本年资金来源合计	国家预算内资金	国内贷款	利用外资
第三产业合计	**130749.6**	**9195.1**	**25592.9**	**1034.3**
交通运输、仓储和邮政业	**22997.5**	**3162.2**	**8071.8**	**203.7**
铁路运输业	6512.5	946.6	2910.0	58.3
道路运输业	10196.0	1792.5	3270.6	37.4
城市公共交通业	2197.9	140.5	1027.7	13.6
水上运输业	1650.0	71.7	419.1	55.6
航空运输业	568.1	68.3	224.3	3.7
管道运输业	96.4	9.7	7.9	
装卸搬运和其他运输服务业	233.7	3.3	23.1	3.1
仓储业	1507.0	127.7	186.3	32.0
邮政业	35.9	1.8	2.7	
信息传输、计算机服务和软件业	**2504.1**	**63.7**	**61.6**	**19.4**
电信和其他信息传输服务业	2218.8	49.8	42.8	11.4
计算机服务业	66.9	3.3	5.6	1.8
软件业	218.5	10.7	13.2	6.2
批发和零售业	**4589.1**	**34.4**	**290.8**	**68.0**
批发业	2167.4	17.6	158.9	24.1
零售业	2421.6	16.8	131.9	43.9
住宿和餐饮业	**2420.0**	**15.5**	**174.9**	**69.1**
住宿业	1555.7	11.8	142.3	47.1
餐饮业	864.3	3.7	32.6	22.0
金融业	**377.6**	**19.7**	**10.6**	**0.6**
银行业	282.7	16.8	9.3	0.6
证券业	38.6			
保险业	17.9			
其他金融活动	38.4	2.9	1.3	
房地产业	**64959.0**	**539.5**	**11948.1**	**501.1**
租赁和商务服务业	**2009.4**	**70.3**	**377.6**	**25.0**
租赁业	113.7	0.1	4.4	0.3
商务服务业	1895.7	70.2	373.2	24.7
科学研究、技术服务和地质勘查业	**1131.4**	**132.7**	**53.7**	**12.5**
研究与试验发展	398.4	80.8	17.5	9.3
专业技术服务业	314.3	37.5	12.8	0.2
科技交流和推广服务业	235.3	9.8	19.8	2.3
地质勘查业	183.3	4.5	3.6	0.6
水利、环境和公共设施管理业	**17869.6**	**2879.8**	**3651.4**	**79.7**
水利管理业	2308.6	772.1	363.7	6.1
环境管理业	1272.3	283.7	173.2	14.5
公共设施管理业	14288.7	1824.1	3114.5	59.2
居民服务和其他服务业	**529.8**	**25.9**	**35.4**	**3.9**
居民服务业	321.6	16.1	24.0	2.9
其他服务业	208.2	9.8	11.4	1.1
教育	**3344.1**	**703.6**	**404.6**	**8.5**
卫生、社会保障和社会福利业	**1803.4**	**364.5**	**149.2**	**18.6**
卫生	1549.8	302.0	137.6	12.0
社会保障业	82.4	23.3	6.8	6.5
社会福利业	171.1	39.3	4.8	0.1
文化、体育和娱乐业	**2133.8**	**261.3**	**173.3**	**17.8**
新闻出版业	55.8	1.6	4.3	
广播、电视、电影和音像业	164.9	15.1	8.3	0.5
文化艺术业	723.8	148.4	73.0	2.0
体育	387.3	70.8	52.9	3.4
娱乐业	801.9	25.6	34.8	11.8
公共管理和社会组织	**4081.0**	**921.8**	**190.0**	**6.4**
中国共产党机关	28.7	14.9	0.6	0.1
国家机构	3177.8	875.2	167.7	5.0
人民政协和民主党派	7.0	3.2	0.8	
群众团体、社会团体和宗教组织	113.4	8.6	3.2	0.4
基层群众自治组织	754.1	19.9	17.7	0.9
国际组织				

3-8 续表 单位：亿元

行业			投资额	新增固定资产
	自筹资金	其他资金		
第三产业合计	**60646.8**	**34280.5**	**108572.5**	**57351.2**
交通运输、仓储和邮政业	**9402.9**	**2157.0**	**23271.3**	**9593.1**
铁路运输业	1627.5	970.0	6660.9	2122.6
道路运输业	4414.5	681.0	10557.6	4926.8
城市公共交通业	685.0	331.1	2034.1	423.6
水上运输业	1020.3	83.2	1670.7	767.4
航空运输业	266.3	5.5	604.9	268.1
管道运输业	75.6	3.1	73.1	51.2
装卸搬运和其他运输服务业	196.3	7.9	221.9	140.0
仓储业	1087.4	73.6	1413.3	867.0
邮政业	29.9	1.5	35.0	26.4
信息传输、计算机服务和软件业	**2294.4**	**65.0**	**2543.5**	**1567.3**
电信和其他信息传输服务业	2055.2	59.6	2278.9	1443.8
计算机服务业	54.4	1.8	62.0	42.0
软件业	184.8	3.6	202.6	81.5
批发和零售业	**3954.1**	**241.9**	**4491.0**	**3250.9**
批发业	1860.7	106.2	2123.4	1477.2
零售业	2093.4	135.6	2367.6	1773.7
住宿和餐饮业	**2041.7**	**118.8**	**2328.6**	**1624.1**
住宿业	1267.7	86.9	1487.9	941.1
餐饮业	774.0	31.9	840.7	683.1
金融业	**337.2**	**9.4**	**348.5**	**247.1**
银行业	247.8	8.1	265.1	196.1
证券业	38.4	0.2	27.7	8.8
保险业	17.6	0.2	18.0	10.9
其他金融活动	33.3	0.9	37.8	31.2
房地产业	**23024.9**	**28945.5**	**43127.6**	**22553.3**
租赁和商务服务业	**1426.0**	**110.6**	**1880.4**	**948.4**
租赁业	107.5	1.5	113.6	46.0
商务服务业	1318.5	109.1	1766.8	902.3
科学研究、技术服务和地质勘查业	**877.1**	**55.4**	**1084.0**	**690.8**
研究与试验发展	274.5	16.3	370.0	234.4
专业技术服务业	244.2	19.5	303.0	198.7
科技交流和推广服务业	190.0	13.4	235.0	158.2
地质勘查业	168.3	6.3	176.0	99.5
水利、环境和公共设施管理业	**9749.7**	**1509.0**	**17878.9**	**9361.2**
水利管理业	950.3	216.4	2217.9	1166.9
环境管理业	692.3	108.7	1197.3	639.4
公共设施管理业	8107.1	1183.9	14463.6	7554.8
居民服务和其他服务业	**435.2**	**29.3**	**518.6**	**372.2**
居民服务业	260.6	18.0	317.4	232.7
其他服务业	174.6	11.3	201.2	139.4
教育	**1958.3**	**269.1**	**3242.5**	**2098.2**
卫生、社会保障和社会福利业	**1134.1**	**136.9**	**1698.0**	**1055.0**
卫生	987.3	110.9	1447.6	888.8
社会保障业	35.9	10.0	83.3	46.3
社会福利业	110.9	16.0	167.1	119.9
文化、体育和娱乐业	**1499.1**	**182.3**	**2125.4**	**1134.1**
新闻出版业	48.0	2.0	53.0	32.1
广播、电视、电影和音像业	132.6	8.3	163.1	130.2
文化艺术业	439.8	60.6	718.9	392.2
体育	206.9	53.3	419.3	176.5
娱乐业	671.6	58.1	771.2	403.1
公共管理和社会组织	**2512.3**	**450.4**	**4034.2**	**2855.7**
中国共产党机关	9.8	3.2	26.5	27.0
国家机构	1795.0	334.9	3138.2	2146.6
人民政协和民主党派	2.6	0.4	8.0	8.2
群众团体、社会团体和宗教组织	80.7	20.6	113.0	80.1
基层群众自治组织	624.2	91.3	748.5	593.7
国际组织				

3-9 各地区按行业门类分第三产业城镇固定资产投资

单位：亿元

地区	第三产业合计	交通运输、仓储和邮政业	信息传输、计算机服务和软件业	批发和零售业	住宿和餐饮业	金融业	房地产业	租赁和商务服务业
全国合计	**108572.5**	**23271.3**	**2543.5**	**4491.0**	**2328.6**	**348.5**	**43127.6**	**1880.4**
北京	3805.3	612.5	139.2	9.8	26.2	7.4	2480.1	21.1
天津	2413.9	472.1	51.3	62.4	26.9	1.6	771.7	157.1
河北	5196.8	936.3	11.2	380.5	99.0	11.9	2028.7	111.6
山西	2336.9	703.9	87.7	77.5	41.1	1.9	763.7	13.2
内蒙古	3114.2	781.4	47.9	210.9	60.1	23.3	935.3	27.5
辽宁	5916.4	721.5	132.1	388.8	172.7	41.0	2724.7	161.0
吉林	2532.2	397.0	57.0	218.5	71.4	8.3	937.2	50.7
黑龙江	2462.9	625.4	146.3	136.6	45.7	6.5	738.4	27.2
上海	3527.0	873.3	125.8	16.7	37.6	15.6	1566.5	110.3
江苏	7442.2	886.7	137.9	365.4	197.6	14.4	3735.0	203.2
浙江	5094.2	900.0	157.5	125.7	92.5	21.6	2526.6	100.4
安徽	4277.7	404.3	91.1	193.0	117.7	16.1	2072.9	48.7
福建	3424.2	834.4	147.4	92.5	86.4	16.9	1269.0	65.5
江西	2393.4	334.9	49.2	161.0	153.6	21.7	741.8	55.0
山东	7802.0	839.3	69.1	609.9	219.8	14.5	3401.9	124.5
河南	4669.2	484.4	74.3	308.3	151.3	12.2	2215.5	27.5
湖北	4066.6	722.8	69.3	240.6	146.8	16.1	1365.4	128.9
湖南	3906.8	952.2	101.5	160.5	90.6	12.4	1282.6	63.4
广东	7316.1	1444.0	278.2	135.1	130.9	19.4	3517.7	113.4
广西	2690.2	537.6	92.4	110.2	58.9	16.8	976.9	56.9
海南	787.7	184.6	19.6	2.5	34.6	2.6	316.2	1.1
重庆	2978.9	613.1	53.1	34.8	17.1	8.8	1433.8	29.2
四川	5259.9	1089.1	135.9	103.0	75.0	7.4	1960.8	83.8
贵州	1263.3	373.3	60.0	19.2	15.6	7.4	446.1	7.4
云南	2511.6	542.2	62.8	107.4	39.4	5.0	898.2	15.3
西藏	218.0	78.8	9.5	5.9	8.8	0.4	35.0	0.5
陕西	3503.4	554.7	58.2	138.0	73.4	6.0	1102.7	56.6
甘肃	912.4	145.5	18.6	38.7	18.9	2.8	265.9	6.4
青海	312.1	103.8	2.9	5.9	3.1	2.3	78.6	1.7
宁夏	382.6	59.8	13.1	5.2	3.3	1.0	175.9	1.0
新疆	1126.6	304.0	43.3	26.3	12.5	5.2	362.9	10.3
不分地区	4927.8	4758.7						

3-9 续表

单位：亿元

地区	科学研究、技术服务和地质勘查业	水利、环境和公共设施管理业	居民服务和其他服务业	教育	卫生、社会保障和社会福利业	文化、体育和娱乐业	公共管理和社会组织	国际组织
全国合计	**1084.0**	**17878.9**	**518.6**	**3242.5**	**1698.0**	**2125.4**	**4034.2**	
北京	51.5	262.9	2.5	54.1	36.6	61.6	39.7	
天津	16.5	678.9	34.1	36.2	15.8	23.7	65.6	
河北	76.0	1080.3	38.1	132.0	107.7	78.9	104.5	
山西	7.0	431.1	5.1	99.1	35.2	51.2	19.3	
内蒙古	39.8	591.2	27.7	98.0	45.3	78.6	147.3	
辽宁	94.6	883.4	54.8	125.9	83.3	128.9	204.0	
吉林	47.1	525.1	20.2	74.7	53.2	35.7	35.9	
黑龙江	73.1	305.8	13.3	90.1	56.1	21.9	176.5	
上海	18.8	630.3	1.8	37.4	22.7	54.7	15.6	
江苏	98.7	1210.8	40.7	201.5	77.8	124.3	148.3	
浙江	26.7	808.8	5.9	109.9	69.8	71.1	77.7	
安徽	28.3	825.5	22.5	149.0	85.7	86.1	136.9	
福建	14.7	565.3	7.1	89.7	43.5	45.8	146.0	
江西	27.2	525.5	15.1	107.8	49.2	72.0	79.4	
山东	109.0	1025.8	76.8	220.0	112.0	330.2	649.2	
河南	32.9	760.9	39.6	204.8	109.8	125.1	122.5	
湖北	46.9	722.0	19.0	124.5	74.5	97.5	292.3	
湖南	32.2	739.1	26.1	93.8	88.6	72.3	191.6	
广东	55.0	1052.8	12.6	170.4	108.7	190.4	87.6	
广西	15.7	543.7	7.3	107.4	53.4	31.6	81.2	
海南	2.1	67.9	0.0	16.0	12.4	66.3	61.9	
重庆	17.6	525.6	2.2	108.1	29.7	36.8	69.0	
四川	16.5	1139.1	6.7	319.9	132.5	64.6	125.5	
贵州	8.2	208.2	5.3	38.7	15.3	13.9	44.7	
云南	10.5	500.6	8.4	118.2	48.5	49.1	105.9	
西藏	0.4	19.0	0.3	9.9	3.5	4.5	41.6	
陕西	73.1	721.3	16.0	149.0	61.1	55.5	437.7	
甘肃	19.4	94.0	4.4	50.8	27.7	17.9	201.4	
青海	3.6	56.3	0.5	12.6	5.1	13.0	22.6	
宁夏	0.4	57.2	1.2	29.2	7.9	10.6	16.6	
新疆	12.1	169.0	3.0	64.1	25.5	11.6	76.8	
不分地区	8.2	151.5					9.4	

【主要统计指标解释】

全社会固定资产投资 以货币形式表现的在一定时期内全社会建造和购置固定资产的工作量以及与此有关的费用的总称。该指标是反映固定资产投资规模、结构和发展速度的综合性指标，又是观察工程进度和考核投资效果的重要依据。全社会固定资产投资按登记注册类型可分为国有、集体、个体、联营、股份制、外商、港澳台商、其他等。

城镇固定资产投资 指城镇各种登记注册类型的企业、事业、行政单位及个体户进行的计划总投资(或实际需要总投资)50万元及以上的建设项目投资和房地产开发投资。县城及以上区域内发生的投资，县及县以上各级政府及主管部门直接领导、管理的建设项目和企业事业单位的投资均为城镇固定资产投资。

建设总规模 指在报告期内所有施工项目的计划总投资。

在建总规模 指在报告期末所有在建项目的计划总投资。

固定资产投资的资金来源 根据固定资产投资的资金来源不同，分为国家预算内资金、国内贷款、利用外资、自筹资金和其他资金。

(1)国家预算内资金：分为财政拨款和财政安排的贷款两部分。包括中央财政的基本建设基金(分经营性基金和非经营性基金两部分)、专项支出、收回再贷、贴息资金，财政安排的挖潜改造和新产品试制支出、城建支出、商业部门简易建筑支出、不发达地区发展基金等资金中用于固定资产投资的资金；地方财政中由国家统筹安排的资金等。

(2)国内贷款：指报告期固定资产投资单位向银行及非银行金融机构借入的用于固定资产投资的各种国内借款，包括银行利用自有资金及吸收的存款发放的贷款、上级主管部门拨入的国内贷款、国家专项贷款、地方财政专项资金安排的贷款、国内储备贷款、周转贷款等。

(3)利用外资：指报告期收到的用于固定资产建造和购置的国外资金(包括设备、材料、技术在内)。包括对外借款(外国政府、国际金融组织贷款、出口信贷、外国银行商业贷款、对外发行债券和股票)、外商直接投资及外商其他投资。不包括我国自有外汇资金(国家外汇、地方外汇、留成外汇、调剂外汇和中国银行自有资金发行的外汇贷款等)。计算利用外资时，需要折算成人民币，折算中所使用的外汇汇率按现汇计算，即按使用外汇时的汇率计算。

(4)自筹资金：指固定资产投资单位报告期收到的，由各地区、各部门及企、事业单位筹集用于固定资产投资的预算外资金，包括中央各部门、各级地方和企、事业单位的自筹资金。

(5)其他资金：指在报告期收到的除以上各种资金之外其他用于固定资产投资的资金，包括企业或金融机构通过发行各种债券筹集到的资金、群众集资、个人资金、无偿捐赠的资金及其他单位拨入的资金等。

固定资产投资按国民经济行业分 根据建设项目建成投产后的主要产品或主要用途及社会经济活动性质来确定国民经济行业。一般情况下，一个建设项目或一个企业、事业单位只能属于一种国民经济行业。

新增固定资产 指报告期内已经完成建造和购置过程，并已交付生产或使用单位的固定资产价值。该指标是表示固定资产投资成果的价值指标，也是反映建设进度，计算固定资产投资效果的重要指标。

4 第三产业部分行业主要财务指标

4-1 批发和零售业

简要说明

一、主要内容

批发和零售业企业主要财务状况。

二、统计范围

限额以上批发和零售业企业。

三、统计调查方法

对限额以上批发和零售业法人企业采用全面调查的方法。

四、限额标准

批发业企业，年主营业务收入2000万元及以上。

零售业企业，年主营业务收入500万元及以上。

五、资料来源

本部分资料是国家统计局贸易外经统计司根据《批发和零售业、住宿和餐饮业统计报表制度》搜集的资料进行加工整理而得。

4-1-1 限额以上批发和零售业企业年末资产负债

单位：万元

项　　目	资产合计	流动资产合计	固定资产合计	负债合计	所有者权益合计
总　　计	**853387246**	**638010843**	**79389336**	**600537123**	**252477042**
一、批发业	**658158678**	**509439153**	**42910816**	**463375356**	**194457829**
#国有控股	294277860	208890352	25066913	187828001	106124366
(一)按登记注册类型分					
1.内资企业	**583802982**	**450151823**	**40353366**	**414758505**	**168718984**
国有企业	131855380	96668698	13792744	80683713	51171667
集体企业	11152567	8396417	1070726	7961952	3190616
股份合作企业	1866202	1372717	217640	1339438	526764
联营企业	2081574	1871366	74482	1684806	396768
国有联营企业	1098049	992972	36127	896912	201137
集体联营企业	128632	120761	1259	111241	17391
国有与集体联营企业	315123	275335	14837	253177	61946
其他联营企业	539770	482297	22259	423476	116294
有限责任公司	207562301	164998015	8981933	159402641	48159660
国有独资公司	39166830	27115718	1459828	28392995	10773835
其他有限责任公司	168395471	137882297	7522106	131009647	37385824
股份有限公司	76597149	48004855	8278804	43808315	32463341
私营企业	149594377	126553040	7723612	117898812	31695565
私营独资企业	4622725	3274720	672381	2873718	1749006
私营合伙企业	1277852	1077451	79612	957829	320022
私营有限责任公司	137116189	117012627	6475802	109178689	27937500
私营股份有限公司	6577612	5188242	495817	4888576	1689036
其他企业	3093433	2286716	213425	1978828	1114605
2.港、澳、台商投资企业	**17075317**	**14196453**	**633523**	**11782466**	**5292851**
合资经营企业	3082822	2337270	185038	2039514	1043308
合作经营企业	140384	106218	18207	56600	83785
独资经营企业	12458503	10675872	316753	8892255	3566249
投资股份有限公司	1393607	1077092	113526	794098	599510
3.外商投资企业	**57280379**	**45090878**	**1923927**	**36834385**	**20445994**
中外合资经营企业	8737024	7342348	471422	6713424	2023600
中外合作经营企业	257634	193644	34373	196370	61264
外资企业	47651454	37205557	1297843	29568852	18082601
外商投资股份有限公司	634267	349329	120289	355738	278529

4-1-1 续表 1 单位：万元

项　　目	资产合计	流动资产合计	固定资产合计	负债合计	所有者权益合计
(二)按国民经济行业分					
农畜产品批发	33464028	21325358	3056988	24150450	9313578
食品、饮料及烟草制品批发	68495193	51923347	7913958	32927195	35567998
米、面制品及食用油批发	12435569	10199147	1074636	10558163	1877406
肉、禽、蛋及水产品批发	2510005	1502059	474935	1603850	906155
饮料及茶叶批发	7412244	5793560	341243	5641813	1770431
烟草制品批发	34794497	26505134	4734162	7351315	27443182
纺织、服装及日用品批发	43185639	34227792	2486901	30385303	12800336
服装批发	14650201	11792540	883472	10323351	4326850
鞋帽批发	3317856	2321390	171686	2073990	1243867
文化、体育用品及器材批发	12266251	9153031	1108763	8101312	4164939
文具用品批发	2742877	2350314	132990	2071299	671578
体育用品批发	1366993	1126410	74241	1010162	356830
图书批发	4011833	2317045	590962	2214172	1797661
医药及医疗器材批发	30518027	24921775	1424421	22605343	7912684
西药批发	20680804	16394767	983654	15188652	5492152
中药材及中成药批发	7017939	6005465	300588	5395774	1622165
矿产品、建材及化工产品批发	309483945	234891156	21321011	223493087	85665365
煤炭及制品批发	41654568	31000302	2190896	26524008	15130560
石油及制品批发	72589643	44410010	12560908	44843751	27420399
金属及金属矿批发	127511607	106048292	3177200	101541727	25969880
建材批发	21855137	16857715	1213564	16290022	5565115
化肥批发	12389891	9735618	653738	9058540	3331350
农药批发	2028699	1709475	78023	1659861	368838
机械设备、五金交电及电子产品批发	120311646	99650928	4090626	90736245	29575401
汽车、摩托车及零配件批发	27611416	22426092	906347	20809657	6801759
家用电器批发	20110112	17962343	301501	16886631	3223481
计算机、软件及辅助设备批发	7980799	7368774	149179	6200263	1780536
通讯及广播电视设备批发	13219868	10458695	589932	7741451	5478417
贸易经纪与代理	24436957	20252735	538713	19359887	5077070
其他批发	15996992	13093031	969434	11616534	4380458

4-1-1 续表 2

单位：万元

项　目	资产合计	流动资产合计	固定资产合计	负债合计	所有者权益合计
二、零售业	**195228568**	**128571689**	**36478520**	**137161767**	**58019213**
#国有控股	46049503	24900121	11716221	26368668	19633248
(一)按登记注册类型分					
1.内资企业	**167094395**	**109923162**	**31085688**	**116790135**	**50256672**
国有企业	11890270	6288281	3408243	7590132	4288897
集体企业	3725237	2395976	951698	2555693	1169544
股份合作企业	1356720	854309	333139	995693	361027
联营企业	412567	294442	69348	271285	141282
国有联营企业	254297	185509	39938	173952	80345
集体联营企业	49421	30894	10377	27314	22107
国有与集体联营企业	47252	28919	11077	24415	22837
其他联营企业	61597	49120	7955	45604	15993
有限责任公司	57113013	40276877	9463016	43550200	13562813
国有独资公司	1401608	735984	353032	853425	548183
其他有限责任公司	55711405	39540893	9109984	42696775	13014631
股份有限公司	37661879	19534321	8330360	20843305	16782227
私营企业	53227135	39201033	8154315	39785488	13441646
私营独资企业	4545706	2789431	1210704	2604489	1941217
私营合伙企业	728443	437100	191936	404824	323619
私营有限责任公司	43868383	32822081	6206409	33604647	10263736
私营股份有限公司	4084602	3152421	545266	3171528	913074
其他企业	1707574	1077925	375569	1198339	509235
2.港、澳、台商投资企业	**10800763**	**7370744**	**2057914**	**7688089**	**3112674**
合资经营企业	4001093	2562036	833981	2642720	1358373
合作经营企业	961194	797473	75888	676812	284382
独资经营企业	5346506	3733971	1037113	4004017	1342489
投资股份有限公司	491969	277265	110933	364540	127429
3.外商投资企业	**17333411**	**11277783**	**3334918**	**12683544**	**4649867**
中外合资经营企业	6688893	4218472	1549142	4887768	1801125
中外合作经营企业	1113083	818043	174309	798232	314851
外资企业	9080555	5961222	1519049	6687273	2393283
外商投资股份有限公司	450880	280046	92419	310271	140609

4-1-1 续表 3 单位：万元

项　　目	资产合计			负债合计	所有者权益合计
		流动资产合计	固定资产合计		
(二)按国民经济行业分					
综合零售	71481472	40833187	17474305	52676190	18805282
百货零售	42849940	22846198	11408407	29964989	12884951
超级市场零售	26736407	16811943	5605705	21298633	5437774
食品、饮料及烟草制品专门零售	4092826	2521752	988526	2387164	1705661
粮油零售	781802	490591	188405	564427	217375
肉、禽、蛋及水产品零售	725570	390661	217045	469247	256323
饮料及茶叶零售	684370	418161	200678	441571	242799
烟草制品零售	836332	567786	115362	291059	545273
纺织、服装及日用品专门零售	8740858	6083155	1518277	6238283	2502575
服装零售	5707247	3902578	1096786	4456814	1250433
文化、体育用品及器材专门零售	8471139	5501115	1879377	4828454	3642685
体育用品零售	370393	249794	66197	247470	122923
图书零售	5352573	3080763	1491584	2811011	2541562
医药及医疗器材专门零售	8184283	6468002	848512	6144644	2039639
药品零售	7787488	6112908	824324	5830477	1957011
汽车、摩托车、燃料及零配件专门零售	66009189	45627794	10666024	44361566	21600035
汽车零售	46320624	35854883	5179940	35593458	10727166
机动车燃料零售	17918425	8410441	5234194	7541960	10328877
家用电器及电子产品专门零售	19242639	15745921	1216269	14389270	4853369
家用电器零售	15138476	12411470	873867	11680865	3457611
计算机、软件及辅助设备零售	2363776	1910580	147262	1476772	887004
通信设备零售	1291749	1029412	168918	915870	375879
五金、家具及室内装修材料专门零售	4538198	2894091	1064892	3036377	1501821
无店铺及其他零售	4467965	2896673	822338	3099819	1368146
邮购及电子销售	685076	610139	32346	725121	-40045
(三)按零售业态分					
有店铺零售	194052017	127524329	36417900	136074618	57929812
#超市	11152950	6680876	2520624	8184515	2968435
大型超市	20145362	13047195	4059656	16203889	3941473
百货店	36159574	19541356	9380438	24845944	11313630
专业店	66732481	45675478	10906935	42309567	24375327
专卖店	45386391	33887703	5900785	33457494	11928897
无店铺零售	1176551	1047360	60620	1087150	89402

4-1-2 各地区限额以上批发和零售业企业年末资产负债

单位：万元

地区	资产合计	流动资产合计	固定资产合计	负债合计	所有者权益合计
全国	**853387246**	**638010843**	**79389336**	**600537123**	**252477042**
北京	171814405	123147964	7640786	113485048	58329357
天津	29481635	23978060	2201373	22186327	7295308
河北	15705163	11313500	2356086	11038077	4432858
山西	16778829	11985720	2239436	12826856	3951973
内蒙古	7446353	4915902	1365740	5266592	2179760
辽宁	28274201	21015738	3204192	20825605	7339786
吉林	6027903	3898103	1220413	4318739	1709164
黑龙江	10000000	8046347	1281697	7795125	2204875
上海	82533131	64418779	5046091	56946667	25586464
江苏	69425855	53683424	6727372	50928730	18497124
浙江	76614468	59267305	5556061	57285554	19328914
安徽	16251144	12390050	2162455	11739523	4511621
福建	28761177	20977232	2064129	17986949	10774227
江西	5463075	3649937	1016508	3481538	1981537
山东	50517688	36286165	7761315	35743610	14774077
河南	17939853	13084042	2716160	13175129	4764724
湖北	19756599	13881391	3195912	14434475	5322125
湖南	12247296	7476125	2020025	7253444	4993853
广东	93074009	73579960	7693719	69409226	23645981
广西	8173140	6179366	952494	5688572	2473327
海南	3118006	2330275	409377	1773349	1344656
重庆	11822233	8935878	1610451	8428677	3393556
四川	15971160	11747089	1912093	10955622	5015538
贵州	5999594	4458832	681755	3999683	1999911
云南	19357412	14890881	2039601	12134741	7222671
西藏	378406	194955	91449	185655	192751
陕西	10128310	7057980	1610633	7039560	3088749
甘肃	6389865	4892186	718112	4314699	2075166
青海	1215009	791571	219302	669856	545152
宁夏	2008157	1487918	274868	1332072	676085
新疆	10713174	8048171	1399731	7887422	2825752

4-1-3 各地区限额以上批发业企业年末资产负债

单位：万元

地区	资产合计	流动资产合计	固定资产合计	负债合计	所有者权益合计
全国	**658158678**	**509439153**	**42910816**	**463375356**	**194457829**
北京	151392522	108913815	4969203	98786465	52606057
天津	25219195	21280461	1247272	19198994	6020201
河北	11210241	8494653	1235029	7546257	3429757
山西	12934222	9571117	1350604	9920838	3013383
内蒙古	4564079	3171536	773679	3236422	1327657
辽宁	20037332	15694679	1490876	14864638	5081429
吉林	3488684	2478767	499891	2478013	1010671
黑龙江	6956665	5925988	596102	5393172	1563493
上海	66159449	53725636	2487380	45858804	20300645
江苏	51138541	41703296	3558143	37560085	13578456
浙江	62365666	49606767	3185394	46585268	15780398
安徽	11839946	9381107	1262880	8484142	3355804
福建	22993416	16846612	1209474	14214282	8779133
江西	3449109	2421483	510790	2126877	1322232
山东	31096834	23429340	3693630	23224933	7871901
河南	11421088	8740394	1395889	8291894	3129194
湖北	13236216	10100333	1573875	9856856	3379361
湖南	7076326	4706354	782438	4229426	2846900
广东	72924364	59468472	4610866	55522527	17401837
广西	5819401	4594985	506271	4062321	1757079
海南	2320472	1854633	173221	1312174	1008298
重庆	8101930	6445752	854004	5867022	2234908
四川	9755872	7665585	787030	6658347	3097526
贵州	4345813	3461172	378943	2693024	1652789
云南	15944069	12619129	1376626	9854824	6089245
西藏	208834	98848	38791	93552	115282
陕西	5856085	4417700	526265	3965515	1890570
甘肃	5223962	4192917	478847	3491658	1732304
青海	901824	579179	152601	455015	446810
宁夏	1218826	967100	122008	777294	441532
新疆	8957698	6881346	1082797	6764719	2192979

4-1-4 各地区限额以上零售业企业年末资产负债

单位：万元

地　区	资产合计	流动资产合计	固定资产合计	负债合计	所有者权益合计
全　国	**195228568**	**128571689**	**36478520**	**137161767**	**58019213**
北　京	20421883	14234149	2671584	14698583	5723300
天　津	4262441	2697598	954100	2987334	1275107
河　北	4494921	2818847	1121057	3491821	1003101
山　西	3844608	2414603	888832	2906018	938590
内蒙古	2882273	1744367	592062	2030170	852103
辽　宁	8236869	5321059	1713316	5960967	2258357
吉　林	2539219	1419336	720523	1840726	698493
黑龙江	3043335	2120359	685595	2401953	641382
上　海	16373683	10693143	2558710	11087863	5285820
江　苏	18287314	11980128	3169229	13368646	4918669
浙　江	14248802	9660538	2370666	10700286	3548516
安　徽	4411198	3008944	899575	3255381	1155817
福　建	5767761	4130621	854656	3772667	1995094
江　西	2013966	1228454	505719	1354661	659305
山　东	19420854	12856825	4067685	12518677	6902176
河　南	6518765	4343648	1320271	4883235	1635530
湖　北	6520383	3781058	1622037	4577619	1942764
湖　南	5170970	2769772	1237587	3024018	2146952
广　东	20149646	14111488	3082853	13886698	6244144
广　西	2353739	1584381	446223	1626250	716248
海　南	797534	475643	236156	461175	336359
重　庆	3720303	2490126	756447	2561655	1158648
四　川	6215288	4081504	1125064	4297276	1918013
贵　州	1653781	997660	302812	1306659	347122
云　南	3413343	2271751	662975	2279917	1133426
西　藏	169572	96107	52658	92104	77469
陕　西	4272225	2640279	1084368	3074045	1198179
甘　肃	1165903	699269	239265	823041	342862
青　海	313184	212392	66701	214842	98343
宁　夏	789332	520818	152860	554778	234553
新　疆	1755477	1166825	316935	1122703	632773

4-1-5 限额以上批发和零售业企业损益及分配

单位：万元

项　目	主营业务收入	主营业务成本	营业费用	管理费用	财务费用	利润总额
总　计	**1815540161**	**1659200202**	**62982518**	**35901707**	**6276058**	**54777625**
一、批发业	**1429540160**	**1319306765**	**40985902**	**22986637**	**4288000**	**43491879**
#国有控股	636090053	588383236	12954808	9520378	1476947	24299531
(一)按登记注册类型分						
1.内资企业	**1280453301**	**1191250974**	**29756189**	**18372419**	**3994927**	**36119315**
国有企业	298611401	268232579	5841685	6306167	560944	16389905
集体企业	25213089	23902198	725006	337785	112046	529861
股份合作企业	5579824	5317466	117016	69582	11719	73744
联营企业	4021615	3760190	78740	59461	7780	129118
国有联营企业	1990852	1834653	38912	29282	540	83892
集体联营企业	145629	138272	2820	2195	815	4732
国有与集体联营企业	1178372	1146602	16030	10040	4260	12867
其他联营企业	706764	640662	20977	17944	2165	27626
有限责任公司	389222368	367500525	9279364	4835015	1529579	7467393
国有独资公司	47160014	44770038	644360	725513	322691	1359273
其他有限责任公司	342062354	322730487	8635003	4109502	1206888	6108121
股份有限公司	202998410	190428506	4685259	1658338	382847	5468159
私营企业	348138708	326038123	8813503	5010582	1369707	5877433
私营独资企业	15532255	14086532	363471	253794	68114	664666
私营合伙企业	3981235	3592479	113912	70100	15950	133080
私营有限责任公司	315724621	296367744	7978463	4465714	1235752	4832063
私营股份有限公司	12900596	11991368	357658	220975	49891	247624
其他企业	6667886	6071388	215617	95489	20305	183701
2.港、澳、台商投资企业	**35548483**	**30777626**	**2291677**	**1048646**	**50895**	**1569013**
合资经营企业	9121774	8443014	290521	131766	15786	227038
合作经营企业	524864	465816	14035	6370	283	38756
独资经营企业	24337030	20532517	1904899	843406	41077	1214021
投资股份有限公司	1564815	1336279	82222	67105	-6251	89199
3.外商投资企业	**113538376**	**97278166**	**8938037**	**3565572**	**242178**	**5803551**
中外合资经营企业	30569910	28112969	1520363	309110	55126	570361
中外合作经营企业	395491	304609	53136	14565	1961	29457
外资企业	81898944	68341633	7279264	3219811	179524	5150899
外商投资股份有限公司	674031	518954	85273	22086	5567	52834

4-1-5 续表 1

单位：万元

项　　目	主营业务收入	主营业务成本	营业费用	管理费用	财务费用	利润总额
(二)按国民经济行业分						
农畜产品批发	28530340	26561352	705025	662085	455841	889342
食品、饮料及烟草制品批发	139404089	111544528	6119275	5723634	123937	14193547
米、面制品及食用油批发	13903047	12954190	606344	272776	123388	278748
肉、禽、蛋及水产品批发	5832767	5164850	185667	195391	47318	132521
饮料及茶叶批发	15026921	11553852	1637323	363502	21808	1456837
烟草制品批发	84036147	64123111	2225291	4188484	-168100	11690494
纺织、服装及日用品批发	90495224	79706517	5406492	2316159	294007	3152772
服装批发	33262318	29367650	1702217	890556	81671	1401733
鞋帽批发	7385139	6145325	487327	375215	22505	403027
文化、体育用品及器材批发	17849702	15938987	866207	566568	59944	538521
文具用品批发	4885625	4605013	159731	81194	15091	46370
体育用品批发	2454085	2008224	228053	97344	17171	116706
图书批发	3387756	2949193	181065	186143	-1972	112250
医药及医疗器材批发	61291128	55992481	2699498	1303718	195697	1233302
西药批发	42473240	39346963	1589472	763339	138455	663895
中药材及中成药批发	13753741	12415994	665470	300875	45091	317225
矿产品、建材及化工产品批发	799961182	761346184	13734860	6505131	2473446	14119024
煤炭及制品批发	95792294	88013345	2170007	1074890	208600	4219615
石油及制品批发	267332643	253663209	5625878	1597449	506318	5186551
金属及金属矿批发	292400853	282829231	2869070	1987580	1110577	2566781
建材批发	40370026	38355312	748744	445224	176095	561949
化肥批发	21479930	20746659	444860	217750	138464	79745
农药批发	3726743	3577265	95934	33537	25099	20748
机械设备、五金交电及电子产品批发	229100641	209020018	9876292	4817273	453173	7656748
汽车、摩托车及零配件批发	67749436	62556499	2847526	705377	146178	1837238
家用电器批发	38559242	35465947	2546711	635015	19870	653226
计算机、软件及辅助设备批发	22651486	21535827	545159	297025	19128	238289
通讯及广播电视设备批发	19382570	16582528	893025	908162	57538	1861251
贸易经纪与代理	27360665	25747704	677374	459136	116068	816289
其他批发	35547190	33448996	900880	632933	115888	892334

4-1-5 续表 2

单位：万元

项　目	主营业务收入	主营业务成本	营业费用	管理费用	财务费用	利润总额
二、零售业	**386000001**	**339893437**	**21996616**	**12915070**	**1988058**	**11285746**
#国有控股	92229380	80938989	4533657	2903445	283728	3414035
(一)按登记注册类型分						
1.内资企业	**336140637**	**297830127**	**16816789**	**10627910**	**1809734**	**9753206**
国有企业	28159707	24803476	1254683	887863	69355	853079
集体企业	8668003	7518533	366695	263387	37488	392479
股份合作企业	2553444	2232249	104453	116422	19845	85734
联营企业	1475199	1333961	57224	28183	4775	45631
国有联营企业	833093	765332	33735	12874	2356	21041
集体联营企业	212385	180096	8086	2955	1824	7260
国有与集体联营企业	276617	251523	8007	5391	334	13072
其他联营企业	153103	137011	7396	6963	261	4258
有限责任公司	118219656	104684158	6785791	3954343	611891	3180278
国有独资公司	2045169	1774171	124401	99438	5185	105164
其他有限责任公司	116174488	102909988	6661390	3854905	606706	3075114
股份有限公司	60946628	53581498	2892003	1852507	365178	2425538
私营企业	112844260	100769174	5194132	3402243	686530	2675183
私营独资企业	10670618	9071613	378600	340585	70118	620758
私营合伙企业	1923764	1648055	83023	55787	14493	95887
私营有限责任公司	93321037	83859183	4404562	2816549	560245	1774114
私营股份有限公司	6928842	6190323	327947	189321	41673	184423
其他企业	3273739	2907079	161808	122962	14673	95285
2.港、澳、台商投资企业	**19633227**	**16701908**	**1713109**	**945433**	**64091**	**884451**
合资经营企业	6127706	5156088	544066	255622	15972	390795
合作经营企业	2504944	2361547	67491	82309	6256	143005
独资经营企业	10549082	8802818	1061503	592153	31272	303332
投资股份有限公司	451494	381455	40048	15350	10591	47319
3.外商投资企业	**30226138**	**25361402**	**3466719**	**1341727**	**114232**	**648089**
中外合资经营企业	14738937	12701580	1530398	524683	38857	371755
中外合作经营企业	2437467	2022483	282675	91960	4679	112364
外资企业	12185475	9904016	1577956	668700	66037	164938
外商投资股份有限公司	864259	733323	75690	56385	4660	-968

4-1-5 续表 3 单位：万元

项　　目	主营业务收入	主营业务成本	营业费用	管理费用	财务费用	利润总额
(二)按国民经济行业分						
综合零售	113370618	96974428	9605416	5617379	683494	3760064
百货零售	58984757	49578218	3926087	3563998	483309	2614985
超级市场零售	49563923	43326587	5244070	1860148	180874	1044245
食品、饮料及烟草制品专门零售	6794803	5581426	489948	304064	40527	436138
粮油零售	936073	844274	48094	39028	10314	23923
肉、禽、蛋及水产品零售	1236579	1080755	49513	43205	9519	45546
饮料及茶叶零售	988689	767953	104309	46039	11596	55582
烟草制品零售	1565617	1263257	71765	72158	746	190057
纺织、服装及日用品专门零售	14159527	10420111	1889076	848484	97985	830263
服装零售	8765594	6502377	1121178	542228	59590	524686
文化、体育用品及器材专门零售	9823852	7782222	870614	770136	38731	343671
体育用品零售	576974	468705	65023	36541	5340	6628
图书零售	4666765	3481003	486336	518706	4685	214415
医药及医疗器材专门零售	15445726	13380960	938028	605946	126073	357392
药品零售	14676769	12736201	882170	557118	123359	337101
汽车、摩托车、燃料及零配件专门零售	179718456	165238034	5012143	3020989	758113	4352049
汽车零售	120214131	111929048	2904037	2285331	643797	2100460
机动车燃料零售	55482119	49695114	1972872	635047	96460	2135374
家用电器及电子产品专门零售	32476700	29074216	2025100	856762	99819	787432
家用电器零售	22201596	19814099	1558953	529992	62533	678427
计算机、软件及辅助设备零售	6246976	5701200	216115	176600	19024	58794
通信设备零售	3184753	2808520	211210	112704	17056	43383
五金、家具及室内装修材料专门零售	7609013	5917040	664959	553357	110377	257852
无店铺及其他零售	6601307	5525000	501333	337953	32939	160885
邮购及电子销售	1299501	1062716	175124	81655	7822	-32295
(三)按零售业态分						
有店铺零售	383597751	337892592	21707550	12771388	1978443	11320788
#超市	21221689	18258623	1978306	790707	97098	425557
大型超市	36110659	31665079	3784521	1356380	125031	695860
百货店	49473099	41374331	3333717	3002336	389603	2482471
专业店	139941943	124391526	6400012	3717753	537052	4163775
专卖店	111428949	100927586	4400158	2464971	607178	2775073
无店铺零售	2402251	2000845	289066	143682	9615	-35042

4-1-6 各地区限额以上批发和零售业企业损益及分配

单位：万元

地 区	主营业务收入	主营业务成本	营业费用	管理费用	财务费用	利润总额
全 国	**1815540161**	**1659200202**	**62982518**	**35901707**	**6276058**	**54777625**
北 京	231723203	213127124	9154678	5434483	779272	8412887
天 津	85400355	81701921	1569982	851393	244481	1348329
河 北	33666102	31244957	1079527	709444	115717	573050
山 西	34327105	31878955	887741	727447	163601	796615
内蒙古	21890309	18639738	657897	379027	99013	1569558
辽 宁	71855713	67075555	2122357	1258701	268511	1315232
吉 林	14792736	13406336	424566	327737	94693	486941
黑龙江	24883024	21319031	982524	602431	90307	688567
上 海	211690381	194695862	9670261	4143433	443536	4938271
江 苏	172075752	156040990	5433901	3433171	575209	5489469
浙 江	151717544	142321447	4249248	2415415	658741	3088168
安 徽	33352625	30415754	1393321	696166	83173	876767
福 建	53923210	49802125	1743436	927858	172092	1490399
江 西	13408137	11674157	516787	300634	37019	602619
山 东	113605519	102055299	3431354	2611312	596894	4465807
河 南	43189261	38709406	1282276	1071625	170582	1277031
湖 北	50034311	45329285	1491307	952718	147918	1599146
湖 南	28053147	23804111	1200995	917476	115608	1178102
广 东	211007380	194171583	7495753	3553795	706755	5668231
广 西	18306307	16597352	635177	404359	70858	498588
海 南	6902867	6168049	303367	149366	10599	249025
重 庆	35482972	31739947	1498537	943049	124699	921080
四 川	38165112	34646629	1429287	803105	122514	1252362
贵 州	10947936	8747030	602213	367624	17011	1144123
云 南	29833432	26483038	1259093	712424	71395	1550413
西 藏	766686	598000	51019	29228	2148	59153
陕 西	27598012	23379272	855717	508677	89558	2036468
甘 肃	14443178	13145650	570804	192836	73114	420012
青 海	2335138	2118017	75742	60523	8315	74435
宁 夏	4292134	3930282	139405	79845	16762	128199
新 疆	25870576	24233301	774248	336407	105964	578580

4-1-7 各地区限额以上批发业企业损益及分配

单位：万元

地区	主营业务收入	主营业务成本	营业费用	管理费用	财务费用	利润总额
全国	**1429540160**	**1319306765**	**40985902**	**22986637**	**4288000**	**43491879**
北京	196214502	181564735	6537464	4092351	623442	7679405
天津	75824048	73167499	1003709	581838	205561	975349
河北	25592725	23887292	710982	367782	70321	485205
山西	26136656	24461637	523107	526705	96619	667432
内蒙古	14834444	12641728	381608	215745	65590	1229066
辽宁	57013858	53874431	1448374	604713	177737	955589
吉林	10161443	9322677	265427	136705	65847	375101
黑龙江	18194226	15887128	624534	266934	58436	565472
上海	182360185	169277773	7062446	2809942	304783	4174877
江苏	137053599	125005030	3545758	2224098	405832	4377159
浙江	123637298	116636951	2844242	1657884	514112	2562861
安徽	25094901	22968675	975347	425725	41793	712481
福建	43671467	40665422	1099622	664337	119969	1218115
江西	9265355	8061074	312274	183236	13422	475219
山东	76631163	69538265	2010210	1339042	325872	3020978
河南	28241436	25339733	729775	668109	113859	888644
湖北	37640191	34413737	760695	544151	90327	1258575
湖南	15681663	13217441	556443	524228	59655	761435
广东	168891825	157913700	4549823	2391499	512646	3975124
广西	13207720	12052614	354168	250379	51880	322122
海南	4915627	4371228	204678	91571	4937	202723
重庆	26051992	23880085	893168	437605	44454	644318
四川	23786293	21716246	643163	453214	70896	844717
贵州	7602470	5840787	436542	289437	187	1053811
云南	23643766	20993783	900770	534754	37141	1385273
西藏	327481	226428	31541	16143	856	21542
陕西	18714298	15879275	421144	249210	44645	1683279
甘肃	11740339	10732404	442412	134123	59662	351263
青海	1761753	1600983	46721	39941	6076	59194
宁夏	3037268	2805345	78422	43622	9917	89250
新疆	22610170	21362659	591332	221616	91527	476304

4-1-8 各地区限额以上零售业企业损益及分配

单位：万元

地区	主营业务收入	主营业务成本	营业费用	管理费用	财务费用	利润总额
全国	**386000001**	**339893437**	**21996616**	**12915070**	**1988058**	**11285746**
北京	35508701	31562389	2617214	1342132	155829	733482
天津	9576307	8534422	566272	269555	38919	372980
河北	8073377	7357665	368546	341662	45396	87845
山西	8190449	7417318	364634	200741	66982	129182
内蒙古	7055866	5998010	276288	163282	33423	340492
辽宁	14841855	13201124	673983	653989	90775	359643
吉林	4631294	4083659	159139	191032	28847	111840
黑龙江	6688798	5431903	357989	335497	31871	123095
上海	29330196	25418089	2607815	1333491	138754	763394
江苏	35022153	31035960	1888143	1209073	169377	1112311
浙江	28080245	25684496	1405006	757531	144630	525308
安徽	8257724	7447079	417974	270441	41380	164287
福建	10251743	9136703	643814	263522	52123	272284
江西	4142782	3613082	204514	117398	23598	127400
山东	36974356	32517034	1421145	1272270	271022	1444829
河南	14947825	13369673	552501	403517	56722	388388
湖北	12394119	10915549	730612	408567	57591	340572
湖南	12371484	10586670	644552	393248	55954	416667
广东	42115555	36257883	2945930	1162295	194110	1693106
广西	5098588	4544738	281009	153980	18979	176466
海南	1987240	1796821	98689	57795	5662	46302
重庆	9430980	7859861	605368	505444	80245	276762
四川	14378819	12930383	786124	349891	51617	407645
贵州	3345466	2906243	165672	78187	16824	90313
云南	6189666	5489255	358323	177670	34253	165140
西藏	439205	371571	19478	13085	1293	37611
陕西	8883714	7499997	434573	259466	44914	353190
甘肃	2702839	2413246	128391	58712	13453	68748
青海	573385	517034	29021	20582	2239	15241
宁夏	1254867	1124938	60983	36222	6844	38949
新疆	3260406	2870642	182916	114791	14437	102276

4-1-9　限额以上批发和零售业企业工资福利及增值税

单位：万元

项　　目	本年应付工资总额	本年应付福利费总额	本年应交增值税
总　　计	**21672127**	**1486630**	**28699418**
一、批发业	**12650650**	**925199**	**20512579**
#国有控股	5544205	448589	9246811
(一)按登记注册类型分			
1.内资企业	**10051042**	**722461**	**17216544**
国有企业	3510982	302292	5857988
集体企业	227778	14443	382767
股份合作企业	39937	3313	103495
联营企业	35886	2222	59717
国有联营企业	20877	1201	44923
集体联营企业	664	43	478
国有与集体联营企业	5173	475	5692
其他联营企业	9173	504	8624
有限责任公司	2843137	174289	4284949
国有独资公司	350148	26464	349064
其他有限责任公司	2492988	147825	3935885
股份有限公司	1080563	84682	2193605
私营企业	2245068	137970	4272378
私营独资企业	109874	9227	340022
私营合伙企业	35262	2123	63758
私营有限责任公司	1992925	120186	3654835
私营股份有限公司	107007	6435	213762
其他企业	67692	3250	61644
2.港、澳、台商投资企业	**556693**	**37048**	**721571**
合资经营企业	98977	5351	107711
合作经营企业	10394	356	18494
独资经营企业	421042	28468	552040
投资股份有限公司	26281	2872	43325
3.外商投资企业	**2042915**	**165690**	**2574464**
中外合资经营企业	213677	12858	394565
中外合作经营企业	13017	793	13540
外资企业	1788012	150128	2143864
外商投资股份有限公司	28209	1911	22495

4-1-9 续表 1

单位：万元

项目	本年应付工资总额	本年应付福利费总额	本年应交增值税
(二)按国民经济行业分			
农畜产品批发	298591	20967	174975
食品、饮料及烟草制品批发	3269982	271886	4449465
米、面制品及食用油批发	146828	10414	126544
肉、禽、蛋及水产品批发	104999	5638	91803
饮料及茶叶批发	293077	14752	515896
烟草制品批发	2258944	201198	3261980
纺织、服装及日用品批发	1394247	82867	1510926
服装批发	549167	29144	431403
鞋帽批发	123888	10047	170468
文化、体育用品及器材批发	338986	20926	300143
文具用品批发	41783	2972	57158
体育用品批发	43923	3274	67193
图书批发	100262	7039	54775
医药及医疗器材批发	858582	55540	1014366
西药批发	499747	34036	585691
中药材及中成药批发	212185	12888	293889
矿产品、建材及化工产品批发	3218859	246502	7424775
煤炭及制品批发	435651	27288	1384593
石油及制品批发	1174055	103416	2924034
金属及金属矿批发	708757	49143	1722460
建材批发	264900	17170	325983
化肥批发	111328	11052	296398
农药批发	17550	694	4613
机械设备、五金交电及电子产品批发	2710851	190099	3650152
汽车、摩托车及零配件批发	373896	28172	1257358
家用电器批发	490322	27659	723648
计算机、软件及辅助设备批发	205258	11051	196433
通讯及广播电视设备批发	395592	28398	381969
贸易经纪与代理	242654	18162	411060
其他批发	317897	18250	1576717

4-1-9 续表 2

单位：万元

项目	本年应付工资总额	本年应付福利费总额	本年应交增值税
二、零售业	**9021477**	**561431**	**8186840**
#国有控股	1957284	138054	1922442
(一)按登记注册类型分			
1.内资企业	**7402574**	**465135**	**6581742**
国有企业	650679	53477	592390
集体企业	226411	14916	171060
股份合作企业	72411	3481	45952
联营企业	22026	1204	26624
国有联营企业	10903	443	16766
集体联营企业	2763	285	2810
国有与集体联营企业	3933	200	4731
其他联营企业	4427	277	2317
有限责任公司	2769962	157538	2369434
国有独资公司	64204	4293	41253
其他有限责任公司	2705758	153246	2328181
股份有限公司	1134490	78217	1312121
私营企业	2448116	150396	1965585
私营独资企业	237913	15700	196837
私营合伙企业	45293	2282	27341
私营有限责任公司	2007478	122251	1556878
私营股份有限公司	157431	10164	184529
其他企业	78480	5905	98577
2.港、澳、台商投资企业	**556471**	**33252**	**781210**
合资经营企业	176628	9577	347717
合作经营企业	36313	3277	42961
独资经营企业	331989	18581	382382
投资股份有限公司	11541	1817	8150
3.外商投资企业	**1062431**	**63044**	**823888**
中外合资经营企业	408520	27105	378331
中外合作经营企业	61695	5765	83412
外资企业	562761	27504	341311
外商投资股份有限公司	29456	2669	20833

4-1-9 续表 3 单位：万元

项　　目	本年应付工资总额	本年应付福利费总额	本年应交增值税
(二)按国民经济行业分			
综合零售	3845564	225768	3062369
百货零售	1840400	115594	1937928
超级市场零售	1802279	101862	1032690
食品、饮料及烟草制品专门零售	288557	14671	163058
粮油零售	31679	1227	12743
肉、禽、蛋及水产品零售	40985	1900	14146
饮料及茶叶零售	43075	3146	30219
烟草制品零售	54398	3675	36942
纺织、服装及日用品专门零售	601347	26919	515834
服装零售	365968	13994	297072
文化、体育用品及器材专门零售	616895	36225	265455
体育用品零售	22643	1119	18800
图书零售	340227	27310	147935
医药及医疗器材专门零售	534091	32594	311796
药品零售	508136	30977	290589
汽车、摩托车、燃料及零配件专门零售	1985456	152723	2950151
汽车零售	1402101	100001	1871596
机动车燃料零售	514174	47912	1000353
家用电器及电子产品专门零售	741873	41269	608510
家用电器零售	486031	26623	473912
计算机、软件及辅助设备零售	135266	7890	72733
通信设备零售	95747	5237	48255
五金、家具及室内装修材料专门零售	215051	19865	151318
无店铺及其他零售	192642	11396	158349
邮购及电子销售	36347	1303	40371
(三)按零售业态分			
有店铺零售	8956384	557917	8120500
#超市	882849	43627	429305
大型超市	1218823	75890	865446
百货店	1515279	93778	1630100
专业店	2673206	183393	2570559
专卖店	1909007	114691	2045215
无店铺零售	65092	3514	66340

4-1-10 各地区限额以上批发和零售业企业工资福利及增值税

单位：万元

地 区	本年应付工资总额	本年应付福利费总额	本年应交增值税
全 国	**21672127**	**1486630**	**28699418**
北 京	3056589	196555	2720327
天 津	503991	21715	1096981
河 北	429670	21570	406618
山 西	405673	24554	619091
内蒙古	274944	21504	650766
辽 宁	577969	36604	792149
吉 林	200875	13679	283459
黑龙江	383702	29215	1108769
上 海	2410039	160576	2848978
江 苏	1904575	168251	2583750
浙 江	1444945	85538	1435872
安 徽	473389	37329	737101
福 建	669569	34567	766850
江 西	221627	17620	342789
山 东	1378963	93320	1940884
河 南	742205	44053	689198
湖 北	596123	77166	999051
湖 南	497146	47224	651940
广 东	2561560	160780	3355222
广 西	275306	22773	338925
海 南	84488	5086	126010
重 庆	485233	29729	622646
四 川	574224	37557	671921
贵 州	222531	17804	392233
云 南	491437	29156	633731
西 藏	16652	694	22184
陕 西	337369	20888	673506
甘 肃	120528	7556	582433
青 海	42111	2454	32660
宁 夏	57653	3721	168117
新 疆	231042	17393	405262

4-1-11 各地区限额以上批发业企业工资福利及增值税

单位：万元

地　区	本年应付工资总额	本年应付福利费总额	本年应交增值税
全　国	**12650650**	**925199**	**20512579**
北　京	2031619	140780	2089278
天　津	304454	15380	916574
河　北	226463	10489	289454
山　西	261522	15602	499988
内蒙古	136319	13857	518736
辽　宁	272255	19149	530624
吉　林	113661	7402	217266
黑龙江	190936	15930	710064
上　海	1607528	119705	2170476
江　苏	998661	91844	1963818
浙　江	892764	55885	989181
安　徽	286024	23335	587847
福　建	408505	20977	543764
江　西	137720	11795	270746
山　东	639805	43147	1198467
河　南	381514	27991	369377
湖　北	296415	53568	658561
湖　南	238697	24047	455923
广　东	1492675	91147	2210707
广　西	147175	13260	223528
海　南	50239	3120	83174
重　庆	292498	19903	474375
四　川	286165	19534	348493
贵　州	168495	13360	330165
云　南	339988	22012	472227
西　藏	6875	316	9959
陕　西	164051	9690	364214
甘　肃	73918	5093	531464
青　海	26749	2058	24225
宁　夏	29036	2120	149323
新　疆	147923	12705	310580

4-1-12 各地区限额以上零售业企业工资福利及增值税

单位：万元

地 区	本年应付工资总额	本年应付福利费总额	本年应交增值税
全 国	**9021477**	**561431**	**8186840**
北 京	1024969	55775	631048
天 津	199536	6335	180407
河 北	203207	11081	117164
山 西	144151	8952	119102
内蒙古	138626	7648	132029
辽 宁	305713	17455	261525
吉 林	87214	6276	66193
黑龙江	192766	13285	398705
上 海	802511	40871	678502
江 苏	905914	76407	619933
浙 江	552181	29653	446691
安 徽	187365	13995	149254
福 建	261065	13590	223086
江 西	83907	5825	72043
山 东	739158	50173	742417
河 南	360691	16062	319821
湖 北	299708	23599	340489
湖 南	258449	23177	196017
广 东	1068885	69633	1144515
广 西	128131	9513	115397
海 南	34249	1966	42837
重 庆	192735	9826	148271
四 川	288059	18022	323428
贵 州	54036	4444	62068
云 南	151449	7145	161504
西 藏	9777	378	12224
陕 西	173318	11199	309292
甘 肃	46610	2463	50969
青 海	15362	395	8435
宁 夏	28617	1600	18794
新 疆	83119	4689	94682

【主要统计指标解释】

资产总计 指企业拥有或控制的能以货币计量的经济资源，包括各种财产、债权和其他权利。资产按其流动性(即资产的变现能力和支付能力)划分为：流动资产、长期投资、固定资产、无形资产、递延资产和其他资产。

流动资产 指企业可以在一年内或者超过一年的一个生产周期内变现或者耗用的资产，包括现金及各种存款、短期投资，应收及预付款项、存货等。

固定资产合计 指企业使用期限超过一年的房屋、建筑物、机器、机械、运输工具以及其他与生产、经营有关的设备、器具、工具等。单位价值在2000元以上，并且使用年限超过2年的，也应作为固定资产。

负债合计 指企业所承担的能以货币计量，将以资产或劳务偿付的债务，偿还形式包括货币、资产或提供劳务。负债一般按偿还期长短分为流动负债和长期负债。

所有者权益合计 指企业投资人对企业净资产的所有权。企业净资产为企业全部资产与企业全部负债的差额，包括实收资本、资本公积、盈余公积、未分配利润等。

主营业务收入 指企业在销售商品、提供劳务等日常活动中所产生的收入总额。

主营业务成本 指企业在销售商品、提供劳务等主要生产经营活动中而发生的各种耗费。

营业费用 指企业在销售商品、提供劳务等生产经营中发生的各项经营费用。

管理费用 指企业行政管理部门为组织和管理生产经营活动而发生的各项费用。

财务费用 指企业为筹集生产经营所需资金等而发生的费用，包括利息支出、汇兑损失以及相关的金融机构手续费等。

利润总额 指企业在生产经营过程中各种收入扣除各种耗费后的盈余，反映企业在报告期内实现的亏盈总额，包括营业利润、补贴收入、投资净收益和营业外收支净额。

本年应付工资总额 指企业在报告期内应支付给本单位职工的全部工资，它反映企业本期累计应付的工资总额，而不是会计“应付工资”科目的余额。

本年应付福利费总额 指企业在报告期内累计提取的福利费总额，它反映本期应付福利费的全部发生额，而不是会计“应付福利费”科目的余额。

本年应交增值税 指批发和零售业企业按税法规定，从事货物销售或提供加工、修理修配劳务等增加货物价值的活动本期应交纳的税金。指企业在报告期应交增值税额。计算公式为：本年应交增值税=销项税额-(进项税额-进项税额转出)-出口抵减内销产品应纳税额-减免税款+出口退税。

4 第三产业部分行业主要财务指标

4-2　住宿和餐饮业

简要说明

一、主要内容

住宿和餐饮业企业主要财务状况。

二、统计范围

限额以上住宿和餐饮业企业。

三、统计调查方法

对限额以上住宿和餐饮业法人企业采用全面调查的方法。

四、限额标准

住宿业企业，年主营业务收入200万元及以上。

餐饮业企业，年主营业务收入200万元及以上。

五、资料来源

本部分资料是国家统计局贸易外经统计司根据《批发和零售业、住宿和餐饮业统计报表制度》搜集的资料进行加工整理而得。

4-2-1 限额以上住宿和餐饮业企业年末资产负债

单位：万元

项目	资产合计	流动资产合计	固定资产合计	负债合计	所有者权益合计
总计	**89377665**	**27745492**	**43765637**	**60278743**	**29101984**
一、住宿业	**67238565**	**18748384**	**35571631**	**45968833**	**21272524**
#国有控股	24353848	5550473	14088822	13544431	10812208
(一)按登记注册类型分					
1. 内资企业	**51527232**	**14183109**	**27294588**	**33665525**	**17863084**
国有企业	14873168	3261871	9019870	8263299	6611246
集体企业	1461952	376567	874100	977766	484186
股份合作企业	491530	96115	311960	322540	168991
联营企业	303265	74806	166886	175988	127277
国有联营企业	163289	44787	83684	85246	78043
集体联营企业	21916	3928	12750	18453	3463
国有与集体联营企业	93512	20475	52528	58605	34907
其他联营企业	24548	5616	17925	13683	10865
有限责任公司	17287466	4922762	8842652	11596977	5690489
国有独资公司	1145270	153337	603954	619976	525294
其他有限责任公司	16142196	4769426	8238699	10977001	5165196
股份有限公司	2583014	845828	1203700	1570813	1012201
私营企业	13987412	4407493	6630047	10412044	3575368
私营独资企业	2232283	644174	1228046	1290148	942135
私营合伙企业	524730	161805	269297	307901	216830
私营有限责任公司	10380419	3338125	4705165	8169872	2210548
私营股份有限公司	849980	263389	427539	644124	205856
其他企业	539424	197666	245372	346099	193325
2. 港、澳、台商投资企业	**9485588**	**2605374**	**5013966**	**7760027**	**1725561**
合资经营企业	5046164	1368524	2548938	4246312	799852
合作经营企业	1372786	501420	685236	1223059	149727
独资经营企业	2844067	674610	1685151	2112918	731149
投资股份有限公司	222571	60819	94641	177738	44832
3. 外商投资企业	**6225746**	**1959902**	**3263077**	**4543281**	**1683879**
中外合资经营企业	2607326	908550	1316565	1831238	776089
中外合作经营企业	1023064	236661	606985	998129	26348
外资企业	2457048	793876	1253655	1617229	839819
外商投资股份有限公司	138308	20816	85873	96684	41624
(二)按国民经济行业分					
旅游饭店	59779810	16457824	31912875	41244508	18538468
一般旅馆	6579796	2066958	3168321	4124653	2455143
其他住宿服务	878959	223602	490435	599672	278912

4-2-1 续表 单位：万元

项目	资产合计	流动资产合计	固定资产合计	负债合计	所有者权益合计
二、餐饮业	**22139099**	**8997108**	**8194006**	**14309910**	**7829461**
#国有控股	1971493	585314	970381	1039637	931857
(一)按登记注册类型分					
1. 内资企业	**18070554**	**7480429**	**6862114**	**11697594**	**6372946**
国有企业	1133296	292115	621504	626650	506645
集体企业	308449	106788	142898	190345	118104
股份合作企业	321841	121171	120163	194733	127109
联营企业	12062	5858	4751	9445	2617
国有联营企业					
集体联营企业	1541	513	334	1004	537
国有与集体联营企业	522	162	178	468	54
其他联营企业	9999	5184	4238	7973	2026
有限责任公司	4519262	1819067	1700482	3131190	1388054
国有独资公司	12917	7887	1486	8641	4276
其他有限责任公司	4506345	1811179	1698997	3122549	1383779
股份有限公司	1160146	473159	350406	552731	607415
私营企业	10238657	4525754	3733457	6791255	3447407
私营独资企业	2437027	811046	1194553	1148441	1288586
私营合伙企业	359951	132371	168047	181099	178852
私营有限责任公司	6916111	3339538	2170617	5121553	1794559
私营股份有限公司	525568	242800	200239	340163	185410
其他企业	376841	136517	188454	201245	175596
2. 港、澳、台商投资企业	**1608587**	**734378**	**526236**	**1041653**	**567219**
合资经营企业	449373	211003	141809	319091	130282
合作经营企业	101620	42443	39769	59440	42180
独资经营企业	950107	441865	316347	621135	329256
投资股份有限公司	107487	39067	28311	41987	65500
3. 外商投资企业	**2459959**	**782301**	**805656**	**1570663**	**889295**
中外合资经营企业	599065	193290	189717	344684	254381
中外合作经营企业	187949	52195	78795	147295	40655
外资企业	1584520	497215	508205	1020218	564302
外商投资股份有限公司	88425	39602	28939	58466	29958
(二)按国民经济行业分					
正餐服务	19032955	7883562	7268981	12440050	6592892
快餐服务	2336873	740614	696070	1435518	901640
饮料及冷饮服务	148664	81492	40993	77459	71206
其他餐饮服务	620608	291439	187962	356884	263724

4-2-2 各地区限额以上住宿和餐饮业企业年末资产负债

单位：万元

地区	资产合计			负债合计	所有者权益合计
		流动资产合计	固定资产合计		
全国	**89377665**	**27745492**	**43765637**	**60278743**	**29101984**
北京	11943708	3824994	5800467	8740135	3203573
天津	1473617	536046	601733	1043297	433401
河北	1929478	468278	1183082	1305798	623680
山西	1647657	524495	809015	1183127	464531
内蒙古	1326249	357557	712795	741229	585020
辽宁	3144876	843295	1841589	2180750	964126
吉林	1042227	198320	679302	565812	476415
黑龙江	740936	186116	454068	442675	298262
上海	6655893	2227879	2896739	4444496	2211398
江苏	6459672	1893446	2813031	4445394	2014260
浙江	7540130	2666138	3269516	5424945	2115185
安徽	1866694	643751	894747	1227633	639061
福建	2489757	831381	1184562	1453651	1036106
江西	1129022	359807	557728	669630	459392
山东	5524672	1708483	2947304	3221424	2303247
河南	2543008	846641	1201732	1639013	903996
湖北	2185410	520049	1185073	1506463	678947
湖南	3007093	678860	1584986	1850171	1156923
广东	12068432	4227307	5321130	8577664	3490768
广西	1269643	334944	656717	893123	376520
海南	1973862	620719	928003	1346107	627755
重庆	1597607	538011	723857	1008774	588833
四川	3212559	872842	1743595	2183943	1028616
贵州	512710	146740	281807	342654	170057
云南	1706645	452464	949058	984005	722639
西藏	200777	26026	138578	87438	113339
陕西	2163067	684879	1096990	1552403	610664
甘肃	599053	154356	344820	331614	267440
青海	270069	77135	148560	127452	142617
宁夏	295796	96248	225961	211754	84043
新疆	857344	198286	589092	546171	311173

4-2-3 各地区限额以上住宿业企业年末资产负债

单位：万元

地区	资产合计	流动资产合计	固定资产合计	负债合计	所有者权益合计
全国	**67238565**	**18748384**	**35571631**	**45968833**	**21272524**
北京	9515891	2562546	5238664	6921347	2594544
天津	933585	292510	463628	705089	231286
河北	1675504	369561	1065086	1120655	554849
山西	1100470	293064	582834	780223	320247
内蒙古	791243	188383	491474	441417	349826
辽宁	2202819	569186	1321535	1588011	614808
吉林	757434	151889	498633	451401	306032
黑龙江	597692	122131	400549	370492	227199
上海	4801672	1208371	2509072	3069770	1731902
江苏	4621279	1189641	2106964	3113966	1507313
浙江	6017246	1975764	2817829	4304752	1712494
安徽	1354501	431387	700046	887007	467494
福建	1962030	631440	979806	1162598	799432
江西	918117	278343	473183	574786	343332
山东	3020782	851007	1797904	1811060	1209722
河南	1817052	554100	903134	1253284	563768
湖北	1415561	296075	811383	984711	430850
湖南	2449897	535179	1334787	1575598	874298
广东	9712975	3201990	4519357	7023441	2689535
广西	1147190	288349	612903	820290	326900
海南	1893679	576317	902347	1293724	599955
重庆	1061744	328672	515563	704411	357334
四川	2267512	537921	1361961	1598548	668963
贵州	409757	102158	241874	284650	125107
云南	1506044	363417	883250	859082	646962
西藏	198904	25486	137989	86102	112801
陕西	1426501	417099	779494	1189625	236876
甘肃	482824	113974	289209	259880	222943
青海	226033	65767	121645	102030	124002
宁夏	174868	45943	169063	123461	51407
新疆	777764	180719	540465	507422	270343

4-2-4 各地区限额以上餐饮业企业年末资产负债

单位：万元

地区	资产合计			负债合计	所有者权益合计
		流动资产合计	固定资产合计		
全　国	**22139099**	**8997108**	**8194006**	**14309910**	**7829461**
北　京	2427817	1262448	561802	1818789	609029
天　津	540033	243536	138105	338207	202115
河　北	253975	98716	117996	185143	68831
山　西	547187	231431	226181	402903	144284
内蒙古	535006	169175	221321	299812	235194
辽　宁	942057	274109	520053	592739	349318
吉　林	284793	46431	180669	114411	170382
黑龙江	143245	63985	53520	72183	71062
上　海	1854221	1019508	387667	1374725	479496
江　苏	1838393	703805	706067	1331428	506947
浙　江	1522884	690374	451687	1120193	402691
安　徽	512193	212364	194701	340626	171567
福　建	527728	199942	204756	291053	236675
江　西	210905	81465	84545	94845	116060
山　东	2503889	857476	1149401	1410364	1093526
河　南	725957	292541	298598	385729	340228
湖　北	769849	223975	373690	521752	248097
湖　南	557197	143680	250200	274572	282625
广　东	2355457	1025318	801773	1554223	801234
广　西	122453	46596	43814	72833	49620
海　南	80183	44403	25656	52384	27800
重　庆	535863	209339	208294	304363	231499
四　川	945048	334921	381634	585395	359653
贵　州	102954	44582	39932	58004	44950
云　南	200601	89047	65809	124923	75677
西　藏	1874	539	589	1336	538
陕　西	736567	267781	317496	362779	373788
甘　肃	116230	40381	55611	71733	44496
青　海	44036	11368	26915	25422	18615
宁　夏	120928	50306	56899	88293	32635
新　疆	79580	17568	48626	38749	40830

4-2-5 限额以上住宿和餐饮业企业损益及分配

单位：万元

项　目	主营业务收入	主营业务成本	营业费用	管理费用	财务费用	利润总额
总　计	**49496830**	**21551221**	**14560936**	**9175955**	**1276622**	**995121**
一、住宿业	**22816455**	**8090968**	**7101957**	**6489893**	**942308**	**-427219**
#国有控股	7906078	2788387	2430790	2379655	208860	-53086
(一)按登记注册类型分						
1. 内资企业	**18224109**	**6626376**	**5879389**	**4866217**	**674008**	**-333546**
国有企业	4961242	1733618	1630892	1476151	123398	-111616
集体企业	630132	246755	197320	148093	13357	-4047
股份合作企业	180059	71400	50797	39257	7884	3589
联营企业	108097	32010	37086	34520	2115	-3409
国有联营企业	57283	17006	21913	17587	1083	-1188
集体联营企业	9605	2798	3792	2815	80	-602
国有与集体联营企业	31373	9442	7723	10624	794	-2628
其他联营企业	9836	2763	3658	3493	158	1009
有限责任公司	5570323	1821370	1878892	1642595	227466	-188312
国有独资公司	268810	80264	102915	102723	6493	-33948
其他有限责任公司	5301513	1741107	1775977	1539872	220972	-154364
股份有限公司	836298	336420	215340	188966	34442	47139
私营企业	5645967	2271547	1794679	1261161	260398	-82228
私营独资企业	1083975	512470	251884	173862	37378	43019
私营合伙企业	286128	138019	64922	44762	10316	14017
私营有限责任公司	3968771	1506568	1371788	972380	191044	-123864
私营股份有限公司	307092	114489	106085	70157	21661	-15400
其他企业	291992	113257	74384	75474	4948	5338
2. 港、澳、台商投资企业	**2671439**	**898630**	**710077**	**973865**	**166416**	**-132981**
合资经营企业	1622127	618266	371132	521181	100257	173
合作经营企业	375392	96351	108180	136087	29600	-26160
独资经营企业	616350	167478	214827	292187	35076	-97801
投资股份有限公司	57570	16534	15938	24410	1483	-9193
3. 外商投资企业	**1920906**	**565963**	**512491**	**649812**	**101884**	**39308**
中外合资经营企业	935179	212728	250663	333023	42484	64854
中外合作经营企业	301029	114058	72541	95483	25977	-30015
外资企业	634268	226418	174445	205089	31441	238
外商投资股份有限公司	50430	12759	14841	16216	1983	4232
(二)按国民经济行业分						
旅游饭店	19556755	6702266	6059769	5745806	855553	-433116
一般旅馆	2883001	1145538	924025	643141	74706	10090
其他住宿服务	376699	243164	118163	100947	12050	-4193

4-2-5 续表 单位：万元

项目	主营业务收入	主营业务成本	营业费用	管理费用	财务费用	利润总额
二、餐饮业	**26680375**	**13460253**	**7458979**	**2686061**	**334313**	**1422339**
#国有控股	1222783	622423	326098	197592	12045	68206
(一)按登记注册类型分						
1. 内资企业	**20020486**	**10953361**	**4741646**	**2074323**	**277845**	**975053**
国有企业	672345	363390	163206	120809	7294	13085
集体企业	327587	184944	73973	38489	4174	12922
股份合作企业	257702	139881	60391	26336	4152	14320
联营企业	18924	10083	3599	1639	190	2432
国有联营企业						
集体联营企业	2456	1543	472	175	16	112
国有与集体联营企业	1038	235	229	258	72	222
其他联营企业	15430	8306	2898	1206	102	2098
有限责任公司	4017467	2127771	1062959	458433	52823	133431
国有独资公司	17134	9875	4172	1826	162	341
其他有限责任公司	4000332	2117896	1058787	456607	52661	133090
股份有限公司	801613	395435	200372	93522	14384	88744
私营企业	13424740	7444373	3085440	1286473	189304	675408
私营独资企业	3627923	2204146	513433	254674	46468	389614
私营合伙企业	619376	362578	112490	50342	6621	48775
私营有限责任公司	8407327	4417519	2285128	920794	127501	206609
私营股份有限公司	770114	460131	174390	60663	8714	30411
其他企业	500109	287485	91706	48622	5525	34712
2. 港、澳、台商投资企业	**2064061**	**861810**	**792313**	**213794**	**20927**	**78636**
合资经营企业	451117	193963	141795	69984	7097	10203
合作经营企业	139609	58421	51555	17922	1646	7090
独资经营企业	1213278	517466	478518	113824	11533.9	37015
投资股份有限公司	260057	91959	120444	12064	650	24329
3. 外商投资企业	**4595828**	**1645082**	**1925020**	**397944**	**35541**	**368650**
中外合资经营企业	1094580	403132	438346	74097	8459	108355
中外合作经营企业	230557	88955	91048	28760	4082	3303
外资企业	3139851	1105063	1341367	284681	21249	249092
外商投资股份有限公司	130839	47933	54259	10406	1751	7900
(二)按国民经济行业分						
正餐服务	20521218	10965262	5110469	2201453	297167	922938
快餐服务	4987380	1881059	2024311	368201	29500	435265
饮料及冷饮服务	256667	89415	115151	24945	966	15290
其他餐饮服务	915110	524517	209048	91462	6681	48846

4-2-6 各地区限额以上住宿和餐饮业企业损益及分配

单位：万元

地 区	主营业务收入	主营业务成本	营业费用	管理费用	财务费用	利润总额
全 国	**49496830**	**21551221**	**14560936**	**9175955**	**1276622**	**995121**
北 京	6079747	2259479	2124149	1419801	159854	-90015
天 津	903187	382989	305632	158465	18378	17604
河 北	788397	362006	246326	161250	28038	-49677
山 西	862200	408474	253110	144776	23269	14507
内蒙古	705241	347743	140983	114117	12633	52632
辽 宁	1640471	701281	435180	306133	34074	76397
吉 林	419084	202667	92639	85730	12529	19680
黑龙江	477466	199656	93935	82562	11156	46721
上 海	4476959	1806795	1596210	859840	106860	-54883
江 苏	3602566	1614791	1014601	700994	95611	29204
浙 江	4068031	1823285	1164773	763008	136655	83198
安 徽	843177	398604	231222	160073	25896	-1819
福 建	1572764	685445	455894	281190	37288	41793
江 西	533213	232964	141453	86662	14072	26729
山 东	3842055	1957689	737682	542720	82249	368746
河 南	1827898	989660	343128	253980	40254	117189
湖 北	1286566	595066	387392	215362	33471	24445
湖 南	1507385	699900	292816	256402	48565	61803
广 东	7154764	2871333	2485462	1194314	169082	55737
广 西	551674	196794	196915	126876	23054	-10630
海 南	636986	159833	181766	203524	20159	37346
重 庆	1105015	703912	214376	146281	21826	88550
四 川	1681273	679894	515342	312183	49320	60411
贵 州	261816	104583	86096	57361	9080	-3150
云 南	562571	211357	178560	149995	15196	3735
西 藏	36946	13367	14286	10662	672	-665
陕 西	1269912	582436	361730	222861	29834	8334
甘 肃	278834	128553	85820	47142	4095	-3575
青 海	79942	28604	31722	18245	1949	-2288
宁 夏	135448	56204	45735	27355	5538	-6437
新 疆	305245	145861	106003	66092	5968	-16502

4-2-7 各地区限额以上住宿业企业损益及分配

单位：万元

地 区	主营业务收入	主营业务成本	营业费用	管理费用	财务费用	利润总额
全 国	**22816455**	**8090968**	**7101957**	**6489893**	**942308**	**-427219**
北 京	2637433	735211	872765	1012609	133476	-183726
天 津	277250	91443	108552	95976	13341	-35533
河 北	524037	215884	171713	137842	24069	-51873
山 西	413830	180785	135256	94864	14478	-5171
内蒙古	317407	141496	79248	67123	5392	6768
辽 宁	715373	259710	189053	223292	23595	-3903
吉 林	237769	94347	67707	59084	10257	1036
黑龙江	224234	74346	65137	67108	5924	31847
上 海	1570077	426136	548937	542195	77991	-93421
江 苏	1556325	589446	448726	457857	66394	-46141
浙 江	2413399	948882	692613	607157	111980	18701
安 徽	432533	174226	123263	118916	17300	-15268
福 建	772944	266634	255027	184789	32282	6122
江 西	288610	102402	86860	69251	10962	2252
山 东	1247245	507886	318167	293594	34931	55188
河 南	852509	392233	207000	181491	27101	12017
湖 北	480051	191245	147478	129448	17131	-1532
湖 南	860201	352138	173451	201547	39840	9846
广 东	3328413	1052566	1211464	878482	131657	-89025
广 西	379368	113671	145083	110674	20993	-19826
海 南	553273	117023	156381	195339	19335	36707
重 庆	382778	253574	99430	93315	16598	4295
四 川	747683	231052	243430	211636	32697	9228
贵 州	167839	54208	64369	45947	7981	-7272
云 南	393866	125790	133506	129890	12667	-11913
西 藏	32544	10008	13351	10364	663	-771
陕 西	514932	183211	163517	148891	20418	-24535
甘 肃	150856	61914	49959	35029	2736	-6908
青 海	53525	13912	24532	15465	1604	-2030
宁 夏	55121	19982	22263	14152	2943	-5877
新 疆	235033	109607	83721	56569	5576	-16502

4-2-8 各地区限额以上餐饮业企业损益及分配

单位：万元

地 区	主营业务收入	主营业务成本	营业费用	管理费用	财务费用	利润总额
全 国	**26680375**	**13460253**	**7458979**	**2686061**	**334313**	**1422339**
北 京	3442314	1524268	1251384	407192	26379	93711
天 津	625936	291547	197080	62489	5037	53137
河 北	264360	146123	74614	23408	3969	2196
山 西	448370	227689	117854	49913	8791	19678
内蒙古	387835	206247	61735	46994	7241	45864
辽 宁	925099	441571	246127	82841	10479	80300
吉 林	181315	108320	24933	26646	2271	18644
黑龙江	253232	125309	28798	15454	5232	14873
上 海	2906882	1380659	1047273	317645	28869	38538
江 苏	2046241	1025345	565875	243137	29217	75345
浙 江	1654633	874403	472160	155852	24675	64497
安 徽	410645	224378	107959	41157	8596	13449
福 建	799820	418811	200867	96401	5006	35671
江 西	244603	130562	54593	17411	3110	24477
山 东	2594810	1449803	419515	249126	47318	313558
河 南	975389	597427	136128	72489	13153	105172
湖 北	806516	403821	239914	85914	16339	25977
湖 南	647184	347762	119365	54854	8724	51957
广 东	3826351	1818767	1273999	315832	37424	144762
广 西	172305	83123	51832	16202	2062	9195
海 南	83713	42809	25386	8185	825	638
重 庆	722237	450337	114946	52966	5229	84255
四 川	933590	448841	271912	100547	16623	51184
贵 州	93977	50375	21727	11414	1099	4122
云 南	168706	85567	45054	20105	2529	15648
西 藏	4402	3359	935	298	8	106
陕 西	754980	399224	198213	73970	9417	32870
甘 肃	127978	66639	35861	12112	1359	3334
青 海	26417	14692	7190	2780	345	-258
宁 夏	80327	36222	23472	13203	2595	-560
新 疆	70212	36254	22281	9523	392	

4-2-9 限额以上住宿和餐饮业企业工资福利

单位：万元

项 目	本年应付工资总额	本年应付福利费总额
总 计	**7634301**	**594874**
一、住宿业	**4072985**	**342778**
#国有控股	1530379	128062
(一)按登记注册类型分		
1. 内资企业	**3332390**	**249474**
国有企业	1021233	82318
集体企业	112031	7937
股份合作企业	33436	2442
联营企业	22107	1360
国有联营企业	11867	890
集体联营企业	2264	185
国有与集体联营企业	6098	154
其他联营企业	1879	132
有限责任公司	1020120	76952
国有独资公司	59621	5036
其他有限责任公司	960499	71916
股份有限公司	133711	12998
私营企业	940137	61534
私营独资企业	169726	11461
私营合伙企业	42587	2135
私营有限责任公司	670444	43892
私营股份有限公司	57381	4047
其他企业	49614	3934
2. 港、澳、台商投资企业	**427412**	**55108**
合资经营企业	245058	27797
合作经营企业	57674	10699
独资经营企业	114641	15610
投资股份有限公司	10040	1003
3. 外商投资企业	**313184**	**38196**
中外合资经营企业	153617	17260
中外合作经营企业	53723	6047
外资企业	99615	13952
外商投资股份有限公司	6228	936
(二)按国民经济行业分		
旅游饭店	3505987	308676
一般旅馆	494666	29703
其他住宿服务	72332	4399

4-2-9 续表 单位：万元

项　　目	本年应付工资总额	本年应付福利费总额
二、餐饮业	**3561316**	**252096**
#国有控股	224413	15433
(一)按登记注册类型分		
1. 内资企业	**2710275**	**161180**
国有企业	127825	8854
集体企业	47924	3520
股份合作企业	35430	1667
联营企业	3183	99
国有联营企业		
集体联营企业	500	14
国有与集体联营企业	289	7
其他联营企业	2394	79
有限责任公司	585610	36727
国有独资公司	3022	153
其他有限责任公司	582588	36574
股份有限公司	111945	8278
私营企业	1733180	97452
私营独资企业	403270	23762
私营合伙企业	76977	4406
私营有限责任公司	1162842	65348
私营股份有限公司	90092	3936
其他企业	65177	4584
2. 港、澳、台商投资企业	**250415**	**18260**
合资经营企业	62400	2874
合作经营企业	17945	1492
独资经营企业	159523	8270
投资股份有限公司	10548	5624
3. 外商投资企业	**600626**	**72657**
中外合资经营企业	128525	14927
中外合作经营企业	30775	1638
外资企业	422241	52904
外商投资股份有限公司	19085	3187
(二)按国民经济行业分		
正餐服务	2821545	168423
快餐服务	592857	75568
饮料及冷饮服务	29358	1905
其他餐饮服务	117556	6201

4-2-10 各地区限额以上住宿和餐饮业企业工资福利

单位：万元

地区	合计		住宿业		餐饮业	
	本年应付工资总额	本年应付福利费总额	本年应付工资总额	本年应付福利费总额	本年应付工资总额	本年应付福利费总额
全国	**7634301**	**594874**	**4072985**	**342778**	**3561316**	**252096**
北京	1046108	67485	534587	41635	511521	25850
天津	130362	9687	54705	2678	75656	7009
河北	145931	6798	102084	5888	43847	910
山西	139916	7392	78331	4579	61585	2813
内蒙古	123543	7148	57200	3478	66343	3670
辽宁	199924	28764	101089	12992	98834	15772
吉林	61285	6346	38468	3602	22817	2744
黑龙江	81469	7621	45377	3805	36092	3816
上海	638105	55826	277023	29891	361082	25935
江苏	529707	57416	257053	26971	272655	30445
浙江	523213	30033	336063	21143	187150	8890
安徽	140835	10073	79596	5864	61238	4209
福建	240483	13944	138286	10021	102198	3923
江西	88200	5408	53912	3728	34288	1680
山东	482643	41930	196232	13994	286411	27936
河南	229650	10939	129826	6676	99824	4263
湖北	229023	18374	101197	8164	127826	10210
湖南	243159	21449	156093	13562	87066	7887
广东	1263957	104304	661100	64084	602857	40220
广西	95203	8415	70082	6063	25120	2352
海南	100110	15635	88824	15079	11286	556
重庆	137490	11426	64504	5011	72986	6414
四川	248573	13283	127483	7897	121090	5386
贵州	47200	2559	31894	2007	15305	552
云南	103926	9191	80802	7823	23125	1369
西藏	8655	138	8174	126	481	12
陕西	206688	15505	100004	10224	106685	5281
甘肃	49120	2076	31328	1531	17792	545
青海	17791	539	12976	416	4815	123
宁夏	24520	1517	10307	547	14213	970
新疆	57514	3657	48387	3299	9128	357

【主要统计指标解释】

资产总计 指企业拥有或控制的能以货币计量的经济资源，包括各种财产、债权和其他权利。资产按其流动性(即资产的变现能力和支付能力)划分为：流动资产、长期投资、固定资产、无形资产、递延资产和其他资产。

流动资产 指企业可以在一年内或者超过一年的一个生产周期内变现或者耗用的资产，包括现金及各种存款、短期投资，应收及预付款项、存货等。

固定资产合计 指企业使用期限超过一年的房屋、建筑物、机器、机械、运输工具以及其他与生产、经营有关的设备、器具、工具等。单位价值在2000元以上，并且使用年限超过2年的，也应作为固定资产。

负债合计 指企业所承担的能以货币计量，将以资产或劳务偿付的债务，偿还形式包括货币、资产或提供劳务。负债一般按偿还期长短分为流动负债和长期负债。

所有者权益合计 指企业投资人对企业净资产的所有权。企业净资产为企业全部资产与企业全部负债的差额，包括实收资本、资本公积、盈余公积、未分配利润等。

主营业务收入 指企业在销售商品、提供劳务等日常活动中所产生的收入总额。

主营业务成本 指企业在销售商品、提供劳务等主要生产经营活动中而发生的各种耗费。

营业费用 指企业在销售商品、提供劳务等生产经营中发生的各项经营费用。

管理费用 指企业行政管理部门为组织和管理生产经营活动而发生的各项费用。

财务费用 指企业为筹集生产经营所需资金等而发生的费用，包括利息支出、汇兑损失以及相关的金融机构手续费等。

利润总额 指企业在生产经营过程中各种收入扣除各种耗费后的盈余，反映企业在报告期内实现的亏盈总额，包括营业利润、补贴收入、投资净收益和营业外收支净额。

本年应付工资总额 指企业在报告期内应支付给本单位职工的全部工资，它反映企业本期累计应付的工资总额，而不是会计“应付工资”科目的余额。

本年应付福利费总额 指企业在报告期内累计提取的福利费总额，它反映本期应付福利费的全部发生额，而不是会计“应付福利费”科目的余额。

4 第三产业部分行业主要财务指标

4-3 房地产开发

简要说明

房地产开发统计资料来自2009年全国房地产开发企业上报的基层库，除个别指标外，均为自年初累计数据。主要内容包括：历年房地产开发企业主要财务情况。主要分组包括按地区、用途、登记注册类型、资质等级等。

数据口径变化：2004年财务指标为经济普查数据。

4-3-1 房地产开发企业(单位)经营情况

单位：万元

年 份 地 区	主营业务收 入	土地转让收 入	商品房屋销售收入	房屋出租收 入	其他收入	主营业务税金及附加	营业利润
1991	2840325	153810	2378597	39221	268697	205551	275239
1992	5285565	427420	4265938	59617	532590	414435	635196
1993	11359074	839281	8637141	106348	1776304	965917	1559223
1994	12881866	959357	10184950	172817	1564742	951029	1674350
1995	17316624	1943981	12582817	257927	2531899	903047	1434087
1996	19687850	1203378	15337647	299899	2846926	927779	179805
1997	22184557	1032847	17552061	387878	3211770	1042143	-103462
1998	29512078	1322454	24084097	493192	3612325	1388134	-106565
1999	30260108	1032492	25550245	627408	3049963	1453611	-350926
2000	45157119	1296054	38968215	953237	3939613	2145704	732836
2001	54716555	1889894	47294194	1173453	4359014	2734549	1254738
2002	70778478	2251311	61457990	1445728	5623449	3701458	2529148
2003	91372734	2797200	81536881	1643335	5395318	4937227	4303655
2004	133144608	4100917	117522041	3055765	8465884	4130409	8579651
2005	147693468	3414314	133167682	2902876	8208596	8452536	11091896
2006	180467598	3006480	166213595	3167902	8079621	11271214	16698882
2007	233971284	4279204	216042073	3868068	9781939	16602966	24366117
2008	266968448	4668480	243941196	5214733	13144011	18291968	34322297
2009	346062342	4980475	325078328	5442732	10560807	25854899	47285843
北 京	25770569	1237898	21667123	1527211	1338337	2295826	4145638
天 津	7317075	70386	6560037	102571	584082	516301	1026031
河 北	7503347	59795	7285958	3689	153904	513749	760478
山 西	2324439	9210	2156131	11622	147475	165871	192753
内蒙古	7531324	44271	7314164	2068	170822	620543	1049833
辽 宁	15404024	25404	15193794	44263	140563	1064018	1038701
吉 林	4024662	521	3990163	14211	19767	233107	187803
黑龙江	5149500	28748	5072997	40	47715	305456	442658
上 海	29521883	1130442	24608810	2290082	1492550	2218416	7426996
江 苏	47575593	371713	46511085	110489	582306	3430285	6850243
浙 江	27333140	189183	26619475	82252	442231	2073286	4310568
安 徽	9597305	137598	9311335	20872	127500	705100	812400
福 建	11194980	28392	10686050	74679	405860	956946	1813592
江 西	5186664	28165	5066944	5541	86015	366066	697664
山 东	20682632	127530	19966813	17975	570314	1342034	2595097
河 南	8933162	63141	8721890	13006	135125	645284	1073950
湖 北	8616695	81033	8031541	17644	486478	601846	1020391
湖 南	8048569	80275	7645482		322811	522483	437091
广 东	40634056	359674	38099039	546414	1628930	3553168	6722295
广 西	5675083	89547	5402030	22298	161208	489222	537479
海 南	2684113	479	2651589	2564	29481	220222	402058
重 庆	11351941	548146	10419090	90251	294454	690546	1254707
四 川	14357146	78646	13638818	46693	592989	997851	1214871
贵 州	2525602	16889	2160877	322219	25617	188693	72556
云 南	5363344	79427	5069837	39876	174205	392247	390072
西 藏	102520	3577	83469	4405	11069	5057	21797
陕 西	5469013	33779	5221056	3204	210974	344483	391810
甘 肃	1340581	10179	1221075		109327	83073	48211
青 海	378095		376314	525	1256	22391	-16498
宁 夏	1469818	34074	1410975	9536	15234	87244	85408
新 疆	2995468	12355	2914370	16533	52211	204086	279193

4-3-2 按登记注册类型分的房地产开发企业(单位)资产总计

单位：万元

地区	总计	内资					
			国有	集体	股份合作	国有联营	集体联营
全国	**1701842364**	**1420608131**	**158790968**	**17108155**	**4706104**	**2500482**	**358142**
北京	204007031	167129167	8846608	791407	362224	8159	
天津	61547074	54634279	18920209	452885	29957	40034	1960
河北	30963940	29564308	690913	40961	98862		
山西	15582701	14864296	841209	59041	33744		1115
内蒙古	16030522	15868738	261151	23727	8873		
辽宁	72213546	53159005	1417673	178284	135790	4077	
吉林	12836606	11899512	155227	33734	10233		
黑龙江	18613889	17348946	1816619	23981	5495		
上海	207994129	163850376	50323939	6838195	195134	1356008	193630
江苏	146853351	125225845	15667599	1311927	470449	80640	9934
浙江	146796427	130689270	4855107	681725	352462	589440	3687
安徽	41275462	37599200	2322452	160706	117022	79781	
福建	66370500	48709116	14024090	393913	170307	154776	50121
江西	21432392	18197440	3048733	60491	236049		1935
山东	86066907	77371895	5977250	1448076	451242	12531	16944
河南	33620940	29544949	1059875	107247	112172	789	
湖北	41681528	36559387	5269388	296545	261955		36942
湖南	34856180	32454486	1937950	106217	336412		2140
广东	202033678	143585917	6884374	3314361	490549	106129	25101
广西	26311759	24211672	1299127	111004	85953		
海南	11864826	9712658	234176	16063	163060		
重庆	53095024	44620185	3544160	75737	12373		
四川	62946472	53454183	4272382	116985	280893	66031	8291
贵州	16901949	15973727	547323	96013	23908		
云南	25668121	23322267	1584700	239240	63372	1232	
西藏	447102	447102	82915		39039		
陕西	20009766	17735574	1636331	56952	102483		3782
甘肃	6251062	5778271	545948	61992	25676		
青海	2813512	2650334	221683	3736	30418	857	
宁夏	5875983	5629625	93737	6000			2560
新疆	8879986	8816403	408120	1012			

4-3-2 续表 1 单位：万元

地区	内资						
	国有与集体联营	其他联营	国有独资公司	其他有限责任公司	股份有限公司	私营独资	私营合伙
全国	**634505**	**807444**	**69946272**	**615721447**	**91996750**	**12838249**	**3674017**
北京			7012655	117610059	16555242		
天津	18912		3568573	19099862	2349575	535306	
河北		1000	463767	13713171	3219634	337613	43385
山西			70716	4705491	588383	144267	26359
内蒙古	2350		76102	9800738	350732	81365	12614
辽宁			1440041	20736241	2416165	1110729	84650
吉林			307846	6919503	607993	117671	16080
黑龙江			2031453	6319741	884502	73122	132864
上海	426772	136456	12496859	36819087	5917350	1580365	236659
江苏	8605	5524	2932028	45910262	5622931	2120760	457871
浙江	35601	1098	3967442	66730802	6631174	653973	89243
安徽	33680	43894	2608175	20469461	1957452	382053	166033
福建	8503	11189	2250005	15592006	1163280	93646	101545
江西	60389		879042	7377925	1576668	304666	200650
山东			1745632	36124393	6241919	640605	218828
河南		27070	279195	16351719	2440603	269772	100071
湖北	20031	8543	1104523	16187408	3010953	819702	75419
湖南	683	26707	4558263	15530461	1682021	307414	243264
广东	4223	484825	4369156	59517210	18711800	1457823	117661
广西		16613	4200274	5732680	762162	331221	38589
海南	2520		2384200	4429717	695049	41779	68422
重庆		1377	5671756	12752900	1701946	177920	290213
四川		6393	3663869	20300618	4021483	325943	63081
贵州			239197	8779305	667200	229969	39231
云南	1100		116013	9775716	1056607	201271	47520
西藏				145727	44460	22284	1476
陕西	2070	36757	366839	10291452	700873	316453	26436
甘肃			50505	3124477	223898	46916	8128
青海	9066		265246	848997	57594	30190	50874
宁夏			561467	1186838	3435	36365	1409
新疆			265435	2837479	133669	47085	715444

4-3-2 续表 2

单位：万元

地区	内资			港澳台商投资		
	私营有限责任公司	私营股份有限公司	其他内资企业		合资经营	合作经营
全国	**400177224**	**30459742**	**10888630**	**173825695**	**59938567**	**26463404**
北京	15313207	629604		22788730	5193744	9678212
天津	9212310	188970	215727	2939096	1408819	54230
河北	9067337	1766128	121537	456338	258202	
山西	7821256	428804	143912	496185	372822	14101
内蒙古	5047624	176107	27357	87392	87392	
辽宁	23726138	1249953	659265	9534891	4192076	386391
吉林	3538299	155535	37392	791045	312857	5542
黑龙江	5536701	320434	204033	279259	168828	1000
上海	44870250	1724923	734749	27551738	12278072	1091182
江苏	44712215	3211305	2703795	11575394	4567836	621608
浙江	43758658	1250108	1088749	7110133	3292203	445504
安徽	8099074	852646	306768	2281482	1009371	70402
福建	13731752	810970	153013	14018010	3454843	419250
江西	3725968	562250	162673	2615309	940354	11666
山东	20580783	2801485	1112209	5160354	2663807	504761
河南	7944398	369871	482170	1485036	605070	152845
湖北	8563109	709208	195661	3165421	1193634	77541
湖南	6557213	1002491	163250	1393943	927800	36288
广东	39350447	8244175	508084	43380799	10538576	12423974
广西	11062010	517726	54313	1173159	637414	143894
海南	1443208	52931	181534	927614	158475	
重庆	19331879	823646	236280	6423452	2555409	98388
四川	18565584	764201	998430	3944050	1142658	85692
贵州	4675207	659070	17305	356457	287320	
云南	9666983	360014	208500	2006269	842471	65809
西藏	100768	8875	1560			
陕西	3868713	305933	20499	1416871	395816	75123
甘肃	1590390	84525	15814	320722	313092	
青海	933154	188973	9547	91064	89735	
宁夏	3658109	79708				
新疆	4124481	159173	124505	55484	49869	

4-3-2 续表 3　　　　单位：万元

地　区	港澳台商投资		外商投资				
	独　资	股份有限		合资经营	合作经营	独　资	股份有限
全　国	**80030735**	**7392989**	**107408539**	**35274073**	**10788177**	**56737051**	**4609238**
北　京	7916774		14089134	5624031	4008351	2163350	2293402
天　津	1144759	331287	3973699	2202434	447526	1298665	25074
河　北	198136		943294	211559		714661	17074
山　西	109262		222220	131509		90712	
内蒙古			74391	34912		39479	
辽　宁	4825460	130964	9519651	3360605	776477	5382570	
吉　林	450426	22220	146049	124401	6746	14903	
黑龙江	89030	20401	985684	347797	35075	602813	
上　海	13004283	1178200	16592015	4877713	509384	10475147	729771
江　苏	6084887	301063	10052113	3649165	750132	5626425	26390
浙　江	3012756	359670	8997024	2648212	4395	6128632	215785
安　徽	1168009	33700	1394780	526735		814887	53159
福　建	9907189	236727	3643374	827795	66578	2676464	72536
江　西	1609854	53435	619644	404225		136501	78919
山　东	1616673	375114	3534658	2276588	289499	918113	50457
河　南	727122		2590955	796846		1547941	246168
湖　北	1383501	510745	1956720	597659	451261	869717	38083
湖　南	426675	3180	1007751	524456	1210	471955	10130
广　东	19111519	1306729	15066962	1857075	2264553	10337326	608009
广　西	385968	5883	926928	450554	54212	422162	
海　南	347351	421789	1224554	1024359		68661	131533
重　庆	1686569	2083086	2051387	667502	149079	1234806	
四　川	2697694	18006	5548239	1277674	618961	3638855	12749
贵　州	68346	791	571764	81732	175385	314648	
云　南	1097988		339585	81938		257647	
西　藏							
陕　西	945932		857321	392865	179353	285103	
甘　肃	7630		152070	139421		12648	
青　海	1329		72114	71110		1004	
宁　夏			246358	55102		191256	
新　疆	5615		8100	8100			

4-3-3 按资质等级分的房地产开发企业(单位)资产总计

单位: 万元

地 区	总 计	一 级	二 级	三 级	四 级	暂 定	其 他
全 国	**1701842364**	**210337759**	**346300169**	**377463034**	**181118607**	**461432581**	**125190214**
北 京	204007031	43727493	35940092	23157515	54181371	30747702	16252859
天 津	61547074	4933988	13301148	6790531	14722038	21146728	652643
河 北	30963940	5312215	5116239	7739301	7381553	4600568	814064
山 西	15582701	615634	2993171	4049405	5497261	2377132	50098
内蒙古	16030522	1440954	3432128	3825314	4213907	2833160	285061
辽 宁	72213546	4760924	8802781	20925443	844572	32063124	4816703
吉 林	12836606	503895	2455296	3994908	1960033	3778895	143580
黑龙江	18613889	578466	6418512	9318417	251715	1860194	186585
上 海	207994129	40954430	33100024	18958282	305062	90444468	24231865
江 苏	146853351	12430835	60498141	28067626	773821	39136905	5946022
浙 江	146796427	19652937	29967784	40459413	6961748	38037939	11716607
安 徽	41275462	875017	6410033	10652163	1623341	20602286	1112622
福 建	66370500	3354755	10989040	17448735	13939839	16878173	3759958
江 西	21432392	655210	7443496	6434750	1344654	4958472	595811
山 东	86066907	5423116	11255879	22206946	11545634	30901676	4733657
河 南	33620940	1836219	8307269	6659210	1880084	14488567	449592
湖 北	41681528	5041390	12317288	9495023	2875459	9476404	2475965
湖 南	34856180	517962	4492139	18746514	1273888	9139175	686503
广 东	202033678	33023716	24790255	50285476	25897836	29291328	38745067
广 西	26311759	470577	2295764	6422000	2432292	11896564	2794562
海 南	11864826	22390	1862209	3947987	1229649	4370693	431897
重 庆	53095024	9560533	15141651	9148900	321121	18879629	43191
四 川	62946472	5160466	18986404	27426992	1318157	7328694	2725759
贵 州	16901949	435099	2393069	4027311	4381362	5133465	531642
云 南	25668121	1732774	7317229	4479830	6763036	4886110	489142
西 藏	447102	57431	91733	184913	57202	25833	29990
陕 西	20009766	3891228	3994270	5859824	4336546	1771747	156151
甘 肃	6251062	120075	1574015	2408617	948445	1163796	36113
青 海	2813512	402177	1142184	546694	266578	448918	6961
宁 夏	5875983	1263852	1823444	1103124	536877	1002149	146536
新 疆	8879986	1581999	1647483	2691874	1053530	1762090	143010

4-3-4 按登记注册类型分的房地产开发企业(单位)负债总计

单位：万元

地区	总计	内资					
			国有	集体	股份合作	国有联营	集体联营
全国	**1250427260**	**1058342415**	**112248175**	**13602229**	**3478812**	**1469892**	**303405**
北京	159681918	131640399	7065834	657235	326868	2512	
天津	44462141	39797344	13636517	348688	19610	32653	337
河北	22594271	21514658	679401	14578	67910		
山西	12540039	11925122	753593	45773	33937		115
内蒙古	11807570	11697032	177273	22315	3740		
辽宁	54876572	43247028	1293230	148922	111205	4014	
吉林	9908048	9165922	119213	17663	7262		
黑龙江	12677221	11703421	1281020	12653	1968		
上海	137404215	112238102	32065720	5353532	150860	899663	166030
江苏	105788923	92283095	10456919	1002423	402780	50474	4788
浙江	114665424	102888509	3626286	563703	248151	158491	3172
安徽	30755216	28120748	1805591	135563	87638	64617	
福建	47415837	34461007	10091822	337559	109449	113675	46186
江西	14468852	11945164	1828352	30815	193590		1005
山东	65380779	59034405	4709809	1187792	265068	6480	14356
河南	22812498	19757601	757930	76917	76617	1	
湖北	28567767	25115784	4167133	228034	212006		29331
湖南	24824126	23096415	1413835	73664	252641		726
广东	152154503	110609480	5391109	2677347	315711	84610	25118
广西	18689052	17252760	1064054	81888	67281		
海南	9127225	7673555	219272	12863	105541		
重庆	36094074	30227317	2382658	53082	7987		
四川	46417098	40545688	3153971	101562	189855	52272	9243
贵州	13703102	12948663	490419	87629	20079		
云南	20712126	18979916	1389035	236906	54335	175	
西藏	294366	294366	55029		34539		
陕西	15142419	13469116	1245840	43434	67788		2082
甘肃	4443952	4086015	387680	44409	19241		
青海	1951678	1828157	137203		25155	257	
宁夏	4656307	4440616	99003	4835			916
新疆	6409943	6355014	303427	444			

4-3-4 续表 1　　单位：万元

地　区	内			资			
	国有与集体联　营	其他联营	国有独资公　司	其他有限责任公司	股份有限公　司	私营独资	私营合伙
全　国	**477707**	**643702**	**47422502**	**472965334**	**60647684**	**9418096**	**2475256**
北　京			5652098	95025274	9995829		
天　津	19116		2809549	13908716	1462607	415797	
河　北		950	459205	9532864	2343975	251518	30975
山　西			71920	3709397	467616	114930	19157
内蒙古	1150		73315	7102046	228003	40470	2170
辽　宁			1402683	17063223	1536559	852747	55066
吉　林			218563	5436576	480568	86766	4517
黑龙江			1511582	4237923	541916	18898	102169
上　海	324711	118246	7644368	26239805	3389689	1322841	118080
江　苏	2399	4568	1476307	34400948	4065517	1587993	355604
浙　江	17475		2937841	53487738	4945902	468414	62012
安　徽	28521	30871	1376954	15734975	1595475	287088	126550
福　建	7211	3367	1361589	11331334	807983	61032	79912
江　西	57166		440737	4804899	1051830	208463	154238
山　东			1311817	28314560	4770755	467295	139319
河　南		21653	150252	10852701	1269751	157125	47583
湖　北	13451	1543	906798	10727568	2006723	477538	36099
湖　南		19515	2944003	11850620	1185193	206620	137859
广　东	2848	400468	3289603	47928430	11007976	1174134	97060
广　西		13113	2569913	4178449	529486	173488	15079
海　南	1400		1907522	3312828	576916	18092	60115
重　庆		1020	3320603	8673397	1115317	154218	274055
四　川		2019	2210808	16047589	3058851	259983	14121
贵　州			236700	7314435	479300	133125	35195
云　南	900		67923	7775526	925810	152265	36936
西　藏				85270	37680	10168	600
陕　西	22	26472	308216	7921991	522134	199097	20069
甘　肃			49317	2241510	152506	31872	2691
青　海	1338		203583	592518	42282	18694	39319
宁　夏			371285	933158	2890	32346	1213
新　疆			137450	2199068	50644	35079	407496

4-3-4 续表 2

单位：万元

地 区	内 资			港澳台商投 资		
	私营有限责任公司	私营股份有限公司	其他内资企 业		合资经营	合作经营
全 国	**303024921**	**22110974**	**8053728**	**118704487**	**40559750**	**19404742**
北 京	12377597	537152		17313931	3784953	7376016
天 津	6847444	157500	138810	2212207	1062141	34398
河 北	6605873	1457309	70100	335752	196238	
山 西	6247106	345148	116430	420127	316104	13373
内 蒙 古	3914239	127011	5302	63751	63751	
辽 宁	19220163	982522	576694	5982156	3067744	197677
吉 林	2672544	101998	20254	634761	243240	3741
黑 龙 江	3657495	207030	130766	166296	109684	308
上 海	32679333	1272230	492994	15528189	6080371	699791
江 苏	34359291	2315301	1797785	7425235	3291047	356871
浙 江	34616992	929716	822716	4881259	2402429	383525
安 徽	6058578	581412	206916	1676812	772736	62998
福 建	9384448	628107	97334	10419582	2517655	335016
江 西	2685843	380557	107671	2053298	670534	8460
山 东	15340835	1690101	816218	3630042	1941664	462636
河 南	5803769	247109	296195	1120760	383349	100563
湖 北	5724711	451799	133051	2012404	767761	66761
湖 南	4255087	635145	121507	999373	665849	19153
广 东	31645521	6175455	394092	30589440	7343125	8966600
广 西	8178886	336291	44833	701663	427325	89054
海 南	1253873	49829	155304	438102	84232	
重 庆	13497239	558980	188763	4523045	1844629	61428
四 川	13930957	526287	988171	2167141	921508	65917
贵 州	3601252	536623	13907	285060	236134	
云 南	7883719	276349	180036	1510957	638293	60818
西 藏	66114	3875	1092			
陕 西	2863978	233042	14951	1253177	374256	39640
甘 肃	1094580	57225	4985	237778	235273	
青 海	660374	105614	1821	73884	73355	
宁 夏	2929250	65720				
新 疆	2967830	138542	115034	48306	44371	

4-3-4 续表 3

单位：万元

地区	港澳台商投资		外商投资				
	独资	股份有限		合资经营	合作经营	独资	股份有限
全国	**53739274**	**5000721**	**73380358**	**24991834**	**7871052**	**37151463**	**3366010**
北京	6152962		10727588	4575908	2961151	1521723	1668806
天津	803045	312622	2452591	1304525	323897	808189	15981
河北	139514		743861	183271		539670	20920
山西	90650		194790	129852		64939	
内蒙古			46787	14047		32740	
辽宁	2619922	96814	5647388	2161529	611630	2874229	
吉林	381874	5907	107365	94990	1467	10908	
黑龙江	49289	7017	807504	314462	30333	462709	
上海	8027098	720929	9637924	2723904	309309	6086601	518111
江苏	3555836	221481	6080594	2537177	505429	3027693	10295
浙江	1837514	257791	6895656	1962889	2947	4766431	163389
安徽	812933	28145	957656	396817		507939	52899
福建	7401610	165300	2535249	614805	39902	1842785	37757
江西	1338398	35906	470391	320416		92697	57278
山东	989921	235821	2716332	1816291	203894	689223	6925
河南	636848		1934138	564673		1140185	229280
湖北	787647	390235	1439579	388283	411321	611552	28423
湖南	312012	2360	728337	402626	815	318100	6796
广东	13508812	770903	10955583	1375436	1546526	7599634	433988
广西	183782	1501	734630	339496	89896	305238	
海南	212879	140992	1015568	865236		46206	104126
重庆	1018688	1598300	1343712	443532	93171	807009	
四川	1171710	8006	3704269	998922	405069	2289243	11035
贵州	48235	691	469378	77697	170430	221251	
云南	811845		221253	38614		182639	
西藏							
陕西	839281		420126	135514	163866	120747	
甘肃	2505		120159	110372		9787	
青海	529		49637	49404		233	
宁夏			215691	44524		171167	
新疆	3935		6623	6623			

4-3-5 按资质等级分的房地产开发企业(单位)负债合计

单位：万元

地区	总计	一级	二级	三级	四级	暂定	其他
全国	**1250427260**	**149031400**	**256157326**	**284925844**	**138927309**	**334787185**	**86598197**
北京	159681918	33104653	28820836	18575632	43615976	23946050	11618772
天津	44462141	3360168	9720853	5028746	11236830	14654213	461331
河北	22594271	3462453	3698803	5724367	5769359	3282400	656890
山西	12540039	489509	2553180	3465951	4305932	1686063	39404
内蒙古	11807570	1057702	2573279	2903679	3158021	1989574	125316
辽宁	54876572	3887055	7000014	16532520	754762	23474385	3227836
吉林	9908048	365571	1985705	3103538	1316921	3013115	123198
黑龙江	12677221	364413	4769611	6055451	122881	1233747	131118
上海	137404215	24749520	20848820	13237081	254682	62809064	15505049
江苏	105788923	9109065	43892608	20677247	569844	27557674	3982485
浙江	114665424	15250389	23615942	32003533	5090965	30140928	8563667
安徽	30755216	636645	4965422	7998323	1197643	15309680	647504
福建	47415837	2851077	7550138	12904853	9619579	12032108	2458081
江西	14468852	597727	4688269	4524337	866111	3361784	430624
山东	65380779	4226326	9311298	16703709	8231201	23722834	3185412
河南	22812498	1300661	5603944	4697298	1212252	9797657	200686
湖北	28567767	3759231	8928452	6553221	1825443	6217331	1284089
湖南	24824126	396248	3272779	13200693	796997	6691545	465863
广东	152154503	22343098	18494960	39598666	20599964	22419986	28697828
广西	18689052	310413	1786861	4746576	1659909	8327739	1857554
海南	9127225	22463	1505263	3150592	754360	3435604	258944
重庆	36094074	6417141	10742410	5995512	230563	12678766	29681
四川	46417098	3834844	14012664	21004613	972509	4988868	1603600
贵州	13703102	329521	1925294	3310909	3661713	4190979	284686
云南	20712126	1286701	6035327	3681818	5767620	3596004	344656
西藏	294366	42145	67619	115206	34228	15243	19925
陕西	15142419	3116328	2993161	4320914	3319415	1262765	129835
甘肃	4443952	95065	1227954	1720169	634149	745966	20650
青海	1951678	281710	871029	388682	146024	263485	747
宁夏	4656307	989464	1464405	911301	422793	722418	145926
新疆	6409943	994092	1230425	2090707	778665	1219211	96844

4-3-6 按登记注册类型分的房地产开发企业(单位)所有者权益

单位：万元

地区	总计	内资					
			国有	集体	股份合作	国有联营	集体联营
全国	**451415104**	**362265716**	**46542794**	**3505927**	**1227293**	**1030590**	**54737**
北京	44325113	35488768	1780774	134172	35357	5647	
天津	17084933	14836936	5283692	104197	10348	7381	1623
河北	8369669	8049651	11513	26383	30952		
山西	3042662	2939174	87616	13268			1000
内蒙古	4222952	4171706	83878	1412	5132		
辽宁	17336974	9911976	124443	29361	24585	63	
吉林	2928558	2733590	36014	16071	2970		
黑龙江	5936668	5645525	535599	11328	3527		
上海	70589914	51612274	18258219	1484663	44273	456345	27600
江苏	41064428	32942750	5210680	309504	67669	30166	5146
浙江	32131003	27800761	1228821	118022	104311	430949	514
安徽	10520246	9478452	516862	25143	29384	15164	
福建	18954663	14248110	3932268	56354	60858	41102	3935
江西	6963540	6252276	1220381	29676	42459		930
山东	20686129	18337491	1267440	260283	186174	6051	2588
河南	10808442	9787348	301945	30330	35555	788	
湖北	13113761	11443603	1102256	68512	49949		7611
湖南	10032054	9358071	524116	32554	83771		1414
广东	49879175	32976437	1493265	637013	174839	21519	
广西	7622706	6958912	235074	29116	18672		
海南	2737601	2039104	14904	3200	57519		
重庆	17000950	14392869	1161502	22656	4387		
四川	16529374	12908495	1118412	15423	91038	13758	
贵州	3198847	3025064	56904	8384	3829		
云南	4955995	4342350	195665	2333	9036	1057	
西藏	152737	152737	27887		4500		
陕西	4867347	4266458	390492	13518	34695		1699
甘肃	1807110	1692255	158268	17584	6435		
青海	861834	822177	84480	3736	5263	600	
宁夏	1219676	1189009		1164			1644
新疆	2470043	2461389	104693	567			

4-3-6 续表 1

单位：万元

地区	内				资		
	国有与集体联营	其他联营	国有独资公司	其他有限责任公司	股份有限公司	私营独资	私营合伙
全国	**156798**	**163742**	**22523770**	**142756113**	**31349066**	**3420153**	**1198761**
北京			1360558	22584785	6559413		
天津			759024	5191145	886968	119509	
河北		50	4562	4180307	875659	86094	12410
山西				996094	120767	29337	7202
内蒙古	1200		2787	2698692	122729	40895	10444
辽宁			37358	3673019	879605	257982	29584
吉林			89283	1482927	127425	30906	11564
黑龙江			519871	2081818	342586	54224	30695
上海	102062	18210	4852492	10579282	2527661	257523	118579
江苏	6206	956	1455721	11509315	1557415	532767	102266
浙江	18127	1198	1029601	13243065	1685271	185559	27231
安徽	5160	13023	1231222	4734486	361977	94965	39484
福建	1292	7823	888417	4260672	355297	32614	21633
江西	3223		438305	2573027	524838	96203	46413
山东			433815	7809833	1471165	173310	79509
河南		5417	128943	5499018	1170852	112647	52488
湖北	6580	7000	197725	5459840	1004229	342164	39320
湖南	683	7192	1614261	3679841	496828	100794	105405
广东	1375	84357	1079553	11588780	7703824	283689	20602
广西		3501	1630361	1554231	232675	157733	23511
海南	1120		476678	1116889	118133	23687	8307
重庆		357	2351153	4079504	586629	23702	16158
四川		4374	1453061	4253029	962632	65960	48960
贵州			2498	1464871	187900	96844	4036
云南	200		48090	2000190	130796	49006	10584
西藏				60456	6780	12116	876
陕西	2048	10286	58623	2369461	178739	117356	6368
甘肃			1188	882967	71392	15045	5437
青海	7728		61663	256478	15312	11496	11555
宁夏			190181	253680	545	4019	196
新疆			127984	638412	83025	12007	307948

4-3-6 续表 2 单位：万元

地区	内资			港澳台商投资		
	私营有限责任公司	私营股份有限公司	其他内资企业		合资经营	合作经营
全国	**97152303**	**8348768**	**2834902**	**55121208**	**19378816**	**7058662**
北京	2935611	92452		5474799	1408791	2302196
天津	2364866	31471	76916	726890	346678	19832
河北	2461464	308820	51437	120586	61964	
山西	1574149	83657	27482	76058	56717	728
内蒙古	1133386	49096	22056	23641	23641	
辽宁	4505975	267431	82572	3552735	1124332	188715
吉林	865755	53537	17139	156284	69618	1801
黑龙江	1879206	113404	73267	112963	59144	693
上海	12190917	452693	241755	12023549	6197701	391392
江苏	10352924	896005	906011	4150159	1276789	264737
浙江	9141666	320393	266033	2228874	889774	61978
安徽	2040497	271234	99853	604670	236635	7404
福建	4347303	182863	55679	3598428	937188	84235
江西	1040126	181693	55002	562011	269820	3206
山东	5239948	1111384	295991	1530313	722143	42125
河南	2140629	122762	185975	364276	221721	52282
湖北	2838398	257410	62609	1153016	425873	10781
湖南	2302126	367346	41743	394570	261952	17135
广东	7704926	2068720	113992	12791359	3195451	3457374
广西	2883123	181436	9480	471496	210089	54841
海南	189335	3102	26230	489512	74243	
重庆	5834639	264666	47517	1900407	710780	36960
四川	4634627	237914	10260	1776910	221151	19775
贵州	1073955	122448	3398	71397	51186	
云南	1783264	83665	28464	495312	204178	4991
西藏	34654	5000	468			
陕西	1004736	72891	5548	163694	21560	35483
甘肃	495810	27300	10829	82944	77819	
青海	272780	83359	7726	17180	16380	
宁夏	728859	13988				
新疆	1156651	20631	9472	7178	5498	

4-3-6 续表 3 单位：万元

地 区	港澳台商投资		外商投资				
	独 资	股份有限		合资经营	合作经营	独 资	股份有限
全 国	**26291462**	**2392268**	**34028181**	**10282239**	**2917125**	**19585588**	**1243228**
北 京	1763812		3361546	1048123	1047200	641627	624596
天 津	341715	18665	1521108	897909	123629	490477	9094
河 北	58622		199433	28288		174991	
山 西	18612		27430	1657		25773	
内蒙古			27604	20865		6739	
辽 宁	2205538	34150	3872263	1199076	164847	2508341	
吉 林	68552	16313	38685	29411	5279	3995	
黑龙江	39742	13384	178181	33334	4742	140105	
上 海	4977185	457271	6954091	2153809	200075	4388546	211661
江 苏	2529051	79581	3971519	1111989	244704	2598732	16095
浙 江	1175242	101880	2101368	685323	1448	1362202	52395
安 徽	355076	5555	437125	129918		306948	259
福 建	2505579	71427	1108125	212990	26676	833679	34779
江 西	271456	17529	149254	83809		43804	21641
山 东	626752	139293	818326	460297	85606	228890	43532
河 南	90273		656818	232174		407757	16888
湖 北	595853	120510	517142	209377	39940	258165	9660
湖 南	114664	820	279413	121831	395	153854	3333
广 东	5602707	535827	4111378	481639	718027	2737692	174020
广 西	202185	4381	192299	111058		116924	
海 南	134472	280796	208986	159123		22455	27407
重 庆	667881	484786	707675	223970	55907	427797	
四 川	1525983	10000	1843969	278753	213891	1349612	1713
贵 州	20111	100	102386	4034	4955	93397	
云 南	286143		118332	43324		75009	
西 藏							
陕 西	106651		437196	257351	15488	164357	
甘 肃	5125		31911	29050		2861	
青 海	800		22477	21706		771	
宁 夏			30667	10578		20089	
新 疆	1679		1477	1477			

4-3-7 按资质等级分的房地产开发企业(单位)所有者权益

单位：万元

地 区	总 计	一 级	二 级	三 级	四 级	暂 定	其 他
全 国	**451415104**	**61306359**	**90142843**	**92537191**	**42191298**	**126645397**	**38592017**
北 京	44325113	10622840	7119256	4581883	10565395	6801653	4634086
天 津	17084933	1573820	3580295	1761785	3485208	6492515	191312
河 北	8369669	1849763	1417436	2014935	1612194	1318168	157174
山 西	3042662	126125	439991	583453	1191330	691069	10695
内蒙古	4222952	383252	858849	921635	1055886	843585	159745
辽 宁	17336974	873870	1802767	4392923	89810	8588738	1588867
吉 林	2928558	138323	469591	891370	643112	765781	20382
黑龙江	5936668	214053	1648902	3262966	128834	626447	55467
上 海	70589914	16204910	12251204	5721201	50380	27635404	8726816
江 苏	41064428	3321770	16605533	7390380	203977	11579231	1963538
浙 江	32131003	4402548	6351841	8455880	1870783	7897011	3152940
安 徽	10520246	238373	1444611	2653839	425699	5292606	465119
福 建	18954663	503678	3438902	4543882	4320259	4846064	1301878
江 西	6963540	57483	2755227	1910413	478543	1596688	165186
山 东	20686129	1196790	1944581	5503238	3314433	7178842	1548245
河 南	10808442	535558	2703325	1961911	667832	4690911	248906
湖 北	13113761	1282159	3388836	2941802	1050016	3259072	1191876
湖 南	10032054	121713	1219360	5545821	476890	2447630	220640
广 东	49879175	10680617	6295295	10686810	5297872	6871342	10047239
广 西	7622706	160165	508903	1675424	772382	3568825	937009
海 南	2737601		356945	797395	475289	935090	172954
重 庆	17000950	3143393	4399241	3153387	90558	6200862	13510
四 川	16529374	1325622	4973740	6422379	345648	2339826	1122159
贵 州	3198847	105578	467775	716402	719650	942486	246956
云 南	4955995	446073	1281902	798011	995416	1290106	144486
西 藏	152737	15286	24114	69706	22974	10590	10066
陕 西	4867347	774900	1001109	1538910	1017131	508982	26316
甘 肃	1807110	25010	346061	688449	314296	417831	15463
青 海	861834	120467	271155	158012	120554	185433	6214
宁 夏	1219676	274389	359039	191823	114084	279731	610
新 疆	2470043	587907	417058	601168	274865	542880	46166

4-3-8 按登记注册类型分的房地产开发企业(单位)营业利润

单位：万元

地区	总计	内资					
			国有	集体	股份合作	国有联营	集体联营
全国	**47285843**	**37650998**	**2051648**	**599425**	**104065**	**104454**	**3969**
北京	4145638	3139451	33688	32689	-77	232	
天津	1026031	893644	122240	41365	-4701	1590	-67
河北	760478	726393	170	6139	-356		
山西	192753	196338	12331	-158	33		
内蒙古	1049833	1042948	16426	-94	8134		
辽宁	1038701	950036	5798	960	5293	304	
吉林	187803	182470	7653	1106	-158		
黑龙江	442658	419953	-2375	2190	725		
上海	7426996	4958124	691859	289015	-1230	71420	536
江苏	6850243	5755608	292645	16042	23888	3259	66
浙江	4310568	3942546	65740	-1208	-1925	16592	-56
安徽	812400	720122	34222	3708	7053	2183	
福建	1813592	1249569	142249	5869	-63	1165	-61
江西	697664	599296	21011	8683	3614		69
山东	2595097	2253984	138300	66141	10465	117	884
河南	1073950	952600	18977	8266	11972	-12	
湖北	1020391	856819	135022	5216	267		2725
湖南	437091	415765	29033	1822	17594		-47
广东	6722295	4336851	186469	98468	10211	8153	
广西	537479	441117	45053	5220	-1042		
海南	402058	331115	-10780	10681	-1094		
重庆	1254707	1224133	-5216	-194	1070		
四川	1214871	1010774	6503	-844	15873	-6447	-280
贵州	72556	75104	8938	-1155	-10		
云南	390072	194914	5769	-2333	-1029	5937	
西藏	21797	21797	2053		-602		
陕西	391810	366743	40706	862	997		146
甘肃	48211	46246	-2420	1044	-499		
青海	-16498	-15982	-11447	-26	-339	-40	
宁夏	85408	81085	-1698	-26			55
新疆	279193	281436	22730	-20			

4-3-8 续表 1 单位：万元

地区	内资						
	国有与集体联营	其他联营	国有独资公司	其他有限责任公司	股份有限公司	私营独资	私营合伙
全国	**9987**	**14013**	**689098**	**18939569**	**2636040**	**552906**	**191406**
北京			91724	2646318	300932		
天津	-203		21126	375798	47598	41499	
河北			-7404	456930	102146	2967	-733
山西			-2879	24301	27862	2509	319
内蒙古	396		-3206	620534	24046	14127	1354
辽宁			-29749	367217	59832	37014	6116
吉林			-1866	120454	10381	2265	2553
黑龙江			6480	161057	22722	27458	283
上海	5669	220	276013	1691344	203090	-9025	3968
江苏	0	294	60271	2619186	271706	91268	24328
浙江	616	-42	42975	2488959	223983	53362	601
安徽	918	494	35339	443209	45948	172	6156
福建	51	1419	64980	631839	10598	176	1931
江西	161		-9493	252698	97909	13027	12162
山东			33788	912081	216917	14775	8973
河南		372	3513	566078	49220	34321	12913
湖北	1920		5447	395069	48198	34759	5523
湖南	-55	1246	1233	238834	20572	-2209	15129
广东	318	8309	30140	2020238	531289	133157	2262
广西		-202	1666	127289	9599	24700	2289
海南	236		2366	193115	40064	3609	-1176
重庆		-46	-424	526160	91076	-847	9903
四川		-222	39188	484209	120952	200	29893
贵州			-1092	60050	19003	8605	1781
云南			3718	143923	10665	-666	-1713
西藏				888	38	628	-8
陕西	-2	2171	-2509	222241	13319	26441	-237
甘肃			2623	27842	3002	-590	7
青海	-37		-1664	3195	188	-2142	-17
宁夏			12547	22091	344	-258	23
新疆			14246	96423	12841	1606	46824

4-3-8 续表 2

单位：万元

地区	内资			港澳台商投资		
	私营有限责任公司	私营股份有限公司	其他内资企业		合资经营	合作经营
全国	**10570231**	**789413**	**394774**	**6297888**	**2524941**	**754188**
北京	39160	-5214		473132	107931	225048
天津	230248	6236	10913	12253	20757	12044
河北	191649	-310	-24804	27898	12298	
山西	140810	-8209	-582	-1507	-1314	-221
内蒙古	343777	14461	2994	6229	6229	
辽宁	476253	13756	7244	29712	44584	-12522
吉林	34786	4985	311	4438	5838	-119
黑龙江	169985	15512	15915	10405	1361	-3
上海	1664705	63174	7366	1581293	954059	21670
江苏	2096530	193379	62748	583593	275249	39762
浙江	919892	27094	105961	213596	144731	20913
安徽	122479	5796	12446	46614	20409	-1238
福建	351373	36206	1838	439817	57963	7594
江西	162527	7439	29489	65504	4224	33
山东	714483	54955	82107	235649	188720	6144
河南	204335	18802	23843	60627	23168	17496
湖北	185937	25928	10809	119965	37033	-1204
湖南	72547	15562	4506	13076	5318	4057
广东	1065772	229593	12474	1896614	451698	405476
广西	228165	220	-1840	91075	70101	10077
海南	81588	3179	9326	39363	-5250	
重庆	564316	31413	6923	24578	7544	-2332
四川	311598	6091	4059	127187	17082	5984
贵州	-30712	9222	473	-2699	-1426	
云南	15925	7921	6798	200406	72845	-634
西藏	18745	-28	83			
陕西	41281	18937	2390	1530	6673	-3834
甘肃	15671	-905	470	96	-440	
青海	-2129	-1434	-91	-301	-282	
宁夏	47125	884				
新疆	91414	-5234	609	-2253	-2162	

4-3-8 续表 3

单位：万元

地　区	港澳台商投资		外商投资				
	独　资	股份有限		合资经营	合作经营	独　资	股份有限
全　国	**2654189**	**364570**	**3336957**	**1129234**	**318503**	**1706302**	**182920**
北　京	140154		533055	274386	172873	72983	12813
天　津	-16265	-4283	120134	43403	14083	51307	11341
河　北	15600		6187	10585		-5678	1280
山　西	29		-2078	-1683		-395	
内蒙古			656	717		-61	
辽　宁	-2047	-304	58953	65962	18846	-25855	
吉　林	-1641	360	895	340	570	-14	
黑龙江	6939	2109	12300	5923	-1047	7424	
上　海	457427	148137	887579	184100	9065	599050	95364
江　苏	261772	6810	511042	213714	41957	246241	9130
浙　江	-2355	50307	154426	36127	2108	117932	-1741
安　徽	27561	-118	45663	9081		36922	-341
福　建	373908	353	124206	12927	-346	110825	800
江　西	61537	-291	32865	12213		14795	5857
山　东	40003	782	105463	100939	-1221	7729	-1983
河　南	19963		60723	20518		32913	7292
湖　北	83128	1008	43606	15480	11315	17254	-442
湖　南	3600	101	8250	6990	-20	1288	-8
广　东	922181	117258	488830	71733	46569	334690	35838
广　西	10996	-98	5287	-858	-6123	12268	
海　南	2892	41721	31580	15722		7898	7960
重　庆	17983	1383	5996	15510	3715	-13230	
四　川	104182	-61	76911	-1154	9081	69226	-242
贵　州	-669	-604	152	-611	-405	1168	
云　南	128195		-5249	-1234		-4015	
西　藏							
陕　西	-1310		23537	17239	-2517	8815	
甘　肃	536		1869	1910		-42	
青　海	-19		-215	-189		-26	
宁　夏			4323	-567		4890	
新　疆	-92		10	10			

4-3-9 按资质等级分的房地产开发企业(单位)营业利润

单位：万元

地 区	总 计	一 级	二 级	三 级	四 级	暂 定	其 他
全 国	**47285843**	**7116976**	**11560200**	**10698116**	**5083452**	**10645674**	**2181425**
北 京	4145638	1222568	771606	328176	1567667	196466	59154
天 津	1026031	77786	260555	284405	384775	-1265	19775
河 北	760478	458779	78690	182594	61137	-29358	8636
山 西	192753	30054	9526	4455	821	147865	33
内蒙古	1049833	81217	279977	298794	243488	134418	11940
辽 宁	1038701	117785	183909	286868	3389	392233	54519
吉 林	187803	4988	27389	98899	21751	38991	-4215
黑龙江	442658	-5939	179985	195956	19944	49906	2805
上 海	7426996	927817	1402206	811811	7296	3822520	455346
江 苏	6850243	596952	2871125	1401413	61470	1823727	95555
浙 江	4310568	757618	1264359	1494599	120844	510853	162295
安 徽	812400	28070	138786	333711	49225	220177	42430
福 建	1813592	68202	262667	581087	532857	320919	47860
江 西	697664	47665	163396	303188	88405	75649	19362
山 东	2595097	185067	348327	552680	466902	965929	76192
河 南	1073950	60361	308042	221740	74907	403493	5407
湖 北	1020391	188051	436563	242643	71884	76749	4500
湖 南	437091	16897	69441	220526	33264	91279	5683
广 东	6722295	1347305	1041871	1544495	1062606	591949	1134069
广 西	537479	37748	113557	188925	33452	161503	2295
海 南	402058	1231	74784	87328	73240	167095	-1620
重 庆	1254707	340231	417200	150982	9922	333814	2559
四 川	1214871	176212	504970	556373	10176	-7552	-25309
贵 州	72556	22000	10040	-6453	8802	40132	-1965
云 南	390072	109744	179241	79026	-42527	76275	-11688
西 藏	21797	55	425	18596	1274	933	514
陕 西	391810	86145	71763	119458	94908	15223	4313
甘 肃	48211	2581	12618	31136	12393	-10780	263
青 海	-16498	-287	-12629	-697	-1281	-1548	-56
宁 夏	85408	20370	44078	15643	4134	3464	-2281
新 疆	279193	109703	45734	69759	6329	34616	13053

4-3-10 按登记注册类型分的房地产开发企业(单位)利润总额

单位：万元

地 区	总 计	内 资					
			国 有	集 体	股份合作	国有联营	集体联营
全 国	**49448870**	**39623295**	**2722570**	**604780**	**105788**	**104232**	**3909**
北 京	4315904	3307208	73794	32819	-245	232	
天 津	1106765	963823	150553	42031	1591	1798	-66
河 北	764265	740602	-1408	6289	-195		
山 西	149986	154001	12478	-158	34		
内蒙古	1042732	1035865	15226	-91	8189		
辽 宁	1269888	1156475	5252	944	5358	302	
吉 林	174381	168967	4554	1085	-161		
黑龙江	453941	430320	3130	2185	714		
上 海	8749240	6177324	1153873	297185	635	72310	547
江 苏	6963195	5875706	331990	18157	23303	3259	66
浙 江	4408057	4046568	74670	-1788	-1984	16689	-56
安 徽	825833	738367	37047	3419	3150	2165	
福 建	1829590	1288504	199377	6079	-5	1185	-120
江 西	667339	568115	26437	8374	2028		78
山 东	2355116	2061799	139328	65528	11579	20	864
河 南	1015016	896518	20324	4821	11897	-12	
湖 北	1033033	868959	137773	5270	240		2723
湖 南	429480	410538	30375	1863	17616		-47
广 东	7248249	4749179	187990	100132	10428	9348	
广 西	478970	386682	49707	2194	2349		
海 南	383982	320579	-17275	10681	-1178		
重 庆	1052619	1026818	-273	-396	1070		
四 川	1398829	1172898	21178	-1893	14828	-8960	-280
贵 州	72917	78987	10603	-1050	-17		
云 南	473649	242268	4215	-1875	-2208	5937	
西 藏	14056	14056	5514		-602		
陕 西	404620	377800	38693	1880	-1736		146
甘 肃	32561	30768	-2429	1161	-510		
青 海	-16393	-15877	-11462	-26	-384	-40	
宁 夏	80412	76273	-1711	-22			54
新 疆	270638	273206	23046	-18			

4-3-10 续表 1

单位：万元

地区	内			资			
	国有与集体联营	其他联营	国有独资公司	其他有限责任公司	股份有限公司	私营独资	私营合伙
全国	**13468**	**11306**	**890936**	**19594319**	**3098344**	**472111**	**174784**
北京			102198	2735734	338424		
天津	-204		21133	399091	51880	41590	
河北			-7410	478171	98598	1615	-734
山西			-2820	12176	27841	2186	157
内蒙古	396		-3256	627238	22417	13859	1354
辽宁			-30225	379632	282056	25604	6129
吉林			-1208	112469	10212	2314	2552
黑龙江			6780	164349	22362	27339	283
上海	8976	-141	397050	2053823	244013	-11730	3738
江苏	-3	284	61135	2689154	282045	90299	23709
浙江	588	-46	42860	2545947	239825	53319	652
安徽	1049	1784	48730	474418	46877	683	6104
福建	40	-20	64965	637269	8664	285	1956
江西	142		5485	238326	91315	11443	7309
山东			32433	879800	242703	-38066	7954
河南		369	3825	527729	40217	33654	7671
湖北	2048		5719	401346	49772	33938	5527
湖南	-55	1246	1611	235747	19332	-2610	15282
广东	308	7908	49881	2192741	735771	131843	-1334
广西		-202	1452	104695	11021	25976	2285
海南	222		2520	198393	33774	3547	-1201
重庆		-46	8626	520885	31081	-619	9925
四川		-80	47111	435685	115479	2345	29812
贵州			-1135	70841	20360	7759	1788
云南			4229	145417	8753	-3188	-2027
西藏				1223	-52	-111	-174
陕西	-2	251	742	203765	9120	19788	-241
甘肃			2701	13518	2770	-90	4
青海	-37		-1664	3342	220	-2151	-30
宁夏			12919	20683	26	-309	15
新疆			14547	90713	11468	1602	46318

4-3-10 续表 2

单位：万元

地区	内资			港澳台商投资		
	私营有限责任公司	私营股份有限公司	其他内资企业		合资经营	合作经营
全国	**10741570**	**759226**	**325953**	**6378922**	**2664884**	**677150**
北京	29885	-5634		458142	106823	217141
天津	237763	5752	10913	11115	21445	12041
河北	185749	4048	-24120	18945	11614	
山西	109343	-6673	-562	-1924	-1723	-224
内蒙古	336308	11146	3080	6213	6213	
辽宁	456695	16474	8253	34030	42282	-10144
吉林	31869	4970	311	4517	5998	-120
黑龙江	172215	15191	15772	10449	1354	-3
上海	1875544	73969	7532	1634297	983605	23002
江苏	2097240	193245	61823	579290	271461	40375
浙江	946426	27333	102133	206094	140399	20140
安徽	96055	5124	11763	42566	16526	-1255
福建	362299	4700	1831	420542	59037	7499
江西	150183	5622	21374	67330	6222	16
山东	649546	43087	27024	195085	140444	5987
河南	205737	17728	22559	55744	19729	17504
湖北	189109	24776	10718	120158	37313	-1198
湖南	71711	13807	4660	12027	4744	4042
广东	1066465	246383	11315	2013978	627482	332874
广西	190023	-1191	-1626	92229	70598	9908
海南	80854	1196	9045	32236	-4512	
重庆	427468	22049	7048	21670	7800	-2330
四川	497976	10616	9080	123790	14222	6081
贵州	-36831	6197	471	-3040	-1626	
云南	60822	17897	4295	223202	74010	-634
西藏	8421	-223	61			
陕西	96420	8897	77	3047	6659	-3552
甘肃	14457	-1285	470	35	-502	
青海	-2158	-1397	-91	-302	-282	
宁夏	43823	795				
新疆	90155	-5370	745	-2541	-2449	

4-3-10 续表 3 单位：万元

地　区	港澳台商投资		外商投资				
	独　资	股份有限		合资经营	合作经营	独　资	股份有限
全　国	**2686375**	**350513**	**3446654**	**1205149**	**315412**	**1750211**	**175882**
北　京	134178		550555	293833	172834	70646	13242
天　津	-16772	-5599	131827	50387	15309	54771	11361
河　北	7331		4717	9170		-5721	1268
山　西	24		-2091	-1708		-384	
内蒙古			654	717		-63	
辽　宁	1890	2	79383	68732	18183	-7532	
吉　林	-1722	360	897	341	570	-15	
黑龙江	6989	2109	13173	6011	-1047	8209	
上　海	479978	147712	937619	207296	6103	635845	88374
江　苏	260682	6771	508200	215859	41566	241865	8910
浙　江	-3537	49092	155395	39970	2100	115071	-1746
安　徽	27455	-159	44899	7822		37395	-317
福　建	353742	264	120544	12006	-453	108123	868
江　西	61383	-291	31895	12178		13877	5839
山　东	48899	-245	98233	101059	-1036	205	-1995
河　南	18511		62754	20875		34597	7282
湖　北	83050	992	43917	15583	11410	17366	-442
湖　南	3142	101	6914	6708	-20	234	-8
广　东	938011	115610	485093	76806	44511	328110	35665
广　西	11827	-103	58	-2400	-6838	9296	
海　南	3516	33232	31168	15539		7866	7763
重　庆	14797	1402	4131	18446	3747	-18062	
四　川	103539	-51	102140	13398	10122	78802	-183
贵　州	-728	-687	-3030	-1318	868	-2580	
云　南	149826		8180	-921		9101	
西　藏							
陕　西	-60		23774	17591	-2517	8699	
甘　肃	536		1759	1977		-218	
青　海	-19		-215	-189		-26	
宁　夏			4139	-594		4733	
新　疆	-92		-26	-26			

4-3-11 按资质等级分的房地产开发企业(单位)利润总额

单位：万元

地区	总计	一级	二级	三级	四级	暂定	其他
全国	**49448870**	**8427670**	**12021112**	**11034646**	**4895621**	**10601385**	**2468437**
北京	4315904	1308891	831472	315311	1574071	189850	96310
天津	1106765	83893	288943	289821	404541	19718	19849
河北	764265	454051	82067	190342	45541	-25613	17877
山西	149986	30097	5342	1792	-35651	148374	33
内蒙古	1042732	76919	284010	301067	237976	132606	10154
辽宁	1269888	112976	197643	525632	-911	377787	56762
吉林	174381	4907	33078	79970	19351	37485	-410
黑龙江	453941	-1306	184726	198872	19874	48655	3120
上海	8749240	1566610	1640387	908112	6775	4066591	560765
江苏	6963195	621060	2951245	1414062	61851	1819642	95335
浙江	4408057	776760	1336480	1496329	141559	498895	158034
安徽	825833	31880	168826	310446	41503	225092	48086
福建	1829590	28410	263859	621019	553618	310671	52013
江西	667339	45075	175405	276429	76885	82800	10745
山东	2355116	134339	342813	590227	336871	887618	63248
河南	1015016	62215	290893	235987	58128	364039	3754
湖北	1033033	188223	446233	246185	71148	76801	4444
湖南	429480	18593	69645	224964	34332	76525	5419
广东	7248249	1742710	1022417	1597102	1026670	601625	1257725
广西	478970	41125	111026	190829	11421	121825	2743
海南	383982		71610	95049	71525	148486	-2689
重庆	1052619	321673	355655	122924	6677	242979	2711
四川	1398829	434455	495713	486676	7502	-3998	-21519
贵州	72917	22360	10926	-4554	-3113	36412	10885
云南	473649	108221	192256	42732	49592	79776	1074
西藏	14056	43	645	11586	1562	-291	510
陕西	404620	83807	80524	170318	58588	10566	817
甘肃	32561	2554	12009	13131	11729	-7087	224
青海	-16393	-332	-12356	-810	-1299	-1539	-56
宁夏	80412	19335	42909	14387	3030	2998	-2247
新疆	270638	108127	44713	68707	4276	32095	12721

4-3-12 按登记注册类型分的房地产开发企业(单位)主营业务收入

单位：万元

地区	总计	内资					
			国有	集体	股份合作	国有联营	集体联营
全国	**346062342**	**297324585**	**18410033**	**4055439**	**1176655**	**385653**	**36252**
北京	25770569	21081654	563728	130031	43433	934	
天津	7317075	6117662	1223180	218435		11267	
河北	7503347	7218373	105757	21265	5512		
山西	2324439	2284286	155566	11375	1908		
内蒙古	7531324	7480222	192052		21687		
辽宁	15404024	13056263	573389	81752	64132	5600	
吉林	4024662	3838155	97276	10448	2465		
黑龙江	5149500	4796977	340300	24833	13891		
上海	29521883	23118588	3526887	1324473	6526	178999	6969
江苏	47575593	40380827	2587114	356617	187195	13117	268
浙江	27333140	25214213	877736	63484	11875	97545	422
安徽	9597305	8748609	614573	37904	41468	25434	
福建	11194980	8417151	996801	88320	2514	17781	1347
江西	5186664	4603294	258077	30232	31169		5871
山东	20682632	18872275	1487586	485784	121817	393	7778
河南	8933162	8212349	275351	55046	92011		
湖北	8616695	7596073	943222	73745	44737		6576
湖南	8048569	7603599	409273	44936	144149		62
广东	40634056	30241173	1066790	869475	103300	23975	
广西	5675083	5123208	365460	32404	8806		
海南	2684113	1994053	55060	11969	42792		
重庆	11351941	10378298	235910	18304	16886		
四川	14357146	12654473	480526	33630	98772	3144	
贵州	2525602	2469232	100781	4027	8118		
云南	5363344	4624830	224555	910	9480	7463	
西藏	102520	102520	32124				
陕西	5469013	5008570	333760	11275	48954		3219
甘肃	1340581	1289434	90341	13864	3060		
青海	378095	376710	26239				
宁夏	1469818	1430262	3065	813			3740
新疆	2995468	2991255	167556	92			

4-3-12 续表 1 单位：万元

地区	内资						
	国有与集体联营	其他联营	国有独资公司	其他有限责任公司	股份有限公司	私营独资	私营合伙
全国	**98223**	**159677**	**4895375**	**138923196**	**15722572**	**4313016**	**1209918**
北京			703486	16403190	1105472		
天津	14030		286057	2783646	231875	130708	
河北		1500	10447	3608890	745597	80963	12519
山西			8	799049	163371	21345	8832
内蒙古	2518		2298	4526265	290874	164765	6866
辽宁			98949	4579507	705883	379114	93871
吉林			18961	1939582	200138	58678	19739
黑龙江			46111	2256449	244288	45895	6315
上海	37750	34904	989359	7398085	558391	102165	38487
江苏	37	3889	403279	16270703	1687549	782746	150312
浙江	3191	305	255144	13656127	525887	219745	8199
安徽	15155	2000	238645	4790403	455023	76418	59200
福建	896	380	326547	3416275	191959	18671	19998
江西	3190		21774	2080178	583708	102822	105645
山东			143117	8151726	1783782	151549	108092
河南		3892	28041	4681847	591702	156997	60405
湖北	13093		32793	3465988	574147	277747	19526
湖南		11242	58411	3881683	460478	64238	113657
广东	5466	96090	405896	13948907	2113149	815193	50158
广西		1491	36160	1371309	166331	145408	23513
海南	2898		7567	1127296	169151	23047	4613
重庆		98	185348	4121358	184100	32660	86119
四川			175082	5391011	1275163	100504	43783
贵州			5600	1312625	160940	58629	19462
云南			96589	2122161	179278	53215	6422
西藏				13844	4389	8003	
陕西		3886	26341	2717025	219358	189544	800
甘肃			58952	626503	65028	15965	1967
青海			37777	117188	39487	5048	2362
宁夏			142425	391442	755	6290	911
新疆			54212	972931	45320	24945	138145

4-3-12 续表 2

单位：万元

地区	内资			港澳台商投资		
	私营有限责任公司	私营股份有限公司	其他内资企业		合资经营	合作经营
全国	**97675388**	**7258226**	**3004964**	**28436176**	**10839962**	**3512535**
北京	2070093	61287		2478381	715843	1287870
天津	1134511	43004	40950	324131	247619	37234
河北	2350400	248480	27042	119524	64880	
山西	1010749	75408	36675	40153	35895	
内蒙古	2093988	117816	61094	44417	44417	
辽宁	5979316	377261	117489	960587	632993	18903
吉林	1414504	69607	6757	172606	93110	
黑龙江	1505159	197328	116409	74113	11137	
上海	8578758	285893	50944	3745937	1875806	82520
江苏	16174242	1226005	537753	3600368	1553646	270400
浙江	8956659	191000	346894	1122558	682975	111952
安徽	2060504	207330	124552	469866	175075	6508
福建	3049792	255203	30668	2024919	372214	40166
江西	1161516	130528	88584	431318	182016	686
山东	5442916	544543	443193	1120971	743186	63147
河南	1975245	173988	117825	315496	143128	58668
湖北	1790895	258289	95316	628624	219642	410
湖南	1959220	381825	74427	257703	190540	12728
广东	9409750	1165681	167344	7325349	1424694	1421193
广西	2843780	120746	7800	379022	233232	44457
海南	471291	22681	55688	295752	60335	
重庆	5061306	350474	85737	733365	419503	385
四川	4614301	211560	226998	819709	230673	47015
贵州	670267	123251	5534	11799	9971	
云南	1684795	129217	110744	731232	342297	5239
西藏	43360		800			
陕西	1288838	160635	4935	168414	98428	3056
甘肃	400300	9538	3916	34581	32900	
青海	145214	3394		1386	1386	
宁夏	821231	59590				
新疆	1512491	56665	18899	3897	2423	

4-3-12 续表 3

单位：万元

地　区	港澳台商投资		外商投资				
	独　资	股份有限		合资经营	合作经营	独　资	股份有限
全　国	**12746472**	**1337207**	**20301580**	**7319806**	**2330042**	**10023676**	**628057**
北　京	474668		2210534	971814	926849	293603	18268
天　津	39278		875282	343302	136812	348118	47050
河　北	54644		165450	35039		105941	24470
山　西	4258						
内蒙古			6685	6685			
辽　宁	297183	11509	1387174	746972	183754	456448	
吉　林	40576	38920	13901	4490	6712	2700	
黑龙江	50976	12000	278409	63050		215359	
上　海	1419026	368585	2657359	687583	76588	1617965	275223
江　苏	1707300	69022	3594398	1426505	365678	1758013	44203
浙　江	163133	164498	996369	356049	7937	632384	
安　徽	288283		378830	127348		248426	3055
福　建	1599098	13442	752910	114390	1027	627444	10048
江　西	246084	2532	152053	77155		55024	19875
山　东	307320	7319	689386	601630	21811	63550	2396
河　南	113700		405317	177983		182783	44551
湖　北	404896	3677	391999	142928	60205	188867	
湖　南	52855	1580	187267	81940		105081	247
广　东	4066061	413402	3067535	433859	354748	2176583	102346
广　西	100983	351	172853	55880	35018	81955	
海　南	23580	211836	394308	333524		24458	36327
重　庆	295341	18136	240278	108844	58549	72884	
四　川	542021		882964	185042	73007	624915	
贵　州	1427	400	44571	553		44018	
云　南	383696		7283	2835		4448	
西　藏							
陕　西	66929		292029	216961	21350	53718	
甘　肃	1681		16566	15340		1226	
青　海							
宁　夏			39557	1790		37767	
新　疆	1474		316	316			

4-3-13 按资质等级分的房地产开发企业(单位)主营业务收入

单位：万元

地区	总计	一级	二级	三级	四级	暂定	其他
全国	**346062342**	**33976381**	**77995213**	**90948093**	**41878795**	**85552878**	**15710983**
北京	25770569	5367205	5104737	3788142	8590450	1752233	1167803
天津	7317075	625938	1665950	1469826	2560093	873313	121957
河北	7503347	1929740	1165794	1931971	1840044	536028	99769
山西	2324439	165478	388821	600361	831605	328964	9210
内蒙古	7531324	439566	1581576	1760951	1996664	1616498	136069
辽宁	15404024	818441	1893213	4944490	249991	6604379	893511
吉林	4024662	119520	529040	1546550	828242	989576	11735
黑龙江	5149500	256840	1595068	2311805	254738	686799	44250
上海	29521883	2729945	5032927	3750019	167352	15745324	2096317
江苏	47575593	3600125	18897179	9876817	447456	13580382	1173635
浙江	27333140	3003109	6549372	8855227	1629115	5602947	1693372
安徽	9597305	221306	1674986	2992066	580925	3934731	193291
福建	11194980	357852	1843971	3927556	2532647	2390989	141966
江西	5186664	155510	1279841	2219981	623614	796554	111164
山东	20682632	1263734	2838257	5703733	3472503	6687828	716578
河南	8933162	435503	2206879	1802461	688529	3701458	98333
湖北	8616695	1046207	2912747	2339666	924321	1350313	43442
湖南	8048569	176522	1127678	4242380	463487	1909445	129057
广东	40634056	5820107	5061999	9698159	7396936	6314817	6342039
广西	5675083	215091	650158	1864362	554742	2319976	70754
海南	2684113	3518	493013	618337	445026	1104130	20089
重庆	11351941	2075416	3785713	2179337	106809	3189693	14973
四川	14357146	1137456	4799825	7267899	274911	696311	180744
贵州	2525602	124726	365868	507362	718671	781429	27547
云南	5363344	403263	1754879	1052334	1235891	831824	85153
西藏	102520	495	22662	56910	10318	7623	4512
陕西	5469013	730497	1134426	1592909	1620833	355359	34989
甘肃	1340581	12583	373148	552073	223494	172103	7180
青海	378095	62043	149251	114925	16984	34892	
宁夏	1469818	203244	580759	355776	175495	149875	4669
新疆	2995468	475404	535479	1023707	416913	507088	36877

【主要统计指标解释】

资产总计 指企业拥有或控制的能以货币计量的经济资源，包括各种财产、债权和其他权利。资产按其流动性(即资产的变现能力和支付能力)划分为：流动资产、长期投资、固定资产、无形资产、递延资产和其他资产。根据会计“资产负债表”中“资产总计”项的年末数填列。

负债合计 指企业所承担的能以货币计量，将以资产或劳务偿付的债务，偿还形式包括货币、资产或提供劳务。负债一般按偿还期长短分为流动负债和长期负债。根据会计“资产负债表”中“负债合计”的年末数填列。

所有者权益合计 指企业投资人对企业净资产的所有权。企业净资产为企业全部资产与企业全部负债的差额，包括实收资本、资本公积、盈余公积、未分配利润等。根据会计“资产负债表”中“所有者权益”项的年末数填列。

主营业务收入 指企业对外转让、销售、结算和出租开发产品取得的经营收入。根据会计“利润表”中对应指标计算填列。具体包括：

(1) 土地转让收入：指房地产开发企业(单位)按国家规定转让经开发的土地和未经开发的土地所得到的收入。根据会计“利润表”和相关核算资料计算填列。

(2) 商品房屋销售收入：指房地产开发企业(单位)在报告期售出商品房屋的收入，一次收清的，一次全部计入销售收入，按合同规定分期收款的，可按合同规定的时间分次计入收入。根据会计“利润表”和相关核算资料计算填列。

(3) 房屋出租收入：指房地产开发企业(单位)在报告期内，在不改变现有财产所有权关系的条件下，将企业的全部或部分房屋出租给其他单位或个人使用所得到的租金收入。根据会计“利润表”和相关核算资料计算填列。

(4) 其他收入：指房地产开发企业(单位)在报告期内从事除以上收入外的收入，包括配套设施销售收入、代建工程结算收入、出租产品租金收入等。根据会计“利润表”和相关核算资料计算填列。

营业利润 指企业从事生产经营活动所产生的利润，即主营业务利润加其他业务利润扣除管理费用、财务费用后的净额。根据会计“利润表”中对应指标年末数填列。

利润总额 指企业在生产经营过程中各种收入扣除各种耗费后的盈余，反映企业在报告期内实现的亏盈总额，包括营业利润、补贴收入、投资净收益和营业外收支净额。根据会计“利润表”中的对应指标年末数填列。

4 第三产业部分行业主要财务指标

4-4 其他服务业

简要说明

一、主要内容

电信主要财务情况和部分服务业主要财务情况，主要包括法人企业的资产、营业收入和税金指标。

二、调查范围及统计单位

1.电信业资料：包括全社会电信运营企业为社会公众提供的各类电信服务，不含专用网业务资料。业务范围分为国内业务量和国际及港澳业务量（对台业务量统计在港澳中）。

2.部分服务业统计的行业范围包括：装卸搬运和其他运输服务业、仓储业、计算机服务业、软件业、租赁业、商务服务业、科技交流和推广服务业、居民服务业、其他服务业、体育和娱乐业。调查对象为法人企业。

三、资料来源

本篇电信业资料由国家统计局服务业统计司负责整理、编辑，资料来源于工业和信息化部。部分服务业资料是国家统计局服务业统计司根据《部分服务业抽样调查统计报表制度》，对样本企业进行调查后估计的总量。

四、调查方法

部分服务业资料采取抽样调查，以经济普查维护后的企业名录为抽样框进行抽样，根据调查的样本企业数据进行总量估计。其中，2006-2008 年以第一次全国经济普查维护后的企业名录为抽样框进行抽样，2009年以第二次全国经济普查维护后的企业名录为抽样框进行抽样。调查的报告期为当年 1-11 月份，全年的数据按照 1-11 月数据 × 12/11 的方法进行推算。

4-4-1 电信主要财务情况

单位：亿元

指　　标	2002	2003	2004	2005	2006	2007	2008	2009
主营业务收入	4222.29	4597.64	5275.11	5840.12	6491.80	7398.60	8148.00	8544.09
固定通信业务收入								2849.14
移动通信业务收入								5694.95
主营业务成本	2751.61	2459.02	2567.44	2720.45	2994.00	3422.58	3941.61	4116.29
利润总额	766.24	742.89	931.18	1265.07	1355.83	1737.22	1750.30	1730.71
资产总额	13059.52	14214.94	15526.89	16419.27	17462.80	18148.46	19857.43	21169.05

4-4-2 各地区电信主要财务情况

单位：亿元

地　区	主营业务收入	主营业务成本	利润总额	资产总额
全　国	**8544.09**	**4116.29**	**1730.71**	**21169.05**
北　京	404.98	201.27	117.84	938.09
天　津	125.49	62.59	34.64	281.16
河　北	355.96	185.89	56.43	632.33
山　西	207.14	113.19	37.61	375.44
内蒙古	147.96	80.26	17.92	282.08
辽　宁	347.81	165.77	69.85	614.88
吉　林	144.15	84.91	10.25	295.38
黑龙江	201.56	107.32	27.34	390.83
上　海	424.38	214.95	105.47	773.09
江　苏	649.04	266.27	175.71	1038.74
浙　江	590.99	262.41	150.78	1001.42
安　徽	241.25	110.38	56.27	437.04
福　建	327.91	155.29	76.20	586.47
江　西	172.06	84.56	28.24	313.15
山　东	509.91	228.71	136.12	926.33
河　南	352.23	183.45	50.60	700.81
湖　北	283.40	140.79	48.66	519.17
湖　南	294.09	153.07	48.44	558.47
广　东	1220.92	535.04	365.10	2442.22
广　西	203.14	94.84	41.22	340.62
海　南	60.51	33.26	11.50	126.64
重　庆	148.27	82.70	21.42	268.07
四　川	359.97	189.11	54.57	652.96
贵　州	138.11	76.50	18.22	232.30
云　南	194.66	90.91	37.76	349.56
西　藏	22.51	14.96	-3.70	58.93
陕　西	211.08	106.15	30.31	375.92
甘　肃	104.46	56.60	12.51	215.17
青　海	31.13	18.21	2.05	66.40
宁　夏	36.33	19.23	4.83	71.34
新　疆	127.14	74.42	7.37	259.93
不分地区	-94.45	-76.70	-120.82	5044.12

4-4-3 部分服务业主要财务情况

单位：亿元

行 业	营业收入			
	2006	2007	2008	2009
装卸搬运和其他运输服务业	2288.07	2761.92	3368.17	2885.51
仓储业	1243.35	1533.48	1964.69	2336.22
计算机服务业	1062.99	1378.57	1581.63	1627.18
软件业	1376.81	1828.76	2180.43	2454.29
租赁业	168.80	229.67	285.78	349.08
商务服务业	8381.47	10657.04	12061.64	13244.89
科技交流和推广服务业	702.76	892.44	1078.25	1368.83
居民服务业	333.52	376.17	417.21	472.36
其他服务业	908.84	1043.72	1202.57	1369.37
体育和娱乐业	263.69	285.21	312.59	341.05

【主要统计指标解释】

电信主营业务收入 指电信企业经营的基础电信业务和增值电信业务所取得的资费收入，以及电信企业之间网间互联电信业务的结算收入。包括固定本地电话网业务收入、长途电话网业务收入、数据通信网业务收入、移动通信网业务收入、卫星通信网业务收入、无线寻呼网业务收入、专用通信网业务收入。

电信主营业务成本 指电信运营企业在通信生产过程中实际发生的与通信生产直接有关的各项费用支出。

电信业利润总额 企业在生产经营过程中，通过销售过程将商品卖给购买方，实现收入，收入扣除当初的投入成本以及其他一系列费用，再加减非经营性质的收支及投资收益，即为企业的利润总额。

电信资产总额 指过去的交易或事项形成并由电信运营企业拥有或控制的所有资源，该资源预期会给企业带来经济利益，按其流动性分为流动资产和非流动资产。

部分服务业营业收入 指企业在报告期内从事销售商品、提供劳务及转让资产使用权等日常活动中所形成的总收入，包括主营业务收入和其他业务收入。

5 第三产业部分行业主要业务指标

5-1 交通运输、仓储和邮政业

简要说明

一、主要内容

1.交通运输业资料主要包括：主要运输方式的线路里程、运输设备拥有量、技术质量情况，各种运输方式完成的货物运输量和旅客运输量，规模以上港口码头长度、泊位数量及货物吞吐量，城市公共交通运营线路网长度、运营车（船）数量及客运量等资料。

2.邮政业资料主要包括：全国邮政主要业务量、营业网点及邮政邮路情况、邮政通信服务水平等。

二、调查范围及统计单位

1.铁路资料：包括国家铁路（含控股合资）、地方铁路和非控股合资铁路运营情况，不含军用铁路及由厂矿企事业单位自建的铁路专用线和专用铁路。国家铁路（含控股合资）和非控股合资铁路运营资料来源于各铁路局及所属运输企业(公司)。地方铁路运营资料来源于各省地方铁路管理部门。

2.公路、水路、港口资料：⑴公路和水路线路里程为年末通车和通航里程数，不含未正式投入使用的公路和航道里程；⑵民用汽车拥有量及机动车和汽车驾驶员人数，根据公安部交通管理局所属各省（自治区、直辖市）车管部门登记注册的车辆资料和驾驶员资料整理，不含军用车辆；⑶公路营运汽车拥有量，根据各省（自治区、直辖市）道路运输主管部门登记注册的从事公路运输的营业性运输车辆资料整理，属于民用汽车的一部分；⑷营业性民用运输船舶拥有量，根据各省（自治区、直辖市）交通运输主管部门登记注册的从事水上客、货运输的营业性船舶资料整理，不含非运输船舶及农业、渔业生产船舶；⑸公路、水路客货运输量资料，由交通运输部负责收集整理；⑹公路、水路运输量统计包括全面调查和非全面调查两种方式，统计范围是在各省交通运输主管部门登记注册的从事公路、水路客、货运输的营业性的车辆和船舶所完成的运输量；⑺规模以上港口的统计范围为年通过能力在1000万吨以上的沿海港口和200万吨以上的内河港口，以及从事外贸、集装箱装卸的港口，具体范围由交通运输部划定。

3.管道运输资料：包括输原油、输成品油、输天然气及输其他气体的管道长度和完成的运输量。统计范围包括：油气田企业直接通向炼油厂、化工厂、电站等用户及装车站、油码头的管道，炼油厂通向用户（包括商业石油公司油库）的成品油管道，独立核算的管道运输企业通向用户及装车（站）栈桥、油码头的管道。管道运输资料主要来源于中国石油天然气集团公司和中国石油化工集团公司所属的管道运输企业，由两家集团公司分别负责收集审核本部门资料。

4.民航运输资料：统计对象为在我国境内注册从事民用航空运输飞行和通用航空飞行的航空运输企业和民用航空机场，不包括在我国境内运输飞行的外国航空公司。统计内容为各航空公司从事国内运输、港澳台运输、国际运输的定期航班航线条数及里程、运输量及飞机构成和运营情况、通用航空飞行完成情况等。

5.城市公共交通资料：统计范围为全国所有设市城市的城市公共交通情况。

6.邮政业资料：包括邮政企业及年业务收入200万元以上快递企业，为社会公众提供的各类邮政及快递服务。业务范围分为国内业务量和国际及港澳业务量（对台业务量统计在港澳中）。

三、资料来源

本篇资料由国家统计局服务业统计司负责整理、编辑。有关交通运输业资料分别来源于铁道部、交通运输部、中国民用航空局、中国石油天然气集团公司、中国石油化工集团公司和各省、自治区、直辖市统计局。有关邮政业资料来源于国家邮政局。

5-1-1 交通运输业基本情况

指 标	2000	2001	2002	2003	2004	2005	2006	2007	2008	2009
运输线路长度(万公里)										
铁路营业里程	6.87	7.01	7.19	7.30	7.44	7.54	7.71	7.80	7.97	8.55
国家铁路	5.87	5.91	5.95	6.04	6.10	6.22	6.34	6.36	6.40	6.55
合资铁路	0.52	0.62	0.77	0.77	0.85	0.85	0.89	0.95	1.08	1.59
地方铁路	0.48	0.48	0.47	0.48	0.49	0.48	0.47	0.48	0.49	0.41
公路里程	140.27	169.80	176.52	180.98	187.07	334.52	345.70	358.37	373.02	386.08
#高速公路	1.63	1.94	2.51	2.97	3.43	4.10	4.53	5.39	6.03	6.51
内河航道里程	11.93	12.15	12.16	12.40	12.33	12.33	12.34	12.35	12.28	12.37
#等级航道	6.14	6.37	6.36	6.09	6.08	6.10	6.10	6.12	6.11	6.15
民航航线里程	150.29	155.36	163.77	174.95	204.94	199.85	211.35	234.30	246.18	234.51
国际航线	50.84	51.69	57.45	71.53	89.42	85.59	96.62	104.74	112.02	91.99
国内航线	99.45	103.67	106.32	103.43	115.52	114.26	114.73	129.55	134.17	142.52
管道输油(气)里程	2.47	2.76	2.98	3.26	3.82	4.40	4.81	5.45	5.83	6.91
输油管	1.24	1.33	1.50	1.57	1.71	2.10	2.41	2.90	3.07	3.55
输气管	1.23	1.43	1.48	1.69	2.11	2.30	2.41	2.55	2.76	3.35
客运量总计(万人)	**1478573**	**1534122**	**1608150**	**1587497**	**1767453**	**1847018**	**2024158**	**2227761**	**2867892**	**2976898**
铁路	105073	105155	105606	97260	111764	115583	125656	135670	146193	152451
公路	1347392	1402798	1475257	1464335	1624526	1697381	1860487	2050680	2682114	2779081
水运	19386	18645	18693	17142	19040	20227	22047	22835	20334	22314
民航	6722	7524	8594	8759	12123	13827	15968	18576	19251	23052
旅客周转量总计(亿人公里)	**12261.0**	**13155.1**	**14125.7**	**13810.5**	**16309.1**	**17466.7**	**19197.2**	**21592.6**	**23196.7**	**24834.9**
铁路	4532.6	4766.8	4969.4	4788.6	5712.2	6062.0	6622.1	7216.3	7778.6	7878.9
公路	6657.4	7207.1	7805.8	7695.6	8748.4	9292.1	10130.8	11506.8	12476.1	13511.4
水运	100.5	89.9	81.8	63.1	66.3	67.8	73.6	77.8	59.2	69.4
民航	970.5	1091.4	1268.7	1263.2	1782.3	2044.9	2370.7	2791.7	2882.8	3375.2
货运量总计(万吨)	**1358682**	**1401786**	**1483447**	**1564492**	**1706412**	**1862066**	**2037060**	**2275822**	**2585937**	**2825222**
铁路	178581	193189	204956	224248	249017	269296	288224	314237	330354	333348
公路	1038813	1056312	1116324	1159957	1244990	1341778	1466347	1639432	1916759	2127834
水运	122391	132675	141832	158070	187394	219648	248703	281199	294510	318996
民航	196.7	171.0	202.1	219.0	276.7	306.7	349.4	401.8	407.6	445.5
管道	18700	19439	20133	21997	24734	31037	33436	40552	43906	44598

注：1.从2005年起，公路里程包括村道，与以前年度数据不可比(以下相关表同)。

2.2008年，公路、水路客货运输量和周转量统计口径发生变化，不宜进行历史对比(以下相关表同)。

5-1-1 续表

指标	2000	2001	2002	2003	2004	2005	2006	2007	2008	2009
货物周转量总计(亿吨公里)	**44320.5**	**47709.9**	**50685.9**	**53859.2**	**69445.1**	**80258.1**	**88839.9**	**101418.8**	**110300.5**	**122133.3**
铁路	13770.5	14694.1	15658.4	17246.7	19288.8	20726.0	21954.4	23797.0	25106.3	25239.2
公路	6129.4	6330.4	6782.5	7099.5	7840.9	8693.2	9754.2	11354.7	32868.2	37188.8
水运	23734.2	25988.9	27510.6	28715.8	41428.7	49672.3	55485.7	64284.8	50262.7	57556.7
民航	50.3	43.7	51.6	57.9	71.8	78.9	94.3	116.4	119.6	126.2
管道	636.2	652.8	682.8	739.4	814.9	1087.7	1551.2	1865.9	1944.0	2022.4
规模以上港口货物吞吐量(万吨)	**170055**	**191636**	**223329**	**267350**	**332488**	**394196**	**459701**	**526408**	**589080**	**697159**
沿海规模以上港口	125603	142634	166628	201126	246074	292777	342191	388200	429599	475480.6
#外贸	52343	59978	71087	87714	104706	124166	145827	165631	178271	197921.5
内河规模以上港口	44452	49002	56701	66224	86414	101418	117510	138208	159481	221678.5
#外贸	4397	5086	5953	7265	8458	10063	12060	14009	14288	18296
民用汽车拥有量(万辆)	**1608.91**	**1802.04**	**2053.17**	**2382.93**	**2693.71**	**3159.66**	**3697.35**	**4358.36**	**5099.61**	**6280.61**
#载客汽车	853.73	993.96	1202.37	1478.81	1735.91	2132.46	2619.57	3195.99	3838.92	4845.09
载货汽车	716.32	765.24	812.22	853.51	893.00	955.55	986.30	1054.06	1126.07	1368.60
#私人汽车拥有量	625.33	770.78	968.98	1219.23	1481.66	1848.07	2333.32	2876.216	3501.39	4574.91
#载客汽车	365.09	469.85	623.76	845.87	1069.69	1383.93	1823.57	2316.908	2880.50	3808.33
载货汽车	259.09	298.95	341.29	367.35	402.82	452.11	494.91	539.45	596.39	753.40
民用运输船舶拥有量(艘)	**229676**	**210786**	**202977**	**204270**	**210700**	**207294**	**194360**	**191771**	**184190**	**176932**
机动船	185018	169329	165936	163813	166854	165900	157805	157544	152247	149367
驳船	44658	41457	37041	40457	43846	41394	36555	34227	31943	27565
#私人运输船舶拥有量	142117	121721	115108	114297	115503	95838	70292	70017	64552	
机动船	128654	111633	105697	97837	91188	83380	62839	62228	57490	
驳船	13463	10088	9411	16460	24315	12458	7453	7789	7062	
规模以上港口码头泊位(个)	**8078**	**8842**	**8467**	**8449**	**9787**	**10652**	**10848**	**12131**	**14205**	**20091**
沿海规模以上港口	1772	1772	1790	2562	2849	3641	3804	3970	4914	5372
#万吨级	518	527	547	650	687	769	883	967	1076	1214
内河规模以上港口	6306	7070	6677	5887	6938	7011	7044	8161	9291	14719
#万吨级	55	57	62	121	150	186	225	250	259	293
民用飞机(架)	**982**	**1031**	**1112**	**1160**	**1245**	**1386**	**1614**	**1813**	**1961**	**2181**
#运输飞机	527	566	602	664	754	863	998	1134	1259	1417
通用航空飞机	301	296	335	343	365	383	457	457	484	555

5-1-2 各地区交通运输业职工人数(2009年底)

单位：人

地 区	铁路运输业	道路运输业	城市公共交通业	水上运输业	航空运输业	管道运输业
全 国	**1850147**	**1609972**	**1087973**	**449479**	**252779**	**21842**
北 京	117802	50340	213184	112	35847	1937
天 津	19477	18328	22079	23998	3352	114
河 北	63144	92366	29411	26548	1128	2054
山 西	110274	47265	17373	76	3566	
内蒙古	88745	34027	12245	180	3704	
辽 宁	136249	69565	36149	25088	10812	2838
吉 林	74633	28106	16992	180	4525	1418
黑龙江	121209	67053	11694	3271	4086	496
上 海	26774	26152	157986	55652	29999	
江 苏	60518	80820	39534	58914	8429	7808
浙 江	25256	82866	47337	24257	7221	
安 徽	33977	50194	23845	7885	2651	
福 建	32483	39681	29333	12627	10472	
江 西	64717	49527	12288	5021	2775	
山 东	70089	101643	49827	51915	10987	1464
河 南	98233	91875	39368	1362	315	30
湖 北	151764	64266	36527	20024	4921	927
湖 南	77668	61256	29537	5316	3707	85
广 东	58741	158214	113147	76755	41861	176
广 西	49699	61968	16635	15893	3716	
海 南	3813	11177	2900	4880	10289	
重 庆	23768	47337	17690	21433	5092	
四 川	53892	84207	32012	6203	16575	732
贵 州	29112	22971	13304	1174	3765	
云 南	46160	48441	14779	531	10722	
西 藏	162	3534	464	23	870	
陕 西	99631	43617	18458	101	598	841
甘 肃	46446	26264	12942	60	1223	
青 海	13246	9694	4267		152	527
宁 夏	13278	8671	3666		1071	
新 疆	39187	28547	13000		8348	395

5-1-3 运输线路长度

单位：万公里

年 份	铁路营业里程	#国家铁路电气化里程	公路里程	#高速公路	内河航道里程	民航航线里程	#国际航线	管道输油(气)里程
1978	5.17	0.10	89.02		13.60	14.89	5.53	0.83
1980	5.33	0.17	88.83		10.85	19.53	8.12	0.87
1981	5.39	0.17	89.75		10.87	21.83	8.28	0.97
1982	5.33	0.18	90.70		10.86	23.27	9.99	1.04
1983	5.46	0.23	91.51		10.89	22.91	9.99	1.08
1984	5.48	0.30	92.67		10.93	26.02	10.74	1.10
1985	5.52	0.41	94.24		10.91	27.72	10.60	1.17
1986	5.58	0.44	96.28		10.94	32.43	10.76	1.30
1987	5.60	0.46	98.22		10.98	38.91	14.89	1.38
1988	5.62	0.57	99.96	0.01	10.94	37.38	12.83	1.43
1989	5.70	0.64	101.43	0.03	10.90	47.19	16.64	1.51
1990	5.79	0.69	102.83	0.05	10.92	50.68	16.64	1.59
1991	5.78	0.78	104.11	0.06	10.97	55.91	17.74	1.62
1992	5.81	0.84	105.67	0.07	10.97	83.66	30.30	1.59
1993	5.86	0.89	108.35	0.11	11.02	96.08	27.87	1.64
1994	5.90	0.90	111.78	0.16	11.02	104.56	35.19	1.68
1995	6.24	0.97	115.70	0.21	11.06	112.90	34.82	1.72
1996	6.49	1.01	118.58	0.34	11.08	116.65	38.63	1.93
1997	6.60	1.20	122.64	0.48	10.98	142.50	50.44	2.04
1998	6.64	1.30	127.85	0.87	11.03	150.58	50.44	2.31
1999	6.74	1.40	135.17	1.16	11.65	152.22	52.33	2.49
2000	6.87	1.49	140.27	1.63	11.93	150.29	50.84	2.47
2001	7.01	1.69	169.80	1.94	12.15	155.36	51.69	2.76
2002	7.19	1.74	176.52	2.51	12.16	163.77	57.45	2.98
2003	7.30	1.81	180.98	2.97	12.40	174.95	71.53	3.26
2004	7.44	1.86	187.07	3.43	12.33	204.94	89.42	3.82
2005	7.54	1.94	334.52	4.10	12.33	199.85	85.59	4.40
2006	7.71	2.34	345.70	4.53	12.34	211.35	96.62	4.81
2007	7.80	2.40	358.37	5.39	12.35	234.30	104.74	5.45
2008	7.97	2.50	373.02	6.03	12.28	246.18	112.02	5.83
2009	8.55	3.02	386.08	6.51	12.37	234.51	91.99	6.91

5-1-4 客运量

单位：万人

年份	总计	铁路				公路	水运	民航
			国家	地方	合资			
1952	24518	16352	16352			4559	3605	2
1957	63821	31262	31262			23772	8780	7
1962	122154	75003	74067	936		30737	16397	17
1965	96334	41245	40708	537		43693	11369	27
1970	130056	52455	51646	809		61812	15767	22
1975	192969	70465	69648	817		101350	21015	139
1978	253993	81491	80729	762		149229	23042	231
1980	341785	92204	91246	958		222799	26439	343
1985	620206	112110	110913	1197		476486	30863	747
1986	688211	108579	107358	1221		544259	34377	996
1987	746422	112479	111414	1065		593682	38951	1310
1988	809592	122645	121595	1050		650473	35032	1442
1989	791374	113805	112796	1009		644508	31778	1283
1990	772682	95712	94888	824		648085	27225	1660
1991	806048	95080	94208	872		682681	26109	2178
1992	860855	99693	98788	905		731774	26502	2886
1993	996634	105458	104580	878		860719	27074	3383
1994	1092882	108738	108009	729		953940	26165	4039
1995	1172596	102745	102081	664		1040810	23924	5117
1996	1245357	94797	93551	612	634	1122110	22895	5555
1997	1326094	93308	91919	659	730	1204583	22573	5630
1998	1378717	95085	92991	629	1465	1257332	20545	5755
1999	1394413	100164	97725	528	1911	1269004	19151	6094
2000	1478573	105073	101847	519	2707	1347392	19386	6722
2001	1534122	105155	101680	558	2917	1402798	18645	7524
2002	1608150	105606	101741	516	3349	1475257	18693	8594
2003	1587497	97260	93634	412	3214	1464335	17142	8759
2004	1767453	111764	107346	378	4040	1624526	19040	12123
2005	1847018	115583	110651	319	4613	1697381	20227	13827
2006	2024158	125656	119728	423	5505	1860487	22047	15968
2007	2227761	135670	128712	451	6507	2050680	22835	18576
2008	2867892	146193	144452	474	1267	2682114	20334	19251
2009	2976898	152451	150798	419	1234	2779081	22314	23052

注：从2008年起，国家铁路和合资铁路客货运输量及周转量统计口径有调整，其中国家铁路包括了国家控股合资铁路部分，合资铁路仅指非控股合资(以下相关表同)。

5-1-5 客运量构成

单位：%

年份	总计	铁路	国家	地方	合资	公路	水运	民航
1952	100.0	66.7	66.7			18.6	14.7	0.01
1957	100.0	49.0	49.0			37.2	13.8	0.01
1962	100.0	61.4	60.6	0.77		25.2	13.4	0.01
1965	100.0	42.8	42.3	0.56		45.4	11.8	0.03
1970	100.0	40.3	39.7	0.62		47.5	12.1	0.02
1975	100.0	36.5	36.1	0.42		52.5	10.9	0.07
1978	100.0	32.1	31.8	0.30		58.8	9.1	0.09
1980	100.0	27.0	26.7	0.28		65.2	7.7	0.10
1985	100.0	18.1	17.9	0.19		76.8	5.0	0.12
1986	100.0	15.8	15.6	0.18		79.1	5.0	0.14
1987	100.0	15.1	14.9	0.14		79.5	5.2	0.18
1988	100.0	15.1	15.0	0.13		80.3	4.3	0.18
1989	100.0	14.4	14.3	0.13		81.4	4.0	0.16
1990	100.0	12.4	12.3	0.11		83.9	3.5	0.21
1991	100.0	11.8	11.7	0.11		84.7	3.2	0.27
1992	100.0	11.6	11.5	0.11		85.0	3.1	0.34
1993	100.0	10.6	10.5	0.09		86.4	2.7	0.34
1994	100.0	9.9	9.9	0.07		87.3	2.4	0.37
1995	100.0	8.8	8.7	0.06		88.8	2.0	0.44
1996	100.0	7.6	7.5	0.05	0.05	90.1	1.8	0.45
1997	100.0	7.0	6.9	0.05	0.06	90.8	1.7	0.42
1998	100.0	6.9	6.7	0.05	0.11	91.2	1.5	0.42
1999	100.0	7.2	7.0	0.04	0.14	91.0	1.4	0.44
2000	100.0	7.1	6.9	0.04	0.18	91.1	1.3	0.45
2001	100.0	6.9	6.6	0.04	0.19	91.4	1.2	0.49
2002	100.0	6.6	6.3	0.03	0.21	91.7	1.2	0.53
2003	100.0	6.1	5.9	0.03	0.20	92.2	1.1	0.55
2004	100.0	6.3	6.1	0.02	0.23	91.9	1.1	0.69
2005	100.0	6.3	6.0	0.02	0.25	91.9	1.1	0.75
2006	100.0	6.2	5.9	0.02	0.27	91.9	1.1	0.79
2007	100.0	6.1	5.8	0.02	0.29	92.1	1.0	0.83
2008	100.0	5.1	5.0	0.02	0.04	93.5	0.7	0.67
2009	100.0	5.1	5.1	0.01	0.04	93.4	0.7	0.77

5-1-6 旅客周转量

单位：亿人公里

年份	总计	铁路				公路	水运	民航
			国家	地方	合资			
1952	248.02	200.64	200.64			22.64	24.50	0.24
1957	496.55	361.30	361.30			88.07	46.38	0.80
1962	1085.56	859.01	857.26	1.75		141.46	83.92	1.17
1965	697.04	478.99	477.81	1.18		168.20	47.37	2.48
1970	1031.05	718.19	715.94	2.25		240.06	71.01	1.79
1975	1434.55	954.09	952.59	1.50		374.48	90.59	15.39
1978	1743.07	1093.22	1090.81	2.41		521.30	100.63	27.92
1980	2281.34	1383.16	1380.37	2.79		729.50	129.12	39.56
1985	4436.39	2416.14	2412.51	3.63		1724.88	178.65	116.72
1986	4896.51	2586.71	2583.11	3.60		1981.74	182.06	146.00
1987	5418.18	2843.06	2840.00	3.06		2190.43	195.92	188.77
1988	6208.91	3260.31	3257.31	3.00		2528.24	203.92	216.44
1989	6074.56	3037.41	3034.37	3.04		2662.11	188.27	186.77
1990	5628.35	2612.64	2610.11	2.53		2620.32	164.91	230.48
1991	6178.32	2828.05	2824.84	3.21		2871.74	177.21	301.32
1992	6949.38	3152.24	3148.29	3.95		3192.64	198.38	406.12
1993	7858.00	3483.30	3479.38	3.92		3700.70	196.40	477.60
1994	8591.42	3636.04	3632.81	3.23		4220.30	183.50	551.58
1995	9001.90	3545.70	3542.61	3.09		4603.10	171.80	681.30
1996	9164.80	3347.60	3322.02	3.36	22.22	4908.79	160.57	747.84
1997	10055.48	3584.86	3543.53	4.72	36.61	5541.40	155.70	773.52
1998	10636.74	3773.42	3690.97	5.01	77.44	5942.81	120.27	800.24
1999	11299.74	4135.94	4046.27	4.40	85.27	6199.20	107.30	857.30
2000	12261.05	4532.59	4414.68	4.59	113.32	6657.42	100.50	970.54
2001	13155.13	4766.82	4636.55	5.20	125.07	7207.08	89.88	1091.35
2002	14125.63	4969.38	4803.05	5.26	161.07	7805.77	81.78	1268.70
2003	13810.50	4788.61	4622.79	3.99	161.83	7695.60	63.10	1263.19
2004	16309.08	5712.17	5511.96	3.98	196.23	8748.38	66.25	1782.28
2005	17466.74	6061.96	5833.20	3.53	225.23	9292.08	67.77	2044.93
2006	19197.21	6622.12	6353.27	4.66	264.19	10130.85	73.58	2370.66
2007	21592.58	7216.31	6896.18	5.32	314.81	11506.77	77.78	2791.73
2008	23196.70	7778.60	7739.15	5.85	33.60	12476.11	59.18	2882.80
2009	24834.94	7878.89	7840.09	5.63	33.16	13511.44	69.38	3375.24

5-1-7 旅客周转量构成

单位：%

年 份	总计	铁路	国家	地方	合资	公路	水运	民航
1952	100.0	80.9	80.9			9.1	9.9	0.1
1957	100.0	72.8	72.8			17.7	9.3	0.2
1962	100.0	79.1	79.0	0.16		13.0	7.7	0.1
1965	100.0	68.7	68.5	0.17		24.1	6.8	0.4
1970	100.0	69.7	69.4	0.22		23.3	6.9	0.2
1975	100.0	66.5	66.4	0.10		26.1	6.3	1.1
1978	100.0	62.7	62.6	0.14		29.9	5.8	1.6
1980	100.0	60.6	60.5	0.12		32.0	5.7	1.7
1985	100.0	54.5	54.4	0.08		38.9	4.0	2.6
1986	100.0	52.8	52.8	0.07		40.5	3.7	3.0
1987	100.0	52.5	52.4	0.06		40.4	3.6	3.5
1988	100.0	52.5	52.5	0.05		40.7	3.3	3.5
1989	100.0	50.0	50.0	0.05		43.8	3.1	3.1
1990	100.0	46.4	46.4	0.04		46.6	2.9	4.1
1991	100.0	45.8	45.7	0.05		46.5	2.9	4.9
1992	100.0	45.4	45.3	0.06		45.9	2.9	5.8
1993	100.0	44.3	44.3	0.05		47.1	2.5	6.1
1994	100.0	42.3	42.3	0.04		49.1	2.1	6.4
1995	100.0	39.4	39.4	0.03		51.1	1.9	7.6
1996	100.0	36.5	36.2	0.04	0.24	53.6	1.8	8.2
1997	100.0	35.7	35.2	0.05	0.36	55.1	1.5	7.7
1998	100.0	35.5	34.7	0.05	0.73	55.9	1.1	7.5
1999	100.0	36.6	35.8	0.04	0.75	54.9	0.9	7.6
2000	100.0	37.0	36.0	0.04	0.92	54.3	0.8	7.9
2001	100.0	36.2	35.2	0.04	0.95	54.8	0.7	8.3
2002	100.0	35.2	34.0	0.04	1.14	55.3	0.6	9.0
2003	100.0	34.7	33.5	0.03	1.17	55.7	0.5	9.1
2004	100.0	35.0	33.8	0.02	1.20	53.6	0.4	10.9
2005	100.0	34.7	33.4	0.02	1.29	53.2	0.4	11.7
2006	100.0	34.5	33.1	0.02	1.38	52.8	0.4	12.3
2007	100.0	33.4	31.9	0.02	1.46	53.3	0.4	12.9
2008	100.0	33.5	33.4	0.03	0.14	53.8	0.3	12.4
2009	100.0	31.7	31.6	0.02	0.13	54.4	0.3	13.6

5-1-8 旅客运输平均运距

单位：公里

年 份	总计	铁路				公路	水运	民航
			国家	地方	合资			
1952	101	123	123			50	68	1200
1957	78	116	116			37	53	1143
1962	89	115	116	19		46	51	688
1965	72	116	117	22		38	42	919
1970	79	137	139	28		39	45	814
1975	74	135	137	18		37	43	1107
1978	69	134	135	32		35	44	1208
1980	67	150	151	29		33	49	1153
1985	72	216	218	30		36	58	1563
1986	71	238	241	29		36	53	1466
1987	73	253	255	29		37	50	1441
1988	77	266	268	29		39	58	1501
1989	77	267	269	30		41	59	1456
1990	73	273	275	31		40	61	1388
1991	77	297	300	37		42	68	1383
1992	81	316	319	44		44	75	1407
1993	79	330	333	45		43	73	1412
1994	79	334	336	44		44	70	1366
1995	77	345	347	46		44	72	1331
1996	74	353	355	55	350	44	70	1346
1997	76	384	386	72	502	46	69	1374
1998	77	397	397	80	529	47	59	1391
1999	81	413	414	83	446	49	56	1407
2000	83	431	433	89	419	49	52	1444
2001	86	453	456	93	429	51	48	1450
2002	88	471	472	102	481	53	44	1476
2003	87	492	494	97	504	53	37	1442
2004	92	511	513	105	486	54	35	1470
2005	95	524	527	111	488	55	34	1479
2006	95	527	531	110	480	54	33	1485
2007	97	532	536	118	484	56	34	1503
2008	81	532	536	124	265	47	29	1497
2009	83	517	520	134	269	49	31	1464

5-1-9 货运量

单位：万吨

年份	总计	铁路				公路	水运	民航	管道
			国家	地方	合资				
1952	31516	13217	13217			13158	5141	0.2	
1957	80365	27421	27421			37505	15438	0.8	
1962	85521	35261	34598	663		32794	17464	1.8	
1965	121083	49100	48358	742		48987	22993	2.7	
1970	150359	68132	66552	1580		56779	25444	3.7	
1975	202478	88955	86746	2209		72499	34987	4.7	6032
1978	248946	110119	107492	2627		85182	43292	6.4	10347
1980	546537	111279	108584	2695		382048	42676	8.9	10525
1985	745763	130709	127516	3193		538062	63322	19.5	13650
1986	853557	135635	132219	3416		620113	82962	22.4	14825
1987	948229	140653	136949	3704		711424	80979	29.9	15143
1988	982195	144948	140553	4395		732315	89281	32.8	15618
1989	988435	151489	146804	4685		733781	87493	31.0	15641
1990	970602	150681	146209	4472		724040	80094	37.0	15750
1991	985793	152893	147898	4995		733907	83370	45.2	15578
1992	1045899	157627	152317	5310		780941	92490	57.5	14783
1993	1115902	162794	156791	6003		840256	97938	69.4	14845
1994	1180396	163216	157278	5938		894914	107091	82.9	15092
1995	1234938	165982	159473	6509		940387	113194	101.1	15274
1996	1298421	171024	161787	7125	2112	983860	127430	115.0	15992
1997	1278218	172149	162010	7854	2285	976536	113406	124.7	16002
1998	1267427	164309	153435	8035	2839	976004	109555	140.1	17419
1999	1293008	167554	157239	7296	3019	990444	114608	170.4	20232
2000	1358682	178581	166056	8369	4156	1038813	122391	196.7	18700
2001	1401786	193189	179201	9542	4446	1056312	132675	171.0	19439
2002	1483447	204956	187578	11241	6137	1116324	141832	202.1	20133
2003	1564492	224248	199814	13064	11370	1159957	158070	219.0	21998
2004	1706412	249017	217816	14924	16277	1244990	187394	276.7	24734
2005	1862066	269296	231839	17802	19655	1341778	219648	306.7	31037
2006	2037060	288224	245476	19593	23154	1466347	248703	349.4	33436
2007	2275822	314237	262400	24390	27447	1639432	281199	401.8	40552
2008	2585937	330354	275243	27128	27983	1916759	294510	407.6	43906
2009	2825222	333348	277572	23873	31903	2127834	318996	445.5	44598

注：1.从1979年起，公路运输包括社会车辆完成数量；从1984年起，还包括私营运输完成的数量(后相同)，从2008年起公路运输量统计原则上为营运车辆。水路运输量统计范围为在交通运输主管部门审批、备案、从事营业性货物运输生产的船舶。

2.1993年及以后年份，铁路货物运输指标口径有调整，增加了行包运量(后相同)。

5-1-10 货运量构成

单位：%

年 份	总计	铁路				公路	水运	民航	管道
			国家	地方	合资				
1952	100.0	41.9	41.9			41.7	16.3		
1957	100.0	34.1	34.1			46.7	19.2		
1962	100.0	41.3	40.5	0.8		38.3	20.4		
1965	100.0	40.5	39.9	0.6		40.5	19.0		
1970	100.0	45.4	44.3	1.1		37.8	16.9		
1975	100.0	43.9	42.8	1.1		35.8	17.3		3.0
1978	100.0	44.3	43.2	1.1		34.2	17.4		4.2
1980	100.0	20.4	19.9	0.5		69.9	7.8		1.9
1985	100.0	17.5	17.1	0.4		72.1	8.5		1.6
1986	100.0	15.9	15.5	0.4		72.7	9.7		1.7
1987	100.0	14.8	14.4	0.4		75.0	8.5		1.6
1988	100.0	14.7	14.3	0.4		74.6	9.1		1.6
1989	100.0	15.4	14.9	0.5		74.2	8.9		1.6
1990	100.0	15.6	15.1	0.5		74.6	8.3		1.6
1991	100.0	15.5	15.0	0.5		74.4	8.5		1.6
1992	100.0	15.1	14.6	0.5		74.7	8.8		1.4
1993	100.0	14.6	14.1	0.5		75.3	8.8	0.01	1.3
1994	100.0	13.8	13.3	0.5		75.8	9.1	0.01	1.3
1995	100.0	13.4	12.9	0.5		76.1	9.2	0.01	1.2
1996	100.0	13.2	12.5	0.5	0.2	75.8	9.8	0.01	1.2
1997	100.0	13.5	12.7	0.6	0.2	76.4	8.9	0.01	1.3
1998	100.0	13.0	12.1	0.6	0.2	77.0	8.6	0.01	1.4
1999	100.0	13.0	12.2	0.6	0.2	76.6	8.9	0.01	1.6
2000	100.0	13.1	12.2	0.6	0.3	76.5	9.0	0.01	1.4
2001	100.0	13.8	12.8	0.7	0.3	75.4	9.5	0.01	1.4
2002	100.0	13.8	12.6	0.8	0.4	75.3	9.6	0.01	1.4
2003	100.0	14.3	12.8	0.8	0.7	74.1	10.1	0.01	1.4
2004	100.0	14.6	12.8	0.9	1.0	73.0	11.0	0.02	1.4
2005	100.0	14.5	12.4	1.0	1.1	72.1	11.8	0.02	1.7
2006	100.0	14.1	12.1	1.0	1.1	72.0	12.2	0.02	1.6
2007	100.0	13.8	11.5	1.1	1.2	72.0	12.4	0.02	1.8
2008	100.0	12.8	10.6	1.0	1.1	74.1	11.4	0.02	1.7
2009	100.0	11.8	9.8	0.8	1.1	75.3	11.3	0.02	1.6

5-1-11 货物周转量

单位：亿吨公里

年份	总计	铁路				公路	水运	民航	管道
			国家	地方	合资				
1952	762	601.6	601.6			14.5	145.8		
1957	1810	1345.9	1345.9			48.0	415.6	0.08	
1962	2236	1721.1	1719.1	2.0		62.1	452.6	0.15	
1965	3464	2698.7	2696.4	2.3		95.1	670.2	0.25	
1970	4566	3496.0	3491.4	4.6		138.1	931.3	0.35	
1975	7296	4255.6	4246.1	9.5		202.7	2574.7	0.60	262
1978	9829	5345.2	5333.5	11.7		274.1	3779.2	0.97	430
1980	12027	5717.5	5707.3	10.2		764.0	5052.8	1.41	491
1985	18365	8125.7	8111.6	14.1		1903.2	7729.3	4.15	603
1986	20147	8764.8	8750.1	14.7		2118.0	8647.9	4.81	612
1987	22229	9471.5	9455.7	15.8		2660.4	9465.1	6.52	625
1988	23826	9877.6	9860.2	17.4		3220.4	10070.4	7.32	650
1989	25592	10394.2	10373.0	21.2		3374.8	11186.8	6.93	629
1990	26208	10622.4	10601.2	21.2		3358.1	11591.9	8.18	627
1991	27987	10972.0	10948.1	23.9		3428.0	12955.5	10.10	621
1992	29218	11575.6	11548.5	27.0		3755.4	13256.2	13.42	617
1993	30647	12090.9	12059.7	31.2		4070.5	13860.8	16.61	608
1994	33435	12632.0	12600.6	31.4		4486.3	15686.6	18.58	612
1995	35909	13049.5	13015.2	34.2		4694.9	17552.2	22.30	590
1996	36590	13106.2	12935.0	48.6	122.5	5011.2	17862.5	24.93	585
1997	38385	13269.9	13063.0	50.7	156.2	5271.5	19235.0	29.10	579
1998	38089	12560.1	12304.5	50.7	204.8	5483.4	19405.8	33.45	606
1999	40568	12910.3	12649.8	37.6	222.9	5724.3	21263.0	42.34	628
2000	44321	13770.5	13444.0	43.6	282.9	6129.4	23734.2	50.27	636
2001	47710	14694.1	14368.8	55.4	270.0	6330.4	25988.9	43.72	653
2002	50686	15658.4	15219.1	62.8	376.5	6782.5	27510.6	51.55	683
2003	53859	17246.7	16475.6	69.0	702.1	7099.5	28715.8	57.90	739
2004	69445	19288.8	18285.5	89.1	914.2	7840.9	41428.7	71.80	815
2005	80258	20726.0	19533.4	99.2	1093.5	8693.2	49672.3	78.90	1088
2006	88840	21954.4	20557.2	105.7	1291.6	9754.2	55485.7	94.28	1551
2007	101419	23797.0	22112.5	132.7	1551.8	11354.7	64284.8	116.39	1866
2008	110300	25106.3	23648.9	150.9	1306.5	32868.2	50262.7	119.60	1944
2009	122133	25239.2	23649.9	126.6	1462.7	37188.8	57556.7	126.23	2022

5-1-12 货物周转量构成

单位：%

年 份	总计	铁路				公路	水运	民航	管道
			国家	地方	合资				
1952	100.0	79.0	79.0			1.9	19.1		
1957	100.0	74.4	74.4			2.7	23.0		
1962	100.0	77.0	76.9	0.1		2.8	20.2	0.01	
1965	100.0	77.9	77.8	0.1		2.7	19.3	0.01	
1970	100.0	76.6	76.5	0.1		3.0	20.4	0.01	
1975	100.0	58.3	58.2	0.1		2.8	35.3	0.01	3.6
1978	100.0	54.4	54.3	0.1		2.8	38.4	0.01	4.4
1980	100.0	47.5	47.5	0.1		6.4	42.0	0.01	4.1
1985	100.0	44.2	44.2	0.1		10.4	42.1	0.02	3.3
1986	100.0	43.5	43.4	0.1		10.5	42.9	0.02	3.0
1987	100.0	42.6	42.5	0.1		12.0	42.6	0.03	2.8
1988	100.0	41.5	41.4	0.1		13.5	42.3	0.03	2.7
1989	100.0	40.6	40.5	0.1		13.2	43.7	0.03	2.5
1990	100.0	40.5	40.5	0.1		12.8	44.2	0.03	2.4
1991	100.0	39.2	39.1	0.1		12.2	46.3	0.04	2.2
1992	100.0	39.6	39.5	0.1		12.9	45.4	0.05	2.1
1993	100.0	39.5	39.4	0.1		13.3	45.2	0.05	2.0
1994	100.0	37.8	37.7	0.1		13.4	46.9	0.06	1.8
1995	100.0	36.3	36.2	0.1		13.1	48.9	0.06	1.6
1996	100.0	35.8	35.4	0.1	0.3	13.7	48.8	0.07	1.6
1997	100.0	34.6	34.0	0.1	0.4	13.7	50.1	0.08	1.5
1998	100.0	33.0	32.3	0.1	0.5	14.4	50.9	0.09	1.6
1999	100.0	31.8	31.2	0.1	0.5	14.1	52.4	0.10	1.5
2000	100.0	31.1	30.3	0.1	0.6	13.8	53.6	0.11	1.4
2001	100.0	30.8	30.1	0.1	0.6	13.3	54.5	0.09	1.4
2002	100.0	30.9	30.0	0.1	0.7	13.4	54.3	0.10	1.3
2003	100.0	32.0	30.6	0.1	1.3	13.2	53.3	0.11	1.4
2004	100.0	27.8	26.3	0.1	1.3	11.3	59.7	0.10	1.2
2005	100.0	25.8	24.3	0.1	1.4	10.8	61.9	0.10	1.4
2006	100.0	24.7	23.1	0.1	1.5	11.0	62.5	0.11	1.7
2007	100.0	23.5	21.8	0.1	1.5	11.2	63.4	0.11	1.8
2008	100.0	22.8	21.4	0.1	1.2	29.8	45.6	0.11	1.8
2009	100.0	20.7	19.4	0.1	1.2	30.4	47.1	0.10	1.7

5-1-13 货物运输平均运距

单位：公里

年 份	总计	铁路				公路	水运	民航	管道
			国家	地方	合资				
1952	242	455	455			11	284		
1957	225	491	491			13	269	1000	
1962	261	488	497	30		19	259	833	
1965	286	550	558	31		19	291	930	
1970	304	513	525	29		24	366	951	
1975	360	478	489	43		28	736	1280	434
1978	395	485	496	45		32	873	1516	416
1980	220	514	526	38		20	1184	1580	467
1985	246	622	636	44		35	1221	2129	442
1986	236	646	662	43		34	1042	2146	413
1987	234	673	690	43		37	1169	2182	413
1988	243	681	702	40		44	1128	2231	416
1989	259	686	707	45		46	1279	2237	402
1990	270	705	725	47		46	1447	2211	398
1991	284	718	740	48		47	1554	2234	399
1992	279	734	758	51		48	1433	2335	417
1993	275	743	769	52		48	1415	2394	410
1994	283	774	801	53		50	1465	2241	406
1995	291	786	816	53		50	1551	2206	386
1996	282	766	800	68	580	51	1402	2168	366
1997	300	771	806	65	684	54	1696	2334	362
1998	301	764	802	63	721	56	1771	2388	348
1999	314	771	804	51	738	58	1855	2485	310
2000	326	771	810	52	681	59	1939	2555	340
2001	340	761	802	58	607	60	1959	2556	336
2002	342	764	811	56	614	61	1940	2551	339
2003	344	769	825	53	617	61	1817	2643	336
2004	407	775	839	60	562	63	2211	2595	329
2005	431	770	843	56	556	65	2261	2572	350
2006	436	762	837	54	558	67	2231	2698	464
2007	446	757	843	54	565	69	2286	2896	460
2008	427	760	859	56	467	171	1707	2934	443
2009	432	757	852	53	458	175	1804	2833	453

5-1-14 各地区客运量

单位：万人

地 区	总计	铁路	国家	地方	合资	公路	水运
全 国	**2976898**	**152451**	**150798**	**419**	**1234**	**2779081**	**22314**
北 京	129534	8161	8161			121373	
天 津	23337	2232	2232			21090	15
河 北	77773	7194	7194			70579	
山 西	36474	5320	5320		1	31122	32
内蒙古	22077	4079	4003		76	17998	
辽 宁	95505	13377	13350	26		81585	543
吉 林	58580	5687	5687			52723	170
黑龙江	43365	10133	9980	153		32947	285
上 海	9571	5161	5161			2995	1415
江 苏	200713	9167	9167			191001	545
浙 江	199068	7024	6391		633	188364	3680
安 徽	141229	5131	5131			135984	114
福 建	75009	2083	2083			71586	1340
江 西	70496	5470	5470			64770	256
山 东	234564	6136	5908	228		226134	2294
河 南	144203	7718	7706	12		136279	206
湖 北	94334	5260	5156		104	88703	371
湖 南	140572	6466	6466			133359	747
广 东	418938	10361	10015		346	406704	1873
广 西	68593	2886	2814		72	65405	302
海 南	40735	68	68			39461	1206
重 庆	113981	2605	2605			110150	1226
四 川	220020	5903	5903			211288	2829
贵 州	64918	3204	3204			59981	1733
云 南	35556	2123	2123	1		32775	658
西 藏	7844	85	85			7759	
陕 西	84303	5008	5005		2	79033	262
甘 肃	49968	2121	2121			47755	92
青 海	10071	430	430			9603	38
宁 夏	12629	513	513			12034	82
新 疆	29886	1345	1345			28541	
不分地区	23052						

注：不分地区合计数为民航完成客运量。

5-1-15 各地区旅客周转量

单位：亿人公里

地 区	总计	铁路				公路	水运
			国家	地方	合资		
全 国	**24834.94**	**7878.89**	**7840.09**	**5.63**	**33.16**	**13511.44**	**69.38**
北 京	361.26	93.55	93.55			267.71	
天 津	250.15	123.08	123.08			126.90	0.17
河 北	1043.30	672.40	672.40			370.90	
山 西	352.12	141.77	141.76		0.01	210.32	0.03
内蒙古	359.96	161.58	160.82		0.77	198.38	
辽 宁	840.69	483.57	483.48	0.09		350.08	7.04
吉 林	426.56	197.71	197.71			228.58	0.27
黑龙江	466.28	239.06	236.32	2.74		226.87	0.34
上 海	156.99	51.12	51.12			99.57	6.29
江 苏	1370.79	311.50	311.50			1058.01	1.29
浙 江	1103.21	291.30	268.09		23.21	804.46	7.45
安 徽	1302.63	411.23	411.23			891.18	0.22
福 建	465.66	103.57	103.57			360.26	1.83
江 西	790.14	510.53	510.53			279.22	0.39
山 东	1601.25	394.05	391.32	2.73		1197.23	9.97
河 南	1615.13	699.81	699.75	0.07		914.80	0.52
湖 北	938.91	374.08	368.99		5.09	562.34	2.49
湖 南	1233.44	631.31	631.31			601.11	1.01
广 东	1886.79	409.67	407.67		2.00	1470.06	7.06
广 西	787.30	167.31	165.24		2.07	618.28	1.70
海 南	139.25	1.75	1.75			135.10	2.40
重 庆	410.08	98.39	98.39			301.33	10.36
四 川	1004.67	231.10	231.10			771.33	2.24
贵 州	406.61	162.41	162.41			240.11	4.09
云 南	376.13	72.36	72.36			302.22	1.55
西 藏	29.98	8.25	8.25			21.73	
陕 西	680.59	342.57	342.55		0.02	337.66	0.37
甘 肃	495.90	289.11	289.11			206.58	0.21
青 海	85.49	39.87	39.87			45.56	0.05
宁 夏	91.75	30.69	30.69			61.02	0.04
新 疆	386.68	134.15	134.15			252.53	
不分地区	3375.24						

注：不分地区合计数为民航完成旅客周转量。

5-1-16 各地区货运量

单位：万吨

地区	总计	铁路				公路	水运
			国家	地方	合资		
全国	**2825222**	**333348**	**277572**	**23873**	**31903**	**2127834**	**318996**
北京	20470	1717	1635	82		18753	
天津	42324	11263	4142	7121		19800	11261
河北	123065	15483	14118	1337	28	106530	1052
山西	109534	54743	52928	402	1413	54786	5
内蒙古	113916	43084	30009	3390	9685	70832	
辽宁	135055	20316	18262	2054		105088	9651
吉林	34771	7478	7164	314		27032	261
黑龙江	54208	16744	16012	732		36486	978
上海	76669	941	941			37745	37983
江苏	152581	6563	6137	426		104002	42016
浙江	151566	3762	3355	55	352	95802	52002
安徽	196654	11308	11287	20		157991	27355
福建	58163	3574	3574			40317	14272
江西	86057	5570	5224	347		75200	5287
山东	284086	19219	16662	2557		251587	13280
河南	169942	14160	13073	865	222	151343	4439
湖北	78984	6116	5582	442	91	59563	13305
湖南	128921	5736	5428	308		111351	11834
广东	169653	7597	6654	501	441	125433	36623
广西	94466	8962	5958	108	2895	75766	9738
海南	18393	621	621			10839	6933
重庆	68566	2263	2182	82		58532	7771
四川	118253	7659	7085	574		106472	4122
贵州	34803	6956	6956			27031	816
云南	46039	4929	4676	252		40765	345
西藏	943	23	23			920	
陕西	92557	24421	7656		16765	67963	173
甘肃	26605	5763	5763			20812	30
青海	9874	2701	2701			7173	
宁夏	29242	5979	4075	1903		23263	
新疆	45046	6389	6389			38657	
不分地区	53815	1307	1296		10		7464

注：不分地区合计数中包括铁路行包运量、民航、管道及中国远洋运输集团总公司海外公司完成货运量。

5-1-17 各地区货物周转量

单位：亿吨公里

地　区	总计	铁路				公路	水运
			国家	地方	合资		
全　国	**122133.31**	**25239.17**	**23649.88**	**126.59**	**1462.71**	**37188.82**	**57556.67**
北　京	731.59	643.70	643.57	0.13		87.89	
天　津	9606.61	458.14	413.34	29.91	14.89	205.92	8942.55
河　北	6405.15	3182.84	2650.23	7.37	525.24	2998.49	223.82
山　西	2390.44	1484.08	1178.78	1.13	304.17	906.35	0.01
内蒙古	4116.91	2231.66	1840.20	20.99	370.47	1885.25	
辽　宁	7753.94	1306.61	1303.19	3.42		1550.49	4896.84
吉　林	1167.33	569.70	567.88	1.81		596.21	1.42
黑龙江	1644.68	980.74	972.51	8.23		657.13	6.80
上　海	14372.56	25.12	25.12			229.63	14117.82
江　苏	4675.30	332.12	331.59	0.53		971.13	3372.05
浙　江	5659.86	323.37	305.69	0.07	17.61	1188.70	4147.78
安　徽	6321.71	989.76	989.74	0.02		4237.19	1094.76
福　建	2471.34	178.26	178.26			507.23	1785.85
江　西	2334.15	659.11	657.77	1.34		1536.46	138.59
山　东	11022.22	1407.92	1389.78	18.15		6045.02	3569.28
河　南	6153.97	1963.83	1954.68	7.95	1.20	3927.08	263.05
湖　北	2566.36	791.08	781.38	1.91	7.79	930.10	845.18
湖　南	2513.28	998.60	997.81	0.79		1259.65	255.03
广　东	4769.73	313.36	308.92	2.60	1.83	1518.44	2937.94
广　西	2337.20	796.82	733.83	0.50	62.49	934.70	605.67
海　南	792.54	7.25	7.25			79.39	705.90
重　庆	1650.49	178.82	178.54	0.28		503.26	968.40
四　川	1590.52	682.51	679.80	2.71		851.33	56.68
贵　州	926.05	673.07	673.07			241.60	11.37
云　南	867.63	366.07	364.46	1.61		496.14	5.42
西　藏	35.34	9.93	9.93			25.40	
陕　西	2218.55	1185.36	1028.61		156.75	1032.37	0.82
甘　肃	1619.48	1129.76	1129.76			489.72	
青　海	364.16	165.49	165.49			198.67	
宁　夏	750.36	253.39	238.29	15.09		496.97	
新　疆	1255.91	655.03	655.03			600.87	
不分地区	11047.96	295.68	295.37	0.03	0.28		8603.63

注：不分地区合计数中包括铁路行包运量、民航、管道及中国远洋运输集团总公司海外公司完成货物周转量。

5-1-18 全国铁路基本情况

指 标	2002	2003	2004	2005	2006	2007	2008	2009
运输线路里程 (公里)								
营业里程	**71897.5**	**73002.0**	**74407.7**	**75437.6**	**77083.8**	**77965.9**	**79687.3**	**85517.9**
国家铁路	59530.0	60446.2	61014.6	62200.0	63411.7	63636.5	63974.9	65491.2
合资铁路	7651.0	7738.0	8524.2	8462.3	8934.9	9516.6	10799.4	15887.5
地方铁路	4716.5	4817.8	4868.9	4775.3	4737.2	4812.8	4913.0	4139.2
复线里程	**23950.7**	**24650.4**	**24908.3**	**25566.0**	**26403.9**	**27030.9**	**28855.6**	
国家铁路	23057.9	23701.8	23840.7	24497.2	25243.8	25793.9	26598.9	28682.0
合资铁路	873.9	929.7	1054.0	1055.2	1146.5	1215.3	2235.0	4512.7
地方铁路	18.9	18.9	13.6	13.6	13.6	21.7	21.7	
电气化铁路里程	**18115.1**	**18757.8**	**19303.2**	**20150.6**	**24432.8**	**25456.5**	**27555.0**	**35653.0**
国家铁路	17409.2	18059.7	18561.8	19408.2	23435.4	24046.6	25007.3	30242.7
合资铁路	705.9	698.1	741.4	742.4	927.4	1339.9	2477.7	5337.7
地方铁路					70.0	70.0	70.0	72.6
正线延展里程	**97548.4**	**99437.0**	**101066.8**	**102924.5**	**105315.2**	**106757.1**	**110712.9**	**119661.5**
国家铁路	84274.4	85903.4	86731.7	88561.2	90465.6	91383.1	92671.5	95997.8
合资铁路	8538.6	8667.7	9591.7	9535.2	10061.0	10443.9	13049.5	19523.8
地方铁路	4735.4	4865.9	4743.4	4828.1	4788.6	4930.1	4991.9	4139.9
运输设备								
机车拥有量 (台)	**16026**	**16320**	**17022**	**17473**	**17799**	**18306**	**18437**	**18922**
国家铁路	15159	15456	16066	16547	16904	17311	17336	17825
合资铁路	510	505	604	578	581	660	755	826
地方铁路	357	359	352	348	314	335	346	271
客车拥有量 (辆)	**39438**	**40487**	**41353**	**41974**	**42659**	**44243**	**45076**	**49354**
国家铁路	37942	38972	39766	40328	40945	42471	43215	47436
合资铁路	1343	1353	1452	1518	1578	1639	1739	1803
地方铁路	153	162	135	128	136	133	122	115
货车拥有量 (辆)	**459017**	**510327**	**526894**	**548368**	**564899**	**577521**	**591793**	**601412**
国家铁路	446707	503868	520101	541824	558483	571078	584961	594388
合资铁路	9894	4065	4546	4521	4360	4409	4752	4902
地方铁路	2416	2394	2247	2023	2056	2034	2080	2122
客货运输								
客运量 (万人)	**105606**	**97260**	**111764**	**115583**	**125656**	**135670**	**146193**	**152451**
国家铁路	101741	93634	107346	110651	119728	128712	144452	150798
合资铁路	3349	3214	4040	4613	5505	6507	1267	1234
地方铁路	516	412	378	319	423	451	474	419
旅客周转量(亿人公里)	**4969.38**	**4788.61**	**5712.17**	**6061.96**	**6622.12**	**7216.31**	**7778.60**	**7878.89**
国家铁路	4803.05	4622.79	5511.96	5833.20	6353.27	6896.18	7739.15	7840.09
合资铁路	161.07	161.83	196.23	225.23	264.19	314.81	33.60	33.16
地方铁路	5.26	3.99	3.98	3.53	4.66	5.32	5.85	5.63
货运量 (万吨)	**204956**	**224248**	**249017**	**269296**	**288224**	**314237**	**330354**	**333348**
国家铁路	187578	199814	217816	231839	245476	262400	275243	277572
合资铁路	6137	11370	16277	19655	23154	27447	27983	31903
地方铁路	11241	13064	14924	17802	19593	24390	27128	23873
货物周转量(亿吨公里)	**15658.42**	**17246.65**	**19288.84**	**20726.02**	**21954.41**	**23797.00**	**25106.29**	**25239.17**
国家铁路	15219.11	16475.58	18285.50	19533.35	20557.16	22112.46	23648.91	23649.88
合资铁路	376.51	702.08	914.24	1093.47	1291.59	1551.84	1306.46	1462.71
地方铁路	62.80	68.99	89.10	99.20	105.66	132.70	150.92	126.59

5-1-19 国家铁路基本情况

指　　标		1985	1990	1995	2000	2005	2006	2007	2008	2009
营业里程	**（公里）**	**52119**	**53378**	**54616**	**58656**	**62200**	**63412**	**63637**	**63975**	**65491**
正式营业		49433	50310	50866	51262	57589	58901	60032	60139	63789
临时营业		2686	3068	3750	7394	4611	4511	3604	3836	1702
正式营业里程比重	(%)	94.8	94.3	93.1	87.4	92.6	92.9	94.3	94.0	97.4
复线里程	**（公里）**	**9989**	**13024**	**16909**	**21408**	**24497**	**25244**	**25794**	**26599**	**28682**
占营业里程比重	(%)	19.2	24.4	31.0	36.5	39.4	39.8	40.5	41.6	43.8
电气化铁路里程	**（公里）**	**4151**	**6941**	**9703**	**14864**	**19408**	**23435**	**24047**	**25007**	**30243**
占营业里程比重	(%)	8.0	13.0	17.8	25.3	31.2	37.0	37.8	39.1	46.2
内燃牵引里程	**（公里）**	**10822**	**16097**	**24749**	**39497**	**42792**	**39976**	**39590**	**38968**	**35249**
占营业里程比重	(%)	20.8	30.2	45.3	67.3	68.8	63.0	62.2	60.9	53.8
调度集中里程	**（公里）**	**1307**	**1169**	**1226**	**1200**	**1828**	**4181**	**5322**	**5541**	**11588**
自动闭塞里程	**（公里）**	**6921**	**10370**	**12910**	**18318**	**24149**	**25630**	**26526**	**28100**	**31619**
半自动闭塞里程	**（公里）**	**42625**	**38832**	**40859**	**41695**	**39390**	**39145**	**38563**	**37337**	**38615**
无缝线路里程	**（公里）**	**10439**	**14644**	**21854**	**29975**	**47965**	**53296**	**57409**	**62159**	**68167**
继电集中车站	**（个）**	**2320**	**3535**	**4587**	**5232**	**4512**	**4121**	**3923**	**3849**	**3449**
占营业车站比重	(%)	46.9	62.9	73.9	90.4	81.1	73.9	70.8	63.8	56.7
计算机联锁车站	**（个）**					**944**	**1299**	**1487**	**1888**	**2356**
占营业车站比重	(%)					17.0	23.3	26.8	31.3	38.7

5-1-20 各地区铁路线路年末里程

单位：公里

地区	铁路营业里程合计	国家铁路				合资铁路			地方铁路	
		营业里程	正线延展里程	复线里程	电气化里程	营业里程	复线里程	电气化里程	营业里程	正线延展里程
全国	**85517.9**	**65491.2**	**95997.8**	**28682.0**	**30242.7**	**15887.5**	**4512.7**	**5337.7**	**4139.2**	**4139.9**
北京	1169.5	1101.3	1799.2	560.7	533.2	52.0	50.0	50.0	16.2	16.2
天津	781.5	538.7	1004.0	375.3	398.4	242.8	118.7	70.0		
河北	4880.3	3670.0	6226.5	2406.5	2424.2	833.5	625.1	647.0	376.8	376.8
山西	3536.3	2510.5	4088.4	1377.6	1291.6	816.8	313.7	423.9	209.0	209.0
内蒙古	8074.2	5043.7	6760.6	1691.5	912.3	2957.9	81.3	402.3	72.6	72.6
辽宁	4229.3	3974.4	6002.9	1924.1	1667.6	20.0			234.9	234.9
吉林	3913.5	3559.3	4220.6	674.5	285.4	206.4			147.8	147.8
黑龙江	5756.1	4953.5	6752.0	1650.0	87.4	80.0			722.6	722.6
上海	317.7	276.5	427.6	131.1	160.9	41.2				
江苏	1655.6	792.9	1504.6	624.4	644.9	850.2	22.5	22.5	12.5	12.5
浙江	1678.2	787.6	1374.6	570.3	466.3	876.9	495.0	513.3	13.7	13.7
安徽	2849.9	2221.8	3539.7	1244.6	589.9	628.1	278.7	279.5		
福建	2109.7	1052.4	1064.3		822.5	1057.3	484.8	673.5		
江西	2712.4	2543.4	3966.2	1367.5	1004.2	44.0	8.8	35.2	125.0	125.0
山东	3685.7	2700.5	4716.5	1775.3	1163.3	504.5	347.4	347.4	480.7	481.1
河南	3949.2	2839.3	5094.5	2073.7	1903.1	252.9		7.1	857.0	857.3
湖北	2980.2	2348.3	4056.4	1793.7	1956.6	499.4	280.2	282.3	132.5	132.5
湖南	3693.0	2782.8	4048.9	1246.1	1735.7	865.1	606.3	606.3	45.1	45.1
广东	2478.6	629.0	1515.0	546.6	470.1	1566.3	614.4	313.7	283.3	283.3
广西	3126.0	2706.2	3205.1	455.2	707.5	419.8				
海南	387.3					387.3				
重庆	1317.7	1197.5	1251.4	51.4	1121.5	85.6			34.6	34.6
四川	3257.9	2643.5	3438.9	822.1	2279.5	466.4	185.9	343.3	148.0	148.0
贵州	1982.7	1828.2	2447.7	603.5	1708.0	154.5		154.5		
云南	2474.8	2047.3	2259.6	157.9	1189.4	371.6		166.0	55.9	55.9
西藏	525.5	525.5	525.5							
陕西	3319.5	2531.2	3421.7	888.1	1999.2	788.3				
甘肃	2435.4	2273.8	3869.4	1574.7	1672.9	161.6				
青海	1676.9	1676.9	2471.0	882.2	116.1					
宁夏	890.0	719.0	809.3	78.8	719.0				171.0	171.0
新疆	3673.4	3016.2	4135.7	1134.6	212.0	657.2				

5-1-21 全国铁路机、客、货车拥有量

车类名称	1995	2000	2001	2002	2003	2004	2005	2006	2007	2008	2009
机车 （台）	**15554**	**15253**	**15756**	**16026**	**16320**	**17022**	**17473**	**17799**	**18306**	**18437**	**18922**
蒸汽机车	**4626**	**911**	**699**	**374**	**343**	**263**	**193**	**133**	**124**	**118**	**107**
国家铁路	4347	601	381	109	94	82	94	91	89	89	83
合资铁路		151	151	124	118	92	40	11	11	9	9
地方铁路	279	159	167	141	131	89	59	31	24	20	15
内燃机车	**8411**	**10826**	**11081**	**11312**	**11355**	**11872**	**12114**	**12148**	**12111**	**12021**	**11805**
国家铁路	8282	10355	10598	10752	10778	11135	11331	11348	11229	11041	10844
合资铁路		303	302	344	349	474	494	521	578	661	712
地方铁路	129	168	181	216	228	263	289	279	304	319	249
电力机车	**2517**	**3516**	**3976**	**4340**	**4622**	**4887**	**5166**	**5518**	**6071**	**6298**	**7010**
国家铁路	2517	3516	3976	4298	4584	4849	5122	5465	5993	6206	6898
合资铁路				42	38	38	44	49	71	85	105
地方铁路								4	7	7	7
客车 （辆）	**32663**	**37249**	**38780**	**39438**	**40487**	**41353**	**41974**	**42659**	**44243**	**45076**	**49354**
国家铁路	32404	35989	37214	37942	38972	39766	40328	40945	42471	43215	47436
合资铁路		1057	1396	1343	1353	1452	1518	1578	1639	1739	1803
地方铁路	259	203	170	153	162	135	128	136	133	122	115
货车 （辆）	**436414**	**443902**	**453620**	**459017**	**510327**	**526894**	**548368**	**564899**	**577521**	**591793**	**601412**
国家铁路	432731	439943	449921	446707	503868	520101	541824	558483	571078	584961	594388
合资铁路		937	1125	9894	4065	4546	4521	4360	4409	4752	4902
地方铁路	3683	3022	2574	2416	2394	2247	2023	2056	2034	2080	2122

5-1-22 国家铁路客、货车拥有量

车类名称	1995	2000	2001	2002	2003	2004	2005	2006	2007	2008	2009
客 车 (辆)	**32404**	**35989**	**37214**	**37942**	**38972**	**39766**	**40328**	**40945**	**42471**	**43215**	**47436**
软卧车	1537	2055	2340	2421	2621	3049	3109	3209	3363	3472	3976
硬卧车	7607	10139	11054	11738	11920	12550	12942	13315	13786	13975	15249
软座车	574	764	730	676	746	772	759	794	1611	2113	2603
硬座车	18076	17571	17357	17148	17210	16965	16900	16991	16748	16641	17938
软硬座车	35	25	13	5	5		2				
餐 车	1695	1847	1951	2008	1983	2058	2108	2136	2178	2185	2391
行李车	1949	2144	2201	2237	2226	2362	2480	2349	2411	2207	2448
公务车	87	69	72	62	71	77	78	85	82	77	87
其 他	844	1375	1496	1647	2190	1933	1950	2066	2292	2545	2744
货 车 (辆)	**432731**	**439943**	**449921**	**446707**	**503868**	**520101**	**541824**	**558483**	**571078**	**584961**	**594388**
按车型分											
棚 车	80437	92569	89035	91835	95678	96107	99206	99399	102192	103449	103850
敞 车	268179	252977	262886	257642	308578	323970	343480	360500	366767	379050	388118
平 车	27461	24685	26681	28028	29115	29530	30290	32222	36336	37665	38766
毒品车	1580	1578	1778	1956	2056	2056	2056	2056	2056	2056	2056
罐 车	37119	37778	38804	39258	40495	40222	38331	35654	34592	33593	32346
冷藏车	7030	7909	7977	7711	7696	7696	7419	7393	7196	6588	6587
其 他	10925	22447	22760	20277	20250	20520	21042	21259	21939	22560	22665
按载重量分											
40吨以下及不明	3547	4159	4130	4941	4935	5141	4892	4886	5629	5878	
40吨	6929	3606	3707	3605	3590	3590	3590	3564	3367	3115	
41-49吨				7589	7589	7589	7589	7589	7589	7243	
50吨	48287	15799	15259	3607	3590	3538	3512	3444	3444	3728	
51-59吨	27951			54218	54452	54456	52565	49878	50185	48246	47121
60吨	342086	307521	305172	233327	268063	267065	265154	258081	238911	219422	205182
61-69吨	3546	103431	116236	138624	160870	175111	195911	196511	197099	198340	196778
70吨及以上	385	5427	5417	796	779	3611	8611	34530	64854	98989	125765
货车总标记载重量（万吨）	**2502.9**	**2619.9**	**2681.5**	**2686.2**	**3040.9**	**3147.0**	**3294.5**	**3422.1**	**3526.3**	**3645.4**	**3729.7**
平均每辆车标记载重量(吨)	**57.9**	**59.6**	**59.6**	**60.1**	**60.4**	**60.5**	**60.8**	**61.3**	**61.7**	**62.3**	**62.7**

注：货车按载重量分，2009年50吨及以下为19542辆。

5-1-23 铁路主要干线客货运输量

线路名称	货运量（万吨）	货物周转量（百万吨公里）	线路名称	客运量（万人）	旅客周转量（百万人公里）
京哈线	1374	54956	京沪线	14307	76423
京广线	6362	125268	新石线	608	2149
京沪线	5317	78615	沪昆线	8353	76634
京九线	3687	107469	鹰厦线	780	6213
京包线	5975	73657	京九线	6967	60057
滨洲线	4580	44493	京广线	14608	124773
滨绥线	1419	18741	石太线	461	870
沈山线	899	37803	石德线	715	3188
沈大线	3068	37658	焦柳线	1614	12879
大秦线	1139	112702	京包线	2217	9971
石太线	5971	21377	包兰线	913	4817
石德线	379	17902	北同蒲线	1158	2666
北同蒲线	12350	21385	南同蒲线	1724	5787
南同蒲线	4960	22880	陇海线	8607	61379
包兰线	8777	47351	宝中线	207	2292
新石线	5487	56127	兰新线	1653	25115
侯月线	2102	24409	兰青、青藏线	635	5517
太焦线	6297	10492	宝成、成渝线	2808	12680
焦柳线	4114	83197	襄渝线	1784	13792
胶济线	1276	25822	南昆线	596	3863
陇海线	8359	149399	成昆线	1479	6160
沪昆线	8290	134211	京哈线	7241	45246
鹰厦线	2094	11843	合宁线	19	1343
湘桂线	1791	31418	胶济客专	2122	8745
黎湛线	2901	17251	京津城际	1641	2143
宝成线	732	26112	石太客专	464	1881
南昆线	1590	30567	合武客专	162	1121
襄渝线	942	14849	沪深线	217	848
成渝线	1054	13417	福连线	66	52
川黔线	1522	11069			
成昆线	2725	37352			
兰新线	2783	108578			
兰新线乌阿段	1866	8850			
兰青线	364	6011			
青藏线(全)	2130	14091			

5-1-24 铁路主要车站旅客发送量

单位：万人

车站名称	1997	1998	1999	2000	2001	2002	2003	2004	2005	2006	2007	2008	2009
哈尔滨	1301	1346	1371	1252	1342	1345	1249	1448	1569	1827	2255	2413	2615
沈阳	1280	1217	1168	1168	1303	1235	1077	1176	1182	1272	1280	1473	1509
鞍山	682	293	300	295	309	306	288	327	312	291	333	419	477
长春	932	925	973	1062	1085	1069	793	1147	1222	1316	1490		
本溪	682	599	569	574	685	617	585	684	724	775	957	1050	1232
锦州	401	416	436	421	429	424	371	415	411	407	395	465	482
吉林	400	396	438	397	443	417	373	438	449	460	495	531	375
北京	1656	1691	1868	1997	2115	2163	1795	2278	2478	2709	2998	3066	2785
北京南	443	403	366	382	438	436	374	379	337	113			966
北京西					1652	2102	1896	2429	2622	3150	3632	3865	4090
天津	876	925	1006	1004	1019	1005	855	1040	1099	1076	905	1342	1770
石家庄	722	732	817	864	927	956	877	1098	1178	1312	1405	1589	1681
太原	684	642	661	679	767	798	719	879	936	1045	1197	1368	1686
郑州	1095	1170	1291	1333	1440	1548	1475	1797	1924	2094	2207	2547	2679
武昌	747	748	772	821	864	883	826	973	1062	1052	998	1346	1705
洛阳	303	318	339	353	397	375	335	418	440	504	539	594	619
西安	1023	1031	1096	1063	1211	1245	1196	1517	1669	2029	2360	2633	2543
济南	597	645	658	702	728	707	673	787	802	854	1042	1166	1225
徐州	619	653	674	632	680	647	611	696	714	795	884	247	1125
南京	776	787	918	897	932	995	940	1069	969	1322	1659	2063	2208
蚌埠	351	358	406	412	442	433	406	460	444	487	506	546	568
镇江	310	309	333	327	342	352	323	365	379	390	370	407	416
常州	460	465	516	4524	560	581	558	659	694	722	731	816	835
无锡	662	633	702	704	768	802	785	956	1026	1065	1025	1118	1119
苏州	636	625	685	703	776	843	859	1018	1142	1191	1103	1277	1336
上海	2516	2430	2536	2595	2860	3118	3031	3648	3866	3786	3439	3612	3368
杭州	395	1008	1074	1061	1025	1192	1129	1406	1462	1453	1578	1798	1751
南昌	666	747	807	795	943	1013	968	1148	1218	1277	1441	1671	1764
广州	1469	1576	1728	1776	1838	2001	2005	2336	2508	2594	2866	3170	2969
深圳	644	718	817	758	902	966	940	1189	1250	1319	1433	1724	1778
柳州	386	366	360	335	323	271	246	257	290	365	396	433	489
成都	803	845	960	1042	1141	1282	1107	1344	1416	1659	1896	1972	2190
重庆	560	581	695	651	776	754	708	779	801	913	667	533	1061
贵阳	557	571	627	598	610	614	553	605	694	810	917	989	962
兰州	387	408	439	444	515	523	477	552	560	608	650	749	839
乌鲁木齐	352	403	411	399	398	410	359	407	450	514	565	587	621

注：2009年重庆数据为重庆北站数据。

5-1-25 铁路主要车站货物发送量

单位：万吨

车站名称	1999	2000	2001	2002	2003	2004	2005	2006	2007	2008	2009
竣德	526	418	478	538	572	742	733	705	633	605	945
鹤岗	725	822	787	803	843	952	1019	836	785	731	736
双鸭山	722	751	831	832	1011	1103	1181	1197	1280	1213	1343
七台河	1317	1338	1333	1314	1304	1477	1474	1350	1427	1586	1791
恒山	374	371	441	519	614	579	660	577	549	534	530
大官屯	689	657	683	670	662	748	755	629	579	588	656
本溪	356	405	391	518	483	508	589	736	893	1188	1003
灵山	957	999	956	935	907	1086	1136	1449	1591	1709	1703
霍林河	381	466	572	669	766	1079	1453	1780	2429	3133	6834
阜新	503	531	571	573	529	575	578	674	647	741	997
新港	598	717	852	1223	1290	1227	1270	1262	1063	1119	1244
古冶	847	866	849	873	843	813	798	818	838	826	1075
阳泉	1171	1213	1288	1374	1494	1518	1667	1684	1606	1717	2801
白羊墅	959	986	1082	1090	1052	1192	978	1141	1413	1490	2461
云岗西	752	846	919	1020	1158	1147	1173	1053	1102	1083	1087
新高山	868	942	1076	1160	1225	1423	1589	1636	1815	1801	1686
大同东	600	740	978	1186	1401	1722	2127	2899	3341	3891	9896
口泉	1990	2089	2207	2337	2595	2499	2638	2295	2366	2092	3094
北周庄	37	62	65	101	160	450	654	1186	1877	1491	747
大新	2363	2955	3635	4060	4785	5523	5648	6788	7325	7473	14864
古交	632	724	803	912	1031	1064	1242	1274	1370	1396	1178
玉门沟	963	918	932	1113	1108	1172	1311	1232	1260	1263	1513
介休	488	574	634	587	653	709	837	885	1009	919	841
白云鄂博	808	739	794	850	918	1027	1111	1164	1171	1123	1110
万水泉	701	876	1075	1209	1217	1218	1523	1777	1803	2265	3605
嘉峰	100	153	211	249	438	664	1359	1252	1346	1419	2003
晋城北	1265	1293	1471	1381	1279	1285	1235	1263	1247	1241	1467
长治北	947	952	1032	1038	1155	1201	1249	1337	1292	1371	2034
平顶山东	1953	1984	2146	2309	2453	2453	2595	2649	2820	2973	4275
武昌东	454	429	463	428	469	505	631	671	732	816	830
黄岛					1530	1578	1671	2048	1975	2097	2710
日照	150	162	226	358	454	640	1350	1829	2328	2589	3794
中云	164	238	470	596	663	696	972	1104	1213	1006	
潘集西		491	706	970	1193	1334	1549	1421	1202	1549	3626
湛江		210	300	421	515	669	906	1110	1176	1221	1405

5-1-26 按货类分国家铁路货物运输量

货类名称	2008			2009		
	货运量(万吨)	货物周转量(百万吨公里)	平均运距(公里)	货运量(万吨)	货物周转量(百万吨公里)	平均运距(公里)
总　　计	**273932**	**2336032**	**853**	**276276**	**2335450**	**845**
煤	134325	836028	622	132720	847819	639
石油	12671	116236	917	12531	119234	952
焦碳	8775	86009	980	8549	83952	982
金属矿石	29796	193092	648	35680	232484	652
钢铁及有色金属	20716	237386	1146	21527	237412	1103
非金属矿石	9054	65911	728	7868	53525	680
磷矿石	1370	16231	1185	1131	14415	1275
矿建材料	9518	43623	458	10745	43255	403
水泥	3549	15836	446	3740	19254	515
木材	2935	41354	1409	2476	35268	1425
粮食	11470	199415	1739	9925	173597	1749
棉花	388	14981	3859	443	17127	3869
化肥和农药	7811	114795	1470	8029	117247	1460
盐	1413	11215	794	1318	9653	732
化工品	5212	78444	1505	5149	79183	1538
金属制品	317	5182	1636	304	5297	1742
工业机械	486	9223	1898	425	7825	1842
电子电气	92	1998	2174	89	2005	2241
农业机具	2	46	2254	1	39	2772
鲜活易腐货物	365	9218	2527	270	6834	2535
农副土特产品	378	7592	2007	330	6662	2021
饮食品及烟草制品	1983	34672	1748	1780	30769	1729
纺织品	86	1732	2015	56	1093	1957
文教用品	559	10022	1794	541	9840	1818
医药品	103	1988	1929	104	2141	2057
其他	3833	67389	1758	3576	62263	1741
零担	55	768	1396	28	241	872
集装箱	6669	115649	1734	6942	117016	1686

5-1-27 国家铁路运输主要技术经济指标

指　　标		2001	2002	2003	2004	2005	2006	2007	2008	2009
货运机车日产量	(万吨公里)	99.9	102.2	105.8	108.7	110.6	114.3	120.4	123.6	128.6
内燃机车		100.7	99.3	101.4	103.4	105.6	108.5	110.4	110.3	110.9
电力机车		100.7	106.8	112.8	117.1	118.3	122.7	132.8	139.5	145.2
货运机车平均牵引总重	(吨)	2760	2789	2829	2934	3038	3105	3193	3289	3391
内燃机车		2668	2648	2679	2768	2848	2887	2920	2970	3002
电力机车		2985	3028	3071	3198	3335	3425	3528	3654	3736
货运机车日车公里	(公里)	437	445	450	455	458	465	480	483	487
客运机车日车公里	(公里)	533	557	562	612	650	671	758	812	860
内燃机车每万吨公里耗油	(公斤)	25.7	25.9	25.4	25.0	24.6	24.3	24.6	24.9	25.2
电力机车每万吨公里耗电	(千瓦小时)	113.1	110.8	110.0	111.2	111.8	110.0	109.5	110.6	107.9
货物列车出发正点率	(%)	97.2	97.3	96.9	96.5	97.0	97.4	97.2	96.9	96.5
货物列车运行正点率	(%)	96.8	96.7	96.5	96.2	96.9	97.3	97.0	96.8	96.4
旅客列车出发正点率	(%)	99.8	99.8	99.7	99.8	99.5	99.8	99.8	99.7	99.8
旅客列车运行正点率	(%)	96.9	97.6	96.5	95.9	98.4	99.4	99.1	98.9	99.0
旅客列车技术速度	(公里/小时)	69.5	71.4	71.7	73.7	74.2	74.7	78.8	80.1	80.3
旅客列车旅行速度	(公里/小时)	60.5	62.0	62.2	64.4	65.2	65.4	68.9	69.6	70.2
客运密度	(万人公里/公里)	785	807	765	903	938	1002	1084	1210	1197
货物列车技术速度	(公里/小时)	46.7	47.1	47.1	46.7	46.3	46.2	47.6	47.2	47.6
货物列车旅行速度	(公里/小时)	39.5	32.4	32.8	32.2	32.1	32.1	33.2	32.8	32.8
货运密度	(万吨公里/公里)	2412	2533	2726	2997	3140	3242	3475	3697	3611
货车周转时间	(天)	5.08	5.10	5.10	4.94	4.90	4.87	4.76	4.73	4.68
一次货物作业时间	(小时)	22.0	21.2	20.9	17.2	15.2	15.2	15.5	17.6	16.9
货车中转停留时间	(小时)	4.6	4.6	4.5	4.4	4.3	4.4	4.3	4.6	4.7
货车静载重(准轨)	(吨)	58.1	58.2	58.3	59.3	60.1	60.9	61.3	62.0	62.6
货车载重力利用率	(%)	97.3	96.7	96.5	98.0	98.7	99.2	99.2	99.4	99.7

5-1-28 公路线路年末里程

单位：公里

指 标	2001	2002	2003	2004	2005	2006	2007	2008	2009
公路线路里程	**1698012**	**1765222**	**1809828**	**1870661**	**3345187**	**3456999**	**3583715**	**3730164**	**3860823**
按技术等级分									
等级公路	1336044	1382926	1438738	1515826	2139887	2282872	2535383	2778521	3056265
高速公路	19437	25130	29745	34288	41005	45339	53913	60302	65055
一级公路	25214	27468	29903	33522	41687	45289	50093	54216	59462
二级公路	182102	197143	211929	231715	248199	262678	276413	285226	300686
三级公路	308626	315141	324788	335347	347160	354734	363922	374215	379023
四级公路	800665	818044	842373	880954	1461835	1574833	1791042	2004563	2252038
等外公路	361968	382296	371090	354835	1205299	1174128	1048332	951642	804558
按路面类型分									
有铺装路面里程			344271	441680	839893	996455	1250333	1464821	1719959
简易铺装路面里程			443846	455281	523548	528633	526166	530802	532532
未铺装路面里程			1021711	973700	1981744	1931911	1807217	1734541	1608331
按行政等级分									
国道	121587	125003	127899	129815	132674	133355	137067	155294	158520
省道	213044	216249	223425	227871	233783	239580	255210	263227	266049
县道	463665	471239	472935	479372	507493	506483	514432	512314	519492
乡道	831699	865635	898300	945180	987932	987608	998422	1011133	1019550
专用公路	86017	87096	87269	88424	63446	57986	57068	67213	67174
村道					1419864	1531987	1621516	1720981	1830037
公路晴雨通车里程	1495020	1553090	1599195	1654427	1720826	2653019	2827381	3045162	3296367
公路养护里程	1598698	1661225	1705788	1788845	1840058	2682102	3039979	3505886	3688336
公路绿化里程	938169	939937	958036	993910	1026329	1235807	1423857	1676930	1772915

注：统计指标“公路晴雨通车里程”、“公路养护里程”和“公路绿化里程”2005年及以前年份数据不包括村道上的该类基础设施，因统计范围不同，故2006年及以后年份数据与历史数据不可比。

5-1-29 各地区公路线路年末里程

单位：公里

年份/地区	总计	等级公路	高速	一级	二级	三级	四级	等外公路
1995	1157009	910754	2141	9580	84910	207282	606841	246255
1996	1185789	948068	3422	11779	96990	216619	619258	237721
1997	1226405	997496	4771	14637	111564	230787	635737	228909
1998	1278474	1069243	8733	15277	125245	257947	662041	209231
1999	1351691	1156736	11605	17716	139957	269078	718380	194955
2000	1402698	1216013	16314	20088	152672	276672	750267	186685
2001	1698012	1336044	19437	25214	182102	308626	800665	361968
2002	1765222	1382926	25130	27468	197143	315141	818044	382296
2003	1809828	1438738	29745	29903	211929	324788	842373	371090
2004	1870661	1515826	34288	33522	231715	335347	880954	354835
2005	3345187	2139887	41005	41687	248199	347160	1461835	1205299
2006	3456999	2282872	45339	45289	262678	354734	1574833	1174128
2007	3583715	2535383	53913	50093	276413	363922	1791042	1048332
2008	3730164	2778521	60302	54216	285226	374215	2004563	951642
2009	3860823	3056265	65055	59462	300686	379023	2252038	804558
北京	20755	20551	884	914	3106	3702	11945	204
天津	14316	14316	885	737	3184	1314	8195	
河北	152135	142777	3303	3632	15596	16322	103923	9359
山西	127330	121310	1965	1529	14124	16778	86914	6020
内蒙古	150756	122231	2176	3137	11821	24599	80498	28525
辽宁	101117	83153	2833	2613	16507	32006	29193	17964
吉林	88430	77643	1035	1982	8795	10247	55584	10787
黑龙江	151470	114511	1219	1576	8598	32186	70931	36960
上海	11671	11671	768	351	2922	2593	5037	
江苏	143803	134192	3755	8469	20775	15146	86048	9611
浙江	106952	102153	3298	4099	8882	7629	78246	4798
安徽	149184	139424	2810	475	10312	15198	110629	9759
福建	89504	67512	1961	606	7285	5992	51669	21992
江西	137011	92237	2401	1278	9192	6433	72934	44775
山东	226693	223992	4285	7551	23925	24077	164154	2701
河南	242314	177235	4861	565	23671	17632	130506	65079
湖北	197196	168834	3283	1725	16261	11870	135695	28362
湖南	191405	148180	2226	776	7543	5925	131709	43225
广东	184960	160180	4035	10040	18793	15861	111452	24780
广西	100491	77154	2395	827	8559	6889	58484	23337
海南	20041	14459	660	244	1350	1427	10778	5582
重庆	110950	70425	1577	516	7495	4813	56024	40526
四川	249168	183108	2240	2186	13099	10936	154646	66060
贵州	142561	68046	1189	151	3171	8309	55226	74516
云南	206028	138150	2512	628	4973	9518	120519	67878
西藏	53845	26063			952	5192	19919	27782
陕西	144109	128487	2779	781	6814	14796	103317	15622
甘肃	114000	76631	1644	147	5494	14042	55303	37370
青海	60136	39726	217	209	5201	6239	27860	20410
宁夏	21805	20297	1022	314	2404	6048	10509	1509
新疆	150683	91618	838	1405	9882	25304	54190	59066

5-1-30 民用汽车拥有量

年 份 地 区	民用汽车总计 (万辆)	载客汽车 (万辆)	大型	中型	小型	微型
1978	135.84	25.90				
1980	178.29	35.08				
1985	321.12	79.45				
1990	551.36	162.19				
1991	606.11	185.24				
1992	691.74	226.16				
1993	817.58	285.98				
1994	941.95	349.74				
1995	1040.00	417.90				
1996	1100.08	488.02				
1997	1219.09	580.56				
1998	1319.30	654.83				
1999	1452.94	740.23				
2000	1608.91	853.73				
2001	1802.04	993.96				
2002	2053.17	1202.37	75.48	104.80	789.74	232.34
2003	2382.93	1478.81	75.76	115.96	1017.21	269.88
2004	2693.71	1735.91	78.06	124.54	1248.89	284.42
2005	3159.66	2132.46	82.13	131.65	1618.35	300.32
2006	3697.35	2619.57	87.34	137.00	2083.40	311.83
2007	4358.36	3195.99	93.82	140.52	2646.47	315.18
2008	5099.61	3838.92	100.39	143.19	3271.14	324.19
2009	6280.61	4845.09	107.95	145.80	4246.90	344.44
北 京	368.11	345.44	4.45	10.32	312.10	18.56
天 津	130.00	112.04	1.90	2.63	97.14	10.37
河 北	395.80	286.07	4.15	3.90	239.26	38.76
山 西	205.95	155.53	2.33	3.06	130.82	19.33
内蒙古	150.06	106.15	2.30	2.04	93.66	8.15
辽 宁	242.07	182.41	5.19	9.51	160.93	6.77
吉 林	123.74	94.92	2.70	2.41	82.14	7.66
黑龙江	160.17	117.00	4.16	3.86	100.18	8.80
上 海	147.11	124.91	3.99	6.36	111.11	3.46
江 苏	436.81	370.58	6.83	11.03	333.83	18.88
浙 江	431.73	351.47	4.93	7.47	323.73	15.35
安 徽	167.36	108.38	3.63	4.98	92.61	7.16
福 建	159.34	119.25	2.24	3.89	108.15	4.97
江 西	107.08	72.24	2.06	2.74	63.13	4.30
山 东	553.51	435.84	7.22	9.65	376.31	42.66
河 南	316.07	236.67	5.81	8.04	199.56	23.26
湖 北	168.32	119.81	4.16	5.22	107.26	3.18
湖 南	167.59	125.11	3.68	4.75	111.67	5.01
广 东	658.90	520.38	12.37	20.49	478.57	8.94
广 西	119.85	87.77	3.04	2.22	73.26	9.26
海 南	30.64	23.27	0.95	0.82	21.12	0.39
重 庆	90.89	60.04	2.28	1.76	53.25	2.74
四 川	284.69	220.84	5.44	3.50	175.16	36.74
贵 州	91.43	63.40	1.67	2.38	52.07	7.29
云 南	189.10	133.38	1.92	3.32	112.66	15.49
西 藏	14.85	8.92	0.48	0.76	6.78	0.90
陕 西	146.27	115.01	2.43	3.42	99.42	9.74
甘 肃	65.75	43.86	1.74	1.45	38.58	2.08
青 海	24.35	16.49	0.57	0.61	14.69	0.63
宁 夏	31.54	20.11	0.72	0.63	17.98	0.78
新 疆	101.53	67.79	2.61	2.57	59.77	2.84

注：1.小轿车包括在载客汽车中(下表同)。
2.从2002年起，载客汽车和载货汽车的其中分项、其他汽车统计口径有调整与以前年份不可比(下表同)。

5-1-30 续表

年 份 地 区	载货汽车（万辆）	重型	中型	轻型	微型	其他汽车（万辆）	机动车驾驶员（万人）	#汽车驾驶员
1978	100.17							192.45
1980	129.90							245.23
1985	223.20							462.44
1990	368.48						1635.85	790.96
1991	398.62						1791.57	859.44
1992	441.45						2017.83	969.55
1993	501.00						2359.42	1112.97
1994	560.33						2812.12	1269.23
1995	585.43						3501.52	1673.39
1996	575.03						4275.26	2100.74
1997	601.23						5206.79	2619.25
1998	627.89						5944.58	2974.06
1999	676.95						6727.49	3361.12
2000	716.32						7655.56	3746.51
2001	765.24						8455.04	4462.68
2002	812.22	148.28	218.69	360.58	84.66	38.58	9362.03	4827.08
2003	853.51	136.79	243.70	390.79	82.22	50.61	10611.04	5368.07
2004	893.00	153.90	233.94	425.74	79.43	64.80	11769.04	7101.64
2005	955.55	168.07	236.66	484.51	66.31	71.66	13069.52	8017.76
2006	986.30	174.01	235.39	532.13	44.76	91.49	14213.87	9317.24
2007	1054.06	186.74	243.46	587.22	36.63	108.31	15363.88	10567.15
2008	1126.07	200.84	249.73	644.96	30.54	134.62	17336.56	12276.80
2009	1368.60	315.08	262.21	765.33	25.97	66.92	19167.58	13740.73
北 京	18.30	3.22	3.39	11.68		4.37	569.28	549.84
天 津	16.62	2.77	1.85	11.78	0.22	1.34	238.75	226.69
河 北	104.36	36.97	12.09	53.63	1.67	5.37	1024.59	899.13
山 西	48.54	15.71	8.61	22.54	1.68	1.88	425.00	376.56
内蒙古	42.20	18.76	5.88	16.91	0.65	1.71	432.67	311.54
辽 宁	56.79	15.27	6.68	34.17	0.67	2.87	710.32	557.63
吉 林	27.73	7.62	4.90	14.76	0.45	1.08	390.27	291.81
黑龙江	41.27	12.47	8.73	18.95	1.11	1.91	442.04	391.77
上 海	22.19	3.73	9.94	7.94	0.57		410.79	362.78
江 苏	61.23	15.62	17.93	27.15	0.54	5.00	1460.95	912.03
浙 江	76.65	7.20	9.58	56.48	3.38	3.61	997.34	716.16
安 徽	56.60	15.92	13.15	26.78	0.76	2.38	610.40	411.17
福 建	38.46	5.11	4.72	27.44	1.19	1.63	632.89	335.71
江 西	33.42	11.66	6.52	14.81	0.43	1.42	631.69	356.13
山 东	112.87	28.87	14.62	67.47	1.91	4.79	1505.60	1137.20
河 南	76.35	24.90	14.22	35.64	1.58	3.06	1469.22	897.36
湖 北	46.07	7.02	12.44	25.88	0.72	2.44	778.84	547.86
湖 南	41.07	6.74	11.69	22.36	0.28	1.41	671.91	410.63
广 东	133.24	13.80	16.58	100.09	2.77	5.28	1924.60	1214.71
广 西	30.10	6.81	6.67	15.61	1.01	1.98	373.33	346.30
海 南	7.00	0.95	1.03	4.89	0.13	0.37	115.51	84.60
重 庆	29.30	5.54	8.98	14.61	0.17	1.56	266.63	196.01
四 川	61.24	8.08	18.64	33.67	0.85	2.61	1021.76	711.76
贵 州	27.29	4.15	6.27	16.06	0.81	0.73	288.13	217.19
云 南	54.55	6.77	15.89	31.48	0.41	1.16	649.54	378.46
西 藏	5.74	2.25	1.27	1.98	0.24	0.19	20.73	18.35
陕 西	28.97	7.83	7.85	12.83	0.47	2.29	486.63	389.15
甘 肃	20.91	4.78	4.46	11.50	0.17	0.98	174.90	148.77
青 海	7.42	1.72	1.33	4.21	0.16	0.44	74.14	57.40
宁 夏	10.75	3.14	1.53	5.91	0.17	0.68	81.82	66.81
新 疆	31.38	9.67	4.78	16.12	0.80	2.36	287.31	219.22

5-1-31 私人汽车拥有量

单位：万辆

年份/地区	汽车总计	载客汽车	大型	中型	小型	微型	载货汽车	重型	中型	轻型	微型	其他汽车
1985	28.49	1.93					26.48					
1990	81.62	24.07					57.48					
1991	96.04	30.36					65.61					
1992	118.20	41.78					76.15					
1993	155.77	59.85					94.00					
1994	205.42	78.62					123.29					
1995	249.96	114.15					131.83					
1996	289.67	143.04					142.78					
1997	358.36	191.27					163.19					
1998	423.65	230.65					192.03					
1999	533.88	304.09					228.68					
2000	625.33	365.09					259.09					
2001	770.78	469.85					298.95					
2002	968.98	623.76	9.89	35.87	408.49	169.51	341.29	48.27	84.40	158.67	49.95	3.94
2003	1219.23	845.87	7.36	42.51	586.90	209.10	367.35	44.47	95.20	176.58	51.09	6.00
2004	1481.66	1069.69	7.20	46.95	786.63	228.91	402.82	53.40	94.69	203.85	50.87	9.15
2005	1848.07	1383.93	7.61	50.88	1079.78	245.66	452.11	62.50	100.34	243.29	45.98	12.04
2006	2333.32	1823.57	11.19	56.20	1491.18	265.00	494.91	64.23	108.64	288.94	33.09	14.84
2007	2876.22	2316.91	7.91	55.73	1984.29	268.98	539.45	68.89	110.44	332.69	27.43	19.86
2008	3501.39	2880.50	8.57	57.97	2533.28	280.68	596.39	73.28	115.68	384.12	23.31	24.50
2009	4574.91	3808.33	8.72	59.96	3436.26	303.39	753.40	108.73	129.59	494.97	20.12	13.17
北京	296.56	288.30	0.17	6.33	263.94	17.85	7.58	1.15	1.12	5.31		0.68
天津	100.01	89.58	0.11	1.17	78.66	9.64	10.19	0.80	0.88	8.31	0.19	0.25
河北	312.22	248.11	0.67	1.76	209.13	36.54	62.67	16.04	7.11	38.21	1.31	1.44
山西	148.86	122.01	0.22	1.00	104.41	16.37	26.49	5.28	4.54	15.30	1.37	0.37
内蒙古	114.36	86.82	0.34	0.92	78.29	7.27	26.96	9.31	4.05	13.05	0.55	0.58
辽宁	152.17	131.30	0.45	3.69	121.49	5.67	20.47	2.37	2.11	15.53	0.46	0.39
吉林	88.50	72.88	0.45	1.01	64.56	6.86	15.39	3.28	2.88	8.89	0.34	0.23
黑龙江	108.20	85.42	0.80	1.71	75.89	7.02	22.53	4.79	4.81	12.13	0.80	0.24
上海	85.03	84.95	0.04	2.17	79.67	3.07	0.08	0.01	0.02	0.05		
江苏	317.52	291.19	0.18	4.58	269.96	16.48	25.29	5.49	6.53	12.89	0.39	1.03
浙江	332.05	285.20	0.10	2.49	268.47	14.14	46.42	1.78	4.16	37.86	2.63	0.42
安徽	100.72	78.29	0.45	2.31	69.51	6.03	22.04	2.19	4.35	14.94	0.57	0.38
福建	118.13	94.39	0.06	1.20	88.59	4.53	23.50	1.15	2.27	19.03	1.05	0.25
江西	60.61	47.62	0.12	0.54	43.80	3.17	12.77	1.98	1.89	8.59	0.31	0.22
山东	433.94	361.34	0.94	4.02	318.07	38.32	71.27	12.78	8.69	48.22	1.57	1.33
河南	220.18	181.38	0.70	3.07	157.98	19.63	37.91	6.11	6.47	24.13	1.20	0.88
湖北	113.26	86.56	0.31	2.04	81.45	2.76	26.31	2.51	6.73	16.50	0.57	0.39
湖南	128.17	96.62	0.36	1.92	89.85	4.49	31.16	4.01	8.94	17.97	0.23	0.39
广东	516.11	435.51	0.89	11.79	414.25	8.58	79.62	5.24	9.27	62.74	2.37	0.98
广西	80.34	64.83	0.12	0.55	56.88	7.28	15.31	2.36	3.07	9.05	0.82	0.21
海南	20.71	15.58	0.10	0.27	14.89	0.33	5.06	0.60	0.85	3.51	0.11	0.07
重庆	54.68	43.44	0.14	0.33	40.61	2.36	10.98	1.13	1.76	7.96	0.13	0.25
四川	216.85	177.44	0.15	0.91	143.79	32.58	38.85	2.80	10.16	25.18	0.72	0.56
贵州	66.44	47.08	0.19	0.57	40.44	5.87	19.19	2.54	4.05	11.94	0.66	0.17
云南	143.99	102.45	0.06	0.65	88.53	13.21	41.26	3.69	11.77	25.47	0.35	0.28
西藏	9.36	5.14	0.08	0.41	4.12	0.54	4.21	1.60	1.05	1.38	0.18	0.01
陕西	105.11	87.99	0.18	1.05	78.42	8.34	16.62	2.38	4.75	9.12	0.37	0.50
甘肃	36.56	25.06	0.14	0.38	23.36	1.18	11.36	1.98	2.44	6.83	0.11	0.14
青海	14.31	10.08	0.03	0.16	9.42	0.46	4.17	0.64	0.75	2.69	0.09	0.06
宁夏	21.88	14.67	0.06	0.18	13.78	0.65	7.05	1.58	0.99	4.34	0.14	0.16
新疆	58.11	47.10	0.11	0.77	44.04	2.18	10.71	1.17	1.14	7.88	0.52	0.30

5-1-32 进口汽车拥有量

单位：辆

年份 地区	汽车总计	载客汽车					载货汽车					其他汽车
			大型	中型	小型	微型		重型	中型	轻型	微型	
2002	1361750	1025959	24798	69266	897362	34533	314172	87422	48797	165326	12627	21619
2003	1445408	1155590	21686	75699	1034475	23730	264075	73361	31510	150120	9084	25743
2004	1360832	1129985	19009	66065	1029846	15065	207798	49963	22836	129021	5978	23049
2005	1697266	1454215	18754	79698	1337564	18199	213621	48905	22078	139741	2897	29430
2006	1780998	1590420	16159	69930	1487474	16857	160552	33594	9808	116610	540	30026
2007	1964763	1799331	15628	67223	1701016	15464	134672	28896	7452	98032	292	30760
2008	2225960	2098630	14896	63790	2005820	14124	96597	20698	5318	70335	246	30733
2009	2527684	2449870	14700	61961	2357902	15307	57515	22788	3534	31009	184	20299
北京	216488	213910	925	2398	209911	676	588	297	40	251		1990
天津	42557	41161	351	1069	39654	87	728	525	56	147		668
河北	79055	72943	284	714	68772	3173	4208	1265	134	2806	3	1904
山西	50600	48818	255	508	47258	797	1390	676	57	657		392
内蒙古	64735	62107	259	634	61048	166	2299	830	29	1428	12	329
辽宁	153636	147735	1179	3523	142891	142	4510	2147	64	2295	4	1391
吉林	50726	48974	302	585	48005	82	1464	379	190	894	1	288
黑龙江	72523	67200	435	1185	65393	187	4586	1559	221	2748	58	737
上海	84186	81643	1014	1831	78659	139	2543	1383	577	559	24	
江苏	126244	123190	553	3758	118740	139	1793	528	94	1171		1261
浙江	230314	228033	501	2635	224202	695	1687	662	42	982	1	594
安徽	25932	24240	158	973	23044	65	1443	224	35	1183	1	249
福建	94781	91632	489	3905	87086	152	2505	714	38	1753		644
江西	16997	16191	116	683	15259	133	572	265	26	281		234
山东	128471	122557	727	4643	116888	299	4916	553	216	4141	6	998
河南	45559	43100	260	1407	39877	1556	2088	831	192	1062	3	371
湖北	42712	41662	220	1214	40180	48	594	190	105	293	6	456
湖南	46563	45190	208	725	44121	136	1137	712	98	327		236
广东	536623	524852	3377	19387	501386	702	9102	5470	642	2984	6	2669
广西	58660	57135	694	1754	52457	2230	1030	496	81	448	5	495
海南	29513	28832	610	1233	26951	38	457	160	30	267		224
重庆	28070	26995	97	337	26504	57	524	270	3	251		551
四川	67209	66049	218	1029	63629	1173	682	334	24	324		478
贵州	18860	17965	80	371	16389	1125	694	208	50	424	12	201
云南	71973	70409	400	1472	67851	686	1293	550	86	640	17	271
西藏	9885	9533	144	333	8616	440	331	182	71	56	22	21
陕西	51803	50387	168	1058	49066	95	857	130	211	515	1	559
甘肃	18895	18051	111	679	17212	49	433	45	17	371		411
青海	8510	8190	82	367	7735	6	176	24	15	137		144
宁夏	12988	12313	63	297	11946	7	502	50	39	412	1	173
新疆	42616	38873	420	1254	37172	27	2383	1129	51	1202	1	1360

5-1-33 新注册民用汽车数量

单位：辆

年 份 地 区	民用汽车总 计	载客汽车	大型	中型	小型	微型	载货汽车	重型	中型	轻型	微型	其他汽车
2002	3371951	2294649	97200	145062	1491479	560908	993761	186498	220969	501985	84309	83541
2003	4337485	3160859	100284	157523	2421951	481101	1075692	168363	259173	576073	72083	100934
2004	4511823	3332297	96462	138357	2841668	255810	1029497	228523	194438	564061	42475	150029
2005	5286287	4157504	99489	105314	3712056	240645	1024034	162859	175576	639557	46042	104749
2006	5730432	4678667	95428	82758	4382206	118275	925294	139120	147689	616910	21575	126471
2007	6079209	5000042	91087	72059	4772468	64428	917603	155155	157867	591014	13567	161564
2008	7631839	6226814	112811	64024	5928095	121884	1168226	236749	185338	733343	12796	236799
2009	12459452	10248554	114984	69548	9794452	269570	2148355	500593	242679	1391249	13834	62543
北 京	674873	624532	4210	2725	611361	6236	44921	12874	7459	24588		5420
天 津	241770	217746	1924	878	211679	3265	22789	3221	1150	18182	236	1235
河 北	813186	640076	4232	1826	582714	51304	168807	49806	10081	108126	794	4303
山 西	371059	304443	2000	1161	280565	20717	64367	24465	2788	36711	403	2249
内蒙古	297461	243774	2542	716	234252	6264	51839	15914	2000	33858	67	1848
辽 宁	425028	331244	5270	3521	318686	3767	91330	18559	6789	65917	65	2454
吉 林	248771	201639	3107	1226	192457	4849	45920	11621	5771	28457	71	1212
黑龙江	336609	258917	4270	2050	247502	5095	75768	17998	12186	45489	95	1924
上 海	224996	209940	5666	3065	199658	1551	15056	4812	3999	6245		
江 苏	863865	781324	9040	3565	758106	10613	80866	25444	13094	42111	217	1675
浙 江	880923	770577	6231	3917	748926	11503	107043	14916	5278	83849	3000	3303
安 徽	349652	256887	3537	2151	246362	4837	90491	28079	4813	57455	144	2274
福 建	302318	244728	2870	2228	235218	4412	56409	9575	3663	41898	1273	1181
江 西	260884	210180	1387	6497	187527	14769	50568	13793	4746	31895	134	136
山 东	1253270	1030133	7175	4115	973166	45677	218139	64234	22456	130781	668	4998
河 南	673935	540865	5166	2978	517562	15159	130714	40438	10931	78936	409	2356
湖 北	345798	261863	4501	2264	252620	2478	81983	11636	11444	58802	101	1952
湖 南	349968	278687	3745	3259	267866	3817	69403	8648	12650	47924	181	1878
广 东	952382	829344	9950	4001	808640	6753	118610	15154	8468	91314	3674	4428
广 西	260073	199566	3534	1515	188880	5637	59057	13786	9552	34611	1108	1450
海 南	55917	43262	966	580	41390	326	12209	1296	1504	9343	66	446
重 庆	205736	158109	3037	1519	152588	965	45707	7807	9784	28110	6	1920
四 川	687146	558145	7455	2844	528213	19633	125890	24938	22505	78082	365	3111
贵 州	197483	147697	1648	2630	140718	2701	48915	5316	9080	34507	12	871
云 南	366952	288149	2075	1916	280495	3663	76782	9641	14111	53019	11	2021
西 藏	15339	10161	141	212	9612	196	5153	582	484	4054	33	25
陕 西	353656	285286	3511	2801	270152	8822	65335	20688	11694	32754	199	3035
甘 肃	156402	109705	2184	995	105489	1037	45463	9254	6700	29371	138	1234
青 海	51244	36857	632	500	35265	460	13782	1991	1295	10439	57	605
宁 夏	72575	51611	814	369	49799	629	20035	4069	1708	14146	112	929
新 疆	170181	123107	2164	1524	116984	2435	45004	10038	4496	30275	195	2070

5-1-34 公路营运汽车拥有量

年 份 地 区	汽车总计 (万辆)	载客汽车		载货汽车			
		辆数 (万辆)	客位 (万客位)	辆数 (万辆)	#普通载货汽车	吨位 (万吨)	#普通载货汽车
1990	31.30	10.76	468.92	20.22	19.82	131.61	127.06
1991	31.67	11.53	497.35	19.83	19.36	132.02	126.54
1992	30.87	12.70	528.87	18.17	17.59	125.91	118.42
1993	28.96	12.85	509.56	16.15	15.53	116.20	108.37
1994	27.97	13.05	493.94	14.87	14.22	109.80	101.21
1995	27.49	13.73	480.61	13.75	13.12	103.13	94.56
1996	28.81	15.41	499.58	13.40	12.74	102.08	91.83
1997	29.89	17.01	519.10	12.88	12.22	95.31	85.09
1998	31.88	19.40	536.43	12.48	11.81	90.02	79.51
1999	501.77	92.14	1409.86	409.62	401.28	1481.02	1406.00
2000	702.82	216.81	2524.45	486.02	475.24	1667.70	1573.73
2001	764.39	255.12	2701.68	509.27	496.65	1733.58	1621.40
2002	826.34	289.55	2972.32	536.78	520.27	1808.45	1674.79
2003	924.64	352.19	3430.64	572.45	553.23	1941.52	1788.86
2004	1067.18	439.09	3872.21	628.09	604.93	2338.61	2119.64
2005	733.22	128.40	1859.28	604.82	580.28	2537.75	2282.15
2006	802.58	161.92	2312.41	640.66	598.43	2822.69	2343.13
2007	849.22	164.73	2428.81	684.49	648.01	3135.69	2643.74
2008	930.61	169.64	2560.36	760.97	720.18	3686.20	3139.76
2009	1087.35	180.79	2799.71	906.56	859.27	4655.23	4002.80
北 京	17.96	3.54	73.57	14.41	13.14	64.46	49.32
天 津	8.11	0.82	29.35	7.29	6.76	22.86	17.35
河 北	71.53	8.86	94.23	62.66	59.94	483.08	449.24
山 西	37.76	2.08	42.12	35.69	34.85	251.98	242.99
内蒙古	30.83	6.26	58.36	24.57	23.79	186.70	176.01
辽 宁	56.67	10.62	103.49	46.05	42.96	248.32	206.75
吉 林	28.69	8.63	86.52	20.05	19.18	102.06	92.72
黑龙江	38.16	10.78	103.89	27.38	26.97	144.01	139.13
上 海	24.74	8.44	196.17	16.30	13.71	118.50	63.77
江 苏	52.29	9.26	200.37	43.03	39.52	276.53	228.04
浙 江	54.21	7.84	131.66	46.38	43.70	168.12	125.58
安 徽	45.42	8.63	105.49	36.79	35.00	208.93	189.24
福 建	22.11	3.56	57.25	18.55	16.77	99.64	61.15
江 西	21.74	2.74	46.76	19.01	18.23	83.19	75.61
山 东	78.78	11.70	171.78	67.08	62.82	435.95	359.57
河 南	80.04	8.24	143.13	71.80	69.21	401.64	354.08
湖 北	33.52	7.28	97.90	26.24	24.92	104.28	91.02
湖 南	39.19	4.33	94.54	34.86	33.62	133.78	118.74
广 东	92.88	13.44	290.78	79.44	73.64	282.47	208.71
广 西	27.16	4.70	84.25	22.46	21.75	95.64	88.19
海 南	4.97	1.07	19.50	3.90	3.80	11.96	11.21
重 庆	24.51	3.64	53.02	20.87	19.57	67.80	60.08
四 川	50.49	7.67	128.94	42.81	40.82	135.13	116.03
贵 州	17.59	2.74	50.47	14.85	14.59	45.41	43.33
云 南	38.28	5.69	81.39	32.59	31.91	106.91	101.08
西 藏	2.24	0.71	10.63	1.53	1.44	10.28	9.26
陕 西	25.97	4.57	75.08	21.40	20.42	115.49	104.34
甘 肃	16.84	4.60	53.34	12.24	11.78	51.89	46.61
青 海	6.88	1.83	27.41	5.05	4.90	23.22	21.60
宁 夏	10.26	1.73	22.53	8.53	8.15	54.78	49.16
新 疆	27.53	4.78	65.78	22.75	21.42	120.24	102.89

注：1.小轿车包括在载客汽车中。

2.1999年以前数据仅为公路部门营运汽车，1999年为全国营运汽车。2000年起为全国运输汽车(含营运和非营运汽车)。2005年起为全国营运汽车（不含非营运汽车）。

5-1-35 内河航道年末里程

单位：公里

地区	2005	#等级航道	2006	#等级航道	2007	#等级航道	2008	#等级航道	2009	#等级航道
全国	**123263**	**61013**	**123388**	**61035**	**123495**	**61197**	**122763**	**61093**	**123683**	**61546**
北京										
天津	88	88	88	88	88	88	88	88	88	88
河北										
山西	467	139	467	139	467	139	467	139	467	139
内蒙古	2403	2380	2403	2380	2403	2380	2403	2380	2403	2380
辽宁	413	413	413	413	413	413	413	413	413	413
吉林	1456	1381	1456	1381	1456	1381	1456	1381	1456	1381
黑龙江	5131	4756	5131	4756	5131	4756	5131	4756	5131	4756
上海	2223	842	2226	845	2226	845	2226	845	2226	845
江苏	24349	7517	24347	7523	24336	7533	23596	7381	24224	7559
浙江	9652	4756	9652	4756	9667	4771	9695	4821	9703	4832
安徽	5587	4997	5596	5006	5596	5006	5576	5004	5596	5006
福建	3245	1269	3245	1269	3245	1269	3245	1269	3245	1269
江西	5638	2349	5638	2349	5638	2349	5638	2349	5638	2349
山东	1012	892	1012	892	1012	892	1012	892	1012	892
河南	1267	1150	1267	1150	1267	1150	1267	1150	1267	1150
湖北	8181	5685	8181	5685	8181	5685	8181	5685	8247	5780
湖南	11495	4126	11495	4126	11495	4126	11495	4126	11495	4126
广东	11844	4306	11844	4306	11844	4306	11844	4306	11844	4306
广西	5413	3331	5413	3331	5413	3331	5413	3331	5433	3351
海南	343	76	343	76	343	76	343	76	343	76
重庆	4103	1753	4218	1757	4218	1757	4218	1757	4331	1759
四川	10720	3825	10720	3825	10720	3825	10720	3825	10720	3825
贵州	3323	1846	3323	1846	3425	1984	3425	1984	3442	2094
云南	2539	1810	2539	1810	2539	1810	2539	1810	2532	1810
西藏										
陕西	1066	558	1066	558	1066	558	1066	558	1066	558
甘肃	860	347	860	347	860	347	860	347	914	381
青海	329	318	329	318	329	318	329	318	329	318
宁夏	117	105	117	105	117	105	117	105	117	105
新疆										

5-1-36 民用运输船舶拥有量

年份 地区	轮驳船总计			机动船					驳船		
	艘数 (艘)	净载重量 (吨)	载客量 (客位)	艘数 (艘)	净载重量 (吨)	载客量 (客位)	总功率 (千瓦)	#拖船功率	艘数 (艘)	净载重量 (吨)	载客量 (客位)
1991	385537	39547419	1231508	307127	29959203	1169982		1845705	78410	9588216	61526
1992	373568	40663572	1223372	302313	31225749	1177035		1844101	71255	9437823	46337
1993	372481	43573470	1167915	307285	34682035	1124114		1734606	65196	8891435	43801
1994	353385	48489929	1091475	293472	39591864	1065140		1678066	59913	8898065	26335
1995	357715	50389739	997707	299717	40940087	979985		1707115	57998	9449652	17722
1996	326007	49089570	1003194	269879	39774235	988046		1616585	56128	9315335	15148
1997	265797	47814180	1036849	215814	38749289	1022970	19585843	1468612	49983	9064891	13879
1998	260208	47915993	998544	212093	38896576	983630	18431582	1584601	48115	9019417	14914
1999	242043	47893460	939444	194590	38911462	929138	18605574	1494500	47453	8981998	10306
2000	229676	51281109	1032271	185018	42640605	1014013	19354496	1439743	44658	8640504	18258
2001	210786	54495396	1076817	169329	45526726	1048915	20884813	1370221	41457	8968670	27902
2002	202977	57055662	978792	165936	48372587	945387	21995838	1433547	37041	8683075	33405
2003	204270	70616313	1002145	163813	60745234	971514	26156815	1269607	40457	9871079	30631
2004	210700	86172581	996228	166854	75114059	961562	30527287	1197191	43846	11058522	34666
2005	207294	101786449	1011342	165900	90756392	977846	36399287	1480381	41394	11030057	33496
2006	194360	110257084	1059216	157805	98241489	1025861	39068361	1538957	36555	12015595	33355
2007	191771	118814585	1026862	157544	106441173	1004546	39366720	1520924	34227	12373412	22316
2008	184190	124169141	1008545	152247	111047702	994495	43550959	1564439	31943	13121439	14050
2009	176932	146087839	981550	149367	133384848	979384	46209122	1120381	27565	12702991	2166
北京											
天津	236	7428904	399	236	7428904	399	1215962				
河北	113	2133775		110	2129795		305466		3	3980	
山西	217	5457	2715	217	5457	2715	12711				
内蒙古											
辽宁	736	6222737	23731	716	6174523	23731	1282752	13390	20	48214	
吉林	948	36707	19131	919	21057	19131	38799	4112	29	15650	
黑龙江	1534	240732	21804	1176	24985	21804	116382	44084	358	215747	
上海	2043	24061726	73929	1911	23944184	73929	10061434	101141	132	117542	
江苏	46740	20242112	24051	32643	15587975	24051	6760981	316535	14097	4654137	
浙江	21731	15503284	73530	20658	15382476	73530	5154163	80866	1073	120808	
安徽	27620	15992840	14255	25446	15237162	14255	5498410	50656	2174	755678	
福建	2775	4756708	26926	2426	4746596	26926	1581456	2398	349	10112	
江西	4087	1667720	13680	4051	1650380	13680	545415	2402	36	17340	
山东	11507	10991441	47206	5684	6643346	47206	2309552	194039	5823	4348095	
河南	4765	2787185	9273	4628	2745987	9273	1015335	3314	137	41198	
湖北	5460	5481461	35248	4175	3780696	35248	1321859	190737	1285	1700765	
湖南	9994	1855617	86770	9897	1827896	86642	811910	11896	97	27721	128
广东	9333	9753307	65322	9310	9725373	65322	3866125	43794	23	27934	
广西	8604	4353841	99543	8597	4347703	99543	1289877	1018	7	6138	
海南	511	564483	20276	511	564483	20276	489892				
重庆	4139	3602824	121191	3658	3087206	121191	1010849	41328	481	515618	
四川	8240	581955	117598	7225	527178	117376	310643	14452	1015	54777	222
贵州	2063	95120	33036	1948	76585	33036	110250	3013	115	18535	
云南	850	65713	16551	848	65549	16521	77655	396	2	164	30
西藏											
陕西	1264	30077	19424	1143	28751	19277	32176	282	121	1326	147
甘肃	547	3018	11027	502	2650	9388	27318		45	368	1639
青海	67		948	67		948	7539				
宁夏	711	1144	3986	568		3986	26993	528	143	1144	
新疆											
不分地区	97	7627951		97	7627951		927218				

注：不分地区数据为中国远洋运输集团总公司海外公司数。

5-1-37 沿海规模以上港口码头泊位数(2009年底)

港口	总计 码头长度(米)	总计 泊位个数(个)	总计 #万吨级	生产用 码头长度(米)	生产用 泊位个数(个)	生产用 #万吨级	非生产用 码头长度(米)	非生产用 泊位个数(个)
总计	**628713**	**5372**	**1214**	**560565**	**4516**	**1214**	**68148**	**856**
#大连	37195	221	78	33318	196	78	3877	25
营口	11476	55	34	11187	50	34	289	5
秦皇岛	15945	86	42	14750	66	42	1195	20
天津	28004	134	80	26736	124	80	1268	10
烟台	15189	88	45	13866	74	45	1323	14
威海	1554	9	4	1554	9	4		
青岛	19767	79	57	18749	73	57	1018	6
日照	10914	44	39	10914	44	39		
上海	116834	1145	148	72274	614	148	44560	531
连云港	10802	55	40	10505	53	40	297	2
宁波-舟山	66906	689	108	64630	628	108	2276	61
台州	10156	169	4	10120	168	4	36	1
温州	16108	236	15	15987	232	15	121	4
福州	15755	126	40	15554	121	40	201	5
厦门	18933	112	50	18266	101	50	667	11
汕头	8953	86	17	8752	82	17	201	4
深圳	30343	168	66	28937	156	66	1406	12
广州	44163	509	58	41042	467	58	3121	42
湛江	15947	178	30	14152	148	30	1795	30
北海	5142	53	8	5082	52	8	60	1
防城	11482	111	23	11162	107	23	320	4
海口	4613	42	10	4422	41	10	191	1
八所	1729	10	7	1559	9	7	170	1

注：1.从2006年起，宁波－舟山港统计范围包括原宁波港和舟山港。
2.从2007年起，烟台港包括原烟台港和龙口港。

5-1-38 内河规模以上港口码头泊位数(2009年底)

港口	总计			生产用			非生产用	
	码头长度(米)	泊位个数(个)	#万吨级	码头长度(米)	泊位个数(个)	#万吨级	码头长度(米)	泊位个数(个)
总计	**885120**	**14719**	**293**	**840273**	**13935**	**293**	**44847**	**784**
#上海(内河)	91850	1912		90993	1895		857	17
南京	28656	285	44	27064	262	44	1592	23
江阴	11351	66	27	11351	66	27		
常州	2631	15	5	2631	15	5		
苏州	31563	208	100	31537	207	100	26	1
南通	15710	126	42	15246	121	42	464	5
扬州	4092	35	9	4092	35	9		
泰州	9451	95	35	9451	95	35		
镇江	14737	166	28	14617	164	28	120	2
芜湖	12464	151	3	10644	121	3	1820	30
马鞍山	6772	112		6727	111		45	1
铜陵	4825	95		4760	94		65	1
安庆	10616	157		8907	129		1709	28
池州	8034	100		8034	100			
九江	16324	146		14299	118		2025	28
武汉	22396	259		19394	225		3002	34
黄石	8374	143		7854	134		520	9
宜昌	2966	44		2716	38		250	6
重庆	88789	1184		70127	833		18662	351
万州	6880	55		5890	47		990	8

5-1-39 沿海规模以上港口货物吞吐量

单位：万吨

港 口	1985	1990	1995	2000	2001	2002	2003	2004	2005	2006	2007	2008	2009
总 计	**31154**	**48321**	**80166**	**125603**	**142634**	**166628**	**201126**	**246074**	**292777**	**342191**	**388200**	**429599**	**475481**
#大 连	4381	4952	6417	9084	10047	10851	12602	14516	17085	20046	22286	24588	27203
营 口	98	237	1156	2268	2520	3127	4009	5978	7537	9477	12207	15085	17603
秦皇岛	4419	6945	8382	9743	11302	11167	12562	15037	16900	20489	24893	25231	24942
天 津	1856	2063	5787	9566	11369	12906	16182	20619	24069	25760	30946	35593	38111
烟 台	689	668	1361	1774	2190	2689	2936	3431	4506	6076	10129	11189	12351
青 岛	2611	3034	5103	8636	10398	12213	14090	16265	18678	22415	26502	30029	31546
日 照		925	1452	2674	2933	3136	4507	5108	8421	11007	13063	15102	18131
上 海	11291	13959	16567	20440	22099	26384	31621	37896	44317	47040	49227	50808	49467
连云港	929	1137	1716	2708	3058	3316	3752	4352	6016	7232	8507	10060	10843
宁波-舟山	1040	2554	6853	11547	12852	15398	18543	22586	26881	42387	47336	52048	57684
台 州				950	1024	1100	1457	2022	2067	2107	3312	3898	4294
温 州			601	859	1314	1676	2338	2630	3097	3275	3496	4263	5999
厦 门			1314	1965	2099	2735	3404	4261	4771	7792	8117	9702	11096
汕 头	201	279	716	1284	1309	1380	1470	1576	1736	2015	2301	2806	3102
深 圳				5697	6643	8767	11220	13537	15351	17598	19994	21125	19365
广 州	1772	4163	7299	11128	12823	15324	17187	21520	25036	30282	34325	34700	36395
湛 江	1231	1557	1885	2038	2205	2627	2866	3780	4647	5664	6075	6682	11838
北 海				265	252	307	433	471	437	476	594	620	1015
海 口	170	288	468	808	888	1073	1329	1416	2118	2127	2373	2614	4855
八 所	388	431	275	378	342	343	425	548	486	479	546	554	652
三 亚	78	37	42	48	71	49	61	58	49	50	43	75	

注：1.从2006年起，宁波-舟山港统计范围包括原宁波港和舟山港，以往年度数据为原宁波港数据。
2.从2007年起，烟台港统计范围包括原烟台港和龙口港，以往年度数据为原烟台港数据。

5-1-40 内河规模以上港口货物吞吐量

单位：万吨

港 口	1997	1998	1999	2000	2001	2002	2003	2004	2005	2006	2007	2008	2009
总 计	**40141**	**38817**	**39857**	**44452**	**49002**	**56701**	**66224**	**86414**	**101418**	**117510**	**138208**	**159481**	**221678**
#上海(内河)			5206	5853	7660	8613	9857	10575	10749	6 709	6918	7362	9738
南 京	5494	5279	5922	6679	5789	6108	6620	9589	10686	10091	10859	11125	12146
江 阴	420	469	598	666	1024	1357	2150	2683	4278	5739	7218	8740	10103
常 州	252	287	296	379	492	562	754	540	805	2347	2029	2282	2724
苏 州	421	396	360	364	397	410	6282	9059	11919	15085	18377	20348	24634
南 通	1910	2017	2277	2748	3511	3746	5010	7218	8327	10386	12339	13214	13641
扬 州	338	357	374	419	469	615	860	889	1179	1398	1591	1938	2938
泰 州		122	147	187	244	329	806	1285	1581	2787	2128	2592	7467
镇 江	1711	1680	1702	2153	2217	2630	3046	4839	5847	6318	7824	8705	8713
芜 湖	598	622	677	830	903	1138	1410	1831	1850	3934	4681	5514	5710
马鞍山	625	581	513	626	747	888	1052	1713	2011	2393	3684	4697	4191
铜 陵	392	393	375	314	289	312	305	380	352	2405	2860	2872	3157
安 庆	635	615	659	729	668	846	1043	1479	1835	2839	2852	2800	2554
池 州	127	135	147	155	184	258	422	1073	1752	1952	2101	2250	2244
九 江	638	487	623	623	574	573	614	842	928	760	733	596	2852
武 汉	1650	1368	1552	1738	1653	1773	3124	4281	4939	5034	5278	5592	5409
黄 石	104	78	154	227	439	515	585	675	1003	1195	962	1032	1520
宜 昌	252	200	184	217	213	182	212	305	226	518	734	715	653
重 庆	622	393	606	781	701	638	641	820	950	1073	1317	1470	8612
万 州	69	80	127	252	258	290	274	446	490	641	713	822	908

注:2009年泰州数据包括靖江港区数据，九江数据包括城西港区、瑞昌港区、湖口港区、彭泽港区数据。

5-1-41 沿海规模以上港口分货类吞吐量

单位：万吨

货类名称	2007			2008			2009		
	合计	出港	进港	合计	出港	进港	合计	出港	进港
总 计	**388200**	**182500**	**205700**	**429599**	**198011**	**231587**	**475481**	**202273**	**273208**
煤炭	81924	51035	30889	88949	55518	33431	94902	52548	42354
石油	41718	14325	27393	44970	15379	29591	52685	18690	33995
#原油	23547	5204	18343	25790	5854	19936	30419	6846	23573
金属矿石	57967	12578	45389	67643	14418	53224	86569	15221	71349
钢铁	18626	12040	6586	18265	11872	6392	19081	11112	7969
矿建材料	24028	8786	15242	30228	10121	20107	31245	10572	20674
水泥	3362	1674	1689	3245	1299	1946	2620	886	1735
木材	2052	1090	961	1821	963	858	2162	525	1637
非金属矿石	6339	2449	3890	6033	2524	3509	5846	2423	3423
化肥和农药	2344	1260	1084	1466	839	627	1310	751	559
盐	629	101	528	627	84	543	413	59	354
粮食	8591	3464	5127	9135	3299	5836	10483	3606	6877
机械、设备、电器	24277	12520	11758	27156	13647	13509	16026	8322	7704
化工原料及制品	6021	2302	3718	6105	2430	3676	7103	2274	4829
有色金属	591	181	410	546	180	366	786	146	640
轻工、医药产品	11062	6856	4206	12323	7695	4628	7977	4256	3721
农林牧渔业产品	2802	1019	1784	2823	1059	1764	2741	1087	1653
其他	95866	50820	45046	108264	56684	51580	133530	69797	63733

5-1-42 内河规模以上港口分货类吞吐量

单位：万吨

货类名称	2007			2008			2009		
	合 计	出 港	进 港	合 计	出 港	进 港	合 计	出 港	进 港
总 计	**138208**	**59970**	**78238**	**159481**	**69596**	**89884**	**221678**	**96004**	**125675**
煤炭	24394	8462	15932	28013	10232	17780	37384	12879	24505
石油	8315	3611	4704	7705	3243	4462	9558	3884	5674
#原油	2869	813	2055	2372	642	1731	2592	716	1876
金属矿石	20944	5778	15166	22812	6184	16628	27124	7775	19349
钢铁	9937	5158	4779	10264	5345	4919	13844	6389	7455
矿建材料	37008	16056	20952	47644	21079	26564	76910	34130	42780
水泥	9844	7555	2290	10835	8264	2571	13720	10240	3480
木材	1457	468	989	1359	431	929	1388	358	1031
非金属矿石	6213	3497	2716	6971	4043	2928	8844	5503	3342
化肥和农药	936	540	396	965	546	419	1763	1261	502
盐	501	220	281	497	210	288	694	242	452
粮食	1678	547	1131	2243	753	1489	3544	1113	2431
机械、设备、电器	711	409	301	877	531	346	808	517	291
化工原料及制品	4098	1509	2589	4567	1815	2752	6217	2429	3788
有色金属	172	86	86	189	72	117	235	86	150
轻工、医药产品	1354	618	736	1469	690	779	1604	805	800
农林牧渔业产品	480	178	302	542	160	381	787	269	519
其他	10167	5278	4889	12529	5996	6533	17252	8124	9128

5-1-43 民用航空航线及飞机年末数

指 标		2000	2002	2003	2004	2005	2006	2007	2008	2009
民用航空航线条数	**(条)**	**1165**	**1176**	**1155**	**1279**	**1257**	**1336**	**1506**	**1532**	**1592**
国际航线		133	161	194	244	233	268	290	297	263
国内航线		1032	1015	961	1035	1024	1068	1216	1235	1329
#港澳地区航线		42	44	43	45	43	43	48	49	72
民用航空航线里程	**(公里)**	**1502887**	**1637708**	**1749545**	**2049394**	**1998501**	**2113505**	**2342961**	**2461840**	**2345085**
国际航线		508405	574470	715269	894175	855932	966168	1047418	1120166	919899
国内航线		994482	1063238	1034276	1155219	1142569	1147337	1295543	1341674	1425186
#港澳地区航线		55759	61626	62874	62484	61056	62846	71169	68592	107262
民航通航机场数	**(个)**	**139**	**141**	**126**	**133**	**135**	**142**	**148**	**152**	**165**
民用飞机期末架数	**(架)**	**982**	**1112**	**1160**	**1245**	**1386**	**1614**	**1813**	**1961**	**2181**
运输飞机		527	602	664	754	863	998	1134	1259	1417
大中型飞机		462	525	580	675	785	921	1050	1155	1297
#B737		186	234	264	304	358	418	486	527	593
B747		19	20	19	20	22	30	35	37	37
B757		48	54	55	62	64	60	56	52	51
B767		16	18	22	27	27	29	22	22	19
MD11		6	6	5	6	7	8	9	10	10
MD90		22	22	22	22	22	22	22	22	22
MD82		27	26	26	26	15	12	12		
A300		18	19	19	20	21	16	14	15	15
A310		3	3	3	3	3				
A320		60	65	76	93	115	141	160	186	219
A340		8	11	14	16	16	16	16	17	19
小型飞机		65	77	84	79	78	77	84	104	120
通用航空飞机		301	335	343	365	383	457	457	484	555
教学校验飞机		154	175	153	126	140	159	222	218	209

5-1-44 民用航空运输量及通用航空飞行时间

指　　标	2000	2002	2003	2004	2005	2006	2007	2008	2009
客运量　（万人）	**6722**	**8594**	**8759**	**12123**	**13827**	**15968**	**18576**	**19251**	**23052**
国际航线	690	838	682	1077	1225	1415	1692	1519	1474
国内航线	6031	7756	8078	11046	12602	14553	16884	17732	21578
#港澳地区航线	403	438	341	469	509	536	541	500	517
旅客周转量　（万人公里）	**9705437**	**12687022**	**12631853**	**17822791**	**20449288**	**23706600**	**27917258**	**28827993**	**33752354**
国际航线	2328154	2967177	2483542	3981054	4524063	5239061	6184134	5772650	5662080
国内航线	7377283	9719846	10148311	13841737	15925225	18467539	21733123	23055343	28090274
#港澳地区航线	502405	567557	450344	643597	709205	758073	767865	718211	749114
货(邮)运量　（吨）	**1967123**	**2020620**	**2190416**	**2767001**	**3067168**	**3494320**	**4018485**	**4076376**	**4455347**
国际航线	492356	425321	514163	704835	771551	921738	1173063	1194708	1260983
国内航线	1474767	1595299	1676253	2062165	2295618	2572582	2845422	2881668	3194364
#港澳地区航线	135442	96836	106906	167640	169247	179164	166813	156221	159019
货邮周转量　（万吨公里）	**502683**	**515515**	**578976**	**718036**	**788954**	**942753**	**1163867**	**1196023**	**1262307**
国际航线	291550	283064	335820	418793	452450	564128	748134	773683	794325
国内航线	211133	232451	243156	299243	336504	378625	415733	422340	467982
#港澳地区航线	19495	14856	16451	26018	26263	28264	26129	24089	22743
运输总周转量（万吨公里）	**1225007**	**1649267**	**1707946**	**2309985**	**2612724**	**3057979**	**3652993**	**3767652**	**4270726**
国际航线	465190	548619	557794	774101	855235	1031319	1299921	1288988	1299511
国内航线	759818	1100647	1150153	1535884	1757488	2026659	2353072	2478663	2971215
#港澳地区航线	56878	65578	56684	83490	89509	95743	94370	87925	89293
通用航空飞行时间（小时）	**48707**	**57577**	**63504**	**75277**	**84859**	**91901**	**109570**	**110706**	**123838**
#农林业航空作业	22922	25266	25486	27765	25428	27675	28001	24691	26309
#航空护林	3927	5795	7115	5962	6508	6789	7088	6000	7340
播种造林	4060	5465	3043	3074	1929	2027	1698	1555	1534
工业航空作业	25785	23685	28525	35806	36514	38316	44873	50591	52916

5-1-45 民用航空主要机型运用情况

机　型	期末飞机架数(架)	运输飞行小时(小时)	运输飞行里程(万公里)	平均每可用机年生产飞行小时(小时/架)	平均每可用机日生产飞行小时(小时/架/日)	正班平均载运率(%)
总　计	**1972**	**4450179**	**277985.0**	**2711**	**7.4**	**67.2**
#B747-400	4	13985	1276.6	3800	10.4	61.4
B747-400COM	6	26648	2187.4	4962	13.6	62.7
B747-400F	24	83467	6415.8	3804	10.4	70.8
B747-200F	3	319	17.4	251	0.7	44.3
B737-500		7069	396.6	2698	7.4	72.0
B737-400	9	30124	1811.8	3638	10.0	74.0
B737-300	105	360170	20856.1	3557	9.8	77.7
B767-300	19	68116	4573.3	3983	10.9	61.5
B767-200		219	15.4	4380	12.0	65.6
B757-200	48	167037	10678.5	3782	10.4	67.1
B777-200A	12	45262	2915.6	3564	9.8	59.4
B777-200B	6	25146	1937.5	4459	12.2	54.7
MD-82						
A300-600	11	29603	1859.4	3077	8.4	57.4
A340-300	11	41286	3090.1	4179	11.5	62.4
运 - 8						

注：期末飞机架数不含教学校验飞机。

5-1-46 各地区城市公共交通运营线路网长度(2009年底)

单位：公里

地 区	公共汽车、无轨电车	公交专用车道长度	轨道交通			
				地铁	轻轨	有轨电车
全 国	**208250**	**2805**	**999**	**762**	**168**	**40**
北 京		280	228	228		
天 津	680	65	79	26	45	8
河 北	8410	29				
山 西	8710	42				
内蒙古	2810					
辽 宁	8362	314	87		63	24
吉 林	4690	72	39		31	8
黑龙江	5698	44				
上 海	6754	113	343	314		
江 苏	16422	374	22	22		
浙 江	20022	150				
安 徽	5026	29				
福 建	6685	115				
江 西	4762	24				
山 东	18296	312				
河 南	9475	64				
湖 北	12079	44	10		10	
湖 南	5433	110				
广 东	23858	268	172	172		
广 西	4960	61				
海 南	1211					
重 庆	2705		19		19	
四 川	8705	100				
贵 州	2790	8				
云 南	5928	84				
西 藏	748					
陕 西	2620	77				
甘 肃	2405					
青 海	1057					
宁 夏	2708	5				
新 疆	4241	21				

注：上海市轨道交通合计中包括磁悬浮运营线路总长度29公里。

5-1-47 各地区城市公共交通运营车(船)拥有量(2009年底)

单位：辆

地 区	公共汽(电)、轨道运营车辆合计	公共汽车	#天然气燃料车	#液化石油气燃料车	无轨电车	轨道交通	地铁	轻轨	有轨电车	出租汽车	轮渡运营船数(艘)
全 国	**365161**	**362744**	**51708**	**10524**	**2417**	**5479**	**4953**	**387**	**125**	**971579**	**885**
北 京	21716	20911	3803		805	2014	2014			66646	
天 津	7862	7862	282			256	116	116	24	31940	
河 北	13531	13531	2152							46597	
山 西	6655	6519	333		136					28729	
内蒙古	5558	5558	2837							43084	
辽 宁	18855	18794		474	61	100		28	72	77295	4
吉 林	10047	10047	6			140		111	29	53472	
黑龙江	13401	13381	150	2249	20					62012	160
上 海	16272	16039	237		233	1833	1819			49111	42
江 苏	28176	28176	2678			120	120			45016	44
浙 江	22135	22017	57		118					31116	139
安 徽	9712	9712	1465							35591	
福 建	10106	10106								14291	31
江 西	6358	6358								10785	
山 东	25272	24948	2238		324					57278	29
河 南	15735	15569	1513		166					45001	
湖 北	16508	16264	1213	807	244	48		48		28230	122
湖 南	11736	11736	293							24258	3
广 东	38328	38053	208	6641	275	884	884			57789	286
广 西	6933	6933								13888	
海 南	1676	1676	472	234						3687	16
重 庆	7046	7046	6553			84		84		9295	9
四 川	14583	14583	12436							25622	
贵 州	4439	4439	309							8652	
云 南	6286	6286								14752	
西 藏	751	751								1544	
陕 西	9103	9068	1302		35					20278	
甘 肃	4172	4172	2149							21347	
青 海	1994	1994	1801							7041	
宁 夏	2133	2133	1213							12582	
新 疆	8082	8082	6008	119						24650	

注:轨道交通车辆中包括上海磁悬浮车辆14辆。

5-1-48 各地区城市公共交通客运量

单位：万人次

地 区	客运总量	公共汽车	轨道交通	出租汽车	客运轮渡
全 国	**9663882**	**6401819**	**365770**	**2869675**	**26618**
北 京	726785	516517	142268	68000	
天 津	155073	116178	5395	33500	
河 北	258942	166910		92032	
山 西	179618	99887		79731	
内蒙古	131465	64298		67167	
辽 宁	613117	373767	6885	232295	170
吉 林	297740	153721	2954	141065	
黑龙江	376935	204493		171951	491
上 海	522111	270591	131837	110303	9380
江 苏	512979	373199	11353	126822	1605
浙 江	627235	320709		304362	2164
安 徽	314604	182560		132044	
福 建	231577	175940		53589	2048
江 西	149604	112248		37356	
山 东	460485	335324		124013	1148
河 南	314651	200187		114464	
湖 北	425907	305052	1317	117608	1930
湖 南	328038	199092		128912	34
广 东	896164	656849	59580	172383	7352
广 西	165889	133106		32783	
海 南	36954	30746		6122	86
重 庆	145857	141466	4181		210
四 川	384486	276147		108339	
贵 州	449575	405571		44004	
云 南	167827	121842		45985	
西 藏	13054	5618		7436	
陕 西	266767	198598		68169	
甘 肃	139654	72966		66688	
青 海	62576	42158		20418	
宁 夏	66767	26993		39774	
新 疆	241446	119086		122360	

5-1-49 省会城市和计划单列市公共交通运营线路网长度(2009年底)

单位：公里

城市	公共汽车、无轨电车	公交专用车道长度	轨道交通	地铁	轻轨	有轨电车
北京		280	228	228		
天津	680	65	79	26	45	8
石家庄	1841	29				
太原	1104	42				
呼和浩特	480					
沈阳	1427	218				
大连	941	43	87		63	24
长春	929	57	39		31	8
哈尔滨	724	10				
上海	6754	113	343	314		
南京	3119	117	22	22		
杭州	7591	92				
合肥	663	20				
福州	495	13				
厦门	3200	102				
南昌	1410	2				
济南	1039	122				
青岛	1216	58				
郑州	1314	50				
武汉	5463	32	10		10	
长沙	1018	76				
广州	2477		147	147		
深圳	2270	156	25	25		
南宁	2294	45				
海口	229					
重庆	2705		19		19	
成都	2869	74				
贵阳	650	8				
昆明	2941	84				
拉萨	639					
西安	940	61				
兰州	247					
西宁	568					
银川	410	5				
乌鲁木齐	473	21				

注：上海市轨道交通合计中包括磁悬浮运营线路总长度29公里。

5-1-50 省会城市和计划单列市公共交通运营车(船)拥有量(2009年底)

单位：辆

地区	公共汽(电)、轨道运营车辆合计	公共汽车	#天然气燃料车	#液化石油气燃料车	无轨电车	轨道交通	地铁	轻轨	有轨电车	出租汽车	轮渡运营船数(艘)
北京	21716	20911	3803		805	2014	2014			66646	
天津	7862	7862	282			256	116	116	24	31940	
石家庄	3022	3022	1698							7140	
太原	1878	1742			136					8292	
呼和浩特	1559	1559	1529							5166	
沈阳	4981	4981		474						18613	
大连	4711	4650			61	100		28	72	9773	
长春	4455	4455				140		111	29	16967	
哈尔滨	5010	4990		2249	20					13636	100
上海	16272	16039	237		233	1833	1819			49111	42
南京	6081	6081	1762			120	120			10364	15
杭州	8072	7954	57		118					9305	22
合肥	2661	2661	774							7995	
福州	2654	2654								3746	8
厦门	3012	3012								4263	20
南昌	2606	2606								3752	
青岛	4288	4138	355		150					9316	29
济南	4051	3911	1085		140					8175	
郑州	4427	4346	1052		81					10718	
武汉	7241	6997	836	807	244	48		48		12137	19
长沙	3553	3553	230							6280	
广州	9177	8902		6641	275	722	722			18893	50
深圳	11928	11928	8			162	162			13411	
南宁	2678	2678								4940	
海口	1031	1031	392	153						1591	16
重庆	7046	7046	6553			84		84		9295	9
成都	7125	7125	6212							10287	
贵阳	2401	2401	234							3194	
昆明	3726	3726								7071	
拉萨	711	711								1350	
西安	6580	6545	621		35					11879	
兰州	2146	2146	2130							6140	
西宁	1801	1801	1801							5116	
银川	1176	1176	1176							4755	
乌鲁木齐	3862	3862	3815							7938	

注:轨道交通车辆中包括上海磁悬浮车辆14辆。

5-1-51 省会城市和计划单列市公共交通客运量

单位：万人次

城市	客运总量	公共汽车	轨道交通	出租汽车	客运轮渡
北京	726785	516517	142268	68000	
天津	155073	116178	5395	33500	
石家庄	60446	42236		18210	
太原	53270	34159		19111	
呼和浩特	43054	27600		15454	
沈阳	160693	115377		45316	
大连	128758	96151	6885	25722	
长春	114693	64685	2954	47054	
哈尔滨	144431	107492		36478	461
上海	522111	270591	131837	110303	9380
南京	143139	103847	11353	26648	1291
杭州	173699	142907		30761	31
合肥	86008	60458		25550	
福州	65084	49335		15695	54
厦门	82012	62000		18023	1989
南昌	62454	52560		9894	
青岛	108201	81768		25285	1148
济南	96288	80393		15895	
郑州	107437	78282		29155	
武汉	216567	165610	1317	48641	999
长沙	104478	67305		37173	
广州	346207	225089	45757	71603	3758
深圳	227426	181950	13823	31653	
南宁	72639	59637		13002	
海口	22014	19896		2032	86
重庆	145857	141466	4181		210
成都	159112	124638		34474	
贵阳	369864	358301		11563	
昆明	103123	84061		19062	
拉萨	11747	5310		6437	
西安	186081	149718		36363	
兰州	86911	59438		27473	
西宁	53901	41898		12003	
银川	32921	17633		15288	
乌鲁木齐	94305	71318		22987	

5-1-52 邮政主要业务量

指　　标		2002	2003	2004	2005	2006	2007	2008	2009
邮政业业务总量		**494.7**	**541.0**	**564.3**	**625.5**	**730.5**	**1213.7**	**1401.8**	**1639.9**
（2000年单价）	**（亿元）**								
函件	（万件）	1060088.9	1038406.2	828109.6	735114.8	713123.2	695034.4	736334.7	753244.8
国内函件		1054864.0	1033911.3	823502.8	731112.5	709041.4	690401.3	729734.1	744846.9
国际及港澳台函件		5224.9	4495.0	4606.8	4002.4	4041.8	4633.1	6600.6	8397.9
包裹	（万件）	10537.9	11029.4	9948.7	9531.8	9317.5	9103.3	7936.7	7229.6
国内包裹		10424.5	10898.6	9799.9	9375.1	9158.8	8939.6	7783.1	7084.2
国际及港澳台包裹		113.4	130.8	148.9	156.7	158.7	163.7	153.6	145.5
快递	（万件）	14036.2	17237.8	19771.9	22880.3	26988.0	120189.6	151329.3	185784.8
国内同城快递		1941.4	3318.3	4090.1	4780.2	5892.7	33312.5	40223.4	43728.3
国内异地快递		11647.6	13445.8	15138.7	17401.4	20179.2	77157.0	100465.6	130803.6
国际及港澳台快递		447.2	473.7	543.1	698.8	916.1	9720.1	10640.4	11253.9
汇票	（万笔）	21080.0	20442.0	17895.4	16052.0	18928.0	22875.2	26404.2	27177.4
国内汇票		21079.0	20436.9	17884.8	16034.1	18900.5	22827.0	26373.3	27149.6
国际汇票		1.0	5.1	10.6	17.9	27.5	48.2	30.9	27.8
订销报纸累计份数	（万份）	1718653.4	1661262.3	1521909.4	1502669.3	1314762.8	1505639.6	1626004.2	1621040.2
订销杂志累计份数	（万份）	113490.3	112667.5	106929.8	100314.6	53185.7	98104.1	104220.0	102073.1
报纸期发份数	（万份）	9911.5	9414.4	8218.9	8020.4	7904.1	7219.5	8954.5	7592.7
杂志期发份数	（万份）	7708.5	7180.0	6570.4	6580.9	6468.6	5811.1	6703.8	6316.8
集邮邮票	（万枚）	244158.7	183421.0	149178.0	121213.5	104580.9	113656.7	131872.6	110088.5
集邮品册数	（万册）	4569.4	4081.7	3515.7	2940.8	2689.9	3017.2	4121.9	3748.4
邮政储蓄平均余额	（亿元）	6579.6	8202.6	9917.0	12123.1	15017.5	16774.6	19260.3	22549.8
邮政储蓄期末余额	（亿元）	7376.1	8988.1	10786.8	13599.0	16019.6	17217.0	20799.2	24050.1

注：邮政业务总量、快递的统计口径2006年以前为中国邮政集团，2007年起数据包括邮政企业和规模以上快递企业(下表同)。

5-1-53 各地区邮政主要业务量

地 区	邮政业业务总量(亿元)	函件(亿件)	包裹(万件)	快递(万件)	汇票(万笔)	订销报纸累计份数(万份)	订销杂志累计份数(万份)	报刊期发数(万份)	集邮邮票(万枚)	邮政储蓄期末余额(亿元)
全 国	**1639.9**	**75.3**	**7229.6**	**185784.8**	**27177.4**	**1621040.2**	**102073.12**	**13909.5**	**110088.5**	**24050.1**
北 京	88.9	6.4	787.0	14986.5	1103.4	68722.1	5249.1	679.7	17816.9	714.4
天 津	26.1	1.1	112.0	2598.1	296.1	17921.1	1203.5	198.1	5740.3	384.1
河 北	50.5	2.7	383.2	4506.8	562.7	69338.6	2892.2	289.4	2439.0	1138.0
山 西	36.1	0.8	127.1	1237.4	689.1	50250.4	2482.1	340.1	1452.9	1069.5
内蒙古	12.1	0.4	105.5	1196.4	423.8	26241.9	1733.0	232.7	1423.8	331.1
辽 宁	47.3	0.7	223.6	3497.3	918.8	44415.7	2634.0	356.1	4159.5	1072.3
吉 林	21.6	0.8	122.8	1445.8	473.3	24107.7	1115.0	176.5	1981.5	527.3
黑龙江	37.1	0.9	232.1	2052.9	502.9	41262.5	2407.4	112.7	3387.1	1072.5
上 海	194.7	13.0	723.4	34178.4	967.6	113711.0	4682.8	842.1	3838.9	709.7
江 苏	154.3	9.5	430.9	17498.2	1817.5	153994.6	8546.5	1138.6	8217.3	2023.6
浙 江	111.4	8.4	439.4	14764.7	2083.3	130079.3	7248.4	1035.8	6331.1	1111.1
安 徽	38.8	2.4	164.0	2362.4	385.7	59238.9	4109.6	518.2	971.7	968.1
福 建	57.2	2.6	193.3	6960.6	1048.4	58225.5	3930.1	511.4	4196.8	620.1
江 西	32.3	1.7	131.6	2203.3	502.5	49833.9	2658.2	362.7	2923.6	834.7
山 东	83.3	5.2	357.5	7254.3	1251.3	110761.6	5813.4	868.3	5346.8	1594.0
河 南	58.8	2.0	270.8	4079.9	1327.9	95115.1	4825.1	808.5	6063.7	1428.7
湖 北	45.5	1.4	197.2	3840.3	604.3	51624.4	5539.5	564.1	4162.6	1106.3
湖 南	42.1	1.0	175.3	2738.6	964.6	50274.6	5322.1	708.8	2350.9	1034.5
广 东	301.8	8.0	722.5	42206.5	6371.4	85962.3	6701.2	766.7	7929.5	1642.5
广 西	22.5	0.7	129.4	1689.3	279.1	25463.0	3729.2	380.1	1284.3	526.5
海 南	7.8	0.1	39.4	429.5	236.0	12534.6	640.4	86.5	323.4	190.5
重 庆	25.2	0.6	102.6	2240.2	370.1	21649.8	1998.4	733.1	771.8	646.0
四 川	54.9	1.6	277.1	4527.7	1025.7	75936.1	4461.3	598.1	4664.4	1307.3
贵 州	12.3	0.7	62.3	930.0	549.6	29101.2	2905.7	308.3	748.7	270.1
云 南	15.4	0.7	145.9	1849.7	419.9	36151.4	2655.0	305.0	1820.3	261.4
西 藏	1.7	0.1	34.6	184.0	144.7	6397.5	299.7	38.8	284.9	25.2
陕 西	30.9	0.9	186.2	2070.0	637.3	41626.1	2215.2	365.0	3399.6	771.1
甘 肃	9.3	0.4	101.6	696.6	316.6	27701.0	1147.5	200.3	1609.2	203.6
青 海	2.7	0.0	33.2	181.4	147.1	5299.0	235.1	36.9	744.7	63.9
宁 夏	3.3	0.2	30.5	356.0	108.8	6027.3	355.4	50.9	1183.2	77.8
新 疆	14.0	0.3	187.8	1022.4	647.6	32072.3	2337.0	296.1	2520.1	324.3

5-1-54 邮政邮路

指　　标		2002	2003	2004	2005	2006	2007	2008	2009
邮路总条数	**(条)**	**21029**	**21075**	**21350**	**20846**	**20757**	**21034**	**21077**	**20838**
#国际及港澳邮路	(条)		105	111	124	130	143		169
全国干线邮路	(条)		1235	1248	1258	1274	1315		1514
省内干线邮路	(条)		1261	1317	1424	1442	1449		1779
航空邮路	(条)	1010	1010	1003	1034	1040	1070	1088	1204
铁路邮路	(条)	164	168	164	164	163	155	168	175
汽车邮路	(条)	13588	13938	14404	14721	14833	15197	15369	15832
水路邮路	(条)	167	154	156	137	142	135		115
其他邮路	(条)	6100	5805	5623	4790	4579	4477		3512
总数中:快速邮路	(条)	443	626	676	763	711	737		973
城市投递段道	(条)	42610	44408	45415	47841	49831	52307	55017	57304
农村投递路线	(条)				96363	98046	98822	99962	98759
邮路总长度(单程)	**(公里)**	**3080989**	**3270209**	**3336446**	**3406226**	**3369392**	**3532980**	**3693464**	**4027751**
#国际及港澳邮路	(公里)		425901	454424	500104	474463	557625		706058
全国干线邮路	(公里)		1673451	1661102	1652859	1645944	1673123		1954567
省内干线邮路	(公里)		260668	278652	303855	297805	319445		381098
航空邮路	(公里)	1601388	1756337	1762990	1813959	1777368	1855335	1908316	2178332
铁路邮路	(公里)	177685	191351	195998	200180	204733	211534	236860	248876
汽车邮路	(公里)	1112806	1137480	1194578	1229802	1230633	1302915	1385102	1450782
水路邮路	(公里)	51858	51456	51404	50394	50732	57561		69132
其他邮路	(公里)	137252	133585	131476	111891	105926	105635		80627
总数中:快速邮路(单程)	(公里)	90925	166916	147702	169969	140140	137365		192744
城市投递段道(单程)	(公里)				941286	985785	1024046	1111749	1324378
农村投递路线(单程)	(公里)	3511190	3531832	3530508	3565226	3566982	3637553	3656936	3676051

5-1-55 分地区邮政邮路

地 区	邮 路总条数(条)	#航空邮路	#铁路邮路	#汽车邮路	城市投递段道(条)	农村投递路线(条)	邮 路总长度(单程)(公里)	#航空邮路	#铁路邮路	#汽车邮路	城市投递段道(单程)(公里)	农村投递路线(单程)(公里)
全 国	**20838**	**1204**	**175**	**15832**	**57304**	**98759**	**4027751**	**2178332**	**248876**	**1450782**	**1324378**	**3676051**
北 京	1060	72	16	900	3343	443	316573	226360	30235	58974	55644	17695
天 津	173	30	4	137	1006	270	83919	62947	5957	11845	22864	16919
河 北	584		2	538	2606	3753	63509		3671	58540	55901	182407
山 西	528	19	6	256	1528	2310	73997	25050	7650	28385	34830	111344
内蒙古	677	15	14	530	1258	1628	72245	16739	6403	46726	31244	112612
辽 宁	609	57	6	494	2699	2839	163248	99969	7296	55639	49848	95402
吉 林	305	10	5	266	916	1628	47827	16374	4924	25657	26596	92800
黑龙江	599	25	14	498	2057	3201	107325	55930	11137	39693	32864	142040
上 海	998	53	7	505	4018	1133	278199	140612	14499	51315	55541	32812
江 苏	988	39	4	941	3036	5373	145897	52501	4718	88629	98660	258311
浙 江	1285	73	2	809	2427	4599	236647	154627	2880	69806	59702	167932
安 徽	493	26	3	429	1641	3312	86463	32000	2485	50607	40066	150570
福 建	854	72	8	653	2219	3472	225977	165233	13416	45781	45011	88940
江 西	694	20	5	589	1199	3370	92561	22808	7113	60740	20151	100488
山 东	671	74	5	579	3861	5948	180810	101886	9860	68780	205347	263443
河 南	758	30	5	680	3208	4534	109963	34554	7545	66669	54404	193533
湖 北	413	32	8	362	2259	4297	83796	37184	8956	37311	61661	195327
湖 南	573	32	3	529	2088	6134	97254	39006	3303	54678	39597	194146
广 东	1463	163	7	1259	4762	5022	464184	326892	10799	125439	140043	222968
广 西	848	52	5	699	1402	3810	119354	63332	8174	46524	24777	110714
海 南	135	28		102	318	511	63250	50650		12203	6206	22084
重 庆	434	35	1	256	938	3180	78144	48064	2121	24008	11644	66168
四 川	2067	53	7	942	2499	9864	207600	103606	5651	80983	44684	176060
贵 州	596	23	6	566	789	2422	61854	26562	6413	28799	15103	59802
云 南	1166	57	7	959	1187	4789	172714	85746	13533	70151	19937	159859
西 藏	54	2	1	51	156	2996	19246	2892	2188	14166	3399	117635
陕 西	615	44	9	409	1348	3079	113537	58275	13407	36067	23723	123085
甘 肃	565	22	5	355	1005	2716	77471	35566	6010	31003	13327	110944
青 海	76	9	2	60	238	197	33586	16448	3480	13503	5400	11981
宁 夏	102	10	1	89	281	178	23939	14457	2315	7119	5643	11161
新 疆	455	27	7	390	1012	1751	126662	62062	22737	41043	20562	66869

5-1-56 邮政业营业网点

年 份 地 区	邮政业营业网点(处)	设在农村	邮政局所总数(处)	设在农村	电子化支局	局所总数中:邮政局(处)	邮政支局(处)	邮政代办点(处)	信筒信箱(个)	邮政储蓄点(处)
2002	76358	58328	56861	40419	17662	2455	22227	19497	217541	34444
2003	63555	45893	56426	39911	18428	2451	22207	7129	275962	33540
2004	66393	48017	55747	38721	20026	2455	22413	10646	222946	34424
2005	65917	46821	55444	37930	24124	2526	22910	10473	202259	35024
2006	62799	43673	54310	36387	33234	2535	23233	8489	197491	35704
2007	70655	40814	53569	35364	35875	2535	23281	6317	195336	36016
2008	69146	39968	51255	34843	37529	2517	24171	5946	224023	
2009	65672	37692	48687	33303	37419	2519	23489	5443	206597	36869
北 京	1804	172	751	172	714	15	171	50	6045	520
天 津	601	117	479	117	461	19	118	7	1422	377
河 北	1962	1098	1651	1026	1460	161	1267	91	5392	1316
山 西	1533	917	1282	785	878	108	451	133	2932	1143
内蒙古	1613	1038	1526	1038	727	97	660	8	2521	723
辽 宁	1907	921	1560	920	1490	58	1058	15	6552	1520
吉 林	1131	698	985	698	751	50	793		4065	1052
黑龙江	1794	1006	1608	979	1368	80	1096	31	4998	1570
上 海	2374	224	631	223	618	15	231	1	3673	452
江 苏	3920	1832	2547	1801	2431	69	1974	59	9093	2425
浙 江	2792	1509	1976	1454	1501	74	770	64	11316	1557
安 徽	2323	1662	1735	1226	1465	81	831	462	6736	1644
福 建	1763	1006	1362	993	1127	68	909	16	15014	872
江 西	1888	1283	1722	1253	1435	96	314	31	3909	1394
山 东	3408	2040	2862	2030	2826	130	2678	30	15271	2829
河 南	2904	1903	2538	1875	2170	132	1597	34	4711	2143
湖 北	2254	1240	1768	1159	1567	78	1194	142	12788	1501
湖 南	5133	3797	2025	1460	1744	101	912	2920	34351	1952
广 东	5245	1716	3188	1686	2639	101	1344	32	12571	1886
广 西	1685	1202	1515	1178	1150	90	569	32	8671	920
海 南	495	328	444	314	324	21	215	14	853	335
重 庆	2309	1657	1838	1499	988	40	455	190	4622	1652
四 川	5656	4383	4975	4230	2196	196	1276	179	7571	2921
贵 州	2068	1527	1323	949	1193	83	484	689	2977	659
云 南	1874	1302	1736	1290	1097	135	488	41	3315	777
西 藏	199	75	194	75	115	80	87		353	50
陕 西	1756	1030	1483	989	1168	100	528	46	4806	1194
甘 肃	1397	975	1269	892	716	85	276	83	6415	542
青 海	199	52	185	52	135	47	84		426	151
宁 夏	347	194	301	175	161	16	44	20	821	185
新 疆	1338	788	1228	765	804	93	615	23	2407	607

注：营业网点1998年及以前为邮电局所，1999-2006年为邮政局所，统计口径从2002年起为邮政局所和邮政代办点，2007年邮政业营业网点数据包括邮政企业和规模以上快递企业。

5-1-57 邮政通信服务水平

指　　标		2002	2003	2004	2005	2006	2007	2008	2009
已通邮的行政村	(个)	690981	672147	665892	645939	638096	623507	614592	614729
开办邮政储蓄业务的乡(镇)	(个)	22117	21519	20985	20850	20244	21053	20513	18871
城区每日平均投递次数	(个)	2.4	2.1	2.2	2.1	2.1	2.1	2.1	2.0
农村每周平均投递次数	(次)	5.1	5.0	5.1	5.0	4.9	4.9	5.0	5.0
城区局内信箱(筒)每日开箱次数	(次)	2.6	2.1	2.2	2.2	2.2	2.2	2.1	2.1
城区局外信箱(筒)每日开箱次数	(次)	1.7	1.4	1.6	1.5	1.5	1.5	1.5	1.5
邮政储蓄市场占有率	(%)	8.5	8.7	9.0	9.6	9.9	10.0	9.6	9.2
平均每一营业网点服务面积	(平方公里)	125.7	151.1	142.4	145.6	152.9	135.9	138.8	146.2
平均每一营业网点服务人口	(万人)	1.7	2.0	1.9	2.0	2.1	1.9	1.9	2.0
人均函件量(包括邮送广告)	(件)	8.3	8.1	6.4	5.7	5.5	5.3	5.6	5.7
每百人报刊量	(份)	13.9	13.0	11.4	11.2	11.2	9.9	11.9	10.4

5-1-58 各地区邮政通信服务水平

地区	平均每一营业网点服务面积（平方公里）	平均每一营业网点服务人口（万人）	城区每日平均投递次数（次）	农村每周平均投递次数（次）	邮政储蓄市场占有率（%）
全国	**146.2**	**2.0**	**2**	**5**	**9.2**
北京	9.1	1.0	3	7	4.9
天津	19.8	2.0	2	6	7.9
河北	96.0	3.6	2	6	8.4
山西	102.2	2.2	2	5	13.2
内蒙古	709.9	1.5	2	3	8.5
辽宁	77.6	2.3	1	4	8.9
吉林	169.0	2.4	2	4	11.4
黑龙江	252.3	2.1	1	4	16.7
上海	3.5	0.8	3	7	5.2
江苏	27.2	2.0	2	6	10.1
浙江	37.7	1.9	2	6	6.2
安徽	60.3	2.6	2	6	14.6
福建	70.3	2.1	1	5	8.8
江西	88.4	2.3	1	4	16.4
山东	46.1	2.8	2	6	9.3
河南	57.0	3.3	1	5	12.8
湖北	82.5	2.5	2	6	13.6
湖南	41.3	1.2	2	3	13.3
广东	34.3	1.8	2	9	5.2
广西	141.0	2.9	2	5	11.2
海南	71.4	1.7	2	6	14.9
重庆	35.6	1.2	2	6	13.2
四川	85.6	1.4	2	4	11.3
贵州	85.2	1.8	2	4	10.1
云南	204.5	2.4	2	3	5.6
西藏	6040.6	1.5	2	1	11.1
陕西	117.2	2.1	2	5	11.4
甘肃	289.3	1.9	2	5	6.7
青海	3605.4	2.8	2	3	9.0
宁夏	149.7	1.8	2	5	8.0
新疆	1244.3	1.6	2	4	10.6

【主要统计指标解释】

铁路营业里程 又称营业长度(包括正式营业里程和临时营业里程)，指办理客货运输业务的铁路正线总长度。凡是全线或部分建成双线及以上的线路，以第一线的实际长度计算；复线、站线、段管线、岔线和特殊用途线以及不计算运费的联络线都不计算营业里程。

电气化铁路里程 指在全部铁路营业里程中已安装了供电线路及设备，可以供电力机车牵引列车运行的区段的总里程。

铁路自动、半自动闭塞里程 为保证列车安全运行，在一个区间、同一时间内，一般只允许一列列车运行，这种保证列车在这个区间安全间隔运行的技术方法称为“闭塞”。自动或半自动闭塞里程是指装有列车自动或人工完成闭塞状态的铁路设备里程。

公路里程 指在一定时期内实际达到《公路工程技术标准JTG B01-2003》规定的技术等级的公路，并经公路主管部门正式验收交付使用的公路里程数。包括大、中城市的郊区公路，以及公路通过小城镇（指县城、集镇）街道的公路里程和公路桥梁长度、隧道长度、渡口的宽度以及分期修建的公路已验收交付使用的里程，不包括大中城市的街道、厂矿、林区生产用道和农业生产用道的里程。两条或多条公路共同经由同一路段，只计算一次，不得重复计算里程长度。

内河航道里程 也称内河通航里程，指在一定时期内，能通航运输船舶及排筏的天然河流、湖泊水库、运河及通航渠道的长度。包括全年季节性通航累计三个月以上的航道，不包括仅供零散流放竹、木排的河道。

民用航空航线里程 指报告期内全部民用航空航线的航线总长度。航线长度指民用航空航线的计费距离。计算航线里程可按“重复距离”和“不重复距离”两种方法，前者是指各航线长度相加的总和，后者则要扣除各航线之间相同航段重复计算的部分。通常使用的是按“不重复距离”计算的航线里程。

输油(气)管道长度 也称输油(气)里程，指油品(或天然气)的实际输送距离，一般按输油(气)管道的单线长度计算。若包括复线和备用线长度则称为输油(气)管道延展长度，是指管道铺设的实际长度。通常使用的是不包括复线的“输油(气)管道里程”。

货(客)运量 指在一定时期内，各种运输工具实际运送的货物(旅客)数量。货运按吨计算，客运按人计算。货物不论运输距离长短、货物类别，均按实际重量统计。旅客不论行程远近或票价多少，均按一人一次客运量统计；半价票、小孩票也按一人统计。

货物(旅客)周转量 指在一定时期内，由各种运输工具运送的货物(旅客)数量与其相应运输距离的乘积之总和。计算货物(旅客)周转量通常按发出站与到达站之间的最短距离，也就是计费距离计算。计算公式：货物（旅客）周转量=Σ（货物（旅客）运输量×运输距离）。

货(客)运密度 指报告期内某种运输方式在营运线路的某一区段平均每公里线路通过的货物(旅客)运输周转量。计算公式：货（客）运密度=货物（旅客）周转量/营业线路长度。

旅客运输平均运距 指报告期内平均每一位旅客的旅行距离。计算公式：旅客运输平均运距=旅客周转量/客运量。

货物运输平均运距 指报告期内平均每一吨货物的运输距离。计算公式：货物运输平均运距=货物周转量/货运量。

铁路货车平均静载重 指铁路货车在始发站静止状态下平均每车装载的货物重量，用以分析货车完成装车时车辆载重力的利用情况。计算公式：货车平均静载量=货物发送吨数/装车数。

静载重的多少取决于运送货物的性质、种类、车辆的类型和装载技术的高低。根据货车的平均标记载重与静载重进行对比，可以反映货车载重能力的利用程度。计算公式：货车载重力利用率（%）=货车平均静载重/货车平均标记载重×100%。

铁路货运机车日产量 指在一定时期内，平均每台货运机车在一昼夜内所完成的总重吨公里数，包括载运货物的重量和车辆本身的自重。该指标从时间和牵引能力两方面反映了机车运用效率。计算公式：货运机车平均日产量=货运总重吨公里数/货运机车台日数。

民用汽车拥有量 指报告期末，在公安交通管理部门按照《机动车注册登记工作规范》，已注册登记领有民用车辆牌照的全部汽车数量。汽车拥有量统计的主要分类：根据汽车结构分为载客汽车、载货汽车及其他汽车；根据汽车所有者不同分为个人(私人)汽车、单位汽车；根据汽车的使用性质分为营运汽车、非营运汽车；根据汽车大小规格不同，载客汽车分为大型、中型、小型和微型，载货汽车分为重型、中型、轻型和微型。

机动船 又称自航船，指装有各种发动机推进装置，以机械动力行驶的船舶。

驳船 指本身无动力装置，或只设简易动力装置，依靠拖船或推船带动的平底船。

拖船 指专门拖带其它船舶、船队、木排的船舶。

船舶净载重量 指报告期末所拥有船舶的总载重量减去燃（物）料、淡水、粮食及供应品、人员及其行李等的重量及船舶常数后，能够装载货物的实际重量。

沿海港口 指位于海沿岸，具有一定设施和条件，供船舶停靠、旅客上下、货物装卸、生活物料供应等作业的港口。

内河港口 指位于江、河、湖沿岸，具有一定设施和条件，供船舶停靠、旅客上下、货物装卸、生活物料供应等作业的港口。

港口货物吞吐量 指经由水路进出港区范围，并经过装卸的货物数量。按货物流向分为进港吞吐量和出港吞吐量；按货物贸易性质分为内贸货物吞吐量和外贸货物吞吐量；按货物的类别分，可根据现行的交通行业标准《运输货物分类和代码》分类。

民用航空航线条数 民用航空航线指出于商业的目的，运输飞机从地球表面一点(起飞)飞到另一点(终点)的航行线路。应同时具备三个条件：一是有运输飞机定期飞行，二是有足以保证运输飞机飞行和起降所需要的机场及地面设施，三是经过批准并在一个航季中正常执行。计算条数时，来回程计为一条。

国际航线 指航线中任一航段的起讫点（技术经停点除外）在外国领土上的航线。

国内航线 指航线中各航段的起讫点（技术经停点除外）都在国内的航线。

地区航线 指航线中任一航段的起讫点在香港、澳门或台湾的航线（经香港、澳门、台湾飞往外国的航线统计为国际航线）。

飞机架数 指报告期末实有在册飞机数量，包括停场待修、在厂检修的飞机和租借飞机。

运输飞机 从事公共航空运输的民用飞机。分为大中型飞机和小型飞机，大中型飞机指100座及以上的运输飞机，小型飞机指100座以下的运输飞机。

正班平均载运率 指报告期内正班飞行所完成的运输总周转量与可提供周转量之比。

城市公共交通 指城市中供公众乘用的、经济方便的各种交通方式的总称。包括公共汽车、电车、轨道交通（地铁、轻轨、有轨电车、磁悬浮、索道、缆车等）、出租汽车、公共轮渡等客运交通设施。

运营线路网长度 指公共交通线路所通过的运营线路净长度。计算公式：运营线路网长度=运营线路总长度－Σ重复的线路长度

运营线路总长度 指全部运营线路长度之和。计算公式：运营线路长度=Σ各条运营线路长度=Σ〔1/2（上行起点至终点里程+下行起点至终点里程+上下行终点掉头里程〕。

单向行驶的环行线路长度等于起点至终点里程与终点下客站至起点里程之和的一半，不包括折返、试车、联络线等非运营线路。

公交专用车道 指为了调整公共交通车辆与其他社会车辆的路权使用分配关系，提高公共交通车辆运营速度和道路资源利用率，而科学、合理设置的公共交通优先车道、专用车道（路）、路口专用线（道）、专用街道、单向优先专用线（道）等。

运营车数 指城市中用于公共交通运营业务的全部车辆数。地铁和轻轨在统计时一自然节为一辆。出租汽

车指已经领取出租汽车专用牌照的运营车辆，包括技术完好的、在修的、长期行驶的以及拟报废尚未经上级机关批准的车辆。

轮渡运营船数 指用于城市客渡运营业务的全部船舶数。不含旅游客轮（长途旅游、市内供游人游览江、河、湖泊的船只）。

城市公共交通客运总量 指报告期内城市公共交通各种运输方式运送乘客的总人次。

邮政业务总量 指以货币形式表现的邮政企业及规模以上快递企业为社会提供的邮政通信服务或其他服务的总数量，是用于观察邮政业务发展变化总趋势的综合性总量指标。按专业分类包括函件、包裹、汇票、报刊发行、快递、邮政储蓄、集邮等。计算方法为各类产品乘以相应的不变单价之和，加上邮政其他业务量。其计算公式：

邮政业务总量＝Σ（各类邮政业务量×不变单价）＋其他业务量

营业网点 指拥有固定地址、直接对外营业，可收寄邮件和快件的营业场所和服务机构数量。

邮政局所 指经邮政部门审批许可，有固定的地址，领有上级发给的邮政日戳或邮政戳记，对外营业直接为用户办理邮政业务（至少办理出售邮票和收寄给据函件）的服务机构。邮政局所按经营方式分为自办局所和代办局所；按设置地点分为城市局所和农村局所。

邮路 指各邮政局所、代办所之间及邮政局所、代办所与车站、码头、机场、转运站、报刊社之间，由自编或委代办人员按固定班期规定路线交换邮件、报刊的路线。包括农村地区运邮为主兼投递邮件、报刊的路线。不包括城市、农村地区纯投递（邮件报刊所走的）路线。邮路按级别分为：国际及港澳邮路、一级邮路、二级邮路、市内邮路、农村邮路；按运输工具分为：航空邮路、铁道邮路、汽车邮路、水运邮路、其它邮路。

农村投递路线 指农村邮政支局所自编或委办人员按固定班期、规定路线至农村乡(镇)、行政村等收件单位投递邮件、报刊所走的路线。

营业网点服务面积 指报告期行政区域平均每一营业网点服务的面积。计算公式：

$$\text{每一营业网点服务面积}=\frac{\text{行政区域土地面积（平方公里）}}{\text{营业网点总数（处）}}$$

营业网点服务人口 指报告期行政区域平均每一营业网点服务的人口数。计算公式：

$$\text{每一营业网点服务人口}=\frac{\text{行政区域总人口数（万人）}}{\text{营业网点总数（处）}}$$

5 第三产业部分行业主要业务指标

5-2 信息传输、计算机服务和软件业

简要说明

一、主要内容

电信业资料主要包括：电信主要电路及设备拥有量、电信主要业务量、电信主要通信能力、电信通信服务水平等。

二、调查范围

电信业资料：包括全社会电信运营企业为社会公众提供的各类电信服务，不含专用网业务资料。业务范围分为国内业务量和国际及港澳业务量（对台业务量统计在港澳中）。

三、资料来源

本篇资料由国家统计局服务业统计司负责整理、编辑。资料来源于工业和信息化部。

5-2-1 电信主要业务量

指标		2002	2003	2004	2005	2006	2007	2008	2009
电信业务总量(2000年单价)	(亿元)	5201.1	6478.8	9148.0	11403.0	14595.4	18591.3	22247.7	25553.6
固定电话用户合计	(万户)	21422.2	26274.7	31175.6	35044.5	36778.6	36563.7	34035.9	31373.2
#无线市话用户	(万户)		3729.1	6487.4	8530.0	9062.9	8456.2	6893.1	4599.4
公用电话用户	(万户)	985.5	1561.4	2215.0	2681.2	2960.7	2991.9	2771.5	2708.8
城市电话用户	(万户)	13579.1	17109.7	21025.1	23975.3	25132.9	24859.8	23155.9	21190.0
#住宅电话用户	(万户)	10196.7	12533.9	15246.5	17201.2	17697.6	16988.2	15588.3	12969.5
农村电话用户	(万户)	7843.1	9165.0	10150.5	11069.2	11645.6	11704.0	10880.0	10183.2
#住宅电话用户	(万户)	7183.8	8389.7	9240.5	10023.9	10561.5	10533.1	9612.2	8813.3
移动电话用户合计	(万户)	20600.5	26995.3	33482.4	39340.6	46105.8	54730.6	64124.5	74721.4
#3G移动电话用户	(万户)								1232.2
互联网拨号用户	(万户)	5246.5	5653.1	5122.3	3559.5	2644.6	1941.0	1227.8	754.4
互联网宽带接入用户	(万户)	325.3	1114.7	2487.5	3735.0	5085.3	6641.4	8287.9	10397.8
#xDSL用户	(万户)			1720.3	2654.0	3709.8	5221.3	6701.7	8378.2
固定本地电话通话量	(亿次)	6855.7	6988.4	7225.7	7399.8	7008.0	6771.4	6185.9	5401.8
本地网内区间电话通话量	(亿次)	530.4	597.4	770.3	829.1	775.9	790.6	746.4	666.3
本地网内区内电话通话量	(亿次)	4955.5	5296.9	5893.7	6222.4	6014.0	5796.8	5324.3	4646.6
本地网内拨号上网通话量	(亿次)	1369.8	1094.1	561.7	348.3	218.2	184.1	115.2	88.9
固定长途电话通话时长合计	(亿分钟)	539.9	587.5	741.6	894.2	976.1	1040.6	970.7	823.4
国内长途电话通话时长	(亿分钟)	528.7	577.4	731.3	882.5	964.1	1028.3	959.8	815.2
国际电话通话时长	(亿分钟)	4.5	4.5	5.0	5.5	5.9	6.6	5.8	4.3
港澳台电话通话时长	(亿分钟)	6.6	5.5	5.4	6.1	6.0	5.8	5.1	3.8
移动电话通话时长合计	(亿分钟)	4184.0	6308.9	9454.7	12507.4	16870.7	23061.3	29355.6	35351.0
#去话通话时长	(亿分钟)						11224.6	14378.5	17070.3
IP电话通话时长合计	(亿分钟)	591.6	834.2	1149.0	1340.2	1492.2	1494.9	1399.3	1164.8
IP电话国内长途通话时长	(亿分钟)	575.7	814.6	1127.7	1314.4	1469.5	1473.8	1380.6	1150.3
IP电话国际通话时长	(亿分钟)	6.8	8.5	10.3	14.1	12.2	12.1	11.4	8.8
IP电话港澳台通话时长	(亿分钟)	9.0	11.1	11.0	11.6	10.5	8.9	7.4	5.7
移动短信业务量	(亿条)	583.3	1386.3	2170.5	3046.3	4295.4	5945.8	6996.9	7726.5
卫星移动通信系统用户	(户)	2664	3355	3661	6403	8310	10876	11395	11633
卫星移动电话通话时长	(万分钟)	38.6	39.0	36.2	149.4	278.3	425.8	621.7	1902.8

5-2-2 各地区电信主要业务量

单位：万户

地 区	电信业务总 量(亿元)	固定电话用 户	城市电话用 户	#住宅电话	农村电话用 户	#住宅电话	移动电话用 户
全 国	**25553.6**	**31373.2**	**21190.0**	**12969.5**	**10183.2**	**8813.3**	**74721.4**
北 京	881.6	893.1	694.2	410.7	198.9	158.9	1825.5
天 津	364.1	385.3	381.6	286.6	3.7	0.5	992.5
河 北	1149.3	1343.9	870.1	612.7	473.8	424.1	3783.2
山 西	599.0	758.8	498.6	378.6	260.2	231.3	1952.3
内蒙古	542.2	441.6	372.8	263.1	68.7	61.4	1616.0
辽 宁	917.8	1529.1	1075.7	868.1	453.4	443.2	2882.1
吉 林	504.3	581.3	425.4	305.3	155.9	145.3	1574.2
黑龙江	660.1	870.2	659.1	498.4	211.1	194.4	1865.9
上 海	840.0	935.5	923.5	616.2	12.0		2113.2
江 苏	1658.5	2662.4	1694.3	1053.3	968.0	822.0	4940.3
浙 江	1625.3	2130.9	1326.1	639.1	804.8	608.8	4456.3
安 徽	664.6	1267.3	625.8	398.7	641.5	596.0	2154.6
福 建	941.9	1244.8	853.8	449.6	391.0	323.2	2639.1
江 西	560.4	748.5	448.0	257.4	300.5	265.5	1548.0
山 东	1593.3	2217.3	1260.3	864.0	957.0	866.3	5334.5
河 南	1219.8	1460.6	1009.0	824.4	451.6	424.9	3987.2
湖 北	796.3	1088.3	710.2	385.3	378.0	338.1	3136.9
湖 南	858.3	1166.9	764.6	443.6	402.4	352.1	2752.4
广 东	3847.3	3366.7	2554.4	1239.7	812.2	579.1	8923.3
广 西	671.8	787.6	485.8	268.8	301.8	273.8	1960.1
海 南	184.2	182.8	125.5	63.9	57.4	46.1	496.4
重 庆	465.7	627.7	397.8	213.1	229.9	208.1	1440.9
四 川	1118.1	1551.2	985.3	557.0	565.9	508.6	3466.9
贵 州	453.2	451.1	254.5	133.3	196.6	179.8	1453.4
云 南	663.6	583.1	359.5	183.3	223.6	183.5	1936.4
西 藏	51.3	53.9	51.2	24.1	2.7	1.0	124.0
陕 西	715.7	815.0	525.7	259.0	289.2	257.1	2337.4
甘 肃	352.5	453.9	285.9	145.7	168.0	147.9	1194.7
青 海	88.1	109.3	84.1	50.1	25.2	22.2	301.0
宁 夏	116.7	114.5	77.3	41.6	37.1	33.0	382.8
新 疆	448.6	550.5	409.6	234.6	140.8	117.2	1113.0

5-2-2 续表

地 区	互联网宽带接入用户(万户)	固定本地电话通话量(亿次)	固定长途电话通话时长(亿分钟)	移动电话通话时长(亿分钟)	IP电话通话时长(亿分钟)	移动短信业务量(亿条)
全 国	**10397.8**	**5401.8**	**823.4**	**35351.0**	**1164.8**	**7726.5**
北 京	452.0	255.5	27.5	963.7	69.1	364.4
天 津	159.4	61.0	7.3	487.1	24.5	114.9
河 北	523.3	198.2	28.3	1742.0	6.2	380.4
山 西	280.0	126.3	16.7	861.7	6.8	188.5
内蒙古	158.5	65.9	10.7	860.8	6.5	160.1
辽 宁	502.9	265.0	29.0	1263.7	30.6	270.5
吉 林	228.1	110.6	9.7	785.1	5.6	169.6
黑龙江	277.5	144.7	19.4	1020.4	15.9	171.0
上 海	451.4	272.9	27.0	876.0	131.4	329.0
江 苏	954.7	358.7	76.1	2218.4	25.5	708.0
浙 江	819.3	297.3	72.7	2168.9	22.2	598.8
安 徽	259.5	119.7	13.1	847.8	44.0	282.9
福 建	369.7	217.2	28.7	1359.1	23.0	262.8
江 西	238.7	91.8	13.7	859.2	8.0	152.8
山 东	759.3	309.6	37.1	2310.3	60.2	448.8
河 南	503.9	338.2	34.7	1857.0	9.2	307.4
湖 北	362.2	137.3	36.1	1071.6	43.2	252.7
湖 南	286.0	183.9	24.6	1295.4	38.1	228.1
广 东	1123.9	736.0	147.0	4491.5	300.1	824.9
广 西	248.3	182.0	29.0	987.6	8.2	192.1
海 南	49.2	32.1	6.0	294.7	5.2	43.7
重 庆	201.8	122.7	8.3	716.0	34.1	114.9
四 川	398.3	243.2	28.1	1656.0	86.9	342.4
贵 州	113.3	60.9	9.1	719.0	14.4	109.3
云 南	174.1	90.2	18.2	1018.2	27.6	222.1
西 藏	8.8	10.8	3.7	64.2	2.3	15.2
陕 西	222.5	139.0	23.2	1064.4	50.7	204.5
甘 肃	86.6	75.4	13.0	516.0	5.4	141.7
青 海	27.9	18.6	4.3	117.1	2.5	24.5
宁 夏	34.0	16.3	2.9	172.0	2.8	39.0
新 疆	122.5	120.8	17.8	686.4	54.7	61.4

5-2-3 各地区固定电话用户情况

单位：万户

地 区	2002	2003	2004	2005	2006	2007	2008	2009
全 国	**21422.2**	**26274.7**	**31175.6**	**35044.5**	**36778.6**	**36563.7**	**34035.9**	**31373.2**
北 京	585.6	683.7	847.5	943.7	905.2	914.6	884.9	893.1
天 津	298.3	360.1	407.0	428.9	424.8	398.0	396.6	385.3
河 北	1104.4	1339.0	1554.9	1581.6	1600.6	1526.7	1457.5	1343.9
山 西	535.0	674.3	770.9	873.2	853.6	823.1	803.0	758.8
内蒙古	311.2	427.7	492.2	525.5	519.6	503.2	462.5	441.6
辽 宁	1016.5	1278.7	1470.1	1626.6	1647.2	1667.1	1604.3	1529.1
吉 林	478.5	594.6	655.6	756.0	718.7	729.8	621.7	581.3
黑龙江	666.0	874.4	1082.6	1056.5	1051.3	1081.2	1028.0	870.2
上 海	672.1	733.9	868.2	996.7	1112.3	1022.0	1015.4	935.5
江 苏	1659.2	2043.9	2582.4	3059.1	3224.9	3224.1	2968.3	2662.4
浙 江	1381.8	1656.5	1974.8	2231.7	2390.8	2407.9	2297.6	2130.9
安 徽	792.0	997.9	1191.6	1349.5	1501.4	1496.2	1379.9	1267.3
福 建	937.1	1122.7	1264.7	1398.5	1474.5	1482.5	1431.0	1244.8
江 西	512.2	630.3	693.4	829.3	880.6	885.2	846.9	748.5
山 东	1742.6	2088.8	2464.1	2637.9	2544.1	2493.9	2421.1	2217.3
河 南	1181.3	1362.6	1583.9	1796.3	1945.4	1854.6	1562.4	1460.6
湖 北	735.5	889.8	1072.9	1236.4	1325.0	1280.2	1171.8	1088.3
湖 南	809.9	941.9	1085.3	1227.8	1341.3	1321.7	1257.3	1166.9
广 东	1996.8	2567.0	2954.9	3442.5	3633.5	3750.2	3573.3	3366.7
广 西	516.6	638.5	810.9	869.5	916.3	891.0	848.4	787.6
海 南	137.4	162.8	197.3	230.3	249.0	240.1	224.7	182.8
重 庆	413.5	533.4	642.4	688.9	725.5	722.5	678.9	627.7
四 川	886.4	1128.2	1369.9	1577.4	1711.3	1755.1	1660.4	1551.2
贵 州	274.3	332.4	387.6	466.5	493.9	521.2	499.6	451.1
云 南	437.2	483.2	547.4	597.8	644.2	628.7	616.3	583.1
西 藏	19.7	27.4	37.7	52.0	67.8	67.3	70.7	53.9
陕 西	538.9	671.9	791.9	859.3	914.5	925.7	881.2	815.0
甘 肃	322.0	399.8	477.3	548.0	607.4	585.3	519.0	453.9
青 海	57.9	76.4	94.4	113.5	125.4	123.1	119.4	109.3
宁 夏	84.3	100.3	119.6	138.9	143.9	140.3	121.5	114.5
新 疆	317.9	412.0	495.2	592.7	688.0	678.1	612.2	550.5
不分地区		40.6	187.2	312.2	396.6	423.2		

5-2-4 各地区移动电话用户情况

单位：万户

地 区	2002	2003	2004	2005	2006	2007	2008	2009
全 国	**20600.5**	**26995.3**	**33482.4**	**39340.6**	**46105.8**	**54730.6**	**64124.5**	**74721.4**
北 京	919.5	1108.9	1340.7	1459.4	1571.0	1598.3	1616.3	1825.5
天 津	306.4	383.4	423.6	502.6	601.2	738.3	865.0	992.5
河 北	840.8	1253.2	1512.9	1785.5	2251.0	2814.8	3214.1	3783.2
山 西	414.0	600.9	753.8	906.2	989.6	1420.4	1698.5	1952.3
内蒙古	346.9	479.1	594.6	712.3	874.1	1046.9	1344.4	1616.0
辽 宁	900.5	1080.3	1194.4	1358.2	1611.0	1958.9	2421.5	2882.1
吉 林	461.0	633.2	763.8	915.7	1137.8	1311.1	1362.9	1574.2
黑龙江	678.8	856.5	1017.1	1132.3	1266.6	1449.2	1646.3	1865.9
上 海	913.4	1098.6	1311.3	1444.2	1609.5	1776.5	1880.9	2113.2
江 苏	1487.5	1926.3	2232.9	2550.0	2873.0	3313.2	3957.0	4940.3
浙 江	1460.6	1955.2	2322.5	2686.3	3012.3	3529.2	3976.7	4456.3
安 徽	540.9	697.9	873.4	1046.9	1216.7	1410.0	1715.1	2154.6
福 建	792.0	946.5	1138.1	1302.3	1538.9	1808.7	2368.1	2639.1
江 西	434.5	532.1	671.3	798.4	933.3	1182.4	1277.3	1548.0
山 东	1188.8	1510.2	1909.4	2347.3	2916.0	3738.1	4627.9	5334.5
河 南	733.1	1072.6	1392.3	1815.0	2353.3	2914.5	3501.0	3987.2
湖 北	615.7	874.2	1129.8	1401.3	1683.3	1940.6	2528.7	3136.9
湖 南	630.2	846.2	1036.4	1266.2	1494.5	1798.0	2240.3	2752.4
广 东	3214.4	4007.0	5373.9	6406.6	7117.5	7842.1	8395.7	8923.3
广 西	432.7	649.8	874.5	1021.1	1204.1	1384.3	1623.9	1960.1
海 南	110.1	136.3	165.0	203.9	239.9	324.8	397.8	496.4
重 庆	424.7	619.4	811.6	943.4	1064.6	1176.9	1281.7	1440.9
四 川	862.0	1195.4	1514.6	1689.7	1976.8	2400.4	2852.3	3466.9
贵 州	246.9	331.1	440.0	509.4	648.8	834.0	1179.0	1453.4
云 南	502.3	628.4	732.4	898.8	1068.9	1346.4	1635.9	1936.4
西 藏	21.1	33.1	39.7	46.9	60.5	73.7	87.0	124.0
陕 西	467.1	617.6	788.7	938.1	1183.6	1612.7	1912.2	2337.4
甘 肃	206.9	277.7	358.0	408.4	545.9	686.4	895.3	1194.7
青 海	77.1	100.0	117.7	131.6	172.6	221.7	247.2	301.0
宁 夏	73.7	123.0	158.6	181.1	218.6	269.8	323.3	382.8
新 疆	296.8	421.2	489.7	531.3	671.1	808.3	1051.3	1113.0

5-2-5 电信主要通信能力

指标		2002	2003	2004	2005	2006	2007	2008	2009
长途电路									
固定长途电话业务电路	(2M)			208104	257513	301933	321437	294675	220595
移动长途电话业务电路	(2M)			278829	410276	665512	1458271	2684392	4481076
数据通信网长途电路	(2M)	484694	749051	1327991	1979146	3899215	7867080	15834357	25954606
长途传输出租电路	(2M)			117212	178720	229485	331405	453969	430563
长途线路									
长途光缆线路长度	(公里)	487684	594303	695271	723040	722439	792154	797979	831011
长途光缆纤芯长度	(芯公里)	12222841	14791603	16616685	17565191	18259128	19391462	20052791	21632574
本地线路									
本地中继光缆线路长度	(公里)	1292059	1549727	2064236	2401411	2631108	3388943	3975988	4481447
本地中继光缆纤芯长度	(芯公里)	19274319	27555567	35294683	41906041	49150766	59070152	71049329	84541665
接入网光缆线路长度	(公里)	472821	590777	759718	948336	926012	1596192	2004529	2982106
接入网光缆纤芯长度	(芯公里)	7012580	9122366	14508046	16494639	22571610	28489459	36508987	52878769
长途通信									
长途电话交换机容量	(万路端)	773.0	869.4	1263.0	1371.6	1442.3	1709.2	1690.7	1684.9
地面通信卫星地球站点	(个)			814	1282	1276	1265	1265	1262
地面通信卫星地球容量	(门)			46423	61697	43772	30332	31022	36135
本地网通信									
局用交换机容量	(万门)	28656.8	35082.5	42346.9	47196.1	50279.9	51034.6	50863.2	49265.6
互联网及其他数据通信									
互联网宽带接入端口	(万个)		1802.3	3578.1	4874.7	6486.4	8539.3	10890.4	13835.7
其中：xDSL端口	(万个)			2763.5	3853.4	5233.5	7084.3	9205.6	11310.7
移动通信									
移动电话交换机容量	(万户)	27400.3	33698.4	39684.3	48241.7	61032.0	85496.1	114531.4	144084.7
卫星通信									
VSAT双向小站	(个)	230	94	45	967	1910	2098	3445	4002

5-2-6 各地区电信主要通信能力

地 区	长途电话交换机容量(万路端)	局用交换机容量(万门)	移动电话交换机容量(万户)	互联网宽带接入端口(万个)	长途光缆线路长度(公里)
全 国	**1684.9**	**49265.6**	**144084.7**	**13835.7**	**831011**
北 京	54.5	1483.1	3814.0	563.2	3717
天 津	13.7	617.3	1840.0	184.5	3110
河 北	34.3	2050.1	7843.0	724.0	29925
山 西	32.2	1069.6	4223.5	377.7	26096
内蒙古	24.9	713.8	4122.0	179.8	42626
辽 宁	48.9	2108.0	4449.8	596.8	23997
吉 林	27.6	857.1	3103.0	288.1	20161
黑龙江	48.3	1384.2	4229.6	367.4	41304
上 海	67.1	1386.9	4548.0	662.4	4297
江 苏	113.2	4465.5	7950.4	1092.5	32137
浙 江	91.5	3109.7	8170.7	947.3	22955
安 徽	71.7	1603.3	4584.5	471.9	23674
福 建	65.1	1924.7	5741.2	471.8	19553
江 西	54.2	1208.5	3574.8	281.8	21589
山 东	48.5	3410.5	10538.7	1028.9	30067
河 南	105.8	2312.7	7288.3	693.2	36431
湖 北	57.8	1733.3	5296.7	433.3	29242
湖 南	56.7	1745.0	4392.5	389.9	35218
广 东	309.1	5426.1	16623.9	1733.4	45710
广 西	63.4	1401.8	3770.5	402.4	36525
海 南	8.7	289.0	864.4	77.3	803
重 庆	23.9	1147.3	2340.2	291.7	11143
四 川	71.0	2363.5	9611.0	507.7	77292
贵 州	28.5	850.7	2332.2	163.6	28612
云 南	37.0	1039.7	3670.9	247.1	33978
西 藏	5.7	127.5	184.0	15.7	20419
陕 西	41.0	1330.8	3636.6	273.9	26489
甘 肃	24.4	799.1	1719.0	121.4	30106
青 海	12.8	162.9	438.0	32.8	25550
宁 夏	7.3	225.2	722.4	38.9	9885
新 疆	31.6	916.8	2461.0	175.1	38403

注：电话交换机容量中不包括用户交换机容量。

5-2-7 电信通信服务水平

指　　标		2002	2003	2004	2005	2006	2007	2008	2009
固定电话普及率	(部/百人)	17.5	21.1	24.1	27.0	28.1	27.8	25.8	23.6
城市固定电话普及率	(部/百人)	26.1	31.3	35.9	40.3	41.7	40.6	37.4	33.9
移动电话普及率	(部/百人)	16.1	21.0	25.9	30.3	35.3	41.6	48.5	56.3
平均每千人拥有公用电话数	(部/千人)	7.7	12.2	17.1	20.6	22.6	22.8	21.0	20.4
互联网普及率	(%)	4.6	6.2	7.3	8.5	10.5	16.0	22.6	28.9
中国电信	(个)							211	211
中国移动	(个)	116	155	184	203	219	231	237	237
中国联通	(个)	67	67	113	118	170	179	204	217
已通固定电话的行政村比重	(%)	87.9	89.9	91.2	94.4	95.9	96.7	96.9	94.7
已通移动电话的行政村比重	(%)				90.4	95.4	97.2	98.7	99.5

5-2-8 各地区电信通信服务水平

地 区	固定电话普及率(部/百人)	城市固定电话普及率(部/百人)	移动电话普及率(部/百人)	每千人公用电话(部/千人)	互联网普及率(%)	已通固定电话行政村比重(%)	已通移动电话行政村比重(%)
全 国	**23.6**	**33.9**	**56.3**	**20.4**	**28.9**	**94.7**	**99.5**
北 京	52.7	59.8	107.7	50.3	65.1	100.0	100.0
天 津	32.8	47.8	84.4	22.0	48.0	100.0	100.0
河 北	19.2	33.4	54.1	12.5	26.4	100.0	100.0
山 西	22.2	36.7	57.2	20.8	31.2	88.4	99.4
内蒙古	18.3	42.9	66.9	13.9	23.8	100.0	100.0
辽 宁	35.4	35.7	66.8	23.2	37.0	100.0	100.0
吉 林	21.3	22.8	57.6	18.3	26.6	100.0	100.0
黑龙江	22.8	28.8	48.8	17.8	23.9	100.0	100.0
上 海	49.5	69.9	111.9	23.8	62.0	100.0	100.0
江 苏	34.7	33.9	64.4	23.8	36.0	100.0	100.0
浙 江	41.6	42.1	87.0	46.0	47.9	100.0	100.0
安 徽	20.7	28.2	35.1	12.9	17.4	100.0	100.0
福 建	34.5	48.1	73.2	26.6	45.2	100.0	100.0
江 西	17.0	29.2	35.2	15.2	18.0	100.0	100.0
山 东	23.5	23.6	56.6	19.9	29.4	100.0	100.0
河 南	15.5	28.3	42.3	14.9	21.3	100.0	100.0
湖 北	19.1	18.0	54.9	19.5	25.7	100.0	99.9
湖 南	18.3	32.2	43.1	16.0	22.0	95.3	100.0
广 东	35.3	45.6	93.5	40.1	50.9	100.0	100.0
广 西	16.4	26.8	40.7	12.6	21.4	95.7	99.4
海 南	21.4	23.6	58.1	23.5	28.6	100.0	100.0
重 庆	22.1	25.9	50.8	15.2	28.3	100.0	100.0
四 川	19.1	29.8	42.6	13.7	20.1	74.7	99.5
贵 州	11.9	24.9	38.3	10.5	15.1	42.0	100.0
云 南	12.8	35.2	42.6	15.9	18.6	100.0	99.0
西 藏	18.8	163.7	43.2	22.9	18.6	36.2	60.0
陕 西	21.7	37.7	62.1	20.3	26.5	100.0	99.6
甘 肃	17.3	33.1	45.5	20.8	20.4	99.2	97.5
青 海	19.7	78.4	54.3	12.2	27.7	76.3	99.0
宁 夏	18.5	25.4	61.9	15.9	22.8	100.0	100.0
新 疆	25.8	48.8	52.2	26.8	27.5	100.0	100.0

5-2-9 各地区互联网上网人数

单位：万人

地区	2002	2003	2004	2005	2006	2007	2008	2009
全国	**5910**	**7950**	**9400**	**11100**	**13700**	**21000**	**29800**	**38400**
北京	390.1	398.0	402	428	468	737	980	1103
天津	135.9	144.6	193	229	260	287	485	564
河北	218.7	289.1	387	486	631	762	1334	1842
山西	94.6	148.8	211	269	380	536	819	1064
内蒙古	70.9	74.9	93	116	160	322	385	575
辽宁	283.7	291.5	322	372	483	783	1138	1595
吉林	141.8	146.5	179	201	271	434	520	726
黑龙江	224.6	226.0	278	316	366	476	620	912
上海	419.6	431.6	441	463	510	830	1110	1171
江苏	478.7	610.9	661	790	1027	1757	2084	2765
浙江	325.1	451.2	534	707	977	1509	2108	2452
安徽	112.3	183.5	240	276	337	587	723	1069
福建	224.6	318.2	326	397	516	866	1379	1629
江西	118.2	169.4	156	187	285	511	610	790
山东	384.2	626.6	848	988	1126	1256	1983	2769
河南	165.5	225.7	305	396	517	956	1283	2007
湖北	319.1	380.9	429	463	532	706	1050	1469
湖南	171.4	265.4	312	348	408	690	999	1406
广东	561.5	950.2	1188	1486	1831	3344	4554	4860
广西	118.2	228.6	285	330	374	560	734	1030
海南	23.6	39.7	47	69	117	144	216	244
重庆	147.8	176.6	181	189	220	356	598	803
四川	307.3	424.3	523	609	690	809	1103	1635
贵州	47.3	83.1	98	109	142	224	433	573
云南	100.5	166.4	206	241	275	303	548	844
西藏	5.9	8.6	7	9	16	36	47	53
陕西	130.0	196.7	258	314	395	517	790	995
甘肃	70.9	122.4	120	125	152	219	327	535
青海	17.7	19.5	20	29	37	60	130	154
宁夏	17.7	33.3	31	32	42	61	102	141
新疆	82.7	117.8	119	126	155	363	625	634

注：本表数据由中国互联网络信息中心(CNNIC)提供，统计为上网人数,与公网运营企业统计口径不同。

【主要统计指标解释】

电信业务总量 指以货币形式表现的电信企业为社会提供的各类电信服务的总数量。是用于观察电信业务发展变化总趋势的综合性总量指标。按专业分类包括长途电话、出租电路、无线寻呼、移动电话、分组交换数据通信、出租代维等。计算方法为各类业务的实物量分别乘以相应的不变单价之和，再加上出租电路和设备、代用户维护电话交换机和线路等的服务收入。其计算公式为：

电信业务总量＝Σ（各类电信业务量×不变单价）＋电信出租代维及其他业务收入

移动短信业务量 指移动电话用户通过移动通信网络短信平台使用短信业务的通信量。

移动电话用户 指通过移动电话交换机进入移动电话网、占用移动电话号码的电话用户。用户数量以报告期末在移动电话营业部门实际办理登记手续进入移动电话网的户数进行计算，一部移动电话统计为一户。

固定电话用户 即本地电话用户，是指报告期末实际已接入固定电话网上的全部电话用户。用户数量以报告期末在电信运营企业网点办理开户登记手续并已接入固定电话网上的全部电话用户。

城市电话用户 指话机安装地的行政区划属于中央直辖市、省辖市、地级市、县级市的市区、市郊区及县城区范围内固定电话用户，还包括分布在农村地区县团级以上建制的独立工矿区、林区、驻军的电话用户。

农村电话用户 指话机安装地的行政区划属于城市范围以外的乡（镇）、村的固定电话用户。

住宅电话用户 指安装在居民住宅或农民家里并按照住宅电话用户登记注册和收费的电话用户。包括私人付费、单位付费和按规定免费安装的住宅电话用户。

局用交换机容量 指安装在本地电信运营商内用于接续本地固定电话的电话交换机容量，有倍增设备按倍增后的数量计数。包括现用和备用的人工或自动交换机的全部容量。

移动电话交换机容量 指移动电话交换机根据一定话务模型和交换机处理能力计算出来的最大同时服务用户的数量。

互联网宽带接入端口 指用于接入互联网用户的各类实际安装运行的宽带接入端口的数量，包括xDSL用户接入端口、LAN接入端口以及其他类型的宽带用户接入端口等，不包括窄带拨号接入端口。

电话普及率 指报告期行政区域总人口中，平均每百人拥有的话机数。计算公式：

$$电话普及率=\frac{电话机总数（部）}{行政区域总人口数（人）}\times 100$$

互联网上网人数 指平均每周使用互联网至少1小时的中国公民人数。

5 第三产业部分行业主要业务指标

5-3 批发和零售业

简要说明

一、主要内容

批发和零售业企业商品流转情况。

二、统计范围

批发和零售业企业商品流转情况的统计范围是限额以上批发和零售业企业。

三、调查方法

对限额以上批发和零售业企业采用全面调查方法。

四、限额标准

批发业企业：年主营业务收入2000万元及以上。

零售业企业：年主营业务收入500万元及以上。

五、资料来源

本部分资料是国家统计局贸易外经统计司根据《批发和零售业、住宿和餐饮业统计报表制度》搜集的资料进行加工整理而得。

5-3-1 限额以上批发和零售业商品购、销、存情况（按登记注册类型分）

单位：万元

项目	商品购进额	#进口	商品销售额	#出口	期末商品库存额
总计	**1792029272**	**133079902**	**2011662023**	**111741201**	**160240150**
一、批发业	**1430086974**	**126991498**	**1578346108**	**111519820**	**118483096**
#国有控股	645872874	47060174	703068411	36424980	55259235
1.内资企业	**1292704830**	**92520802**	**1414292968**	**99783233**	**105879781**
国有企业	292728825	16990094	330180665	16540632	24810816
集体企业	25895419	1587458	27549060	1452193	2903236
股份合作企业	5398272	505534	6081114	212912	464179
联营企业	4131535	626324	4332683	448205	310810
国有联营企业	2014118	240830	2157194	189582	178696
集体联营企业	154446		149949	33872	16964
国有与集体联营企业	1291954	334716	1283460	101362	70303
其他联营企业	671017	50778	742080	123389	44848
有限责任公司	398730675	42751985	429688805	38931759	39110994
国有独资公司	51669140	8477277	54195081	3432524	10146830
其他有限责任公司	347061536	34274708	375493725	35499235	28964164
股份有限公司	203050383	8999164	223029718	9770944	10968900
私营企业	356311747	20797191	386310506	31954655	26826977
私营独资企业	15107825	289031	16532143	1025383	1169202
私营合伙企业	3804894	168343	4266228	482945	264711
私营有限责任公司	324635909	19791476	351511403	29171149	24309798
私营股份有限公司	12763119	548341	14000733	1275178	1083265
其他企业	6457974	263053	7120417	471934	483869
2.港、澳、台商投资企业	**33882136**	**5926725**	**39760091**	**1504226**	**3406005**
合资经营企业	9066005	253835	10263011	205865	359104
合作经营企业	476814	11099	593315	5952	8637
独资经营企业	22582614	5359517	27092436	1291058	2690304
投资股份有限公司	1756703	302273	1811328	1352	347959
3.外商投资企业	**103500008**	**28543972**	**124293049**	**10232361**	**9197311**
中外合资经营企业	29730424	2084957	30809457	1293916	1674658
中外合作经营企业	336237	29253	413414	7068	73423
外资企业	72872785	26299010	92375868	8872306	7404911
外商投资股份有限公司	560562	130753	694311	59071	44319

5-3-1 续表 单位：万元

项目	商品购进额	#进口	商品销售额	#出口	期末商品库存额
二、零售业	**361942298**	**6088404**	**433315915**	**221382**	**41757054**
#国有控股	80813087	566713	107808063	95465	8267116
1.内资企业	**314854892**	**4219528**	**374756280**	**217904**	**37308282**
国有企业	25525141	215166	31233959	70994	3010566
集体企业	7521954	39705	9404278	400	1471142
股份合作企业	2437507	16838	2873710	158	279373
联营企业	1487804		1614396	-	92086
国有联营企业	847721		911531		40572
集体联营企业	212899		223485		17090
国有与集体联营企业	267527		298992		16436
其他联营企业	159657		180389		17988
有限责任公司	115685917	1647032	132233156	23845	13983083
国有独资公司	2075119	60222	2321607		255002
其他有限责任公司	113610798	1586809	129911549	23845	13728081
股份有限公司	51483327	134615	70592949	43850	4634603
私营企业	108132047	2150184	123203204	74873	13474946
私营独资企业	10175994	182055	11226080	156	1566576
私营合伙企业	1752826	1832	2027454	367	231995
私营有限责任公司	90118094	1874193	102012605	67029	10673557
私营股份有限公司	6085133	92104	7937065	7321	1002818
其他企业	2581195	15990	3600629	3786	362486
2.港、澳、台商投资企业	**19141235**	**1110107**	**22467278**	**693**	**1709378**
合资经营企业	5741141	464107	7053885	364	361932
合作经营企业	3142975		3047153		154179
独资经营企业	9865665	646001	11839619	330	1170638
投资股份有限公司	391455		526621		22629
3.外商投资企业	**27946171**	**758769**	**36092357**	**2784**	**2739393**
中外合资经营企业	13346967	171514	18420854		1325430
中外合作经营企业	2268837	58687	2787549	727	137310
外资企业	11496156	522946	13874206	1801	1206462
外商投资股份有限公司	834212	5622	1009748	256	70191

5-3-2 限额以上批发和零售业商品购、销、存情况（按国民经济行业分）

单位：万元

项 目	商品购进额	#进口	商品销售额	#出口	期末商品库存额
总 计	**1792029272**	**133079902**	**2011662023**	**111741201**	**160240150**
一、批发业	**1430086974**	**126991498**	**1578346108**	**111519820**	**118483096**
农畜产品批发	28267653	3885776	30342765	1139617	9469336
食品、饮料及烟草制品批发	122310810	3573263	153745602	4579858	15167798
米、面制品及食用油批发	13776359	1913781	14764609	1105837	4944452
肉、禽、蛋及水产品批发	5336191	259188	6109471	1393757	282208
饮料及茶叶批发	12704495	167874	16770041	332858	1350582
烟草制品批发	70659709	381153	93630284	590595	6315828
纺织、服装及日用品批发	81648084	7028954	96650868	41481687	6337219
服装批发	28706158	2262521	35119216	16877713	2216211
鞋帽批发	6421131	396607	7906247	3893564	501264
文化、体育用品及器材批发	18054158	1072070	19809994	1921669	2738894
文具用品批发	4825980	375703	5344765	425044	361906
体育用品批发	2307975	288191	2738396	543555	157959
图书批发	4003445	108486	4049548	30988	874418
医药及医疗器材批发	61636554	4049990	68137087	1426927	6196137
西药批发	43455683	1352152	47041738	952965	4052145
中药材及中成药批发	13645200	1063077	15466248	152349	1359296
矿产品、建材及化工产品批发	840894105	61343647	888214195	19480993	53216674
煤炭及制品批发	94783868	3102024	104136519	1001398	5047252
石油及制品批发	279548750	8710496	293795982	1828784	13019689
金属及金属矿批发	320871295	31539485	333991095	7076158	22511310
建材批发	41290190	3933958	43893004	3036661	3022438
化肥批发	19697320	868619	21977438	326472	2969253
农药批发	3707459	466731	3782512	393397	729997
机械设备、五金交电及电子产品批发	217663498	34438455	254037182	30429848	20365693
汽车、摩托车及零配件批发	62753323	11311756	74592838	2775934	5668876
家用电器批发	37511227	5028812	46531602	2385797	3848967
计算机、软件及辅助设备批发	24474450	4014650	25707800	1781436	1516273
通讯及广播电视设备批发	18737088	919852	21489830	452849	1750323
贸易经纪与代理	25565486	7743899	28840209	7657856	2022797
其他批发	34046627	3855445	38568206	3401365	2968548

5-3-2 续表 单位：万元

项目	商品购进额	#进口	商品销售额	#出口	期末商品库存额
二、零售业	**361942298**	**6088404**	**433315915**	**221382**	**41757054**
(一)按行业分					
综合零售	106736299	269620	131641920	47598	12115032
百货零售	54305133	191516	69439173	46173	5124912
超级市场零售	47865084	53724	57013921	403	6021449
食品、饮料及烟草制品专门零售	6115934	113668	7283254	11299	1004678
粮油零售	952908	2701	963902		257891
肉、禽、蛋及水产品零售	1186859		1350951	9021	144233
饮料及茶叶零售	824499	4345	1064002	2145	188283
烟草制品零售	1386802	81232	1706479		181419
纺织、服装及日用品专门零售	11622379	503236	15519056	12545	2487420
服装零售	7449416	427267	9811106	3966	1582397
文化、体育用品及器材专门零售	10114581	220461	11095809	17517	3008147
体育用品零售	479890	11181	634086	22	149140
图书零售	5236974	44254	5416538	2069	1443844
医药及医疗器材专门零售	15734774	95551	17454074	4406	2089014
药品零售	14995753	13787	16593255	3000	1982173
汽车、摩托车、燃料及零配件专门零售	166117890	4465311	198216806	95116	14765294
汽车零售	118959484	4412378	130415818	82941	11177070
机动车燃料零售	43261736	33429	63469850	7605	2859409
家用电器及电子产品专门零售	32691851	87872	36711892	18243	4415688
家用电器零售	22470645	19857	25407161	9655	2980411
计算机、软件及辅助设备零售	6281148	28795	6949546	4615	707550
通信设备零售	3088662	15479	3455675		581094
五金、家具及室内装修材料专门零售	7090919	41280	8363890	12204	1208897
无店铺及其他零售	5717672	291406	7029214	2453	662883
邮购及电子销售	1110049	6109	1482026	907	130318
(二)按零售业态分					
有店铺零售	359765108	6033161	430630183	221316	41513309
#超市	20613519	46229	23682655	296	3088461
大型超市	34972838	21569	41931267	84	4151318
百货店	45747336	298270	57775667	44787	4732294
专业店	127409058	1495636	157182017	132251	14481274
专卖店	108147411	3825764	121522916	25937	12019922
无店铺零售	2177190	55243	2685732	66	243745

5-3-3 各地区限额以上批发和零售业企业商品购、销、存情况

单位：万元

地区	商品购进额	#进口	商品销售额	#出口	期末商品库存额
全国	**1792029272**	**133079902**	**2011662023**	**111741201**	**160240150**
北京	245613719	37187764	266664610	10751189	27384433
天津	89195638	3431549	96963887	2319691	5751634
河北	30789385	377243	36705379	521508	2392449
山西	30373505	1722856	35731084	549628	2272450
内蒙古	19515656	1181310	22228923	280240	1564516
辽宁	71339402	3002233	81051871	1925092	4841582
吉林	13798644	262869	15973356	121191	1515360
黑龙江	23364060	2681945	28021621	2507876	2245395
上海	212048241	28186564	235066397	17541355	16617816
江苏	167656892	8314431	193501033	13620561	11450624
浙江	159141366	12553124	170856543	23018013	9605996
安徽	35163890	1493716	38636999	1168014	2703304
福建	54244146	4308674	59614338	8139679	5503662
江西	11352977	126363	14563054	386527	920795
山东	97328248	3062291	115355318	3620800	9401765
河南	43888621	867972	46918815	1060274	13576172
湖北	49845765	1672066	57760829	1110658	3487927
湖南	26706254	561912	29683601	689848	2652382
广东	214570545	17941693	232875061	18507334	14629382
广西	18821320	231480	20323091	255794	1657621
海南	5950724	173510	7194591	141618	460367
重庆	34509336	569897	39111108	554676	2533354
四川	35282284	613687	41310960	859075	3254160
贵州	8538889	84239	11837852	110057	1091200
云南	26141637	631354	32548206	780770	5566454
西藏	644248	19041	768740	4579	114886
陕西	24967482	369897	29102999	706987	1734914
甘肃	13493261	31645	14858976	48441	1781717
青海	1912086	13199	2440039	30454	183991
宁夏	4572501	11598	5184355	61173	420793
新疆	21258552	1393782	28808390	348101	2923051

5-3-4 各地区限额以上批发业企业商品购、销、存情况

单位：万元

地区	商品购进额	#进口	商品销售额	#出口	期末商品库存额
全国	**1430086974**	**126991498**	**1578346108**	**111519820**	**118483096**
北京	208681679	36509823	225580026	10722085	23834830
天津	79735761	3232586	85995388	2319652	4872456
河北	22775426	352813	27306459	521508	1509907
山西	23474219	1639633	27049526	549628	1416386
内蒙古	13210173	1156246	14876266	280240	980427
辽宁	58285300	2717559	64287099	1912266	3433665
吉林	9412992	181308	10493741	121191	942352
黑龙江	17716737	2654984	20283267	2507876	1566946
上海	185532001	27409577	201708344	17526820	13196282
江苏	134604719	7913480	153647798	13598636	8372692
浙江	129543920	11886215	138879754	23000972	7110572
安徽	26689472	1470306	29370035	1165478	1587369
福建	43301307	4106638	46170603	8137419	4420138
江西	7764247	88613	10028029	384182	560308
山东	63379671	2986347	75844201	3593907	4912280
河南	28692699	745719	30829838	1059274	9011097
湖北	37042611	1547877	42590220	1110658	2224318
湖南	18225872	334650	16438543	689042	1794457
广东	178883321	16638614	185991254	18427903	10895957
广西	14158040	193681	14639808	253585	1145371
海南	4610602	149984	5174519	141346	299043
重庆	25613610	417048	28640178	554676	1653777
四川	21350369	404909	25705616	855924	1932059
贵州	5750695	60180	8257691	109118	804486
云南	20969735	437985	25909973	780206	4704183
西藏	249850	17896	331607	4579	41533
陕西	16645908	326745	19562254	703986	940422
甘肃	11111454	31517	12057772	48441	1412894
青海	1415078	12279	1842092	30454	123788
宁夏	3242457	1479	3736067	61173	248663
新疆	18017054	1364807	25118141	347596	2534443

5-3-5 各地区限额以上零售业企业商品购、销、存情况

单位：万元

地区	商品购进额	#进口	商品销售额	#出口	期末商品库存额
全国	**361942298**	**6088404**	**433315915**	**221382**	**41757054**
北京	36932040	677941	41084585	29104	3549603
天津	9459877	198962	10968499	39	879178
河北	8013958	24431	9398920		882541
山西	6899287	83223	8681558		856064
内蒙古	6305483	25063	7352657		584089
辽宁	13054103	284674	16764772	12826	1407917
吉林	4385653	81561	5479615		573008
黑龙江	5647324	26961	7738354		678449
上海	26516241	776987	33358053	14534	3421534
江苏	33052173	400951	39853235	21925	3077932
浙江	29597446	666908	31976789	17041	2495424
安徽	8474418	23410	9266964	2536	1115935
福建	10942840	202036	13443735	2260	1083524
江西	3588730	37750	4535025	2345	360487
山东	33948577	75944	39511117	26893	4489485
河南	15195922	122252	16088978	1000	4565076
湖北	12803154	124189	15170609		1263608
湖南	8480382	227262	13245058	806	857926
广东	35687225	1303079	46883807	79431	3733426
广西	4663280	37799	5683283	2209	512251
海南	1340122	23526	2020072	273	161325
重庆	8895726	152849	10470930		879578
四川	13931914	208778	15605345	3151	1322101
贵州	2788194	24059	3580161	939	286714
云南	5171902	193368	6638233	564	862271
西藏	394398	1146	437133		73353
陕西	8321574	43152	9540744	3002	794492
甘肃	2381806	128	2801204		368824
青海	497008	920	597947		60204
宁夏	1330044	10119	1448288		172131
新疆	3241499	28975	3690249	504	388608

【主要统计指标解释】

商品购进额 指从本企业以外的单位和个人购进(包括从境外直接进口)作为转卖或加工后转卖的商品总额。它反映批发和零售业从国内、国外市场上购进商品的总量。

商品销售额 指对本企业以外的单位和个人出售(包括对境外直接出口)的商品总额。它反映批发和零售业在国内市场上销售商品以及出口商品的总量。

期末商品库存额 指报告期末本企业已取得所有权的全部商品金额（含增值税）。它反映批发和零售企业的商品库存情况和对市场商品供应的保证程度。

5 第三产业部分行业主要业务指标

5-4 住宿和餐饮业

简要说明

一、主要内容

住宿和餐饮业企业经营情况。

二、统计范围

限额以上住宿和餐饮业企业。

三、调查方法

对限额以上住宿业和餐饮业企业采用全面调查方法。

四、限额标准

住宿业企业：年主营业务收入200万元及以上。

餐饮业企业：年主营业务收入200万元及以上。

五、资料来源

本部分资料是国家统计局贸易外经统计司根据《批发和零售业、住宿和餐饮业统计报表制度》搜集的资料进行加工整理而得。

5-4-1 限额以上住宿和餐饮业企业经营情况

单位：万元

项　目	营业额	#客房收入	#餐费收入
总　计	**49470599**	**11621494**	**33730864**
一、住宿业	**22606997**	**10411940**	**9317793**
(一)按登记注册类型分			
#国有控股	7625758	3440231	3027312
1.内资企业	**18344977**	**8383372**	**7699402**
国有企业	4994648	2249594	2049070
集体企业	639389	266530	283976
股份合作企业	185589	90863	71794
联营企业	110315	50909	43057
国有联营企业	59018	29058	22421
集体联营企业	9602	3778	4160
国有与集体联营企业	30740	13438	12930
其他联营企业	10955	4635	3547
有限责任公司	5584162	2576542	2281088
国有独资公司	274837	134935	99086
其他有限责任公司	5309326	2441607	2182002
股份有限公司	846910	371463	347159
私营企业	5690790	2635688	2503042
私营独资企业	1097032	480968	508687
私营合伙企业	285831	134314	127797
私营有限责任公司	3998519	1866372	1736440
私营股份有限公司	309408	154033	130119
其他企业	293175	141782	120217
2.港、澳、台商投资企业	**2344680**	**1100409**	**918171**
合资经营企业	1294066	622351	508863
合作经营企业	377835	167617	138909
独资经营企业	615401	285777	247567
投资股份有限公司	57379	24664	22833
3.外商投资企业	**1917340**	**928160**	**700220**
中外合资经营企业	935161	439196	339520
中外合作经营企业	301140	133386	130131
外资企业	630575	330737	208981
外商投资股份有限公司	50463	24840	21589
(二)按国民经济行业分			
旅游饭店	19330702	8562879	8247429
一般旅馆	2895959	1658300	934509
其他住宿服务	380336	190761	135855

5-4-1 续表 单位：万元

项目	营业额	#客房收入	#餐费收入
二、餐饮业	**26863602**	**1209553**	**24413071**
(一)按登记注册类型分			
#国有控股	1188376	175354	894811
1.内资企业	**20163643**	**1150555**	**17927237**
国有企业	671807	146407	462393
集体企业	330797	31473	273469
股份合作企业	257425	22015	218116
联营企业	18968	605	18018
国有联营企业			
集体联营企业	2456	193	2129
国有与集体联营企业	1038		1038
其他联营企业	15475	413	14851
有限责任公司	4031915	255405	3477758
国有独资公司	17336	1575	14382
其他有限责任公司	4014579	253830	3463377
股份有限公司	805195	51876	692503
私营企业	13544901	610128	12340558
私营独资企业	3681902	172724	3311310
私营合伙企业	626020	35226	565219
私营有限责任公司	8460768	359082	7765507
私营股份有限公司	776211	43096	698522
其他企业	502635	32645	444422
2.港、澳、台商投资企业	**2082433**	**33982**	**1964140**
合资经营企业	457143	15842	396689
合作经营企业	142112	674	131282
独资经营企业	1223128	16154	1178792
投资股份有限公司	260049	1312	257376
3.外商投资企业	**4617526**	**25016**	**4521695**
中外合资经营企业	1099838	9987	1066525
中外合作经营企业	232371	3502	210398
外资企业	3151133	9512	3117374
外商投资股份有限公司	134184	2015	127398
(二)按国民经济行业分			
正餐服务	20650984	1182331	18367500
快餐服务	5010624	5822	4953346
饮料及冷饮服务	260027	468	245645
其他餐饮服务	941967	20933	846581

5-4-2 各地区限额以上住宿和餐饮业企业经营情况

单位：万元

地 区	营业额	#客房收入	#餐费收入
全 国	**49470599**	**11621494**	**33730864**
北 京	6038071	1303018	4060757
天 津	905033	149659	696713
河 北	793743	231584	495435
山 西	864693	228931	571999
内蒙古	731722	195319	502353
辽 宁	1657493	380175	1178265
吉 林	420848	130678	258854
黑龙江	522570	128420	340702
上 海	4506550	837894	3353003
江 苏	3615182	799095	2550693
浙 江	3742080	956357	2553490
安 徽	848720	220506	537506
福 建	1588436	354559	1112167
江 西	537799	167704	309676
山 东	3887060	665283	2874510
河 南	1845738	452745	1222774
湖 北	1292155	304590	912296
湖 南	1516322	482209	933869
广 东	7166732	1559278	4988527
广 西	563852	199066	314066
海 南	640460	346827	242429
重 庆	1123830	189639	842759
四 川	1707883	427473	1125312
贵 州	263621	100582	145621
云 南	569442	224701	280512
西 藏	37917	19085	14283
陕 西	1283111	313128	842519
甘 肃	279249	84574	173510
青 海	80052	34393	41234
宁 夏	135732	37345	82763
新 疆	304506	96679	172271

5-4-3 各地区限额以上住宿业企业经营情况

单位：万元

地 区	营业额	#客房收入	#餐费收入
全 国	**22606997**	**10411940**	**9317793**
北 京	2620849	1279685	800056
天 津	279163	141019	97418
河 北	528554	208439	266390
山 西	415199	172511	199723
内蒙古	320857	142554	153287
辽 宁	724739	346083	307251
吉 林	238787	105381	110564
黑龙江	248167	122671	105105
上 海	1580975	809076	529635
江 苏	1562829	653385	731966
浙 江	2077141	886656	1014662
安 徽	436941	186806	201793
福 建	783241	322823	370855
江 西	290521	155479	106089
山 东	1261459	480642	640879
河 南	858313	388629	364680
湖 北	478273	246548	185296
湖 南	863361	425690	359088
广 东	3322725	1455818	1353735
广 西	387591	188275	154681
海 南	556052	345241	160914
重 庆	386762	158715	182760
四 川	765579	387509	281441
贵 州	169100	96466	59597
云 南	399407	216609	131130
西 藏	33450	19019	9881
陕 西	522093	239011	235273
甘 肃	151357	79895	55169
青 海	53570	31990	17393
宁 夏	55299	26272	21851
新 疆	234646	93043	109234

5-4-4 各地区限额以上餐饮业企业经营情况

单位：万元

地　区	营业额	#客房收入	#餐费收入
全　国	**26863602**	**1209553**	**24413071**
北　京	3417222	23333	3260701
天　津	625870	8640	599295
河　北	265189	23146	229045
山　西	449494	56420	372275
内蒙古	410865	52765	349067
辽　宁	932754	34092	871013
吉　林	182062	25297	148290
黑龙江	274403	5749	235597
上　海	2925575	28818	2823368
江　苏	2052354	145710	1818727
浙　江	1664940	69700	1538828
安　徽	411779	33700	335713
福　建	805195	31736	741312
江　西	247278	12224	203587
山　东	2625601	184641	2233631
河　南	987424	64116	858094
湖　北	813882	58042	727001
湖　南	652961	56519	574781
广　东	3844007	103461	3634792
广　西	176261	10791	159385
海　南	84409	1586	81516
重　庆	737068	30924	660000
四　川	942304	39963	843871
贵　州	94521	4116	86024
云　南	170035	8092	149382
西　藏	4467	66	4402
陕　西	761018	74116	607247
甘　肃	127892	4679	118341
青　海	26482	2403	23840
宁　夏	80433	11074	60912
新　疆	69860	3636	63038

【主要统计指标解释】

住宿和餐饮业营业额 指住宿和餐饮业法人企业在经营活动中因提供服务或销售商品等取得的收入，包括客房收入、餐费收入、商品销售收入和其他收入。

客房收入 指住宿和餐饮业法人企业在经营活动中因提供住宿服务取得的客房收入。

餐费收入 指住宿和餐饮业法人企业为顾客提供就餐服务取得的收入，包括经烹饪、调制加工后出售的各种食品，如主食、炒菜、凉拌菜等的收入。

5 第三产业部分行业主要业务指标

5-5 金融业

简要说明

一、主要内容

本篇反映全国金融、证券和保险业发展情况。有以下四个部分：一是金融机构金融活动情况，二是存贷款利率调整情况，三是直接融资情况，四是保险业务情况。

二、资料来源

1.反映金融机构活动情况的资料包括："金融机构人民币信贷资金平衡表(资金来源)"，"金融机构人民币信贷资金平衡表(资金运用)"，"金融机构现金收入"，"金融机构现金支出"，"金融机构现金投放与回笼"，"货币供应量（年底余额）"，"货币供应量同比增长率"，"黄金和外汇储备"，"货币当局资产负债表（年底余额）"，"国有商业银行资产负债表（年底余额）"，"其他国有商业银行资产负债表（年底余额）"，"其他存款性公司资产负债表（年底余额）"，"外资银行资产负债表（年底余额）"。金融机构信贷资金平衡表及现金收支表的统计范围包括中国人民银行、国家政策性银行、国有商业银行、其他商业银行、城市信用合作社、农村信用合作社、外资银行、财务公司、信托投资公司、金融租赁公司、邮政储蓄机构。中国人民银行总行根据金融机构的基层单位全面填报、并按各自系统汇总的资料，进行归并和汇总，最后得到金融机构的信贷收支及现金收支表。黄金和外汇储备表中的资料取自于中国人民银行的资产负债表，由该行有关部门提供。

2.反映存贷款利率调整情况的"金融机构法定存款利率"，"金融机构法定贷款利率表"，数据来自中国人民银行总行规定的、并对外发布的存贷款利率。

3.反映直接融资情况的"证券市场基本情况"，"上市公司数量"，"上市公司地区分布"，"股票发行量和筹资额"，"股票交易情况"，"全国期货交易所市场概况"，"全国交易所上市基金成交概况"资料取自中国证券监督管理委员会编制的《中国证券期货统计年鉴》。

4.反映保险业务情况的"保险公司业务经济技术指标"，数据取自中国保险监督管理委员会编制的保险统计资料。

5-5-1 金融机构人民币信贷资金平衡表（资金来源）

单位：亿元

项　目	2008	2009
资金来源合计	**542843.7**	**681875.0**
各项存款	466203.3	597741.0
企业存款	157632.2	217110.0
财政存款	18040.0	22411.0
机关团体存款	21962.8	29560.0
城乡储蓄存款	217885.4	260772.0
农业存款	10074.5	14568.0
委托及信托类存款	3733.2	5945.0
其他类存款	36875.2	47375.0
金融债券	20852.5	16203.0
对国际金融机构负债	732.6	762.0
流通中现金	34219.0	38246.0
其他	20836.3	28923.0

注：本表统计口径包括中国人民银行、政策性银行、国有商业银行、股份制商业银行、城市商业银行、农村商业银行、农村合作银行、城市信用社、农村信用社、信托投资公司、财务公司、租赁公司、外资金融机构、中国邮政储蓄银行(下表同)。

5-5-2 金融机构人民币信贷资金平衡表（资金运用）

单位：亿元

项　目	2008	2009
资金运用合计	**542843.7**	**681875.0**
各项贷款	303467.8	399685.0
短期贷款	125215.8	146611.0
工业贷款	36145.7	38769.0
商业贷款	17742.5	19483.0
建筑业贷款	3687.0	3647.0
农业贷款	17628.8	21623.0
乡镇企业贷款	7454.3	9029.0
三资企业贷款	2270.8	2180.0
私营企业及个体贷款	4223.8	7117.0
其他短期贷款	36062.8	44763.0
中长期贷款	155034.4	222419.0
委托及信托类贷款	3026.4	5277.0
其他类贷款	20191.1	25378.0
有价证券及投资	71951.7	86643.0
金银占款	337.2	669.8
外汇占款	166146.2	193112.0
财政借款		
在国际金融机构资产	940.7	1765.0

5-5-3 金融机构现金收入

单位：亿元

项　目	2008	2009
收入总计	**807612.5**	**866418.0**
商品销售收入	68023.1	69377.0
服务业收入	28226.4	28390.0
税款收入	5179.6	5309.0
城乡个体经营收入	21797.5	21934.0
储蓄存款收入	601905.5	651259.0
其他金融机构收入	1840.0	1746.0
居民归还贷款收入	13474.5	14529.0
汇兑收入	4733.7	4551.0
有价证券收入	743.9	708.0
其他收入	61688.3	68615.0
#兑换外币收入	765.5	805.0

注：本表机构包括中国人民银行、国有商业银行、政策性银行、股份制商业银行、城市商业银行、农村商业银行、农村合作银行、城市信用社、农村信用社(下表同)。

5-5-4 金融机构现金支出

单位：亿元

项　目	2008	2009
支出总计	**811456.2**	**870445.0**
工资性支出	42351.8	41875.0
农副产品采购支出	16570.0	15440.0
行政企事业管理费支出	32781.1	31878.0
城乡个体经营支出	28267.0	27469.0
储蓄存款支出	607478.2	667300.0
其他金融机构支出	1941.4	1625.0
居民提取贷款支出	9024.6	9941.0
汇兑支出	2679.9	2482.0
工矿及其它产品采购支出	12892.4	11021.0
有价证券支出	830.9	711.0
其他支出	56639.1	60704.0

5-5-5 金融机构现金投放与回笼

单位：亿元

年 份	现金收入	现金支出	投放
1957	516.7	512.2	-4.5
1962	633.2	614.0	-19.2
1965	675.7	686.5	10.8
1970	812.8	799.3	-13.5
1975	1128.2	1134.2	6.0
1978	1336.0	1352.6	16.6
1979	1626.4	1682.1	55.7
1980	2033.2	2111.7	78.5
1981	2402.2	2452.3	50.1
1982	2819.6	2862.4	42.8
1983	3428.7	3519.4	90.7
1984	4207.6	4469.9	262.3
1985	5499.1	5694.8	195.7
1986	6613.3	6843.9	230.6
1987	8779.6	9015.7	236.1
1988	12810.5	13490.0	679.5
1989	15057.6	15267.6	210.0
1990	17171.1	17471.4	300.4
1991	21465.1	21998.5	533.4
1992	31248.0	32406.2	1158.2
1993	48883.8	50412.5	1528.7
1994	71247.1	72671.0	1423.9
1995	96725.5	97322.3	596.8
1996	120263.3	121179.9	916.6
1997	141612.6	142988.3	1375.7
1998	203966.5	204993.1	1026.6
1999	233399.0	235650.4	2251.3
2000	277067.1	278264.3	1197.2
2001	321380.2	322416.3	1036.1
2002	365593.0	367182.2	1589.2
2003	455527.9	457995.9	2468.0
2004	567879.2	569601.5	1722.3
2005	626978.5	629541.8	2563.4
2006	705733.1	708774.1	3041.0
2007	824836.1	828138.7	3302.6
2008	807612.5	811456.2	3843.7
2009	866418.2	870445.2	4027.0

注：投放栏中的负数表示现金回笼。

5-5-6 货币供应量(年底余额)

单位：亿元

年 份	货币和准货币(M_2)	货币(M_1)			准货币			
			流通中现金	活期存款		定期存款	储蓄存款	其他存款
1990	15293.4	6950.7	2644.4	4306.3	8342.7			
1991	19349.9	8633.3	3177.8	5455.5	10716.6			
1992	25402.2	11731.5	4336.0	7395.2	13670.7			
1993	34879.8	16280.4	5864.7	10415.7	18599.4	1247.9	15203.5	2148.0
1994	46923.5	20540.7	7288.6	13252.1	26382.8	1943.1	21518.8	2920.9
1995	60750.5	23987.1	7885.3	16101.8	36763.4	3324.2	29662.2	3777.0
1996	76094.9	28514.8	8802.0	19712.8	47580.1	5041.9	38520.8	4017.4
1997	90995.3	34826.3	10177.6	24648.7	56169.1	6738.5	46279.8	3150.7
1998	104498.5	38953.7	11204.2	27749.5	65544.9	8301.9	53407.5	3835.5
1999	119897.9	45837.2	13455.5	32381.8	74060.6	9476.8	59621.8	4962.0
2000	134610.3	53147.2	14652.7	38494.5	81463.1	11261.1	64332.4	5869.7
2001	158301.9	59871.6	15688.8	44182.8	98430.3	14180.1	73762.4	10487.8
2002	185007.0	70881.8	17278.0	53603.8	114125.2	16433.8	86910.7	10780.7
2003	221222.8	84118.6	19746.0	64372.6	137104.3	20940.4	103617.7	12546.2
2004	254107.0	95969.7	21468.3	74501.4	158137.2	25382.2	119555.4	13199.7
2005	298755.7	107278.8	24031.7	83247.1	191476.9	33100.0	141051.0	17325.9
2006	345603.6	126035.1	27072.6	98962.5	219568.5	38723.1	161587.3	19249.1
2007	403442.2	152560.1	30375.2	122184.9	250882.1	46932.5	172534.2	31415.4
2008	475166.6	166217.1	34219.0	131998.2	308949.5	60103.1	217885.4	30961.1
2009	606225.0	220001.5	38246.0	181758.5	386219.1	82284.9	260767.3	43166.9

注：2001年6月起，已将证券公司客户保证金计入货币供应量(M_2)，含在其他存款项内。

5-5-7 货币供应量同比增长率

单位：%

年 份	货币和准货币 (M_2)	货币 (M_1)			准货币			
			流通中现金	活期存款		定期存款	储蓄存款	其他存款
1991	26.5	24.2	20.2	26.7	28.5			
1992	31.3	35.9	36.4	35.6	27.6			
1993								
1994	34.5	26.2	24.3	27.2	41.9	55.7	41.5	36.0
1995	29.5	16.8	8.2	21.5	39.4	71.1	37.9	29.3
1996	25.3	18.9	11.6	22.4	29.4	51.7	29.9	6.4
1997	17.3	16.5	15.6	16.9	17.8	24.5	19.3	-8.9
1998	14.8	11.9	10.1	12.6	16.7	23.2	15.4	21.7
1999	14.7	17.7	20.1	16.7	13.0	14.2	11.6	29.3
2000	12.3	16.0	8.9	18.9	10.0	18.8	7.9	18.3
2001	14.4	12.7	7.1	14.8	15.5	25.9	14.7	9.1
2002	16.8	16.8	10.1	19.2	16.8	21.8	17.8	2.8
2003	19.6	18.7	14.3	20.1	20.1	27.4	19.2	16.4
2004	14.7	13.6	8.7	15.1	15.3	21.2	15.4	5.2
2005	17.6	11.8	11.9	11.7	21.1	30.4	18.0	31.3
2006	17.0	17.5	12.7	18.9	16.7	17.2	14.6	36.3
2007	16.7	21.1	12.2	23.5	14.3	21.2	6.8	63.2
2008	17.8	9.1	12.7	8.2	23.2	28.1	26.3	-1.5
2009	27.7	32.4	11.8	37.7	25.2	37.7	19.7	39.4

注：1.同期比增长率是按可比口径计算的。因1992年以前口径与1993年口径不一致，故1993年未计算增长率。
2.2001年6月起，已将证券公司客户保证金计入货币供应量(M_2)，含在其他存款内。
3.1997年初，中国人民银行对金融统计制度进行了调整，因此自1997年起的数据与历史数据不完全可比。

5-5-8 金融机构法定存款利率

单位：年利率%

项 目	2007.03.18	2007.05.19	2007.07.21	2007.08.22	2007.09.15	2007.12.21	2008.10.19	2008.10.30	2008.11.27	2008.12.23
个人人民币储蓄存款										
活期	0.72	0.72	0.81	0.81	0.81	0.72	0.72	0.72	0.36	0.36
定期										
三个月	1.98	2.07	2.34	2.61	2.88	3.33	3.15	2.88	1.98	1.71
半年	2.43	2.61	2.88	3.15	3.42	3.78	3.51	3.24	2.25	1.98
一年	2.79	3.06	3.33	3.60	3.87	4.14	3.87	3.60	2.52	2.25
二年	3.33	3.69	3.96	4.23	4.50	4.68	4.41	4.14	3.06	2.79
三年	3.96	4.41	4.68	4.95	5.22	5.40	5.13	4.77	3.60	3.33
五年	4.41	4.95	5.22	5.49	5.76	5.85	5.58	5.13	3.87	3.60
企业单位										
活期	0.72	0.72	0.81	0.81	0.81	0.72	0.72	0.72	0.36	0.36
定期										
三个月	1.98	2.07	2.34	2.61	2.88	3.33	3.15	2.88	1.98	1.71
半年	2.43	2.61	2.88	3.15	3.42	3.78	3.51	3.24	2.25	1.98
一年	2.79	3.06	3.33	3.60	3.87	4.14	3.87	3.60	2.52	2.25
二年	3.33	3.69	3.96	4.23	4.50	4.68	4.41	4.14	3.06	2.79
三年	3.96	4.41	4.68	4.95	5.22	5.40	5.13	4.77	3.60	3.33
五年	4.41	4.95	5.22	5.49	5.76	5.85	5.58	5.13	3.87	3.60

注：金融机构以人民银行规定的人民币存款基准利率为上限，下限为0。

5-5-9 金融机构法定贷款利率

单位：年利率%

项 目	2007.03.18	2007.05.19	2007.07.21	2007.08.22	2007.09.15	2007.12.21	2008.09.16	2008.10.09	2008.10.30	2008.11.27	2008.12.23
短期贷款											
六个月	5.67	5.85	6.03	6.21	6.48	6.57	6.21	6.12	6.03	5.04	4.86
一年	6.39	6.57	6.84	7.02	7.29	7.47	7.20	6.93	6.66	5.58	5.31
中长期贷款											
一年以上至三年	6.57	6.75	7.02	7.20	7.47	7.56	7.29	7.02	6.75	5.67	5.40
三年以上至五年	6.75	6.93	7.20	7.38	7.65	7.74	7.56	7.29	7.02	5.94	5.76
五年以上	7.11	7.20	7.38	7.56	7.83	7.83	7.74	7.47	7.20	6.12	5.94

5-5-10 黄金和外汇储备

年 份	黄金储备(万盎司)	外汇储备(亿美元)
1978	1280	1.67
1979	1280	8.40
1980	1280	-12.96
1981	1267	27.08
1982	1267	69.86
1983	1267	89.01
1984	1267	82.20
1985	1267	26.44
1986	1267	20.72
1987	1267	29.23
1988	1267	33.72
1989	1267	55.50
1990	1267	110.93
1991	1267	217.12
1992	1267	194.43
1993	1267	211.99
1994	1267	516.20
1995	1267	735.97
1996	1267	1050.29
1997	1267	1398.90
1998	1267	1449.59
1999	1267	1546.75
2000	1267	1655.74
2001	1608	2121.65
2002	1929	2864.07
2003	1929	4032.51
2004	1929	6099.32
2005	1929	8188.32
2006	1929	10663.44
2007	1929	15282.49
2008	1929	19460.30
2009	3389	23991.52

5-5-11 货币当局资产负债表(年底余额)

单位：亿元

项　目	2008	2009
总资产	**207096.0**	**227530.5**
国外资产	162543.5	185333.0
外汇	149624.3	175154.6
货币黄金	337.2	669.8
其他国外资产	12582.0	9508.6
对政府债权	16196.0	15662.0
对其他存款性公司债权	8432.5	7161.9
对其他金融性公司债权	11852.7	11530.2
对非金融性公司债权	44.1	44.0
其他资产	8027.2	7799.5
总负债	**207096.0**	**227530.5**
储备货币	129222.3	143985.0
货币发行	37115.8	41555.8
金融性公司存款	92106.6	102429.2
其他存款性公司存款	91894.7	102280.7
其他金融性公司存款	211.9	148.5
非金融性公司存款		
不计入储备货币的金融性公司存款	591.2	624.8
债券发行	45779.8	42064.2
国外负债	732.6	761.7
政府存款	16963.8	21226.4
自有资金	219.8	219.8
其他负债	13586.5	18648.6

5-5-12 国有商业银行资产负债表(年底余额)

单位：亿元

项 目	2008	2009
总资产	**310296.0**	**388523.6**
国外资产	12558.7	7873.3
储备资产	46181.1	51432.9
准备金存款	44847.9	49946.8
库存现金	1333.2	1486.0
对政府债权	17207.0	21944.8
对中央银行债权	31956.0	46690.0
对其他存款性公司债权	26950.4	29924.3
对其他金融性公司债权	9691.1	11452.0
对非金融性公司债权	116080.4	152396.5
对其他居民部门债权	27691.4	40623.4
其他资产	21980.3	26186.5
总负债	**310296.0**	**388523.6**
对非金融机构及住户负债	240416.0	296834.7
纳入广义货币的存款	230361.8	288216.7
企业活期存款	70301.3	92435.4
企业定期存款	33858.3	45689.6
居民储蓄存款	126202.2	150091.7
不纳入广义货币的存款	6600.5	6845.1
可转让存款	2088.0	2769.8
其他存款	4512.5	4075.3
其他负债	3453.7	1772.9
对中央银行负债	426.8	536.8
对其他存款性公司负债	8142.8	14137.0
对其他金融性公司负债	18725.0	28765.5
#计入广义货币的存款	5159.0	9609.2
国外负债	800.5	782.3
债券发行	1439.4	2871.9
实收资本	10815.4	10815.5
其他负债	29530.1	33780.0

5-5-13 其他国有银行资产负债表(年底余额)

单位：亿元

项　　目	2008	2009
总资产	**57730.0**	**70845.4**
国外资产	5527.8	7208.2
储备资产	5240.3	3713.6
准备金	5237.6	3711.2
库存现金	2.7	2.4
对政府债权	31.4	29.4
对中央银行债权	1601.3	66.7
对其他存款性公司债权	1454.8	3637.0
对其他金融性公司债权	49.9	351.6
对非金融性公司债权	41814.3	53758.3
对其他居民部门债权	57.6	107.4
其他资产	1952.5	1973.3
总负债	**57730.0**	**70845.4**
对非金融机构及住户负债	4120.5	6428.6
纳入广义货币的存款	3761.8	5991.0
企业活期存款	3147.4	5002.0
企业定期存款	614.4	989.0
居民储蓄存款		
不纳入广义货币的存款	321.8	322.1
可转让存款	282.7	244.7
其他存款	39.1	77.4
其他负债	36.9	115.5
对中央银行负债	3658.5	3652.0
对其他存款性公司负债	3290.3	6286.6
对其他金融性公司负债	1319.0	1120.8
#计入广义货币的存款		
国外负债	750.4	711.8
债券发行	37703.9	45409.4
实收资本	3156	3154.7
其他负债	3731.6	4081.5

5-5-14 其他存款性公司资产负债表(年底余额)

单位：亿元

项 目	2008	2009
总资产	**641501.7**	**809230.4**
国外资产	22303.1	18745.4
储备资产	93915.3	104554.7
准备金	91018.5	101244.9
库存现金	2896.8	3309.8
对政府债权	30202.4	37854.2
对中央银行债权	42683.0	55221.6
对其他存款性公司债权	75741.1	94819.6
对其他金融性公司债权	12450.5	15064.0
对非金融性公司债权	268459.8	355349.7
对其他居民部门债权	57136.9	81611.6
其他资产	38609.5	46009.5
总负债	**641501.7**	**809230.4**
对非金融机构及住户负债	447253.5	567114.1
纳入广义货币的存款	432139.4	552899.0
企业活期存款	131998.2	181755.5
企业定期存款	82339.9	110872.0
居民储蓄存款	217801.4	260271.5
不纳入广义货币的存款	11210.9	11812.6
可转让存款	4339.2	5319.2
其他存款	6871.8	6493.4
其他负债	3903.2	2402.5
对中央银行负债	4610.0	4988.9
对其他存款性公司负债	32580.3	45519.7
对其他金融性公司负债	32029.8	45593.2
#计入广义货币的存款	8808.3	15080.0
国外负债	5143.4	4785.2
债券发行	42335.3	52025.0
实收资本	21751.1	23070.6
其他负债	55798.4	66133.7

5-5-15 外资银行资产负债表(年底余额)

单位：亿元

项　目	2008	2009
总资产	**13739.2**	**14350.8**
国外资产	1719.4	1483.0
储备资产	1309.6	1415.1
准备金	1302.3	1407.7
库存现金	7.3	7.5
对政府债权	885.2	1217.3
对中央银行债权		
对其他存款性公司债权	1886.7	2214.2
对其他金融性公司债权	65.8	87.7
对非金融性公司债权	6617.1	6332.1
对其他居民部门债权	152.9	301.8
其他资产	1102.5	1299.6
总负债	**13739.2**	**14350.8**
对非金融机构及住户负债	5335.1	6687.6
纳入广义货币的存款	3801.6	5132.1
企业活期存款	1348.7	1856.4
企业定期存款	2071.8	2855.4
居民储蓄存款	381.2	420.4
不纳入广义货币的存款	1533.5	1555.5
可转让存款	802.8	944.2
其他存款	730.7	611.3
其他负债		
对中央银行负债	34.0	
对其他存款性公司负债	1905.9	1279.1
对其他金融性公司负债	420.3	412.7
#计入广义货币的存款		
国外负债	3265.7	2754.7
债券发行		
实收资本	1209.6	1425.8
其他负债	1568.7	1790.9

5-5-16 证券市场基本情况

项　目		2008	2009
境内上市公司数（A、B股）	（家）	1625	1718
境内上市外资股（B股）	（家）	109	108
境外上市公司数（H股）	（家）	153	159
股票总发行股本	（亿股）	24522.85	26162.85
#流通股本	（亿股）	12578.91	19759.53
股票市价总值	（亿元）	121366.44	243939.12
#股票流通市值	（亿元）	45213.90	151258.65
股票成交量	（亿股）	24131.39	51106.99
股票成交金额	（亿元）	267112.66	535986.76
上证综合指数	（收盘）	1820.81	3277.14
深证综合指数	（收盘）	553.30	1201.34
投资者开户数	（万户）	15198.01	17149.67
平均市盈率	（倍）		
上海		14.86	28.73
深圳		16.72	46.01
平均换手率	（%）		
上海		392.52	499.41
深圳		469.11	793.27
国债发行额	（亿元）	8558.20	17927.24
企业债发行额	（亿元）	8435.40	15864.40
债券成交额	（亿元）	28884.94	40635.06
国债现货成交金额	（亿元）	2122.51	2085.71
国债回购成交金额	（亿元）	24268.66	35929.25
证券投资基金只数	（只）	439	557
证券投资基金规模	（亿元）	25741.79	26767.05
证券投资基金成交金额	（亿元）	5831.06	10249.58
期货总成交量	（万手）	136395.97	215751.76
期货总成交额	（亿元）	719173.33	1305142.92

注：1.股票总发行股本中含(A+H)股公司发行的H股。
　　2.换手率=全年成交金额/[(本年末流通市值+上年末流通市值)/2]×100%

5-5-17 上市公司数量

单位：个

年 份	全国合计	上交所	深交所	仅发A股公司	仅发A、H股公司	仅发A、B股公司	仅发B股公司	发A、B、H股公司
1990	10	8	2	10				
1991	14	8	6	14				
1992	53	29	24	35		18		
1993	183	106	77	140	3	34	6	
1994	291	171	120	227	6	54	4	
1995	323	188	135	242	11	58	12	
1996	530	293	237	431	14	69	16	
1997	745	383	362	627	17	76	25	
1998	851	438	413	727	18	80	26	
1999	949	484	465	822	19	82	26	
2000	1088	572	516	955	19	86	28	
2001	1160	646	514	1025	23	88	24	
2002	1224	715	509	1085	28	87	24	
2003	1287	780	507	1146	30	87	24	
2004	1377	837	540	1236	31	86	24	
2005	1381	834	547	1240	32	86	23	
2006	1434	842	592	1287	38	86	23	
2007	1550	860	690	1389	52	86	23	
2008	1625	864	761	1459	57	85	23	1
2009	1718	870	848	1549	61	85	22	1

5-5-18 上市公司地区分布

单位：个

地区	上市公司家数		
	全国合计	上交所	深交所
全国	**1718**	**870**	**848**
北京	127	82	45
天津	28	17	11
河北	35	16	19
山西	27	16	11
内蒙古	20	15	5
辽宁	52	26	26
吉林	34	18	16
黑龙江	27	21	6
上海	167	151	16
江苏	130	66	64
浙江	137	61	76
安徽	57	28	29
福建	58	29	29
江西	26	16	10
山东	100	48	52
河南	41	20	21
湖北	67	34	33
湖南	52	18	34
广东	225	39	186
广西	26	11	15
海南	21	7	14
重庆	31	15	16
四川	71	32	39
贵州	17	9	8
云南	27	13	14
西藏	9	6	3
陕西	30	15	15
甘肃	22	10	12
青海	9	6	3
宁夏	11	4	7
新疆	34	21	13

5-5-19 股票发行量和筹资额

年 份	股票发行量(亿股)	A 股	H股, N股	B 股	股票筹资额(亿元)	A 股	#配股	H股, N股	B 股
1991	5.00	5.00			5.00	5.00			
1992	20.75	10.00		10.75	94.09	50.00			44.09
1993	95.79	42.59	40.41	12.79	375.47	276.41	81.58	60.93	38.13
1994	91.26	10.97	69.89	10.40	326.78	99.78	50.16	188.73	38.27
1995	31.60	5.32	15.38	10.90	150.32	85.51	62.83	31.46	33.35
1996	86.11	38.29	31.77	16.05	425.08	294.34	69.89	83.56	47.18
1997	267.63	105.65	136.88	25.10	1293.82	825.92	170.86	360.00	107.90
1998	105.56	86.30	12.86	9.90	841.52	778.02	334.97	37.95	25.55
1999	122.93	98.11	23.05	1.77	944.56	893.60	320.97	47.17	3.79
2000	512.04	145.68	359.26	7.10	2103.24	1527.03	519.46	562.21	13.99
2001	141.48	93.00	48.48		1252.34	1182.13	430.63	70.21	
2002	291.74	134.20	157.54		961.75	779.75	56.61	181.99	
2003	281.43	83.64	196.79	1.00	1357.75	819.56	74.79	534.65	3.54
2004	227.92	54.88	171.51	1.53	1510.94	835.71	104.54	648.08	27.16
2005	567.05	13.80	553.25		1882.51	338.13	2.62	1544.38	
2006	1287.77	351.11	936.66		5594.29	2463.70	4.32	3130.59	
2007	637.24	413.27	223.97		8680.17	7722.99	227.68	957.18	
2008	180.29	114.91	65.38		3852.21	3457.75	151.57	317.26	
2009	415.96	260.38	155.58		6124.69	5004.9	105.97	1073.18	

5-5-20 股票交易情况

项 目	2001	2002	2003	2004	2005	2006	2007	2008	2009
会员总数	**547**	**437**	**382**	**350**	**328**	**329**	**265**	**233**	**221**
上市公司数目（家）	1160	1224	1287	1377	1381	1434	1550	1625	1718
上市股票数目（只）	1240	1310	1372	1463	1467	1520	1636	1711	1804
A股	1130	1199	1261	1353	1358	1411	1527	1602	1696
B股	110	111	111	110	109	109	109	109	108
股票总发行股本(亿股)	**4838.35**	**5462.99**	**5997.93**	**6714.74**	**7163.54**	**12683.99**	**17000.45**	**18900.12**	**20606.26**
A股	4650.45	5283.64	5808.31	6505.83	6936.08	12445.65	16746.62	18629.77	20332.77
B股	187.90	179.34	189.62	208.91	227.47	238.34	253.84	270.35	273.49
流通股本 （亿股）	**1480.88**	**1679.94**	**1897.32**	**2194.15**	**2498.89**	**3444.50**	**4933.64**	**6964.97**	**14200.19**
A股	1315.21	1508.43	1717.93	1996.65	2280.84	3215.54	4682.77	6696.76	13928.71
B股	165.67	171.51	179.39	197.50	218.05	228.96	250.87	268.21	271.48
股票市价总值(亿元)	**43522**	**38329**	**42458**	**37056**	**32430**	**89404**	**327141**	**121366**	**243939**
A股	42246	37527	41520	36309	31811	88114	324588	120567	242127
B股	1277	803	937	746	620	1290	2553	800	1812
股票流通市值(亿元)	**14463**	**12485**	**13179**	**11689**	**10631**	**25004**	**93064**	**45214**	**151259**
A股	13345	11719	12306	10998	10028	23731	90527	44419	149456
B股	1118	766	873	690	602	1272	2538	795	1803
股票成交金额(亿元)	**38305**	**27990**	**32115**	**42334**	**31665**	**90469**	**460556**	**267113**	**535987**
A股	33242	27142	31270	41576	31099	89217	454771	265890	533889
B股	5063	848	845	758	565	1252	5785	1222	2097
总成交股数 （亿股）	**3152.29**	**3016.19**	**4163.08**	**5827.73**	**6623.73**	**16145.23**	**36403.75**	**24131.39**	**51107.00**
A股	2463.41	2859.49	3992.28	5672.91	6470.87	15808.62	35683.93	23912.78	50648.91
B股	688.88	156.70	170.80	154.83	152.86	336.61	719.82	218.62	458.09
上证综合指数									
最高	2245.44	1748.89	1649.60	1783.01	1328.53	2698.90	6124.04	5522.78	3478.01
最低	1514.86	1339.20	1307.40	1259.43	998.23	1161.91	2541.53	1664.93	1844.09
收盘	1645.97	1357.65	1497.04	1266.50	1161.06	2675.47	5261.56	1820.81	3277.14
深证综合指数									
最高	664.85	512.38	449.42	470.55	333.28	552.93	1567.74	1584.40	1240.64
最低	439.36	371.79	350.74	315.17	237.18	278.99	547.89	452.33	557.69
收盘	475.94	388.76	378.63	315.81	278.75	550.59	1447.02	553.30	1201.34

5-5-21　全国期货交易所市场概况

年　份	全年总成交额 (亿元)	全年总成交量 (万手)	全年总实物交割额 (亿元)	全年总实物交割量 (万手)
1993	5521.99	890.69		
1994	31601.41	12110.72		
1995	100565.30	63612.07	181.52	83.09
1996	84119.16	34256.77	174.13	78.33
1997	61170.66	15876.32	93.75	38.18
1998	36967.24	10445.57	48.04	20.56
1999	22343.01	7363.91	109.41	16.12
2000	16082.29	5461.07	65.11	8.40
2001	30144.98	12046.35	57.54	64.85
2002	39490.28	13943.37	101.44	141.16
2003	108396.59	27992.43	127.34	129.54
2004	146935.32	30569.76	181.68	31.32
2005	134463.38	32287.41	141.87	29.23
2006	210063.37	44950.82	216.93	28.68
2007	409740.77	72846.08	275.49	230.88
2008	719173.33	136396.00	323.52	51.29
2009	1305142.92	215751.76	266.73	45.95

5-5-22　全国交易所上市基金成交概况

项　　目	本年	上年	增减(%)
交易日数　(天)	244	246	-0.81
基金上市品种　(个)	73	64	14.06
#ETF	7	5	—
LOFE	33	28	—
基金成交金额　(亿元)	10340.02	5831.05	77.33
#ETF	7652.13	3178.58	—
LOFE	324.73	415.29	—
基金日均成交金额 (亿元)	42.38	23.7	78.82
基金成交股数　(亿股)	6531.4	3742.28	74.53
#ETF	3452.19	1411.5	—
LOFE	365.1	378.71	—
基金成交笔数　(百万笔)	30.22	34.11	-11.40
#ETF	12.75	11.41	—
LOFE	2.84	4.53	—
上证基金指数开市	2541.64	5088.47	-50.05
上证基金指数最高	4813.13	5525.57	-12.89
上证基金指数最低	2528.83	2214.27	14.21
上证基金指数收市	4765.75	2512.49	89.68
深证基金指数开市	2651.82	5011.7	-47.09
深证基金指数最高	4768.90	5404.91	-11.77
深证基金指数最低	2641.21	2373.40	11.28
深证基金指数收市	4720.45	2626.25	79.74

注：ETF是交易所交易基金的简称,LOFE是一种可以在交易所挂牌交易的开放式基金。

5-5-23　保险公司业务经济技术指标

单位：亿元

项　　目	保　费	赔款及给付
合　　计	**11137**	**3125**
财产保险公司	**2993**	**1638**
企业财产保险	221	128
家庭财产保险	15	6
机动车辆保险	2156	1201
工程保险	52	17
责任保险	92	39
信用保险	70	31
保证保险	8	5
船舶保险	42	19
货物运输保险	61	26
特殊风险保险	24	9
农业保险	134	95
健康险	43	34
意外伤害保险	74	28
其他险	1	
人寿保险公司	**8144**	**1487**
寿险	7457	1269
健康险	531	183
人身意外伤害险	156	36

【主要统计指标解释】

信贷资金 指金融机构以信用方式积聚和分配的货币资金。金融机构信贷资金的来源有各项存款、金融债券、对国际金融机构负债、流通中现金等；信贷资金的运用有各项贷款、有价证券及投资、金银占款、外汇占款、财政借款及在国际金融机构中的资产等。

存款 指企业、机关、团体或居民根据资金必须收回的原则，把货币资金存入银行或其他信贷机构保管并取得一定利息的一种信用活动形式。根据存款对象或性质的不同可划分为企业存款、财政存款、机关团体存款、城乡储蓄存款、农业存款、其他存款等科目。它是银行信贷资金的主要来源。

贷款 指银行或其他信贷机构根据资金必须归还的原则，按一定利率，为企业、个人等提供资金的一种信用活动形式。我国银行贷款分为短期贷款、中长期贷款、委托及信托类贷款、其他类贷款等。

保险公司 指在中国境内的、经过保险监督管理部门批准设立，并依法登记注册的各类商业保险公司。

保险金额 指保险人承担赔偿或者给付保险金责任的最高限额。

保费 指投保人为取得保险人在约定范围内所承担赔偿责任而支付给保险人的费用。

赔款 指保险人根据保险合同的规定，向被保险人支付的赔偿保险责任损失的金额。

给付 包括死伤医疗给付和满期给付。死伤医疗给付是指保险人根据人寿保险及长期健康保险合同的规定，因被保险人在保险期内发生保险责任范围内的保险事故支付给被保险人(或受益人)的金额。满期给付是指被保险人生存期满，保险人按人寿保险合同规定支付给被保险人的满期保险金额。

5 第三产业部分行业主要业务指标

5-6 房地产开发

简要说明

房地产开发统计资料来自2009年全国房地产开发企业上报的基层库，除个别指标外，均为自年初累计数据。主要内容包括：历年房地产开发企业基本情况；房屋开竣工面积、商品房销售及土地开发与购置情况。主要分组包括按地区、用途、登记注册类型、资质等级等。

数据口径变化：2004年数据，除平均销售价格、住宅竣工与销售套数为经济普查数据外，其他指标数据均为当年快报数据。

指标变化：2005年起，商品房销售改为按期房加现房的统计方法，而在此之前为实际销售口径，2004年商品房销售数据不能与以前年度数据直接进行对比。

5-6-1 房地产开发企业（单位）土地开发及购置

年 份 地 区	本年完成开发土地面积（万平方米）	土地购置（亿元）	待开发土地面积（万平方米）	本年购置土地面积（万平方米）
1997	7371.3	247.6	17670.1	6641.7
1998	7730.1	375.4	13530.7	10109.3
1999	9319.6	500.0	13505.2	11958.9
2000	11666.1	733.9	14754.8	16905.2
2001	15315.8	1038.8	14582.1	23409.0
2002	19416.0	1445.8	19178.7	31356.8
2003	22166.3	2055.2	21782.6	35696.5
2004	19740.2	2574.5	39635.3	39784.7
2005	22676.2	2904.4	27522.0	38253.7
2006	27128.4	3814.5	37523.7	36573.6
2007	27566.2	4873.2	41484.0	40245.8
2008	28709.8	5995.6	48161.1	39353.4
2009	23037.4	6023.7	32816.5	31909.5
北 京	364.0	587.7	1104.0	625.0
天 津	369.8	88.4	594.0	444.8
河 北	1118.7	217.8	501.2	2022.7
山 西	865.7	75.7	462.7	614.7
内蒙古	607.8	108.9	749.2	1109.3
辽 宁	1692.5	360.7	1124.8	2086.9
吉 林	212.9	71.3	24.7	723.9
黑龙江	471.2	74.3	214.7	833.3
上 海	87.9	213.9	414.1	184.9
江 苏	1647.0	560.5	4524.0	1857.9
浙 江	1062.1	697.1	1310.9	1308.3
安 徽	856.5	292.0	1828.1	1918.6
福 建	465.1	332.7	837.5	1120.6
江 西	649.9	66.4	821.3	694.5
山 东	1827.7	385.5	2363.0	2178.7
河 南	1351.1	198.0	911.4	2701.5
湖 北	1361.7	161.5	1414.7	1000.1
湖 南	1119.6	119.2	1806.4	1001.5
广 东	1497.1	468.2	4653.6	2259.9
广 西	383.3	116.5	718.9	1287.2
海 南	306.1	27.2	192.5	286.7
重 庆	1050.9	238.1	2338.9	1227.8
四 川	987.7	243.8	1208.6	1046.8
贵 州	161.4	32.4	713.6	373.3
云 南	826.0	132.5	798.7	1269.8
西 藏	17.0	0.3	28.5	5.2
陕 西	508.1	73.2	262.9	408.0
甘 肃	170.1	24.6	121.4	335.7
青 海	143.0	18.1	40.5	178.2
宁 夏	180.1	17.1	106.8	374.3
新 疆	675.4	20.2	624.7	429.3

5-6-2 按资质等级分的房地产开发企业(单位)完成土地开发面积

单位：平方米

地区	总计	一级	二级	三级	四级	暂定	其他
全国	**230373960**	**8674704**	**31669296**	**62751485**	**36159364**	**80615675**	**10503436**
北京	3640243	104118	86344		1944181	35600	1470000
天津	3698089		412665	610909	716083	1958432	
河北	11186987	144231	995867	2398863	3795372	3754844	97810
山西	8656718	174937	675093	1880022	2586303	3247318	93045
内蒙古	6078437	116723	749347	1691578	1804139	1480444	236206
辽宁	16925293	494925	1060890	5790437	266870	7743442	1568729
吉林	2128826	71490	217221	903278	535491	401346	
黑龙江	4711898	35512	678166	2776480	392110	741394	88236
上海	878501		25416			853085	
江苏	16469727	1056937	4971868	4160783	409191	5429980	440968
浙江	10620784	486393	1593093	2200374	1010261	4635802	694861
安徽	8565017	24624	808160	2431231	1760344	3433435	107223
福建	4650543		141817	739681	1751413	984282	1033350
江西	6499319		724520	2257650	1054911	2154889	307349
山东	18276659	932975	1374178	4242083	3786506	7171190	769727
河南	13511014	615553	2250030	2182805	979289	7072549	410788
湖北	13616661	421514	3895761	3794509	1294871	4105725	104281
湖南	11196276	131654	531208	5288253	583133	4169676	492352
广东	14971461	835031	870709	3420501	2860493	5624300	1360427
广西	3832939	36212	345615	904593	269472	1957141	319906
海南	3061162	36000	87550	478020	705212	1674741	79639
重庆	10508778	566205	3191592	2208486	99872	4392775	49848
四川	9876924	259951	2611455	5241801	1034632	569520	159565
贵州	1614287	31500	99191	355164	334418	767339	26675
云南	8259888	390775	1045697	1062299	2822972	2839172	98973
西藏	169592		137902			31690	
陕西	5081492	797037	490103	1199741	1829729	687326	77556
甘肃	1701316		200256	301629	513427	513005	172999
青海	1429683	356842	300095	298973	35877	437896	
宁夏	1801426	33350	471636	442842	373762	330452	149384
新疆	6754020	520215	625851	3488500	609030	1416885	93539

5-6-3 按资质等级分的房地产开发企业(单位)土地购置面积

单位：平方米

地　区	总　计	一　级	二　级	三　级	四　级	暂定	其他
全　国	**319094512**	**14713702**	**36932603**	**76456051**	**44010974**	**129632346**	**17348836**
北　京	6250067	1946712	347918	491961	689168	2491005	283303
天　津	4447789	67200	249956	57464	203320	3869849	
河　北	20227099	734958	1732187	5677425	5856239	5682945	543345
山　西	6147448	281365	409877	1197228	1682785	2423184	153009
内蒙古	11093345	313750	1451409	3615677	2819124	2591438	301947
辽　宁	20868635	422832	1877003	5858543	272770	10586873	1850614
吉　林	7238553	170006	847953	2178325	1420039	2622230	
黑龙江	8333122	35512	1083934	4715661	600314	1638430	259271
上　海	1849181	79142	255200	82679		1277009	155151
江　苏	18579284	1274899	4932634	5065229	278692	6588888	438942
浙　江	13083337	1356798	1526627	2462003	935707	5356189	1446013
安　徽	19185913	85078	2183442	2524725	2125648	11652941	614079
福　建	11206117	44261	1182274	1757472	3609851	4285360	326899
江　西	6944835	19288	878770	2400497	1072048	2181298	392934
山　东	21786840	1395099	1183626	4229371	4238222	9918162	822360
河　南	27015422	738732	3374550	4514158	2609045	14832393	946544
湖　北	10000796	8674	1301146	2432945	1731234	4440813	85984
湖　南	10015093		403578	4288169	1124532	3926653	272161
广　东	22599034	1911235	562373	4624140	4816439	7146215	3538632
广　西	12871526	296186	736864	2439044	617075	5296770	3485587
海　南	2867233		108006	351204	767589	1479521	160913
重　庆	12277918	552046	2927118	2963179	194862	5550304	90409
四　川	10468166	527146	2493151	4898753	927661	1389711	231744
贵　州	3732605		202189	611828	553679	2224709	140200
云　南	12698188	321983	1892567	2404108	2249739	5666450	163341
西　藏	52310		20000			32310	
陕　西	4079737	667808	331695	1814077	987321	211850	66986
甘　肃	3356939	250000	232296	700024	512764	1555029	106826
青　海	1781574	92207	862334	246361	82934	497738	
宁　夏	3742947	816788	1028343	665288	227349	658657	346522
新　疆	4293459	303997	313583	1188513	804824	1557422	125120

5-6-4 房地产开发企业(单位)建设房屋建筑面积和造价

年　份 地　区	施工房屋 面　积 (万平方米)	竣工房屋 面　积 (万平方米)	房屋建筑 面积竣工率 (%)	竣工房屋 价　值 (万元)	竣工房屋 造　价 (元/平方米)
1997	44985.5	15819.7	35.2	18592458	1175
1998	50770.1	17566.6	34.6	21391927	1218
1999	56857.6	21410.8	37.7	24675822	1152
2000	65896.9	25104.9	38.1	28593463	1139
2001	79411.7	29867.4	37.6	33694469	1128
2002	94104.0	34975.8	37.2	41416949	1184
2003	117526.0	41464.1	35.3	52799528	1273
2004	140451.4	42464.9	30.2	59524820	1402
2005	166053.3	53417.0	32.2	77522369	1451
2006	194786.4	55830.9	28.7	87293459	1564
2007	236318.2	60606.7	25.6	100398923	1657
2008	283266.2	66544.8	23.5	119475659	1795
2009	320368.2	72677.4	22.7	146893651	2021
北　京	9719.1	2678.6	27.6	6445826	2406
天　津	6052.2	1902.1	31.4	5199962	2734
河　北	12753.0	2211.7	17.3	4642260	2099
山　西	5486.7	861.1	15.7	1605422	1864
内蒙古	8288.4	2314.8	27.9	4083596	1764
辽　宁	18579.1	4031.7	21.7	7524878	1866
吉　林	5369.4	1469.6	27.4	2119185	1442
黑龙江	4521.3	1888.3	41.8	3074230	1628
上　海	9949.5	2105.0	21.2	7058034	3353
江　苏	29953.9	8442.8	28.2	19261652	2281
浙　江	19932.7	3843.8	19.3	8535363	2221
安　徽	14165.5	2861.2	20.2	5551872	1940
福　建	11668.2	2240.3	19.2	3585341	1600
江　西	6755.6	1646.8	24.4	2346650	1425
山　东	22125.2	5015.9	22.7	10198674	2033
河　南	16071.5	3401.0	21.2	4342957	1277
湖　北	9546.5	2312.1	24.2	5402174	2336
湖　南	13727.7	2965.2	21.6	5455176	1840
广　东	24814.7	5062.2	20.4	13215342	2611
广　西	8346.1	1441.6	17.3	2046298	1419
海　南	1989.9	431.6	21.7	1121956	2599
重　庆	13052.6	2907.0	22.3	6137117	2111
四　川	17731.3	4279.5	24.1	6852347	1601
贵　州	6101.0	1223.5	20.1	1822974	1490
云　南	6837.9	1680.6	24.6	3217061	1914
西　藏	140.6	46.0	32.7	83747	1821
陕　西	8235.6	917.0	11.1	2240149	2443
甘　肃	2536.3	540.6	21.3	875286	1619
青　海	900.4	182.0	20.2	285579	1569
宁　夏	1952.0	741.2	38.0	1032092	1392
新　疆	3064.4	1032.7	33.7	1530451	1482

5-6-5 各地区房地产开发企业(单位)建设住宅面积和造价

年份 地区	施工住宅面积 (万平方米)	竣工住宅面积 (万平方米)	住宅建筑面积竣工率 (%)	竣工住宅价值 (万元)	竣工住宅造价 (元/平方米)
1997	30374.7	12464.7	41.0	12699131	1019
1998	36223.0	14125.7	39.0	14841274	1051
1999	42590.3	17640.7	41.4	18313466	1038
2000	50498.3	20603.3	40.8	21736046	1055
2001	61583.0	24625.4	40.0	26224110	1065
2002	73208.7	28524.7	39.0	31909883	1119
2003	91390.5	33374.6	37.0	41289403	1222
2004	108196.5	34677.2	32.1	46883574	1352
2005	129078.4	43682.9	33.8	60601314	1387
2006	151742.7	45471.7	30.0	67172276	1477
2007	186788.4	49831.3	26.7	78530678	1576
2008	222891.8	54334.1	24.4	92952620	1711
2009	251328.8	59628.7	23.7	115002390	1929
北京	5551.9	1613.2	29.1	3515749	2179
天津	4517.8	1580.8	35.0	4349083	2751
河北	10872.1	1939.7	17.8	3958647	2041
山西	4622.0	743.6	16.1	1361641	1831
内蒙古	6307.2	1958.7	31.1	3309352	1690
辽宁	14526.9	3394.8	23.4	5982982	1762
吉林	4439.0	1293.6	29.1	1791138	1385
黑龙江	3692.7	1575.5	42.7	2481337	1575
上海	6550.7	1508.8	23.0	4411108	2924
江苏	22794.3	6731.4	29.5	15035202	2234
浙江	13946.0	2783.2	20.0	5976338	2147
安徽	11285.5	2350.6	20.8	4374072	1861
福建	8845.8	1690.9	19.1	2708302	1602
江西	5768.6	1437.5	24.9	1979146	1377
山东	18133.1	4319.6	23.8	8356492	1935
河南	13460.2	2991.8	22.2	3653840	1221
湖北	7737.5	2007.3	25.9	4413289	2199
湖南	11301.4	2500.5	22.1	4444437	1777
广东	18994.1	4111.6	21.6	10542801	2564
广西	6719.1	1220.4	18.2	1682306	1378
海南	1759.0	401.4	22.8	1041477	2595
重庆	10338.1	2384.5	23.1	4840637	2030
四川	14763.1	3680.6	24.9	5707978	1551
贵州	4715.2	1041.2	22.1	1497561	1438
云南	5535.5	1408.0	25.4	2592195	1841
西藏	122.0	42.4	34.7	77863	1837
陕西	7088.1	790.9	11.2	1860709	2353
甘肃	2108.3	461.8	21.9	723373	1567
青海	766.0	160.4	20.9	245084	1528
宁夏	1506.8	603.1	40.0	811205	1345
新疆	2560.7	900.9	35.2	1277046	1418

5-6-6 按用途分房地产开发企业(单位)施工房屋面积

单位：万平方米

年份 地区	本年施工房屋面积	住宅	#别墅、高档公寓	#经济适用房屋	办公楼	商业营业用房	其他
1997	44985.46	30374.66	1759.19	3764.34	5335.15	6507.95	2767.34
1998	50770.10	36223.00	2032.10	5746.40	5072.70	6551.30	2923.10
1999	56857.63	42590.34	1982.21	8167.97	4383.17	6812.69	3071.43
2000	65896.92	50498.25	2986.69	10215.91	4058.51	7825.67	3514.48
2001	79411.68	61582.99	3734.88	10949.51	4120.00	9573.81	4134.88
2002	94104.01	73208.65	5009.23	10681.62	4392.30	11501.45	5001.61
2003	117525.99	91390.49	5796.55	10139.54	5088.41	14708.90	6338.19
2004	140451.39	108196.54	6598.11	8987.08	5982.43	18293.23	7979.20
2005	166053.26	129078.38	8556.24	8115.72	6618.80	20926.59	9429.49
2006	194786.42	151742.72	11471.45	9401.21	7395.39	23712.76	11935.55
2007	236318.24	186788.43	14150.10	11012.93	8321.51	25941.12	15267.18
2008	283266.18	222891.80	14608.82	12689.18	9582.06	30465.05	20329.71
2009	320368.16	251328.78	14313.93	12946.00	9996.19	34543.72	24499.46
北京	9719.08	5551.88	840.89	585.44	1132.19	1323.38	1711.63
天津	6052.16	4517.83	212.06	1129.94	348.46	682.35	503.52
河北	12752.97	10872.12	222.98	350.73	197.98	1039.82	643.06
山西	5486.75	4622.04	33.20	271.24	111.21	493.51	259.99
内蒙古	8288.36	6307.22	396.21	550.23	281.56	1277.47	422.12
辽宁	18579.06	14526.90	539.09	621.07	428.61	2653.77	969.78
吉林	5369.44	4439.01	177.99	287.29	97.22	575.38	257.82
黑龙江	4521.35	3692.69	92.41	218.37	58.61	507.84	262.22
上海	9949.45	6550.73	1302.04	245.98	954.45	1106.89	1337.38
江苏	29953.89	22794.31	1804.45	968.92	922.09	4080.19	2157.29
浙江	19932.69	13945.98	1078.80	819.82	1178.85	2113.76	2694.09
安徽	14165.52	11285.51	409.04	371.86	433.18	1820.75	626.07
福建	11668.17	8845.75	461.65	357.08	314.67	1012.64	1495.11
江西	6755.60	5768.56	152.37	260.61	65.24	655.09	266.70
山东	22125.17	18133.11	383.12	629.51	444.43	2455.21	1092.42
河南	16071.48	13460.24	262.23	764.89	370.40	1507.56	733.28
湖北	9546.53	7737.46	321.54	659.70	209.55	1015.35	584.18
湖南	13727.69	11301.36	503.90	422.58	194.03	1265.99	966.31
广东	24814.69	18994.15	2038.74	141.61	840.54	2284.72	2695.28
广西	8346.07	6719.08	206.86	176.12	133.25	855.62	638.12
海南	1989.91	1759.05	482.25	11.12	19.93	125.70	85.23
重庆	13052.60	10338.12	672.47	974.00	210.29	1344.49	1159.70
四川	17731.31	14763.12	578.72	234.08	338.52	1332.82	1296.85
贵州	6101.05	4715.22	65.02	461.02	123.89	706.33	555.61
云南	6837.88	5535.52	698.39	208.12	105.08	800.75	396.53
西藏	140.62	122.05	6.13	16.05	6.92	10.37	1.29
陕西	8235.56	7088.07	111.28	475.67	260.62	579.94	306.92
甘肃	2536.32	2108.27	4.29	348.93	50.96	260.16	116.93
青海	900.39	765.99	11.30	8.99	8.08	91.29	35.03
宁夏	1952.02	1506.79	27.93	143.27	71.08	258.78	115.36
新疆	3064.41	2560.67	216.58	231.77	84.31	305.81	113.64

5-6-7 按用途分房地产开发企业(单位)新开工房屋面积

单位：万平方米

年份 地区	本年新开工房屋面积	住宅	#别墅、高档公寓	#经济适用房屋	办公楼	商业营业用房	其他
1997	14026.98	10996.64	1720.57	469.72	872.44	1462.45	695.44
1998	20387.90	16637.50	3466.40	638.60	871.50	1938.65	940.25
1999	22579.41	18797.94	3970.36	594.06	690.29	2198.56	892.62
2000	29582.64	24401.15	5313.32	1169.09	898.81	3034.77	1247.91
2001	37394.18	30532.72	5795.97	1456.69	1072.98	4105.40	1683.08
2002	42800.52	34719.35	5279.68	2278.17	1254.24	4926.48	1900.45
2003	54707.53	43853.88	5330.58	2349.29	1466.89	6706.80	2679.96
2004	60413.86	47949.01	4257.49	2975.69	1704.19	7790.81	2969.85
2005	68064.44	55185.07	3513.45	2834.97	1671.10	7675.47	3532.79
2006	79252.83	64403.80	4379.03	4058.32	2134.94	8473.23	4240.86
2007	95401.53	78795.51	4810.26	4914.41	2141.44	9093.89	5370.70
2008	102553.37	83642.12	4336.97	5621.86	2471.95	10040.69	6398.62
2009	116422.05	93298.41	3649.80	5354.65	2860.76	12415.03	7847.84
北京	2246.60	1380.28	129.37	165.84	255.96	228.45	381.92
天津	2555.50	1904.46	31.87	772.15	179.63	315.17	156.23
河北	6786.00	5771.58	74.74	178.43	98.77	581.95	333.69
山西	2444.06	2103.28	7.31	130.71	32.51	196.13	112.15
内蒙古	4387.60	3212.22	158.90	254.74	160.48	776.81	238.09
辽宁	8305.44	6639.90	141.80	281.65	148.87	1127.94	388.73
吉林	3262.45	2740.28	96.19	185.65	32.27	347.65	142.25
黑龙江	2995.55	2438.04	42.27	150.34	41.49	352.98	163.04
上海	2483.05	1721.02	329.44	127.44	162.39	201.71	397.92
江苏	9209.46	7097.74	398.25	334.67	205.46	1242.22	664.04
浙江	5606.45	3947.70	305.51	209.25	303.53	589.47	765.75
安徽	5315.62	4213.94	64.15	170.81	163.47	696.21	242.01
福建	2423.35	1860.99	87.71	106.37	77.44	248.18	236.74
江西	2300.96	1956.02	27.25	72.61	28.52	232.80	83.63
山东	8491.78	7041.64	100.57	279.91	142.60	892.94	414.60
河南	7115.63	6179.78	97.64	341.37	89.04	589.80	257.02
湖北	3975.84	3213.92	65.00	173.95	91.60	419.58	250.74
湖南	5319.82	4417.88	88.61	210.10	58.05	493.50	350.38
广东	6479.85	5099.73	502.05	78.66	170.38	519.02	690.73
广西	3020.02	2470.90	51.48	61.71	39.57	283.88	225.68
海南	807.26	728.46	153.98		1.90	50.29	26.61
重庆	3813.68	2989.72	145.41	384.66	62.98	404.15	356.83
四川	5235.88	4411.13	127.52	43.88	111.51	405.36	307.88
贵州	1755.24	1352.92	11.97	103.38	27.78	205.80	168.74
云南	2820.84	2231.07	226.21	57.22	45.70	363.25	180.82
西藏	37.35	31.84	4.37	6.00	0.42	4.42	0.67
陕西	2796.27	2428.32	51.58	103.61	43.21	198.60	126.15
甘肃	1046.92	886.33	0.13	140.00	14.16	101.88	44.55
青海	505.13	423.61	0.42	1.00	3.53	57.28	20.71
宁夏	1160.26	920.85	21.35	86.70	36.71	129.55	73.15
新疆	1718.17	1482.86	106.77	141.85	30.83	158.07	46.40

5-6-8 按用途分房地产开发企业(单位)竣工房屋面积

单位: 万平方米

年份 地区	本年竣工房屋面积	住宅	#别墅、高档公寓	#经济适用房屋	办公楼	商业营业用房	其他
1997	15819.70	12464.70	554.22	1902.91	1057.66	1628.44	668.89
1998	17566.60	14125.70	609.00	2352.20	996.40	1791.50	652.90
1999	21410.83	17640.67	646.03	4063.48	979.19	2011.84	779.13
2000	25104.86	20603.32	959.34	5372.09	952.01	2561.97	987.57
2001	29867.36	24625.40	1183.56	5801.27	974.03	3111.66	1156.27
2002	34975.75	28524.70	1625.58	5409.97	1013.65	3939.75	1497.65
2003	41464.06	33774.61	1735.87	4538.51	1077.14	4825.06	1787.25
2004	42464.87	34677.18	2115.31	3325.69	1034.60	4945.95	1807.14
2005	53417.04	43682.85	2538.79	3212.79	1416.70	5888.03	2429.46
2006	55830.92	45471.75	2652.85	3272.01	1393.71	6285.75	2679.72
2007	60606.68	49831.35	3033.34	3442.94	1545.02	6096.49	3133.82
2008	66544.77	54334.10	2988.71	3219.84	1824.64	6410.65	3975.38
2009	72677.43	59628.71	3020.47	3446.16	1652.55	6823.72	4572.46
北京	2678.55	1613.23	213.67	99.09	316.59	322.45	426.29
天津	1902.06	1580.82	67.38	380.42	83.67	115.85	121.72
河北	2211.72	1939.70	63.13	72.63	13.30	157.20	101.51
山西	861.10	743.62	3.14	21.71	12.11	67.29	38.09
内蒙古	2314.76	1958.74	60.13	192.95	48.50	225.99	81.52
辽宁	4031.75	3394.77	134.99	159.20	37.36	439.51	160.11
吉林	1469.64	1293.59	58.59	103.05	9.92	128.02	38.10
黑龙江	1888.28	1575.46	57.34	153.28	18.13	194.28	100.41
上海	2104.98	1508.81	205.00		135.02	201.05	260.10
江苏	8442.80	6731.41	518.22	413.38	152.94	1033.99	524.46
浙江	3843.82	2783.23	160.26	254.76	158.80	384.88	516.91
安徽	2861.25	2350.59	64.28	80.66	62.65	366.61	81.40
福建	2240.26	1690.85	82.18	73.53	47.44	209.32	292.65
江西	1646.80	1437.51	46.51	77.14	5.52	159.94	43.83
山东	5015.86	4319.57	57.73	144.60	119.76	425.68	150.85
河南	3400.98	2991.79	55.89	143.57	32.59	280.05	96.54
湖北	2312.11	2007.34	71.01	196.66	29.72	183.93	91.12
湖南	2965.17	2500.50	191.00	127.30	42.14	245.24	177.30
广东	5062.25	4111.60	388.87	15.86	89.14	381.06	480.45
广西	1441.63	1220.43	29.03	18.50	7.93	119.80	93.47
海南	431.63	401.36	69.98	0.87	1.94	19.03	9.30
重庆	2907.05	2384.51	60.45	154.02	46.36	258.40	217.77
四川	4279.46	3680.61	130.30	42.66	51.49	289.97	257.39
贵州	1223.52	1041.16	9.87	164.27	18.35	108.35	55.66
云南	1680.56	1408.03	155.44	67.91	34.35	171.44	66.74
西藏	45.98	42.38	1.76	5.00	1.05	1.93	0.62
陕西	916.97	790.94	21.12	36.79	27.70	81.50	16.82
甘肃	540.56	461.78	0.13	87.22	11.85	54.18	12.75
青海	181.98	160.40		3.21	1.54	17.81	2.23
宁夏	741.23	603.10	1.64	59.17	12.95	102.68	22.50
新疆	1032.72	900.87	41.44	96.77	21.73	76.28	33.84

5-6-9 按用途分房地产开发企业(单位)竣工房屋价值

单位：万元

年份 地区	竣工 房屋价值	住宅	#别墅、高档公寓	#经济适用房屋	办公楼	商业营业用房	其他
1998	21391927	14841274	1797188	1305059	2696191	2908120	946342
1999	24675822	18313466	3243105	1363040	2307508	2821830	1233018
2000	28593463	21736046	4167662	1763912	1887549	3435603	1534265
2001	33694469	26224110	4653653	2143243	1794697	3972859	1702803
2002	41416949	31909883	4603868	2862739	1821081	5421762	2264223
2003	52799528	41289403	3861036	3413634	2179823	6707887	2622415
2004	59524820	46883710	3355237	2859906	2334105	7443231	2863774
2005	77522369	60601314	6585999	3413715	3330709	9442203	4148143
2006	87293459	67172276	7067080	3794171	3812779	11523290	4785114
2007	100398923	78530678	7956405	4668871	4117505	11996464	5754276
2008	119475659	92952620	7845093	4159955	4996314	13651868	7874857
2009	146893651	115002390	8769854	5511904	5233193	16690159	9967909
北京	6445826	3515749	566033	151318	948194	908115	1073768
天津	5199962	4349083	223735	854023	199505	312333	339041
河北	4642260	3958647	236216	143867	31708	463116	188789
山西	1605422	1361641	10178	34221	35348	153418	55015
内蒙古	4083596	3309352	179040	341289	130855	488310	155079
辽宁	7524878	5982982	364592	230016	136370	1122099	283427
吉林	2119185	1791138	107675	136300	16450	247295	64302
黑龙江	3074230	2481337	94746	241930	39739	365479	187675
上海	7058034	4411108	984856		816958	783483	1046485
江苏	19261652	15035202	1438474	708375	438327	2680467	1107656
浙江	8535363	5976338	459023	473458	479839	963816	1115370
安徽	5551872	4374072	153622	99950	185803	841745	150252
福建	3585341	2708302	177564	100536	74744	394381	407914
江西	2346650	1979146	83709	79212	9440	296067	61997
山东	10198674	8356492	161853	201093	377929	1172861	291392
河南	4342957	3653840	182776	140144	50292	504593	134232
湖北	5402174	4413289	252057	404627	86617	592276	309992
湖南	5455176	4444437	445918	170429	107700	610994	292045
广东	13215342	10542801	1200932	31669	454644	982533	1235364
广西	2046298	1682306	54826	18721	16822	204419	142751
海南	1121956	1041477	281315	1028	2301	53153	25025
重庆	6137117	4840637	235230	235695	140583	702736	453161
四川	6852347	5707978	301885	40619	131353	516513	496503
贵州	1822974	1497561	22107	202272	34582	210205	80626
云南	3217061	2592195	357271	94267	106881	392924	125061
西藏	83747	77863	2300	8000	2693	2531	660
陕西	2240149	1860709	113264	56768	64376	276533	38531
甘肃	875286	723373	182	132961	22939	106818	22156
青海	285579	245084		3431	5201	31196	4098
宁夏	1032092	811205	4250	63205	26109	161579	33199
新疆	1530451	1277046	74225	112480	58891	148171	46343

5-6-10 商品房屋销售情况

年 份 地 区	房屋销售面积 (万平方米)	# 住宅	商品房销售额 (万元)	# 住宅
1991	3025.46	2745.17	2378597	2075979
1992	4288.86	3812.21	4265938	3798493
1993	6687.91	6035.19	8637141	7291913
1994	7230.35	6118.03	10184950	7305208
1995	7905.94	6787.03	12577269	10240705
1996	7900.41	6898.46	14271292	11069006
1997	9010.17	7864.30	17994763	14075553
1998	12185.30	10827.10	25133027	20068676
1999	14556.53	12997.87	29878734	24137347
2000	18637.13	16570.28	39354423	32286046
2001	22411.90	19938.75	48627517	40211543
2002	26808.29	23702.31	60323413	49578501
2003	33717.63	29778.85	79556627	65434492
2004	38231.64	33819.89	103757069	86193667
2005	55486.22	49587.83	175761325	145637616
2006	61857.07	55422.95	208259631	172878070
2007	77354.72	70135.88	298891189	255658111
2008	65969.83	59280.35	250681830	211960034
2009	94755.00	86184.89	443551695	384328951
北 京	2362.25	1880.45	32596624	24867669
天 津	1590.02	1461.47	10948460	9653564
河 北	2966.61	2819.77	9680476	9051453
山 西	1034.20	964.05	2799896	2459822
内蒙古	2581.68	2253.98	7672360	5970070
辽 宁	5375.52	4864.25	21685950	18834702
吉 林	1944.30	1758.37	5671879	4902250
黑龙江	2016.98	1751.22	6536890	5370482
上 海	3372.45	2928.04	43302240	36202282
江 苏	10248.20	9034.69	51063696	43410260
浙 江	5538.13	4760.12	43339772	37555286
安 徽	4030.92	3646.44	13783861	11796852
福 建	2723.23	2420.83	14778299	12990871
江 西	2280.91	2108.07	6028009	5305604
山 东	7016.35	6478.28	24591016	21958458
河 南	4335.09	4017.45	11558968	10048884
湖 北	2718.05	2576.32	9600307	8792284
湖 南	3513.72	3262.34	9415971	8260738
广 东	7060.03	6567.43	45985280	41766505
广 西	2383.76	2249.70	7771721	7047622
海 南	561.36	545.91	3514587	3434396
重 庆	4002.89	3771.22	13777615	12317053
四 川	5967.69	5553.13	20940511	19068845
贵 州	1653.05	1541.91	4750718	4073089
云 南	2229.95	2040.33	6535287	5555833
西 藏	63.26	61.42	155127	146887
陕 西	2086.92	1995.67	6727127	6212775
甘 肃	698.82	659.38	1735339	1579952
青 海	216.82	208.02	545761	508048
宁 夏	775.29	677.98	2395310	1914733
新 疆	1406.55	1326.67	3662638	3271682

5-6-11 房地产开发企业(单位)建设成套住宅竣工与销售情况

单位：套

年份 地区	住宅竣工套数合计	#别墅、高档公寓	#经济适用房屋	住宅销售套数合计	#别墅、高档公寓	#经济适用房屋
1999	1946358	44025	484978			
2000	2139702	59880	603573			
2001	2414392	72207	604788			
2002	2629616	97751	538486			
2003	3021134	108525	447678			
2004	4042219	144949	497501			
2005	3682523	135276	287311	4235372	295302	152339
2006	4005305	139632	338040	5049094	219982	338314
2007	4401203	159423	356580	6251263	257776	356021
2008	4939189	144618	353782	5565827	157455	396111
2009	5548897	143621	398441	8040470	240129	347840
北京	140934	10383	10646	165000	19206	10777
天津	158315	4364	46286	146994	5748	9321
河北	182511	2913	7851	277645	3525	10678
山西	67771	123	2539	85957	247	4615
内蒙古	196465	3180	24073	221407	5591	31276
辽宁	384159	7880	20243	539760	9369	18966
吉林	151685	2745	14321	195739	4284	3942
黑龙江	191503	2412	24962	199004	2869	9009
上海	141330	10895		237087	24986	20
江苏	585908	22620	49295	788222	27513	36138
浙江	230107	5341	28974	397907	13757	15183
安徽	217388	2536	8841	351367	3949	8532
福建	151456	3197	10145	224223	4950	6247
江西	125249	1628	9317	183493	1766	11075
山东	393249	2643	15676	603650	5292	25704
河南	261673	3908	14873	368062	5286	16647
湖北	187162	3712	22021	236067	3849	19806
湖南	203953	8826	12657	271530	6565	13271
广东	341874	16552	1621	574224	32596	5165
广西	110044	1696	2299	207861	1487	7388
海南	44702	5692	82	61978	13836	522
重庆	247352	3006	18687	393417	17158	20078
四川	344033	6438	4211	536567	8244	3425
贵州	88380	406	11548	129170	1175	6090
云南	110725	7039	6045	165680	9391	10654
西藏	4071	84	800	5404	778	355
陕西	72470	1020	3837	192099	1827	15431
甘肃	44261	4	8189	61003	17	9491
青海	16001		365	19309	336	993
宁夏	61540	46	6628	65217	508	2318
新疆	92626	2332	11409	135427	4024	14723

5-6-12 按用途分商品房屋销售面积

单位：万平方米

年 份 地 区	房屋销售面 积	住宅	#别墅、高档公寓	#经济适用房 屋	办公楼	商业营业用房	其他
1997	9010.17	7864.30	254.25	1211.85	341.43	634.06	170.38
1998	12185.30	10827.10	345.30	1666.50	400.60	810.80	146.80
1999	14556.53	12997.87	435.74	2701.31	403.43	1003.17	152.06
2000	18637.13	16570.28	640.72	3760.07	436.98	1399.31	230.56
2001	22411.90	19938.75	878.19	4021.47	502.57	1696.15	274.44
2002	26808.29	23702.31	1241.26	4003.61	538.92	2218.58	348.47
2003	33717.63	29778.85	1449.87	4018.87	630.49	2833.10	475.19
2004	38231.64	33819.89	2323.05	3261.80	692.84	3100.29	618.62
2005	55486.22	49587.83	2818.44	3205.01	1096.23	4081.38	720.78
2006	61857.07	55422.95	3336.97	3672.44	1231.04	4337.79	865.29
2007	77354.72	70135.88	4581.31	3507.52	1465.23	4644.61	1109.01
2008	65969.83	59280.35	2865.25	3627.25	1157.05	4206.06	1326.37
2009	94755.00	86184.89	4626.05	3058.85	1544.43	5328.03	1697.65
北 京	2362.25	1880.45	339.84	82.15	255.77	157.07	68.97
天 津	1590.02	1461.47	88.42	64.02	29.55	60.85	38.17
河 北	2966.61	2819.77	56.08	99.80	19.05	88.50	39.28
山 西	1034.20	964.05	4.23	38.52	8.35	53.21	8.60
内蒙古	2581.68	2253.98	99.74	241.33	27.61	242.72	57.37
辽 宁	5375.52	4864.25	126.98	138.33	30.14	393.96	87.17
吉 林	1944.30	1758.37	68.97	30.21	9.71	139.13	37.09
黑龙江	2016.98	1751.22	57.51	69.30	19.42	192.21	54.13
上 海	3372.45	2928.04	450.42	0.19	203.00	126.49	114.92
江 苏	10248.20	9034.69	688.68	320.67	190.81	867.99	154.71
浙 江	5538.13	4760.12	356.32	126.16	200.65	360.88	216.49
安 徽	4030.92	3646.44	77.52	73.21	49.54	299.02	35.92
福 建	2723.23	2420.83	116.99	54.94	32.94	121.26	148.20
江 西	2280.91	2108.07	47.59	89.61	9.21	120.70	42.93
山 东	7016.35	6478.28	85.71	245.35	62.21	384.12	91.74
河 南	4335.09	4017.45	85.27	157.02	65.94	218.14	33.55
湖 北	2718.05	2576.32	77.43	176.99	14.10	106.61	21.01
湖 南	3513.72	3262.34	132.10	136.12	23.59	181.18	46.60
广 东	7060.03	6567.43	692.26	40.21	94.32	249.50	148.78
广 西	2383.76	2249.70	39.03	64.37	12.45	83.75	37.86
海 南	561.36	545.91	143.14	6.18	3.95	10.92	0.59
重 庆	4002.89	3771.22	271.20	186.50	29.15	157.15	45.37
四 川	5967.69	5553.13	166.61	31.42	62.95	256.33	95.29
贵 州	1653.05	1541.91	22.96	70.83	20.12	75.04	15.98
云 南	2229.95	2040.33	218.49	99.04	22.97	132.09	34.57
西 藏	63.26	61.42	13.09	4.35		1.84	
陕 西	2086.92	1995.67	24.12	147.11	19.72	65.37	6.15
甘 肃	698.82	659.38	0.44	105.17	6.48	30.82	2.14
青 海	216.82	208.02	5.02	6.80	1.38	6.63	0.79
宁 夏	775.29	677.98	13.51	18.11	11.80	78.73	6.77
新 疆	1406.55	1326.67	56.39	134.83	7.56	65.81	6.51

5-6-13 按用途分商品房屋平均销售价格

单位：元/平方米

年份 地区	房屋平均销售价格	住宅	#别墅、高档公寓	#经济适用房屋	办公楼	商业营业用房	其他
1997	1997	1790	5382	1097	4677	3090	2129
1998	2063	1854	4596	1035	5552	3170	1837
1999	2053	1857	4503	1093	5265	3333	1804
2000	2112	1948	4288	1202	4751	3260	1864
2001	2170	2017	4348	1240	4588	3274	2033
2002	2250	2092	4154	1283	4336	3489	1919
2003	2359	2197	4145	1380	4196	3675	2241
2004	2778	2608	5576	1482	5744	3884	2235
2005	3168	2937	5834	1655	6923	5022	2829
2006	3367	3119	6585	1729	8053	5247	3131
2007	3864	3645	7471	1754	8667	5774	3351
2008	3800	3576	7801	1929	8378	5886	3219
2009	4681	4459	9662	2134	10608	6871	3671
北京	13799	13224	20385	4194	16857	19091	6075
天津	6886	6605	9075	4386	11134	8955	11032
河北	3263	3210	5874	2060	4145	5190	2309
山西	2707	2552	4529	1648	5073	5302	1815
内蒙古	2972	2649	5117	2141	5682	5731	2692
辽宁	4034	3872	8979	2174	6207	5981	3534
吉林	2917	2788	6505	1917	3079	4482	3132
黑龙江	3241	3067	5618	1897	4142	4554	3890
上海	12840	12364	22131	3445	21598	15237	6860
江苏	4983	4805	8348	2225	6895	6831	2642
浙江	7826	7890	10299	2989	8674	9049	3595
安徽	3420	3235	4325	1657	4327	5609	2657
福建	5427	5366	7910	2703	6273	9749	2690
江西	2643	2517	2747	1286	4566	4677	2699
山东	3505	3390	8787	2155	7379	5119	2260
河南	2666	2501	3479	1677	4511	5202	2319
湖北	3532	3413	7046	2226	4419	6423	2903
湖南	2680	2532	4846	1641	4141	5197	2488
广东	6513	6360	7389	2990	13602	9043	4568
广西	3260	3133	6138	1991	6321	6370	2957
海南	6261	6291	10770	1550	4950	5238	5884
重庆	3442	3266	6120	2014	5175	7145	4120
四川	3509	3434	7898	1736	5590	5013	2465
贵州	2874	2642	5570	2089	4605	7176	2909
云南	2931	2723	3429	1937	5472	5532	3560
西藏	2452	2392	3848	2470		4481	
陕西	3223	3113	5368	2085	5123	6034	3064
甘肃	2483	2396	3344	1495	4551	3949	1953
青海	2517	2442	2538	1176	3581	4805	1118
宁夏	3090	2824	3656	1924	5110	5145	2250
新疆	2604	2466	3384	1448	6631	4822	3609

【主要统计指标解释】

房屋施工面积 指报告期内施工的全部房屋（包括地下室、半地下室以及配套房屋）建筑面积。包括本期新开工的面积和上年开工跨入本期继续施工的房屋面积，以及上期已停建在本期恢复施工的房屋面积。本期竣工和本期施工后又停建缓建的房屋面积仍包括在施工面积中，多层建筑应填各层建筑面积之和。

房屋新开工面积 指在报告期内新开工建设的房屋面积。不包括上期跨入报告期继续施工的房屋面积和上期停缓建而在本期恢复施工的房屋面积。房屋的开工应以房屋正式开始破土刨槽(地基处理或打永久桩)的日期为准。

房屋竣工面积 指报告期内房屋建筑按照设计要求已全部完工，达到住人和使用条件，经验收鉴定合格或达到竣工验收标准，可正式移交使用的各栋房屋建筑面积的总和。

商品房销售面积 指报告期内出售商品房屋的合同总面积(即双方签署的正式买卖合同中所确定的建筑面积)。由现房销售建筑面积和期房销售建筑面积两部分组成。

（1）现房销售面积：指在报告期内正式签订买卖合同、已经竣工达到入住条件的商品房屋建筑面积。包括以一次性付款方式和分期付款方式销售的现房建筑面积。

（2）期房销售面积：指在报告期内正式签订买卖合同、正在建设尚未竣工交付使用的商品房屋建筑面积。包括以一次性付款方式和分期付款方式销售的商品房屋建筑面积。期房销售建筑面积竣工后不再结转为现房销售建筑面积。

商品房销售额 指报告期内出售商品房屋的合同总价款(即双方签署的正式买卖合同中所确定的合同总价)。该指标与商品房销售面积同口径，由现房销售额和期房销售额两部分组成。

（1）现房销售额：指报告期内销售的已竣工商品房屋的合同总价款。包括现房销售前期预收的定金、预收款、首付款及全部按揭贷款的本金等款项。该指标与现房销售面积同口径。

（2）期房销售额：指报告期内销售的正在建设尚未竣工的商品房屋的合同总价款。包括预售房屋前期预收的定金、预收款、首付款及全部按揭贷款的本金等项。该指标与期房销售面积同口径。

商品住宅竣工套数 指报告期内按照设计要求已全部完工，经验收合格，达到住人或使用条件的正式交给开发公司的成套住宅数量(以设计图纸为准)。

商品住宅销售套数 指报告期内出售商品房屋合同中总的成套住宅数量(即双方签署的正式买卖合同中所确定的成套住宅数量)。由现房销售套数和期房销售套数两部分组成。

竣工房屋价值 指在报告期内竣工房屋本身的建造价值。竣工房屋的价值一般按房屋设计和预算规定的内容计算。包括竣工房屋本身的基础、结构、屋面、装修以及水、电、卫等附属工程的建筑价值，也包括作为房屋建筑组成部分而列入房屋建筑工程预算内的设备(如电梯、通风设备等)的购置和安装费用；不包括厂房内的工艺设备、工艺管线的购置和安装，工艺设备基础的建造；办公和生活用家具的购置等费用；购置土地的费用；迁移补偿费和场地平整的费用及城市建设配套投资。竣工房屋价值一般按结算价格计算。

本年完成开发土地面积 指报告期内对土地进行开发并已完成“七通一平”等前期开发工程，具备进行房屋建筑物施工或出让条件的土地面积。

待开发土地面积 指经有关部门批准，通过各种方式获得土地使用权，但尚未进行开发的土地面积。

本年购置土地面积 指在本年内通过各种方式获得土地使用权的土地面积。

5 第三产业部分行业主要业务指标

5-7　租赁和商务服务业

简要说明

该行业为2002年国民经济行业分类的新增门类，本年鉴仅列示了2006—2009年数据。

本资料由国家统计局国民经济核算司加工整理。

5-7-1 各地区租赁和商务服务业总产出

地区	2006		2007		2008		2009	
	总量(亿元)	发展速度(%)	总量(亿元)	发展速度(%)	总量(亿元)	发展速度(%)	总量(亿元)	发展速度(%)
北京	1918.61	126.2	2680.08	124.0	3141.49	117.8	3052.36	102.5
天津	161.83	131.7	217.77	119.7	319.01	123.6	393.44	132.4
河北	212.08	115.6	249.64	118.8	286.55	112.2	329.78	103.0
山西	134.95	101.4	149.91	107.4	120.09	120.8	128.05	70.8
内蒙古	122.03	110.5	179.35	124.9	188.83	84.4	211.98	113.6
辽宁	312.98	128.7	388.27	121.3	467.48	119.2	535.68	108.3
吉林	154.66	112.7	188.82	116.4	220.91	116.2	263.29	114.1
黑龙江	187.41	95.4	189.49	101.1	193.73	108.5	220.73	112.7
上海	1568.30	105.7	2267.64	131.3	2738.26	127.2	2999.90	109.8
江苏	988.33	125.8	1162.05	129.0	1684.65	121.1	1738.35	104.2
浙江	931.73	116.3	1084.26	114.8	1097.70	102.0	1177.76	106.7
安徽	323.28	129.1	438.96	133.1	373.44	83.8	479.51	111.3
福建	293.60	138.5	397.44	125.3	389.02	106.9	454.32	120.2
江西	98.99	111.9	119.52	105.2	149.47	114.5	161.13	110.7
山东	525.16	134.6	590.67	110.4	708.93	117.6	813.40	105.9
河南	328.24	137.6	404.36	119.5	251.96	61.0	307.26	126.0
湖北	333.60	174.5	390.36	116.6	420.07	99.7	497.50	111.2
湖南	225.89	119.2	294.59	129.3	370.51	116.4	380.43	102.0
广东	1960.40	114.6	2220.00	109.6	2503.22	108.2	2743.53	98.5
广西	158.27	113.8	195.48	118.3	192.18	97.2	206.92	109.9
海南	40.29	103.0	44.51	109.5	57.35	113.3	62.69	110.2
重庆	208.76	107.2	197.19	104.6	202.87	103.7	215.86	105.8
四川	240.35	112.3	308.65	114.9	398.98	101.5	448.45	117.3
贵州	80.79	219.7	105.01	131.6	133.13	124.9	153.44	112.1
云南	249.81	109.4	324.54	110.0	239.93	104.2	253.53	103.4
西藏	2.48	169.3	2.93	111.6	4.04	131.4	7.49	165.1
陕西	103.56	116.7	125.03	120.3	186.57	140.7	187.29	100.1
甘肃	39.23	102.9	43.41	108.2	39.96	120.5	48.82	127.3
青海	14.29	115.0	16.92	115.3	21.55	123.4	28.86	131.7
宁夏	14.32	105.2	16.24	115.6	20.77	110.6	27.57	116.0
新疆	156.13	106.9	171.79	107.4	133.18	76.3	137.27	95.5

注：总量按当年价格计算。发展速度按不变价格计算，以上年为100。

【主要统计指标解释】

总产出 指一定时期内一个国家（或地区）常住单位生产的所有货物和服务的价值，既包括新增价值，也包括被消耗的货物和服务价值以及固定资产的转移价值。总产出反映常住单位生产活动的总规模。

5 第三产业部分行业主要业务指标

5-8 科学研究、技术服务和地质勘查业

简要说明

一、主要内容

科技活动基本情况，包括R&D人员、R&D经费、科技成果和专利情况；气象、地震、海洋、测绘、质量监督检验检疫等综合技术服务部门业务活动情况；全国技术市场成交合同额情况等。

二、统计范围

科技活动统计资料范围为全社会有研究与试验发展（R&D）活动的企事业单位，具体包括工业企业、政府部门属研究机构、普通高等学校以及研究与试验发展（R&D）活动相对密集行业（包括农、林、牧、渔业，建筑业，交通运输、仓储和邮政业，信息传输、计算机服务和软件业，金融业，租赁和商务服务业，科学研究、技术服务和地质勘查业，水利、环境和公共设施管理业，卫生、社会保障和社会福利业，文化、体育和娱乐业等）中从事研究与试验发展（R&D）活动的企事业单位以及从事综合技术服务活动的单位等。

三、资料来源

科技活动基本情况资料由国家统计局、科技部、国防科技工业局、教育部、国家知识产权局等部门调查提供；研究与试验发展（R&D）课题学科分组情况由科技部、国防科技工业局、教育部调查提供；气象、地震、海洋、测绘、产品质量监督抽查等资料，分别由中国气象局、中国地震局、国家海洋局、国家测绘局、国家质量监督检验检疫总局等部门调查提供；技术市场资料由科技部调查提供。

四、统计调查方法

研究与试验发展(R&D)活动情况采用全面调查取得；科协、测绘、气象、地震、产品质量监督抽查、专利资料采用抽样等多种调查方法取得。

五、科技活动统计资料口径变动说明

2000年以前科技活动统计资料只包括大中型工业企业、政府部门属研究机构、普通高等学校，2000年及以后年份扩大到了全社会范围。

5-8-1 科技活动基本情况

指　　标	2005	2006	2007	2008	2009
研究与试验发展(R&D)投入情况					
R&D人员全时当量 (万人年)	136.5	150.2	173.6	196.5	229.1
#基础研究	11.5	13.1	13.8	15.4	16.5
应用研究	29.7	30.0	28.6	28.9	31.5
试验发展	95.2	107.1	131.2	152.2	181.1
R&D经费内部支出 (亿元)	2450.0	3003.1	3710.2	4616.0	5802.1
#基础研究	131.2	155.8	174.5	220.8	270.3
应用研究	433.5	489.0	492.9	575.2	730.8
试验发展	1885.2	2358.4	3042.8	3820.0	4801.0
#政府资金	645.4	742.1	913.5	1088.9	1358.3
企业资金	1642.5	2073.7	2611.0	3311.5	4162.7
R&D经费支出相当于国内生产总值比例 (%)	1.32	1.39	1.40	1.47	1.70
科技成果及获奖数 (项)					
科技成果登记数	32359	33644	34170	35971	38688
国家技术发明奖	40	56	51	55	55
国家科学技术进步奖	236	241	255	254	282
技术市场成交额 (亿元)	1551	1818	2227	2665	3039
专利申请受理数 (件)	476264	573178	693917	828328	976686
发明	173327	210490	245161	289838	314573
实用新型	139566	161366	181324	225586	310771
外观设计	163371	201322	267432	312904	351342
专利申请授权数 (件)	214003	268002	351782	411982	581992
发明	53305	57786	67948	93706	128489
实用新型	79349	107655	150036	176675	203802
外观设计	81349	102561	133798	141601	249701

5-8-2 全国研究与试验发展(R&D)经费内部支出

单位：亿元

年 份	研究与试验发展(R&D)经费内部支出				占国内生产总值比重(%)	研究与试验发展(R&D)经费内部支出现价增长(%)
		基础研究	应用研究	试验发展		
1995	348.7	18.1	92.0	238.6	0.57	
1996	404.5	20.2	99.1	285.1	0.57	16.0
1997	509.2	27.4	132.5	349.3	0.64	25.9
1998	551.1	29.0	124.6	397.5	0.65	8.2
1999	678.9	33.9	151.6	493.5	0.76	23.2
2000	895.7	46.7	151.9	697.0	0.90	31.9
2001	1042.5	55.6	184.9	802.0	0.95	16.4
2002	1287.6	73.8	246.7	967.2	1.07	23.5
2003	1539.6	87.7	311.4	1140.5	1.13	19.6
2004	1966.3	117.2	400.5	1448.7	1.23	27.7
2005	2450.0	131.2	433.5	1885.2	1.32	24.6
2006	3003.1	155.8	489.0	2358.4	1.39	22.6
2007	3710.2	174.5	492.9	3042.8	1.40	23.5
2008	4616.0	220.8	575.2	3820.0	1.47	24.4
2009	5802.1	270.3	730.8	4801.0	1.70	25.7

5-8-3 全国研究与试验发展(R&D)人员全时当量

单位：万人年

年 份	研究与试验发展人员全时当量	基础研究	比重(%)	应用研究	比重(%)	试验发展	比重(%)
1992	67.43	5.84	8.66	20.90	30.99	40.70	60.36
1993	69.78	6.33	9.07	21.49	30.80	41.96	60.13
1994	78.32	7.64	9.76	24.20	30.90	46.48	59.35
1995	75.17	6.66	8.87	22.79	30.32	45.71	60.81
1996	80.40	6.96	8.65	23.65	29.42	49.79	61.93
1997	83.12	7.17	8.63	25.27	30.40	50.68	60.97
1998	75.52	7.87	10.42	24.97	33.06	42.68	56.51
1999	82.17	7.60	9.25	24.15	29.39	50.42	61.36
2000	92.21	7.96	8.63	21.96	23.82	62.28	67.54
2001	95.65	7.88	8.24	22.60	23.63	65.17	68.13
2002	103.51	8.40	8.12	24.73	23.89	70.39	68.00
2003	109.48	8.97	8.19	26.03	23.77	74.49	68.03
2004	115.26	11.07	9.61	27.86	24.17	76.33	66.22
2005	136.48	11.54	8.46	29.71	21.77	95.23	69.78
2006	150.25	13.13	8.74	29.97	19.95	107.14	71.31
2007	173.62	13.81	7.95	28.60	16.47	131.21	75.57
2008	196.54	15.40	7.83	28.94	14.72	152.20	77.44
2009	229.13	16.46	7.18	31.53	13.76	181.14	79.06

5-8-4 研究与开发机构研究与试验发展(R&D)课题学科分组情况

学　　科	R&D课题数(个)	R&D课题参加人员全时当量(人年)	R&D项目(课题)经费内部支出(万元)
全　　国	**61135**	**236991**	**5798172**
数　学	307	450	6665
信息科学与系统科学	290	2129	48743
力　学	301	631	14212
物理学	2401	6210	177275
化　学	2137	5055	93408
天文学	558	874	34677
地球科学	6643	10200	264192
生物学	5652	10448	206725
心理学	126	350	3140
农　学	9779	19625	249531
林　学	1989	4113	43479
畜牧、兽医科学	1892	4233	47851
水产学	1063	2097	22896
基础医学	735	1827	20104
临床医学	1573	4844	42885
预防医学与卫生学	842	3284	33353
军事医学与特种医学	20	64	446
药　学	813	1949	37548
中医学与中药学	1528	3402	26352
工程与技术科学基础学科	1625	13748	414589
信息与系统科学相关工程与技术	146	460	7825
自然科学相关工程与技术	288	1053	18686
测绘科学技术	458	1114	35631
材料科学	1683	6046	120634
矿山工程技术	89	197	3629
冶金工程技术	62	133	2275
机械工程	368	2298	30474
动力与电气工程	398	4451	97737
能源科学技术	478	909	22395
核科学技术	430	8498	411930

5-8-4 续表

学　　科	R&D课题数 (个)	R&D课题参加人员全时当量 (人年)	R&D项目(课题)经费内部支出 (万元)
电子、通信与自动控制技术	2762	36768	1160715
计算机科学技术	941	4653	97707
化学工程	391	1074	19514
产品应用相关工程与技术	133	361	14556
纺织科学技术	17	44	708
食品科学技术	345	717	5857
土木建筑工程	213	498	6640
水利工程	943	1369	42388
交通运输工程	748	2552	82018
航空、航天科学技术	1846	52393	1634331
环境科学技术	2010	4457	75571
安全科学技术	371	1382	14276
管理学	330	506	5887
马克思主义	170	210	2824
哲　学	146	222	2641
宗教学	168	203	2403
语言学	121	164	1469
文　学	258	346	3219
艺术学	107	316	2047
历史学	535	799	9657
考古学	203	539	7608
经济学	1561	2956	28904
政治学	421	622	7055
法　学	344	505	5212
军事学	7	11	96
社会学	540	938	8343
民族学	221	367	3093
新闻学与传播学	77	114	1544
图书馆、情报与文献学	168	577	6060
教育学	282	474	5231
体育科学	73	140	927
统计学	9	25	385

5-8-5 高等学校研究与试验发展(R&D)课题学科分组情况

学 科	R&D课题数(个)	R&D课题参加人员全时当量(人年)	R&D项目(课题)经费内部支出(万元)
全 国	**476708**	**274777**	**3443821**
数 学	7956	4833	36542
信息科学与系统科学	4043	3024	57034
力 学	1938	1376	19081
物理学	7990	5753	74027
化 学	13342	9246	127893
天文学	220	120	2155
地球科学	9467	5450	136965
生物学	14618	10598	141036
心理学	100	35	1025
农 学	12844	8520	134720
林 学	3196	2133	27821
畜牧、兽医科学	4512	3183	55362
水产学	1837	979	17198
基础医学	11261	11553	63711
临床医学	30771	34091	137541
预防医学与公共卫生学	2517	1955	16152
军事医学与特种医学	49	54	170
药 学	3512	2625	29064
中医学与中药学	12054	10499	46990
工程与技术科学基础学科	2731	1533	41810
信息与系统科学相关工程技术	1050	695	9098
自然科学相关工程与技术	791	447	6257
测绘科学技术	1315	872	22275
材料科学	13692	9748	220981
矿山工程技术	6345	3566	95283
冶金工程技术	1524	1364	36764
机械工程	14693	10169	211636
动力与电气工程	7307	4865	130701
能源科学技术	3147	2284	51692
核科学技术	507	483	15916

5-8-5 续表

学 科	R&D课题数(个)	R&D课题参加人员全时当量(人年)	R&D项目(课题)经费内部支出(万元)
电子、通信与自动控制技术	18425	12649	294203
计算机科学技术	15738	11129	186388
化学工程	8815	5706	115516
产品应用相关工程与技术	279	209	3950
纺织科学技术	1363	1134	16440
食品科学技术	3418	2025	27808
土木建筑工程	11472	7353	170186
水利工程	2759	1692	48228
交通运输工程	5102	3459	78458
航空、航天科学技术	2644	1549	69163
环境科学技术	8992	5500	112573
安全科学技术	820	576	9287
管理学	44208	15640	137477
马克思主义	5194	1895	4077
哲 学	3614	1310	4221
宗教学	150	51	316
语言学	12659	4779	8053
文 学	8777	2892	8029
艺术学	15638	5411	32886
历史学	6213	2170	6683
考古学	599	209	2338
经济学	33190	10873	58709
政治学	5321	1679	5919
法 学	13284	4161	14148
军事学	30	24	364
社会学	10929	3698	17467
民族学与文化学	1451	529	1876
新闻学与传播学	4133	1206	5101
图书馆、情报与文献学	3543	1490	4322
教育学	22967	8243	22640
体育科学	8275	3022	7962
统计学	1377	466	2135

5-8-6 全国气象部门基本情况

项　　目	2000	2001	2002	2003	2004	2005	2006	2007	2008	2009
一、气象观测业务台站(个)										
1. 地面观测	2819	2422	2409	2411	2414	2405	2418	2431	2438	2416
2. 高空探测	156	120	124	124	124	120	122	123	121	118
3. 自动气象站	550	831	974	1416	3144	7813	16775	23130	28235	31553
4. 天气雷达观测	238	256	236	243	245	253	252	304	313	330
5. 大气成分观测						21	73	31	35	35
6. 太阳辐射观测	99	96	99	99	94	105	110	103	142	157
7. 农业气象观测	1125	833	783	780	784	769	771	739	635	653
8. 生态与农业气象观测试验	68	70	66	66	68	67	68	69	67	68
9. 卫星云图接收	319	356	454	413	389	435	384	496	621	311
10.大气本底站	4	4	4	4	4	6	7	7	7	7
11.雷电定位监测			72	104	142	234	292	354	387	417
12.沙尘暴监测			61	85	94	85	86	31	194	182
13.紫外线观测			86	100	121	178	178	174	203	149
14.酸雨观测	82	82	123	220	277	299	513	334	330	337
15.臭氧观测	3	3	3	10	9	14	18	4	20	17
16.海洋气象台站	140	118	123	124	125	125	100	105	102	102
二、气象科学数据共享服务数据量(GB)					2261	2089	218784	112506	51985	245740
三、装备										
1. 拥有计算机数(台)	27724	28634	33219	37898	43671	50683	57007	63350	72137	79349
高性能计算机			24	32	56	62	53	65	61	72
服务器及工作站(套)			410	536	608	768	941	1046	1196	1751
PC服务器			814	1109	1463	1903	2142	2629	3021	3776
PC机(含PC工作站)			31971	36221	41544	47950	53871	59610	67859	73750
2. 云图接收机数(台)	354	355	569	567	457	506	423	438	453	407
3. 电视会商系统设备(套)			57	138	335	729	877	1041	1296	1805
4. 人工影响天气作业设备										
高炮(门)		5901	6022	6122	6580	6393	6800	6969	6311	6973
火箭发射系统(部)		2406	2886	3453	4010	4129	4936	5039	4862	6355
四、人员(人)										
全国气象部门职工总数	59113	58162	56872	56590	57023	53214	53137	53321	53265	53180

注：2006年气象科学数据共享服务数据量是全国气象部门利用网络向社会提供气象资料的数据量，2005年以前是国家气象信息中心气象科学数据共享服务网的数据量。

5-8-7 各地区气象业务站点及观测项目情况

单位：个

地区和单位	地面观测业务	高空探测业务	自动气象站	天气雷达观测业务	大气成分观测业务	农业气象观测业务	生态与农业气象试验业务	大气本底站
全国	**2416**	**118**	**31553**	**330**	**35**	**653**	**68**	**7**
北京	20	1	221	3	2	7		1
天津	14		247	1		5		
河北	142	2	1805	11	1	30		
山西	109	1	774	10	1	31		
内蒙古	119	12	708	26	4	29	6	
辽宁	61	2	960	11	5	25	3	
吉林	54	3	840	9		22	3	
黑龙江	83	4	1031	7	1	36	3	1
上海	14	1	220	3	1	1		
江苏	70	3	1186	15		19	3	
浙江	69	3	1173	9	1	13	1	1
安徽	81	2	1237	17		22	3	
福建	70	3	1151	5		23	4	
江西	87	2	1618	8	1	18	1	
山东	123	3	1512	13	1	19	1	
河南	119	2	2029	20	1	35	3	
湖北	81	3	1313	11	1	30	2	1
湖南	97	3	2407	11	1	22	4	
广东	86	4	1566	8	1	26	2	
广西	92	6	1355	10	2	24	5	
海南	21	3	352	3		6	1	
重庆	35	1	893	8		13		
四川	156	7	1396	12	1	45	2	
贵州	85	2	932	37		18	1	
云南	125	5	1459	8	1	22	4	1
西藏	39	5	93	6	1	4	1	
陕西	100	4	1351	11	2	21	1	
甘肃	80	9	763	6	2	23	4	
青海	52	7	176	7	1	17	2	1
宁夏	25	1	201	3		7	3	
新疆	105	14	584	10	3	40	4	1
大连市				2				
宁波市				1				
青岛市				2				
厦门市				1				
极地	2							
国家气象中心								
国家卫星气象中心								
气象探测中心				1				
气象科学研究院							1	
新疆生产建设兵团				3				
黑龙江农垦总局				1				

5-8-7 续表 单位：个

地　区 和单位	海洋气 象台站	雷电定位 监测业务	太阳辐射 观测业务	沙尘暴 监测业务	紫外线 观测业务	酸雨观 测业务	臭氧观 测业务	卫星云图 接收业务
全　国	**102**	**417**	**157**	**182**	**149**	**337**	**17**	**311**
北　京		4	1	9	4	3		3
天　津	2	1	1	1		3		3
河　北	4	24	2	7	1	5		7
山　西		8	3	12	1	5		13
内蒙古		17	8	35	1	8		20
辽　宁	6	15	9	6	4	22	4	10
吉　林		20	2	23	9	12		9
黑龙江		23	5	3	14	15		10
上　海	1	13	1	1	1	2	1	7
江　苏	19	13	4		16	24		7
浙　江	12	9	2	4	9	13	3	9
安　徽		21	4			7		7
福　建	26	9	19		2	4		8
江　西		13	13		12	12		11
山　东	7	6	4	4	16	19		10
河　南		9	5	1	18	18		10
湖　北		18	2			32		12
湖　南		16	8	1		6		9
广　东	7	43	3		4	7	6	9
广　西	3	18	3	1		10		10
海　南	3	11	3			4		3
重　庆		6	1		1	35		5
四　川		25	10	1	2	10		12
贵　州		13	1			10		9
云　南		24	7	2		6		11
西　藏			4	1	5	4	1	10
陕　西		10	4	11		15		14
甘　肃		7	5	27	13	6		12
青　海		10	5	2		7	1	11
宁　夏			2			6		8
新　疆			14	24	14	7	1	13
大连市	7	6	2	6	1			1
宁波市	2	3						1
青岛市	1	1						1
厦门市	1	1			1			3
极　地								
国家气象中心	1							
国家卫星气象中心								13
气象探测中心								
气象科学研究院								
新疆生产建设兵团								
黑龙江农垦总局								

5-8-8 各地区地震监测情况

单位：个

地区	地震台数总数	国家级台	省级台	市、县级台	#企业台	强震观测点	宏观观测点
全国	**1446**	**196**	**240**	**1010**	**127**	**1972**	**22625**
北京	101	5	8	88	2	244	259
天津	9	4	5			136	18
河北	78	10	11	57	12	67	1129
山西	97	5	6	86	25	40	6044
内蒙古	53	10	15	28		32	530
辽宁	50	9	8	33	5		872
吉林	31	7	6	18		10	274
黑龙江	41	8	3	30	1	100	2167
上海	9	2		7		25	15
江苏	79	6	9	64	4	64	1023
浙江	37	5	2	30		16	4
安徽	28	6	6	16	1	10	594
福建	45	6	8	31	8	40	330
江西	12	2	4	6		6	688
山东	43	7	17	19	7	62	1229
河南	60	7	20	33	4	17	830
湖北	9	7	2			2	157
湖南	34	3	4	27	2	2	500
广东	53	8	8	37	5	67	203
广西	13	5	3	5	3	21	513
海南	12	2	3	7		14	1276
重庆	31	2	7	22			17
四川	130	10	33	87	10	211	554
贵州							
云南	143	14	19	110	1	315	1620
西藏	9	6	3			2	
陕西	63	6	6	51	8	30	596
甘肃	69	9	12	48	8	177	567
青海	36	8	1	27	20	41	46
宁夏	18	4	3	11		51	226
新疆	53	13	8	32	1	170	344

5-8-9 各地区测绘部门生产完成情况

地区	大地测量		测图合计(幅)	地图数字化(幅)	地图编制		
	GPS测量(点)	水准测量(公里)			地形图(幅)	专题地图(幅/册)	地图集(册)
全　国	**55089**	**138988**	**908401**	**22847**	**14852**	**5312**	**328**
北　京	2461	2114	12582		3188	10	8
天　津	3012	5362	9353	7	508	27	1
河　北	3473	6000	14133	545	41	377	3
山　西	1387	1330	13256	223		100	5
内蒙古	201	1200	6968	1828		11	4
辽　宁	8607	10585	17963	4269	2874		
吉　林	26	80	8026	485	195	35	1
黑龙江	1629	13343	181667			202	8
上　海			39571			19	1
江　苏	341	5171	7224		164	78	
浙　江	3609	3088	9523			28	
安　徽	6351	1283	18622	1026	50	50	1
福　建	26		5976		1060	187	6
江　西	632	1978	8146		25	607	2
山　东	1345	3554	7519	880	828	95	9
河　南	1554	17641	35568	2636	1538	151	1
湖　北	5331	4470	7320	280	55	81	2
湖　南	410	6514	11674		5	631	27
广　东	1250	15200	10635	1300	22	106	31
广　西	3572	2683	9989	160	22	512	
海　南	823	2058	5275	1208	155	659	1
重　庆	20		3760			6	2
四　川	1363	2329	18527	1478	1169	138	140
贵　州	1800	7805	18652	4126	160	32	4
云　南	238	182	4610	48	60	2	1
西　藏	29		320				
陕　西	1129	16211	22472	639	376	188	7
甘　肃			5754		79	116	4
青　海	2018	1666	3888		165	35	1
宁　夏	720	1380	816			2	
新　疆	411	2649	5330	486	30	593	1
重庆测绘院	1248	3017	5956	1223	2067		
中国测绘科学研究院	73	95	377326		10	6	1
中国地图出版社					6	228	56

5-8-10 各地区测绘资料提供情况

地 区	地形图合计(张)			大地成果(点)	航摄成果(片)	挂图(张)	地图集(册)
		1:10000	1:50000				
全 国	**464886**	**145535**	**87336**	**282927**	**703784**	**60729**	**4705**
北 京	18636	345		18389			
天 津	500			321			
河 北	3603	2887	569	2452	15018	28	
山 西	3277	2931	346				
内蒙古	16005	1536	11354	33469	23238		
辽 宁	3902	3026	698	1298	130		15
吉 林	8654	5053	2760	7745	14462	7748	3363
黑龙江	12568	4578	6705	23659	52755	9	
上 海	183033	20	13	4011			
江 苏	7153	4599	2496	15984	1323	266	53
浙 江	5400	4524	853	4294	18989		
安 徽	6808	6125	683	5247	8708		
福 建	13285	5712	1316	4008	11024		
江 西	5660	4963	627	8357			
山 东	6142	5511	522	3779	81689		
河 南	2859	2415	366	1536	63186	25000	
湖 北	2606	2270	258	3523	5097		
湖 南	9125	8121	788	1570	1424		
广 东	3102	2803	295	3919			
广 西	20595	19028	1380	6824	1107	322	80
海 南	253	253		829	6		
重 庆	10769	9188	1407	1059	220		
四 川	12337	8233	3192	6141	18229		
贵 州	23017	17186	5286	3410	9977		
云 南	9975	5334	3845	16588	7819	124	3
西 藏	1229	24	296	161		21970	174
陕 西	14316	12041	1994	1610	21372		
甘 肃	2413	32	2045	1982	1115		300
青 海	4347	1693	1630	2648	1254	560	82
宁 夏	1365	1118	180	962	329		
新 疆	21280	3986	11591	24664	10915	4702	635
国家基础地理信息中心	30672		23841	72488	334398		

5-8-11 产品质量国家监督抽查情况

项　　目	抽查产品(种)	抽查企业(家)	抽查产品(批)	不合格产品(批)
合　　计	**149**	**18248**	**21382**	**2599**
食品	30	4876	5791	506
日用消费品	60	5585	7014	861
建筑与装饰装修材料	19	2439	2625	405
农业生产资料	17	3471	4004	521
工业生产资料	23	1877	1948	306

5-8-12 各地区产品质量情况

单位：%

地　区	产品质量等级品率			质量损失率
	优等品率	一等品率	合格品率	
全　国	**58.42**	**29.90**	**11.68**	**0.35**
北　京	87.31	12.19	0.51	0.58
天　津	59.42	16.76	23.81	0.10
河　北	28.95	64.49	6.57	0.11
山　西	25.83	14.27	59.90	0.10
内蒙古	73.01	23.29	3.70	0.02
辽　宁				
吉　林	43.25	52.02	4.73	0.03
黑龙江	17.01	60.62	22.37	0.82
上　海	84.73	9.68	5.58	0.51
江　苏	54.52	32.69	12.79	0.31
浙　江	46.95	43.48	9.57	0.32
安　徽	43.88	38.07	18.06	1.30
福　建	67.74	19.15	13.11	0.46
江　西	48.00	50.65	1.35	0.05
山　东	48.16	31.90	19.94	1.00
河　南	49.59	20.34	30.07	0.17
湖　北	46.56	28.28	25.17	0.12
湖　南	50.30	37.06	12.64	0.53
广　东	68.19	27.07	4.75	0.15
广　西	57.03	28.12	14.85	0.35
海　南	85.18	1.89	12.93	0.05
重　庆	11.96	72.40	15.64	0.39
四　川	65.22	23.54	11.25	0.26
贵　州	54.57	27.02	18.41	0.30
云　南	24.84	7.97	67.19	0.37
陕　西				
甘　肃	11.18	82.47	6.35	0.02
青　海	36.32	59.59	4.09	0.02
宁　夏	25.79	9.28	64.93	0.02
新　疆	15.05	34.06	50.89	0.12
	77.64	22.08	0.28	

注：本资料由75个重点工业城市抽样数据汇总而成。

5-8-13 产品质量省级监督抽查情况

地　区	抽查产品(种)	抽查企业(家)	抽查产品(批)	不合格产品(批)
全　国	**4847**	**215901**	**254306**	**31483**
北　京	165	6129	7076	570
天　津	51	1764	2038	463
河　北	61	2945	3254	943
山　西	61	1858	1858	523
内蒙古	76	2334	2917	397
辽　宁	93	3458	3782	515
吉　林	57	1177	1254	156
黑龙江	12	1323	1921	171
上　海	159	7167	8466	1064
江　苏	365	29017	29017	2158
浙　江	462	28617	28628	2529
安　徽	162	9482	14158	1769
福　建	121	4968	5786	589
江　西	104	4951	5397	902
山　东	53	3442	3474	621
河　南	10	4582	5542	1025
湖　北	58	4907	6298	1491
湖　南	1932	33644	41501	3437
广　东	80	6693	8358	2183
广　西	11	774	868	210
海　南	28	1417	2415	523
重　庆	71	10824	14884	2076
四　川	103	22955	27077	2183
贵　州	118	4745	6079	1536
云　南	116	4278	6574	1368
西　藏	34	665	1028	177
陕　西	107	2655	3181	471
甘　肃	41	4249	5240	818
青　海	73	1627	2469	231
宁　夏	47	1984	2298	249
新　疆	16	1270	1468	135

5-8-14 各地区出入境货物检验检疫情况

地 区	总计				工业品检验检疫			
	批次(批)	#不合格	货值(万美元)	#不合格	批次(批)	#不合格	货值(万美元)	#不合格
总 计	**14640231**	**113012**	**91148843**	**5185286**	**12229389**	**53988**	**78769120**	**2841813**
北 京	234980	829	1891625	3124	213013	280	1787159	2511
天 津	447533	4231	4838052	472308	390283	3045	4233648	282005
河 北	137025	1315	1868263	372690	96387	1108	1628295	293355
山 西	15925	103	199511	1178	13017	95	181387	1025
内蒙古	209365	79	846267	295	46715	44	659154	264
辽 宁	363516	1324	4408156	204677	241345	631	3587361	68856
吉 林	63459	331	442941	804	25881	66	290637	669
黑龙江	158337	2544	326512	270	46452	22	157703	89
上 海	1730817	11937	11710361	147187	1596134	2771	10691140	55603
江 苏	1506247	9966	9158421	798568	1374312	6013	7711349	362487
浙 江	1391218	6332	5647603	227410	1246679	5347	4988459	146343
安 徽	110360	397	515656	1810	87631	363	437494	1682
福 建	460686	1627	2295291	143985	386070	1079	1934104	73369
江 西	101595	860	453264	6645	82017	682	393722	6243
山 东	1088526	21516	8928853	1510609	681774	7337	6825814	963790
河 南	55902	233	337015	1461	34623	145	239117	1148
湖 北	79972	374	557811	3379	63424	339	473732	3062
湖 南	75196	646	350516	1886	62093	637	285774	1858
广 东	3623008	20295	15609604	443029	3273136	8734	13844459	172699
广 西	141620	1108	1031499	316263	51375	470	671039	134440
海 南	14327	469	585312	9495	3711	321	499848	7805
重 庆	34118	89	243310	517	31218	86	221664	507
四 川	54426	150	431411	1050	46442	87	368446	750
贵 州	5576	35	60563	125	4817	19	45441	77
云 南	74228	5024	283790	13278	20676	78	134362	522
西 藏	2855	7	16310	8	3172	8	12670	8
陕 西	32818	130	248199	2440	14977	115	182712	2414
甘 肃	15637	61	113018	262	8378	9	78886	39
青 海	2363	25	48394	227	2300	19	47610	183
宁 夏	3978	82	64435	835	2636	54	58311	740
新 疆	111371	8642	1103614	23703	158918	8389	989163	22740
宁 波	632155	3249	5543722	232141	609740	2426	5324375	159158
厦 门	287578	1800	1302757	63290	215677	1085	1020659	30720
深 圳	1027023	6880	7067193	179764	764862	2027	6227236	44507
珠 海	346491	322	2619590	575	329504	57	2536194	144

注：国家出入境货物检验检疫数据是由全国直属的35个检验检疫局直报国家质检总局汇总得到。

5-8-14 续表

地区	动物及动物产品检验检疫				植物及植物产品检验检疫				食品及化妆品检验检疫			
	批次（批）	#不合格	货值（万美元）	#不合格	批次（批）	#不合格	货值（万美元）	#不合格	批次（批）	#不合格	货值（万美元）	#不合格
总计	**288668**	**10304**	**1045487**	**89698**	**1150846**	**29983**	**4721077**	**1955863**	**1367248**	**19454**	**5933679**	**292528**
北京	4136	29	20440	32	6398	158	11099	430	19799	381	61776	242
天津	9728	152	52195	782	20516	345	209950	146413	34181	692	317090	42742
河北	5144	1	25083	3	13827	112	120014	78949	22490	92	92866	373
山西	113		405		433	1	1448	9	2416	7	15972	144
内蒙古	747		2591		146632	23	145749	8	16601	12	38148	23
辽宁	9424	3	35423	2	40863	318	280400	131073	80965	423	497822	4686
吉林	320	1	1931	2	18263	181	61977	64	20556	84	85919	69
黑龙江	677		1960		100822	2460	112125	169	13850	62	53454	12
上海	29556	5167	172644	48747	69039	2606	226712	29510	117437	1399	501996	12721
江苏	24909	289	150337	3428	64186	3353	822403	370538	56851	424	404856	59741
浙江	13417	205	86387	3594	89392	495	266515	73755	47877	315	212860	3617
安徽	1390		5594		6597	9	19968	45	15703	26	52151	82
福建	3410	35	33271	518	40194	274	129687	63596	38317	244	195995	6510
江西	7888	18	7583	24	6853	117	15310	248	5843	38	36248	116
山东	19218	2296	89406	16630	112247	3153	737996	403773	279514	8901	1253384	125425
河南	8712	43	31015	98	4425	2	14244	2	8439	39	49263	180
湖北	1230	1	1585	0	1870		5966		14888	31	73441	307
湖南	1415		4941		3260		7093		9518	10	50744	28
广东	67571	1783	195932	13206	115466	8781	614655	247828	243369	1121	897018	9372
广西	1076	1	5791	0	63193	283	263248	178243	26365	355	90313	3501
海南	331	18	3508	99	3009	79	29187	609	7692	52	52820	982
重庆	595		2180		329	1	4072	5	3431	2	13816	5
四川	1207		11926		2378	6	9865	11	7095	58	37000	289
贵州	17		47		377	5	9207	5	307	7	4748	15
云南	1193	36	1531	139	23696	2357	63661	8250	29732	2579	80364	4459
西藏	43		136		249		1582		204		1871	
陕西	326	1	1151	7	11717	2	19690	2	6170	12	44474	17
甘肃	262	1	910	0	3280	6	11128	5	3896	41	21695	194
青海	10		39		2		2		89	6	715	44
宁夏	10		61		152	1	625	4	1120	27	5265	91
新疆	1054	5	3544	11	5885	46	12778	127	10342	156	90979	745
宁波	1153	133	10403	2056	12844	379	96440	64605	20040	319	100680	6317
厦门	4144	59	13792	275	21010	439	118201	31770	50982	234	147889	524
深圳	54483	11	64228	33	128433	3974	272483	125779	116380	1070	307337	8574
珠海	13759	16	7516	10	13009	17	5596	37	34789	235	42709	382

5-8-15 各地区技术市场成交额

单位：万元

地 区	2000	2001	2002	2003	2004	2005	2006	2007	2008	2009
全 国	**6507519**	**7827489**	**8841713**	**10846727**	**13343630**	**15513694**	**18181813**	**22265261**	**26652288**	**30390024**
北 京	1402871	1910065	2211738	2653574	4249975	4895922	6973256	8825603	10272173	12362450
天 津	262581	306009	363262	420008	450276	507093	588624	723356	866122	1054611
河 北	94143	46784	60406	67969	72718	103827	156099	164329	165906	172112
山 西	5258	14693	39014	32251	59960	47980	59213	82677	128425	162068
内蒙古	60287	62359	58197	108452	104085	109939	107127	109835	94423	147651
辽 宁	347817	408698	508326	620200	752817	865167	806494	929290	997290	1197095
吉 林	71390	88543	82921	87292	107900	122261	153666	174845	196066	197598
黑龙江	152382	111035	120110	121165	125715	142585	156934	350209	412565	488550
上 海	738952	1061603	1202170	1427790	1716963	2317328	3095095	3548877	3861695	4354108
江 苏	449568	529165	594873	765163	897855	1008296	688297	784173	940246	1082184
浙 江	276275	316652	389438	530353	581465	386954	399618	453474	589189	564581
安 徽	61012	64145	75423	87960	90675	142553	184921	264515	324865	356174
福 建	172601	136941	128988	166779	141395	171959	113187	145579	179690	232594
江 西	69299	62724	62891	83324	93661	111227	93135	99533	77641	97893
山 东	288135	321938	347650	525682	750850	983614	232005	450275	660126	719391
河 南	211621	212589	178506	192690	203207	263737	237288	261907	254425	263046
湖 北	276000	338597	348603	412538	461700	501823	444427	522146	628971	770329
湖 南	286833	293887	323422	369306	408280	417394	455281	460816	477024	440432
广 东	482104	539722	684532	805730	572651	1124740	1070257	1328448	2016319	1709850
广 西	17741	37753	44406	41808	90955	94059	9423	9970	26996	17662
海 南		83990	9134	11978	1885	10007	8535	7327	35602	5556
重 庆	296594	289484	409433	555083	596186	357059	553479	395658	621884	383158
四 川	104150	126311	77524	128686	165640	190823	259323	303878	435313	545977
贵 州	620	599	13484	17892	13533	10488	5361	6560	20356	17806
云 南	187742	255279	179496	228718	215555	159175	82747	97496	50547	102469
陕 西	92560	84615	151554	168022	139129	188977	179485	301710	438300	698074
甘 肃	26413	27393	54644	77581	119608	172736	214534	262107	297560	356287
青 海		4657	12373	8291	12793	11812	24665	53017	77033	84967
宁 夏	6402	8872	8496	10047	12827	14131	5349	6641	8898	8982
新 疆	66168	82387	100699	120395	133371	80029	76084	71724	73963	12078
港澳台							15557	24308	49309	124063
其 他							732342	1044979	1373366	1660227

【主要统计指标解释】

研究与试验发展(R&D) 指在科学技术领域，为增加知识总量，以及运用这些知识去创造新的应用进行的系统的、创造性的活动，包括基础研究、应用研究、试验发展三类活动。

基础研究 指为了获得关于现象和可观察事实的基本原理的新知识(揭示客观事物的本质、运动规律，获得新发现、新学说)而进行的实验性或理论性研究，它不以任何专门或特定的应用或使用为目的。

应用研究 指为获得新知识而进行的创造性研究，主要针对某一特定的目的或目标。应用研究是为了确定基础研究成果可能的用途，或是为达到预定的目标探索应采取的新方法(原理性)或新途径。

试验发展 指利用从基础研究、应用研究和实际经验所获得的现有知识，为产生新的产品、材料和装置，建立新的工艺、系统和服务，以及对已产生和建立的上述各项作实质性的改进而进行的系统性工作。

研究与试验发展人员全时当量 是国际上通用的、用于比较科技人力投入的指标。指R&D全时人员（全年从事R&D活动累积工作时间占全部工作时间的90%及以上人员）工作量与非全时人员按实际工作时间折算的工作量之和。例如：有2个R&D全时人员（工作时间分别为0.9年和1年）和3个R&D非全时人员(工作时间分别为0.2年、0.3年和0.7年)，则R&D人员全时当量为1+1+0.2+0.3+0.7=3.2人年。

政府资金 指调查单位R&D经费内部支出中来自各级政府部门的各类资金，包括财政科学技术拨款、科学基金、教育等部门事业费以及政府部门预算外资金的实际支出。

企业资金 指调查单位R&D经费内部支出中来自企业的自有资金和接受其他企业委托而获得的经费，以及科研院所、高校等事业单位从企业获得的资金的实际支出。

专利 是专利权的简称，是对发明人的发明创造经审查合格后，由专利局依据专利法授予发明人和设计人对该项发明创造享有的专有权。包括发明、实用新型和外观设计。

发明专利 指对产品、方法或者其改进所提出的新的技术方案。

实用新型专利 指对产品的形状、构造或者其结合所提出的适于实用的新的技术方案。

外观设计专利 指对产品的形状、图案、色彩或者其结合所作出的富有美感并适于工业上应用的新设计。

5 第三产业部分行业主要业务指标

5-9 水利、环境和公共设施业

简要说明

一、主要内容

本篇主要反映我国水环境、大气环境、工业固体废物、生态环境、自然灾害和突发环境事件、环境污染治理投资、城市环境、农村环境等情况。

二、资料来源

水资源、供水和用水情况由水利部提供；“三废”排放及处理、工业污染治理投资、空气质量、噪声监测、自然保护区和突发环境事件等情况由环境保护部提供；海水水质和海洋灾害情况由国家海洋局提供；湿地、红树林、森林火灾和森林病虫鼠害情况由国家林业局提供；城市环境和城市基础设施建设投资情况由住房和城乡建设部提供；农村环境、地质灾害、公共交通等情况分别由卫生部、农业部、国土资源部、交通运输部提供。

5-9-1 环境保护基本情况

指　标	2001	2002	2003	2004	2005	2006	2007	2008	2009
水环境									
水资源总量 (亿立方米)	26867.8	28261.3	27460.2	24129.6	28053.1	25330.1	25255.2	27434.3	24180.2
地表水	25933.4	27243.3	26250.7	23126.4	26982.4	24358.1	24242.5	26377.0	23125.2
地下水	8390.1	8697.2	8299.3	7436.3	8091.1	7642.9	7617.2	8122.0	7267.0
地表水与地下水资源重复量	7455.7	7679.2	7089.9	6433.1	7020.4	6670.8	6604.5	7064.7	6212.1
人均水资源量 (立方米/人)	2112.5	2207.2	2131.3	1856.3	2151.8	1932.1	1916.3	2071.1	1816.2
供水总量 (亿立方米)	5567.4	5497.3	5320.4	5547.8	5633.0	5795.0	5818.7	5910.0	5965.2
#地表水	4450.7	4404.4	4286.0	4504.2	4572.2	4706.8	4723.9	4796.4	4839.5
地下水	1094.9	1072.4	1018.1	1026.4	1038.8	1065.5	1069.1	1084.8	1094.5
用水总量 (亿立方米)	5567.4	5497.3	5320.4	5547.8	5633.0	5795.0	5818.7	5910.0	5965.2
#农业	3825.7	3736.2	3432.8	3585.7	3580.0	3664.4	3599.5	3663.5	3723.1
工业	1141.8	1142.4	1177.2	1228.9	1285.2	1343.8	1403.0	1397.1	1390.9
生活	599.9	618.7	630.9	651.2	675.1	693.8	710.4	729.3	748.2
废水排放总量 (亿吨)	433	439	459	482	525	537	557	572	589
#工业废水排放量	203	207	212	221	243	240	247	242	234
生活污水排放量	230	232	247	261	281	297	310	330	355
工业废水排放达标量 (亿吨)	173	183	189	201	222	218	226	223	221
工业废水排放达标率 (%)	85.2	88.3	89.2	90.7	91.2	90.7	91.7	92.4	94.2
化学需氧量排放量 (万吨)	1405	1367	1333	1339	1414	1428	1382	1321	1278
#工业	608	584	512	510	555	542	511	458	440
生活	797	783	821	829	859	887	871	863	838
氨氮排放量 (万吨)	125	129	130	133	150	141	132	127	123
#工业	41	42	40	42	53	42	34	30	27
生活	84	87	89	91	97	99	98	97	95
大气环境									
工业废气排放量 (亿标立方米)	160863	175257	198906	237696	268988	330990	388169	403866	436064
#燃料燃烧	93526	103776	116447	139726	155238	181636	209922	229535	241201
生产工艺	67337	71481	82459	97971	113749	149354	178247	174331	194862
二氧化硫排放量 (万吨)	1947	1927	2159	2255	2549	2589	2468	2321	2214
#工业	1566	1562	1792	1891	2168	2235	2140	1991	1866
生活	381	365	367	364	381	354	328	330	348
烟尘排放量 (万吨)	1070	1013	1049	1095	1183	1089	987	902	848
#工业	852	804	846	887	949	864	771	671	604
生活	218	209	202	209	234	224	216	231	243
工业粉尘排放量 (万吨)	991	941	1021	905	911	808	699	585	524
工业二氧化硫去除量 (万吨)	565	698	749	890	1090	1439	1943	2286	2890
工业烟尘去除量 (万吨)	12317	13998	15649	18075	20587	23565	25166	30543	32848
工业粉尘去除量 (万吨)	5322	5570	5995	8529	6454	7280	7670	8471	8723
固体废物									
工业固体废物产生量 (万吨)	88840	94509	100428	120030	134449	151541	175632	190127	203943
#危险废物	952	1001	1170	995	1162	1084	1079	1357	1430
工业固体废物综合利用量 (万吨)	47290	50061	56040	67796	76993	92601	110311	123482	138186
工业固体废物综合利用率 (%)	52.1	51.9	54.8	55.7	56.1	60.2	62.1	64.3	67.0
工业固体废物排放量 (万吨)	2894	2635	1941	1762	1655	1302	1197	782	710
“三废”综合利用产品产值 (亿元)	345	386	441	573	756	1027	1351	1621	1608

5-9-1 续表 1

指 标		2001	2002	2003	2004	2005	2006	2007	2008	2009
生态环境										
森林面积	(万公顷)	15894	15894	17491	17491	17491	17491	17491	17491	19545
森林覆盖率	(%)	16.55	16.55	18.21	18.21	18.21	18.21	18.21	18.21	20.36
当年造林面积	(万公顷)	495	777	912	680	540	384	391	535	626
自然保护区数	(个)	1551	1757	1999	2194	2349	2395	2531	2538	2541
#国家级		171	188	226	226	243	265	303	303	319
自然保护区面积	(万公顷)	12989	13295	14398	14823	14995	15154	15188	14894	
自然保护区面积占辖区面积比重	(%)	12.9	13.2	14.4	14.8	15.0	15.2	15.2	15.1	
湿地面积	(万公顷)			3848.6	3848.6	3848.6	3848.6	3848.6	3848.6	3848.6
湿地面积占国土面积比重	(%)			4.0	4.0	4.0	4.0	4.0	4.0	4.0
自然灾害										
发生地质灾害起数	(次)	5793	40246	15489	13555	17751	102804	25364	26580	10580
#滑坡		3034	31247	10240	9130	9367	88523	15478	13450	6310
崩塌		583	3097	2604	2593	7654	13160	7722	8080	2378
泥石流		1539	4976	1549	1157	566	417	1215	843	1442
发生地震灾害次数	(次)	12	5	21	11	13	10	3	17	8
#5.0级以上		11	4	17	9	11	9	2	12	7
海洋赤潮发生次数	(次)	77	79	119	96	82	93	82	68	68
森林火灾次数	(次)	4933	7527	10463	13466	11542	8170	9260	14144	8859
#重大		17	24	14	38	16	7	4	13	35
特大		3	7	7	3	3	5			1
森林火灾受灾面积	(万公顷)	4.6	4.8	45.1	14.2	7.4	40.8	2.9	5.3	4.6
森林病虫鼠害发生面积	(万公顷)	839.0	841.2	888.7	944.8	961.0	1100.7	1209.7	1141.8	1142.0
森林病虫鼠害防治面积	(万公顷)	587.3	572.0	582.9	639.5	640.7	735.5	801.2	784.0	819.4
森林病虫鼠害防治率	(%)	70.0	68.0	65.6	68.0	66.7	66.8	66.2	68.7	71.8
环境污染										
突发环境事件次数	(次)	1842	1921	1843	1441	1406	842	462	474	418
#水污染		1096	1097	1042	753	693	482	178	198	116
大气污染		576	597	654	569	538	232	134	141	130
固体废物污染		39	109	56	47	48	45	58	45	55
噪声与震动危害		80	97	50	36	63	6	7		
其他		51	21	41	25	64	77	85	90	117
突发环境事件直接经济损失	(万元)	12272.4	4640.9	3374.9	36365.7	10515.0	13471.1	3016.5	18185.6	43354.4
突发环境事件赔款总额	(万元)	2948.7	2629.7	1999.1	3487.2	2373.8	7396.5	480.9	337.8	1842.0
突发环境事件罚款总额	(万元)	315.2	511.0	392.4	476.7	708.3	1019.4	325.8	589.4	326.1

注：森林面积和森林覆盖率2001、2002年为第五次全国森林资源清查数（1994-1998年），包括台湾省数据；2003-2008年为第六次清查数(1999-2003年)，包括香港、澳门特别行政区和台湾省数据；2009年为第七次清查数(2004-2008年)，包括香港、澳门特别行政区和台湾省数据。2007年起，造林总面积中增加无林地和疏林地新封山育林面积。

5-9-1 续表 2

指　　标	2001	2002	2003	2004	2005	2006	2007	2008	2009
环境污染治理投资									
环境污染治理投资总额 (亿元)	1106.7	1367.2	1627.7	1909.8	2388.0	2566.0	3387.3	4490.3	4525.3
环境污染治理投资总额占国内生产总值比重 (%)	1.01	1.14	1.20	1.19	1.30	1.22	1.36	1.49	1.33
城市环境基础设施建设投资额(亿元)	595.7	789.1	1072.4	1141.2	1289.7	1314.9	1467.5	1801.0	2512.0
#燃气	75.5	88.4	133.5	148.3	142.4	155.0	160.1	163.5	182.2
集中供热	82.0	121.4	145.8	173.4	220.2	223.6	230.0	269.7	368.7
排水	224.5	275.0	375.2	352.3	368.0	331.5	410.0	496.0	729.8
园林绿化	163.2	239.5	321.9	359.5	411.3	429.0	525.6	649.8	914.9
市容环境卫生	50.6	64.8	96.0	107.8	147.8	175.8	141.8	222.0	316.5
工业污染治理投资 (亿元)	174.5	188.4	221.8	308.1	458.2	483.9	552.4	542.6	442.6
#治理废水	72.9	71.5	87.4	105.6	133.7	151.1	196.1	194.6	149.5
治理废气	65.8	69.8	92.1	142.8	213.0	233.3	275.3	265.7	232.5
治理固体废物	18.7	16.1	16.2	22.6	27.4	18.3	18.3	19.7	21.9
治理噪声	0.6	1.0	1.0	1.3	3.1	3.0	1.8	2.8	1.4
治理其他	16.5	29.9	25.1	35.7	81.0	78.3	60.7	59.8	37.4
建设项目"三同时"环保投资(亿元)	336.4	389.7	333.5	460.5	640.1	767.2	1367.4	2146.7	1570.7
城市环境情况									
城市个数 (个)	662	660.0	660.0	661.0	661.0	656.0	655.0	655.0	655.0
城区面积 (万平方公里)	60.8	46.7	39.9	39.5	41.3	16.7	17.6	17.8	17.5
城市建设用地面积 (万平方公里)	2.4	2.7	2.9	3.1		3.2	3.6	3.9	3.9
城市污水处理率 (%)	36.4	40.0	42.1	45.7	52.0	55.7	62.9	70.2	75.3
城市燃气普及率 (%)	59.7	67.2	76.7	81.5	82.1	79.1	87.4	89.6	91.4
生活垃圾清运量 (万吨)	13470	13650	14857	15509	15577	14841	15215	15438	15734
生活垃圾无害化处理率 (%)	58.2	54.2	50.8	52.1	51.7	52.2	62.0	66.8	71.4
人均公园绿地面积 (平方米)	4.56	5.36	6.49	7.39	7.89	8.30	8.98	9.71	10.66
城市公园个数 (个)	4850	5178	5832	6427	7077	6908	7913	8557	9050
农村环境情况									
农村改水累计受益人口 (万人)	86113	86833	87387	88616	88893	86629	87859	89447	90251
累计受益率 (%)	91.0	91.7	92.7	93.8	94.1	91.1	92.1	93.6	94.3
累计使用卫生厕所户数 (万户)	11405	12062	12624	13192	13740	13873	14442	15166	16056
卫生厕所普及率 (%)	46.1	48.7	50.9	53.1	55.3	55.0	57.0	59.7	63.2
累计使用卫生公厕户数 (万户)	852.8	984.9	1080.6	1095.2	1034.1	2126.3	2049.0	2739.5	2970.7
农村沼气池产气量 (亿立方米)	29.8	37.0	47.5	55.7	72.9	83.6	101.7	118.4	130.8
太阳能热水器 (万平方米)	1319.4	1621.7	2464.8	2845.9	3205.6	3941.0	4286.4	4758.7	4997.1
太阳灶 (台)	388599	478426	526177	577625	685552	865238	1118763	1356755	1484271

5-9-2 水资源情况

年份 地区	水资源总量(亿立方米)	地表水资源量	地下水资源量	地表水与地下水资源重复量	人均水资源量(立方米/人)
2000	27700.8	26561.9	8501.9	7363.0	2193.9
2001	26867.8	25933.4	8390.1	7455.7	2112.5
2002	28261.3	27243.3	8697.2	7679.2	2207.2
2003	27460.2	26250.7	8299.3	7089.9	2131.3
2004	24129.6	23126.4	7436.3	6433.1	1856.3
2005	28053.1	26982.4	8091.1	7020.4	2151.8
2006	25330.1	24358.1	7642.9	6670.8	1932.1
2007	25255.2	24242.5	7617.2	6604.5	1916.3
2008	27434.3	26377.0	8122.0	7064.7	2071.1
2009	24180.2	23125.2	7267.0	6212.1	1816.2
北京	21.8	6.8	17.8	2.7	126.6
天津	15.2	10.6	5.6	0.9	126.8
河北	141.2	47.5	122.7	29.1	201.3
山西	85.8	47.7	76.1	38.1	250.8
内蒙古	378.1	263.4	214.4	99.6	1563.9
辽宁	171.0	138.0	87.6	54.6	396.0
吉林	298.0	252.8	97.3	52.0	1088.9
黑龙江	989.6	845.6	313.4	169.4	2586.9
上海	41.6	34.6	9.9	3.0	218.3
江苏	400.3	306.0	110.8	16.5	519.8
浙江	931.3	917.4	208.0	194.1	1808.4
安徽	733.1	685.9	185.4	138.3	1195.3
福建	800.8	799.6	244.7	243.4	2214.9
江西	1166.9	1144.7	312.9	290.7	2642.5
山东	285.0	173.8	180.7	69.5	301.7
河南	328.8	208.3	188.1	67.6	347.6
湖北	825.3	794.4	263.4	232.6	1443.9
湖南	1400.5	1393.8	351.7	345.0	2190.6
广东	1613.7	1604.1	407.6	398.0	1682.5
广西	1484.3	1484.3	256.8	256.8	3069.3
海南	480.7	474.6	106.3	100.3	5596.2
重庆	455.9	455.9	81.9	81.9	1600.3
四川	2332.2	2330.6	580.0	578.4	2857.5
贵州	910.0	910.0	249.0	249.0	2397.7
云南	1576.6	1576.6	582.6	582.6	3459.7
西藏	4029.2	4029.2	871.5	871.5	139658.9
陕西	416.5	393.7	132.4	109.6	1105.6
甘肃	209.0	201.8	123.6	116.4	794.3
青海	895.1	873.9	392.3	371.1	16113.6
宁夏	8.4	6.0	22.1	19.7	135.5
新疆	754.3	713.7	470.5	429.8	3516.6

5-9-3 供水用水情况

年份 地区	供水总量(亿立方米)	地表水	地下水	其他	用水总量(亿立方米)	农业	工业	生活	生态	人均用水量(立方米/人)
2000	5530.7	4440.4	1069.2	21.1	5497.6	3783.5	1139.1	574.9		435.4
2001	5567.4	4450.7	1094.9	21.9	5567.4	3825.7	1141.8	599.9		437.7
2002	5497.3	4404.4	1072.4	20.5	5497.3	3736.2	1142.4	618.7		429.3
2003	5320.4	4286.0	1018.1	16.3	5320.4	3432.8	1177.2	630.9	79.5	412.9
2004	5547.8	4504.2	1026.4	17.2	5547.8	3585.7	1228.9	651.2	82.0	426.8
2005	5633.0	4572.2	1038.8	22.0	5633.0	3580.0	1285.2	675.1	92.7	432.1
2006	5795.0	4706.8	1065.5	22.7	5795.0	3664.4	1343.8	693.8	93.0	442.0
2007	5818.7	4723.9	1069.1	25.7	5818.7	3599.5	1403.0	710.4	105.7	441.5
2008	5910.0	4796.4	1084.8	28.7	5910.0	3663.5	1397.1	729.3	120.2	446.2
2009	5965.2	4839.5	1094.5	31.2	5965.2	3723.1	1390.9	748.2	103.0	448.0
北京	35.5	7.2	21.8	6.5	35.5	11.4	5.2	15.3	3.6	205.8
天津	23.4	17.2	6.0	0.1	23.4	12.8	4.4	5.1	1.1	194.4
河北	193.7	37.5	154.6	1.6	193.7	143.9	23.7	23.4	2.7	276.3
山西	56.3	23.3	32.9		56.3	34.4	10.5	10.0	1.3	164.6
内蒙古	181.3	93.5	87.5	0.3	181.3	138.7	20.9	14.1	7.6	749.6
辽宁	142.8	71.6	67.4	3.8	142.8	91.1	23.9	24.4	3.3	330.8
吉林	111.1	68.6	42.5		111.1	71.2	23.6	14.1	2.3	405.9
黑龙江	316.3	180.2	136.0		316.3	237.4	55.7	18.8	4.4	826.7
上海	125.2	124.9	0.3		125.2	16.8	84.2	23.1	1.2	657.4
江苏	549.2	540.4	8.8		549.2	300.1	194.5	51.4	3.2	713.2
浙江	197.8	192.3	5.0	0.5	197.8	97.3	55.3	37.6	7.5	384.0
安徽	291.9	265.3	26.1	0.5	291.9	167.2	93.7	29.0	2.0	475.9
福建	201.4	196.4	4.8	0.3	201.4	100.8	77.2	22.1	1.3	557.2
江西	241.3	230.9	10.4		241.3	157.2	53.2	26.1	4.8	546.3
山东	220.0	119.6	97.0	3.3	220.0	156.4	24.7	34.9	3.9	233.0
河南	233.7	94.3	139.0	0.4	233.7	138.1	53.5	35.8	6.3	247.1
湖北	281.4	271.5	8.8	1.1	281.4	149.4	100.8	30.9	0.2	492.4
湖南	322.3	301.8	20.6		322.3	189.3	83.5	46.1	3.5	504.2
广东	463.4	440.8	21.0	1.6	463.4	228.7	136.2	90.4	8.1	483.2
广西	303.4	289.0	11.6	2.7	303.4	195.3	54.0	48.4	5.7	627.3
海南	44.5	41.0	3.5		44.5	34.0	3.9	6.4	0.1	517.6
重庆	85.3	83.5	1.8	0.1	85.3	19.0	47.6	18.2	0.5	299.4
四川	223.5	204.6	16.4	2.4	223.5	123.6	61.6	36.3	2.0	273.8
贵州	100.4	93.2	7.0	0.2	100.4	50.8	34.1	14.9	0.6	264.5
云南	152.6	145.7	4.3	2.6	152.6	103.5	22.4	23.6	3.2	335.0
西藏	30.9	28.3	2.6		30.9	27.4	1.4	2.0		1069.4
陕西	84.3	50.9	33.1	0.4	84.3	57.2	11.4	14.8	0.9	223.9
甘肃	120.6	94.7	24.0	1.9	120.6	93.8	13.1	10.8	3.0	458.4
青海	28.8	23.9	4.7	0.1	28.8	21.6	3.0	3.4	0.8	517.8
宁夏	72.2	67.0	5.2		72.2	65.3	3.7	1.7	1.6	1162.3
新疆	530.9	440.2	90.0	0.7	530.9	489.4	10.1	14.9	16.5	2475.1

注：生态用水仅包括部分河湖、湿地人工补水和城市环境用水。

5-9-4 各地区废水排放及处理情况

单位：万吨

地区	废水治理设施数(套)	工业废水排放总量	#直接排入海的	工业废水排放达标量
全国	**77018**	**2343857**	**134695**	**2208743**
北京	524	8713		8574
天津	848	19441	584	19440
河北	3869	110058	1162	108166
山西	2548	39720		32694
内蒙古	889	28616		24366
辽宁	1798	75159	24435	64593
吉林	638	37563		30621
黑龙江	1465	34188		31379
上海	1730	41192	2536	40687
江苏	6877	256160	1623	251290
浙江	8202	203442	11641	193847
安徽	1987	73441		70657
福建	3949	142747	73811	141032
江西	1826	67192		63047
山东	4824	182673	7495	180030
河南	3210	140325		134850
湖北	2068	91324		87594
湖南	3195	96396		88059
广东	9826	188844	7549	174377
广西	2539	161596	1597	153458
海南	267	7031	2263	6789
重庆	1638	65684		61925
四川	4377	105910		101029
贵州	2050	13478		9570
云南	2088	32375		29991
西藏	16	942		210
陕西	1728	49137		47523
甘肃	657	16364		13266
青海	155	8404		4692
宁夏	353	21542		18835
新疆	877	24201		16152

5-9-4 续表

单位：万吨

地 区	工业废水中化学需氧量排放量	工业废水中氨氮排放量	生活污水排放量	生活污水中化学需氧量排放量	生活污水中氨氮排放量
全 国	**439.68**	**27.35**	**3547021**	**837.86**	**95.26**
北 京	0.49	0.05	132100	9.39	1.26
天 津	2.35	0.29	40206	10.95	0.91
河 北	23.04	1.72	134931	33.97	3.79
山 西	14.19	1.15	66155	20.25	2.92
内蒙古	12.01	0.47	44539	15.85	2.92
辽 宁	21.63	0.96	141996	34.64	5.29
吉 林	14.72	0.26	72151	21.36	2.60
黑龙江	11.19	0.68	76320	35.01	4.08
上 海	2.90	0.20	189326	21.44	2.78
江 苏	25.13	1.38	266169	57.04	5.16
浙 江	24.05	1.52	161575	27.33	2.58
安 徽	12.88	1.44	106260	29.53	3.24
福 建	7.54	0.62	103266	30.03	2.39
江 西	10.35	0.73	79888	33.17	2.68
山 东	26.05	1.39	204058	38.65	5.34
河 南	29.77	2.57	193656	32.86	4.95
湖 北	14.37	1.51	174433	43.20	4.95
湖 南	21.56	2.40	163883	63.28	6.00
广 东	21.68	1.00	498585	69.44	10.51
广 西	51.88	1.40	143911	45.75	3.41
海 南	1.16	0.06	30486	8.87	0.76
重 庆	10.03	0.73	81385	13.95	1.95
四 川	24.51	1.35	156799	50.25	4.60
贵 州	1.30	0.09	45682	20.30	1.62
云 南	8.53	0.32	55215	18.78	1.58
西 藏	0.07		2514	1.47	0.15
陕 西	12.64	0.72	62082	19.17	2.47
甘 肃	4.87	1.19	32907	11.94	1.48
青 海	3.93	0.17	13767	3.69	0.54
宁 夏	9.73	0.42	19794	2.78	0.39
新 疆	15.14	0.58	52983	13.53	1.97

5-9-5 工业按行业分废水排放及处理情况

单位：万吨

行业大类	汇总工业企业数（个）	工业废水排放总量	工业废水排放达标量
行业总计	**110903**	**2090300**	**1980075**
煤炭开采和洗选业	4261	80236	73665
石油和天然气开采业	233	10197	10005
黑色金属矿采选业	1146	15546	14650
有色金属矿采选业	1628	37307	32730
非金属矿采选业	958	7719	7292
其他采矿业	74	574	460
农副食品加工业	7481	143838	132050
食品制造业	3707	52699	48365
饮料制造业	2748	69674	65459
烟草制品业	158	3253	3176
纺织业	8070	239116	230806
纺织服装、鞋、帽制造业	1451	14728	14324
皮革毛皮羽毛(绒)及其制品业	1695	24964	23087
木材加工及木竹藤棕草制品业	1526	6137	5703
家具制造业	340	1856	1836
造纸及纸制品业	5771	392604	367176
印刷业和记录媒介的复制	558	1783	1743
文教体育用品制造业	270	1239	1109
石油加工、炼焦及核燃料加工业	1139	66406	63474
化学原料及化学制品制造业	9985	297062	282138
医药制造业	2939	52718	51003
化学纤维制造业	350	43855	41858
橡胶制品业	918	6783	6704
塑料制品业	1409	4387	4005
非金属矿物制品业	21435	32777	30434
黑色金属冶炼及压延加工业	3562	125978	122036
有色金属冶炼及压延加工业	2643	28976	27643
金属制品业	6118	31346	30166
通用设备制造业	3764	13452	12953
专用设备制造业	1294	11006	10747
交通运输设备制造业	2539	27422	26473
电气机械及器材制造业	1654	9324	9002
通信计算机及其他电子设备制造业	1872	33513	32776
仪器仪表及文化办公用机械制造业	511	5798	5675
工艺品及其他制造业	948	3587	3362
废弃资源和废旧材料回收加工业	189	959	917
电力、热力的生产和供应业	4132	149010	144573
燃气生产和供应业	88	2013	1927
水的生产和供应业	262	22919	22421
其他行业	1077	17537	16152

5-9-6 主要城市工业废水排放及处理情况

单位：万吨

城 市	工业废水排放量	工业废水排放达标量	工业废水中化学需氧量排放量(吨)	工业废水中氨氮排放量(吨)	废水治理设施数(套)	本年运行费用(万元)
北 京	8713	8574	4898.1	452.8	524	65702.5
天 津	19441	19440	23469.4	2915.5	848	73073.1
石家庄	19045	18992	49738.4	4068.5	589	46852.5
太 原	2483	2417	4920.0	353.8	238	41219.8
呼和浩特	2374	2373	2474.1	236.3	54	9061.4
沈 阳	6259	5722	7947.0	1086.4	356	24178.2
长 春	5489	5133	25947.0	468.5	104	5708.0
哈尔滨	3539	3446	13865.1	510.9	153	20847.1
上 海	41192	40687	29030.6	1982.8	1730	264295.6
南 京	36339	33698	26702.5	1099.0	677	85539.5
杭 州	79959	76925	86449.3	2364.4	1221	90202.8
合 肥	2036	1961	1380.7	80.1	166	9570.4
福 州	4288	3860	3980.1	550.3	382	12994.5
南 昌	10238	9554	21000.0	1085.5	207	12303.4
济 南	5014	4954	7004.6	319.9	264	25822.3
郑 州	11240	11155	9353.7	233.1	377	19533.0
武 汉	22532	22334	21808.1	1225.9	248	27054.3
长 沙	3726	3354	4920.9	228.7	260	5283.0
广 州	26023	25116	23425.3	935.8	996	61140.0
南 宁	12347	11291	71981.7	1341.5	384	17523.6
海 口	475	475	328.6	8.7	33	1439.9
重 庆	65684	61925	100290.3	7251.4	1638	54792.7
成 都	24554	24487	41504.0	5755.5	1512	32644.1
贵 阳	2356	2292	1791.0	97.0	298	8335.3
昆 明	4256	4249	3276.3	209.8	538	20781.8
拉 萨	986	210	489.9	2.7	13	158.2
西 安	14203	13281	40823.5	2230.2	383	13360.2
兰 州	2945	2905	1834.6	134.9	78	15379.2
西 宁	4387	3828	15990.1	970.8	127	2771.7
银 川	4987	4946	12552.6	1227.7	128	6317.6
乌鲁木齐	5968	5251	8667.5	1668.5	107	7879.8

5-9-7 全海域海水水质评价结果

单位：万平方公里

海 区	较清洁海域面积	轻度污染海域面积	中度污染海域面积	严重污染海域面积
全 国	**7.09**	**2.55**	**2.08**	**2.97**
渤 海	0.90	0.57	0.42	0.27
黄 海	1.13	0.79	0.52	0.22
东 海	3.08	0.90	0.87	1.96
南 海	1.99	0.29	0.28	0.52

5-9-8 主要城市空气质量指标

单位：毫克/立方米

城市	可吸入颗粒物 (PM_{10})	二氧化硫 (SO_2)	二氧化氮 (NO_2)	空气质量达到及好于二级的天数 (天)
北京	0.121	0.034	0.053	285
天津	0.101	0.056	0.040	307
石家庄	0.104	0.045	0.035	318
太原	0.106	0.075	0.022	296
呼和浩特	0.074	0.049	0.040	346
沈阳	0.110	0.059	0.037	328
长春	0.085	0.034	0.043	340
哈尔滨	0.101	0.046	0.054	311
上海	0.081	0.035	0.053	334
南京	0.100	0.035	0.048	315
杭州	0.097	0.041	0.052	327
合肥	0.111	0.023	0.027	321
福州	0.064	0.014	0.040	353
南昌	0.079	0.054	0.037	347
济南	0.123	0.050	0.025	295
郑州	0.099	0.053	0.046	322
武汉	0.105	0.044	0.054	301
长沙	0.092	0.039	0.042	333
广州	0.070	0.039	0.056	347
南宁	0.050	0.032	0.028	362
海口	0.038	0.007	0.016	365
重庆	0.105	0.053	0.037	303
成都	0.111	0.038	0.055	315
贵阳	0.074	0.058	0.026	347
昆明	0.067	0.041	0.046	365
拉萨	0.050	0.008	0.021	361
西安	0.113	0.048	0.046	304
兰州	0.150	0.059	0.043	236
西宁	0.141	0.042	0.032	280
银川	0.090	0.044	0.031	328
乌鲁木齐	0.140	0.093	0.068	262

5-9-9 主要城市工业废气排放及处理情况

单位：吨

城市	工业二氧化硫排放量	工业烟尘排放量	工业粉尘排放量	工业二氧化硫去除量	工业烟尘去除量	工业粉尘去除量	废气治理设施数（套）	#脱硫设施	本年运行费用（万元）
北京	59922	19077	17321	112829	1816769	802926	2603	1095	90121.7
天津	172980	58687	7946	256518	4203247	651466	3157	1631	168240.0
石家庄	143675	31343	15447	277484	3982450	151841	1810	365	72281.2
太原	90487	38607	30461	173708	3092713	873954	1040	407	89745.7
呼和浩特	74041	12731	1309	179785	4193630	71687	726	16	40431.6
沈阳	82362	52941	4847	44132	1644314	5469	2140	513	46795.7
长春	54693	68922	25355	14817	1591062	849075	673	52	11922.6
哈尔滨	51879	51205	17388	27486	1717867	62673	869	56	16620.6
上海	239348	36450	8320	384624	5135132	957492	3986	709	220887.0
南京	134277	31168	41675	494692	2435626	779644	1144	130	88241.9
杭州	92926	35418	18349	80713	1210748	935501	1776	437	78786.3
合肥	30453	10602	4591	17620	1054717	126715	381	30	10252.5
福州	90277	7027	2127	91877	1462428	15043	558	62	67911.6
南昌	22514	8104	6115	11548	155627	4172	536	46	12350.2
济南	65944	20146	30022	141691	1633220	697153	940	158	113506.9
郑州	112167	51410	38211	59191	2785352	400954	1404	119	55391.0
武汉	114579	30890	8163	107380	2160838	409925	628	42	45883.6
长沙	52052	34704	133530	38484	100415	191883	347	58	3353.8
广州	91722	11943	2237	896167	1806518	95690	1676	350	93455.9
南宁	58487	26760	8407	20127	513521	400235	916	171	13636.9
海口	103	94	1		579	17	21		1731.4
重庆	586117	108674	107749	780181	4390483	590009	3309	328	149234.1
成都	93045	36670	5045	153731	1357527	132142	1607	64	59814.1
贵阳	84488	13831	14688	187718	1109016	413901	497	164	35510.2
昆明	88337	8023	5563	593326	1307393	428396	1407	124	86628.6
拉萨	1201	571	680		505	8	17		1345.0
西安	82864	20410	4235	48743	780446	133130	852	106	19073.9
兰州	70687	11046	8378	207025	1217513	113682	529	18	35426.9
西宁	70403	24687	32811	13402	798552	383891	421	4	33321.6
银川	20403	6936	2126	40134	143055	94073	281	59	10384.2
乌鲁木齐	107971	35058	8525	20206	764051	117003	519	7	24411.1

5-9-10 工业按行业分废气排放及处理情况

单位：万吨

行　业	工业二氧化硫排放量	工业二氧化硫去除量	工业烟尘排放量	工业烟尘去除量	工业粉尘排放量	工业粉尘去除量
行业总计	**1694.06**	**2889.86**	**544.62**	**32848.15**	**476.20**	**8722.65**
煤炭开采和洗选业	14.99	9.73	9.83	171.18	18.78	16.22
石油和天然气开采业	3.53	6.26	1.11	4.67		
黑色金属矿采选业	5.45	1.51	1.84	10.28	3.78	14.63
有色金属矿采选业	12.30	58.33	1.21	12.63	1.16	4.95
非金属矿采选业	4.52	2.62	2.23	25.81	2.59	5.66
其他采矿业	0.11	0.01	0.19	0.12	0.06	0.02
农副食品加工业	16.09	6.65	11.23	123.43	0.38	6.18
食品制造业	10.76	4.88	5.72	85.32	0.13	4.24
饮料制造业	10.58	5.11	6.75	103.87	0.11	0.67
烟草制品业	1.16	0.60	0.51	3.11	0.10	1.72
纺织业	25.61	10.45	12.66	141.90	0.17	0.90
纺织服装、鞋、帽制造业	1.24	0.69	0.66	7.28	0.03	0.05
皮革毛皮羽毛(绒)及其制品业	1.78	0.31	1.03	5.62	0.03	0.01
木材加工及木竹藤棕草制品业	3.21	0.53	3.23	10.23	2.48	29.29
家具制造业	0.26	0.09	0.37	1.25	0.10	0.22
造纸及纸制品业	45.74	23.42	19.18	344.34	0.75	1.44
印刷业和记录媒介的复制	0.27	0.06	0.15	0.52		
文教体育用品制造业	0.11	0.17	0.06	0.19	0.03	0.22
石油加工、炼焦及核燃料加工业	61.42	230.75	22.46	279.73	15.55	117.60
化学原料及化学制品制造业	97.52	112.36	41.72	764.71	11.16	104.90
医药制造业	7.76	4.96	4.51	41.86	0.08	0.15
化学纤维制造业	11.46	8.58	2.78	113.48	0.06	1.18
橡胶制品业	3.78	3.57	1.84	29.07	0.06	0.92
塑料制品业	2.34	0.62	1.01	7.49	0.03	0.29
非金属矿物制品业	160.52	41.79	92.51	1114.15	309.04	5259.28
黑色金属冶炼及压延加工业	170.18	126.30	51.84	1244.78	84.15	2649.43
有色金属冶炼及压延加工业	66.09	783.15	12.28	420.96	8.84	370.75
金属制品业	3.84	0.80	2.18	9.50	0.76	9.00
通用设备制造业	4.62	1.23	3.01	10.72	2.96	43.55
专用设备制造业	3.83	1.54	1.30	19.48	1.67	3.39
交通运输设备制造业	3.68	1.66	2.93	37.42	2.69	14.05
电气机械及器材制造业	1.13	0.47	0.64	4.88	0.06	0.18
通信计算机及其他电子设备制造业	1.00	0.61	0.50	5.33	0.27	5.52
仪器仪表及文化办公用机械制造业	0.14	0.06	0.07	0.41	0.03	0.23
工艺品及其他制造业	0.37	0.06	0.16	0.78	0.91	0.64
废弃资源和废旧材料回收加工业	0.17	0.10	0.05	0.37	0.20	0.25
电力、热力的生产和供应业	932.99	1437.90	222.15	27665.56	0.67	1.71
燃气生产和供应业	2.33	0.91	1.38	19.31	0.41	0.05
水的生产和供应业	0.05		0.05	0.17		
其他行业	1.10	1.01	1.29	6.27	5.90	53.15

5-9-11 各地区废气排放及处理情况

单位：万吨

地区	废气治理设施数（套）	工业二氧化硫排放量	生活二氧化硫排放量	工业二氧化硫去除量	工业烟尘排放量
全国	**176489**	**1865.9**	**348.5**	**2889.9**	**604.4**
北京	2603	6.0	5.9	11.3	1.9
天津	3157	17.3	6.4	25.7	5.9
河北	11845	104.3	21.1	123.8	33.0
山西	9200	101.0	25.9	143.4	43.8
内蒙古	4956	120.4	19.5	164.6	32.1
辽宁	10067	91.9	13.3	102.2	40.1
吉林	3037	30.0	6.3	12.8	27.7
黑龙江	4313	41.9	7.1	7.4	31.9
上海	3986	23.9	14.0	38.5	3.6
江苏	11508	101.2	6.2	185.6	30.1
浙江	14526	67.7	2.4	130.6	18.0
安徽	4733	48.7	5.2	161.9	23.0
福建	6931	39.9	2.0	35.5	7.1
江西	3953	49.0	7.4	143.0	13.9
山东	11727	136.6	22.4	273.3	30.2
河南	8740	117.6	17.9	141.4	52.1
湖北	5211	52.7	11.6	88.5	17.9
湖南	5117	64.9	16.2	84.8	27.6
广东	13011	101.3	5.8	187.4	24.8
广西	6006	83.5	5.5	87.8	24.7
海南	397	2.1	0.1	6.0	0.8
重庆	3309	58.6	16.0	78.0	10.9
四川	6927	94.6	18.9	83.8	19.6
贵州	2441	62.4	55.2	131.8	11.8
云南	5432	41.8	8.1	141.7	12.4
西藏	51	0.2			0.1
陕西	4035	74.2	6.3	74.5	15.1
甘肃	2716	40.1	9.9	191.3	9.2
青海	752	12.7	0.8	1.3	5.4
宁夏	1503	27.8	3.6	29.3	7.9
新疆	4299	51.5	7.5	3.0	22.0

5-9-11 续表 单位：万吨

地 区	生活烟尘排放量	工业烟尘去除量	工业粉尘排放量	工业粉尘去除量
全 国	**243.3**	**32848.1**	**523.6**	**8722.6**
北 京	2.5	181.7	1.7	80.3
天 津	1.3	420.3	0.8	65.1
河 北	18.9	2355.6	42.7	561.0
山 西	20.9	2137.2	42.8	319.2
内蒙古	17.3	2458.2	16.4	234.4
辽 宁	21.1	1865.5	22.7	636.5
吉 林	10.7	868.9	6.6	374.8
黑龙江	11.4	1058.7	10.1	79.8
上 海	6.5	513.5	0.8	95.7
江 苏	2.9	2279.4	16.4	323.1
浙 江	1.0	1234.3	16.8	869.7
安 徽	5.0	1363.6	28.5	344.4
福 建	4.3	606.4	15.7	249.2
江 西	2.5	741.8	26.3	567.4
山 东	11.5	3339.8	22.1	554.6
河 南	7.6	2685.9	24.9	572.7
湖 北	3.7	789.0	18.3	408.3
湖 南	6.6	660.2	57.5	323.5
广 东	5.3	988.3	10.5	464.1
广 西	1.3	372.6	46.7	323.6
海 南	0.2	55.9	0.9	12.6
重 庆	8.2	439.0	10.8	59.0
四 川	8.9	946.3	11.4	179.4
贵 州	32.2	1396.9	9.9	177.4
云 南	5.5	1105.3	10.2	370.5
西 藏	0.2	0.1	0.1	
陕 西	5.2	779.9	14.8	221.4
甘 肃	7.0	304.7	8.4	89.4
青 海	2.2	107.8	6.9	63.7
宁 夏	1.8	466.0	3.6	45.6
新 疆	9.7	325.3	18.5	56.3

5-9-12 各地区工业固体废物产生及处理利用情况

地 区	工业固体废物产生量（万吨）	#危险废物	工业固体废物综合利用量（万吨）	工业固体废物贮存量（万吨）	工业固体废物处置量（万吨）	工业固体废物排放量（吨）	"三废"综合利用产品产值（万元）
全 国	**203943.4**	**1429.9**	**138185.8**	**20929.3**	**47487.7**	**7104521.1**	**16082440**
北 京	1242.4	11.2	910.4	43.7	754.6	881.4	71680
天 津	1515.7	7.8	1498.3	0.1	25.7		187882
河 北	21975.8	27.7	15693.3	1168.4	5259.9	304551.1	936390
山 西	14742.9	6.8	8955.8	718.7	5099.4	1415687.9	342721
内蒙古	12108.3	50.2	6367.9	1235.6	4513.0	92170.9	217936
辽 宁	17221.4	91.0	8240.7	1981.2	7261.1	27510.0	443699
吉 林	3940.5	57.5	2538.8	1324.8	88.5		308741
黑龙江	5274.7	17.0	3809.7	993.7	513.0	9763.0	247210
上 海	2254.6	47.6	2171.6	12.7	85.7	42.0	161409
江 苏	8027.8	126.1	7862.2	168.3	102.0		2014356
浙 江	3909.7	60.1	3585.9	74.7	256.0	7824.1	2513210
安 徽	8470.8	11.6	7227.0	544.0	922.7	15.0	509654
福 建	6348.9	8.0	5425.8	55.9	874.5	24334.4	492686
江 西	8898.2	6.5	3702.7	786.0	4416.1	139937.9	470277
山 东	14137.9	221.4	13826.4	237.9	523.9	144.0	1725361
河 南	10785.8	17.9	8064.3	283.0	2691.4	13104.4	693261
湖 北	5561.5	91.4	4210.2	251.4	1164.4	51169.8	699428
湖 南	5092.8	53.9	4010.4	822.2	379.8	185972.3	695004
广 东	4740.9	99.2	4321.6	137.8	313.5	159839.0	509827
广 西	5693.1	12.5	3856.7	461.4	1434.4	120979.0	432197
海 南	200.9	0.2	167.9	11.8	21.2		24440
重 庆	2551.8	14.7	2076.7	262.3	126.7	1498598.3	274133
四 川	8596.9	83.4	4952.3	1076.1	2845.2	61158.5	612686
贵 州	7317.4	52.6	3350.7	1792.4	2109.4	944883.7	165524
云 南	8672.8	50.4	4264.8	2001.6	2615.4	606462.0	604415
西 藏	11.1		0.2	6.8		41243.2	239
陕 西	5546.7	13.0	2997.6	1099.5	1445.1	172657.0	222059
甘 肃	3150.2	20.9	1072.7	937.0	1216.8	123101.8	260170
青 海	1347.6	83.3	508.2	850.2	1.5	13904.0	26311
宁 夏	1398.3	0.4	987.9	169.7	251.0	36588.0	66672
新 疆	3206.1	85.4	1527.2	1420.5	175.8	1051998.4	152865

5-9-13 按行业分工业固体废物产生及处理利用情况

单位：万吨

行业	工业固体废物产生量	#危险废物	工业固体废物综合利用量	工业固体废物贮存量	工业固体废物处置量	工业固体废物排放量
行业总计	**190673.51**	**1429.84**	**128607.63**	**19391.02**	**44940.20**	**631.57**
煤炭开采和洗选业	23868.56	0.06	18409.94	1490.35	5069.67	261.35
石油和天然气开采业	175.48	12.31	57.58	11.23	106.65	0.03
黑色金属矿采选业	23441.80	0.01	5823.35	3905.14	13700.18	25.53
有色金属矿采选业	25847.91	158.08	8953.52	4713.70	12164.68	121.57
非金属矿采选业	1454.59	72.75	764.99	329.97	353.27	6.99
其他采矿业	46.01		30.17	10.08	5.69	0.08
农副食品加工业	2090.56	0.14	2055.72	7.82	27.53	2.92
食品制造业	531.94	0.44	522.37	0.21	8.26	1.16
饮料制造业	930.03	0.27	914.27	1.23	7.17	7.48
烟草制品业	40.69	0.01	33.90	0.18	6.35	0.28
纺织业	732.45	18.48	685.43	0.30	45.82	0.96
纺织服装、鞋、帽制造业	46.93	0.13	44.25	0.12	2.50	0.06
皮革毛皮羽毛(绒)及其制品业	80.44	1.92	65.93	0.62	13.74	0.15
木材加工及木竹藤棕草制品业	170.03	0.03	167.60	0.10	2.07	0.26
家具制造业	15.77	0.18	14.82	0.06	0.85	0.04
造纸及纸制品业	1938.67	8.67	1734.87	28.68	177.22	4.75
印刷业和记录媒介的复制	15.82	1.69	14.16	0.04	1.62	
文教体育用品制造业	3.00	0.19	2.35		0.62	0.03
石油加工、炼焦及核燃料加工业	2994.40	141.27	2703.97	110.23	199.59	2.89
化学原料及化学制品制造业	12595.46	521.88	8660.35	1545.99	2528.76	15.13
医药制造业	345.92	31.93	315.99	1.47	27.26	1.68
化学纤维制造业	373.02	41.49	347.40	9.37	23.73	0.09
橡胶制品业	138.72	0.54	135.06	0.15	3.38	0.28
塑料制品业	65.67	2.33	61.27		4.31	0.08
非金属矿物制品业	4358.57	2.72	4514.02	49.82	115.36	35.05
黑色金属冶炼及压延加工业	33893.70	62.13	29382.39	1296.61	3353.19	49.91
有色金属冶炼及压延加工业	7087.27	169.87	3209.30	898.56	2963.25	40.09
金属制品业	505.84	36.19	471.61	0.67	33.46	0.22
通用设备制造业	488.59	6.49	453.50	0.66	32.10	2.35
专用设备制造业	186.81	3.61	160.61	1.04	23.23	1.93
交通运输设备制造业	505.79	15.01	455.91	0.16	47.74	2.01
电气机械及器材制造业	71.30	10.84	62.73	0.18	8.45	0.08
通信计算机及其他电子设备制造业	172.55	79.56	132.51	0.52	39.32	0.26
仪器仪表及文化办公用机械制造业	26.10	11.40	18.28	0.02	7.78	0.02
工艺品及其他制造业	18.73	0.33	17.73	0.01	0.62	0.37
废弃资源和废旧材料回收加工业	64.06	0.09	59.26	0.05	4.50	0.27
电力、热力的生产和供应业	45131.21	15.67	36963.76	4975.58	3798.02	45.17
燃气生产和供应业	55.60	0.31	35.36	0.04	20.18	0.01
水的生产和供应业	19.42	0.77	8.93	0.03	10.44	0.03
其他行业	144.11	0.04	142.49		1.61	

5-9-14 主要城市工业固体废物产生及处理利用情况

城市	工业固体废物产生量(万吨)	#危险废物	工业固体废物综合利用量(万吨)	工业固体废物排放量(吨)	工业固体废物综合利用率(%)
北京	1242	11.19	910	881	68.9
天津	1516	7.84	1498		98.3
石家庄	1273	19.41	1209		92.5
太原	2410	1.91	1172	92911	48.6
呼和浩特	592	0.30	158	20	64.6
沈阳	645	9.72	606	174	17.9
长春	406	1.27	404		76.3
哈尔滨	1330	1.47	1015	2793	71.0
上海	2255	47.62	2172	42	98.6
南京	1442	18.25	1319		99.3
杭州	635	7.20	606	2651	93.9
合肥	277	1.12	273		60.4
福州	425	0.83	401	6100	94.4
南昌	118	0.17	114	3493	93.9
济南	968	6.71	909		89.2
郑州	915	0.28	756		35.2
武汉	1215	2.72	1087		99.9
长沙	155	0.11	140	287	95.6
广州	642	22.59	598	260	90.1
南宁	380	0.05	344	1553	97.1
海口	4	0.06	4		79.8
重庆	2552	14.68	2077	1498598	20.0
成都	576	0.78	570		74.8
贵阳	873	1.04	411	100	39.9
昆明	2161	1.24	862	97022	18.7
拉萨	26		5	12061	81.1
西安	247	0.83	241	4005	29.5
兰州	486	15.79	365		22.8
西宁	250	10.62	243	5102	91.9
银川	164	0.31	150	7200	90.8
乌鲁木齐	551	1.69	360	3127	65.3

5-9-15 各地区城市生活垃圾清运和处理情况

地 区	生活垃圾清运量(万吨)	无害化处理厂数(座)	#卫生填埋	#堆 肥	#焚 烧	无害化处理能力(吨/日)	#卫生填埋	#堆 肥	#焚 烧
全 国	**15733.7**	**567**	**447**	**16**	**93**	**356130**	**273498**	**6979**	**71253**
北 京	656.1	19	16	2	1	13680	12280	800	600
天 津	188.4	7	5		2	7600	5800		1800
河 北	678.1	23	18	3	1	12242	10042	1400	400
山 西	374.6	15	12		3	13022	10922		2100
内蒙古	366.5	17	16	1		8726	7926	800	
辽 宁	813.3	13	11	1	1	11695	10695	600	400
吉 林	521.3	9	7		2	6326	4806		1520
黑龙江	912.4	18	16		2	10048	9548		500
上 海	710.0	12	4	1	3	10345	5750	500	2575
江 苏	957.3	41	27		14	34570	20502		14068
浙 江	925.6	52	31		21	31173	15408		15765
安 徽	432.8	14	13		1	8054	7004		1050
福 建	392.4	21	15	1	5	10398	6432	116	3850
江 西	280.8	13	13			5930	5930		
山 东	958.4	54	45	1	6	32810	24520	660	6700
河 南	679.5	38	33	3	2	19171	17038	983	1150
湖 北	680.6	19	17	1		12013	11493	120	
湖 南	511.9	15	15			9312	9312		
广 东	1960.6	37	19		17	36087	22702		13035
广 西	240.2	17	14	1	2	7482	6262	400	820
海 南	88.7	3	2		1	1720	1600		120
重 庆	224.3	13	12		1	6265	5265		1000
四 川	590.1	31	25		5	15571	12871		2000
贵 州	209.1	11	11			5175	5175		
云 南	282.1	15	12		2	6088	4688		1300
西 藏	22.9								
陕 西	356.2	11	10		1	9172	8672		500
甘 肃	263.6	11	11			2950	2950		
青 海	87.4	3	3			1950	1950		
宁 夏	70.4	2	2			1195	1195		
新 疆	298.2	13	12	1		5360	4760	600	

5-9-15 续表

地 区	无害化处理量（万吨）	#卫生填埋	#堆 肥	#焚 烧	粪便清运量（万吨）	粪便处理量（万吨）	生活垃圾无害化处理率（%）
全 国	**11232.3**	**8898.6**	**178.8**	**2022.0**	**2141.0**	**846.1**	**71.4**
北 京	644.4	548.1	27.6	68.7	211.2	175.7	98.2
天 津	177.6	126.4		51.2	29.6		94.3
河 北	400.0	348.6	33.0	14.1	174.0	98.1	59.0
山 西	235.6	202.4		33.2	75.9	0.6	62.9
内蒙古	263.9	240.0	23.9		125.7	71.7	72.0
辽 宁	487.0	450.5	21.9	14.6	129.2	38.2	59.9
吉 林	200.2	165.6		34.6	117.1	51.1	38.4
黑龙江	272.5	256.7		15.7	179.9	32.6	29.9
上 海	559.3	380.7	15.2	106.1	221.0		78.8
江 苏	870.9	479.6		387.1	116.1	95.9	91.0
浙 江	903.4	498.5		404.9	84.4	41.7	97.6
安 徽	263.6	230.4		33.2	55.7	5.6	60.9
福 建	363.1	228.9	5.3	128.9	24.8	10.4	92.5
江 西	237.0	237.0			55.4	2.8	84.4
山 东	867.7	721.9	4.1	110.6	94.7	69.7	90.5
河 南	511.9	459.5	20.7	31.7	50.4	17.9	75.3
湖 北	378.8	362.6	3.6		23.1	0.9	55.7
湖 南	341.0	341.0			5.4		66.6
广 东	1283.9	860.5		411.4	125.1	30.9	65.5
广 西	207.3	186.1	8.3	12.9	24.0	7.4	86.3
海 南	57.7	53.6		4.0	8.6		65.0
重 庆	215.1	172.6		42.5	75.0	7.7	95.9
四 川	492.7	420.5		72.3	43.5	20.8	83.5
贵 州	170.8	170.8			7.0	4.1	81.7
云 南	228.2	174.6		42.3	31.3	19.8	80.9
西 藏					0.8		
陕 西	246.4	244.4		2.0	20.5	10.0	69.2
甘 肃	85.3	85.3			23.4	19.6	32.4
青 海	56.9	56.9			1.3		65.1
宁 夏	29.6	29.6			2.4	10.1	42.0
新 疆	180.8	165.5	15.3		4.8	2.8	60.6

5-9-16 国控主要城市道路交通噪声监测情况

城　　市	等效声级 dB(A)	城　　市	等效声级 dB(A)	城　　市	等效声级 dB(A)
北　　京	69.8	温　　州	71.6	深　　圳	69.6
天　　津	67.7	湖　　州	67.8	珠　　海	68.0
石 家 庄	65.5	绍　　兴	68.6	汕　　头	67.6
唐　　山	66.7	合　　肥	69.8	湛　　江	67.9
秦 皇 岛	67.1	芜　　湖	68.3	南　　宁	69.3
邯　　郸	68.1	马 鞍 山	68.8	柳　　州	67.0
保　　定	67.8	福　　州	69.4	桂　　林	67.6
太　　原	68.1	厦　　门	68.6	北　　海	67.3
大　　同	69.6	泉　　州	68.5	海　　口	67.4
阳　　泉	66.5	南　　昌	69.9	重　　庆	67.8
长　　治	67.9	九　　江	66.8	成　　都	69.7
临　　汾	67.8	济　　南	69.3	自　　贡	67.3
呼和浩特	69.5	青　　岛	68.2	攀 枝 花	68.2
包　　头	66.2	淄　　博	67.7	泸　　州	69.5
赤　　峰	66.4	枣　　庄	68.0	德　　阳	68.6
沈　　阳	69.7	烟　　台	68.0	绵　　阳	67.5
大　　连	67.9	潍　　坊	63.0	南　　充	67.6
鞍　　山	67.8	济　　宁	68.2	宜　　宾	68.5
抚　　顺	69.2	泰　　安	70.4	贵　　阳	68.0
本　　溪	65.5	日　　照	64.8	遵　　义	69.5
锦　　州	67.7	郑　　州	66.1	昆　　明	69.3
长　　春	68.0	开　　封	69.0	曲　　靖	65.3
吉　　林	69.9	洛　　阳	68.7	玉　　溪	68.1
哈 尔 滨	68.0	平 顶 山	67.8	拉　　萨	69.5
齐齐哈尔	67.2	安　　阳	68.7	西　　安	68.0
牡 丹 江	66.7	焦　　作	63.2	铜　　川	65.1
上　　海	69.8	三 门 峡	66.7	宝　　鸡	67.8
南　　京	68.5	武　　汉	69.1	咸　　阳	65.1
无　　锡	66.2	宜　　昌	69.1	渭　　南	65.3
徐　　州	67.2	荆　　州	67.9	延　　安	65.5
常　　州	67.8	长　　沙	69.9	兰　　州	68.9
苏　　州	67.6	株　　洲	64.0	金　　昌	67.3
南　　通	67.7	湘　　潭	67.8	西　　宁	69.1
连 云 港	67.2	岳　　阳	69.0	银　　川	67.2
扬　　州	66.3	常　　德	68.0	石 嘴 山	66.2
镇　　江	66.6	张 家 界	71.4	乌鲁木齐	70.2
杭　　州	69.3	广　　州	69.2	克拉玛依	64.9
宁　　波	68.9	韶　　关	65.1		

5-9-17 国控主要城市区域环境噪声监测情况

城　市	等效声级 dB(A)	城　市	等效声级 dB(A)	城　市	等效声级 dB(A)
北　京	54.1	温　州	60.8	深　圳	56.8
天　津	54.7	湖　州	54.8	珠　海	55.0
石家庄	50.4	绍　兴	55.5	汕　头	55.3
唐　山	53.1	合　肥	55.2	湛　江	55.1
秦皇岛	52.2	芜　湖	54.3	南　宁	54.1
邯　郸	48.8	马鞍山	55.4	柳　州	56.1
保　定	53.9	福　州	56.7	桂　林	55.0
太　原	53.1	厦　门	56.8	北　海	55.8
大　同	54.4	泉　州	54.4	海　口	55.3
阳　泉	53.8	南　昌	56.9	重　庆	54.3
长　治	54.6	九　江	54.6	成　都	54.2
临　汾	52.9	济　南	54.1	自　贡	53.7
呼和浩特	54.4	青　岛	53.5	攀枝花	51.8
包　头	54.1	淄　博	52.7	泸　州	54.9
赤　峰	53.3	枣　庄	55.9	德　阳	48.5
沈　阳	53.4	烟　台	53.3	绵　阳	52.2
大　连	54.3	潍　坊	52.5	南　充	52.1
鞍　山	56.1	济　宁	53.6	宜　宾	52.7
抚　顺	53.6	泰　安	55.5	贵　阳	55.8
本　溪	53.0	日　照	53.4	遵　义	56.6
锦　州	52.9	郑　州	54.6	昆　明	52.7
长　春	55.9	开　封	53.2	曲　靖	52.0
吉　林	54.4	洛　阳	55.0	玉　溪	46.0
哈尔滨	55.7	平顶山	53.6	拉　萨	45.9
齐齐哈尔	51.2	安　阳	53.8	西　安	55.1
牡丹江	55.4	焦　作	54.3	铜　川	57.8
上　海	54.9	三门峡	49.9	宝　鸡	54.4
南　京	54.7	武　汉	54.7	咸　阳	53.3
无　锡	55.8	宜　昌	53.8	渭　南	55.0
徐　州	53.6	荆　州	50.6	延　安	57.5
常　州	54.4	长　沙	54.7	兰　州	57.1
苏　州	53.6	株　洲	52.6	金　昌	53.3
南　通	55.0	湘　潭	51.5	西　宁	52.4
连云港	53.7	岳　阳	54.0	银　川	55.0
扬　州	53.9	常　德	53.1	石嘴山	51.7
镇　江	52.2	张家界	54.4	乌鲁木齐	55.0
杭　州	57.2	广　州	55.0	克拉玛依	53.2
宁　波	53.2	韶　关	54.0		

5-9-18 各地区湿地面积

地区	湿地面积(千公顷)	天然湿地					人工湿地	湿地面积占国土面积比重(%)
			近岸及海岸	河流	湖泊	沼泽		
全国	**38485.5**	**36200.6**	**5941.7**	**8207.0**	**8351.6**	**13700.3**	**2285.0**	**4.01**
北京	34.4	5.0		5.0			29.4	1.93
天津	171.8	133.7	58.1	55.1	12.3	8.2	38.1	14.95
河北	1081.9	1042.3	278.8	319.3	307.2	136.9	39.6	5.82
山西	499.9	462.2		454.1	8.1		37.7	3.19
内蒙古	4245.0	4200.8		607.5	495.2	3098.1	44.3	3.66
辽宁	1219.6	1106.8	738.1	252.2	6.3	110.2	112.9	8.37
吉林	1203.4	1016.4	5.8	581.4	74.5	354.7	187.0	6.37
黑龙江	4314.8	4182.8		460.7	401.9	3320.3	132.0	9.49
上海	319.7	319.4	305.4	7.2	6.8		0.3	53.68
江苏	1674.7	1651.1	843.5	203.3	604.2		23.6	16.32
浙江	802.2	695.9	574.3	118.5	3.0	0.1	106.3	7.88
安徽	653.9	590.0		239.5	350.5		63.9	4.73
福建	443.0	421.2	370.6	31.1	19.5		21.8	3.65
江西	998.8	872.9		314.9	443.2	114.8	125.9	5.99
山东	1784.1	1681.4	1210.9	301.1	165.5	3.9	102.7	11.72
河南	624.1	482.2		472.7	2.6	6.9	141.9	3.74
湖北	927.3	730.5		377.4	294.7	58.4	196.9	4.99
湖南	1226.9	1047.5		683.1	359.3	5.1	179.5	5.79
广东	1398.1	1252.0	1017.8	231.7	1.5	1.0	146.0	7.86
广西	656.1	567.5	348.4	219.1			88.6	2.76
海南	311.5	256.6	190.0	38.3	17.3	11.0	54.9	9.13
重庆	43.2	31.9		31.6	0.3		11.3	0.52
四川	961.7	919.5		563.9	13.4	342.3	42.1	1.98
贵州	79.4	65.9		58.0	2.3	5.7	13.5	0.45
云南	235.3	220.3		119.8	96.5	4.0	15.0	0.61
西藏	5232.0	5231.5		231.1	2538.6	2461.7	0.5	4.26
陕西	292.9	277.2		252.1	7.3	17.8	15.7	1.42
甘肃	1258.1	1131.4		565.6	44.3	521.5	126.7	2.80
青海	4126.0	4087.7		107.5	1232.0	2748.1	38.3	5.72
宁夏	255.6	252.4		104.1	148.3		3.2	3.85
新疆	1410.2	1264.6		200.2	694.9	369.5	145.5	0.86

注：本表为中国首次湿地调查（1995-2003)资料，不包括台湾省、香港和澳门特别行政区；湿地面积不包括水稻田湿地。

5-9-19 红树林各地类面积

单位：公顷

地 区	红树林各地类总面积	现有面积	未成林面积	宜林地面积
全 国	**82757.2**	**22024.9**	**1884.1**	**58848.2**
浙 江	5452.3	20.6	236.1	5195.6
福 建	13410.1	615.1	286.4	12508.6
广 东	32325.9	9084.0	981.3	22260.6
广 西	18029.2	8374.9	380.3	9274.0
海 南	13539.7	3930.3		9609.4

注：本表数据为2002年全国红树林资源调查资料。

5-9-20 各地区自然保护基本情况

地 区	自然保护区		
	个 数（个）	面 积（万公顷）	占辖区面积比重（%）
全 国	**2538**	**14894.3**	**15.1**
北 京	20	13.4	8.0
天 津	8	15.4	13.6
河 北	34	56.7	3.0
山 西	46	114.0	7.3
内蒙古	196	1383.2	11.7
辽 宁	95	264.6	10.4
吉 林	34	224.0	12.4
黑龙江	190	617.5	13.6
上 海	4	9.4	14.8
江 苏	30	56.5	5.5
浙 江	31	25.7	2.5
安 徽	102	52.8	4.1
福 建	92	50.6	3.1
江 西	174	110.1	6.6
山 东	75	109.7	6.6
河 南	35	75.2	4.5
湖 北	63	99.3	5.3
湖 南	95	112.1	5.3
广 东	371	355.2	4.8
广 西	76	142.9	5.9
海 南	68	281.3	5.3
重 庆	51	90.1	11.0
四 川	164	873.9	17.9
贵 州	129	95.3	5.4
云 南	152	284.1	7.2
西 藏	45	4140.3	34.5
陕 西	50	104.6	5.1
甘 肃	57	754.1	16.5
青 海	11	2182.2	30.3
宁 夏	13	50.7	9.8
新 疆	27	2149.4	13.4

注：本表数据为2008年数据。

5-9-21 地质灾害及防治情况

年 份 地 区	发生地质灾害起数(次)					人员伤亡(人)	
		#滑 坡	#崩 塌	#泥石流	#地面塌陷		#死亡人数
2000	19653	13431	2945	1958	347	27697	1179
2001	5793	3034	583	1539	554	1675	788
2002	40246	31247	3097	4976	521	2759	853
2003	15489	10240	2604	1549	574	1333	767
2004	13555	9130	2593	1157	445	1407	734
2005	17751	9367	7654	566	137	1223	578
2006	102804	88523	13160	417	398	1227	663
2007	25364	15478	7722	1215	578	1123	598
2008	26580	13450	8080	843	454	1598	656
2009	10580	6310	2378	1442	326	845	331
北 京	11						
天 津							
河 北	13	1	6		2		
山 西	16	6	8		2	24	24
内蒙古	34	2	3	13	12		
辽 宁	22	2	6		11		
吉 林	18	3	8	4	2		
黑龙江	11		2	5	2		
上 海							
江 苏	17	11	1		5		
浙 江	247	147	64	32		43	18
安 徽	349	116	216	4	13	8	2
福 建	391	372	15	1	2	3	3
江 西	197	140	35	4	18	10	8
山 东	37	9	7	1	20		
河 南	24	3			21		
湖 北	552	436	76	3	29	21	8
湖 南	4479	2701	767	925	54	55	21
广 东	241	92	118	2	26	21	19
广 西	373	109	215	4	39	118	18
海 南	7	1	6				
重 庆	908	795	72	24	11	111	23
四 川	934	581	212	108	17	244	89
贵 州	167	108	40	1	14	38	23
云 南	442	341	28	54	10	97	37
西 藏	655	110	352	191	2	10	7
陕 西	224	107	96	9	10	14	10
甘 肃	161	78	20	53	3	25	19
青 海	25	22	3			2	1
宁 夏	19	14	1	2	1		
新 疆	6	3	1	2		1	1

5-9-21 续表

年 份 地 区	直接经济损失 (万元)	地质灾害防治项目数 (个)	地质灾害防治投资 (万元)
2000	494201	429	33197
2001	348699	999	44639
2002	509740	1595	110022
2003	504325	1815	166514
2004	408828	2247	175231
2005	357678	3179	166860
2006	431590	2914	193570
2007	247528	3492	244885
2008	326936	5325	529939
2009	190109	28061	542368
北 京		5	1100
天 津		3	80
河 北	84	16	3531
山 西	491	30	5938
内蒙古	1960	1	150
辽 宁	1733	5	3958
吉 林	295	42	51774
黑龙江		9	3410
上 海			896
江 苏	628	40	15241
浙 江	6584	714	18488
安 徽	2179	156	12253
福 建	1234	2460	8277
江 西	1861	275	11959
山 东	662	153	21164
河 南	162		
湖 北	12312	1377	10666
湖 南	43933	788	15015
广 东	8710	1625	178177
广 西	3856	1879	20979
海 南	31	17	949
重 庆	18783	3153	28552
四 川	31904	12287	56657
贵 州	10650	23	6600
云 南	13118	253	40279
西 藏	13076	4	3209
陕 西	3811	301	12610
甘 肃	11237	2422	6391
青 海	714	7	1576
宁 夏			80
新 疆	101	16	2409

5-9-22 各地区森林火灾情况

地区	森林火灾次数(次)	一般火灾	较大火灾	重大火灾	特别重大火灾	火场总面积(公顷)	受害森林面积(公顷)	#天然林	#人工林	伤亡人数(人)	#死亡人数	其他损失折款(万元)
全国	**8859**	**4945**	**3878**	**35**	**1**	**213636**	**46156**	**5124**	**36058**	**110**	**39**	**14511**
							5					
北京	4	3	1			13	7		7			
天津	6	5	1			4	2		2			
河北	63	53	10			443	105		105	1	1	18
山西	37	13	24			3149	636	111	525	9	2	1340
内蒙古	66	32	30	4		17764	3734		31			8
辽宁	176	123	53			1424	481	47	410			13
吉林	131	98	33			351	206	1	105			240
黑龙江	54	36	17		1	99819	1834	1743	91	5	1	
上海												
江苏	50	49	1			49	5		5			
浙江	247	51	196			3547	1580		1207	5	3	39
安徽	100	57	43			758	311	1	310			55
福建	579	38	528	13		16018	11011	207	10804	6	4	1777
江西	394	91	303			8184	3300	21	3279	21	1	1275
山东	17	6	11			210	69		69			10
河南	596	436	160			1990	810		810			83
湖北	660	575	85			2228	473	77	390			6
湖南	2173	878	1289	6		18080	10110	60	10050	20	8	2322
广东	188	53	135			2631	1269	79	1190	6	2	302
广西	569	333	236			7167	1190	40	1150	16	10	274
海南	46	28	18			222	163	3	160			5
重庆	87	78	9			247	66	7	53			24
四川	310	247	57	6		5731	2578	2094	484	1	1	713
贵州	1626	1199	421	6		12661	3702	383	3315	9	4	1216
云南	510	320	190			10235	2222	238	1332	6	2	4712
西藏	11	10	1			47	5					8
陕西	55	47	8			282	108	4	104	3		
甘肃	29	29				78	2		2			1
青海	16	14	2			154	103		16			15
宁夏	8	8				69						3
新疆	51	35	16			84	73	8	50	2		52

5-9-23 森林病虫鼠害防治情况

年份 地区	合计			森林病害		
	发生面积 (公顷)	防治面积 (公顷)	防治率 (%)	发生面积 (公顷)	防治面积 (公顷)	防治率 (%)
2000	8518580	5741860	67.4	934520	619450	66.3
2001	8390270	5872910	70.0	804950	582850	72.4
2002	8412496	5719588	68.0	744980	571240	76.7
2003	8887362	5829187	65.6	757456	552461	73.0
2004	9448372	6395228	68.0	757874	567132	75.0
2005	9610281	6407494	66.7	1012022	706157	69.8
2006	11006671	7354682	66.8	1038669	718006	69.1
2007	12096832	8012038	66.2	1109467	858781	77.4
2008	11418377	7839583	68.7	1168315	904791	77.4
2009	11419714	8193837	71.8	1031236	818753	79.4
北京	39233	39000	99.4	740	740	100.0
天津	36527	38293	100.0	4240	4667	100.0
河北	508760	574580	100.0	34353	29847	86.9
山西	280147	203380	72.6	2587	2127	82.2
内蒙古	1062700	435127	40.9	18487	9167	49.6
辽宁	703747	611307	86.9	60340	42427	70.3
吉林	294267	113080	38.4	25267	19047	75.4
黑龙江	369051	335357	90.9	24475	19395	79.2
上海	11475	11207	97.7	712	732	100.0
江苏	83457	78031	93.5	17227	17121	99.4
浙江	70534	64289	91.1	20362	17997	88.4
安徽	336606	260229	77.3	59401	49480	83.3
福建	207682	116334	56.0	14048	13509	96.2
江西	387333	332167	85.8	62653	53580	85.5
山东	598663	732816	100.0	122384	112365	91.8
河南	479713	427873	89.2	86333	97047	100.0
湖北	334670	300924	89.9	20971	19881	94.8
湖南	393380	191387	48.7	5527	4993	90.3
广东	442097	149761	33.9	49839	36861	74.0
广西	359400	85528	23.8	23129	2638	11.4
海南	7189	5356	74.5	1199		
重庆	277695	262929	94.7	12527	11241	89.7
四川	775873	615747	79.4	92013	60133	65.4
贵州	291787	234427	80.3	11507	10520	91.4
云南	331127	306620	92.6	34820	31427	90.3
西藏	139733			36667		
陕西	405293	262140	64.7	12933	8167	63.1
甘肃	243247	207240	85.2	21020	23533	100.0
青海	265514	195031	73.5	18681	13806	73.9
宁夏	366633	206313	56.3			
新疆	1188633	744367	62.6	111747	100480	89.9
大兴安岭	127547	53000	41.6	25047	5827	23.3

5-9-23 续表

年份 地区	森林虫害			森林鼠害		
	发生面积(公顷)	防治面积(公顷)	防治率(%)	发生面积(公顷)	防治面积(公顷)	防治率(%)
2000	6692820	4565910	68.2	891240	556500	62.4
2001	6683790	4592690	68.7	901530	697370	77.4
2002	6792324	4512293	66.4	875192	636056	72.7
2003	7184617	4633348	64.0	945289	643378	68.0
2004	7440329	4948540	67.0	1250169	879557	70.4
2005	7260937	4985112	68.7	1337324	716225	53.6
2006	8298667	5572008	67.1	1669335	1064668	63.8
2007	8877170	6045309	68.1	2110195	1107949	52.5
2008	8431921	5902282	70.0	1818141	1032510	56.8
2009	8502993	6381447	75.0	1885485	993637	52.7
北京	38493	38260	99.4			
天津	32287	33627	100.0			
河北	465960	536813	100.0	8447	7920	93.8
山西	238340	169267	71.0	39220	31987	81.6
内蒙古	703833	307067	43.6	340380	118893	34.9
辽宁	641540	567033	88.4	1867	1847	98.9
吉林	249767	83227	33.3	19233	10807	56.2
黑龙江	202400	189786	93.8	142176	126175	88.7
上海	10763	10475	97.3			
江苏	66230	60910	92.0			
浙江	50172	46292	92.3			
安徽	277139	210682	76.0	67	67	100.0
福建	193635	102825	53.1			
江西	324680	278587	85.8			
山东	476279	620451	100.0			
河南	393380	330827	84.1			
湖北	302872	276989	91.5	10827	4053	37.4
湖南	387553	186393	48.1	300		
广东	392257	112900	28.8			
广西	336271	82890	24.6			
海南	5990	5356	89.4			
重庆	157498	153933	97.7	107670	97755	90.8
四川	652960	529713	81.1	30900	25900	83.8
贵州	265387	214327	80.8	14893	9580	64.3
云南	295153	274087	92.9	1153	1107	96.0
西藏	79733			23333		
陕西	261047	184793	70.8	131313	69180	52.7
甘肃	130180	104887	80.6	92047	78820	85.6
青海	103967	74018	71.2	142866	107207	75.0
宁夏	142113	73600	51.8	224520	132713	59.1
新疆	579453	508173	87.7	497433	135713	27.3
大兴安岭	45660	13260	29.0	56840	33913	59.7

5-9-24 地震灾害情况

年 份 地 区	地震灾害次数 (次)	5.0-5.9级	6.0-6.9级	7.0级以上	人员伤亡 (人)	#死亡人数	直接经济损失 (万元)
2000	10	7	2		2987	10	146792
2001	12	8	2	1	750	9	148449
2002	5	4			362	2	14774
2003	21	10	6	1	7465	319	466040
2004	11	8	1		696	8	94959
2005	13	9	2		882	15	262811
2006	10	9			229	25	79962
2007	3	1	1		422	3	201922
2008	17	6	4	2	446293	69283	85949594
2009	8	5	2		407	3	273782
重 庆	1				3	2	2273
云 南	2	1	1		404	1	239930
青 海	1		1				11081
新 疆	4	4					20498

5-9-25 主要海洋灾害情况

灾 种	发生次数 (次)	人员死亡、失踪 (人)	直接经济损失 (亿元)
合 计	**132**	**95**	**100.23**
风暴潮	32	57	84.97
赤 潮	68		0.65
海 浪	32	38	8.03
海 冰			0.17

5-9-26 各地区突发环境事件情况

地　区	突发环境事件次数(次)	水污染	大气污染	海洋污染	固体废物污染	噪声与振动危害	其　他	突发环境事件直接经济损失(万元)	突发环境事件赔、罚款总额(万元)
全　国	**418**	**116**	**130**	**2**	**55**		**115**	**43354**	**2168**
北　京	31	1	7		22		1		
天　津									
河　北	4	2			1		1	21520	1555
山　西	4	3					1		
内蒙古	5	3	2					479	
辽　宁	6	1	3	1			1	550	
吉　林									
黑龙江									
上　海	118	4	71		13		30		
江　苏	10	7	2				1	13000	20
浙　江	50						50	653	
安　徽	22	12	3		4		3	625	237
福　建	6	3	2				1	18	10
江　西	6	4	2					512	25
山　东	19	3	6	1	8		1	4450	
河　南	10	1	5				4	81	1
湖　北	11	11							
湖　南									
广　东	10	3					7		
广　西	11	9			2			291	110
海　南	7	5	2						
重　庆	33	20	10				3		9
四　川									
贵　州	4				4			284	
云　南	3	2	1					524	71
西　藏									
陕　西	10	7			1		2	4	71
甘　肃	36	14	13				9	364	60
青　海	2	1	1						
宁　夏									
新　疆									

5-9-27 各地区城市设施水平

地区	城市用水普及率(%)	城市燃气普及率(%)	每万人拥有公共交通车辆(标台)	人均城市道路面积(平方米)	人均公园绿地面积(平方米)	每万人拥有公共厕所(座)
全国	**96.12**	**91.41**	**11.12**	**12.79**	**10.66**	**3.15**
北京	100.00	100.00	24.75	6.15	12.11	4.04
天津	100.00	100.00	15.38	13.76	8.59	2.32
河北	99.97	97.86	9.02	15.32	11.19	3.54
山西	95.38	87.30	7.09	10.02	8.21	3.33
内蒙古	87.89	75.51	7.50	13.62	11.65	5.19
辽宁	97.23	93.74	10.34	10.41	9.76	3.31
吉林	88.75	85.48	9.56	10.94	9.82	5.40
黑龙江	86.56	83.78	10.14	9.39	10.47	7.65
上海	100.00	100.00	12.76	4.48	8.02	2.93
江苏	99.65	98.39	13.24	20.42	13.21	3.94
浙江	99.81	97.93	13.70	16.03	10.76	4.43
安徽	95.25	88.62	8.61	14.91	10.23	2.42
福建	99.18	98.63	11.51	12.58	10.51	1.84
江西	98.00	92.22	9.22	12.10	11.48	2.51
山东	99.47	99.17	10.34	20.94	15.09	2.02
河南	88.34	72.89	8.15	10.44	8.72	3.55
湖北	97.45	91.20	11.02	13.84	9.58	2.41
湖南	94.82	85.60	10.59	12.59	8.47	2.43
广东	97.70	96.45	10.43	12.63	12.27	2.06
广西	94.43	92.19	9.94	13.98	9.60	1.90
海南	89.65	83.68	7.77	13.28	9.96	1.46
重庆	94.60	91.83	7.85	9.78	11.25	2.40
四川	89.68	83.38	11.18	11.50	9.49	2.92
贵州	92.09	68.49	8.28	6.29	6.13	2.23
云南	96.23	77.68	9.80	10.00	8.89	2.22
西藏	92.53	81.40	12.60	13.32	7.62	4.65
陕西	98.06	89.64	13.36	12.86	9.34	2.92
甘肃	89.66	73.03	8.20	11.29	7.99	2.17
青海	99.45	91.49	17.62	11.47	8.13	4.82
宁夏	97.20	87.13	10.06	16.57	14.96	2.12
新疆	99.03	89.34	12.22	12.55	8.46	3.09

5-9-28 各地区城市绿地和园林

地　区	城市园林绿地面积(公顷)	#公园绿地	公　园(个)	公园面积(公顷)	建成区绿化覆盖率(%)
全　国	**1993168**	**401584**	**9050**	**235825**	**38.2**
北　京	61695	18070	212	9858	47.7
天　津	17369	5219	68	1504	30.3
河　北	60923	17095	338	9441	40.0
山　西	27973	7872	171	4954	36.5
内蒙古	29585	9233	121	7143	32.4
辽　宁	84145	20501	294	10263	38.3
吉　林	34755	10038	116	4136	32.8
黑龙江	64234	14180	262	8009	33.6
上　海	116929	15406	147	1687	
江　苏	214989	32403	590	13740	42.0
浙　江	74362	18969	893	13727	38.2
安　徽	67269	12338	219	7664	37.2
福　建	41330	9986	349	7999	39.7
江　西	37596	8884	209	5270	44.4
山　东	146993	40167	575	20426	41.2
河　南	62947	17154	248	8627	36.3
湖　北	54884	16131	251	7352	37.8
湖　南	42940	10077	171	6135	36.6
广　东	401604	53246	2294	50618	40.8
广　西	57812	7560	137	5423	33.7
海　南	48947	2112	48	1629	41.9
重　庆	32451	10294	138	3746	38.5
四　川	66817	14262	287	7038	36.4
贵　州	27771	3272	55	2940	27.4
云　南	22372	5860	424	5443	36.3
西　藏	2174	354	39	575	29.6
陕　西	23426	7256	113	2560	38.8
甘　肃	14702	4257	81	2394	27.3
青　海	3290	912	20	474	29.0
宁　夏	14525	3275	51	1904	38.8
新　疆	36359	5201	129	3146	36.3

【主要统计指标解释】

水资源总量 指当地降水形成的地表和地下产水量，即地表径流量与降水入渗补给量之和，不包括过境水量。

地表水资源量 指河流、湖泊、冰川等地表水体中由当地降水形成的、可以逐年更新的动态水量，即天然河川径流量。

地下水资源量 指当地降水和地表水对饱水岩土层的补给量。

地表水与地下水资源重复量 指地表水和地下水相互转化的部分，即在河川径流量中包括一部分地下水排泄量，地下水补给量中包括一部分来源于地表水的入渗量。

地表水与地下水资源重复量 指地表水和地下水相互转化的部分即在河川径流量中包括一部分地下水排泄量,地下水补给量中包括一部分来源于地表水的入渗量。

供水总量 指各种水源工程为用户提供的包括输水损失在内的毛供水量。

地表水源供水量 指地表水体工程的取水量，按蓄、引、提、调四种形式统计。从水库、塘坝中引水或提水，均属蓄水工程供水量；从河道或湖泊中自流引水的，无论有闸或无闸，均属引水工程供水量；利用扬水站从河道或湖泊中直接取水的，属提水工程供水量；跨流域调水指水资源一级区或独立流域之间的跨流域调配水量，不包括在蓄、引、提水量中。

地下水源供水量 指水井工程的开采量，按浅层淡水、深层承压水和微咸水分别统计。城市地下水源供水量包括自来水厂的开采量和工矿企业自备井的开采量。

其他水源供水量 包括污水处理再利用、集雨工程、海水淡化等水源工程的供水量。

用水总量 指分配给用户的包括输水损失在内的毛用水量。按用户特性分为农业、工业、生活和生态用水四大类。

农业用水 包括农田灌溉和林牧渔业用水。林牧渔业用水指林果地灌溉、草地灌溉和鱼塘补水。

工业用水 按新水取用量计，不包括企业内部的重复利用水量。

生活用水 包括城镇生活用水和农村生活用水。城镇生活用水由居民用水和公共用水（含服务业、餐饮业、货运邮电业及建筑业等用水）组成；农村生活用水除居民生活用水外，还包括畜用水在内。

生态用水 仅包括城市环境用水和部分河湖、湿地的人工补水。

工业废水排放量 指报告期内经过企业厂区所有排放口排到企业外部的工业废水量。包括生产废水、外排的直接冷却水、超标排放的矿井地下水和与工业废水混排的厂区生活污水，不包括外排的间接冷却水(清污不分流的间接冷却水应计算在废水排放量内)。

直接排入海的 指经企业位于海边的排放口，直接排入海的废水量。直接排放指废水经过工厂的排污口直接排入海，而未经过城市下水道或其他中间体，也不受其他水体的影响。

工业废水排放达标量 指报告期内废水中各项污染物指标都达到国家或地方排放标准的外排工业废水量，包括未经处理外排达标的，经废水处理设施处理后达标排放的，以及经污水处理厂处理后达标排放的。

化学需氧量(COD) 测量有机和无机物质化学分解所消耗氧的质量浓度的水污染指数。

生活及其他SO_2排放量 以生活及其他煤炭消费量和其含硫量为基础，根据以下公式计算：

生活及其他SO_2排放量=生活及其他煤炭消费量×含硫量×0.8×2

工业SO_2排放量 指报告期内企业在燃料燃烧和生产工艺过程中排入大气的SO_2总量，计

算公式为:

工业SO_2排放量=燃料燃烧过程中SO_2排放量+生产工艺过程中SO_2排放量

工业烟尘排放量 指企业厂区内燃料燃烧过程中产生的烟气中夹带的颗粒物排放量。

生活及其他烟尘排放量 指除工业生产活动以外的所有社会、经济活动及公共设施的经营活动中燃烧所排放的烟尘纯重量。以生活及其他煤炭消费量为基础进行测算。

工业粉尘排放量 指报告期内企业排入大气的粉尘量。工业粉尘指在生产工艺过程中排放的能在空气中悬浮一定时间的固体颗粒，如钢铁企业的耐火材料粉尘、焦化企业的筛焦系统粉尘、烧结机的粉尘、石灰窑的粉尘、建材企业水泥粉尘等，不包括电厂排入大气的烟尘。工业粉尘排放量可以通过除尘系统的排风量和除尘设备出口排尘浓度相乘求得，计算公式为:

工业粉尘排放量=除尘设备出口废气中粉尘平均浓度×除尘系统风量×除尘设备运行时间

工业固体废物产生量 指报告期内企业在生产过程中产生的固体状、半固体状和高浓度液体状废弃物的总量，包括危险废物、冶炼废渣、粉煤灰、炉渣、煤矸石、尾矿、放射性废物和其他废物等；不包括矿山开采的剥离废石和掘进废石(煤矸石和呈酸性或碱性的废石除外)。酸性或碱性废石指采掘的废石其流经水、雨淋水的pH值小于4或pH值大于10.5者。

危险废物 指列入国家危险废物名录或者根据国家规定的危险废物鉴别标准和鉴别方法认定的，具有爆炸性、易燃性、易氧化性、毒性、腐蚀性、易传染性疾病等危险特性之一的废物。

工业固体废物综合利用量 指报告期内企业通过回收、加工、循环、交换等方式，从固体废物中提取或者使其转化为可以利用的资源、能源和其他原材料的固体废物量(包括当年利用的往年工业固体废物贮存量)。如用做农业肥料、生产建筑材料、筑路等。综合利用量由原产生固体废物的单位统计。

工业固体废物综合利用率 指工业固体废物综合利用量占固体废物产生量的百分率。计算公式为:

$$工业固体废物综合利用率=\frac{工业固体废物综合利用量}{工业固体废物产生量+综合利用往年贮存量}\times 100\%$$

工业固体废物贮存量 指报告期内企业以综合利用或处置为目的，将固体废物暂时贮存或堆存在专设的贮存设施或专设的集中堆存场所内的数量。专设的固体废物贮存场所或贮存设施必须有防扩散、防流失、防渗漏、防止污染大气、水体的措施。

工业固体废物处置量 指报告期内企业将固体废物焚烧或者最终置于符合环境保护规定要求的场所，并不再回取的工业固体废物量(包括当年处置往年的工业固体废物贮存量)。处置方式有填埋(其中危险废物应安全填埋)、焚烧、专业贮存场(库)封场处理、深层灌注、回填矿井及海洋处置(经海洋管理部门同意投海处置)等。

工业固体废物排放量 指报告期内企业将所产生的固体废物排到固体废物污染防治设施、场所以外的数量。不包括矿山开采的剥离废石和掘进废石(煤矸石和呈酸性或碱性的废石除外)。

“三废”综合利用产品产值 指报告期内利用“三废”作为主要原料生产的产品价值(现行价)；已经销售或准备销售的应计算产品价值，留作生产自用的不应计算产品价值。

自然保护区 指对有代表性的自然生态系统、珍稀濒危野生动植物物种的天然分布区、水源涵养区、有特殊意义的自然历史遗迹等保护对象所在的陆地、陆地水体或海域，依法划出一定面积进行特殊保护和管理的区域。以县及县以上各级人民政府正式批准建立的自然保护区为准。风景名胜区、文物保护区不计在内。

湿地 指天然或人工、长久或暂时性的沼泽地、泥炭地或水域地带，包括静止或流动、淡水、半咸水、咸水体，低潮时水深不超过6米的水域以及海岸地带地区的珊瑚滩和海草床、滩涂、红树林、河口、河流、淡水沼泽、沼泽森林、湖泊、盐沼及盐湖。

突发环境事件 指突然发生，造成或者可能造成重大人员伤亡、重大财产损失和对全国或者某一地区的经济社会稳定、政治安定构成重大威胁和损害，有重大社会影响的涉及公共安全的环境事件。

环境污染治理投资 指在工业污染源治理和城市环境基础设施建设的资金投入中，用于形成固定资产的资金。包括工业新老污染源治理工程投资、建设项目“三同时”环保投资，以及城市环境基础设施建设所投入的资金。

全年供水总量 指报告期供水企业(单位)供出的全部水量。包括有效供水量和漏损水量。

燃气普及率 指报告期末使用燃气的城市人口数与城市人口总数的比率。计算公式为：

燃气普及率=城市用气人口数/城市人口总数×100%

生活垃圾清运量 指报告期内收集和运送到垃圾处理厂(场)的生活垃圾数量。生活垃圾指城市日常生活或为城市日常生活提供服务的活动中产生的固体废物以及法律行政规定的视为城市生活垃圾的固体废物。包括：居民生活垃圾、商业垃圾、集市贸易市场垃圾、街道清扫垃圾、公共场所垃圾和机关、学校、厂矿等单位的生活垃圾。

生活垃圾无害化处理率 指报告期生活垃圾无害化处理量与生活垃圾产生量比率。在统计上，由于生活垃圾产生量不易取得，可用清运量代替。计算公式为：

$$\text{生活垃圾无害化处理率}=\frac{\text{生活垃圾无害化处理量}}{\text{生活垃圾产量量}}\times 100\%$$

公园绿地 指城市中向公众开放的，以游憩为主要功能，有一定的游憩设施和服务设施，同时兼有健全生态、美化景观、防灾减灾等综合作用的绿化用地。

农村改水累计受益人口 指各种改水形式的受益人口。

卫生厕所 指有完整下水道系统的水冲式、三格化粪池式、净化沼气池式、多翁漏斗式公厕以及粪便及时清理并进行高温堆肥无害化处理的非水冲式公厕。

累计使用卫生公厕户数 指农民因某种原因没有兴建自己的卫生厕所，而使用村内卫生公厕户数。

5 第三产业部分行业主要业务指标

5-10　居民服务和其他服务业

简要说明

该行业为2002年国民经济行业分类的新增门类，本年鉴仅列示了2006—2009年数据。

本资料由国家统计局国民经济核算司加工整理。

5-10-1 各地区居民服务和其他服务业总产出

地区	2006		2007		2008		2009	
	总量(亿元)	发展速度(%)	总量(亿元)	发展速度(%)	总量(亿元)	发展速度(%)	总量(亿元)	发展速度(%)
北 京	310.78	92.7	266.25	82.2	186.42	70.9	172.50	97.6
天 津	225.44	114.9	277.84	114.7	367.76	127.1	385.13	110.1
河 北	331.37	122.0	393.93	121.0	480.49	117.4	516.91	100.7
山 西	92.18	92.1	94.23	98.9	134.38	111.9	165.00	156.6
内蒙古	162.38	105.7	179.88	110.3	182.79	102.6	205.22	113.3
辽 宁	484.45	105.6	510.55	103.2	537.60	104.3	619.48	115.5
吉 林	173.48	135.8	200.14	110.0	260.45	129.8	306.32	112.0
黑龙江	242.99	101.0	227.20	98.6	194.98	85.5	232.61	118.2
上 海	241.76	121.2	285.10	112.4	327.74	113.1	367.82	113.8
江 苏	494.54	104.8	549.85	102.5	566.31	101.4	589.58	104.4
浙 江	334.39	119.9	421.92	123.2	487.85	116.6	532.86	111.2
安 徽	212.39	88.3	185.30	85.5	151.21	80.4	169.99	114.1
福 建	219.11	119.6	282.05	113.2	384.82	155.7	510.72	133.7
江 西	103.17	110.9	125.32	106.2	176.57	114.3	202.39	117.7
山 东	485.71	106.7	530.15	107.6	545.53	101.7	611.76	110.8
河 南	262.82	116.8	281.98	104.3	174.92	60.7	227.51	134.3
湖 北	225.42	113.7	238.48	105.5	162.05	62.9	201.40	115.3
湖 南	481.35	113.7	583.43	118.1	697.80	108.4	762.21	108.2
广 东	764.72	114.8	944.09	118.0	1177.33	119.6	1221.70	106.2
广 西	78.16	95.7	105.59	129.4	154.45	144.7	132.96	87.8
海 南	25.77	118.5	29.49	111.3	37.94	113.0	43.74	115.6
重 庆	103.01	112.3	87.39	107.5	103.59	117.9	113.27	109.7
四 川	377.47	113.6	391.24	110.8	409.04	104.9	459.76	111.3
贵 州	83.06	180.4	108.68	132.4	137.76	124.9	146.59	102.6
云 南	59.56	105.7	70.78	105.4	77.55	102.5	93.66	108.0
西 藏	7.19	128.9	7.42	97.5	7.55	97.0	8.30	110.3
陕 西	98.83	108.9	109.80	111.2	94.55	79.5	94.32	101.1
甘 肃	46.91	102.9	51.92	108.3	58.58	120.5	69.28	123.3
青 海	11.90	86.6	12.48	101.8	13.48	105.3	14.47	105.6
宁 夏	21.01	108.4	28.53	109.9	41.78	105.5	54.11	132.0
新 疆	59.12	118.3	69.08	113.8	143.69	204.6	163.43	113.6

注：总量按当年价格计算。发展速度按不变价计算，以上年为100。

【主要统计指标解释】

总产出 指一定时期内一个国家（或地区）常住单位生产的所有货物和服务的价值，既包括新增价值，也包括被消耗的货物和服务价值以及固定资产的转移价值。总产出反映常住单位生产活动的总规模。

5 第三产业部分行业主要业务指标

5-11 教育

简要说明

教育统计资料包括高等教育（研究生教育、普通教育本专科、成人教育本专科）、中等教育（高中阶段教育和初中阶段教育）、初等教育（小学）、学前教育、特殊教育（盲聋哑和弱智儿童学校等）等资料。主要指标包括学校数、在校学生数、招生数、毕业生数、教职工数和专任教师数等。

教育事业统计资料由教育部提供；技工学校的资料由人力资源和社会保障部提供。

详细资料见《中国教育事业统计年鉴》（教育部发展规划司编）。

5-11-1 各级各类学校、教职工和专任教师情况

项　目	学校数(所)	教职工数(人)	专任教师(人)
高等教育			
研究生培养机构	(796)		
普通高校	(481)		
科研机构	(315)		
普通高等学校	2305	2111451	1295248
本科院校	1090	1512099	896013
#独立学院	322	162571	116218
专科院校	1215	592918	395016
#职业技术学院	1071	516948	345926
其他机构(教学点)	74	6434	4219
成人高等学校	384	84196	50402
民办的其他高等教育机构	(812)	38075	17881
中等教育	**87639**	**7093557**	**5888521**
高中阶段教育	29761	7080743	2366270
高中	15360	5851542	1497687
普通高中	14607	5845444	1493313
成人高中	753	6098	4374
中等职业教育	14401	1229201	868583
普通中专	3789	411303	272270
成人中专	1883	94181	62587
职业高中	5652	425577	321511
技工学校	3077	259724	186432
其他机构(教学点)	(2390)	38416	25783
初中阶段教育	57878		3522251
普通初中	56167		3513438
职业初中	153	5198	4571
成人初中	1558	7616	4242
初等教育	**322094**	**6218272**	**5667481**
普通小学	280184	6135536	5633447
成人小学	41910	82736	34034
#扫盲班	27850	61621	21602
工读学校	**72**	**2669**	**1745**
特殊教育	**1672**	**47466**	**37945**
学前教育	**138209**	**1570756**	**985889**

注：1.普通高中的教职工数中包含普通初中的教职工数。
2.括号内数据均不计校数。

5-11-2 各级各类学历教育学生情况

单位：人

项　目	招生数	在校学生数	毕业生数	女学生占学生总数的比重（%）
高等教育				
研究生	510953	1404942	371273	47.04
博　士	61911	246319	48658	34.86
硕　士	449042	1158623	322615	49.63
普通本专科	6394932	21446570	5311023	50.48
本　科	3261081	11798511	2455359	48.89
专　科	3133851	9648059	2855664	52.42
成人本专科	2014776	5413513	1943893	52.33
本　科	815795	2256662	865421	53.93
专　科	1198981	3156851	1078472	51.19
其他高等学历教育				
在职人员攻读博士、硕士学位	115985	394331		37.03
网络本专科生	1625687	4172721	983521	48.75
本　科	551287	1572642	405549	51.38
专　科	1074400	2600079	577972	47.16
其他			1113	
中等教育	**34873148**	**101306413**	**33115503**	
高中阶段教育	16988625	46409122	14587074	
高中	8303384	24457459	8335170	
普通高中	8303384	24342783	8237220	48.20
成人高中		114676	97950	45.48
中等职业教育	8685241	21951663	6251904	
普通中专	3117118	8404291	2415223	52.71
成人中专	868917	1609942	389905	44.10
职业高中	3131735	7784240	2291526	46.95
技工学校	1567471	4153190	1155250	28.99
初中阶段教育	17884523	54897291	18528429	
普通初中	17863912	54336420	17947254	47.32
职业初中	20611	72995	29754	47.35
成人初中		487876	551421	45.58
初等教育	**16377978**	**102822860**	**20084844**	
普通小学	16377978	100714661	18051997	46.27
成人小学		2108199	2032847	53.90
#扫盲班		1148550	957408	55.08
工读学校	**3919**	**9213**	**4511**	**13.45**
特殊教育	**64018**	**428125**	**57423**	**34.48**
学前教育	**15468596**	**26578141**	**10406353**	**45.08**

注：特殊教育学生数中包括普通中小学随班就读的学生。

5-11-3 各级各类非学历教育学生情况

单位：人

项目	毕(结)业生数	注册生数
总　计	**66444523**	**57006717**
高等教育	5317020	2894578
研究生课程进修班	46803	68646
自考助学班	196768	696503
普通预科生		30649
进修及培训	5073449	2098780
#资格证书培训	1094037	409090
岗位证书培训	1184880	698173
中等职业教育	61127503	54112139
#资格证书培训	6014710	4779729
岗位证书培训	7002076	5368904
中等职业学校	6822378	3981864
#资格证书培训	1982254	1107193
岗位证书培训	1693276	869602
职业技术培训机构	54305125	50130275
#资格证书培训	4032456	3672536
岗位证书培训	5308800	4499302

5-11-4 各级各类民办教育基本情况

单位:人

项　目	学校数（所）	毕业生数	招生数	在校生数	教职工数	专任教师	另有其他学生数
民办高等教育							
民办高校	658	932878	1401477	4461395	330377	222008	193942
本　科		428704	728428	2524755			
专　科		504174	673049	1936640			
独立学院	322	449462	691231	2413707	162571	116218	15962
本　科		380560	617548	2190096			
专　科		68902	73683	223611			
民办其他高等教育机构	812				38075	17881	852219
民办中等教育							
高中阶段教育	5868	1602361	2094075	5482256	630193	447067	
民办普通高中	2670	784872	813687	2301299	458837	339712	
民办中等职业教育	3198	817489	1280388	3180957	171356	107355	400763
初中阶段教育	4335	1285198	1484946	4339810	158	113	
民办普通初中	4331	1284559	1484681	4338852			
民办职业初中	4	639	265	958	158	113	
民办普通小学	**5496**	**820993**	**840220**	**5028766**	**300532**	**219684**	
民办幼儿园	**89304**	**3500720**	**5746897**	**11341694**	**932783**	**552348**	
另：民办培训机构	**(19395)**				**220596**	**114934**	**8449263**

注：“另有其他学生数”包括：学历文凭考试学生、自考助学班学生、预科生、进修及培训学生数。

5-11-5 各级各类学校数

单位：所

年 份	普通高等学校	普通中学	高 中	初 中	职业中学	普通小学	特殊教育学校	学前教育
1978	598	162345	49215	113130		949323	292	163952
1980	675	118377	31300	87077	3314	917316	292	170419
1985	1016	93221	17318	75903	8070	832309	375	172262
1986	1054	92967	17111	75856	8187	820846	423	173376
1987	1063	92857	16930	75927	8381	807406	504	176775
1988	1075	91492	16524	74968	8954	793261	577	171845
1989	1075	89575	16050	73525	9173	777244	662	172634
1990	1075	87631	15678	71953	9164	766072	746	172322
1991	1075	85851	15243	70608	9572	729158	886	164465
1992	1053	84021	14850	69171	9860	712973	1077	172506
1993	1065	82795	14380	68415	9985	696681	1123	165197
1994	1080	82358	14242	68116	10217	682588	1241	174657
1995	1054	81020	13991	67029	10147	668685	1379	180438
1996	1032	79967	13875	66092	10049	645983	1428	187324
1997	1020	78642	13880	64762	10047	628840	1440	182485
1998	1022	77888	13948	63940	10074	609626	1535	181368
1999	1071	77213	14127	63086	9636	582291	1520	181136
2000	1041	77268	14564	62704	8849	553622	1539	175836
2001	1225	80432	14907	65525	7802	491273	1531	111706
2002	1396	80067	15406	64661	7402	456903	1540	111752
2003	1552	79490	15779	63711	6843	425846	1551	116390
2004	1731	79058	15998	63060	6478	394183	1560	117899
2005	1792	77977	16092	61885	6423	366213	1593	124402
2006	1867	76703	16153	60550	6100	341639	1605	130495
2007	1908	74790	15681	59109	6191	320061	1618	129086
2008	2263	72907	15206	57701	6128	300854	1640	133722
2009	2305	70774	14607	56167	5805	280184	1672	138209

注：职业中学包括职业高中和职业初中(以下各表同)。

5-11-6 各级各类学校专任教师数

单位：万人

年 份	普通高等学校	普通中学			职业中学	普通小学	特殊教育学校	学前教育
			高 中	初 中				
1978	20.6	318.2	74.1	244.1		522.6	0.4	27.7
1980	24.7	302.0	57.1	244.9	2.3	549.9	0.5	41.1
1985	34.4	265.2	49.2	216.0	14.1	537.7	0.7	55.0
1986	37.2	275.8	51.8	223.9	16.4	541.4	0.8	60.5
1987	38.5	287.0	54.4	232.7	18.5	543.4	0.9	65.1
1988	39.3	296.0	55.7	240.3	20.3	550.1	1.1	67.0
1989	39.7	298.0	55.4	242.7	21.4	554.4	1.2	70.9
1990	39.5	303.3	56.2	247.0	22.4	558.2	1.4	75.0
1991	39.1	309.0	57.3	251.7	23.5	553.2	1.6	76.9
1992	38.8	314.1	57.6	256.5	24.8	552.7	1.9	81.5
1993	38.8	316.7	55.9	260.8	26.2	555.2	2.0	83.6
1994	39.6	323.4	54.7	268.7	27.7	561.1	2.3	86.2
1995	40.1	333.4	55.1	278.4	29.2	566.4	2.5	87.5
1996	40.3	346.5	57.2	289.3	30.8	573.6	2.7	88.9
1997	40.5	358.7	60.5	298.2	32.2	579.4	2.9	88.4
1998	40.7	369.7	64.2	305.5	33.6	581.9	3.0	87.5
1999	42.6	384.1	69.2	314.8	33.6	586.1	3.1	87.2
2000	46.3	400.5	75.7	324.9	32.0	586.0	3.2	85.6
2001	53.2	418.8	84.0	334.8	30.6	579.8	2.9	63.0
2002	61.8	437.6	94.6	343.0	31.0	577.9	3.0	57.1
2003	72.5	453.7	107.1	346.7	28.9	570.3	3.0	61.3
2004	85.8	466.8	119.1	347.7	29.4	562.9	3.1	65.6
2005	96.6	477.1	129.9	347.2	30.3	559.2	3.2	72.2
2006	107.6	485.1	138.7	346.3	30.7	558.8	3.3	77.6
2007	116.8	490.7	144.3	346.4	31.7	561.3	3.5	82.7
2008	123.7	494.4	147.6	346.9	32.6	562.2	3.6	89.9
2009	129.5	500.7	149.3	351.3	32.6	563.3	3.8	98.6

5-11-7 各级各类学校招生数

单位：万人

年 份	普通高等学校	普通中学	高 中	初 中	职业中学	普通小学	特殊教育学校
1978	40.2	2698.9	692.9	2006.0		3315.4	0.6
1980	28.1	1934.3	383.4	1550.9	30.7	2942.3	0.6
1985	61.9	1606.9	257.5	1349.4	116.1	2298.2	0.9
1986	57.2	1643.9	257.3	1386.6	112.8	2258.2	1.1
1987	61.7	1649.5	255.2	1394.3	113.2	2094.6	1.2
1988	67.0	1584.8	244.3	1340.5	119.5	2123.3	1.2
1989	59.7	1551.5	242.1	1309.4	118.3	2151.5	1.4
1990	60.9	1619.6	249.8	1369.9	123.2	2064.0	1.6
1991	62.0	1655.2	243.8	1411.3	137.8	2072.7	2.0
1992	75.4	1699.7	234.7	1465.0	152.1	2183.2	3.0
1993	92.4	1707.3	228.3	1479.0	161.5	2353.5	3.4
1994	90.0	1859.8	243.4	1616.4	175.3	2537.0	4.0
1995	92.6	2025.9	273.6	1752.3	190.1	2531.8	5.6
1996	96.6	2042.9	282.2	1760.7	188.9	2524.7	4.8
1997	100.0	2128.2	322.6	1805.6	211.2	2462.0	4.6
1998	108.4	2321.0	359.6	1961.4	217.6	2201.4	4.9
1999	159.7	2546.0	396.3	2149.7	194.1	2029.5	5.0
2000	220.6	2736.0	472.7	2263.3	182.7	1946.5	5.3
2001	268.3	2815.9	558.0	2257.9	185.0	1944.2	5.6
2002	320.5	2929.0	676.7	2252.3	216.9	1952.8	5.3
2003	382.2	2947.4	752.1	2195.3	222.1	1829.4	4.9
2004	447.3	2899.7	821.5	2078.2	229.1	1747.0	5.1
2005	504.5	2854.3	877.7	1976.5	259.3	1671.7	4.9
2006	546.1	2794.8	871.2	1923.6	294.0	1729.4	5.0
2007	565.9	2703.9	840.2	1863.7	306.9	1736.1	6.3
2008	607.7	2693.2	837.0	1856.2	294.1	1695.7	6.2
2009	639.5	2616.7	830.3	1786.4	315.2	1637.8	6.4

5-11-8 各级各类学校在校学生数

单位: 万人

年 份	普通高等学校	普通中学	高 中	初 中	职业中学	普通小学	特殊教育学校	学前教育
1978	85.6	6548.3	1553.1	4995.2		14624.0	3.1	787.7
1980	114.4	5508.1	969.8	4538.3	45.4	14627.0	3.3	1150.8
1985	170.3	4706.0	741.1	3964.8	229.5	13370.2	4.2	1479.7
1986	188.0	4889.9	773.4	4116.6	256.0	13182.5	4.7	1629.0
1987	195.9	4948.1	773.7	4174.4	267.6	12835.9	5.3	1807.8
1988	206.6	4761.5	746.0	4015.5	279.4	12535.8	5.8	1854.5
1989	208.2	4554.0	716.1	3837.9	282.3	12373.1	6.4	1847.7
1990	206.3	4586.0	717.3	3868.7	295.0	12241.4	7.2	1972.2
1991	204.4	4683.5	722.9	3960.6	315.6	12164.2	8.5	2209.3
1992	218.4	4770.8	704.9	4065.9	342.8	12201.3	13.0	2428.2
1993	253.6	4739.1	656.9	4082.2	362.6	12421.2	16.9	2552.5
1994	279.9	4981.7	664.9	4316.7	405.6	12822.6	21.1	2630.3
1995	290.6	5371.0	713.2	4657.8	448.3	13195.2	29.6	2711.2
1996	302.1	5739.7	769.3	4970.4	473.3	13615.0	32.1	2666.3
1997	317.4	6017.9	850.1	5167.8	511.9	13995.4	34.1	2519.0
1998	340.9	6301.0	938.0	5363.0	541.6	13953.8	35.8	2403.0
1999	413.4	6771.3	1049.7	5721.6	533.9	13548.0	37.2	2326.3
2000	556.1	7368.9	1201.3	6167.6	503.2	13013.3	37.8	2244.2
2001	719.1	7836.0	1405.0	6431.1	466.4	12543.5	38.6	2021.8
2002	903.4	8287.9	1683.8	6604.1	511.5	12156.7	37.5	2036.0
2003	1108.6	8583.2	1964.8	6618.4	528.2	11689.7	36.5	2003.9
2004	1333.5	8695.4	2220.4	6475.0	569.4	11246.2	37.2	2089.4
2005	1561.8	8580.9	2409.1	6171.8	625.6	10864.1	36.4	2179.0
2006	1738.8	8451.9	2514.5	5937.4	676.2	10711.5	36.3	2263.9
2007	1884.9	8243.3	2522.4	5720.9	740.5	10564.0	41.9	2348.8
2008	2021.0	8050.5	2476.3	5574.2	761.1	10331.5	41.7	2475.0
2009	2144.7	7867.9	2434.3	5433.6	785.7	10071.5	42.8	2657.8

5-11-9 各级各类学校毕业生数

单位：万人

年 份	普通高等学校	普通中学	高 中	初 中	职业中学	普通小学	特殊教育学校
1978	16.5	2375.3	682.7	1692.6		2287.9	0.3
1980	14.7	1581.0	616.2	964.7	7.9	2053.3	0.4
1985	31.6	1194.9	196.6	998.3	41.3	1999.9	0.4
1986	39.3	1281.0	224.0	1057.0	57.9	2016.1	0.5
1987	53.2	1364.1	246.8	1117.3	75.0	2043.0	0.4
1988	55.3	1407.8	250.6	1157.2	81.0	1930.3	0.5
1989	57.6	1377.5	243.2	1134.3	86.3	1857.1	0.5
1990	61.4	1342.1	233.0	1109.1	89.3	1863.1	0.5
1991	61.4	1308.5	222.9	1085.5	94.5	1896.7	0.6
1992	60.4	1328.4	226.1	1102.3	96.7	1872.4	0.9
1993	57.1	1365.9	231.7	1134.2	102.5	1841.5	1.2
1994	63.7	1361.9	209.3	1152.6	107.6	1899.6	1.4
1995	80.5	1429.0	201.6	1227.4	124.0	1961.5	1.9
1996	83.9	1484.0	204.9	1279.0	139.6	1934.1	2.4
1997	82.9	1664.0	221.7	1442.4	150.1	1960.1	2.8
1998	83.0	1832.0	251.8	1580.2	162.8	2117.4	3.5
1999	84.8	1852.7	262.9	1589.8	167.8	2313.7	3.8
2000	95.0	1908.6	301.5	1607.1	176.3	2419.2	4.3
2001	103.6	2047.4	340.5	1707.0	166.5	2396.9	4.6
2002	133.7	2263.6	383.8	1879.9	145.4	2351.9	4.4
2003	187.7	2453.7	458.1	1995.6	135.5	2267.9	4.5
2004	239.1	2617.4	546.9	2070.4	142.5	2135.2	4.7
2005	306.8	2768.1	661.6	2106.5	170.0	2019.5	4.3
2006	377.5	2789.5	727.1	2062.4	179.5	1928.5	4.5
2007	447.8	2745.2	788.3	1956.8	197.7	1870.2	5.0
2008	511.9	2699.0	836.1	1862.9	216.7	1865.0	5.2
2009	531.1	2618.4	823.7	1794.7	232.1	1805.2	5.7

5-11-10 研究生和留学生数

单位：人

年份	研究生数			出国留学人员	学成回国留学人员
	招生数	在学人数	毕业生数		
1978	10708	10934	9	860	248
1980	3616	21604	476	2124	162
1985	46871	87331	17004	4888	1424
1986	41310	110371	16950	4676	1388
1987	39017	120191	27603	4703	1605
1988	35645	112776	40838	3786	3000
1989	28569	101339	37232	3329	1753
1990	29649	93018	35440	2950	1593
1991	29679	88128	32537	2900	2069
1992	33439	94164	25692	6540	3611
1993	42145	106771	28214	10742	5128
1994	50864	127935	28047	19071	4230
1995	51053	145443	31877	20381	5750
1996	59398	163322	39652	20905	6570
1997	63749	176353	46539	22410	7130
1998	72508	198885	47077	17622	7379
1999	92225	233513	54670	23749	7748
2000	128484	301239	58767	38989	9121
2001	165197	393256	67809	83973	12243
2002	202611	500980	80841	125179	17945
2003	268925	651260	111091	117307	20152
2004	326286	819896	150777	114682	24726
2005	364831	978610	189728	118515	34987
2006	397925	1104653	255902	134000	42000
2007	418612	1195047	311839	144000	44000
2008	446422	1283046	344825	179800	69300
2009	510953	1404942	371273	229300	108300

5-11-11 分学科研究生情况

单位：人

项目	招生数	博士	硕士	在校学生数	博士	硕士	毕业生数	博士	硕士
分学科研究生数（总计）	**510953**	**61911**	**449042**	**1404942**	**246319**	**1158623**	**371273**	**48658**	**322615**
哲学	5254	833	4421	15911	3414	12497	4518	698	3820
经济学	21576	2773	18803	61692	11415	50277	18327	2461	15866
法学	31085	3355	27730	87389	12116	75273	21681	2208	19473
教育学	16683	1108	15575	47368	3991	43377	13406	919	12487
文学	41845	2799	39046	114445	10121	104324	31634	2102	29532
历史学	5842	909	4933	17447	3820	13627	5082	824	4258
理学	59279	11638	47641	168908	41952	126956	41822	9570	32252
工学	158703	23259	135444	474170	101820	372350	130514	17386	113128
农学	14800	2733	12067	45325	9673	35652	13425	2006	11419
医学	44713	6832	37881	128205	22646	105559	34629	5586	29043
军事学	233	31	202	763	151	612	191	21	170
管理学	38701	4790	33911	114994	22028	92966	31636	3770	27866
专业学位	72239	851	71388	128325	3172	125153	24408	1107	23301
分学科研究生数（普通高校）	**492800**	**55472**	**437328**	**1351404**	**224119**	**1127285**	**357345**	**42903**	**314442**
哲学	5073	769	4304	15324	3185	12139	4340	645	3695
经济学	21060	2557	18503	59989	10664	49325	17812	2280	15532
法学	30560	3219	27341	85843	11695	74148	21269	2112	19157
教育学	16594	1069	15525	47105	3864	43241	13356	894	12462
文学	41551	2703	38848	113646	9865	103781	31400	2042	29358
历史学	5758	887	4871	17200	3742	13458	5008	807	4201
理学	52278	8513	43765	148023	31089	116934	36813	6632	30181
工学	151925	21104	130821	453571	94350	359221	124847	15524	109323
农学	14073	2489	11584	43124	8917	34207	12859	1806	11053
医学	44001	6667	37334	125967	21949	104018	33995	5390	28605
军事学	232	31	201	758	151	607	188	21	167
管理学	38067	4614	33453	113278	21485	91793	31110	3645	27465
专业学位	71628	850	70778	127576	3163	124413	24348	1105	23243
分学科研究生数（科研机构）	**18153**	**6439**	**11714**	**53538**	**22200**	**31338**	**13928**	**5755**	**8173**
哲学	181	64	117	587	229	358	178	53	125
经济学	516	216	300	1703	751	952	515	181	334
法学	525	136	389	1546	421	1125	412	96	316
教育学	89	39	50	263	127	136	50	25	25
文学	294	96	198	799	256	543	234	60	174
历史学	84	22	62	247	78	169	74	17	57
理学	7001	3125	3876	20885	10863	10022	5009	2938	2071
工学	6778	2155	4623	20599	7470	13129	5667	1862	3805
农学	727	244	483	2201	756	1445	566	200	366
医学	712	165	547	2238	697	1541	634	196	438
军事学	1		1	5		5	3		3
管理学	634	176	458	1716	543	1173	526	125	401
专业学位	611	1	610	749	9	740	60	2	58

5-11-12 高等教育学校(机构)数

单位：所

项 目	总 计	中央部委			地方部门			民 办
			教育部	其他部委		教育部门	非教育部门	
研究生培养机构	**796**	**373**	**73**	**300**	**423**	**360**	**63**	
普通高校	481	98	73	25	383	359	24	
科研机构	315	275		275	40	1	39	
普通高校	**2305**	**111**	**73**	**38**	**1538**	**877**	**661**	**656**
本科院校	1090	106	73	33	614	543	71	370
专科院校	1215	5		5	924	334	590	286
#职业技术学院	1071	2		2	790	274	516	279
成人高等学校	**384**	**14**	**1**	**13**	**368**	**154**	**214**	**2**
民办的其他高等教育机构	**812**							**812**

5-11-13 高等教育学校（机构）学生数

单位：人

项 目	招生数	在校学生数	毕(结)业生数	授予学位数
研究生	510953	1404942	371273	367871
博 士	61911	246319	48658	46616
硕 士	449042	1158623	322615	321255
普通本科、专科生	6394932	21446570	5311023	2298200
本 科	3261081	11798511	2455359	2298200
专 科	3133851	9648059	2855664	
成人本科、专科生	2014776	5413513	1943893	108750
本 科	815795	2256662	865421	108750
专 科	1198981	3156851	1078472	
网络本科、专科生	1625687	4172721	983521	24404
本 科	551287	1572642	405549	24404
专 科	1074400	2600079	577972	
在职人员攻读博士硕士学位	115985	394331		101956
学历文凭考试				
电大注册视听生			1113	
自考助学班	221279	696503	196768	
研究生课程进修班		68646	46803	
普通预科生		30649		
进修及培训		2098780	5073449	
留学生	73266	117548	55251	9013

5-11-14 成人本、专科分学科学生数

单位：人

项目	招生数	本科	专科	在校学生数	本科	专科	毕业生数	本科	专科
总计	**2014776**	**815795**	**1198981**	**5413513**	**2256662**	**3156851**	**1943893**	**865421**	**1078472**
成人高等学校办	**210784**	**25412**	**185372**	**541949**	**80224**	**461725**	**218398**	**40266**	**178132**
#师范	28394	15400	12994	83961	53069	30892	41734	27819	13915
哲学							22		22
经济学	11144	732	10412	27643	1873	25770	11099	539	10560
法学	6590	2063	4527	16020	5701	10319	9181	3065	6116
教育学	18841	5657	13184	50109	19723	30386	22065	9576	12489
文学	28343	9369	18974	75899	32691	43208	38070	16272	21798
#外语	8377	2813	5564	21746	9715	12031	10036	5183	4853
艺术	7554	615	6939	17371	2211	15160	8869	1443	7426
历史学	249	201	48	812	761	51	548	521	27
理学	3153	1653	1500	10937	5759	5178	5313	4027	1286
工学	56032	1165	54867	144576	3096	141480	40899	1483	39416
农学	620	62	558	1714	137	1577	1108	24	1084
医学	14587	1102	13485	48225	3296	44929	15541	1129	14412
管理学	71225	3408	67817	166014	7187	158827	74552	3630	70922
普通高等学校办	**1803992**	**790383**	**1013609**	**4871564**	**2176438**	**2695126**	**1725495**	**825155**	**900340**
#师范	199492	137137	62355	566550	407429	159121	267108	194961	72147
哲学	392	136	256	1108	239	869	338	94	244
经济学	83416	29586	53830	227634	84691	142943	91748	27403	64345
法学	61381	46113	15268	184334	138395	45939	96513	72187	24326
教育学	100999	41000	59999	268560	119294	149266	109602	50736	58866
文学	212452	136754	75698	603405	406894	196511	266587	179251	87336
#外语	66255	39228	27027	190763	122752	68011	84876	57228	27648
艺术	45499	19557	25942	117948	58811	59137	52232	27338	24894
历史学	2532	2367	165	8180	7283	897	4393	3973	420
理学	39449	28890	10559	117413	90858	26555	55547	47622	7925
工学	505911	173121	332790	1372035	480391	891644	365806	162967	202839
农学	24955	10357	14598	71218	34379	36839	29048	14482	14566
医学	247461	135317	112144	697199	322033	375166	223917	99734	124183
管理学	525044	186742	338302	1320478	491981	828497	481996	166706	315290

5-11-15 普通本、专科分学科学生数

单位：人

项　目	招生数			在　校 学生数			毕业生数		
		本科	专科		本科	专科		本科	专科
总　计	**6394932**	**3261081**	**3133851**	**21446570**	**11798511**	**9648059**	**5311023**	**2455359**	**2855664**
#师范	499737	335868	163869	1833353	1227870	605483	521059	295630	225429
哲　学	2563	2563		8930	8930		1652	1652	
经济学	309119	191665	117454	1080187	710993	369194	258264	150666	107598
法　学	196144	126335	69809	694100	465406	228694	200921	117182	83739
教育学	290625	116457	174168	1051122	407479	643643	328396	86705	241691
文　学	961419	627375	334044	3270300	2220049	1050251	788745	458761	329984
#外语	345297	203437	141860	1236460	749122	487338	324724	161021	163703
艺术	421803	268475	153328	1364870	914529	450341	302460	172719	129741
历史学	17007	17007		60634	60634		13544	13544	
理　学	335354	332874	2480	1206825	1201046	5779	266037	264494	1543
工　学	2339887	1023678	1316209	7741552	3718959	4022593	1918428	763635	1154793
农　学	118911	58940	59971	385395	213986	171409	97392	46847	50545
医　学	453312	202892	250420	1652513	830050	822463	390535	152392	238143
管理学	1370591	561295	809296	4295012	1960979	2334033	1047109	399481	647628

5-11-16 网络本、专科分学科学生数

单位：人

项　目	招生数			在　校 学生数			毕业生数		
		本科	专科		本科	专科		本科	专科
总　计	**1625687**	**551287**	**1074400**	**4172721**	**1572642**	**2600079**	**983521**	**405549**	**577972**
#师范	79076	52760	26316	188142	132297	55845	69656	53167	16489
哲　学				28	28		23	23	
经济学	65851	31918	33933	180928	100408	80520	39408	22103	17305
法　学	151227	65638	85589	445151	212764	232387	125351	62419	62932
教育学	61882	16233	45649	155257	42831	112426	38624	13630	24994
文　学	115623	68459	47164	353964	223232	130732	103485	70315	33170
#外语	26940	15433	11507	94603	55492	39111	22938	14094	8844
历史学	633	633		1630	1630		753	753	
理　学	10846	9193	1653	29212	26633	2579	12453	11761	692
工　学	283573	86677	196896	647738	217228	430510	139857	49465	90392
农　学	26294	3371	22923	56167	7472	48695	9766	1542	8224
医　学	79786	36054	43732	187388	82084	105304	42427	17794	24633
管理学	829972	233111	596861	2115258	658332	1456926	471374	155744	315630

5-11-17 中等职业学校(机构)数

单位：个

项目	总计	中央部委	地方部门	教育部门	非教育部门	民办
中等职业学校	**11324**	**55**	**8071**	**5974**	**2097**	**3198**
普通中等专业学校	3789	34	2744	1505	1239	1011
成人中等专业学校	1883	14	1674	1263	411	195
职业高中学校	5652	7	3653	3206	447	1992
其他机构(教学点)(不计校数)	**2390**	**5**	**1972**	**1328**	**644**	**413**

注：中等职业学校未含技工学校数据（以下各表同）。

5-11-18 中等职业学校 (机构)学生分科类情况

单位：人

项目	招生数	#初中毕业生	#应届毕业生	在校学生数	毕业生数	#获得职业资格证书
总计	**7117770**	**6279411**	**5467998**	**17798473**	**5096654**	**3131260**
农林类	749386	561274	317822	1180724	200041	106403
资源与环境类	52809	31991	26673	130934	48155	25775
能源类	45003	35343	32378	124682	41784	22673
土木水利工程类	198719	168496	145850	467433	130617	79173
加工制造类	1381558	1260612	1140970	4069468	1286268	883092
交通运输类	332871	288413	261964	743517	172925	113096
信息技术类	1584466	1434971	1272915	4141793	1273440	842686
医药卫生类	628765	555233	513979	1597102	420776	142534
商贸与旅游类	652545	600256	517054	1581830	430773	274602
财经类	398187	359079	323823	1047009	312306	194731
文化艺术与体育类	369146	335486	313088	987885	266475	155541
社会公共事务类	167794	146340	129041	407789	132710	69885
师范类	336256	305926	290013	786355	209207	128033
其他	220265	195991	182428	531952	171177	93036

5-11-19 职业技术培训机构基本情况

单位：人

项目	学校数(所)	注册学生数	结业学生数	教职工数	#专任教师
总计	**153128**	**50130275**	**54305125**	**495885**	**252419**
职工技术培训学校(机构)	3108	2956545	3027947	45879	31449
教育部门和集体办	1203	1278349	1360823	24351	17824
其他部门办	1060	1420160	1400435	12793	7510
民办	845	258036	266689	8735	6115
农村成人文化技术培训学校(机构)	129443	37239079	41306680	212637	96967
教育部门和集体办	126189	36119903	40071766	204197	92394
#县办	2107	1888879	1813254	15768	10266
乡办	18341	16952107	19105590	68515	35677
村办	105741	17278917	19152922	119914	46451
其他部门办	2456	811878	939607	5258	2501
民办	798	307298	295307	3182	2072
其他培训机构(含社会培训机构)	20577	9934651	9970498	237369	124003
教育部门和集体办	835	853030	881532	15544	9441
其他部门办	1990	1197692	1533502	13146	7815
民办	17752	7883929	7555464	208679	106747

5-11-20 普通高中学校和学生情况

项目	学校数(所)	高级中学	完全中学	招生数(人)	在校学生数(人)	毕业生数(人)
总计	**14607**	**6476**	**8131**	**8303384**	**24342783**	**8237220**
教育部门和集体办	11695	5550	6145	7413947	21817187	7371464
民办	2670	856	1814	813687	2301299	784872
其他部门办	242	70	172	75750	224297	80884
城市	5675	2367	3308	2935470	8656221	2903867
教育部门和集体办	4187	1877	2310	2547952	7556930	2532366
民办	1374	462	912	349512	984101	329843
其他部门办	114	28	86	38006	115190	41658
县镇	7314	3489	3825	4772596	13945001	4706203
教育部门和集体办	6202	3131	3071	4358525	12768853	4296866
民办	1050	336	714	394300	1120143	388787
其他部门办	62	22	40	19771	56005	20550
农村	1618	620	998	595318	1741561	627150
教育部门和集体办	1306	542	764	507470	1491404	542232
民办	246	58	188	69875	197055	66242
其他部门办	66	20	46	17973	53102	18676

5-11-21 普通初中学校和学生情况

项　目	学校数(所)	初级中学	九年一贯制	招生数(人)	在校学生数(人)	毕业生数(人)
总　计	**56167**	**43744**	**12423**	**17863912**	**54336420**	**17947254**
教育部门和集体办	51199	41623	9576	16247174	49578907	16529236
民办	4331	1850	2481	1484681	4338852	1284559
其他部门办	637	271	366	132057	418661	133459
城市	7336	5034	2302	3477836	10590533	3273912
教育部门和集体办	5642	4383	1259	2836477	8692517	2725713
民办	1524	579	945	597512	1762651	503124
其他部门办	170	72	98	43847	135365	45075
县镇	18653	15789	2864	8075391	24400826	7905869
教育部门和集体办	16967	15000	1967	7384008	22388305	7301686
民办	1585	714	871	664414	1929723	576961
其他部门办	101	75	26	26969	82798	27222
农村	30178	22921	7257	6310685	19345061	6767473
教育部门和集体办	28590	22240	6350	6026689	18498085	6501837
民办	1222	557	665	222755	646478	204474
其他部门办	366	124	242	61241	200498	61162

5-11-22 职业初中学校和学生情况

项　目	学校数(所)	招生数(人)	在校学生数(人)	毕业生数(人)
总　计	**153**	**20611**	**72995**	**29754**
教育部门和集体办	146	20097	70405	28962
民办	4	265	958	639
其他部门办	3	249	1632	153
城市	11	1027	3866	986
教育部门和集体办	10	986	3737	883
民办				
其他部门办	1	41	129	103
县镇	56	7659	27518	13124
教育部门和集体办	54	7644	27095	12796
民办	1		360	309
其他部门办	1	15	63	19
农村	86	11925	41611	15644
教育部门和集体办	82	11467	39573	15283
民办	3	265	598	330
其他部门办	1	193	1440	31

5-11-23 普通小学学校和学生情况

项　目	学校数(所)	招生数(人)	在校学生数(人)	毕业生数(人)
总　计	**280184**	**16377978**	**100714661**	**18051997**
教育部门和集体办	273919	15440279	95033065	17108113
民办	5496	840220	5028766	820993
其他部门办	769	97479	652830	122891
城市	16363	2829995	17787684	3037241
教育部门和集体办	14584	2456777	15582143	2682389
民办	1579	346059	2014234	319021
其他部门办	200	27159	191307	35831
县镇	29664	4127154	26371538	4836902
教育部门和集体办	27975	3829875	24509918	4520051
民办	1522	282226	1754297	296138
其他部门办	167	15053	107323	20713
农村	234157	9420829	56555439	10177854
教育部门和集体办	231360	9153627	54941004	9905673
民办	2395	211935	1260235	205834
其他部门办	402	55267	354200	66347

5-11-24 技工学校数、学生数和教职工数

年　份	学校数(所)	招生数(万人)	在校学生数(万人)	毕业生数(万人)	教职工数(万人)
1985	3548	35.5	74.2	22.6	21.5
1986	3765	39.4	89.2	23.3	24.4
1987	3952	42.3	103.1	26.5	26.2
1988	3996	46.1	116.1	31.1	28.0
1989	4102	47.0	125.8	36.8	29.6
1990	4184	50.6	133.2	41.3	30.8
1991	4269	54.4	142.2	45.4	32.5
1992	4392	60.2	155.6	45.7	33.6
1993	4477	66.4	171.7	49.7	33.5
1994	4430	71.4	187.1	55.7	34.0
1995	4521	74.0	188.6	68.1	33.7
1996	4467	72.7	191.8	68.1	33.5
1997	4395	73.4	193.1	69.9	31.0
1998	4362	59.4	181.3	68.2	31.0
1999	4098	51.5	156.0	66.2	26.9
2000	3792	50.4	140.1	64.6	24.0
2001	3470	55.1	134.7	47.7	22.0
2002	3075	73.3	153.0	45.4	20.3
2003	2970	91.6	193.1	45.3	20.2
2004	2884	109.7	234.5	53.5	20.5
2005	2855	118.4	275.3	69.0	20.4
2006	2880	134.8	320.8	86.4	21.5
2007	2995	158.5	367.1	99.7	24.0
2008	3075	161.4	397.5	109.0	24.7
2009	3077	156.7	415.3	115.5	26.0

注：本表数据来源于人力资源和社会保障部(下表同)。

5-11-25　各类技工学校情况

单位：万人

指　　标	合　计	国务院各部门	省、自治区、直辖市
学校数(所)	3077	80	2997
在校学生数	415.3	10.9	404.4
教职工数	26.0	0.8	25.2
专任教师数	18.6	0.6	18.0
文化技术理论课指导教师	12.5	0.4	12.1
生产实习课指导教师	6.0	0.2	5.8
理论实习一体化教师	5.1	0.2	4.9

5-11-26　学龄儿童入学率和各级普通学校毕业生升学率

单位：%

年　份	学龄儿童净入学率	小学升学率	初中升学率	高中升学率
1990	97.8	74.6	40.6	27.3
1991	97.8	77.7	42.6	28.7
1992	97.2	79.7	43.6	34.9
1993	97.7	81.8	44.1	43.3
1994	98.4	86.6	47.8	46.7
1995	98.5	90.8	50.3	49.9
1996	98.8	92.6	49.8	51.0
1997	98.9	93.7	51.5	48.6
1998	98.9	94.3	50.7	46.1
1999	99.1	94.4	50.0	63.8
2000	99.1	94.9	51.2	73.2
2001	99.1	95.5	52.9	78.8
2002	98.6	97.0	58.3	83.5
2003	98.7	97.9	59.6	83.4
2004	98.9	98.1	63.8	82.5
2005	99.2	98.4	69.7	76.3
2006	99.3	100.0	75.7	75.1
2007	99.5	99.9	80.5	70.3
2008	99.5	99.7	83.4	72.7
2009	99.4	99.1	85.6	77.6

注：1.初中升高级中学包含升入技工学校。
　　2.高中升学率为普通高校招生数（含电大普通班）与普通高中毕业生数之比。

5-11-27 各地区高等学校普通本、专科学生数

单位：人

地 区	学校数(所)	招生数	本 科	专 科	在校学生数	本 科	专 科
全 国	**2305**	**6394932**	**3261081**	**3133851**	**21446570**	**11798511**	**9648059**
北 京	86	159829	118528	41301	586685	461369	125316
天 津	55	118807	70865	47942	405968	255643	150325
河 北	109	329224	149174	180050	1060450	504983	555467
山 西	71	165407	77734	87673	547391	269977	277414
内蒙古	41	109077	51613	57464	351928	178627	173301
辽 宁	107	237906	151604	86302	852467	582354	270113
吉 林	55	155915	106241	49674	530975	386556	144419
黑龙江	78	203361	120389	82972	708935	451652	257283
上 海	66	143497	90344	53153	512809	347422	165387
江 苏	148	429825	228797	201028	1653427	896494	756933
浙 江	99	252503	132758	119745	866496	496068	370428
安 徽	106	267936	124153	143783	877782	439285	438497
福 建	84	187311	95953	91358	606284	336813	269471
江 西	85	238921	103897	135024	793488	366922	426566
山 东	126	469097	200790	268307	1592974	757529	835445
河 南	99	429910	183810	246100	1368813	616098	752715
湖 北	120	373333	182594	190739	1249061	665174	583887
湖 南	115	314422	145116	169306	1016833	516127	500706
广 东	125	435870	208276	227594	1334089	719454	614635
广 西	68	168942	66792	102150	528342	238647	289695
海 南	17	46392	21253	25139	142082	70116	71966
重 庆	50	149332	85176	64156	484199	301780	182419
四 川	92	299650	166798	132852	1035934	593687	442247
贵 州	47	95375	49298	46077	299072	165388	133684
云 南	61	127287	67368	59919	393601	226564	167037
西 藏	6	9020	5010	4010	30264	19371	10893
陕 西	89	264676	140447	124229	893748	507213	386535
甘 肃	39	109452	62493	46959	361490	219103	142387
青 海	9	12605	7320	5285	43782	26678	17104
宁 夏	15	22402	13289	9113	75564	46346	29218
新 疆	37	67648	33201	34447	241637	135071	106566

注：学校数为普通高校数。学生数包括成人高校的普通本专科学生数。

5-11-27 续表 单位：人

地 区	预 计毕业生数	本 科	专 科	毕(结)业生数	本 科	专 科	授 予学位数
全 国	**5874139**	**2662960**	**3211179**	**5311023**	**2455359**	**2855664**	**2298200**
北 京	158196	114993	43203	155142	112128	43014	102164
天 津	108441	58279	50162	101369	53377	47992	50542
河 北	299822	109607	190215	282705	99500	183205	93158
山 西	166615	60523	106092	153422	57790	95632	50702
内蒙古	96673	37224	59449	75805	30823	44982	29470
辽 宁	225854	137561	88293	206211	125788	80423	122321
吉 林	137375	87351	50024	127411	88152	39259	74657
黑龙江	183014	100032	82982	174380	94400	79980	89647
上 海	141081	84454	56627	126925	71908	55017	68842
江 苏	496032	206591	289441	412672	186754	225918	171555
浙 江	240199	113199	127000	218226	99008	119218	94627
安 徽	235642	92220	143422	205749	82717	123032	79083
福 建	158329	75094	83235	142814	66158	76656	64885
江 西	228163	83306	144857	213303	81519	131784	77595
山 东	451955	185390	266565	431598	179997	251601	169696
河 南	384799	138629	246170	334115	127657	206458	123165
湖 北	336823	151599	185224	328202	150085	178117	139266
湖 南	277112	110942	166170	254253	106235	148018	103732
广 东	344708	158488	186220	309190	134462	174728	127343
广 西	142441	50404	92037	121457	42382	79075	40582
海 南	38925	14185	24740	30844	10609	20235	9749
重 庆	124821	68027	56794	114515	61175	53340	58201
四 川	285955	130941	155014	252214	124952	127262	119104
贵 州	76076	33692	42384	64212	30730	33482	27642
云 南	97037	48173	48864	85891	42770	43121	40548
西 藏	7835	4674	3161	8454	4682	3772	4090
陕 西	239152	115463	123689	211963	109036	102927	102237
甘 肃	94257	46266	47991	84082	39628	44454	33779
青 海	11645	6010	5635	10437	5537	4900	3346
宁 夏	20285	9755	10530	16391	7659	8732	4675
新 疆	64877	29888	34989	57071	27741	29330	21797

5-11-28 各地区普通高等学校（机构）教职工情况

单位：人

地区	教职工数	校本部教职工	专任教师	正高级	副高级	中级	初级	无职称	行政人员	教辅人员	工勤人员
全　国	**2111451**	**1966500**	**1295248**	**138161**	**360675**	**477541**	**247962**	**70909**	**292046**	**199692**	**179514**
北　京	131184	111784	58007	11424	19113	21513	4109	1848	21988	16495	15294
天　津	44611	42360	27118	3865	8832	9385	4160	876	6737	4361	4144
河　北	92104	87623	58394	6827	16061	20171	11108	4227	12896	7774	8559
山　西	56804	53478	35863	2533	9200	12576	8985	2569	7661	5366	4588
内蒙古	34932	33867	22327	1772	6512	7218	5206	1619	5319	3485	2736
辽　宁	91974	86398	55835	7144	17317	20505	9204	1665	13428	8883	8252
吉　林	59770	56219	33239	4510	10057	11042	6848	782	8954	6438	7588
黑龙江	75062	69880	43057	5868	12681	14377	7892	2239	10593	7376	8854
上　海	74540	65581	38134	5876	11017	15486	4090	1665	10817	8949	7681
江　苏	157000	145877	99912	9666	27902	39377	19219	3748	20839	13830	11296
浙　江	77852	72126	49516	5695	14385	20488	6608	2340	11554	7014	4042
安　徽	68293	65521	46374	3329	11889	17554	10547	3055	7792	6022	5333
福　建	56334	53536	35841	3480	9179	11979	9053	2150	8494	5436	3765
江　西	72123	67232	48637	4209	12709	16878	11998	2843	8443	5368	4784
山　东	136753	129911	89734	8686	24368	32836	20255	3589	17202	12260	10715
河　南	103617	99191	71472	5320	18253	26855	17044	4000	11113	7985	8621
湖　北	123693	113882	73159	8297	21608	24978	13817	4459	17840	12046	10837
湖　南	94428	87595	58846	6038	16471	21851	11612	2874	12869	9606	6274
广　东	115969	108598	73943	7815	19141	27385	11858	7744	17097	10963	6595
广　西	48304	42879	29459	2365	7442	11115	5792	2745	5981	3828	3611
海　南	11666	11292	7303	610	1539	2125	1971	1058	1619	1205	1165
重　庆	47173	44406	29883	2884	8428	12001	5128	1442	6890	3937	3696
四　川	97568	90699	61772	5732	15989	23643	13635	2773	11927	8569	8431
贵　州	29006	28277	19634	1601	5593	7621	3271	1548	4229	2506	1908
云　南	37896	36339	24893	2411	6860	9462	4860	1300	4997	3444	3005
西　藏	3082	3045	1969	83	474	719	461	232	540	215	321
陕　西	96485	90104	56171	6415	14825	21250	11030	2651	14224	9432	10277
甘　肃	31576	28895	19629	1739	5399	7325	4049	1117	3919	2792	2555
青　海	6418	5958	3757	490	1390	1097	546	234	730	791	680
宁　夏	8599	8107	5136	553	1525	1756	894	408	1406	932	633
新　疆	26635	25840	16234	924	4516	6973	2712	1109	3948	2384	3274

5-11-29 各地区中等职业学校（机构）学生情况

单位：人

地 区	招生数	#初中毕业	#应届毕业	在校学生数	毕业生数	#获得职业资格证书	预计毕业生数
全 国	**7117770**	**6279411**	**5467998**	**17798473**	**5096654**	**3131260**	**5610027**
北 京	49783	47416	39371	161598	56788	30973	54561
天 津	41830	37966	30857	130478	56138	25784	55343
河 北	452436	379153	324227	1103881	348086	160364	359581
山 西	235084	181130	169816	552169	152871	95133	192066
内蒙古	161552	114783	92771	326956	77083	37938	86808
辽 宁	154523	140806	127970	443912	147303	71731	148760
吉 林	151829	128526	73268	322897	81580	40592	91053
黑龙江	166216	128770	91891	389955	93863	52653	121886
上 海	50343	46850	45815	176581	56959	44265	53978
江 苏	350832	342001	329714	1048163	316447	239181	292694
浙 江	244126	241757	233556	627707	206479	165244	191045
安 徽	322237	295703	281829	862605	275297	174874	287856
福 建	234002	188793	150546	540020	149669	102565	170175
江 西	265726	224332	194202	639022	183916	107322	189047
山 东	405242	348440	317422	1165052	418900	271051	447171
河 南	639658	560538	512243	1637551	466854	250827	560902
湖 北	367161	321723	288016	1041759	307813	189089	349447
湖 南	348884	294812	226499	808731	273181	189120	276738
广 东	529881	496247	430088	1204622	277650	194813	343188
广 西	274911	252781	167666	628888	147542	97540	170260
海 南	57364	52190	42407	121591	22003	9186	33417
重 庆	154903	140089	130656	425270	122220	77931	134716
四 川	528075	480594	443180	1203150	286549	189132	315094
贵 州	162831	148853	124093	386865	82599	42733	115479
云 南	203187	184661	149716	471930	117236	55459	134713
西 藏	11038	9509	9509	21357	3603	1322	6342
陕 西	246420	223515	212649	625507	184594	117265	206421
甘 肃	141481	122720	107308	339878	84114	43386	105149
青 海	31892	27632	19895	76375	19356	12564	22563
宁 夏	45839	40261	32474	96448	20547	11584	27768
新 疆	88484	76860	68344	217555	59414	29639	65806

5-11-30 各地区中等职业学校（机构）教职工数

单位：人

地区	教职工数	校本部教职工	专任教师	行政人员	教辅人员	工勤人员	校办企业职工	其他附设机构人员	聘请校外教师
全国	**969477**	**953007**	**682151**	**107591**	**70696**	**92569**	**8219**	**8251**	**100335**
北京	15371	15078	8669	3042	1373	1994	43	250	1503
天津	12012	11912	8241	1844	868	959	54	46	1254
河北	68061	67195	47982	7775	5478	5960	478	388	4941
山西	33213	32530	23283	3479	2680	3088	225	458	3671
内蒙古	21443	21131	15227	2455	1452	1997	118	194	1639
辽宁	34312	33815	22603	5133	2613	3466	284	213	3453
吉林	28189	27886	18936	3866	2967	2117	165	138	1772
黑龙江	27227	26834	18817	3315	1880	2822	249	144	1673
上海	14477	14338	8112	2421	1709	2096	123	16	1556
江苏	58727	58000	43852	4111	4571	5466	349	378	5952
浙江	37845	37439	30557	2474	1990	2418	205	201	4330
安徽	34798	34117	24700	3743	2214	3460	223	458	3888
福建	23747	23537	18290	2189	1333	1725	44	166	4144
江西	29713	29162	21444	3441	1367	2910	286	265	2818
山东	81291	79579	56940	9148	6863	6628	1030	682	2969
河南	82720	80828	59531	8544	5756	6997	1095	797	8351
湖北	42244	40990	29148	4685	3245	3912	779	475	5953
湖南	44459	43552	29514	5822	3307	4909	534	373	4142
广东	56156	55763	41178	5927	3943	4715	171	222	5493
广西	32596	30642	20798	3348	2498	3998	687	1267	4258
海南	5712	5581	3627	776	376	802	28	103	590
重庆	18075	17889	12953	1881	1281	1774	99	87	3446
四川	51172	50523	36264	4803	3521	5935	274	375	4974
贵州	15412	15260	10889	2204	842	1325	64	88	3203
云南	27062	26878	19441	2436	1654	3347	36	148	4163
西藏	797	797	601	89	20	87			108
陕西	31115	30636	20843	4501	2408	2884	287	192	3991
甘肃	19731	19524	14379	1870	1243	2032	121	86	1462
青海	3140	3054	2480	223	98	253	72	14	462
宁夏	3326	3291	2348	371	235	337	35		415
新疆	15334	15246	10504	1675	911	2156	61	27	3761

5-11-31 各地区普通高中基本情况

单位：人

地 区	学校数(所)	招生数	在校学生数	毕业生数	教职工数	#专任教师
全 国	**14607**	**8303384**	**24342783**	**8237220**	**5845444**	**1493313**
北 京	305	65983	203477	70132	71831	19814
天 津	218	60871	187554	70624	53079	14993
河 北	661	447232	1308690	468982	313983	81765
山 西	544	277882	805659	251434	204293	51447
内蒙古	306	174338	519643	183055	122818	31139
辽 宁	426	248271	718333	248791	180483	43570
吉 林	262	158820	468554	168843	123360	27629
黑龙江	430	207927	608221	206616	172299	40113
上 海	273	55842	177589	70377	67614	16896
江 苏	710	456062	1422174	513126	338838	98630
浙 江	582	300208	855457	285788	205628	60520
安 徽	769	424743	1305719	449248	256731	63881
福 建	606	238475	719067	248971	172383	52339
江 西	476	250953	772405	279087	182827	47512
山 东	632	500248	1574869	590834	442448	112607
河 南	868	645015	2011981	701747	434544	104855
湖 北	622	423786	1286751	449917	267265	70790
湖 南	684	356521	1064265	415666	285576	69652
广 东	1020	717900	1924412	568989	429596	118549
广 西	478	262594	752797	236627	190755	41455
海 南	108	54829	155893	51332	40117	9118
重 庆	267	220899	591983	161360	122328	30093
四 川	758	515321	1435520	449660	317312	77088
贵 州	451	219062	581604	165392	152175	31413
云 南	457	220325	611471	183772	175959	39728
西 藏	24	13884	38383	13312	12249	2721
陕 西	586	334887	944083	325393	198656	53070
甘 肃	463	216982	630654	192269	128635	36450
青 海	126	36571	107783	34396	23587	7518
宁 夏	82	48084	140653	44190	29920	8556
新 疆	413	148869	417139	137290	128155	29402

注：教职工数为普通高中和普通初中之和。

5-11-32 各地区普通初中基本情况

单位：人

地 区	学校数(所)	招生数	在校学生数	毕业生数	专任教师
全 国	**56167**	**17863912**	**54336420**	**17947254**	**3513438**
北 京	342	105930	318874	101811	30423
天 津	353	87053	287031	96873	26471
河 北	2887	733595	2418637	990746	186179
山 西	2316	579561	1726832	615374	119901
内蒙古	890	277382	832216	288700	64217
辽 宁	1686	427882	1359494	475495	101548
吉 林	1226	268451	869037	302619	67985
黑龙江	1817	389674	1338839	436335	102719
上 海	489	109184	426081	99884	33617
江 苏	2181	777856	2562224	962848	188255
浙 江	1771	554518	1767195	591487	119638
安 徽	3087	990476	2974241	1015772	160745
福 建	1330	426079	1415209	477911	99446
江 西	2103	696726	1892398	519065	117933
山 东	3118	1102207	3418475	995664	259943
河 南	4703	1606773	4742528	1631829	278050
湖 北	2275	696261	2363351	923759	160662
湖 南	3348	719964	2143515	693293	174179
广 东	3322	1756780	5036732	1481488	256571
广 西	2019	726270	2065476	644905	118241
海 南	434	149394	445840	152741	24760
重 庆	1037	439979	1328175	407488	76451
四 川	4051	1177004	3554513	1121999	202326
贵 州	2163	762312	2112917	615496	107889
云 南	1791	697045	2038185	620762	115487
西 藏	94	50042	143187	42401	8777
陕 西	1923	545878	1802742	663225	117107
甘 肃	1618	482318	1410974	463372	80433
青 海	323	77914	214883	65712	13790
宁 夏	273	108435	298922	93231	18255
新 疆	1197	340969	1027697	354969	81440

5-11-33 各地区职业初中基本情况

单位：人

地区	学校数(所)	招生数	在校学生数	毕业生数	教职工数	#专任教师
全国	**153**	**20611**	**72995**	**29754**	**5198**	**4571**
北京						
天津						
河北	1	56	180	90	28	26
山西	40	3813	15880	5894	1279	1107
内蒙古	15	2398	7185	3530	738	593
辽宁						
吉林	12	2448	8299	3569	705	610
黑龙江	4	118	1221	257	119	106
上海		43	166	49	17	17
江苏						
浙江						
安徽	4	1191	3478	938	197	188
福建						
江西	1	145	621	279	42	42
山东						
河南						
湖北	13	1311	4788	4000	449	396
湖南						
广东						
广西						
海南						
重庆						
四川	10	2197	9746	2822	322	296
贵州	30	4025	11858	4454	798	739
云南	15	2625	8354	3173	444	399
西藏						
陕西						
甘肃	7	15	45	15	9	7
青海	1	146	146		13	7
宁夏		80	1028	684	38	38
新疆						

5-11-34 各地区普通小学基本情况

单位：人

地区	学校数（所）	招生数	在校学生数	毕业生数	教职工数	#专任教师
全国	**280184**	**16377978**	**100714661**	**18051997**	**6135536**	**5633447**
北京	1160	102414	647101	110730	60428	49257
天津	983	81303	507385	91481	44999	37942
河北	14447	875823	4886544	733936	344343	321238
山西	14722	430781	3046931	583791	210015	193657
内蒙古	3139	228806	1493013	279222	139539	114848
辽宁	6037	337183	2255977	428542	170584	149711
吉林	6184	233984	1461099	270309	152641	128301
黑龙江	7202	312389	1903733	389841	176830	155025
上海	751	138598	671245	113558	54841	44278
江苏	5013	660473	3960228	772743	281600	254665
浙江	4147	539051	3251416	572363	184495	170102
安徽	14974	838578	4868785	983747	258827	248595
福建	7849	404000	2397594	439042	166446	156779
江西	13021	714886	4227464	694818	208702	201461
山东	12858	1017777	6268120	1094727	421057	389962
河南	29420	1845137	10520259	1657467	515839	489139
湖北	8544	642190	3592629	646753	213347	198188
湖南	13263	833027	4691470	710261	266878	250365
广东	18506	1274186	8876522	1835297	477034	418311
广西	14290	752468	4367767	730648	245745	220832
海南	2520	108144	834016	169341	57299	52368
重庆	7096	321333	2081367	431041	128118	117460
四川	12437	945131	6170471	1166577	331434	306528
贵州	12862	698976	4568716	784574	208696	199189
云南	15826	694956	4441438	733099	247201	233811
西藏	884	53682	305235	50850	19293	18686
陕西	11583	409900	2714408	555577	193530	178320
甘肃	12637	372767	2525962	492700	144144	139966
青海	2047	87157	533255	78005	27814	26794
宁夏	2131	104390	670621	111121	33979	33406
新疆	3651	318488	1973890	339836	149838	134263

5-11-35 各地区特殊教育基本情况

单位：人

地 区	学校数（所）	招生数	在校学生数	毕业生数	教职工数	#专任教师
全 国	**1672**	**64018**	**428125**	**57423**	**47466**	**37945**
北 京	24	861	7921	1734	1160	844
天 津	20	244	2520	330	612	460
河 北	144	2221	12742	1052	3191	2551
山 西	45	1257	8809	607	1427	1163
内蒙古	29	550	4122	387	997	840
辽 宁	75	846	8776	889	2658	2095
吉 林	45	925	6797	861	1794	1335
黑龙江	72	1511	9706	1629	2285	1868
上 海	29	1203	9032	1912	1594	1121
江 苏	113	4524	30976	5343	3818	2985
浙 江	64	1649	12268	1751	1605	1351
安 徽	61	2435	15144	1629	1288	1069
福 建	73	5010	34097	6609	1753	1533
江 西	69	3808	22979	2189	894	764
山 东	144	2803	20585	2020	5661	4401
河 南	121	3076	21069	2057	3404	2872
湖 北	76	2167	13959	1675	1708	1444
湖 南	51	2246	13996	1606	1397	1074
广 东	69	3591	26158	3448	2444	1858
广 西	57	2442	16213	1556	1072	825
海 南	4	559	2971	524	144	105
重 庆	36	1971	13189	2186	837	699
四 川	95	6483	41767	5933	1854	1572
贵 州	49	2616	16507	1799	867	740
云 南	25	4188	23697	2880	792	631
西 藏	1	11	200	4	38	33
陕 西	39	1335	8010	1492	922	714
甘 肃	16	1954	13687	1965	477	380
青 海	10	466	2761	231	158	130
宁 夏	6	197	1476	190	186	169
新 疆	10	869	5991	935	429	319

5-11-36 各地区各级普通学校生师比

年份 地区	小学	初中	普通高中	职业高中	普通中专	普通高校		
							本科院校	专科院校
2004	19.98	18.65	18.65	19.10	28.13	16.22	17.44	13.15
2005	19.43	17.80	18.54	20.62	31.02	16.85	17.75	14.78
2006	19.17	17.15	18.13	22.16	31.67	17.80	17.61	18.26
2007	18.82	16.52	17.48	23.50	31.39	17.28	17.31	17.20
2008	18.38	16.07	16.78	23.47	31.27	17.23	17.21	17.27
2009	17.88	15.47	16.30	23.65	27.82	17.27	17.23	17.35
北京	13.14	10.48	10.27	12.27	22.66	15.93	16.24	13.73
天津	13.37	10.84	12.51	12.74	15.87	16.64	16.52	16.94
河北	15.21	12.99	16.01	24.88	25.42	17.70	17.84	17.45
山西	15.73	14.40	15.66	20.99	23.26	16.67	16.44	17.12
内蒙古	13.00	12.96	16.69	18.62	21.36	17.77	17.46	18.23
辽宁	15.07	13.39	16.49	17.74	16.97	16.83	17.12	15.62
吉林	11.39	12.78	16.96	20.95	18.06	17.67	17.77	17.08
黑龙江	12.28	13.03	15.16	17.84	23.29	17.15	17.25	16.91
上海	15.16	12.67	10.51	17.31	24.19	16.96	16.79	17.89
江苏	15.55	13.61	14.42	20.51	25.60	16.08	16.20	15.91
浙江	19.11	14.77	14.14	19.25	24.21	17.32	17.05	17.89
安徽	19.59	18.50	20.44	30.83	35.38	18.35	18.04	18.86
福建	15.29	14.23	13.74		28.32	17.07	17.37	16.49
江西	20.98	16.05	16.26	28.38	28.99	16.57	17.10	15.80
山东	16.07	13.15	13.99	19.66	20.77	16.80	16.37	17.60
河南	21.51	17.06	19.19	25.76	29.49	17.79	18.04	17.40
湖北	18.13	14.71	18.18	29.05	36.85	17.51	17.24	18.22
湖南	18.74	12.31	15.28	24.55	32.78	18.07	17.96	18.22
广东	21.22	19.63	16.23	21.49	32.01	18.64	18.91	18.15
广西	19.78	17.47	18.16		30.02	17.40	17.08	17.89
海南	15.93	18.01	17.10	26.03	45.59	18.91	18.83	19.05
重庆	17.72	17.37	19.67	31.95	39.73	17.46	17.80	16.51
四川	20.13	17.57	18.62	30.57	32.00	18.02	17.90	18.32
贵州	22.94	19.58	18.51	33.65	31.53	17.32	16.73	18.61
云南	19.00	17.65	15.39	24.05	29.63	17.07	17.16	16.89
西藏	16.33	16.31	14.11		34.67	15.82	15.73	16.10
陕西	15.22	15.39	17.79	28.70	27.12	17.17	16.84	18.31
甘肃	18.05	17.54	17.30	24.38	23.89	18.51	18.56	18.38
青海	19.90	15.58	14.34	16.29	31.82	13.48	12.54	16.39
宁夏	20.07	16.37	16.44	32.68	31.42	17.55	16.46	20.09
新疆	14.70	12.62	14.19	22.51	17.05	16.25	16.15	16.42

注：普通高校生师比中专任教师数包括聘请校外教师。

5-11-37 每十万人口各级学校平均在校生数

单位：人

年份 地区	幼儿园	小学	初中阶段	高中阶段	高等学校
2004	1617	8725	5058	2792	1420
2005	1676	8358	4781	3070	1613
2006	1731	8192	4557	3321	1816
2007	1787	8037	4364	3409	1924
2008	1873	7819	4227	3463	2042
2009	2001	7584	4097	3495	2128
北京	1462	3818	1881	2475	6410
天津	1756	4314	2441	3040	4432
河北	2165	6992	3461	3698	1871
山西	1885	8934	5110	4444	2050
内蒙古	1401	6186	3478	3644	1794
辽宁	1806	5229	3151	2947	2659
吉林	1192	5344	3209	3053	2695
黑龙江	1110	4977	3503	2898	2420
上海	1874	3554	2257	1982	4393
江苏	2517	5158	3337	3677	2786
浙江	3263	6350	3452	3151	2303
安徽	1529	7936	4854	3687	1742
福建	2989	6653	3927	3725	2039
江西	2553	9608	4302	3616	2118
山东	1921	6656	3630	3330	2153
河南	1820	11157	5030	4149	1774
湖北	1456	6291	4147	4480	2829
湖南	1893	7353	3360	3205	2040
广东	2614	9301	5277	3950	1952
广西	2343	9069	4289	3081	1436
海南	1674	9766	5221	3611	2001
重庆	2227	7331	4678	4028	2317
四川	2098	7582	4380	3442	1732
贵州	1970	12046	5602	2647	1043
云南	2029	9776	4505	2578	1298
西藏	560	10635	4989	2082	1317
陕西	1525	7215	4792	4901	3045
甘肃	1365	9611	5369	3969	1806
青海	1830	9620	3879	3763	1080
宁夏	2022	10857	4856	4167	1721
新疆	2302	9264	4823	3208	1430

注：1.高等学校包括普通高等学校和成人高等学校。
2.高中阶段合计数据包括普通高中、成人高中、普通中专、职业高中、技工学校和成人中专。
3.初中阶段包括普通初中和职业初中。

5-11-38 各地区教育经费情况

单位：万元

年 份 地 区	合 计	国家财政性教育经费	#预算内教育经费	民办学校办学经费	社会捐赠经费	事业收入	#学杂费	其他教育经费
1992	8670491	7287506	5387382		696285		439319	
1993	10599374	8677618	6443914	33323	701856		871477	
1994	14887813	11747396	8839795	107795	974487		1469228	
1995	18779501	14115233	10283930	203672	1628414		2012423	
1996	22623394	16717046	12119134	261999	1884190		2610361	
1997	25317326	18625416	13577262	301746	1706588		3260792	
1998	29490592	20324526	15655917	480314	1418537	6091515	3697474	1175700
1999	33490416	22871756	18157597	628957	1258694	7497174	4636108	1233835
2000	38490806	25626056	20856792	858537	1139557	9382717	5948304	1483939
2001	46376626	30570100	25823762	1280895	1128852	11575137	7456014	1821643
2002	54800278	34914048	31142383	1725549	1272791	14609169	9227792	2278722
2003	62082653	38506237	34538583	2590148	1045927	17218399	11214985	2721943
2004	72425989	44658575	40278158	3478529	934204	20114268	13465517	3240414
2005	84188391	51610759	46656939	4522185	931613	23399991	15530545	3723842
2006	98153087	63483648	57956138	5490583	899078	24073042	15523301	4206736
2007	121480663	82802142	76549082	809337	930584	31772357	21309082	5166242
2008	145007374	104496296	96855602	698479	1026663	33670711	23492983	5115225
中 央	15690032	9816068	9626221		138558	4784690	2356897	950717
地 方	129317342	94680228	87229381	698479	888105	28886021	21136086	4164509
北 京	4690166	3833068	3518413	13447	42640	677724	474317	123286
天 津	2060843	1493682	1371559	3094	11329	486470	353328	66267
河 北	5584914	4171281	3829877	10606	4971	1196773	959854	201283
山 西	3328404	2568476	2299361	25208	7935	697025	489348	29761
内蒙古	2625527	2185264	2039943	11436	4359	386118	306595	38349
辽 宁	4792311	3674925	3370673	25737	2544	1011819	822527	77287
吉 林	2714195	2111975	2005780	6694	4435	564682	413862	26409
黑龙江	3386551	2649171	2476993	11413	1303	703262	581225	21401
上 海	4823026	3674055	3198435	4816	12762	835427	688203	295967
江 苏	9964272	6484818	5700220	31551	147410	2650610	1701434	649883
浙 江	7972834	5172415	4306162	20620	177646	2035378	1456350	566775
安 徽	4383732	3175813	2982954	59819	24493	1039294	769030	84313
福 建	3898541	2763597	2558584	51117	35439	956422	675809	91966
江 西	3333171	2217897	2129146	14119	11370	947036	759221	142749
山 东	7749148	5747058	5103149	23057	24128	1801350	1309904	153555
河 南	6561523	4976900	4738248	39889	3850	1424592	1117059	116292
湖 北	4519593	2805035	2594087	38820	13437	1409747	1053592	252555
湖 南	5066050	3436066	3246051	35152	20764	1376082	1036897	197987
广 东	11661554	8013744	7526041	119170	89064	3088448	2272900	351128
广 西	3476223	2650050	2509309	34687	10847	719822	536922	60817
海 南	928981	686993	600001	6587	24976	182685	126289	27741
重 庆	2662580	1813614	1714121	13242	54098	612315	416073	169313
四 川	6578338	4894707	4598998	61106	75537	1437698	824238	109290
贵 州	2709138	2300188	2158372	8405	7625	359475	242811	33446
云 南	3422932	2823329	2688969	4831	22611	500737	384069	71424
西 藏	494122	478394	475482	107	337	15183	9995	102
陕 西	3806168	2659058	2516850	18999	11498	1012482	812640	104133
甘 肃	2310200	1960155	1894402	1245	10922	320149	250267	17730
青 海	608034	547864	532406	572	1071	48623	33392	9904
宁 夏	702612	575667	542083	2061	23401	82663	58632	18820
新 疆	2501661	2134971	2002714	876	5303	305932	199304	54579

注：2007年对部分教育经费统计指标进行了修订。“民办学校办学经费”1992-2006年是指社会团体和公民个人办学总经费，2007年以后是指民办学校中举办者投入。

5-11-39 各类学校教育经费情况

单位：万元

学校类别	合计	国家财政性教育经费	#预算内教育经费	民办学校中举办者投入	社会捐赠经费	事业收入	#学杂费	其他教育经费
全国总计	**145007374**	**104496296**	**96855602**	**698479**	**1026663**	**33670711**	**23492983**	**5115225**
按学校类别分组								
高等学校	43468780	20624560	19986369	301687	290000	19328770	14742862	2923763
普通高等学校	42102369	20035116	19446804	301687	286343	18644142	14181277	2835082
成人高等学校	1366410	589445	539565		3657	684628	561586	88681
中等职业学校	10492435	6822714	5855492	94754	30598	3224121	2623644	320249
中等专业学校	4378243	2658848	2385192	37436	16354	1515101	1269791	150504
职业高中	4342575	3089551	2494304	51797	12715	1078746	884991	109766
技工学校	1148415	640771	570952	3538	800	465315	375070	37990
成人中专学校	623202	433543	405044	1982	730	164959	93793	21988
中学	41291006	32146828	29285708	196998	368121	7665883	4789157	913175
普通中学	41239914	32120256	29263303	196993	368079	7645672	4782959	908915
普通高中	16022356	9612420	8378922	87645	155034	5696493	3926919	470763
普通初中	25217559	22507836	20884380	109348	213045	1949178	856040	438151
#农村	14282395	13572234	12837204	21037	82297	441223	117345	165605
成人中学	51091	26572	22405	5	42	20211	6197	4261
小学	35512328	32984118	31129002	104857	269479	1687494	767626	466380
普通小学	35507037	32978952	31123862	104857	269479	1687377	767626	466373
#农村	22981915	22236241	21363735	21073	123321	405862	107332	195418
成人小学	5292	5166	5140			118		8
特殊教育学校	410125	382492	333761	184	4302	13068	107	10078
幼儿园	1988416	1329444	1227865		14505	602945	489217	41522
教育行政单位	2659507	2358725	1976317		22948	176071		101763
教育事业单位	5698156	4669140	3897287		25108	720274		283634
其它	3486623	3178274	3163802		1602	252086	80370	54661

【主要统计指标解释】

普通高等学校 指按国家规定的设置标准和审批程序批准举办的，通过全国普通高等教育统一招生考试，招收高中毕业生为主要培养对象，实施高等学历教育的全日制大学、独立设置的学院和高等专科学校、高等职业学校及其他机构(独立学院和分校、大专班)。

大学、独立设置的学院主要实施本科及本科层次以上教育，高等专科学校、高等职业学校实施专科层次教育，其他机构是承担国家普通招生计划任务不计校数的机构，包括独立学院、普通高等学校分校、大专班和批准筹建的普通高等学校等。独立学院指由普通本科高校按新机制、新模式举办的本科层次的二级学院。一些普通本科高校按公办机制和模式建立的二级学院、“分校”或其他类似的二级办学机构不属此范畴。

成人高等学校 指按照国家规定的设置标准和审批程序批准举办的，通过全国成人高等学校统一招生考试，招收具有高中毕业或同等学历的在职从业人员为主要培养对象，利用函授、业余、脱产等多种形式对其实施高等学历教育的学校。包括职工高等学校、农民高等学校、管理干部学院、教育学院、独立函授学院、广播电视大学、其他机构等。其他机构是承担国家成人招生计划任务不计校数的机构。

小学学龄儿童净入学率 指调查范围内已入小学学习的学龄儿童占校内外学龄儿童总数(包括弱智儿童，不包括盲聋哑儿童)的比重。计算公式为：

$$\text{小学学龄儿童净入学率}=\frac{\text{已入学的小学学龄儿童数}}{\text{校内外小学学龄儿童总数}}\times 100\%$$

5 第三产业部分行业主要业务指标

5-12 卫生、社会保障和社会福利业

简要说明

一、主要内容

本篇主要包括卫生事业、民政事业、劳动保障、残疾人事业等内容。

卫生事业发展情况主要内容有卫生机构、人员、床位数，医院诊疗人次及入院人数，主要疾病死亡原因及构成，城镇居民医疗保险、农村居民合作医疗等情况。

民政事业和劳动保障统计资料主要包括社会福利企事业机构、人员、经费情况，优抚和社会救济情况，城镇社区服务和农村社会保障网络情况，婚姻服务情况，殡葬服务情况，参加社会保险人员情况及社会保险基金情况和劳动争议仲裁等情况。

残疾人资料主要包括残疾人康复、教育、就业、扶贫和残联组织建设等情况。

二、资料来源

卫生部分的资料来自卫生部。详细资料见《中国卫生统计年鉴》（卫生部信息中心编）。

劳动保障资料是人力资源和社会保障部根据其《培训、就业统计报表制度》整理提供。

民政事业统计资料详见《中国民政统计年鉴》(民政部规划财务司编)。

残疾人资料由中国残疾人联合会整理提供。

5-12-1 卫生机构数

单位：个

年份	总计	#医院	#卫生院	#门诊部、诊所	#社区卫生服务中心(站)	#村卫生室	#妇幼保健院(所、站)	#专科防治院(所、站)	#疾病预防控制中心(防疫站)
1949	3670	2600		769			9	11	
1950	8915	2803		3356			426	30	61
1955	67725	3648		51600			3944	287	315
1960	261195	6020	24849	213823			4213	683	1866
1965	224266	5330	36965	170430			2910	822	2499
1970	149823	5964	56568	79600			1124	607	1714
1975	151733	7654	54026	80739			2128	683	2912
1978	169732	9293	55018	94395			2571	887	2989
1980	180553	9902	55413	102474			2745	1138	3105
1981	800205	10252	55500	111189		610079	2789	1197	3202
1982	801869	10471	55496	113916		608431	2827	1272	3271
1983	870686	10901	55559	115826		674669	2851	1326	3274
1984	905424	11381	55549	117028		707168	2955	1458	3339
1985	978540	11955	47387	126604		777674	2996	1566	3410
1986	999102	12442	46967	127575		795963	3059	1635	3475
1987	1012804	12962	47177	128459		807844	3082	1697	3512
1988	1012485	13544	47529	128422		806497	3103	1727	3532
1989	1027522	14090	47523	128112		820798	3112	1747	3591
1990	1012690	14377	47749	129332		803956	3148	1781	3618
1991	1003769	14628	48140	128665		794733	3187	1818	3652
1992	1001310	14889	46117	125873		796523	3187	1845	3673
1993	1000531	15436	45024	115161		806945	3115	1872	3729
1994	1005271	15595	51929	105984		813529	3190	1905	3711
1995	994409	15663	51797	104406		804352	3179	1895	3729
1996	1078131	15833	51723	237153		755565	3172	1887	3737
1997	1048657	15944	51535	229474		733624	3180	1893	3747
1998	1042885	16001	50613	229349		728788	3191	1889	3746
1999	1017673	16678	50257	226588		716677	3180	1877	3763
2000	1034229	16318	49777	240934		709458	3163	1839	3741
2001	1029314	16197	48643	248061		698966	3132	1783	3813
2002	1005004	17844	46014	219907	8211	698966	3067	1839	3580
2003	806243	17764	45204	204468	10101	514920	3033	1749	3584
2004	849140	18393	42471	208794	14153	551600	2998	1583	3588
2005	882206	18703	41694	207457	17128	583209	3021	1502	3585
2006	918097	19246	40791	212243	22656	609128	3003	1402	3548
2007	912263	19852	40679	197083	27069	613855	3051	1365	3585
2008	891480	19712	39860	180752	24260	613143	3011	1310	3534
2009	916571	20291	39627	182448	27308	632770	3020	1291	3536

注：1.村卫生室数计入卫生机构数中。

2.2008年社区卫生服务中心(站)减少的原因是江苏省约5000家农村社区卫生服务站划归村卫生室。

3.2002年起,卫生机构数不再包括高中等医学院校本部、药检机构、国境卫生检疫所和非卫生部门举办的计划生育指导站。

4.1996年以前卫生院指乡镇卫生院，门诊部(所)不包括私人诊所。

5-12-2 各地区卫生机构数

单位：个

地区	合计	医院	#综合医院	#中医医院	#专科医院	卫生院	街道卫生院	乡镇卫生院
总计	**916571**	**20291**	**13364**	**2728**	**3716**	**39627**	**1152**	**38475**
北京	9734	522	310	82	122	116		116
天津	4238	255	167	26	58	182	1	181
河北	80963	1123	746	169	185	1962		1962
山西	39917	1163	613	199	331	1645	444	1201
内蒙古	22677	469	298	56	64	1332	5	1327
辽宁	34729	829	510	102	211	1037	35	1002
吉林	18543	560	351	76	119	801	13	788
黑龙江	21825	918	648	120	139	995	18	977
上海	4460	296	179	17	84			
江苏	30571	1114	722	86	282	1441	26	1415
浙江	29549	652	353	103	178	1821	151	1670
安徽	24799	710	489	86	125	1714	14	1700
福建	26613	411	263	70	69	874		874
江西	34005	502	332	97	66	1573	20	1553
山东	63885	1319	892	148	271	1705	144	1561
河南	75722	1193	801	186	196	2089	5	2084
湖北	32790	614	409	86	105	1182	48	1134
湖南	55200	768	500	127	127	2335	18	2317
广东	44314	1064	678	143	231	1378	103	1275
广西	32355	460	292	85	71	1262	20	1242
海南	4661	186	143	17	23	307	2	305
重庆	16497	386	273	42	64	1018	19	999
四川	72914	1187	787	165	196	4745	11	4734
贵州	24707	532	395	63	63	1450	11	1439
云南	22365	720	495	100	108	1386	3	1383
西藏	4959	100	82			657		657
陕西	33928	815	588	140	83	1731	21	1710
甘肃	25299	373	259	68	35	1341	8	1333
青海	5959	129	80	13	9	406		406
宁夏	4149	158	107	18	26	236		236
新疆	14244	763	602	38	75	906	12	894

注：本表包括村卫生室。

5-12-2 续表 单位：个

地 区	社区卫生服务中心(站)	门诊部	诊所(医务室、护理站)	村卫生室	急 救中心站	妇幼保健院(所/站)	专科疾病防治院(所/站)	疾病预防控制中心(防疫站)
总 计	**27308**	**7639**	**174809**	**632770**	**245**	**3020**	**1291**	**3536**
北 京	1395	768	3609	3114	8	19	27	31
天 津	769	222	1046	1616	3	23	16	24
河 北	1027	162	9621	66389	5	185	7	194
山 西	807	166	7477	28113	11	135	15	151
内蒙古	886	66	4683	14719	6	116	50	133
辽 宁	852	360	10547	20463	12	110	90	134
吉 林	2228	385	5255	8978	6	70	53	67
黑龙江	750	116	5212	13147	14	142	114	189
上 海	640	376	1557	1447	13	22	20	21
江 苏	1677	486	8019	17124	22	105	46	171
浙 江	5318	620	6586	13922	24	87	25	101
安 徽	986	122	2974	17788	10	118	47	124
福 建	429	403	4497	19632	8	86	27	93
江 西	620	37	3794	26937	8	111	109	120
山 东	1361	106	9896	48791	15	149	124	173
河 南	724	82	7410	63565	13	167	21	180
湖 北	1142	153	6783	22405	7	99	87	112
湖 南	492	147	10001	40826	2	138	83	145
广 东	1984	1792	9266	28076	8	127	149	135
广 西	318	83	8086	21689	2	103	46	105
海 南	88	61	1510	2396	3	24	25	26
重 庆	268	53	4615	9985		41	15	43
四 川	637	249	13658	51670	15	202	38	207
贵 州	322	45	3007	18971	3	88	8	103
云 南	227	66	6248	13114	18	147	31	152
西 藏	6		418	3635		57		81
陕 西	358	194	5064	25292	2	117	5	123
甘 肃	337	74	7728	15087	2	99	7	103
青 海	169	4	725	4376		21	1	56
宁 夏	86	20	996	2547	1	22		25
新 疆	405	221	4521	6956	4	90	5	214

5-12-3 卫生机构床位数

单位：万张

年 份	总 计	#医 院	#卫生院	#疗养院	#社区卫生服务中心(站)	#妇幼保健院(所、站)	#专科疾病防治院(所、站)	每千人口医院、卫生院床位数(张)
1949	8.46	8.00		0.39				0.15
1950	11.91	9.71		0.60		0.27		0.18
1955	36.28	21.53		5.77		0.57		0.36
1960	97.68	59.14	4.63	10.69		0.88	1.74	0.99
1965	103.33	61.20	13.25	9.84		0.92		1.06
1970	126.15	70.50	36.80	4.76		0.70		1.34
1975	176.43	94.02	62.03	3.72		0.97	2.88	1.74
1978	204.17	110.00	74.73	5.09		1.16	2.63	1.94
1980	218.44	119.58	77.54	6.79		1.64	2.73	2.02
1981	223.38	124.09	76.31	8.07		1.97	2.71	2.02
1982	228.03	128.52	75.32	8.78		2.33	2.73	2.03
1983	234.16	134.53	74.62	9.15		2.75	2.85	2.07
1984	241.24	141.24	73.14	9.53		3.18	2.96	2.10
1985	248.71	150.86	72.06	10.62		3.46	2.95	2.14
1986	256.25	155.98	71.12	11.08		3.67	3.06	2.18
1987	268.50	165.34	72.30	11.85		4.00	3.07	2.25
1988	279.49	174.70	72.61	12.23		4.35	3.00	2.30
1989	286.70	181.46	72.30	12.30		4.50	3.10	2.33
1990	292.54	186.89	72.29	12.30		4.66	3.10	2.32
1991	299.19	192.61	72.92	12.50		4.80	3.17	2.35
1992	304.94	197.66	73.28	12.50		5.00	3.22	2.38
1993	309.90	203.64	73.08	11.90		4.50	3.03	2.40
1994	313.40	207.04	73.24	11.80		4.80	2.98	2.41
1995	314.06	206.33	73.31	11.60		5.13	3.07	2.39
1996	309.96	209.65	73.75	10.87		5.60	2.83	2.40
1997	313.45	211.92	74.94	10.45		6.02	3.06	2.41
1998	314.30	213.41	74.39	10.18		6.30	2.90	2.40
1999	315.90	215.07	73.99	9.85		6.63	2.93	2.39
2000	317.70	216.67	74.12	9.69		7.12	2.84	2.38
2001	320.12	215.56	74.65	9.45		7.40	2.70	2.39
2002	313.61	222.18	68.54	6.90	1.20	7.98	3.18	2.32
2003	316.40	226.95	68.57	4.83	1.21	8.09	3.38	2.34
2004	326.84	236.35	68.24	5.40	1.81	8.70	3.12	2.40
2005	336.75	244.50	68.99	5.16	2.50	9.41	3.34	2.45
2006	351.18	256.04	71.03	4.59	4.12	9.93	2.80	2.53
2007	370.11	267.51	76.32	4.28	7.66	10.62	2.59	2.63
2008	403.87	288.29	86.54	3.82	9.80	11.73	2.64	2.84
2009	441.66	312.08	95.99	4.21	13.13	12.61	2.71	3.06

注：从2002年起，卫生机构床位数系医疗机构床位数。

5-12-4 各地区分市县医院、卫生院床位情况

单位：张

地区	医院和卫生院床位	市	县	每千人口医院和卫生院床位	市	县	每千农业人口乡镇卫生院床位
总计	**4080662**	**2722951**	**1357711**	**3.06**	**4.31**	**1.93**	**1.05**
北京	84896	83191	1705	6.80	7.07	2.39	0.88
天津	41921	38601	3320	4.26	4.78	1.87	0.86
河北	213528	117159	96369	2.95	4.45	2.09	1.09
山西	131122	78307	52815	3.78	5.68	2.53	1.07
内蒙古	77666	47842	29824	3.16	5.43	1.89	1.07
辽宁	174368	148491	25877	4.09	4.89	2.11	1.19
吉林	100702	81591	19111	3.70	4.35	2.25	1.09
黑龙江	133911	103837	30074	3.49	4.52	1.95	0.86
上海	79501	77721	1780	5.67	5.83	2.58	
江苏	234698	191496	43202	3.16	3.81	1.80	1.48
浙江	157877	125347	32530	3.35	3.95	2.11	0.56
安徽	163171	86421	76750	2.40	3.86	1.68	0.97
福建	95980	65489	30491	2.73	3.64	1.78	0.95
江西	102728	53108	49620	2.22	3.44	1.60	0.86
山东	320786	227750	93036	3.40	4.26	2.28	1.32
河南	283030	159664	123366	2.65	4.42	1.75	0.94
湖北	171813	130963	40850	2.80	3.31	1.88	1.15
湖南	197288	107176	90112	2.81	4.45	1.96	1.10
广东	250374	213526	36848	2.99	3.76	1.37	1.09
广西	122315	65323	56992	2.34	3.54	1.69	0.94
海南	22066	15708	6358	2.51	2.90	1.88	1.04
重庆	86980	55125	31855	2.65	3.57	1.84	1.18
四川	259204	146073	113131	2.88	4.38	2.00	1.37
贵州	91164	45283	45881	2.23	4.37	1.50	0.75
云南	131406	59350	72056	2.94	5.72	2.10	0.85
西藏	8142	1889	6253	2.82	5.55	2.45	1.17
陕西	125239	69773	55466	3.26	4.75	2.33	0.93
甘肃	77025	40729	36296	2.85	4.67	1.98	1.00
青海	17973	8741	9232	3.32	8.03	2.13	0.75
宁夏	21168	15591	5577	3.33	5.11	1.69	0.60
新疆	102620	61686	40934	4.84	7.20	3.24	1.55

5-12-5 各类医疗机构诊疗人次及入院人数

医疗机构	诊疗人次(亿次)	#政府办	入院人数(万人)	#政府办
总　计	**54.88**	**30.70**	**13256**	**11760**
医院	19.22	15.90	8488	7186
#综合医院	14.36	11.58	6713	5643
中医医院		2.89	1034	988
专科医院	1.54	1.18	641	477
疗养院	0.02	0.01	55	30
社区卫生服务中心(站)	3.77	2.31	225	142
卫生院	9.19	9.00	3870	3806
#乡镇卫生院	8.77	8.59	3808	3746
门诊部	0.61	0.06	16	3
诊所(卫生所、医务室、护理站)	4.83	0.19		
村卫生室	15.52	1.56		
急救中心(站)	0.03	0.03		
妇幼保健院(所、站)	1.48	1.47	572	565
专科疾病防治院(所、站)	0.19	0.18	30	28

5-12-6 各类医疗机构病床利用情况

	病床使用率(%)	#政府办	病床周转次数(次)	#政府办	出院者平均住院日(日)	#政府办
总　计	**77.7**	**81.2**	**31.3**	**33.7**	**8.6**	**8.4**
医院	84.7	90.9	28.1	30.5	10.5	10.5
#综合医院	85.6	92.2	30.5	33.7	9.9	9.8
中医医院	81.8	83.1	27.5	28.1	10.4	10.4
专科医院	83.5	93.2	15.9	16.1	17.0	18.9
疗养院	40.6	36.5	12.7	11.1	8.7	9.3
社区卫生服务中心(站)	58.5	61.2	23.3	19.4	6.8	10.0
卫生院	60.6	60.9	42.4	42.9	4.8	4.8
#乡镇卫生院	60.7	61.0	42.9	43.3	4.8	4.8
门诊部	34.6	34.0	27.8	17.3	4.1	6.2
妇幼保健院(所、站)	70.7	70.8	46.2	46.3	5.4	5.4
专科疾病防治院(所、站)	63.5	62.0	11.8	12.6	16.6	15.4

5-12-7 农村乡镇卫生院医疗服务情况

年份 地区	诊疗人次 (亿次)	入院人数 (万人)	病床使用率 (%)	出院者平均住院日 (日)
1981	14.38	2123	53.5	6.3
1985	11.00	1771	46.0	5.9
1990	10.65	1958	43.4	5.2
1991	10.82	2016	43.5	5.1
1992	10.34	1960	42.9	5.1
1993	8.98	1855	38.4	4.6
1994	9.73	1913	40.5	4.6
1995	9.38	1960	40.2	4.6
1996	9.44	1916	37.0	4.4
1997	9.16	1918	34.5	4.5
1998	8.74	1751	33.3	4.6
1999	8.38	1688	32.8	4.6
2000	8.24	1708	33.2	4.6
2001	8.24	1700	31.3	4.5
2002	7.10	1625	34.7	4.0
2003	6.91	1608	36.2	4.2
2004	6.81	1599	37.1	4.4
2005	6.79	1622	37.7	4.6
2006	7.01	1836	39.4	4.6
2007	7.59	2662	48.4	4.8
2008	8.27	3313	55.8	4.4
2009	8.77	3808	60.7	4.8
北京	0.08	3	32.8	7.4
天津	0.06	14	64.4	4.2
河北	0.39	176	56.6	5.6
山西	0.13	57	50.0	5.6
内蒙古	0.12	43	44.9	4.2
辽宁	0.13	69	45.2	4.8
吉林	0.11	39	35.4	4.0
黑龙江	0.10	74	58.1	4.1
上海				
江苏	0.74	159	56.7	6.5
浙江	0.70	30	37.1	6.7
安徽	0.44	194	60.4	5.0
福建	0.20	118	65.5	4.1
江西	0.25	220	73.8	3.2
山东	0.61	237	51.3	5.2
河南	0.62	326	63.4	5.2
湖北	0.38	156	68.8	6.0
湖南	0.37	270	66.5	5.0
广东	0.74	190	60.5	4.7
广西	0.35	258	73.2	3.8
海南	0.08	14	36.8	4.2
重庆	0.28	140	77.3	5.3
四川	0.80	495	70.0	4.3
贵州	0.19	192	72.7	3.1
云南	0.33	122	58.7	5.1
西藏	0.03	3	27.4	5.0
陕西	0.20	62	46.6	6.5
甘肃	0.16	60	58.7	6.0
青海	0.03	12	55.9	4.0
宁夏	0.04	7	50.9	5.2
新疆	0.12	67	66.3	5.3

5-12-8 各地区社区卫生服务中心(站)医疗服务情况

年 份 地 区	社区卫生服务中心						社区卫生服务站	
	诊疗人次(万人次)	入院人数(人)	病床使用率(%)	平均住院日(日)	医师日均担负诊疗人次(人次)	医师日均担负住院床日(日)	诊疗人次(万人次)	医师日均担负诊疗人次(人次)
2004	4615.6	151965	61.2	21.0	13.0	0.7	5095.5	11.1
2005	5938.5	266215	60.7	17.2	13.7	0.8	6281.5	11.0
2006	8285.5	436288	57.9	15.5	13.0	0.8	9378.9	13.1
2007	12712.4	743186	59.6	13.1	13.1	0.8	9875.0	14.6
2008	17247.3	1032788	58.7	13.4	12.9	0.8	8425.1	12.5
2009	26080.2	1642427	59.8	10.6	14.0	0.7	11617.3	13.7
北 京	1648.1	10944	37.9	15.1	12.9	0.1	353.3	18.4
天 津	777.5	7202	22.2	21.7	18.8	0.4	113.7	
河 北	356.5	66939	47.8	7.4	6.6	0.8	775.8	10.0
山 西	284.9	37265	57.5	11.9	4.0	0.7	400.8	7.5
内蒙古	216.3	30124	48.9	7.5	5.2	0.6	363.8	8.4
辽 宁	402.3	42637	58.6	16.3	6.8	0.9	466.2	11.0
吉 林	93.3	9129	35.5	8.7	5.8	0.4	473.9	21.0
黑龙江	167.1	15265	53.4	18.5	4.7	0.7	271.4	8.4
上 海	6566.0	140565	87.0	38.6	24.1	1.5	2.3	
江 苏	2916.5	186160	53.3	8.7	17.6	0.7	740.1	21.8
浙 江	2865.2	31617	55.7	19.2	26.0	0.4	938.3	18.1
安 徽	400.3	74930	48.1	5.9	7.6	0.7	547.4	11.0
福 建	644.8	99019	55.7	4.1	12.4	0.6	258.9	13.8
江 西	289.9	43942	41.5	5.5	8.1	0.6	380.0	11.9
山 东	625.5	117951	44.5	6.0	7.0	0.6	805.6	12.8
河 南	321.7	58737	42.3	7.1	5.5	0.6	497.0	13.2
湖 北	967.1	132019	70.1	9.4	10.1	1.1	639.9	14.6
湖 南	363.3	63977	47.5	6.9	6.3	0.6	242.6	11.5
广 东	4123.9	89715	62.5	8.6	21.4	0.3	1688.7	28.3
广 西	122.7	9602	49.2	4.3	9.7	0.2	75.2	8.4
海 南	12.5	195	7.1	2.8	6.7	0.0	75.0	9.9
重 庆	227.5	56407	56.5	7.2	8.2	1.1	142.7	17.8
四 川	827.4	148615	70.7	7.8	9.8	1.0	311.6	11.0
贵 州	98.5	66457	58.6	2.4	6.3	1.2	172.9	9.6
云 南	194.0	46880	55.1	6.8	8.9	1.1	105.8	11.1
西 藏							2.8	18.6
陕 西	194.8	15129	46.4	14.1	8.0	0.6	177.0	13.3
甘 肃	85.7	11109	57.7	6.1	6.5	0.6	224.1	10.4
青 海	45.4	6116	60.7	7.3	11.7	1.0	111.4	11.0
宁 夏	8.4	175	30.7	24.5	14.0	0.6	51.6	13.5
新 疆	233.0	23605	49.9	9.9	10.9	0.8	207.2	13.3

5-12-9 各地区医院服务情况

年 份 地 区	诊疗人次 (万人次)	入院人数 (万人)	出院人数 (万人)	危重病人 抢救成功率 (%)	每百门诊急 诊入院人数 (人)	病 床 使用率 (%)	出院者 平均住院日 (天)
2002	214524.8	3996.9	1097.2	87.09	3.45	64.6	10.9
2003	209629.4	4158.9	4110.4	82.62	3.62	65.3	11.0
2004	130452.7	4673.3	4667.1	87.93	3.76	68.4	10.8
2005	138653.3	5108.1	5075.1	88.79	3.82	70.3	10.9
2006	147101.3	5562.2	5545.6	88.63	3.91	72.4	10.9
2007	163769.6	6487.2	6451.2	89.15	4.10	78.2	10.8
2008	178167.0	7392.0	7373.4	89.29	4.26	81.5	10.7
2009	192193.9	8488.0	8454.3	92.18	4.53	84.7	10.5
北 京	8314.6	157.4	156.9	74.04	1.91	84.6	14.5
天 津	3611.3	85.8	85.5	80.18	2.40	81.2	12.6
河 北	7033.5	461.3	457.7	93.94	6.82	80.1	9.4
山 西	3508.3	195.0	195.7	91.30	5.80	69.2	11.4
内蒙古	2687.8	140.2	139.5	93.94	5.34	75.5	10.9
辽 宁	6397.3	333.5	332.8	86.85	5.31	80.6	12.0
吉 林	3563.7	181.0	180.1	87.84	5.17	70.4	10.7
黑龙江	4417.2	248.6	247.7	87.34	5.78	74.2	11.5
上 海	9651.0	193.2	192.9	78.75	2.01	100.2	14.0
江 苏	14231.7	489.5	490.7	94.37	3.53	92.6	11.5
浙 江	14163.8	386.1	385.3	91.83	2.75	93.1	11.5
安 徽	5354.3	333.8	331.8	89.01	6.45	85.4	9.8
福 建	5850.6	234.6	234.7	89.76	4.06	89.9	9.8
江 西	4174.7	238.1	236.6	92.09	5.83	85.6	9.0
山 东	11677.2	680.1	677.3	92.58	6.62	80.4	9.6
河 南	9992.8	559.3	554.5	94.34	5.80	83.6	10.4
湖 北	7288.6	378.4	377.1	94.80	5.29	92.7	10.5
湖 南	5612.6	406.1	403.8	96.20	7.44	90.5	10.1
广 东	24425.4	630.8	629.0	87.72	2.66	85.7	9.3
广 西	5802.9	254.8	253.9	90.93	4.48	86.4	9.6
海 南	1041.2	43.7	43.4	89.72	4.27	81.2	10.5
重 庆	3267.9	156.1	156.3	90.32	4.89	86.4	10.9
四 川	9536.7	497.8	494.4	90.41	5.33	93.8	10.5
贵 州	2414.0	194.4	193.1	94.58	8.41	84.0	9.4
云 南	5234.6	283.8	283.7	96.59	5.50	87.8	10.3
西 藏	382.4	12.2	11.5	93.17	3.40	70.5	10.3
陕 西	4783.0	257.4	255.2	92.84	5.50	80.4	10.7
甘 肃	2495.3	133.0	132.9	94.12	5.52	76.4	10.3
青 海	756.0	38.1	37.7	96.43	5.19	77.0	10.3
宁 夏	1100.4	50.1	49.9	94.13	5.25	87.0	10.8
新 疆	3423.2	233.8	232.7	91.51	7.12	86.0	10.5

5-12-10 卫生机构人员数

单位：人

年份	卫生人员总计	卫生技术人员	#执业(助理)医师	执业医师	#注册护士	#药师(士)	#检验师(士)	乡村医生和卫生员	其他技术人员	管理人员	工勤技能人员
1949	541240	505040	363400	314000	32800	3357				11877	24323
1950	611240	555040	380800	327400	37800	8080				21877	34323
1955	1052787	874063	500398	402409	107344	60974	15394			86465	92259
1960	1769205	1504894	596109	427498	170143	119293				132034	132277
1965	1872300	1531600	762804	510091	234546	117314			10996	168845	160899
1970	6571795	1453247	702304	446251	295147			4779280	10813	156862	171593
1975	7435212	2057068	877716	521617	379545	219904	77506	4841695	14122	251420	270907
1978	7883041	2463931	978152	609608	405223	266570	98806	4777469	22950	298104	320587
1980	7355483	2798241	1153234	709473	465798	308438	114290	3820776	27834	310805	397827
1981	7199133	3011038	1243787	620291	525311	323786	123652	3403012	29622	318721	436740
1982	6954413	3142943	1307205	668010	563912	342451	130625	2996609	32207	326883	455771
1983	6757244	3252836	1352651	704060	595569	351002	136630	2667214	37830	326927	472437
1984	6622973	3343998	1381456	716365	616080	358969	140728	2409327	42539	341271	485838
1985	5606105	3410910	1413281	724238	636974	365145	145217	1293094	46052	358812	497237
1986	5725854	3506517	1444150	745592	680583	372760	150132	1279935	50957	370056	518389
1987	5842621	3608618	1481754	777333	717596	382121	156878	1278499	57255	371167	527082
1988	5924557	3723756	1618174	1095926	829261	394287	161615	1247045	65063	368227	520466
1989	6028234	3809097	1718018	1257668	921687	401098	166383	1241275	73530	384890	519442
1990	6137711	3897921	1763086	1302997	974541	405978	170371	1231510	85504	396694	526082
1991	6278458	3984974	1779545	1310933	1011943	409325	176832	1253324	91265	408819	540076
1992	6409307	4073986	1808194	1327875	1039674	413598	180754	1269061	99177	417670	549413
1993	6540522	4117067	1831665	1372471	1056096	413025	183657	1325106	113138	432903	552311
1994	6630710	4199217	1882180	1425375	1093544	417166	186415	1323701	116921	438084	552787
1995	6704395	4256923	1917772	1454926	1125661	418520	189488	1331017	120782	450013	545660
1996	6735097	4311845	1941235	1475232	1162609	424952	192873	1316095	125480	444571	537106
1997	6833962	4397805	1984867	1505342	1198228	428295	198016	1317786	133369	448047	536955
1998	6863315	4423721	1999521	1513975	1218836	423644	200846	1327633	145060	435507	531394
1999	6894985	4458669	2044672	1561584	1244844	418574	201272	1324937	150041	434997	526341
2000	6910383	4490803	2075843	1603266	1266838	414408	200900	1319357	157533	426789	515901
2001	6874527	4507700	2099658	1637337	1286938	404087	203378	1290595	157961	412757	505514
2002	6528674	4269779	1843995	1463573	1246545	357659	209144	1290595	179962	332628	455710
2003	6216971	4380878	1942364	1534046	1265959	357378	209616	867778	199331	318692	450292
2004	6332739	4485983	1999457	1582442	1308433	355451	211553	883075	209422	315595	438664
2005	6447246	4564050	2042135	1622684	1349589	349533	211495	916532	225697	312826	428141
2006	6681184	4728350	2099064	1678031	1426339	353565	218771	957459	235466	323705	436204
2007	6964389	4913186	2122925	1715460	1558822	325212	206487	931761	243460	356569	519413
2008	7251803	5174478	2201904	1791881	1678091	330525	212618	938313	255149	356854	527009
2009	7781448	5535124	2329206	1905436	1854818	341910	220695	1050991	275006	362665	557662

注：①乡村医生和卫生员计入卫生人员；②卫生人员：2002年起不包括高中等医学院校本部、药检机构、国境卫生检疫所和非卫生部门举办的计划生育指导站人员数，2007年起包括返聘本单位半年以上人员；③2007年起卫生技术人员不包括药剂员和检验员等技能人员数，2007年以前药师(士)包括药剂员，检验师(士)包括检验员；④执业(助理)医师数包括村卫生室数字。2002年以前执业(助理)医师系医生数,执业医师系医师数,注册护士系护师(士)数；⑤2006年及以前工勤技能人员系工勤人员数，不包括药剂员和检验员等技能人员；⑥1985年以前乡村医生和卫生员系赤脚医生数。

5-12-11 各地区每千人口卫生技术人员数

单位：人

年份 地区	卫生技术人员			执业(助理)医师			注册护士		
	合计	市	县	合计	市	县	合计	市	县
1980	2.85	8.03	1.81	1.17	3.22	0.76	0.47	1.83	0.20
1985	3.28	7.92	2.09	1.36	3.35	0.85	0.61	1.85	0.30
1990	3.45	6.59	2.15	1.56	2.95	0.98	0.86	1.91	0.43
1995	3.59	5.36	2.32	1.62	2.39	1.07	0.95	1.59	0.49
1998	3.64	5.30	2.35	1.65	2.34	1.11	1.00	1.64	0.51
1999	3.64	5.24	2.38	1.67	2.33	1.14	1.02	1.64	0.52
2000	3.63	5.17	2.41	1.68	2.31	1.17	1.02	1.64	0.54
2001	3.62	5.15	2.38	1.69	2.32	1.17	1.03	1.65	0.54
2002	3.41			1.47			1.00		
2003	3.48	4.88	2.26	1.54	2.13	1.04	1.00	1.59	0.50
2004	3.53	4.99	2.24	1.57	2.18	1.04	1.03	1.63	0.50
2005	3.57	5.05	2.25	1.60	2.20	1.06	1.06	1.66	0.51
2006	3.66	5.21	2.26	1.62	2.26	1.05	1.10	1.74	0.53
2007	3.76	5.44	2.25	1.62	2.28	1.03	1.19	1.90	0.56
2008	3.92	5.67	2.34	1.67	2.35	1.05	1.27	2.02	0.60
2009	4.15	6.03	2.46	1.75	2.47	1.10	1.39	2.22	0.65
北京	12.92	13.29	6.73	5.04	5.18	2.76	4.95	5.12	2.01
天津	6.90	7.52	4.05	2.80	3.02	1.82	2.34	2.68	0.84
河北	3.71	5.97	2.42	1.72	2.68	1.17	1.04	1.99	0.49
山西	5.38	8.39	3.40	2.45	3.65	1.65	1.65	3.01	0.76
内蒙古	5.50	8.27	3.96	2.82	3.54	2.42	1.44	2.90	0.63
辽宁	5.32	6.36	2.76	2.25	2.63	1.32	1.99	2.51	0.69
吉林	4.87	5.54	3.40	2.21	2.50	1.59	1.56	1.87	0.87
黑龙江	4.56	5.75	2.80	1.93	2.38	1.26	1.45	1.98	0.68
上海	9.48	9.69	5.43	3.79	3.85	2.55	3.73	3.84	1.73
江苏	4.16	5.11	2.19	1.69	2.06	0.91	1.50	1.87	0.71
浙江	5.65	6.54	3.80	2.41	2.77	1.69	1.87	2.25	1.09
安徽	3.07	5.11	2.07	1.25	2.04	0.86	1.03	2.03	0.54
福建	3.74	5.20	2.21	1.57	2.15	0.97	1.37	1.99	0.72
江西	3.25	5.07	2.33	1.28	1.93	0.95	1.16	2.00	0.73
山东	4.39	5.60	2.82	1.86	2.38	1.20	1.48	2.02	0.77
河南	3.38	5.42	2.33	1.42	2.19	1.02	1.05	1.98	0.58
湖北	4.02	4.69	2.80	1.59	1.86	1.10	1.42	1.76	0.81
湖南	3.62	5.91	2.43	1.51	2.40	1.05	1.19	2.24	0.64
广东	5.04	6.39	2.17	1.93	2.43	0.88	1.83	2.40	0.63
广西	3.32	5.28	2.25	1.28	2.02	0.88	1.21	2.03	0.75
海南	4.30	5.19	2.89	1.60	1.90	1.13	1.73	2.17	1.03
重庆	3.05	4.30	1.94	1.36	1.83	0.95	0.97	1.51	0.50
四川	3.37	5.32	2.22	1.54	2.31	1.09	1.01	1.85	0.52
贵州	2.37	5.13	1.42	1.01	2.09	0.65	0.78	2.00	0.37
云南	3.02	6.44	1.99	1.35	2.79	0.92	1.04	2.43	0.62
西藏	3.49	9.20	2.77	1.57	4.27	1.23	0.69	3.15	0.38
陕西	4.46	6.74	3.14	1.81	2.59	1.36	1.42	2.52	0.79
甘肃	3.38	5.84	2.20	1.39	2.45	0.89	0.98	2.03	0.48
青海	4.43	11.60	2.64	1.88	4.56	1.22	1.44	4.49	0.68
宁夏	4.48	7.15	1.95	1.91	2.89	0.98	1.55	2.65	0.51
新疆	5.47	8.79	3.22	2.20	3.57	1.28	1.92	3.31	0.98

5-12-12 各地区村卫生室、卫生人员情况

年份 地区	村卫生室 (个)	行政村数 (个)	设卫生室的村数占行政村数 (%)	执业(助理)医师 (人)	注册护士 (人)	乡村医生和卫生员 (人)	平均每千农业人口乡村医生和卫生员 (人)
1980						1463406	1.79
1985	777674	940617	87.4			1293094	1.55
1990	803956	743278	86.2			1231510	1.38
1995	804352	740150	88.9			1331017	1.48
2000	709458	734715	89.8			1319357	1.44
2001						1290595	1.41
2003						867778	0.98
2004	551600	652718	80.7	93075		883075	1.00
2005	583209	629079	85.8	103863		916532	1.05
2006	609128	624428	88.1	104210		957459	1.10
2007	613855	612712	88.7	110011	15565	931761	1.06
2008	613143	604285	89.4	119646	24794	938313	1.06
2009	632770	599127	90.4	178555	24159	1050991	1.19
北京	3114	3950	78.8	606	173	3670	1.34
天津	1616	3821	42.3	471	28	3949	1.03
河北	66389	49035	100.0	13254	742	82418	1.66
山西	28113	28135	99.9	6017	972	42270	1.81
内蒙古	14719	11282	100.0	18050	690	20428	1.40
辽宁	20463	11100	100.0	4068	780	26354	1.25
吉林	8978	9121	98.4	2523	247	14513	0.97
黑龙江	13147	9055	100.0	4176	224	24360	1.22
上海	1447	1722	84.0	3658	44	1510	0.92
江苏	17124	16393	100.0	4045	1187	56819	1.53
浙江	13922	29958	46.5	8414	823	11336	0.35
安徽	17788	15732	100.0	10963	1553	54845	1.04
福建	19632	14432	100.0	4236	473	28197	1.22
江西	26937	16880	100.0	4786	1277	43047	1.28
山东	48791	74844	65.2	12375	3007	122194	2.07
河南	63565	47346	100.0	16659	3401	124322	1.49
湖北	22405	25576	87.6	6414	1118	38617	1.14
湖南	40826	42928	95.1	7959	602	45959	0.84
广东	28076	19502	100.0	7637	2904	33929	0.85
广西	21689	14361	100.0	4138	447	35318	0.83
海南	2396	2556	93.7	598	280	2598	0.48
重庆	9985	8803	100.0	3858	186	23663	1.02
四川	51670	47987	100.0	15274	363	72809	1.09
贵州	18971	17568	100.0	2080	339	32450	0.85
云南	13114	12953	100.0	1776	495	34652	0.93
西藏	3635	5261	69.1	90	1	3878	1.63
陕西	25292	27370	92.4	9499	517	35877	1.33
甘肃	15087	16149	93.4	1820	364	17781	0.88
青海	4376	4161	100.0	949	73	6055	1.60
宁夏	2547	2316	100.0	207	20	3538	0.89
新疆	6956	8830	78.8	1955	829	7092	0.59

注：1. 1985年以前的乡村医生系赤脚医生。
2. 本表包括乡镇卫生院在村卫生室工作的执业(助理)医师和注册护士。

5-12-13 甲、乙类法定报告传染病发病率、死亡率及病死率排序

顺位	发病		死亡		病死	
	疾病名称	发病率(1/10万)	疾病名称	死亡率(1/10万)	疾病名称	病死率(%)
1	病毒性肝炎	107.30	艾滋病	0.4967	狂犬病	96.29
2	肺结核	81.09	肺结核	0.2849	人禽流感	57.14
3	梅毒	23.07	狂犬病	0.1605	艾滋病	49.66
4	细菌性和阿米巴性痢疾	20.45	肝 炎	0.0767	鼠疫	25.00
5	甲型H1N1流感	9.17	甲型H1N1流感	0.0492	流脑	11.68
6	淋病	9.02	流行性乙型脑炎	0.0130	新生儿破伤风	9.70
7	麻疹	3.95	流行性出血热	0.0078	乙脑	4.40
8	布鲁氏菌病	2.70	新生儿破伤风	0.0077	钩体病	1.96
9	猩红热	1.66	流脑	0.0055	出血热	1.19
10	伤寒+副伤寒	1.28	梅毒	0.0047	炭疽	0.85
11	疟疾	1.06	细菌性和阿米巴性痢疾	0.0029	甲型H1N1流感	0.54
12	艾滋病	1.00	麻疹	0.0029	肺结核	0.35
13	流行性出血热	0.66	疟疾	0.0008	麻疹	0.07
14	流行性乙型脑炎	0.29	钩端螺旋体病	0.0008	病毒性肝炎	0.07
15	血吸虫病	0.27	伤寒+副伤寒	0.0007	疟疾	0.07
16	狂犬病	0.17	人禽流感	0.0003	百日咳	0.06
17	百日咳	0.12	血吸虫病	0.0002	血吸虫病	0.06
18	新生儿破伤风	0.08	炭疽	0.0002	伤寒+副伤寒	0.05
19	流脑	0.05	鼠疫	0.0002	梅毒	0.02
20	钩端螺旋体病	0.04	百日咳	0.0001	痢疾	0.01
21	炭疽	0.03	淋病		淋病	
22	登革热	0.02	布鲁氏菌病		布病	
23	霍乱	0.01	猩红热		猩 红 热	
24	鼠疫	0.00	登革热		登革热	
25	人禽流感	0.00	霍乱		霍 乱	
26	传染性非典型肺炎		传染性非典型肺炎		传染性非典型肺炎	
27	脊灰		脊灰		脊 灰	
28	白喉		白喉		白 喉	

注：新生儿破伤风发病率和死亡率单位为‰。

5-12-14 城市居民主要疾病死亡率及死因构成

疾病名称	合计				男				女			
	粗死亡率(1/10万)	标化死亡率(1/10万)	构成(%)	位次	粗死亡率(1/10万)	标化死亡率(1/10万)	构成(%)	位次	粗死亡率(1/10万)	标化死亡率(1/10万)	构成(%)	位次
传染病(不含呼吸道结核)	4.42	4.24	0.71	11	5.84	5.83	0.84	11	2.95	2.72	0.54	12
呼吸道结核	1.88	1.75	0.30	15	2.86	2.87	0.41	14	0.87	0.77	0.16	18
寄生虫病	0.49	0.48	0.08	19	0.46	0.49	0.07	19	0.53	0.46	0.10	19
恶性肿瘤	167.57	158.67	27.01	1	204.92	207.79	29.60	1	129.36	114.99	23.66	1
血液,造血器官及免疫疾病	1.57	1.57	0.25	17	1.52	1.68	0.22	17	1.62	1.50	0.30	16
内分泌,营养和代谢疾病	20.33	19.56	3.28	6	18.24	19.20	2.64	7	22.47	19.76	4.11	6
精神障碍	3.60	3.58	0.58	13	3.35	3.56	0.48	13	3.85	3.47	0.70	11
神经系统疾病	6.89	7.04	1.11	10	7.57	8.44	1.09	10	6.20	5.79	1.13	10
心脏病	128.82	128.19	20.77	2	133.18	146.63	19.24	3	124.37	111.14	22.75	2
脑血管病	126.27	123.04	20.36	3	135.41	145.56	19.56	2	116.93	102.92	21.39	3
呼吸系统疾病	65.40	66.48	10.54	4	74.72	87.21	10.79	4	55.86	50.33	10.22	4
消化系统疾病	16.58	16.14	2.67	7	19.31	19.98	2.79	6	13.78	12.45	2.52	7
肌肉骨骼和结缔组织疾病	1.84	1.77	0.30	16	1.28	1.39	0.19	18	2.40	2.15	0.44	14
泌尿生殖系统疾病	7.34	7.11	1.18	9	7.86	8.42	1.14	8	6.80	6.08	1.24	9
妊娠,分娩产褥期并发症	0.10	0.09	0.02	20					0.20	0.18	0.04	20
围生期疾病	1.54	3.07	0.25	18	1.84	3.57	0.27	16	1.23	2.52	0.22	17
先天畸形,变形和染色体异常	2.33	3.87	0.38	14	2.67	4.37	0.39	15	1.99	3.33	0.36	15
诊断不明	4.06	4.01	0.65	12	5.17	5.41	0.75	12	2.92	2.68	0.53	13
其他疾病	10.73	12.82	1.73	8	7.78	11.23	1.12	9	13.75	13.74	2.51	8
损伤和中毒外部原因	34.66	33.68	5.59	5	43.61	43.20	6.30	5	25.50	23.87	4.66	5

5-12-15　农村居民主要疾病死亡率及死因构成

疾病名称	合计				男				女			
	粗死亡率(1/10万)	标化死亡率(1/10万)	构成(%)	位次	粗死亡率(1/10万)	标化死亡率(1/10万)	构成(%)	位次	粗死亡率(1/10万)	标化死亡率(1/10万)	构成(%)	位次
传染病(不含呼吸道结核)	4.98	5.82	0.76	11	6.74	8.16	0.89	9	3.17	3.63	0.57	12
呼吸道结核	2.27	2.65	0.35	15	3.45	4.35	0.46	12	1.05	1.15	0.19	17
寄生虫病	0.11	0.13	0.02	20	0.16	0.19	0.02	19	0.06	0.06	0.01	20
恶性肿瘤	159.15	187.05	24.26	1	207.59	259.73	27.49	1	109.21	121.49	19.72	2
血液，造血器官及免疫疾病	1.02	1.23	0.16	18	1.12	1.42	0.15	18	0.92	1.07	0.17	18
内分泌，营养和代谢疾病	11.25	13.55	1.72	7	9.80	12.87	1.30	7	12.76	14.33	2.30	6
精神障碍	3.08	4.09	0.47	12	2.71	4.05	0.36	15	3.46	4.04	0.62	11
神经系统疾病	5.08	6.55	0.77	10	5.47	7.75	0.72	11	4.68	5.51	0.85	10
心脏病	112.89	150.16	17.21	3	118.27	180.36	15.66	3	107.35	126.19	19.38	3
脑血管病	152.09	197.03	23.19	2	164.41	241.71	21.77	2	139.40	160.98	25.17	1
呼吸系统疾病	98.16	134.21	14.96	4	105.41	170.08	13.96	4	90.69	107.67	16.38	4
消化系统疾病	14.55	17.77	2.22	6	18.52	24.06	2.45	6	10.47	12.01	1.89	7
肌肉骨骼和结缔组织疾病	1.30	1.61	0.20	17	1.12	1.63	0.15	17	1.48	1.65	0.27	16
泌尿生殖系统疾病	7.22	8.49	1.10	9	8.40	10.92	1.11	8	5.99	6.62	1.08	9
妊娠分娩产褥期并发症	0.19	0.18	0.03	19					0.39	0.37	0.07	19
围生期疾病	2.48	4.00	0.38	14	3.00	4.62	0.40	14	1.94	3.30	0.35	15
先天畸形，变性和染色体异常	2.20	3.09	0.34	16	2.43	3.33	0.32	16	1.96	2.81	0.35	14
诊断不明	2.80	3.85	0.43	13	3.02	4.55	0.40	13	2.57	3.23	0.46	13
其他疾病	7.67	13.20	1.17	8	6.09	13.69	0.81	10	9.29	12.79	1.68	8
损伤和中毒外部原因	54.11	59.97	8.25	5	72.16	80.85	9.56	5	35.50	38.96	6.41	5

5-12-16　监测地区5岁以下儿童和孕产妇死亡率

年　份	新生儿死亡率(‰)			婴儿死亡率(‰)			5岁以下儿童死亡率(‰)			孕产妇死亡率(1/10万)		
	合计	城市	农村	合计	城市	农村	合计	城市	农村	合计	城市	农村
1991	33.1	12.5	37.9	50.2	17.3	58.0	61.0	20.9	71.1	80.0	46.3	100.0
1992	32.5	13.9	36.8	46.7	18.4	53.2	57.4	20.7	65.6	76.5	42.7	97.9
1993	31.2	12.9	35.4	43.6	15.9	50.0	53.1	18.3	61.6	67.3	38.5	85.1
1994	28.5	12.2	32.3	39.9	15.5	45.6	49.6	18.0	56.9	64.8	44.1	77.5
1995	27.3	10.6	31.1	36.4	14.2	41.6	44.5	16.4	51.1	61.9	39.2	76.0
1996	24.0	12.2	26.7	36.0	14.8	40.9	45.0	16.9	51.4	63.9	29.2	86.4
1997	24.2	10.3	27.5	33.1	13.1	37.7	42.3	15.5	48.5	63.6	38.3	80.4
1998	22.3	10.0	25.1	33.2	13.5	37.7	42.0	16.2	47.9	56.2	28.6	74.1
1999	22.2	9.5	25.1	33.3	11.9	38.2	41.4	14.3	47.7	58.7	26.2	79.7
2000	22.8	9.5	25.8	32.2	11.8	37.0	39.7	13.8	45.7	53.0	29.3	69.6
2001	21.4	10.6	23.9	30.0	13.6	33.8	35.9	16.3	40.4	50.2	33.1	61.9
2002	20.7	9.7	23.2	29.2	12.2	33.1	34.9	14.6	39.6	43.2	22.3	58.2
2003	18.0	8.9	20.1	25.5	11.3	28.7	29.9	14.8	33.4	51.3	27.6	65.4
2004	15.4	8.4	17.3	21.5	10.1	24.5	25.0	12.0	28.5	48.3	26.1	63.0
2005	13.2	7.5	14.7	19.0	9.1	21.6	22.5	10.7	25.7	47.7	25.0	53.8
2006	12.0	6.8	13.4	17.2	8.0	19.7	20.6	9.6	23.6	41.1	24.8	45.5
2007	10.7	5.5	12.8	15.3	7.7	18.6	18.1	9.0	21.8	36.6	25.2	41.3
2008	10.2	5.0	12.3	14.9	6.5	18.4	18.5	7.9	22.7	34.2	29.2	36.1
2009	9.0	4.5	10.8	13.8	6.2	17.0	17.2	7.6	21.1	31.9	26.6	34.0

5-12-17 城镇居民和职工基本医疗保险情况

年份 地区	参保人数(万人)					城镇职工基本医保收支(亿元)		
	合计	城镇居民基本医保	城镇职工基本医保	在职职工	退休人员	基金收入	基金支出	累计结存
2005			13783	10022	3761	6969.0	5401.0	6066.0
2006			15732	11580	4152	1747.1	1276.7	1752.4
2007	22311	4291	18020	13420	4600	2214.2	1551.7	2440.8
2008	31822	11826	19996	14988	5008	2885.5	2019.7	3303.6
2009	40061	18100	21961	16410	5527	3672.0	2797.0	2882.0
北京	1017	146	871	689	182	191.2	133.1	191.1
天津	485	85	399	257	142	66.5	56.1	36.2
河北	1083	345	739	539	199	98.1	71.2	104.2
山西	594	152	442	333	109	62.0	42.5	75.1
内蒙古	612	239	374	265	109	49.3	33.1	52.0
辽宁	1507	298	1209	823	387	150.6	108.5	158.1
吉林	937	487	451	319	132	46.0	27.8	57.3
黑龙江	1056	268	788	572	216	93.2	61.3	105.4
上海	1355	184	1172	851	321	236.5	212.0	136.4
江苏	2838	1233	1604	1214	390	263.9	178.4	310.1
浙江	1323	269	1054	856	198	188.9	121.6	261.2
安徽	1324	795	529	381	148	67.8	45.3	75.3
福建	796	361	436	334	101	86.7	51.0	133.2
江西	1207	704	503	354	149	38.8	22.0	43.6
山东	1847	581	1266	1010	256	175.7	128.8	175.6
河南	1549	709	841	620	221	85.0	57.8	105.1
湖北	1436	721	715	504	211	80.6	61.3	97.6
湖南	1322	640	682	476	206	85.3	62.1	97.0
广东	3552	1181	2371	2130	240	287.8	177.2	492.6
广西	568	207	361	258	104	49.5	29.8	75.8
海南	250	128	122	88	34	12.9	9.6	9.6
重庆	551	224	326	211	115	53.8	32.0	61.0
四川	1414	520	893	597	297	125.4	82.6	169.0
贵州	404	147	257	184	73	30.4	19.8	32.4
云南	618	261	357	253	104	69.8	51.8	70.7
西藏	32	12	20	15	5	5.5	3.7	5.8
陕西	717	285	433	300	133	58.2	43.1	49.9
甘肃	522	273	249	180	69	33.0	22.6	27.4
青海	94	22	72	48	24	17.8	13.2	20.8
宁夏	159	75	83	61	23	11.9	8.5	14.9
新疆	652	275	377	268	109	63.4	51.9	59.1

注：1.本表数据来源于人力资源与社会保障部。
2.各地区系2008年数字。

5-12-18 新型农村合作医疗情况

年份	开展新农合县(市、区)(个)	参加新农合人数(亿人)	参合率(%)	人均筹资(元)	当年基金支出(亿元)
2005	678	1.79	75.66	42.10	61.75
2006	1451	4.10	80.66	52.10	155.81
2007	2451	7.26	86.20	58.90	346.63
2008	2729	8.15	91.53	96.30	662.31
2009	2716	8.33	94.19	113.36	922.92

5-12-19 各地区新型农村合作医疗情况

地区	县(市、区)数(个)	开展新农合县(市、区)(个)	参加新农合人数(万人)	人均筹资(元)	本年度筹资总额(万元)
总计	**2858**	**2716**	**83308.66**	**113.36**	**9443470.79**
北京	18	13	274.98	433.37	119167.68
天津	16	12	367.90	172.28	63382.64
河北	106	164	4793.04	103.69	496970.27
山西	90	115	2125.85	102.15	217157.20
内蒙古	109	98	1201.80	107.36	129019.81
辽宁	172	90	1965.91	108.35	213014.33
吉林	105	60	1251.50	101.79	127390.33
黑龙江	85	121	1370.35	102.11	139927.10
上海	119	10	166.55	563.82	93904.90
江苏	101	88	4396.26	148.12	651163.60
浙江	100	86	3039.56	190.23	578228.86
安徽	99	94	4651.66	101.42	471793.33
福建	60	74	2350.30	103.35	242900.60
江西	140	96	3068.90	102.95	315954.79
山东	128	135	6439.23	103.16	664279.13
河南	159	157	7487.96	101.64	761070.24
湖北	103	96	3714.50	106.19	394436.11
湖南	122	122	4618.19	103.66	478707.69
广东	18	110	4861.87	130.22	633096.06
广西	20	109	3747.38	104.73	392476.54
海南	121	21	469.26	124.15	58259.84
重庆	40	39	2179.20	104.42	227561.16
四川	181	175	6167.75	104.76	646113.44
贵州	88	88	2912.39	103.44	301253.91
云南	129	127	3293.49	102.18	336523.08
西藏	73	73	227.40	163.34	37143.36
陕西	107	104	2566.11	104.67	268587.78
甘肃	86	86	1906.92	102.80	196022.53
青海	43	43	334.30	105.36	35220.72
宁夏	22	21	364.58	104.29	38022.17
新疆	98	89	993.58	115.46	114721.59

5-12-20 民政部门医疗救助情况

年份 地区	城市医疗救助人次			农村医疗救助人次			城市医疗救助支出(万元)	农村医疗救助支出(万元)
	小计	医疗救助	资助参加医疗保险	小计	医疗救助	资助参加合作医疗		
2005	1150000	1150000		8550000			32000.0	57000.0
2006	1872000	1872000		15584000	2413000	13171000	81240.9	114198.1
2007	4420227	4420227		28944383	3770970	25173413	144379.2	280508.0
2008	10862000	4436000	6426000	41919000	7595000	34324000	297000.0	383000.0
2009	15062637	4103725	10958912	47891180	7299800	40591380	412043.1	646245.8
北京	28101	18626	9475	90374	5761	84613	3173.4	1577.8
天津	41957	40709	1248	56896	14901	41995	4736.4	1742.5
河北	181606	67829	113777	1858189	161753	1696436	11157.6	25948.1
山西	331191	143707	187484	822518	89356	733162	14685.7	15039.2
内蒙古	398385	134249	264136	937275	173045	764230	12915.2	18176.9
辽宁	618659	225654	393005	852899	90047	762852	10287.8	9205.7
吉林	573295	218344	354951	700831	218354	482477	21606.1	15711.5
黑龙江	1482169	327177	1154992	1244936	228661	1016275	62448.2	46199.6
上海	112051	80032	32019	19596	19596		13393.4	7618.7
江苏	337627	116585	221042	1373926	214194	1159732	7537.8	20363.7
浙江	59304	38173	21131	495946	104480	391466	7775.3	32184.6
安徽	203074	55198	147876	2002847	208629	1794218	10415.2	24221.2
福建	157637	27333	130304	805410	103384	702026	2328.8	5621.6
江西	1252244	268375	983869	2043408	437124	1606284	38630.9	46997.5
山东	157509	49432	108077	1437117	119538	1317579	10774.3	19136.5
河南	826758	63643	763115	3769603	241516	3528087	11914.9	30079.5
湖北	1445839	92604	1353235	2170878	183321	1987557	16005.8	20051.8
湖南	784078	167858	616220	2770455	598785	2171670	17644.5	31301.8
广东	427337	148810	278527	1678684	225717	1452967	10765.5	15016.2
广西	224170	74217	149953	2175895	281459	1894436	4201.4	15249.0
海南	168726	30712	138014	290674	37965	252709	4040.6	6235.3
重庆	960482	241460	719022	1869726	473710	1396016	11060.0	16951.7
四川	847696	442914	404782	4956662	1045562	3911100	30446.1	65631.0
贵州	262842	33364	229478	2507537	307344	2200193	3821.9	16978.4
云南	1065140	169662	895478	5353580	468498	4885082	10213.0	33275.6
西藏	5324	2020	3304	78353	5042	73311	1935.3	1402.5
陕西	332684	114534	218150	1570048	315390	1254658	15417.6	35738.5
甘肃	297493	75046	222447	1003278	139871	863407	9120.2	25284.4
青海	343701	212234	131467	803049	414733	388316	5243.1	10479.4
宁夏	271057	91929	179128	495146	154313	340833	4059.0	7463.5
新疆	864501	331295	533206	1655444	217751	1437693	24288.1	25362.1

注：本表数据来源于民政部。

5-12-21 卫生总费用

年份	卫生总费用(亿元)				卫生总费用构成(%)			城乡卫生费用(亿元)		人均卫生费用(元)			卫生总费用占GDP比重(%)
	合计	政府卫生支出	社会卫生支出	个人卫生支出	政府卫生支出	社会卫生支出	个人卫生支出	城市	农村	合计	城市	农村	
1978	110.21	35.44	52.25	22.52	32.2	47.4	20.4			11.5			3.02
1979	126.19	40.64	59.88	25.67	32.2	47.5	20.3			12.9			3.11
1980	143.23	51.91	60.97	30.35	36.2	42.6	21.2			14.5			3.15
1981	160.12	59.67	62.43	38.02	37.3	39.0	23.7			16.0			3.27
1982	177.53	68.99	70.11	38.43	38.9	39.5	21.6			17.5			3.33
1983	207.42	77.63	64.55	65.24	37.4	31.1	31.5			20.1			3.48
1984	242.07	89.46	73.61	79.00	37.0	30.4	32.6			23.2			3.36
1985	279.00	107.65	91.96	79.39	38.6	33.0	28.5			26.4			3.09
1986	315.90	122.23	110.35	83.32	38.7	34.9	26.4			29.4			3.07
1987	379.58	127.28	137.25	115.05	33.5	36.2	30.3			34.7			3.15
1988	488.04	145.39	189.99	152.66	29.8	38.9	31.3			44.0			3.24
1989	615.50	167.83	237.84	209.83	27.3	38.6	34.1			54.6			3.62
1990	747.39	187.28	293.10	267.01	25.1	39.2	35.7	396.00	351.39	65.4	158.8	38.8	4.00
1991	893.49	204.05	354.41	335.03	22.8	39.7	37.5	482.60	410.89	77.1	187.6	45.1	4.10
1992	1096.86	228.61	431.55	436.70	20.8	39.3	39.8	597.30	499.56	93.6	222	54.7	4.07
1993	1377.78	272.06	524.75	580.97	19.7	38.1	42.2	760.30	617.48	116.3	268.6	67.6	3.90
1994	1761.24	342.28	644.91	774.05	19.4	36.6	43.9	991.50	769.74	146.9	332.6	86.3	3.65
1995	2155.13	387.34	767.81	999.98	18.0	35.6	46.4	1239.50	915.63	177.9	401.3	112.9	3.54
1996	2709.42	461.61	875.66	1372.15	17.0	32.3	50.6	1494.90	1214.52	221.4	467.4	150.7	3.81
1997	3196.71	523.56	984.06	1689.09	16.4	30.8	52.8	1771.40	1425.31	258.6	537.8	177.9	4.05
1998	3678.72	590.06	1071.03	2017.63	16.0	29.1	54.8	1906.92	1771.80	294.9	625.9	194.6	4.36
1999	4047.50	640.96	1145.99	2260.55	15.8	28.3	55.9	2193.12	1854.38	321.8	702	203.2	4.51
2000	4586.63	709.52	1171.94	2705.17	15.5	25.6	59.0	2624.24	1962.39	361.9	813.74	214.7	4.62
2001	5025.93	800.61	1211.43	3013.89	15.9	24.1	60.0	2792.95	2232.98	393.8	841.2	244.8	4.58
2002	5790.03	908.51	1539.38	3342.14	15.7	26.6	57.7	3448.24	2341.79	450.7	987.07	259.3	4.81
2003	6584.10	1116.94	1788.50	3678.66	17.0	27.2	55.9	4150.32	2433.78	509.5	1108.91	274.7	4.85
2004	7590.29	1293.58	2225.35	4071.35	17.0	29.3	53.6	4939.21	2651.08	583.9	1261.93	301.6	4.75
2005	8659.91	1552.53	2586.41	4520.98	17.9	29.9	52.2	6305.57	2354.34	662.3	1126.36	315.8	4.73
2006	9843.34	1778.86	3210.92	4853.56	18.1	32.6	49.3	7174.73	2668.61	748.8	1248.3	361.9	4.64
2007	11573.97	2581.58	3893.72	5098.66	22.3	33.6	44.1	8968.70	2605.27	876.0	1516.29	358.1	4.50
2008	14535.40	3593.94	5065.60	5875.86	24.7	34.9	40.4	11255.02	3280.38	1094.5	1862.27	454.8	4.83

注：1.本表系核算数。
2.按当年价格计算。
3.2001年起卫生总费用不含高等医学教育经费,2006年起包括城乡医疗救助经费。
4.2007年起，卫生总费用按新的统计口径核算。

5-12-22 孕产妇保健情况

单位：%

年 份	活产数(人)	高危产妇比重	建卡率	系统管理率	产前检查率	产后访视率	住院分娩率			新法接生率		
							合计	市	县	合计	市	县
1980										91.4	98.7	90.3
1985							43.7	73.6	36.4	94.5	98.7	93.5
1990	14517207						50.6	74.2	45.1	94.0	98.6	93.9
1991	15293237						50.6	72.8	45.5	93.7	98.1	93.2
1992	11746275		76.6		69.7	69.7	52.7	71.7	41.2	84.1	91.2	82.0
1993	10170690		75.7		72.2	71.0	56.5	68.3	51.0	83.6	81.1	84.7
1994	11044607		79.1		76.3	74.5	65.6	76.4	50.4			87.4
1995	11539613		81.4		78.7	78.8	58.0	70.7	50.2			87.6
1996	11412028	7.3	82.4	65.5	83.7	80.1	60.7	76.5	51.7			95.5
1997	11286021	8.1	84.5	68.3	85.9	82.3	61.7	76.4	53.0			91.8
1998	10961516	8.6	86.2	72.3	87.1	83.9	66.2	79.0	58.1			92.6
1999	10698467	9.2	87.9	75.4	89.3	85.9	70.0	83.3	61.5	96.8	98.9	95.4
2000	10987691	10.0	88.6	77.2	89.4	86.2	72.9	84.9	65.2	96.6	98.8	95.2
2001	10690630	11.1	89.4	78.6	90.3	87.2	76.0	87.0	69.0	97.3	99.0	96.1
2002	10591949	11.9	89.2	78.2	90.1	86.7	78.7	89.4	71.6	96.7	98.6	95.4
2003	10188005	11.8	87.6	75.5	88.9	85.4	79.4	89.9	72.6	95.9	98.5	94.1
2004	10892614	12.4	88.3	76.4	89.7	85.9	82.8	91.4	77.1	97.3	98.9	96.2
2005	11415809	12.8	88.5	76.7	89.8	86.0	85.9	93.2	81.0	97.5	98.7	96.7
2006	11770056	13.0	88.2	76.5	89.7	85.7	88.4	94.1	84.6	97.8	98.7	97.2
2007	12506498	13.7	89.3	77.3	90.9	86.7	91.7	95.8	88.8	98.4	99.1	97.9
2008	13307045	15.7	89.3	78.1	91.0	87.0	94.5	97.5	92.3	99.1	99.6	98.7
2009	13825431	16.4	90.9	80.9	92.2	88.7	96.3	98.5	94.7	99.3	99.8	99.0

5-12-23 城乡居民每人每日营养素摄入量

项 目	合计			城市			农村		
	1982	1992	2002	1982	1992	2002	1982	1992	2002
能量(卡)	2491.3	2328.3	2250.5	2450.0	2394.6	2134.0	2509.0	2294.0	2295.5
蛋白质(克)	66.7	68.0	65.9	66.8	75.1	69.0	66.6	64.3	64.6
脂肪(克)	48.1	58.3	76.2	68.3	77.7	85.5	39.6	48.3	72.7
碳水化合物(克)			321.2			268.3			341.6
糖(克)	443.4	378.4		101.0	340.5		489.7	397.9	
膳食纤维(克)	8.1	13.3	12.0	6.8	11.6	11.1	8.7	14.1	12.4
视黄醇(微克)	53.8	156.5	151.1	103.9	277.0	223.6	32.7	94.2	123.1
视黄醇当量(微克)	119.5	476.0	469.2	147.3	605.5	547.2	107.8	409.0	439.1
硫胺素(毫克)	2.5	1.2	1.0	2.1	1.1	1.0	2.6	1.2	1.0
核黄素(毫克)	0.9	0.8	0.8	0.8	0.9	0.9	0.9	0.7	0.7
维生素E(毫克)			35.6			37.3			35.0
钾(毫克)			1700.1			1722.4			1691.5
钠(毫克)			6268.2			6007.7			6368.8
钙(毫克)	694.5	405.4	388.8	563.0	457.9	438.6	750.0	378.2	369.6
铁(毫克)	37.3	23.4	23.2	34.2	25.5	23.7	38.6	22.4	23.1
锌(毫克)			11.3			11.5			11.2
铜(毫克)			2.2			2.3			2.2
硒(毫克)			39.9			46.5			37.4
磷(毫克)	1623.2	1057.8	978.8	1574.0	1077.4	973.2	1644.0	1047.6	981.0

资料来源：1982、1992、2002年全国营养调查。

5-12-24 城乡居民每人每日食物摄入量

单位：克

项　目	合计			城市			农村		
	1982	1992	2002	1982	1992	2002	1982	1992	2002
米及其制品	217.0	226.7	238.3	217.0	223.1	217.8	217.0	255.8	246.2
面及其制品	189.2	178.7	140.2	218.0	165.3	131.9	177.0	189.1	143.5
其他谷类	103.5	34.5	23.6	24.0	17.0	16.3	137.0	40.9	26.4
薯　类	179.9	86.6	49.1	66.0	46.0	31.9	228.0	108.0	55.7
干豆类	8.9	3.3	4.2	6.1	2.3	2.6	10.1	4.0	4.8
豆制品	4.5	7.9	11.8	8.2	11.0	12.9	2.9	6.2	11.4
深色蔬菜	79.3	102.0	90.8	68.0	98.1	88.1	84.0	107.1	91.8
浅色蔬菜	236.8	208.3	185.4	234.0	221.2	163.8	238.0	199.6	193.8
腌　菜	14.0	9.7	10.2	12.1	8.0	8.4	14.8	10.8	10.9
水　果	37.4	49.2	45.0	68.3	80.1	69.4	24.4	32.0	35.6
坚　果	2.2	3.1	3.8	3.5	3.4	5.4	1.7	3.0	3.2
奶及其制品	8.1	14.9	26.5	9.9	36.1	65.8	7.3	3.8	11.4
蛋及其制品	7.3	16.0	23.7	15.5	29.4	33.2	3.8	8.8	20.0
畜禽类	34.2	58.9	78.6	62.0	100.5	104.5	22.5	37.6	68.7
鱼虾类	11.1	27.5	29.6	21.6	44.2	44.9	6.6	19.2	23.7
植物油	12.9	22.4	32.9	21.2	32.4	40.2	9.3	17.1	30.1
动物油	5.3	7.1	8.7	4.6	4.5	3.8	5.6	8.5	10.6
糕点类			9.2			17.2			6.2
淀粉及糖	5.4	4.7	4.4	10.7	7.7	5.2	3.1	3.0	4.1
食　盐	12.7	13.9	12.0	11.4	13.3	10.9	13.2	13.9	12.4
酱　油	14.2	12.6	8.9	32.5	15.9	10.6	6.5	10.6	8.2
酒　类	3.2	2.2		4.4	2.9		3.6	1.8	
其　他	9.2	11.5		11.0	20.6		9.8	6.6	

资料来源：1982、1992、2002年全国营养调查。

5-12-25 公共场所卫生被监督单位情况

指　　标	总计	住宿场所	沐浴场所	游泳场所	美容美发场所	候车（机、船）场所	其他
单位数　（个）	1020292	248221	68721	7790	518217	3117	174226
职工总数　（人）	5874753	1742828	512356	79826	1614943	70575	1854225
从业人员数　（人）	5194852	1511463	458396	63723	1535011	45170	1581089
持健康合格证明人数（人）	5011628	1465861	442736	62329	1479551	42995	1518156
有集中空调通风系统	43942	17597	4478	1126	9668	346	10727
有效卫生许可证　（份）	1026054	249215	69358	7838	520904	3239	175500
卫生许可证发放情况（份）							
新发	294525	68439	18720	1630	150505	892	54339
变更	30780	8097	2248	349	13624	74	6388
延续	365226	96056	27201	3079	184188	1670	53032
注销	35167	5915	2097	171	19965	44	6975
量化分级管理等级评定情况							
合计	289980	136291	19524	4071	106509	474	23111
A级	10008	6348	827	723	1727	11	372
B级	61408	31888	4822	1942	18453	103	4200
C级	209029	92944	12979	1285	83393	338	18090

5-12-26 公共场所卫生监督处罚案件

单位：件

指　　标	总计	住宿场所	沐浴场所	游泳场所	美容美发场所	候车(机/船)场所	其他
案件数	37470	9625	3137	623	18929	61	5095
结案数	35912	9352	2979	611	18120	61	4789
违法事实							
未取得卫生许可证或超出许可范围开展经营活动	10479	2509	831	128	5753	16	1242
未建立卫生管理制度、设立卫生管理组织或配备卫生管理人员	4396	1395	403	35	2061	9	493
从业人员未进行卫生知识培训或培训不合格	3777	1001	345	43	1951	7	430
违反从业人员健康管理的有关规定	10442	2577	1020	71	5330	22	1422
水质、空气质量、用品用具、采光、照明、噪声不符合国家卫生标准或卫生要求	2992	867	283	312	1354	1	175
缺少相应的清洗消毒场所和卫生设施、设备	4319	1075	337	30	2069	4	804
违反公共场所禁烟的有关规定	516	98	26	6	211	7	168
提供或使用的健康相关产品不符合卫生要求	508	87	34	5	271		111
发生传染病和公众健康危害事故	901	316	7	6	365		207
其他违法行为	1032	318	96	14	508	2	94
健康危害事故							
受害人数	4			1	2		1
死亡人数							
处罚程序							
简易程序	21251	5728	1607	376	10328	37	3175
一般程序	14661	3624	1372	235	7792	24	1614
#听证	166	25	11	1	121		8
处罚决定							
责令限期改正	14103	3826	1137	215	6951	44	1930
警告	13145	3270	1062	236	6353	15	2209
罚款	20753	5228	1836	334	10731	31	2593
罚款金额(万元)	982	251	110	19	444	3	155
取缔	341	40	33	9	250		9
责令停止营业	488	96	20	12	335		25
吊销卫生许可证	6	1			3		2
其他	3				2		1
行政复议	41	20	3	1	14	1	2
行政诉讼	1				1		
结案情况							
自觉履行	34849	9095	2880	598	17498	57	4721
强制执行	407	89	34	3	249		32
不作行政处罚	656	168	65	10	373	4	36

5-12-27 生活饮用水卫生监督情况

项　目		总 计	集中式供水单位	市 政	乡 镇	自 建	二次供水单位
卫生监督							
监督户次数	(次)	192954	120344	26619	65950	27775	72610
合格率	(%)	85.6	83.4	94.8	80.1	80.3	89.4
卫生监测							
合 计							
样品数	(件)	341596	285248	156637	94965	33646	56348
合格率	(%)	87.4	86.8	92.8	78.7	81.2	90.6
水源水							
样品数	(件)	64305	57491	24880	22575	10036	6814
合格率	(%)	86.3	85.9	91.2	81.5	82.7	89.4
出厂水							
样品数	(件)	74439	66621	27436	30256	8929	7818
合格率	(%)	86.7	86.3	95.0	79.8	81.2	90.3
末梢水							
样品数	(件)	202852	161136	104321	42134	14681	41716
合格率	(%)	88.0	87.3	92.6	76.5	80.1	90.8

5-12-28 医疗卫生监督处罚案件

单位：件

指 标	总计	医疗机构						
		合计	医院	妇幼保健院	社区卫生服务机构	卫生院	疗养院	门诊部
案件数	98129	65132	5164	210	2161	3143	22	5056
结案数	91632	62001	4970	205	2069	3051	23	4894
违法事实								
未取得执业许可证擅自执业	36248	14765	144	3	103	81	2	627
逾期不校验医疗机构执业许可证	2482	2482	115	9	91	187	1	224
出卖/转让/出借医疗机构执业许可证	1506	1506	260	15	72	154	1	140
诊疗活动超出登记范围	13753	13753	762	23	576	569	6	1080
使用非卫生技术人员	13745	13229	1750	74	723	1212	8	1261
出具虚假证明文件	662	348	62	5	36	24		26
造成、发生医疗事故	583	310	112	7	30	36	1	26
未获许可开展人类辅助生殖技术	704	535	37	5	28	64	1	98
以不正当手段、非法取得执业证书	677							
违反医疗技术规范	702							
未取得资格证或未注册从事医疗工作	2647							
擅自购置、违规使用大型医用设备	285	153	24	2	5	25		19
其他违法行为	20792	17530	2018	72	538	923	4	1775
处罚程序								
简易程序	31362	24510	1583	58	609	1108	5	1908
一般程序	60270	37491	3387	147	1460	1943	18	2986
#听证	3467	1981	130	6	32	74	2	72
处罚决定								
警告	21438	17627	2242	81	541	1225	7	1949
罚款	72124	50076	3235	135	1671	2181	18	3429
罚款金额(万元)	13449.24	8685.52	1515.88	56.22	344.52	483.84	13.95	882.36
没收违法所得	2215	1009	190	1	23	30	1	106
没收金额(万元)	681.74	456.32	210.24	0.06	9.09	69.84	0.05	35.60
没收药品器械	14888	5350	30	1	52	21	2	156
责令停止执业	19945	7075	186	5	104	112	2	214
责令限期补办校验手续	1032	1012	38	1	20	71		70
责令暂停执业活动	154							
取缔	19592	6702	26		13	4		363
其他	2096	1931	231	8	100	142	1	121
行政复议	40	24	1					2
行政诉讼	186	158						6
结案情况								
自觉履行	85518	59602	4838	201	2016	2896	22	4771
强制执行	4488	1549	32	1	16	40	1	48
不作行政处罚	1626	850	100	3	37	115		75

5-12-28 续表

单位：件

指　标	医疗机构		非医疗机　构	卫生技术人员						非卫生技术人员
	诊所	其他		合计	医师	药师	护士	医技	乡村医生	
案件数	39178	10198	24689	5615	1110	51	362	112	3980	2693
结案数	36915	9874	22572	4672	907	30	242	98	3395	2387
违法事实										
未取得执业许可证擅自执业	10859	2946	21156	327	327					
逾期不校验医疗机构执业许可证	1589	266								
出卖/转让/出借医疗机构执业许可证	802	62								
诊疗活动超出登记范围	9024	1713								
使用非卫生技术人员	6850	1351	516							
出具虚假证明文件	170	25	111	80	15	1	1	1	62	123
造成、发生医疗事故	92	6	54	199	44		8	2	145	20
未获许可开展人类辅助生殖技术	268	34	169							
以不正当手段、非法取得执业证书				290	63	5	37	16	169	387
违反医疗技术规范				641	78	4	53	10	496	61
未取得资格证或未注册从事医疗工作				1223	202	11	141	36	833	1424
擅自购置、违规使用大型医用设备	66	12	132							
其他违法行为	8528	3672	815	2043	215	9	46	36	1737	404
处罚程序										
简易程序	14899	4340	3972	2353	170	7	86	50	2040	527
一般程序	22016	5534	18600	2319	737	23	156	48	1355	1860
#听证	1357	308	1222	126	85		1		40	138
处罚决定										
警告	8941	2641	1732	1669	302	14	127	60	1166	410
罚款	30941	8466	16915	3347	495	11	66	25	2750	1786
罚款金额(万元)	4066.58	1322.16	3725.24	471.56	245.00	5.21	11.33	9.41	200.62	566.92
没收违法所得	512	146	1084	42	31		2		9	80
没收金额(万元)	67.77	63.66	202.24	13.99	11.13		0.26		2.60	9.20
没收药品器械	3937	1151	9538							
责令停止执业	5191	1261	11509	568	189	4	68	4	303	793
责令限期补办校验手续	706	106		20	3				17	
责令暂停执业活动				154	64	2	7	4	77	
取缔	5017	1279	12890							
其他	1071	257	108	23	6				17	34
行政复议	16	5	15	1	1					
行政诉讼	102	50	24	4	4					
结案情况										
自觉履行	35319	9539	19268	4458	875	30	234	77	3242	2190
强制执行	1158	253	2786	87	21		3	3	60	66
不作行政处罚	438	82	518	127	11		5	18	93	131

5-12-29 提供住宿的社会工作机构情况

项目	床位数(万张)			收养救助人数(万人)			年末床位利用率(%)
	2008	2009	2009年比2008年增减%	2008	2009	2009年比2008年增减%	
合计	**300.2**	**326.5**	**8.8**	**240.0**	**251.4**	**4.8**	**77.0**
老年人与残疾人服务机构	265.7	289.0	8.8	211.4	227.5	7.6	78.7
城市养老服务机构	41.5	49.3	18.8	29.0	32.3	11.4	65.5
农村养老服务机构	193.0	208.8	8.2	160.6	173.0	7.7	82.9
社会福利院	21.6	22.8	5.6	15.5	16.7	7.7	73.2
光荣院	8.2	6.7	-18.3	5.4	4.6	-14.8	68.7
荣誉军人康复医院	0.8	0.8		0.5	0.5		62.5
复员军人疗养院	0.6	0.6		0.4	0.4		66.7
智障与精神疾病服务机构	5.4	5.9	9.3	4.6	5.1	10.9	86.4
复退军人精神病院	1.8	2.0	11.1	1.5	1.8	20.0	90.0
社会福利医院	3.6	3.9	8.3	3.1	3.3	6.5	84.6
儿童收养救助服务机构	4.3	4.8	11.6	3.5	3.7	5.7	77.1
儿童福利院	4.0	4.4	10.0	3.4	3.6	5.9	81.8
流浪儿童救助保护中心	0.3	0.4	33.3	0.1	0.1		25.0
社区服务机构	1.6	4.5	181.3	0.9	1.0	11.1	22.2
社区养老服务中心	1.6	1.5	-6.3	0.9	1.0	11.1	66.7
社区养老服务站		3.0					
其他提供住宿的服务机构	23.2	22.3	-3.9	19.6	14.1	-28.1	63.2
生活无着人员救助管理站	4.7	4.7		1.6	2.2	37.5	46.8
军供站	2.9	5.7	96.6				
军休所(万户)	11.3	11.8	4.4	15.5	11.8	-23.9	100.0
其他收养机构	4.3	0.1	-97.7	2.5	0.1	-96.0	100.0

5-12-30 社会救助、优抚安置情况

单位：万人

项目	2005	2006	2007	2008	2009
社会救助					
城市					
城市居民最低生活保障人数	2234.2	2240.1	2272.1	2334.8	2345.6
城市临时救济人次数(万人次)	234.4	123.0	243.2	227.6	180.1
农村					
农村居民最低生活保障人数	825.0	1593.1	3566.3	4305.5	4760.0
农村五保供养人数		503.3	531.3	548.6	553.4
农村集中供养五保人数			138.0	155.6	171.8
农村分散供养五保人数			393.3	393.0	381.6
农村传统救济人数		115.6	75.0	72.2	62.2
农村临时救济人次数(万人次)	1359.9	963.8	646.0	831.0	546.4
优抚安置					
国家重点优抚对象	460.3	462.6	622.4	633.2	630.7
安置义务兵、士官、复员干部人数	45.2	42.5	37.3	39.7	39.1
接收军队离退休人员人数	1.9	3.2	2.8	2.1	1.9

5-12-31 历年社会福利企业情况

年 份	单位数 (个)	残疾职工人数 (万人)	利润额 (亿元)
1978	920	3.5	0.8
1979	1106	4.8	0.8
1980	1309	5.5	0.9
1981	1574	6.1	0.7
1982	1704	6.4	0.8
1983	5930	9.6	0.9
1984	6710	11.6	1.3
1985	14872	23.2	5.1
1986	19865	31.4	4.2
1987	27793	43.3	8.8
1988	40496	55.9	16.5
1989	41565	60.5	16.1
1990	41827	63.8	17.8
1991	43805	70.1	21.3
1992	49836	77.8	32.6
1993	56881	84.5	44.7
1994	60233	90.9	44.1
1995	60237	93.9	49.1
1996	59397	93.6	45.1
1997	55509	91.0	66.3
1998	50514	85.6	63.9
1999	44628	79.0	76.7
2000	40670	72.5	99.0
2001	37980	69.9	119.5
2002	35758	68.3	148.3
2003	33976	67.9	189.9
2004	32410	66.2	219.0
2005	31211	63.7	225.2
2006	30199	55.9	237.8
2007	24974	56.3	169.3
2008	23780	61.9	118.4
2009	22783	62.7	125.4

5-12-32 各地区社区服务设施基本情况

单位：个

地 区	社区服务设施数	社区服务中心数	社区服务站数	其他社区服务设施数	便民、利民服务网点
全 国	**174976**	**10003**	**53170**	**111803**	**692625**
北 京	3150	178	2634	338	6284
天 津	1946	141	1315	490	14763
河 北	5846	188	2819	2839	29722
山 西	2080	176	1393	511	28845
内蒙古	4270	753	842	2675	19723
辽 宁	6538	518	3134	2886	77731
吉 林	3205	227	433	2545	37784
黑龙江	2722	401	1490	831	28309
上 海	20332	145	1744	18443	3563
江 苏	19829	499	4629	14701	109150
浙 江	28507	579	2380	25548	73694
安 徽	4982	454	2084	2444	14306
福 建	2857	386	1197	1274	11417
江 西	3321	476	992	1853	3572
山 东	13620	510	3749	9361	61703
河 南	3983	440	1050	2493	23777
湖 北	7486	441	1780	5265	9167
湖 南	9633	440	1544	7649	46187
广 东	7641	654	3166	3821	10907
广 西	1218	90	667	461	4531
海 南	91	1	90		163
重 庆	2710	157	1598	955	7532
四 川	5768	713	2207	2848	10869
贵 州	5212	158	5020	34	22661
云 南	482	46	271	165	2363
西 藏	90	28	12	50	
陕 西	2919	304	2046	569	3431
甘 肃	1772	235	1502	35	7971
青 海	158	112	46		1091
宁 夏	569	114	418	37	15935
新 疆	2039	439	918	682	5474

注：其他社区服务设施是指除养老、便民等民政业务外的服务设施，如：卫生、文化、社保服务中心、站等。

5-12-33 历年社会捐赠情况

单位：亿元、亿件

年份	社会捐赠款物金额合计	社会捐赠款			社会捐赠其他物资折款	接收社会捐赠衣被数量
			民政部门	各类社会组织		
1997	14.0	4.2			9.9	0.9
1998	113.2	50.2	50.2		63.0	2.9
1999	17.8	6.9	5.0	2.0	10.8	0.6
2000	16.3	9.3	5.4	3.9	7.0	0.8
2001	20.0	11.7	7.6	4.1	8.3	1.3
2002	20.8	19.0	11.1	7.9	1.8	2.3
2003	43.4	41.0	29.2	11.9	2.4	2.0
2004	35.1	34.0	17.1	16.9	1.2	0.9
2005	61.9	60.3	31.3	29.0	1.6	1.0
2006	89.5	83.1	43.0	40.1	6.4	0.7
2007	148.4	132.8	50.9	81.9	15.6	0.9
2008	764.0	744.5	479.3	265.2	19.6	11.6
2009	509.4	507.2	66.5	440.7	2.2	1.2

注：社会捐赠衣被物资折款指民政部门接收的捐赠衣被和物资。

5-12-34 城市社会救济和居民最低生活保障情况

单位：万人

年份	城市居民传统救济总人数	城市居民传统定救人数	城市精简退职老职工人数		
				享受40%人数	定量救济人数
1979	33.6	23.7	9.9		
1980	32.9	22.9	10.0		
1981	31.5	21.5	10.0		
1982	34.7	21.4	13.3		
1983	47.1	22.6	24.5		
1984	207.4	160.6	46.8	25.3	
1985	30.0	18.2	11.8	6.4	5.4
1986	49.0	35.6	13.4	7.1	6.3
1987	29.8	16.2	13.6	7.2	6.4
1988	32.9	17.6	15.3	7.7	7.6
1989	30.5	16.2	14.3	7.1	7.2
1990	41.8	16.4	25.4	16.4	9.0
1991	33.7	16.1	17.6	8.5	9.0
1992	39.5	19.2	20.3	9.7	10.6
1993	24.6	13.8	10.8	5.0	5.8
1994	23.0	12.4	10.6	4.9	5.7
1995	109.0	55.2	53.8	23.9	29.9
1996	120.1	66.5	53.6	23.6	30.0

注：1984年的精简退职老职工人数含农村的数据。

5-12-34 续表 1

单位：万人

年 份	城市最低生活保障人数	在职人员	下岗人员	退休人员	失业人员	“三无”人员	其他人员
1996	84.9						
1997	87.9						
1998	184.1						
1999	256.9						
2000	402.6						
2001	1170.7						
2002	2064.7	186.8	554.5	90.8	358.3	91.9	783.1
2003	2246.8	179.3	518.4	90.7	409.0	99.9	949.3
2004	2205.0	141.0	468.9	73.1	423.1	95.4	1003.5
2005	2234.2	114.1	430.7	61.3	410.1	95.8	1122.1
2006	2240.1	97.6	350.0	53.2	420.8	93.1	1225.3

5-12-34 续表 2

单位：万人

年 份	城市最低生活保障人数	#残疾人	#“三无”人员	老年人	在职人员	灵活就业	登记失业	未登记失业	在校生	其 他
2007	2272.1	161.0	125.8	298.4	93.9	343.8	627.2	364.3	321.6	223.0
2008	2334.8	169.1	106.9	316.7	82.2	381.7	564.3	402.2	358.1	229.6
2009	2345.6	181.0	94.1	333.5	79.0	432.2	510.2	410.9	369.1	210.7

5-12-35 农村社会救济和居民最低生活保障情况

单位：万人

年 份	农村社会救济总人数				
		农村定期定量救济人数	农村精简退职老职工人数	享受40%人数	定量救济人数
1978					
1979	6847.6	6837.7	9.9		
1980	4651.8	4641.8	10.0		
1981	4265.1	4255.1	10.0		
1982	4270.7	4257.4	13.3		
1983	3526.7	3502.2	24.5		
1984	3842.7	3795.9	46.8	25.3	
1985	116.7	75.1	41.6	18.1	23.5
1986	103.0	63.1	39.9	18.1	21.7
1987	92.2	53.2	39.0	17.7	21.3
1988	93.0	54.1	38.9	17.6	21.4
1989	75.7	35.0	40.7	18.3	22.3
1990	100.2	46.7	53.5	23.6	29.9
1991	97.0	43.8	53.2	23.5	29.8
1992	97.5	45.6	51.9	23.3	28.6
1993	80.1	36.3	43.8	19.5	24.3
1994	82.1	38.5	43.6	19.2	24.3
1995	98.3	55.2	43.1	19.0	24.1
1996	109.2	66.5	42.7	18.6	24.1
1997	104.5	51.4	53.1	23.2	29.8
1998	120.5	65.6	54.9	24.9	30.0
1999	107.1	55.6	51.5	22.5	28.7
2000	112.2	62.5	49.7	22.1	27.6
2001	130.5	80.7	49.8	21.3	27.8
2002	138.7	90.0	48.7	20.9	27.8

5-12-35 续表 1

单位：万人、万户

年 份	农村困难群众救助总人数			农村困难群众救助总户数							
		居民最低生活保障	特困户救助		居民最低生活保障			特困户救助			五保户供养户数
						困难户	其他		困难户	其他	
2001	385.3	304.6	80.7								
2002	497.8	407.8	90.0	156.7	156.7						
2003	1160.5	367.1	793.4	632.8	146.5	114.5	32.0	282.1	192.7	89.3	204.2
2004	1402.1	488.0	914.1	780.8	197.9	165.2	33.6	317.1	260.4	56.6	265.8
2005	1891.8	825.0	1066.8	1061.0	356.5	298.8	57.7	354.8	290.4	64.4	349.7

5-12-35 续表 2

单位：万人

年 份	农村救助总人数					农村临时救济人次数（万人次）
		农村居民最低生活保障人数	农村五保供养人数	农村特困救济人数	农村传统救济人数	
2006	2987.8	1593.1	503.3	775.8	115.6	963.8
2007	4172.6	3566.3	531.3		75.0	646.0
2008	4926.3	4305.5	548.6		72.2	831.0
2009	5375.6	4760.0	553.4		62.2	546.4

注：1984年以前含应保未保的农村救济人数。

5-12-36 中国福利彩票销售情况

单位：亿元

年 份	福利彩票发行单位(个)	福利彩票销售额	提取公益金	公益金支出
"七五"时期		**14.2**	**4.6**	
1986				
1987		0.2	0.1	
1988		3.8	1.2	
1989		3.8	1.3	
1990		6.5	2.0	
"八五"时期		**115.2**	**34.3**	
1991		7.7	2.5	
1992		13.8	4.1	
1993		18.4	5.5	
1994		18.0	5.3	
1995		57.3	16.9	
"九五"时期		**358.7**	**103.5**	**72.7**
1996		64.8	19.1	
1997		36.4	10.1	
1998		63.2	19.6	14.1
1999	1169	104.4	30.5	19.9
2000	1253	89.9	24.2	38.7
"十五"时期		**1145.2**	**393.6**	**161.9**
2001	1185	139.6	41.9	19.7
2002	1121	168.0	58.8	25.5
2003	1145	200.1	70.0	30.6
2004	1128	226.4	79.2	33.8
2005	1113	411.2	143.7	52.3
"十一五"时期		**2487.3**	**848.0**	**362.8**
2006	989	495.7	171.6	52.6
2007	985	631.6	217.0	77.6
2008	999	604.0	211.4	119.2
2009	988	756.0	248.0	113.4

5-12-37 婚姻登记和离婚情况

年份 地区	结婚登记对数（万对）	内地居民登记结婚	初婚（万人）	再婚（万人）	涉外及港澳台居民登记结婚	离婚（万对）	粗离婚率（‰）
1985	831.30	829.06	1607.63	50.48	2.22	45.79	0.44
1990	951.10	948.69	1819.13	78.24	2.38	80.00	0.69
1991	953.60	950.98	1820.32	81.65	2.64	83.10	0.72
1992	957.50	954.50	1832.10	76.91	2.96	84.96	0.74
1993	915.40	912.16	1747.01	77.32	3.28	91.00	0.77
1994	932.40	929.00	1779.33	78.67	3.38	98.20	0.82
1995	934.10	929.71	1776.07	83.35	4.40	105.60	0.88
1996	938.70	933.96	1781.72	86.20	4.72	113.40	0.93
1997	914.10	909.06	1725.95	92.16	5.08	119.90	0.97
1998	891.70	886.66	1675.37	97.94	5.03	119.20	0.96
1999	885.30	879.91	1659.36	100.46	5.42	120.15	0.96
2000	848.50	842.00	1581.39	102.62	6.49	121.29	0.96
2001	805.00	797.11	1481.74	112.49	7.87	125.05	0.98
2002	786.00	778.80	1440.30	117.10	7.28	117.70	0.90
2003	811.40	803.50	1483.90	123.30	7.83	133.00	1.05
2004	867.20	860.80	1569.60	152.00	6.35	166.50	1.28
2005	823.10	816.60	1483.00	163.10	6.43	178.50	1.37
2006	945.00	938.20	1705.60	184.40	6.82	191.30	1.46
2007	991.40	986.30	1779.70	203.10	5.11	209.80	1.59
2008	1098.30	1093.20	1972.50	224.10	5.10	226.90	1.71
2009	1212.40	1207.50	2168.80	256.00	4.92	246.80	1.85
北京	18.18	18.06	30.58	5.77	0.12	4.13	
天津	10.40	10.36	17.36	3.45	0.04	2.76	
河北	72.00	71.95	130.06	13.93	0.04	12.67	
山西	34.36	34.35	63.29	5.44	0.01	3.89	
内蒙古	18.84	18.82	32.04	5.63	0.02	5.20	
辽宁	38.17	37.90	62.40	13.93	0.27	13.15	
吉林	23.91	23.80	41.99	5.82	0.11	8.96	
黑龙江	30.39	30.09	51.93	8.84	0.29	12.61	
上海	14.99	14.74	23.33	6.65	0.25	4.82	
江苏	73.09	72.92	129.51	16.66	0.17	14.37	
浙江	42.76	42.47	75.60	9.93	0.30	10.71	
安徽	61.00	60.92	111.84	10.17	0.08	9.30	
福建	36.06	35.20	65.07	7.05	0.86	5.82	
江西	40.81	40.71	73.83	7.78	0.09	6.15	
山东	91.84	91.72	166.24	17.43	0.12	15.17	
河南	85.88	85.77	164.21	7.56	0.11	12.44	
湖北	56.54	56.36	105.89	7.19	0.18	10.89	
湖南	65.29	65.03	116.93	13.64	0.26	13.16	
广东	86.45	85.65	161.42	11.48	0.80	11.91	
广西	51.56	51.36	96.32	6.81	0.21	6.56	
海南	13.00	12.90	24.56	1.43	0.10	1.09	
重庆	30.11	30.01	45.07	15.15	0.10	10.14	
四川	71.00	70.82	120.58	21.42	0.18	19.97	
贵州	30.79	30.75	56.76	4.82	0.05	5.80	
云南	34.29	34.22	62.87	5.72	0.07	6.08	
西藏	1.36	1.36	2.48	0.24		0.17	
陕西	31.94	31.89	58.75	5.13	0.05	5.52	
甘肃	12.24	12.23	23.33	1.15	0.01	2.47	
青海	2.97	2.97	5.44	0.51		0.76	
宁夏	5.66	5.65	10.15	1.16		1.27	
新疆	26.55	26.53	38.96	14.15	0.02	8.84	

注：粗离婚率计算方法：离婚对数除以当期人口平均数。此方法为国际惯用方法。

5-12-38 殡葬服务情况

年份 地区	殡葬类单位数 (个)	年末职工总数 (人)	火化炉数 (台)	全年处理遗体数 (万具)	当年安葬数 (万人)	火化率 (%)
2005	3284	68588	5037	450.2	54.8	53.0
2006	3549	70500	5649	430.2	45.4	48.2
2007	3669	73227	4838	442.1	53.3	48.4
2008	3754	74731	4789	453.4	49.9	48.5
2009	3896	74050	5123	454.2	52.9	48.2
北京	50	1748	80	8.0	2.2	
天津	28	910	62	5.9	1.0	
河北	189	3598	339	29.1	0.8	
山西	41	571	53	2.0	0.1	
内蒙古	127	1901	116	5.7	1.1	
辽宁	219	4461	275	25.5	2.1	
吉林	85	1668	115	11.1	0.7	
黑龙江	151	3025	232	17.0	1.5	
上海	79	3311	89	11.2	6.3	
江苏	244	4792	443	44.9	5.4	
浙江	226	3324	305	29.9	3.3	
安徽	176	2927	195	26.4	2.1	
福建	157	2722	183	15.9	1.3	
江西	122	1842	150	10.6	1.7	
山东	168	3353	440	58.6	1.6	
河南	237	5682	301	32.4	1.5	
湖北	128	3247	277	22.5	3.4	
湖南	155	2091	109	6.5	1.5	
广东	265	7426	371	42.6	2.7	
广西	68	1501	76	6.0	1.2	
海南	15	327	4	0.2	0.2	
重庆	113	1832	107	6.8	1.7	
四川	241	3168	221	18.2	3.3	
贵州	111	2589	78	5.0	1.3	
云南	121	1524	300	3.7	1.0	
西藏	3	23	5	0.1		
陕西	100	2083	69	3.9	1.4	
甘肃	58	593	32	1.4	0.4	
青海	21	134	40	0.6		
宁夏	38	208	5	0.4	0.4	
新疆	160	1469	51	2.3	1.7	

5-12-39 残疾人事业基本情况

项 目		2005	2006	2007	2008	2009
康复						
视力残疾康复						
白内障复明手术	(万例)	57.2	70.6	80.0	88.8	104.3
#贫困白内障患者免费手术		10.8	14.9	23.0	25.1	37.3
低视力者配用助视器	(人)	35575	32298	31607	34803	40501
盲人定向行走训练数	(人)		6815	12224	12936	15034
聋儿康复						
年收训聋儿	(人)	19765	19444	19869	20122	19830
培训家长	(人)	23374	22322	26737	24314	25654
精神病防治康复						
开展精神病防治康复工作市县数	(个)	739	1294	1555	1644	1727
综合防治康复精神病人数	(万人)	274.3	348.8	433.9	444.3	490.3
监护率	(%)	92.4	88.1	83.8	86.4	84.2
显好率	(%)	73.5	71.1	69.3	70.0	69.5
社会参与率	(%)	62.3	59.5	56.1	56.9	55.4
肇事率	(%)	0.2	0.3	0.4	0.2	0.4
孤独症儿童训练数	(人)		750	1056	1027	5290
肢体残疾康复	(人)					
肢体残疾人社区康复训练数		53808	53903	75947	80468	90588
肢体残疾儿童机构康复训练数			13674	12239	15690	15058
智力残疾康复	(人)					
智残儿童康复训练数		24141	25657	26084	26887	26748
智残儿童家长培训数			18192	17263	20385	19950
麻风畸残康复矫治手术	(例)	3903	1692	3964	1034	1166
教育						
未入学适龄残疾儿童少年	(万人)	24.3	22.3	22.7	22.0	21.1
职业教育与培训						
机构数	(个)	3250	4457	4032	3731	3984
教育与培训人数	(万人次)	58.8	64.7	72.6	77.4	78.5
就业						
城镇残疾人就业状况						
当年安排就业	(万人)	39.1	36.2	39.2	36.8	35.0
#按比例就业		11.0	9.9	11.5	9.9	8.9
集中就业		11.4	10.3	11.9	11.3	10.5
个体及其他形式就业		16.7	16.0	15.8	15.6	15.6
残疾人就业服务机构	(个)	3048	3076	3127	3127	3043
省		33	33	33	33	33
地(州、盟)		46	48	47	52	49
市(含地级市、县级市)		648	644	647	617	631
县		1528	1555	1576	1602	1542
市辖区		793	796	824	823	788
盲人按摩						
保健按摩员培训	(人)	7399	9193	10052	13066	12864
医疗按摩员培训	(人)	5075	5514	7143	5743	4686
扶贫						
扶贫开展情况						
扶持贫困残疾人	(万人次)	194.2	176.7	179.4	179.8	192.3
实用技术培训	(万人次)	71.6	80.8	77.0	87.0	84.0
农村贫困残疾人危房改造						
危房改造	(万户)	2.1	5.3	12.2	9.8	10.2
受益残疾人	(万人)	2.7	8.9	16.7	14.0	14.0
残联组织建设						
残疾人工作者数	(万人)	8.1	9.1	9.4	9.4	9.5

注：根据2006年全国残疾人抽样调查的结果推算，目前全国各类残疾人的总数约8296万人。

5-12-40 社会保险基金收支及累计结余

单位：亿元

年 份	合 计	基本养老保险	失业保险	城镇基本医疗保险	工伤保险	生育保险
基金收入						
1989	153.6	146.7	6.8			
1990	186.8	178.8	8.0			
1991	225.0	215.7	9.3			
1992	377.4	365.8	11.7			
1993	526.1	503.5	17.9	1.4	2.4	0.8
1994	742.0	707.4	25.4	3.2	4.6	1.5
1995	1006.0	950.1	35.3	9.7	8.1	2.9
1996	1252.4	1171.8	45.2	19.0	10.9	5.5
1997	1458.2	1337.9	46.9	52.3	13.6	7.4
1998	1623.1	1459.0	72.6	60.6	21.2	9.8
1999	2211.8	1965.1	125.2	89.9	20.9	10.7
2000	2644.5	2278.5	160.4	170.0	24.8	11.2
2001	3101.9	2489.0	187.3	383.6	28.3	13.7
2002	4048.7	3171.5	215.6	607.8	32.0	21.8
2003	4882.9	3680.0	249.5	890.0	37.6	25.8
2004	5780.3	4258.4	291.0	1140.5	58.3	32.1
2005	6975.2	5093.3	340.3	1405.3	92.5	43.8
2006	8643.2	6309.8	402.4	1747.1	121.8	62.1
2007	10812.3	7834.2	471.7	2257.2	165.6	83.6
2008	13696.1	9740.2	585.1	3040.4	216.7	113.7
2009	16115.6	11490.8	580.4	3671.9	240.1	132.4
基金支出						
1989	120.9	118.8	2.0			
1990	151.9	149.3	2.5			
1991	176.1	173.1	3.0			
1992	327.1	321.9	5.1			
1993	482.2	470.6	9.3	1.3	0.4	0.5
1994	680.0	661.1	14.2	2.9	0.9	0.8
1995	877.1	847.6	18.9	7.3	1.8	1.6
1996	1082.4	1031.9	27.3	16.2	3.7	3.3
1997	1339.2	1251.3	36.3	40.5	6.1	4.9
1998	1636.9	1511.6	56.1	53.3	9.0	6.8
1999	2108.1	1924.9	91.6	69.1	15.4	7.1
2000	2385.6	2115.5	123.4	124.5	13.8	8.3
2001	2748.0	2321.3	156.6	244.1	16.5	9.6
2002	3471.5	2842.9	186.6	409.4	19.9	12.8
2003	4016.4	3122.1	199.8	653.9	27.1	13.5
2004	4627.4	3502.1	211.0	862.2	33.3	18.8
2005	5400.8	4040.3	206.9	1078.7	47.5	27.4
2006	6477.4	4896.7	198.0	1276.7	68.5	37.5
2007	7887.8	5964.9	217.6	1561.8	87.9	55.6
2008	9925.1	7389.6	253.5	2083.6	126.9	71.5
2009	12302.6	8894.4	366.8	2797.4	155.7	88.3
累计结余						
1989	81.6	68.0	13.6			
1990	117.3	97.9	19.5			
1991	169.7	144.1	25.7			
1992	252.8	220.6	32.1			
1993	303.7	258.6	40.8	0.4	3.1	0.8
1994	365.7	304.8	52.0	0.7	6.8	1.4
1995	516.8	429.8	68.4	3.1	12.7	2.7
1996	696.1	578.6	86.4	6.4	19.7	5.0
1997	831.6	682.8	97.0	16.6	27.7	7.5
1998	791.1	587.8	133.4	20.0	39.5	10.3
1999	1009.8	733.5	159.9	57.6	44.9	13.9
2000	1327.5	947.1	195.9	109.8	57.9	16.8
2001	1622.8	1054.1	226.2	253.0	68.9	20.6
2002	2423.4	1608.0	253.8	450.7	81.1	29.7
2003	3313.8	2206.5	303.5	670.6	91.2	42.0
2004	4493.4	2975.0	386.0	957.9	118.6	55.9
2005	6073.7	4041.0	519.0	1278.1	163.5	72.1
2006	8255.9	5488.9	724.8	1752.4	192.9	96.9
2007	11236.6	7391.4	979.1	2476.9	262.6	126.6
2008	15176.0	9931.0	1310.1	3431.7	335.0	168.2
2009	18941.5	12526.1	1523.6	4275.9	403.8	212.1

注：2007年城镇基本医疗保险基金中包括城镇职工基本医疗保险和城镇居民基本医疗保险。

5-12-41 参加基本养老保险人数

单位: 万人

年份	合计	职工		离退休人员	
			企业（含其他）		企业（含其他）
1989	5710.3	4816.9	4816.9	893.4	893.4
1990	6166.0	5200.7	5200.7	965.3	965.3
1991	6740.3	5653.7	5653.7	1086.6	1086.6
1992	9456.2	7774.7	7774.7	1681.5	1681.5
1993	9847.6	8008.2	8008.2	1839.4	1839.4
1994	10573.5	8494.1	8494.1	2079.4	2079.4
1995	10979.0	8737.8	8737.8	2241.2	2241.2
1996	11116.7	8758.4	8758.4	2358.3	2358.3
1997	11203.9	8670.9	8670.9	2533.0	2533.0
1998	11203.1	8475.8	8475.8	2727.3	2727.3
1999	12485.4	9501.8	8859.2	2983.6	2947.5
2000	13617.4	10447.5	9469.9	3169.9	3016.5
2001	14182.5	10801.9	9733.0	3380.6	3171.3
2002	14736.6	11128.8	9929.4	3607.8	3349.2
2003	15506.7	11646.5	10324.5	3860.2	3556.9
2004	16352.9	12250.3	10903.9	4102.6	3775.0
2005	17487.9	13120.4	11710.6	4367.5	4005.2
2006	18766.3	14130.9	12618.0	4635.4	4238.6
2007	20136.9	15183.2	13690.6	4953.7	4544.0
2008	21891.1	16587.5	15083.4	5303.6	4868.0
2009	23549.9	17743.0	16219.0	5806.9	5348.0

5-12-42 分地区基本养老保险情况

地区	年末参加基本养老保险人数(万人)	职工	离退休人员	基金收支情况(亿元) 基金收入	基金支出	累计结余
全国	**23549.9**	**17743.0**	**5806.9**	**11490.8**	**8894.4**	**12526.1**
北京	826.7	638.4	188.2	527.6	415.7	441.4
天津	401.5	265.0	136.5	250.1	230.1	196.0
河北	919.5	681.6	238.0	482.9	390.0	430.1
山西	563.8	427.2	136.6	330.7	219.2	502.3
内蒙古	410.8	298.0	112.8	218.9	171.9	203.2
辽宁	1457.4	1008.0	449.4	735.9	644.1	660.8
吉林	554.3	383.2	171.1	254.2	205.1	314.8
黑龙江	920.3	586.7	333.7	492.3	400.7	455.0
上海	1001.1	625.1	376.0	790.4	739.7	419.6
江苏	1883.1	1467.7	415.4	895.7	645.9	1006.5
浙江	1527.4	1317.8	209.6	526.5	369.7	986.1
安徽	628.2	458.7	169.5	299.3	232.2	280.6
福建	585.9	477.8	108.1	198.0	171.5	180.8
江西	581.9	446.0	135.9	193.1	160.1	165.3
山东	1661.0	1335.0	326.0	824.7	621.7	883.4
河南	1019.1	764.6	254.5	417.1	363.6	399.6
湖北	982.0	708.4	273.6	435.1	350.6	345.4
湖南	879.1	632.9	246.1	384.3	307.9	358.6
广东	2716.4	2422.3	294.2	886.5	553.1	1951.4
广西	411.3	293.4	118.0	243.6	147.2	284.5
海南	168.1	124.9	43.2	72.9	57.8	58.7
重庆	492.8	316.3	176.5	317.8	240.5	209.2
四川	1176.2	782.7	393.5	720.6	490.5	733.1
贵州	235.6	172.1	63.5	124.8	89.9	140.7
云南	306.5	216.3	90.2	168.0	126.8	179.5
西藏	9.2	6.1	3.1	10.6	8.5	3.2
陕西	458.8	327.9	131.0	235.2	201.2	165.6
甘肃	230.9	163.4	67.5	138.1	106.6	139.4
青海	71.3	52.0	19.3	46.0	36.9	42.1
宁夏	89.4	69.4	20.0	51.0	38.1	72.7
新疆	356.9	256.3	100.6	216.4	155.9	310.0
不分地区	23.1	17.9	5.2	2.6	1.8	6.5

注：不分地区合计中，包括中国人民银行、中国农业发展银行数。

5-12-43 社会保险基本情况

年 份	失业保险			基本医疗保险		工伤保险		年末参加生育保险人数（万人）
	年末参保人数（万人）	全年发放失业保险金人数（万人）	全年发放失业保险金（亿元）	年末参保职工人数（万人）	年末参保退休人员（万人）	年末参保人数（万人）	年末享受工伤待遇的人数（万人）	
1994	7968.0	196.5	5.1	374.6	25.7	1822.1	5.8	915.9
1995	8238.0	261.3	8.2	702.6	43.3	2614.8	7.1	1500.2
1996	8333.1	330.8	13.9	791.2	64.5	3102.6	10.1	2015.6
1997	7961.4	319.0	18.7	1588.9	173.1	3507.8	12.5	2485.9
1998	7927.9	158.1	20.4	1508.7	369.0	3781.3	15.3	2776.7
1999	9852.0	271.4	31.9	1509.4	555.9	3912.3	15.1	2929.8
2000	10408.4	329.7	56.2	2862.8	924.2	4350.3	18.8	3001.6
2001	10354.6	468.5	83.3	5470.7	1815.2	4345.3	18.7	3455.1
2002	10181.6	657.0	116.8	6925.8	2475.4	4405.6	26.5	3488.2
2003	10372.4	741.6	133.4	7974.9	2926.8	4574.8	32.9	3655.4
2004	10583.9	753.5	137.5	9044.4	3359.2	6845.2	51.9	4383.8
2005	10647.7	677.8	132.4	10021.7	3761.2	8478.0	65.1	5408.5
2006	11186.6	598.1	125.8	11580.3	4151.5	10268.5	77.8	6458.9
2007	11644.6	538.5	129.4	13420.0	4600.0	12173.3	96.0	7775.3
2008	12399.8	542.5	139.5	14987.7	5007.9	13787.2	117.8	9254.1
2009	12715.5	483.9	145.8	16409.5	5526.9	14895.5	129.6	10875.7

5-12-44 分地区失业保险情况

地区	年末参加失业保险人数（万人）	年末领取失业保险金人数（万人）	基金收支情况（亿元）		
			基金收入	基金支出	累计结余
全国	**12715.5**	**235.3**	**580.4**	**366.8**	**1523.6**
北京	675.7	1.8	27.9	17.8	81.7
天津	239.2	3.1	18.9	15.6	41.5
河北	484.4	10.4	24.9	24.2	50.6
山西	293.3	6.1	11.9	6.2	38.1
内蒙古	229.7	2.5	9.7	5.2	21.8
辽宁	625.3	13.4	35.5	21.6	39.0
吉林	241.4	14.3	12.0	8.4	27.1
黑龙江	471.3	9.3	14.5	8.2	57.0
上海	523.5	14.6	61.8	54.7	76.4
江苏	1079.1	19.7	58.5	36.3	141.2
浙江	784.5	5.5	43.8	17.6	127.8
安徽	377.8	10.5	14.4	11.5	21.4
福建	348.1	3.6	11.3	4.3	46.2
江西	275.5	3.4	7.0	2.8	22.4
山东	899.5	23.0	41.5	22.2	131.5
河南	690.2	16.7	17.8	12.3	39.0
湖北	440.3	7.0	14.6	8.9	39.4
湖南	392.0	8.3	13.7	7.3	30.4
广东	1470.7	12.8	31.0	18.1	186.2
广西	237.0	7.6	10.5	5.3	38.9
海南	97.5	2.8	3.8	2.0	12.3
重庆	215.9	4.7	10.7	4.8	23.4
四川	463.5	10.0	25.4	13.7	47.5
贵州	144.6	1.1	6.6	5.8	30.5
云南	198.7	3.5	8.0	5.4	34.7
西藏	8.8		1.1	0.5	4.1
陕西	331.0	9.3	15.2	7.4	37.9
甘肃	164.1	3.7	8.4	6.1	15.4
青海	36.0	1.0	2.5	1.5	7.7
宁夏	44.9	1.1	2.4	1.2	7.1
新疆	231.8	4.9	15.0	10.1	45.4

5-12-45 分地区城镇职工基本医疗保险情况

地区	年末参加城镇职工基本医疗保险人数(万人)			基金收支情况(亿元)		
	合计	职工	退休人员	基金收入	基金支出	累计结余
全国	**21937.4**	**16409.5**	**5526.9**	**3420.3**	**2630.1**	**4055.2**
北京	938.4	746.6	191.8	237.9	207.9	180.5
天津	444.1	293.5	150.6	85.3	83.8	37.7
河北	802.1	580.4	219.7	128.7	90.7	141.5
山西	534.6	406.1	128.5	70.2	53.2	91.9
内蒙古	410.4	292.6	117.8	60.1	44.6	67.5
辽宁	1347.0	902.6	444.5	195.9	143.3	210.7
吉林	486.4	339.0	147.4	63.6	38.0	82.8
黑龙江	851.3	594.8	256.5	129.2	81.3	157.0
上海	1329.6	957.1	372.5	268.5	231.1	173.7
江苏	1701.1	1282.5	418.6	291.5	231.1	370.0
浙江	1173.7	962.0	211.8	201.6	157.2	305.3
安徽	570.2	409.9	160.4	75.9	57.3	93.9
福建	503.7	389.0	114.7	86.8	67.2	152.7
江西	515.1	363.5	151.6	49.7	33.4	60.5
山东	1428.6	1140.8	287.8	203.8	168.5	210.7
河南	920.1	676.4	243.7	100.9	74.3	131.6
湖北	820.4	584.1	236.2	101.0	77.3	121.4
湖南	746.4	520.8	225.6	110.4	76.4	130.8
广东	2556.4	2297.0	259.4	319.4	237.0	575.3
广西	388.8	278.2	110.6	56.2	40.2	91.8
海南	152.7	111.3	41.5	24.2	13.1	20.7
重庆	362.5	241.7	120.8	55.9	41.3	75.6
四川	958.5	641.2	317.3	147.4	111.3	205.2
贵州	279.5	194.5	85.1	36.9	26.8	42.5
云南	397.4	279.1	118.3	86.6	67.4	89.8
西藏	22.6	16.2	6.4	7.6	4.6	8.8
陕西	463.3	318.1	145.2	75.7	51.8	73.7
甘肃	272.2	194.5	77.7	39.2	30.5	36.2
青海	75.7	51.1	24.6	20.5	16.2	25.0
宁夏	87.0	63.2	23.8	14.0	11.3	17.7
新疆	397.5	282.8	114.7	75.9	62.1	72.8

5-12-46 分地区工伤保险基本情况

地区	年末参保人数（万人）	享受工伤待遇人数（万人）	基金收支情况（亿元）		
			基金收入	基金支出	累计结余
全国	**14895.5**	**129.6**	**240.1**	**155.7**	**468.8**
北京	747.1	4.1	11.3	9.1	15.0
天津	292.2	3.1	5.0	3.6	10.0
河北	559.3	6.0	12.7	10.2	16.0
山西	280.7	4.3	9.8	7.7	13.5
内蒙古	199.1	1.6	4.2	2.4	5.6
辽宁	695.8	9.0	13.4	8.7	18.9
吉林	272.2	3.0	3.9	2.9	4.5
黑龙江	401.8	5.6	9.4	6.9	10.7
上海	934.0	1.3	11.3	4.4	30.0
江苏	1118.1	9.3	15.7	11.9	30.5
浙江	1331.1	18.0	17.1	10.7	29.7
安徽	320.6	3.9	4.8	3.0	8.6
福建	379.3	2.3	5.0	2.5	19.3
江西	340.2	1.9	3.2	1.9	6.9
山东	1064.6	9.2	16.8	11.7	21.4
河南	521.0	3.2	8.5	4.9	16.3
湖北	410.7	2.7	4.1	2.1	8.3
湖南	472.1	5.3	8.6	6.6	11.8
广东	2435.5	15.0	28.7	17.0	116.4
广西	221.7	1.2	2.9	1.3	10.2
海南	90.1	0.3	1.0	0.4	3.8
重庆	226.5	4.7	5.8	4.8	2.4
四川	515.8	6.1	12.3	7.1	18.0
贵州	143.3	1.4	4.2	3.0	5.9
云南	215.1	2.4	6.2	3.1	10.1
西藏	8.3		0.2		0.5
陕西	264.9	1.4	4.7	2.0	8.3
甘肃	119.7	0.8	2.6	1.7	4.7
青海	40.1	0.5	1.4	0.8	2.3
宁夏	42.4	0.2	1.1	0.6	1.0
新疆	232.3	1.9	4.2	2.6	8.3

注：工伤保险累计结余中含储备金。

5-12-47 分地区生育保险基本情况

地区	年末参保人数(万人)	享受待遇人数(万人次)	基金收支情况(亿元)		
			基金收入	基金支出	累计结余
全国	**10875.7**	**174.0**	**132.4**	**88.3**	**212.1**
北京	346.8	12.8	10.7	7.3	15.2
天津	204.6	4.8	4.9	3.4	9.7
河北	489.9	6.7	3.8	2.1	4.6
山西	185.8	0.9	1.9	0.8	3.0
内蒙古	182.9	2.0	1.8	1.0	2.8
辽宁	531.2	13.5	5.7	4.3	6.8
吉林	289.9	4.6	1.8	0.8	3.3
黑龙江	270.0	3.3	2.6	1.6	5.4
上海	625.1	6.5	10.5	10.8	2.0
江苏	962.5	23.3	16.2	11.0	32.9
浙江	750.7	10.4	9.5	7.9	11.5
安徽	303.6	4.6	2.9	1.9	3.7
福建	317.8	4.5	3.5	2.5	6.8
江西	163.0	0.7	0.7	0.4	2.4
山东	703.0	14.4	9.7	6.7	16.5
河南	379.8	4.0	3.5	1.4	6.0
湖北	357.1	6.5	3.0	1.3	6.3
湖南	502.4	9.0	3.7	2.3	7.0
广东	1586.3	12.5	15.7	9.6	24.0
广西	199.0	3.2	2.2	1.3	4.9
海南	85.0	1.2	0.6	0.2	1.9
重庆	155.5	3.7	2.3	1.2	3.6
四川	426.4	5.8	4.3	2.9	9.7
贵州	152.5	1.9	1.1	0.4	2.1
云南	181.1	2.8	2.6	1.4	6.8
西藏	14.2	0.2	0.3	0.1	0.4
陕西	164.4	2.1	1.7	0.7	2.8
甘肃	71.2	0.7	0.7	0.4	1.4
青海	6.3	0.1	0.1	0.1	0.3
宁夏	30.7	0.5	0.4	0.2	0.4
新疆	236.8	6.6	4.1	2.2	8.1

【主要统计指标解释】

卫生机构 指从卫生行政部门取得《医疗机构执业许可证》，或从民政和工商行政、机构编制管理部门取得法人单位登记证书，为社会提供医疗保健、疾病控制、卫生监督服务或从事医学科研和教育等工作的单位。卫生机构包括医院、疗养院、社区卫生服务中心（站）、卫生院、门诊部、诊所（卫生所、医务室）、村卫生室、急救中心（站）、采供血机构、妇幼保健院（所、站）、专科疾病防治院（所、站）、疾病预防控制中心（防疫站）、卫生监督所、卫生监督检验（监测、检测）机构、医学科研机构、医学在职培训机构、健康教育所（站）等其他卫生机构。

医疗机构 指从卫生行政部门取得《医疗机构执业许可证》的机构，包括医院、疗养院社区卫生服务中心（站）、卫生院、门诊部、诊所（医务室）、村卫生室、妇幼保健院（所、站）、专科疾病防治院（所、站）、急救中心（站）和临床检验中心。

医院 包括综合医院、中医医院、中西医结合医院、民族医院、各类专科医院和护理院，不包括专科疾病防治院、妇幼保健院和疗养院。

卫生人员 指在医疗、预防保健、医学科研和在职教育等卫生机构工作的职工，包括卫生技术人员、乡村医生和卫生员、其他技术人员、管理人员和工勤人员等。一律按支付年底工资的在岗职工统计，包括各类聘任及返聘本单位半年以上人员，不包括临时工、离退休人员、退职人员、离开本单位仍保留劳动关系人员和返聘本单位不足半年人员。

卫生技术人员 包括执业医师、执业助理医师、注册护士、药师（士）、检验技师、影像技师（士）、卫生监督员和见习医（药、护、技）师（士）等卫生专业人员。不包括从事管理工作的卫生技术人员（如院长、副院长、党委书记等）。

每千人口卫生技术人员 即卫生技术人员数/人口数×1000。人口数系公安部户籍人口。

病床使用率 指“实际占用总床日数”与“实际开放总床日数”之比。

军休所 即军队离退休干部休养所，指民政部门管理的、独立核算的、为军队离退休干部服务的事业单位。

军供站 即军队供应管理单位，指地方政府委托民政部门管理的、独立核算的、为战时或平时军队来往服务的军用饮食供应站、军用供水站、军人转运接待站等单位的总称。

城镇居民最低生活保障人数 指在报告期末家庭平均收入在当地规定的最低生活保障线以下的城镇居民数。包括“三无”对象，失业人员和在职、下岗、退休人员等。

农村居民最低生活保障人数 指报告期末在建立农村最低生活保障制度的地区，得到当地政府或集体给予最低生活保障的农业人口家庭人数。

五保户 指无法定抚养义务人，或者虽有法定抚养义务人，但是抚养人无抚养能力的；无劳动能力的；无生活来源的老年人、残疾人和未成年人。

农村传统救济人数 指未开展最低生活保障制度的农村地区，仍沿用传统救济制度救济的贫困人口数量。

农村临时救济 指报告期内由国家或集体给予生活发生临时困难者发放半年以下的生活救济。

城镇社区服务设施数 指报告期末城镇（街道办事处、居委会）设立以非盈利为目的，为本社区居民服务，特别是为老年人、残疾人、儿童服务的社区服务中心、活动站、服务站、养老院、老年公寓（托老所），残疾人工疗站、残疾儿童日托所、家务服务站、婚姻介绍所等福利性设施以及职工社会保障管理服务的机构数。几种不同类型的社区服务单位，共用一个场所的，只能统计为一个社区服务设施。成为社区服务设施的条件：（1）是独立核算单位；（2）有固定的从业人员；（3）有一定的服务项目；（4）有一定的场所。

城镇便民、利民服务网点 指报告期末居委会设立的，方便本社区居民提供各种生活服务的网点。

社会福利企业单位 指以集中安置有一定劳动能力的残疾人就业为目的（残疾职工占生产人员10%以上）、带有社会福利性质的企业总称。社会福利企业分类为：社会福利工厂、假肢厂、其他福利企业。性质分为：国有、集体和其他性质。

粗离婚率 指当年离婚对数占年平均人口的比重，计算公式为：

$$粗离婚率=\frac{当年离婚对数}{年平均人口数}\times 1000‰$$

综合防治康复精神病人数 指在开展精神病防治康复工作的地区，采取不同形式，接受综合性防治康复措施、开放式管理的精神病人数。该指标主要反映精神病患者接受治疗康复情况。

监护率 指通过监护小组、家庭病床、工疗站、社会就业以及精神卫生机构，接受社会化、综合性、开放式治疗与康复的精神病人占经调查摸底、登记在册的精神病人数的百分比。该指标主要反映对精神病患者落实治疗康复措施的情况。

精神病人社会参与率 指生活能自理，并参加生产劳动和社会生活的精神病人数占监护精神病人数的百分比。该指标主要反映精神病人康复状况和参与社会的情况。

未入学适龄残疾儿童少年 指根据义务教育法规定应接受义务教育，但因各种原因未能入学的适龄视力残疾、听力与言语残疾、智力残疾、肢体残疾、精神残疾、多重残疾儿童少年。适龄残疾儿童少年的年龄段参照各省级人民政府依照义务教育法规定的入学年龄。

基本养老保险

1.（参保）职工人数：指报告期末按照国家法律、法规和有关政策规定参加基本养老保险并在社保经办机构已建立缴费记录档案的职工人数，包括中断缴费但未终止养老保险关系的职工人数，不包括只登记未建立缴费记录档案的人数。

2.（参保）离退休人员人数：指报告期末参加基本养老保险的离休、退休和退职人员的人数。

3.基本养老保险基金收入：指根据国家有关规定，由纳入基本养老保险范围的缴费单位和个人按国家规定的缴费基数和缴费比例缴纳的养老保险基金，以及通过其他方式取得的形成基金来源的收入。包括单位和职工个人缴纳的基本养老保险费、基本养老保险基金利息收入、上级补助收入、下级上解收入、转移收入、财政补贴和其他收入。

4.基本养老保险基金支出：指按照国家政策规定的开支范围和开支标准从养老保险基金中支付给参加基本养老保险的离休、退休、退职人员个人的养老金、丧葬抚恤补助，以及由于保险关系转移、上下级之间调剂资金等原因而发生的支出。包括离休金、退休金、退职金、各种补贴、医疗费、死亡丧葬补助费、抚恤救济费、社会保险经办机构管理费、补助下级支出、上解上级支出、转移支出、其他支出等。

5.基本养老保险基金累计结余：指截止报告期末基本养老保险基金收支相抵后的累计余额。

失业保险

1.参保人数：指报告期末按照国家法律、法规和有关政策规定参加了失业保险的城镇企业事业单位的职工及地方政府规定参加失业保险的其他人员的人数。

2.失业保险基金收入：指按照规定从企业、事业及其他单位筹集的失业保险费及其他并入失业保险基金收入的总额。包括单位和个人缴纳的失业保险费、失业保险基金利息收入、上级补助收入、下级上解收入、转移收入、财政补贴和其他收入。

3.失业保险基金支出：指报告期内为保障失业人员和下岗职工基本生活、促进其再就业等支出的基金总额。包括失业救济金、医疗费、死亡丧葬补助费、抚恤救济费、转业训练费支出、失业保险经办机构管理费、补助下级支出、上解上级支出、转移支出和其他支出。

4.基金累计结余：指截止报告期末失业保险基金收支相抵后的累计余额。

基本医疗保险

1.参保人数：指报告期末按国家有关规定参加基本医疗保险的人数。包括参加保险的职工人数和退休人员人数。

2.基金收入：指根据国家有关规定，由纳入基本医疗保险范围的缴费单位和个人，按国家规定的缴费基数和缴费比例缴纳的基金，以及通过其他方式取得的形成基金来源的款项，包括：单位缴纳的社会统筹基金收入、个人缴纳的个人账户基金收入、财政补贴收入、利息收入、其他收入。

3.基金支出：指按照国家政策规定的开支范围和开支标准从社会统筹基金中支付给参加基本医疗保险的职工和退休人员的医疗保险待遇支出，和从个人帐户基金中支付给参加基本医疗保险的职工和退休人员的医疗费用支出，以及其他支出。包括：住院医疗费用支出、门急诊医疗费用支出、个人账户基金支出、其他支出。

4.基金累计结余：指截止报告期末基本医疗保险的社会统筹和个人帐户基金累计结余金额。包括银行存款、财政专户、债券投资和其他。

工伤保险

1.参加保险人数：指报告期末依据国家有关规定参加工伤保险的职工人数。

2.享受保险待遇人数：指劳动者因工负伤致残、死亡或因患职业病致残，根据有关规定享受工伤保险待遇职工或供养直系亲属人数。包括伤残人数、职业病人数、因工死亡人数、供养直系亲属人数。

3.基金收入：指根据国家有关规定，由参加工伤保险的单位按国家规定的缴费基数和缴费比例缴纳的工伤保险基金，以及通过其他形式取得的形成基金来源的款项。包括：单位缴纳的社会统筹基金收入、财政补贴收入、利息收入、其他收入。

4.基金支出：指按照国家政策规定的开支范围和开支标准从工伤保险基金中支付给参加工伤保险的人员及供养直系亲属工伤保险待遇支出及其他支出。包括工伤医疗费、伤残补助金、工亡补助金、护理费、丧葬补助费、工伤预防费用、职业康复费用和其他支出。

5.基金累计结余：指截止报告期末工伤保险基金累计结余金额。包括银行存款、财政专户、债券投资和其他。

生育保险

1.参保人数：指报告期末依据有关规定参加生育保险的职工人数。

2.基金收入：指根据国家有关规定，由参加生育保险的单位按照国家规定的缴费基数和缴费比例缴纳的生育保险基金，以及通过其他方式取得的形成基金来源的款项，包括：单位缴纳的基金收入、利息收入和其他收入。

3.基金支出：指按照国家政策规定的开支范围和开支标准，从生育保险基金中支付给参加生育保险的职工，因妊娠、分娩和计划生育手术而享受的待遇及其他支出。包括：生育津贴、医疗费用支出及其他支出。

4.基金累计结余：指截止报告期末生育保险基金累计结余金额。包括银行存款、财政专户、债券投资和其他。

5 第三产业部分行业主要业务指标

5-13 文化、体育和娱乐业

简要说明

一、主要内容

本篇资料主要反映文化、体育、新闻出版、广播电影电视事业的发展情况。

文化部分主要包括艺术表演团体、艺术表演场所、公共图书馆、博物馆、文化馆、档案馆、文化站、广播、电影、电视、新闻出版以及文物等文化事业的机构业务活动情况。体育部分主要包括竞技体育以及与国外体育交流等情况。

二、资料来源

根据各部门制定的统计报表制度汇总加工整理而成。艺术事业、图书馆事业、群众文化事业的资料主要来自文化部；档案馆资料来自国家档案局；文物资料来自国家文物局；广播、电影、电视资料来自国家广播电影电视总局；新闻出版资料来自国家新闻出版总署；体育部分的资料来自国家体育总局。

详细资料分别见《中国文化文物统计年鉴》（文化部计划财务司编）、《中国新闻出版统计资料汇编》（新闻出版署计财司编）、《广播电影电视资料汇编》（广电总局计财司编）。

5-13-1 历年文化事业机构数

单位：个

年 份	艺术表演团体	艺术表演场馆	博物馆	公 共 图书馆	群 众 艺术馆	文化馆	文化站	中等艺术学校
1949	1000	891	21	55		896		1
1952	2084	1510	35	83		2430	4107	4
1957	2884	2296	72	400		2748		29
1962	3320	2249	230	541	61	2514	1192	46
1965	3458	2943	214	562	62	2598	2125	51
1970	2541	1432	182	323	29	2303	1794	14
1975	2836	1464	242	629	81	2589	2717	49
1978	3150	1095	349	1218	92	2748	1729	71
1980	3533	1444	365	1732	218	2912	25273	69
1985	3317	1377	711	2344	335	2965	52858	102
1986	3195	2058	777	2406	337	2993	53519	113
1987	3094	2148	827	2440	348	2973	52867	116
1988	2985	2081	903	2485	358	2975	52923	116
1989	2850	2050	967	2512	366	2955	51910	121
1990	2805	1955	1013	2527	366	2955	52435	111
1991	2772	2068	1075	2535	371	2894	51959	122
1992	2753	2037	1106	2558	372	2900	48375	126
1993	2707	2024	1130	2572	370	2886	46212	129
1994	2698	1998	1161	2589	374	2887	46619	129
1995	2684	1918	1194	2608	373	2886	45038	131
1996	2664	1934	1219	2620	392	2892	41969	130
1997	2663	1947	1282	2628	385	2901	42163	137
1998	2652	1929	1339	2652	386	2901	42547	135
1999	2632	1911	1363	2669	389	2905	42543	141
2000	2630	1863	1384	2677	390	2907	42024	137
2001	2605	1854	1454	2696	399	2842	40138	142
2002	2587	1829	1504	2697	389	2854	39273	131
2003	2618	1900	1507	2709	382	2846	38588	121
2004	2759	1928	1548	2720	380	2841	38181	129
2005	2805	1866	1581	2762	447	2841	38362	120
2006	2866	1839	1617	2778	395	2819	36874	121
2007	2492	1732	1722	2799	411	2806	37384	121
2008	2551	1662	1893	2820	389	2829	37938	117
2009	2494	1499	2252	2850	361	2862	38736	107

注：艺术表演团体、艺术表演场馆统计口径为文化部系统内。

5-13-2 全国艺术表演团体演出情况

种类	本团原创首演剧目（个）	演出场数（千场次）	国内演出	#到农村演出	国内演出观众人数（千人次）	农村观众人次
总计	**1578**	**1201**	**1126**	**741**	**817159**	**515891**
按登记注册类型分						
国有	1149	353	333	198	374870	247114
集体	120	93	91	65	84739	57395
其他	309	755	703	477	357550	211382
按隶属关系分						
中央	103	3	3	1	4130	637
省、区、市	207	54	49	15	46278	20417
地、市	368	149	138	54	125447	67503
县、市	900	996	936	671	641304	427334
按管理部门分						
文化部门	1209	449	422	262	448592	301907
其他部门	369	752	704	478	368567	213984
按剧种分						
话剧、儿童剧、滑稽剧团	87	13	12	3	11898	2863
歌剧、舞剧、歌舞剧团	64	28	23	8	21374	7326
歌舞团、轻音乐团	246	198	172	76	119791	45391
乐团、合唱团	100	6	6	1	3308	285
文工团、文宣队、乌兰牧骑	58	39	37	23	39590	22335
戏曲剧团	728	454	435	359	456600	355604
#京剧	48	21	20	11	17788	10911
曲艺、杂技、木偶、皮影团	71	355	342	220	82506	44871
综合性艺术表演团体	224	109	100	51	82092	37216

5-13-3 全国艺术表演场馆演出情况

种类	演(映)出场次合计(千场次)	艺术演出场次	观众人次(千人次)	艺术演出观众人次
总计	**606.26**	**149.67**	**123193**	**53692**
按登记注册类型分				
国有	432.57	79.34	81670	35917
集体	22.46	7.06	6153	2121
其他	151.22	63.27	35370	15654
按隶属关系分				
中央	0.46	0.46	303	303
省、区、市	138.07	33.92	20060	14557
地、市	186.45	26.01	30374	12635
县、市	281.29	89.28	72456	26197
按管理部门分				
文化部门	418.99	74.33	74926	32067
其他部门	187.27	75.35	48267	21625
按剧种分				
剧场	150.13	50.32	38840	24376
影剧院	351.66	47.20	56560	14949
书场、曲艺场	6.32	4.69	1145	783
杂技、马戏场	1.53	1.43	1829	1827
音乐厅	6.73	2.88	2558	1978
综合性艺术表演场馆	57.28	20.86	14448	6542
其他艺术表演场馆	32.60	22.29	7813	3237

5-13-4 全国群众艺术馆、文化馆(站)综合情况

指标		总计	省级	地市级	县市级	县文化馆	乡镇(街道)文化站	乡镇文化站
机构数	(个)	41959	31	330	2862	1643	38736	33378
举办展览	(个)	110251	330	2169	15593	8495	92159	71395
组织文艺活动	(次)	555052	976	16678	109580	49983	427818	300228
藏书	(千册)	139228	108	297	3568	1539	135255	100678
举办训练班班次	(次)	304955	1672	13558	53997	20082	235728	154960
培训人次	(千人次)	15933	63	638	2787	1094	12445	8651
组织各类理论研讨和讲座次数	(次)	11259	635	1082	9542	3995		
拥有计算机台数	(台)	84347	885	3377	11618	4503	68467	48542
本年收入合计	(亿元)	81	3	9	27	10	41	32
本年支出合计	(亿元)	79	3	9	27	10	41	31
流动舞台车数量	(台)	209	6	25	178	102		
利用流动舞台车演出场次	(场次)	9695	213	1315	8167	4960		
利用流动舞台车演出观众人次	(千人次)	11379	97	1842	9440	5029		
馆办文艺团体	(个)	5260	100	807	4353	1917		
馆办文艺团体演出场次	(场次)	74877	2015	8471	64391	31289		
馆办老年大学	(个)	776	9	70	697	369		
群众业余文艺团体	(个)	259608	82	5420	64675	27794	189431	135189

5-13-5 各地区艺术表演团体、艺术表演场馆演(映)出情况

地区	艺术表演团体		艺术表演场馆			
	国内演出场次(千场次)	国内演出观众人次(千人次)	演出场次(千场次)	艺术演出场次	观众人次(千人次)	艺术演出观众人次
全国	**1126.35**	**817159**	**606.26**	**149.49**	**123193**	**53692**
中央	3.05	4130	0.46	0.46	303	303
北京	6.64	4497	41.47	13.95	7846	6375
天津	3.49	3651	19.79	1.66	2218	647
河北	43.64	42590	12.30	5.57	3581	2224
山西	43.71	64283	22.83	2.59	3308	1301
内蒙古	17.48	16302	5.49	1.26	1828	414
辽宁	14.71	9498	11.75	5.75	3584	1591
吉林	7.23	7296	14.43	2.22	1423	421
黑龙江	10.18	9401	2.26	0.74	1080	443
上海	15.76	10120	19.90	8.86	7561	5260
江苏	84.66	51114	86.59	7.30	24143	4073
浙江	97.01	75836	60.79	31.14	13561	5859
安徽	299.35	68675	17.74	3.74	2545	1342
福建	81.79	39346	35.90	13.70	3193	1537
江西	16.94	19961	5.31	1.68	1400	669
山东	18.55	22959	15.34	1.75	2706	1177
河南	103.01	81061	26.45	3.72	4835	2467
湖北	34.22	34710	25.10	4.22	4698	2357
湖南	21.38	19130	27.50	4.18	2818	1802
广东	42.25	68676	51.85	14.95	11738	5733
广西	12.34	12653	16.22	1.60	1527	844
海南	7.94	8992	1.55	0.39	737	711
重庆	12.36	17937	26.64	1.92	4319	527
四川	47.42	37769	13.01	7.96	4368	2351
贵州	6.40	5438	0.76	0.45	346	133
云南	17.41	20696	9.02	2.48	1613	843
西藏	1.41	1918	0.68	0.40	313	134
陕西	20.41	24193	5.66	2.62	2266	1199
甘肃	15.55	20432	4.08	0.74	941	430
青海	2.76	1982	6.13	0.45	452	132
宁夏	4.70	4710	1.41	0.80	663	134
新疆	12.66	7203	17.90	0.40	1279	259

5-13-6 各地区公共图书馆情况

地区	公共图书馆个数（个）	总藏量（千册）	本年新购藏量	书架单层总长度（千米）	总流通人次（千人次）	书刊文献外借人次	书刊文献外借册次（千册次）	阅览室座席数（个）
总计	**2850**	**585206**	**29389**	**12163**	**321675**	**132771**	**258573**	**601519**
中央	1	27783	829		5209	832	2213	6550
北京	24	15888	1629	145	8235	3886	8900	12938
天津	31	11587	894	103	6763	2521	6370	9486
河北	164	15492	927	296	7125	3820	5279	20457
山西	126	11764	403	146	3497	1449	2415	14732
内蒙古	113	8704	423	297	3096	1513	2419	16607
辽宁	128	27849	1732	1017	16656	6077	14071	28395
吉林	66	13384	640	214	4903	1906	4431	13486
黑龙江	100	15716	602	216	6166	2350	5604	16705
上海	29	65934	1967	431	14599	5561	14525	16839
江苏	109	40710	2047	2110	27866	14811	24448	35436
浙江	96	35517	3210	561	42532	12144	27854	34924
安徽	89	11362	819	189	6714	3552	5777	15380
福建	85	15424	955	274	11820	6366	11288	22071
江西	108	14736	390	180	5958	3072	5175	22037
山东	150	35153	1716	515	16030	9193	15439	36011
河南	142	17245	689	290	10109	5892	9523	23680
湖北	107	21813	678	1042	12712	5971	10468	27328
湖南	120	18394	588	365	9402	4641	9582	28552
广东	133	43674	3418	677	45651	12375	25360	58289
广西	100	17597	607	321	11002	3683	7738	22649
海南	20	3407	184	234	1931	993	1340	4430
重庆	43	9880	577	121	5880	2903	7603	10308
四川	156	24804	1604	1198	11514	5275	9489	26160
贵州	93	8003	244	147	2665	1445	2134	12172
云南	150	15079	518	426	9619	3897	7700	20352
西藏	4	500	8	24	24	9	22	686
陕西	112	10588	371	167	3841	1903	2581	12656
甘肃	93	9510	216	169	4141	1981	3290	12529
青海	44	4023	60	85	898	187	429	3062
宁夏	20	4350	170	93	1471	745	1556	5298
新疆	94	9338	272	111	3643	1818	3545	11314

5-13-7 全国文物业综合情况

项　目	机构数(个)	文物藏品(件)	#一级品	本年考古出土文物及标本数(件)	本年从有关部门接收文物数(件)	本年藏品征集数(件)	举办陈列展览(个)	参观人数(万人次)
总　计	**4842**	**26802714**	**66818**	**29286**	**49127**	**161630**	**16520**	**432482**
按单位性质分								
文物科研机构	104	929189	2582	29286	225	247	14	13276
文物保护管理机构	2263	1958904	5388		4682	9414	2449	92050
博物馆	2252	15711150	56277		44211	150680	14057	327156
文物商店	80	7616192	84					
其他文物机构	143	587279	2487		9	1289		
按隶属关系分								
中　央	11	2162318	15078		4005	848	105	12564
省、市、区	257	12743630	22759	10616	9459	49982	1376	58525
地　市	978	6586064	13676	18645	8076	48259	4590	146969
县　市	3596	5310702	15305	25	27587	62541	10449	214424
按管理部门分								
文物部门	4608	25961672	65797	29286	47964	140577	15497	372724
其他部门	234	841042	1021		1163	21053	1023	59758

5-13-8 广播电视事业发展情况

指　　标		2007	2008	2009
广播				
广播节目综合人口覆盖率	(%)	95.43	95.96	96.31
#农村	(%)	94.12	94.74	95.10
广播节目套数		2433	2437	2521
#公共广播	(套)	2432	2436	2520
付费广播	(套)	1	1	1
广播节目制作时间	(万小时)	633.3	649.4	671.7
公共广播节目播出时间	(万小时)	1127.2	1163.0	1226.6
对外广播节目播出套数	(套)	77	145	165
对外广播节目播出时间	(万小时)	46.15	50.84	100.31
电视				
电视节目综合人口覆盖率	(%)	96.58	96.95	97.23
#农村	(%)	95.60	91.6	91.9
有线广播电视用户数	(万户)	15325	16398	17523
#农村	(万户)	6180	6558	6863
数字电视用户数	(万户)	2686	4528	6322
有线广播电视入户率	(%)	39.90	41.63	43.99
#农村	(%)	25.57	26.77	27.77
电视节目套数	(套)	3214	3288	3337
#公共电视	(套)	3127	3199	3250
付费电视	(套)	87	89	87
电视节目制作时间	(万小时)	255.33	264.19	265.36
公共电视节目播出时间	(万小时)	1454.70	1495.34	1577.68
电视剧播出数	(万部)	22.57	22.57	23.83
电视剧播出数	(万集)	534.97	550.43	605.09
#进口电视剧播出数	(部)	10652	9251	9099
进口电视剧播出数	(万集)	26.42	22.96	22.41
动画电视播出数	(部)	14015	15447	17544
动画电视播出数	(万集)	51.34	51.85	60.18
#进口动画电视播出数	(部)	1551	1419	1086
进口动画电视播出数	(万集)	5.97	4.56	4.11
对外电视节目播出套数	(套)	34	33	40
对外电视节目播出时间	(万小时)	22.55	22.46	28.82
电影				
国有电影制片及加工单位	(个)	38	38	38
电影院线	(条)	34	34	37
#院线内影院	(家)	1427	1545	1687
银幕	(块)	3527	4097	4723
电影综合收入	(亿元)	67.26	84.33	106.65
#国内电影票房收入	(亿元)	33.27	43.41	62.06
电视播映收入	(亿元)	13.79	25.28	16.89
国产影片海外销售收入	(亿元)	20.2	15.6	27.7
广播电视技术及其他				
广播电视总收入	(亿元)	1316.40	1583.91	1852.85
广播电视从业人员数	(万人)	64.53	67.17	70.58
中、短波转播发射台	(座)	802	808	809
调频转播发射台	(万座)	1.06	1.21	1.21
电视转播发射台	(万座)	1.82	1.85	1.77
微波实有站	(座)	2745	2674	2591

5-13-9 广播电视节目制作时间

单位：小时

项 目	1995	2005	2006	2007	2008	2009
广播节目制作	**2332164**	**6139227**	**6192339**	**6332506**	**6494035**	**6716500**
新闻	353368	1066880	1055077	1062423	1116588	1166848
专题	1054140	1822621	1728485	1798165	1837471	1900995
综艺	924656	1937290	1986800	1894881	1934751	1957358
广播剧		75456	59225	76889	72629	90735
广告		671071	691610	722411	737223	782757
其他		565909	671142	777737	795373	817807
电视节目制作	**383513**	**2553861**	**2618034**	**2553283**	**2641949**	**2653552**
新闻	80800	637956	646337	595190	678820	675885
专题	193391	525528	540369	545922	622182	611352
综艺	109322	382350	407442	388349	392507	402677
影视剧		193771	71377	96397	58616	66899
广告		524892	589067	585277	558914	544038
其他		289364	363442	342148	330910	352701

5-13-10 广播、电视节目播出时间

单位：小时

指 标	总 计	新闻咨询类节目	专题服务类节目	综艺益智类节目	广播(影视)剧类节目	广告类节 目	其他类节 目
广播	**12265513**	**2416269**	**2738048**	**3495247**	**538451**	**1135408**	**1942091**
中央级	173115	49502	60644	43521	2265	8412	8770
省级	12092398	2366767	2677403	3451726	536186	1126996	1933320
电视	**15776767**	**1959743**	**1703189**	**1314713**	**6982130**	**2047041**	**1769951**
中央级	174314	49852	54964	22827	37588	9083	
省级	15602453	1909891	1648225	1291886	6944542	2037959	1769951

5-13-11 各地区广播节目制作播出情况

地区	公共广播节目套数（套）	全年制作广播节目时间（小时）	全年公共广播节目播出时间（小时）	全年广播剧播出数	
				（部）	（集）
总计	**2520**	**6716500**	**12265513**	**29891**	**670402**
总局直属	21	215550	173115		1617
北京	18	103132	115551	57	4828
天津	21	76127	127264	7	750
河北	121	291075	552471	934	8629
山西	101	153619	356657	1169	27748
内蒙古	126	237383	617770	2025	39553
辽宁	118	548455	698470	1375	38035
吉林	65	233005	386419	640	24301
黑龙江	93	161925	407750	389	10828
上海	21	91660	131467	245	7537
江苏	131	571053	768270	1630	36814
浙江	106	439824	694857	1170	27054
安徽	104	228870	481671	1003	35357
福建	86	234284	497291	160	8205
江西	103	172646	341045	1559	30483
山东	153	450530	812968	4482	62650
河南	150	291549	628506	1184	28628
湖北	85	234613	444490	1177	40549
湖南	97	158249	333383	972	21966
广东	125	471586	778520	2610	21499
广西	59	174493	269943	235	5240
海南	24	45358	106500	139	5241
重庆	26	55986	105742	237	12492
四川	117	180242	494826	1540	46623
贵州	24	73700	143427	512	13949
云南	44	154059	259112	327	14016
西藏	7	23903	36574	7	369
陕西	102	200144	393831	380	7281
甘肃	85	105554	259060	282	15854
青海	9	50080	56284	26	4290
宁夏	24	38397	101668	39	2850
新疆	154	249449	690612	3379	65166

5-13-12 各地区电视节目制作播出情况

地区	电视节目套数（套）		全年制作电视节目时间（小时）	全年公共电视节目播出时间（小时）	全年电视剧播出数		全年进口电视剧播出数		全年动画电视播出数		全年进口动画电视播出数	
	公共电视	付费电视			（部）	（集）	（部）	（集）	（部）	（集）	（部）	（集）
总计	**3250**	**87**	**2653552**	**15776767**	**238250**	**6050882**	**9099**	**224139**	**17544**	**601776**	**1086**	**41139**
总局直属	23	20	66198	174314	1189	33439	32	1682	225	7160	25	1334
北京	25	11	68039	107732	613	21409	1	20	67	5865	9	733
天津	27	4	20270	149510	1426	39403	10	510	93	11881	10	1378
河北	177		131961	739945	14184	395218	273	11395	354	13574	24	1307
山西	112	6	100988	459671	5528	145099	43	1351	531	11262	7	270
内蒙古	125		65686	615727	12539	293052	294	4812	917	21746	9	435
辽宁	117		202182	670111	11028	250579	475	11820	512	15846	52	1145
吉林	76		84234	447691	7367	195988	230	6853	101	4642		
黑龙江	124		72778	643399	4094	109239	213	4970	118	4823	31	705
上海	25	16	63401	173742	2101	42879	100	2760	311	28130	56	5191
江苏	132	4	162649	785118	10543	278643	152	4694	728	32909	18	946
浙江	112	2	148963	700189	8938	251505	205	8075	921	35231	51	1220
安徽	120	2	75181	648882	11514	289201	274	7624	360	14848	31	781
福建	102		55325	326197	2905	89417	53	2304	278	10112	13	561
江西	113		76680	610086	8759	227340	502	14117	698	28004	41	1249
山东	166		144975	924745	12994	361598	79	2665	620	23114	4	300
河南	166	4	131614	858190	14003	338095	264	7490	670	16829	34	961
湖北	114	3	89664	644317	13442	334602	494	13477	927	32086	65	1875
湖南	138		129620	693892	10372	256800	447	12324	1282	46259	81	2724
广东	153	6	114538	678279	6638	201307	282	11139	688	41411	56	4021
广西	114		77924	452354	6002	161757	255	5990	461	22405	4	81
海南	14		9794	78847	728	20620			117	5209	10	970
重庆	45	9	60077	244384	3720	97105	246	5959	249	9627	43	1504
四川	203		109624	928740	17380	439413	693	12538	1677	41516	43	2092
贵州	100		37405	234895	2675	62878	84	3217	134	5919	22	520
云南	162		89150	720880	9625	228398	73	2928	735	23557	9	213
西藏	10		5504	45846	474	10991	33	800	36	949	5	60
陕西	123		79415	557044	7032	177507	29	1138	617	17627		
甘肃	103		59015	392991	7287	172457	33	1052	802	16269		
青海	13		26932	66812	1050	33201	14	340	82	3718		
宁夏	28		27445	148463	1885	43642	2	885	177	7323		
新疆	188		66321	853775	20215	448100	3214	59210	2056	41925	333	8563

5-13-13 电影综合情况

单位：部

年 份	电影故事片厂(个)	生产故事影片	生产动画片	生产科教影片	生产纪录影片	生产特种影片
1952	4	4	2	41	157	
1957	11	40	5	84	272	
1962	16	34	17	94	133	
1965	16	52	21	240	378	
1975	15	27	11	214	313	
1978	12	46	26	289	202	
1979	17	65	25	349	317	
1980	17	82	32	337	242	
1981	19	105	33	277	276	
1982	19	112	33	284	259	
1983	19	127	37	343	299	
1984	20	144	37	387	337	
1985	20	127	45	357	419	
1986	20	134	46	383	417	
1987	22	146	45	353	347	
1988	22	158	38	344	350	
1989	22	136	53	334	259	
1990	22	134	51	326	296	
1991	22	130	46	351	283	
1992	22	170	56	354	307	
1993	22	154	47	252	300	
1994	22	148	32	182	22	
1995	30	146	37	40	111	
1996	30	110	58	33	39	
1997	31	88	28	34	95	
1998	31	82	9	30	54	
2000	31	91	1	49	10	
2001	27	88	1	56	9	
2002	31	100	2	60	7	
2003	31	140	2	53	6	
2004	31	212	4	30	10	
2005	32	260	7	33	2	
2006	32	330	13	36	13	
2007	32	402	6	34	9	
2008	33	406	16	39	16	2
2009	31	456	27	52	19	4

注：1.本表电影故事片厂指国有电影故事片厂。
2.2005年及以前动画片数为美术片数。

5-13-14 电视节目进口情况

指标	合计	欧洲	美国	拉美	日本	韩国	非洲	其他
全年电视节目进口总额(万元)	49146	7193	12147	630	1567	7088		20521
#电视剧(万元)	26887	2266		560	1177	6713		16172
动画电视(万元)	128	34	74		20			
全年电视节目进口量(小时)	21426	8661	8697	144	233	1328		2363
#电视剧(部/集)	115/4035	8/371		1/120	11/187	32/1614		63/1743
动画电视(部/集)	5/421	1/209	3/160		1/52			
全年电视节目出口总额(万元)	9173	729	1130	25	443	351	511	5984
#电视剧(万元)	3584	77	246	25	372	298	161	2404
动画电视(万元)	4456	520	801			7	350	2778
全年电视节目出口量(小时)	10238	278	1372	30	367	525	48	7618
#电视剧(部/集)	128/5825	7/168	18/805	1/30	12/384	10/475	4/37	76/3926
动画电视(部/集)	55/3191	6/156	3/3			1/50	2/44	43/2938

5-13-15 图书出版分类构成情况

类别	种数(种)	印数(万册)	印张(千印张)
图书总计	**301719**	**703675**	**56550271**
使用“中国标准书号”部分合计	**300892**	**702338**	**56381725**
马列主义、毛泽东思想	495	808	137213
哲学	6429	4962	776395
社会科学总论	4112	2609	427242
政治、法律	13730	19423	2042712
军事	917	681	90575
经济	25273	15468	2559192
文化、科学、教育、体育	102597	530481	34585687
语言、文字	16721	20220	2829850
文学	24993	26989	3285112
艺术	15067	14020	960446
历史、地理	11401	15406	1619602
自然科学总论	901	1216	89790
数理科学、化学	5505	3672	590508
天文学、地球科学	1659	1290	100964
生物科学	1618	1028	128422
医学、卫生	14584	10730	1632983
农业科学	6978	5357	398899
工业技术	40938	21501	3441338
交通运输	3313	2336	299844
航空、航天	312	122	15615
环境科学	1447	2065	137979
综合性图书	1902	1954	231357
不使用“中国标准书号”部分合计	**827**	**1337**	**168546**
图片	827	1337	27747
国标(GB)、部标(BB)等标准类文件印品			81433
活页文选、活页歌篇、小件印品等			59366

5-13-16 全国各类图书出版种数

单位：种、%

项　目	本版图书种数			种数比上年增减			租型图书种数	比上年增减
	合 计	新 出	重 印	合 计	新 出	重 印		
图书总计	**301719**	**168296**	**133423**	**10.07**	**12.97**	**6.61**	**10017**	**-7.27**
使用“中国标准书号”部分合计	**300892**	**167740**	**133152**	**10.04**	**12.93**	**6.61**	**10017**	**-7.07**
马克思主义、列宁主义、毛泽东思想	495	318	177	24.06	26.69	19.59	19	216.67
哲学	6429	4868	1561	15.86	18.44	8.48	2	100.00
社会科学总论	4112	2703	1409	12.75	18.97	2.47	1	
政治、法律	13730	10967	2763	4.24	8.63	-10.15	11	-56.00
军事	917	709	208	36.87	40.12	26.83		
经济	25273	16872	8401	7.43	11.50	0.11	10	
文化、科学、教育、体育	102597	41227	61370	7.89	13.03	4.70	9453	-7.95
语言、文字	16721	8848	7873	7.66	11.75	3.42	3	
文学	24993	18132	6861	28.41	24.40	40.36	10	400.00
艺术	15067	9652	5415	13.76	9.50	22.26	104	-44.97
历史、地理	11401	8528	2873	12.52	8.54	26.29	280	-0.36
自然科学总论	901	591	310	10.69	37.44	-19.27		
数理科学、化学	5505	2440	3065	-0.72	8.88	-7.23	2	
天文学、地球科学	1659	1171	488	16.01	22.36	3.17		
生物科学	1618	1038	580	7.58	17.42	-6.45		
医药、卫生	14584	9507	5077	12.54	12.82	12.03	7	
农业科学	6978	3094	3884	30.70	12.22	50.43	109	
工业技术	40938	22827	18111	4.25	8.86	-1.03	3	-40.00
交通运输	3313	1689	1624	13.73	13.66	13.81		
航空、航天	312	192	120	26.32	2.67	100.00		
环境科学	1447	1044	403	9.54	11.78	4.13	2	
综合性图书	1902	1323	579	13.76	5.08	40.19	1	
不使用“中国标准书号”部分—图片合计	**827**	**556**	**271**	**19.86**	**26.36**	**8.40**		

5-13-17 全国各类图书总印数

项目	本年图书总印数(万册、万张)				比上年增减(%)	
	合计	新出	重印	租型	合计	租型
图书总计	**703675**	**183879**	**359056**	**160740**	**-0.36**	**-5.40**
使用"中国标准书号"部分合计	**702338**	**182935**	**358663**	**160740**	**-0.31**	**-5.40**
马克思主义、列宁主义、毛泽东思想	808	167	541	100	-55.14	21.95
哲学	4962	3664	1297	1	21.59	
社会科学总论	2609	1599	958	52	21.12	
政治、法律	19423	10214	9200	9	30.26	-76.32
军事	681	473	208		47.08	
经济	15468	9438	6002	28	-1.49	
文化、科学、教育、体育	530481	92522	285149	152810	-1.74	-4.06
语言、文字	20220	7184	13032	4	-0.07	
文学	26989	18203	8765	21	14.60	-81.74
艺术	14020	7090	6212	718	-16.92	-79.33
历史、地理	15406	4938	3587	6881	-1.45	-0.23
自然科学总论	1216	529	687		-32.14	
数理科学、化学	3672	1378	2248	46	-11.94	
天文学、地球科学	1290	877	413		58.48	
生物科学	1028	515	513		13.59	
医药、卫生	10730	6520	4200	10	8.59	
农业科学	5357	1936	3371	50	42.32	
工业技术	21501	11471	10026	4	-0.56	-84.62
交通运输	2336	1059	1277		21.35	
航空、航天	122	71	51		-6.87	
环境科学	2065	1690	369	6	19.30	
综合性图书	1954	1397	557		-22.40	
不使用"中国标准书号"部分—图片合计	**1337**	**944**	**393**		**-18.97**	

5-13-18 全国各类图书总印张

项目	本年图书总印张(千印张)				比上年增减(%)	
	合计	新出	重印	租型	合计	租型
图书总计	**56550271**	**18764906**	**26371159**	**11414206**	**0.78**	**-1.55**
使用“中国标准书号”部分合计	**56381725**	**18671622**	**26295897**	**11414206**	**0.78**	**-1.55**
马克思主义、列宁主义、毛泽东思想	137213	28782	102611	5820	-52.96	60.02
哲学	776395	543970	232345	80	26.85	14.29
社会科学总论	427242	265765	159540	1937	17.33	
政治、法律	2042712	1276197	766137	378	14.06	-78.72
军事	90575	63144	27431		19.46	
经济	2559192	1553577	1003389	2226	2.31	
文化、科学、教育、体育	34585687	6563793	17242192	10779702	-0.30	-0.70
语言、文字	2829850	1036517	1792896	437	-8.18	
文学	3285112	2291627	990945	2540	20.18	-48.14
艺术	960446	549653	384438	26355	-3.02	-80.35
历史、地理	1619602	740831	292440	586331	0.22	-0.81
自然科学总论	89790	42890	46900		-17.86	
数理科学、化学	590508	208008	378363	4137	-10.98	
天文学、地球科学	100964	59268	41696		14.32	
生物科学	128422	63565	64857		-15.39	
医药、卫生	1632983	1006239	626076	668	0.95	
农业科学	398899	157823	238276	2800	34.31	
工业技术	3441338	1823054	1617947	337	-3.52	-82.88
交通运输	299844	139344	160500		15.69	
航空、航天	15615	9333	6282		-5.47	
环境科学	137979	95800	41724	455	0.50	
综合性图书	231357	152442	78912	3	-19.33	
不使用“中国标准书号”部分合计	**168546**	**93284**	**75262**		**-0.82**	
图片	27747	19786	7961		-16.84	
国标(GB)、部标(BB)等标准类文件印品	81433	46059	35374		17.86	
活页文选、活页歌篇、小件印品等	59366	27439	31927		-12.02	

5-13-19 全国各类图书总定价

项目	图书总定价(万元)				总定价比
	合计	新出	重印	租型	上年增减(%)
图书总计	**8480367**	**3864032**	**3597892**	**1018443**	**5.68**
使用“中国标准书号”部分合计	**8419355**	**3825389**	**3575523**	**1018443**	**5.67**
马克思主义、列宁主义、毛泽东思想	18160	5848	11699	613	-41.99
哲学	155626	117251	38363	12	28.21
社会科学总论	83056	58153	24802	101	31.34
政治、法律	325514	260120	65342	52	2.96
军事	23257	18737	4520		64.22
经济	512536	345344	166935	257	7.35
文化、科学、教育、体育	4102191	1033756	2101590	966845	4.61
语言、文字	513727	209003	304644	80	0.37
文学	582703	420922	161254	527	18.32
艺术	345673	245926	96677	3070	6.10
历史、地理	338570	231195	61548	45827	5.12
自然科学总论	16888	9953	6935		0.53
数理科学、化学	88894	37372	51141	381	-5.86
天文学、地球科学	25604	17021	8583		25.56
生物科学	27425	16982	10443		-2.51
医药、卫生	343043	235300	107660	83	11.62
农业科学	75103	37103	37483	517	30.38
工业技术	666664	406912	259713	39	0.12
交通运输	63337	31347	31990		13.03
航空、航天	4523	3048	1475		6.70
环境科学	33570	26628	6903	39	16.26
综合性图书	73291	57468	15823		-18.75
不使用“中国标准书号”部分合计	**61012**	**38643**	**22369**		**6.54**
图片	13742	11316	2426		-0.13
国标(GB)、部标(BB)等标准类文件印品	36431	22309	14122		21.68
活页文选、活页歌篇、小件印品等	10839	5018	5821		-20.11

5-13-20 各地区少年儿童读物和课本出版情况

地区	种数(种)		总印数（万册）		总印张(千印张)	
	儿童读物	课本	儿童读物	课本	儿童读物	课本
全国	**15591**	**62024**	**28445**	**323531**	**1483746**	**25276621**
中央	2595	37315	3751	84972	217791	8591308
地方	12996	24709	24694	238559	1265955	16685313
北京	575	845	1053	1337	94129	127374
天津	291	701	462	1567	29627	130287
河北	69	238	146	9494	10089	663392
山西	66	22	130	5667	6656	399396
内蒙古	153	745	180	5111	5029	367689
辽宁	600	1861	1436	7292	84691	498106
吉林	1410	658	2274	5510	112205	371412
黑龙江	213	389	303	3272	19995	217495
上海	1157	2674	2567	11825	89726	922934
江苏	706	2179	1193	18218	54265	1262975
浙江	1645	528	3339	13523	210712	879518
安徽	796	750	1204	15019	48429	1066395
福建	260	365	462	3514	25710	222147
江西	893	160	2187	6751	142890	446312
山东	90	969	190	12674	12041	927531
河南	212	588	237	13221	8417	894425
湖北	540	1500	1448	8788	69343	647281
湖南	730	646	1117	13075	60269	894551
广东	335	1135	943	15230	31354	1108516
广西	423	459	1481	11623	53039	732489
海南	23	6	66	1181	2947	76498
重庆	42	856	180	3959	2916	248747
四川	603	785	998	10406	32356	849356
贵州	17	165	6	7132	618	465230
云南	50	283	34	8575	1985	560326
西藏	9	93	4	562	185	33150
陕西	175	1435	384	11150	16850	770730
甘肃	105	105	79	3961	2613	306087
青海	5	174	2	816	105	64374
宁夏	76	109	94	1154	13787	79179
新疆	727	3286	495	6952	22977	451411

5-13-21 课本出版情况

项 目	种数 (种)	#新出版	总印数 (万册)	总印张 (千印张)	定价总金额 (万元)
总 计	**62024**	**22265**	**323531**	**25276621**	**2793952**
大专及以上课本	37151	15196	27082	4817044	735239
中专、技校课本	4173	1497	6130	790060	113558
中学课本	5623	1023	149710	11894992	1073427
小学课本	5184	881	131196	6641282	671510
业余教育课本	5195	2415	4192	571866	106783
扫盲课本	2		1	91	9
教学用书	4696	1253	5220	561286	93426

5-13-22 各地区报纸出版数量

地　区	种　数（种）	平均期印数（万份）	总印数（万份）	总印张（千印张）
全　国	**1937**	**20837.15**	**4391132**	**196939842**
中　央	225	2880.53	638629	18961241
地　方	1712	17956.62	3752503	177978601
北　京	35	351.52	77672	4288890
天　津	28	359.62	95672	5712601
河　北	66	665.97	188096	4224659
山　西	60	2191.55	203073	2672403
内蒙古	61	134.78	28863	826429
辽　宁	75	899.48	175784	8382055
吉　林	52	625.72	79723	3949134
黑龙江	70	361.93	75726	2294339
上　海	72	715.54	162697	7789573
江　苏	80	1117.81	260567	11312781
浙　江	70	1106.45	314033	13589502
安　徽	51	472.87	105905	3578019
福　建	43	362.17	89301	3781808
江　西	40	317.46	68850	2463930
山　东	88	1062.52	295793	15841837
河　南	79	1752.6	212267	6680389
湖　北	74	683.53	170692	7909804
湖　南	50	531.28	126346	4496845
广　东	100	1909.33	455781	42461585
广　西	55	288.11	67163	2411476
海　南	14	89.90	22681	743554
重　庆	26	268.13	56649	3480688
四　川	87	575.38	152763	7887109
贵　州	31	143.65	36192	1314489
云　南	43	235.96	64391	2977539
西　藏	23	29.89	5927	94188
陕　西	44	244.82	59781	3839487
甘　肃	56	187.24	40259	1290779
青　海	25	40.65	9243	259480
宁　夏	15	37.17	8531	247185
新　疆	99	193.59	42082	1176044

5-13-23 各地区期刊出版数量

地区	种数（种）	平均期印数（万份）	总印数（万份）	总印张（千印张）
全国	**9851**	**16457**	**315250**	**16624089**
中央	2857	5183	93715	5702588
地方	6994	11274	221535	10921501
北京	173	191	3249	232060
天津	257	271	3342	180182
河北	230	252	4710	233990
山西	201	185	3673	201444
内蒙古	149	68	1064	52949
辽宁	326	530	9016	374755
吉林	236	427	9246	446253
黑龙江	314	288	5210	262347
上海	633	1031	17821	896209
江苏	464	429	9563	387522
浙江	221	479	7164	267804
安徽	184	432	5977	237762
福建	179	191	2829	132970
江西	160	273	6381	229197
山东	271	462	11056	485024
河南	250	422	8781	402253
湖北	423	1387	32724	1412699
湖南	252	516	11373	521614
广东	387	984	22594	1332364
广西	185	197	4262	175346
海南	42	68	1042	73505
重庆	139	269	5320	356827
四川	349	493	9501	661260
贵州	89	93	1358	92427
云南	127	215	3088	147420
西藏	36	14	133	7302
陕西	286	427	7428	498425
甘肃	138	513	11082	455806
青海	48	19	287	14336
宁夏	36	38	1013	74118
新疆	209	110	1248	75331

5-13-24 各地区录像制品出版数量

单位：种、万盒、万张

地区	录像制品								
						激光数码视盘(VCD)			
	合计		#新版		发行数量	合计		#新版	
	种数	数量	种数	数量		种数	数量	种数	数量
全国	**13069**	**15470.98**	**9886**	**12086.89**	**12216.64**	**6184**	**8054.20**	**3640**	**5329.25**
中央	6116	7916.50	4035	5100.65	6881.94	2920	4761.61	1227	2462.55
地方	6953	7554.48	5851	6986.24	5334.70	3264	3292.59	2413	2866.70
北京	308	453.60	308	453.60	90.07	116	233.60	116	233.60
天津	186	41.64	184	39.64	24.53	23	11.50	21	9.50
河北	46	15.93	46	15.93	18.13	45	15.53	45	15.53
山西	78	109.34	50	106.95	83.62	35	5.68	10	3.38
内蒙古	25	8.21	25	8.21	1.70	2	0.60	2	0.60
辽宁	731	1195.50	728	1194.25	618.65	215	269.99	215	269.99
吉林	130	24.82	120	23.12	93.29	122	24.22	112	22.52
黑龙江	3	2.40	3	2.40	2.40	1	0.40	1	0.40
上海	523	231.85	283	181.92	363.21	188	49.90	31	14.03
江苏	365	363.19	268	300.69	225.20	160	102.29	66	42.59
浙江省	171	79.21	151	69.09	281.69	74	35.55	54	25.43
安徽	221	105.69	221	105.69	80.90	77	33.78	77	33.78
福建	330	398.55	184	242.59	354.30	157	239.49	84	148.15
江西	405	177.97	132	67.72	161.41	362	161.97	101	55.09
山东	255	271.49	237	227.84	157.45	128	115.76	127	101.06
河南	174	84.07	135	75.90	174.00	80	22.61	57	15.04
湖北	189	380.87	173	356.97	818.10	157	366.07	141	342.17
湖南	312	429.18	204	389.84	414.26	148	92.13	65	70.51
广东	1121	1900.37	1093	1889.00	624.51	487	776.82	471	770.44
广西	250	460.81	239	452.97	179.66	135	314.23	128	310.30
海南	6	5.30	6	5.30	6.50	4	4.90	4	4.90
重庆	170	106.87	124	78.27	125.31	91	56.12	45	27.51
四川	250	124.30	240	121.68	85.54	105	53.26	95	50.64
贵州	7	33.85	7	33.85	7.18				
云南	413	180.06	413	180.06	164.51	199	115.73	199	115.73
西藏	1	0.10	1	0.10					
陕西	135	153.41	128	146.76	41.63	66	47.92	59	41.27
甘肃	46	56.76	46	56.76	25.36	23	35.76	23	35.76
青海	10	3.10	10	3.10	9.00	10	3.10	10	3.10
宁夏	2	1.15	2	1.15	1.50				
新疆	90	154.89	90	154.89	101.09	54	103.68	54	103.68

5-13-24 续表 单位：种、万盒、万张

地区	高密度激光视盘(DVD-V)				录像带及其他(VT)			
	合计		#新版		合计		#新版	
	种数	数量	种数	数量	种数	数量	种数	数量
全国	**6879**	**7413.61**	**6240**	**6754.47**	**6**	**3.17**	**6**	**3.17**
中央	3193	3154.64	2805	2637.85	3	0.25	3	0.25
地方	3686	4258.97	3435	4116.62	3	2.92	3	2.92
北京	192	220.00	192	220.00				
天津	163	30.14	163	30.14				
河北	1	0.40	1	0.40				
山西	43	103.66	40	103.57				
内蒙古	23	7.61	23	7.61				
辽宁	516	925.51	513	924.26				
吉林	8	0.60	8	0.60				
黑龙江	2	2.00	2	2.00				
上海	335	181.95	252	167.89				
江苏	204	258.38	201	255.58	1	2.52	1	2.52
浙江省	97	43.66	97	43.66				
安徽	144	71.91	144	71.91				
福建	173	159.06	100	94.44				
江西	43	16.00	31	12.63				
山东	127	155.73	110	126.78				
河南	94	61.46	78	60.86				
湖北	32	14.80	32	14.80				
湖南	164	337.05	139	319.33				
广东	632	1123.15	620	1118.16	2	0.40	2	0.40
广西	115	146.58	111	142.67				
海南	2	0.40	2	0.40				
重庆	79	50.75	79	50.76				
四川	145	71.04	145	71.04				
贵州	7	33.85	7	33.85				
云南	214	64.33	214	64.33				
西藏	1	0.10	1	0.10				
陕西	69	105.49	69	105.49				
甘肃	23	21.00	23	21.00				
青海								
宁夏	2	1.15	2	1.15				
新疆	36	51.21	36	51.21				

5-13-25 各地区录音制品出版数量

单位：种、万盒、万张

地区	录音制品合计					录音带(AT)			
	合计		#新版		发行数量	合计		#新版	
	种数	数量	种数	数量		种数	数量	种数	数量
全　国	**12315**	**23675.48**	**8307**	**7660.23**	**26226.91**	**3998**	**16584.17**	**1620**	**2702.70**
中　央	4817	16168.41	2899	3471.50	15900.35	1505	12864.91	407	1553.01
地　方	7498	7507.07	5408	4188.73	10326.56	2493	3719.26	1213	1149.69
北　京	340	251.38	340	251.38	130.97	188	80.25	188	80.25
天　津	139	175.57	126	77.65	156.39	19	116.63	9	22.81
河　北	104	354.73	104	354.73	772.32	54	303.31	54	303.31
山　西	29	34.90	29	34.90	34.20	12	6.30	12	6.30
内蒙古	26	21.10	26	21.10	9.10				
辽　宁	511	340.60	467	320.94	970.08	44	18.41	35	15.30
吉　林	102	17.17	100	16.97	55.74	11	3.73	11	3.73
黑龙江	8	2.94	8	2.94	4.50				
上　海	2091	1786.16	839	541.97	1856.60	989	1168.35	148	186.48
江　苏	307	997.22	123	68.59	985.75	97	827.30	21	2.33
浙江省	157	293.60	78	39.87	322.17	80	253.82	17	6.24
安　徽	69	22.27	66	20.82	83.55	46	9.88	46	9.88
福　建	98	87.83	60	13.64	156.21	61	39.23	33	3.04
江　西	113	79.11	57	66.45	125.77	29	58.55	29	58.55
山　东	306	300.91	189	116.88	756.42	112	177.09	18	11.96
河　南	38	6.49	18	5.80	11.40	20	0.69		
湖　北	240	255.57	223	248.77	731.03	16	23.00	16	23.00
湖　南	245	450.75	186	205.99	560.67	96	138.39	74	72.24
广　东	1525	839.51	1445	756.57	2050.25	387	208.17	349	198.58
广　西	103	37.07	87	35.54	51.74	51	6.17	35	4.64
海　南	24	11.59	24	11.59	10.70	19	10.39	19	10.39
重　庆	93	104.54	42	32.42	226.50	27	57.79	11	6.58
四　川	75	40.58	66	34.48	23.30	10	14.40	6	10.00
贵　州	47	595.70	47	595.70	29.11				
云　南	520	122.87	520	122.87	38.31	46	1.27	46	1.27
西　藏	3	0.80	3	0.80	0.60				
陕　西	145	145.04	95	58.30	169.89	52	85.57	9	2.24
甘　肃	7	1.80	7	1.80	1.00	2	1.00	2	1.00
青　海	2	0.60	2	0.60	1.50				
宁　夏	3	0.35	3	0.35					
新　疆	28	128.32	28	128.32	0.79	25	109.57	25	109.57

5-13-25 续表 单位：种、万盒、万张

地区	激光唱盘(CD)				高密度激光唱盘及其他(DVD-A)			
	合计		#新版		合计		#新版	
	种数	数量	种数	数量	种数	数量	种数	数量
全　国	**6426**	**4681.42**	**5425**	**3921.48**	**1891**	**2409.89**	**1262**	**1036.05**
中　央	2053	1615.74	1712	1252.20	1259	1687.76	780	666.29
地　方	4373	3065.68	3713	2669.28	632	722.13	482	369.76
北　京	141	168.83	141	168.83	11	2.30	11	2.30
天　津	120	58.94	117	54.84				
河　北	50	51.42	50	51.42				
山　西	17	28.60	17	28.60				
内蒙古	26	21.10	26	21.10				
辽　宁	294	201.50	294	201.50	173	120.69	138	104.14
吉　林	88	11.94	86	11.74	3	1.50	3	1.50
黑龙江	1	0.10	1	0.10	7	2.84	7	2.84
上　海	868	334.01	531	234.40	234	283.80	160	121.09
江　苏	185	157.82	78	54.56	25	12.10	24	11.70
浙江省	77	39.78	61	33.63				
安　徽	21	11.12	19	10.72	2	1.27	1	0.22
福　建	37	48.60	27	10.60				
江　西	84	20.56	28	7.90				
山　东	194	123.82	171	104.92				
河　南	17	3.40	17	3.40	1	2.40	1	2.40
湖　北	190	220.47	189	219.27	34	12.10	18	6.50
湖　南	119	102.45	96	85.80	30	209.91	16	47.95
广　东	1100	606.74	1058	533.39	38	24.60	38	24.60
广　西	52	30.90	52	30.90				
海　南	5	1.20	5	1.20				
重　庆	51	39.16	18	18.45	15	7.59	13	7.39
四　川	63	25.28	59	24.08	2	0.90	1	0.40
贵　州	47	595.70	47	595.70				
云　南	474	121.60	474	121.60				
西　藏	3	0.80	3	0.80				
陕　西	36	19.34	35	19.33	57	40.13	51	36.73
甘　肃	5	0.80	5	0.80				
青　海	2	0.60	2	0.60				
宁　夏	3	0.35	3	0.35				
新　疆	3	18.75	3	18.75				

5-13-26 全国图书、期刊、报纸进出口情况

指标	出口			进口		
	种数(种次)	数量(万册、份)	金额(万美元)	种数(种次)	数量(万册、份)	金额(万美元)
总计	**900344**	**885.16**	**3437.72**	**811265**	**2794.53**	**24505.27**
图书	**855934**	**624.84**	**2962.03**	**755849**	**533.53**	**8316.65**
哲学、社会科学	196721	84.04	686.62	193885	87.32	1856.34
文化、教育	167418	123.97	549.30	99250	144.08	1060.60
文学、艺术	192528	105.12	471.85	95886	89.09	1033.85
自然、科学技术	84125	90.11	303.37	246680	106.03	3232.88
少儿读物	29216	70.64	127.73	41617	38.45	428.92
综合性图书	185926	150.96	823.16	78531	68.56	704.05
期刊	**43741**	**211.65**	**351.13**	**54163**	**448.09**	**13661.47**
报纸	**669**	**48.67**	**124.56**	**1253**	**1812.91**	**2527.15**

5-13-27 全国音像、电子出版物进出口情况

指标	出口			进口		
	种数(种次)	数量(盒、张)	金额(万美元)	种数(种次)	数量(盒、张)	金额(万美元)
总计	**19771**	**100053**	**61.11**	**9479**	**167428**	**6527.06**
录音合计	**1878**	**39250**	**7.36**	**5258**	**93655**	**91.65**
激光唱片	1764	37879	7.10	5258	93655	91.65
数码激光唱盘	114	1371	0.26			
录像合计	**17864**	**60673**	**53.19**	**2274**	**8507**	**33.89**
VT				20	26	0.30
DVD—V	10859	29499	8.39	2254	8481	33.59
VCD	7005	31174	44.80			
电子出版物	**29**	**130**	**0.56**	**1947**	**65266**	**6401.52**

5-13-28 全国引进版权情况

单位：项

项 目	合计	图书	录音制品	录像制品	电子出版物	软件	电影	电视节目	其他
本年引进版权总数	**13793**	**12914**	**262**	**124**	**86**	**249**	**2**	**155**	**1**
#通过版权中介机构	866	743	12						
原版权所在国家或地区									
美 国	4709	4533	37	67	8	55		8	1
英 国	1875	1847	6	5		1		16	
德 国	711	693	5	2	2	8		1	
法 国	421	414		2	2	1		2	
俄罗斯	82	58		2	11	11			
加拿大	80	73	7						
新加坡	395	342	1		6	44		2	
日 本	1306	1261	27	5	4	5		4	
韩 国	832	799	6		10	17			
香港地区	500	398	50	19	23	5		5	
澳门地区									
台湾地区	1573	1444	104	13	5	6		1	
其 他	1309	1052	19	9	15	96	2	116	

5-13-29 全国输出版权情况

单位：项

项 目	合计	图书	录音制品	录像制品	电子出版物	软件	电影	电视节目	其他
本年输出版权总数	**4205**	**3103**	**77**		**34**		**1**	**988**	**2**
#通过版权中介机构	22	18	3						
版权购买者所在国家或地区									
美 国	299	267			1			30	1
英 国	241	220	20					1	
德 国	180	173	7						
法 国	26	26							
俄罗斯	81	54					1	26	
加拿大	13	10						3	
新加坡	87	60						27	
日 本	119	101	17					1	
韩 国	267	253	7		7				
香港地区	370	219	1		5			145	
澳门地区	10	10							
台湾地区	737	680						57	
其 他	1775	1030	25		21			698	1

5-13-30 国家综合档案馆基本情况

年 份	馆藏档案(万卷、万件)	照片档案(万张)	开放档案(万卷、万件)	利用档案(万卷、万件次)	档案馆建筑面积(万平方米)
1991	9637.4	371.0	2094.3	937.0	348.1
1992	10003.5	402.4	2018.7	773.8	255.7
1993	10726.8	435.5	2140.7	891.9	275.9
1994	10782.9	449.6	2454.6	674.4	268.3
1995	11318.3	485.5	2790.3	529.3	282.5
1996	11341.4	494.6	2939.2	485.4	297.5
1997	12222.9	553.0	3304.6	501.0	347.6
1998	12276.5	579.7	3556.5	446.5	310.7
1999	12866.8	584.5	3808.2	508.5	328.4
2000	13314.0	631.7	4072.0	494.4	336.2
2001	13756.6	642.8	4129.7	575.4	342.0
2002	14790.7	720.5	4301.1	548.8	351.0
2003	15945.9	797.4	4618.4	602.6	361.4
2004	17601.5	827.9	4868.3	813.9	376.8
2005	18688.7	908.8	5132.3	868.0	393.1
2006	21656.5	1277.2	5746.3	1166.4	406.1
2007	23675.3	1393.3	5875.5	1244.9	421.9
2008	25051.0	1505.3	6072.2	1257.4	465.4
2009	28089.2	1646.3	6687.4	1308.0	473.3

5-13-31 体育国际交流情况

交流层次	合计	交流性质		交流类型				交流形式	
		来访	出访	世界(国际)	洲际(国际)	双边	其他	政府间体育交流	民间体育交流
起数									
总计	1904	384	1520	711	225	599	369	1488	416
国家	714	89	625	479	72	92	71	660	54
省级	857	162	695	194	104	399	160	672	185
市级	333	133	200	38	49	108	138	156	177
人次									
总计	22699	12474	10225	7802	3395	7357	4145	16017	6682
国家	6630	3673	2957	4588	508	1141	393	5776	854
省级	6116	2171	3945	1297	1000	2804	1015	4086	2030
市级	9953	6630	3323	1917	1887	3412	2737	6155	3798

5-13-32 运动员分项创世界纪录情况

单位：项、人、次

项 目	项 数	#女 子	人 数	#女 子	次 数	#女 子
总 计	**22**	**17**	**11**	**7**	**22**	**17**
游 泳	9	8	4	3	9	8
射 击	1		1		1	
举 重	2		1		2	
潜 水	8	8	3	3	8	8
登 山	2	1	2	1	2	1

5-13-33 运动员获世界冠军情况

年 份	项数(项)	#女子	人数(人)	#女子	个数(个)	#女子
1959	1		1		1	
1963	4		7		4	
1965	5	2	9	4	5	2
1971	4	2	7	2	4	2
1975	2	1	9	4	2	1
1978	4	2	4	2	4	2
1979	12	6.5	20	11	12	6.5
1980	3		3		3	
1981	25	12.5	53	32	25	12.5
1982	12	2	31	15	13	2
1983	37	15	50	24	39	17
1984	33	10	46	26	37	10
1985	42	20	70	41	46	23
1986	26	14	56	34	26	14
1987	64	39	72	34	69	41.5
1988	54	36.5	59	30	54	36.5
1989	80	49	83	48	82	50
1990	54	33.5	61	30	54	33.5
1991	88	57.5	86	51	93	61.5
1992	86	69.5	68	52	89	72.5
1993	101	66.5	106	70	103	68.5
1994	79	53.5	86	45	79	53.5
1995	98	49.5	187	86	102	51.5
1996	72	55	58	42	75	57
1997	87	46	96	46	92	50.5
1998	75	49	89	59	83	55
1999	91	43	129	72	92	44
2000	92	52	109	60	110	66.5
2001	79	46.5	138	77	90	54.5
2002	99	58	123	81	110	64
2003	17	15.5	94	62.5	84	49
2004	27	21	175	98	101	56
2005	22	19	159	89	106	63
2006	24	18	169	87	141	76
2007	22	16	217	123	123	70
2008	24	17	151	83	120	65.5
2009	30	17	223	134	142	87.5

注：男女混合运动项目，女子按半项和半个计算。

【主要统计指标解释】

文化事业机构 指从事专业文化工作和为专业文化工作服务的独立建制的单位。不包括这些单位另外举办独立核算的其他机构和各部门的业余文化组织。

艺术表演观众人数(人次) 指售票、包场演出或民族地区免费演出的艺术表演观众人次数，不包括彩排审查和内部观摩演出的观看人次数。

艺术表演团体 指由文化部门主办或实行行业管理（经文化市场行政部门审批或已申报登记并领取相关许可证），专门从事表演艺术等活动的各类专业艺术表演团体，含民间职业剧团。如话剧团、方言话剧团、滑稽剧团、儿童剧团、歌剧团、舞剧团、歌舞剧团、歌舞团、曲艺团、杂技团、马戏团、木偶团、皮影团等以及由若干剧种组成的综合性专业艺术表演团体。不包括半工半艺、半农半艺的剧团。各类专业艺术表演团体，除部队系统外，均应统计。

文化馆（含综合性文化中心、群众艺术馆）、文化站 指专门从事群众文化活动的群众文化场馆。

文物及文化保护 指对具有历史、文化、艺术、科学价值，并经有关部门鉴定，列入文物保护范围的不可移动文物的保护和管理活动；对我国语言、文字、民间文化艺术、民俗等非物质遗产的文化保护和管理活动包括近现代重要史迹及具有代表性、纪念性的建筑物的保护（含革命遗址、纪念碑、名人故居）；寺庙、清真寺、教学及各种祠、堂、碑遗址的保护；古文化遗址、古墓地、古建筑、石窟寺、石记得等的保护；民族语言、文字遗产保护；民间艺术（民间传说、神话、歌谣、故事、音乐、舞蹈、戏曲、曲艺皮影、绘画、剪纸等）遗产保护；民间、民俗传统活动（传统节日、庆典、民族艺术活动、民族体育活动等）遗产保护；民族制作（建筑风格、服饰、家具、木器、陶器、铜器等）遗产保护；其他未列明的文物与文化保护。

博物馆 指为了研究、教育、欣赏的目的，收藏、保护、展示人类活动和自然环境的见证物，向公众开放，非营利性、永久性社会服务机构，包括以博物馆（院）、纪念馆（舍）、美术（艺术）馆、科技馆、陈列馆等专有名称开展活动的单位。

总藏量 指图书馆已编目的古籍、图书、期刊和报纸的合订本、小册子、手稿，以及缩微制品、录像带、录音带、光盘等视听文献资料数量之和。

藏品 藏品是文博机构根据收藏品的文化属性、自然属性等情况，所划分的文物藏品、标本藏品、模型藏品（含具有收藏、展示价值的雕塑、绘画等艺术作品）和复制品藏品的总和。本指标所统计的藏品是指报告期末，该机构已经整理并登记入账的藏品数。

公共广播节目套数 指经国家广电总局批准的、广播电视播出机构开办的不向听众收取收听费用，以为大众提供公共广播服务为主要目的，用固定频率播出，并编有整套自办节目时间表的广播节目套数。

全年公共广播节目播出时间 指广播电视播出机构自办节目频率内公共节目全年播出的时间，含节目重复播出时间。

全年广播剧播出数 指广播电视播出机构全年播出的广播剧的部数和集数，包括重复播出。

公共电视节目套数 指电视播出机构开办朱向观众收取收看费用，以为大众提供公共电视服务为主要目的，用固定频率播出的自办电视节目套数。

全年公共电视节目播出时间 指广播电视播出机构自办节目频率内全年播出公共电视节目的时间。含重复播出时间。

全年制作广播剧数量 指广播电视制作机构全年制作的广播剧的部数和集数。

全年制作电视剧数量 指广播电视制作机构本年制作完成的电视剧的部数和集数。

中、短波转播发射台 经省以上广电行政部门批准的有固定人员编制，固定频率和播出时间的中、短波发射台和转播台。

调频转播发射台 经省以上广电部门批准的有固定人员编制，固定频率和播出时间的调频发射台和转播台。

电视转播发射台 经省以上广电部门批准的有固定人员编制，固定频率和播出时间的电视发射台和转播台。

有线广播电视用户数 指通过广播电视有线传输网收看电视节目的家庭用户数，包括接收模拟信号和接收数字信号的有线电视用户数。不包括宾馆、单位、写字楼等集体用户。

数字电视用户数 指通过广播电视有线传输网收看数字信号电视节目的家庭用户数。

广播节目综合覆盖人口 根据国家广电总局制定的《广播电视人口覆盖率统计技术标准和方法》进行统计调查的，在对象区内采用无线、有线、卫星等技术手段能够收听到，包括中央、省、地市、县广播节目，其中任意一套的人口数占全国总人口数的百分比。

广播综合人口覆盖率 根据国家广电总局制定的《广播电视人口覆盖率统计技术标准和方法》进行统计调查的，在对象区内能接收到广播节目的人口数占全部总人口的比重，包括中央、省、地市、县广播节目综合覆盖人口。

电视发射转播台 经省以上广电部门批准的有固定人员编制，固定频率和播出时间的电视发射台和转播台。

电视节目综合人口覆盖率 根据国家广电总局制定的《广播电视人口覆盖率统计技术标准和方法》进行统计调查的，在对象区内采用无线、有线、卫星等技术手段能够收听看到，包括中央、省、地市、县电视节目，其中任意一套的人口数占全国总人口数的百分比。

有线电视入户率 （有线广播电视用户数/全国总户数）×100%

图书出版种数 图书的“种数”原则上以一个书名和一个定价单独发行的作为一种。内容完全相同的图书在一年内先后以几种不同版本、不同装帧形式（精、平装）、不同开张、不同定价或不同颜色（单色或彩色）出版均只计算最先出版的种数。

图书出版印数 指实际印装成书的数量。

使用“中国标准书号”合计 使用统一书号的主要有2类：1.各级技术标准文献；2.年画、年历画、台历、无书名页的单张美术印刷品或折页美术印刷品，不另加封面的出版物（如活页文选、活页歌篇、小件印品）等。

不使用“中国标准书号”部分合计 指图片、图标（GB）、部标（BB）等标准类文件印品、活页文选、活页歌篇、小件印品等。

少年儿童读物类图书和课本出版种数 少年儿童读物是指供初中及初中以下少年儿童阅读的书籍，课本是指供大、中、小学生及业余教育使用的书籍。

国家综合档案馆 指归口中央或地方各级档案行政管理部门直接管理的，按行政区划或历史时期设置的，收集和管理所辖范围内多种门类档案的档案馆。

5 第三产业部分行业主要业务指标

5-14　公共管理和社会组织

简要说明

本篇主要包括社会活动参与、公检法司、妇女干部情况等内容。

一、社会活动参与的内容主要包括历届全国人大代表情况、历届全国政协委员情况、全国工会组织情况。全国人大代表数由全国人大办公厅联络局提供，依全国人大换届情况每五年更新一次；全国政协委员数由全国政协办公厅人事局提供，依全国政协换届情况每五年更新一次；全国工会组织情况由全国总工会依据统计报表制度整理提供。

二、公检法司的资料主要包括公安机关的刑事案件立案情况和治安案件查处情况，交通、火灾事故情况，检察机关的办案情况，人民法院审理案件和收结案情况，以及律师、公证、调解工作等情况。资料分别由公安部、最高人民检察院、最高人民法院和司法部依据统计报表制度整理提供。

三、妇女干部情况主要包括分年龄、学历、政治面貌妇联系统专职干部情况和妇女干部的流动等情况。资料由全国妇联提供。

5-14-1 历届全国人民代表大会代表人数

届别	年份	代表总数(人)	#女代表	#少数民族代表	占代表总数比重(%) 女代表	少数民族代表
一届	1954	1226	147	177	12.0	14.4
二届	1959	1226	150	180	12.2	14.7
三届	1964	3040	542	373	17.8	12.3
四届	1975	2885	653	270	22.6	9.4
五届	1978	3497	740	381	21.2	10.9
六届	1983	2978	632	404	21.2	13.6
七届	1988	2970	634	445	21.3	15.0
八届	1993	2978	626	439	21.0	14.7
九届	1998	2979	650	428	21.8	14.4
十届	2003	2984	604	415	20.2	13.9
十一届	2008	2987	637	411	21.3	13.8

5-14-2 历届全国政治协商会议委员人数

届别	年份	委员总数(人)	#中国共产党委员	#少数民族委员	占委员总数比重(%) 中国共产党委员	少数民族委员
六届	1983	2042	811	179	39.7	8.8
七届	1988	2038	832	221	40.8	10.8
八届	1993	2093	831	241	39.7	11.5
九届	1998	2195	875	258	39.9	11.8
十届	2003	2238	895	262	40.0	11.7
十一届	2008	2237	892	250	39.9	11.2

5-14-3 妇联干部情况

单位：人

项 目	1990	1995	2005	2006	2007	2008	2009
干部总数	**97566**	**82834**	**61565**	**75236**	**76144**	**77567**	**73059**
按行政级别分							
司局级	132	321	255	314	304	344	658
县处级	1013	2739	3201	3300	3501	3391	3496
科以下	96421	79774	58109	71622	72339	73832	68905
按年龄分							
35岁以下	56761	24570	28355	32444	31309	32738	30020
36-45岁	30332	47197	24897	31485	30758	31687	30702
46-55岁	9512	10349	7976	10584	11836	12521	11101
56岁以上	961	718	337	723	2241	621	1236
按政治面貌分							
共产党员	59097	54038	49516	60408	60259	61396	60248
共青团员	21549	13271	4556	4010	3768	3954	3785
民主党派	1136	1281	599	567	452	474	474
群众	15784	14244	6894	10251	11665	11743	8552
按文化程度分							
博士研究生			13	10	65	65	29
硕士研究生		698	1127	1531	1973	2041	2261
大学本科、大专学历	17615	30146	50380	60277	61972	68536	62211
高中、中专及以下	79951	51990	10045	13418	12134	6925	8558
按行政编制分							
行政编制	69158	65336	48994	54538	51482	49613	52036
事业编制	7217	4944	10912	16733	20993	21481	17161
招聘干部	21191	12554	1659	3965	3669	6473	3862
#少数民族干部	14638	10834	9156	11500	10229	10304	10294
干部参加学历教育情况							
博士研究生			43	10	8	9	18
硕士研究生		149	820	913	160	966	1000
大学、大专学历	6676	4025	6447	10839	10519	6319	7239
干部参加非学历教育情况							
党校培训			18625	21654	24358	25094	26689
参照公务员管理培训			23088	22883	21541	20443	19855
岗位培训	37542	9391	22637	18503	19814	19607	18812
干部流动情况							
调入	1273	2010	3385	5580	4674	4970	4610
调出	8262	1629	2918	5120	4291	3547	3961
省（区、市）妇联领导进同级							
党委	22	13	18	23	23	25	16
人大	24	88	33	14	28	30	27
政协	24	33	30	19	30	32	30

注：妇联干部指在妇联系统工作的专职干部。

5-14-4 工会组织情况

单位：万人

年 份	工会基层组织数（万个）	全国已建工会组织的基层单位的职工与会员人数				工会专职工作人员人数
		职工人数	#女职工	会员人数	#女会员	
1952	20.7	1393.2		1002.3		5.3
1957	16.5	2158.3		1746.7		
1962	16.5	2667.1		1922.0		8.6
1979	32.9	6897.2	2171.7	5147.3		17.9
1980	37.6	7448.2	2518.6	6116.5		24.3
1981	41.1	8183.0	2902.0	6843.9	2412.8	29.1
1982	43.3	8586.6	3065.9	7331.6	2629.3	32.2
1983	44.7	8845.7	3191.8	7693.4	2771.4	33.7
1984	46.6	9243.9	3370.3	8029.1	2950.3	41.9
1985	46.5	9643.0	3596.7	8525.8	3149.2	38.1
1986	50.2	9949.6	3664.3	8908.5	3309.2	45.9
1987	53.6	10411.8	3900.4	9336.5	3486.9	47.0
1988	56.4	10747.4	4434.9	9628.9	3647.0	47.4
1989	58.9	10998.6	4178.7	9909.2	3777.7	48.8
1990	60.6	11156.9	4291.0	10135.6	3897.7	55.6
1991	61.4	11351.4	4394.8	10389.1	3991.6	58.0
1992	61.7	11223.9	4377.1	10322.5	3974.0	58.0
1993	62.7	11103.8	4359.9	10176.1	3949.6	55.4
1994	58.3	11269.6	4483.2	10202.5	4018.1	56.0
1995	59.3	11321.4	4515.3	10399.6	4116.5	46.8
1996	58.6	11181.4	4500.0	10211.9	4093.1	60.5
1997	51.0	10111.5	4004.8	9131.0	3579.4	57.7
1998	50.4	9716.5	3882.0	8913.4	3546.7	48.4
1999	50.9	9683.0	3797.9	8689.9	3406.2	49.7
2000	85.9	11472.1	4534.5	10361.5	3917.3	48.2
2001	153.8	12997.0	5087.9	12152.3	4696.6	
2002	171.3	14461.5	5157.6	13397.8	4665.2	47.2
2003	90.6	13301.6	5079.3	12340.5	4601.2	46.5
2004	102.0	14436.7	5502.6	13694.9	5135.3	45.6
2005	117.4	15985.3	6016.3	15029.4	5574.8	47.7
2006	132.4	18143.6	6719.3	16994.2	6177.8	54.3
2007	150.8	20452.4	7494.5	19329.0	7042.2	60.2
2008	172.5	22487.5	8168.8	21217.1	7773.8	70.5
2009	184.5	24535.3	8652.6	22634.4	8248.4	74.6

注：2003年起工会基层组织数统计口径有所调整。

5-14-5 律师、公证和调解工作基本情况

项　　目	2002	2003	2004	2005	2006	2007	2008	2009
律师工作								
律师事务所 (个)	10873	11593	11823	12988	13096	13593	14467	15888
律师工作人员 (人)	136684	142534	145196	153846	164516	143967	156710	173327
#专职律师	90012	99793	100875	114471	122242	128172	140135	155457
兼职律师	12186	6850	6966	7418	8068	7842	8116	8764
聘请担任常年法律顾问的单位 (处)	265362	271669	282361	276097	279573	295990	314876	338179
民事诉讼代理 (件)	767628	781452	853897	965956	1027117	1247877	1401147	1499105
经济诉讼代理 (件)	381146	405133	357326	376793	377999			
刑事诉讼辩护及代理 (件)	335267	324454	332688	354229	341619	495824	511971	564204
行政诉讼代理 (件)	43703	48115	50778	50389	56657	56342	54666	57286
非诉讼法律事务 (件)	827057	876696	904516	933346	915482	607049	729218	569304
涉外及涉港澳台法律事务 (件)	26788	20622	37728	36361	10700			
法律咨询 (万人次)	487.41	430.25	471.05	441.48	520.13	381.83	350.86	383.08
代写法律事务文书 (万件)	119.70	120.27	123.16	120.07	145.32	715.37	720.99	684.22
公证工作								
公证处 (个)	3157	3175	3164	3160	3082	3031	3035	3023
公证人员 (人)	19460	20015	19913	20789	31123	21060	33462	23077
#公证员	12245	12093	11714	11738	21362	11616	22284	11282
公证员助理	2556	3018	3644	4138	4709	4966	5469	5895
办理公证文书 (万件)	1004.5	1010.4	1021.9	945.2	980.7	971.4	949.0	1075.1
人民调解工作								
专职司法助理员 (人)	47173	46088	63438	61666	62573	60824	74147	72704
人民调解委员会 (万个)	89.1	87.8	85.3	84.7	84.3	83.7	82.7	82.4
调解人员 (万人)	716.2	669.2	514.4	509.7	498.2	486.9	479.3	493.9
调解民间纠纷 (万件)	314.1	449.2	441.4	448.7	462.8	480.0	498.1	579.7

5-14-6 国内公证文书分类

分类	2008		2009	
	办证件数（件）	比重（%）	办证件数（件）	比重（%）
经济公证	**2579595**	**100.00**	**3055445**	**100.00**
购销	34826	1.35	35534	1.16
联营	4663	0.18	13558	0.44
拍卖	19727	0.76	40545	1.33
贷款	1176795	45.62	1389379	45.47
担保	67292	2.61	84128	2.75
招标、投标	76582	2.97	96451	3.16
技术合作	1279	0.05	712	0.02
供用电	119235	4.62	8568	0.28
劳务合同	50380	1.95	46984	1.54
建筑工程承包	10198	0.40	16292	0.53
工商服务业承包	5552	0.22	4832	0.16
农林牧副渔业承包	71543	2.77	45069	1.48
乡镇企业承包	4525	0.18	2116	0.07
财产租赁	7522	0.29	8201	0.27
企业租赁	1482	0.06	5534	0.18
资产经营协议	4376	0.17	7702	0.25
还款协议	73730	2.86	104794	3.43
土地使用权出让、转让	23494	0.91	39761	1.30
其他经济合同	175995	6.82	182793	5.98
法人(代表人)资格	14423	0.56	30639	1.00
法人委托书	109101	4.23	122821	4.02
公司章程	2683	0.10	8434	0.28
执行许可证明	10368	0.40	12732	0.42
提存	8742	0.34	7808	0.26
抵押登记	54384	2.11	73635	2.41
公司会议记录	8025	0.31	11060	0.36
其他	442673	17.16	655363	21.45
民事法律关系公证	**3556872**	**100.00**	**4386266**	**100.00**
收养	4379	0.12	4371	0.10
解除收养	5437	0.15	5909	0.13
继承权	406923	11.44	518995	11.83
遗嘱	93169	2.62	94813	2.16
产权	27395	0.77	24788	0.57
亲属关系	41005	1.15	50971	1.16
死亡	14838	0.42	10197	0.23
房屋买卖	266516	7.49	358674	8.18
房屋租赁	13928	0.39	14722	0.34
留学协议	10420	0.29	12469	0.28
遗赠扶养协议	13257	0.37	13228	0.30
委托书	766925	21.56	1272431	29.01
赠与书	145840	4.10	156738	3.57
声明书	304734	8.57	408656	9.32
现场监督	119218	3.35	75751	1.73
签名印鉴属实	58837	1.65	72805	1.66
副本等与原本相符	70110	1.97	99444	2.27
宅基地使用权	9369	0.26	10963	0.25
证据保全	168412	4.73	148985	3.40
拆迁协议	70855	1.99	63383	1.45
计划生育	22516	0.63	18831	0.43
赡养协议	10877	0.31	16143	0.37
合伙协议	10471	0.29	9676	0.22
夫妻财产协议	48971	1.38	47266	1.08
其他民事协议	263040	7.40	237535	5.42
其他	589430	16.57	638522	14.56

5-14-7 涉外公证文书分类

分类	2008 办证件数(件)	2008 比重(%)	2009 办证件数(件)	2009 比重(%)
合计	**3111631**	**100.00**	**3082560**	**100.00**
收养	7743	0.25	12138	0.39
遗嘱	1520	0.05	611	0.02
出生	437755	14.07	444828	14.43
死亡	10711	0.34	10221	0.33
生存、居住	14606	0.47	19237	0.62
学历	298023	9.58	264292	8.57
经历	34088	1.10	25555	0.83
国籍	47269	1.52	41935	1.36
婚姻状况	187438	6.02	175394	5.69
亲属关系	329447	10.59	311480	10.10
继承权	5738	0.18	9757	0.32
受、未受 刑事处分	324046	10.41	345678	11.21
声明书	67712	2.18	59395	1.93
委托书	31691	1.02	28527	0.93
营业证书	17692	0.57	16092	0.52
公司章程	3410	0.11	3367	0.11
其他法律文书	32378	1.04	33908	1.10
职称	13236	0.43	10379	0.34
法人资格	5477	0.18	3313	0.11
商标注册	225	0.01	148	
贷款	2672	0.09	1030	0.03
担保	1840	0.06	1058	0.03
其他经济合同	9962	0.32	4909	0.16
副本等与原本相符	524422	16.85	550533	17.86
签名印鉴属实	244500	7.86	213853	6.94
其他	458030	14.72	494922	16.06

5-14-8 调解民间纠纷分类

项目	调解纠纷(件) 2008	调解纠纷(件) 2009	各类纠纷所占比重(%) 2008	各类纠纷所占比重(%) 2009
合计	**4981370**	**5797300**	**100.0**	**100.0**
# 婚姻家庭	1019226	1143913	20.5	19.7
房屋、宅基地	364572	364977	7.3	6.3
邻里	993980	1241838	20.0	21.4
损害赔偿	449054	545094	9.0	9.4

5-14-9 在押服刑人员基本情况

单位：人

指　　标	2008	2009
年初在押服刑人数	1589222	1623394
#女　性	80951	85167
未成年	20772	20662
释放人数	378493	387172
年末在押服刑人数	1623394	1646593

注：1.未成年是指14－18岁服刑人员。
2.释放人员是指减刑释放、假释和刑满释放人员。

5-14-10 公安机关立案的刑事案件及构成

案件类别	立　案（起）		构　成（%）	
	2008	2009	2008	2009
合　计	**4884960**	**5579915**	**100.00**	**100.00**
杀　人	14811	14667	0.30	0.26
伤　害	160429	172840	3.28	3.10
抢　劫	276372	283243	5.66	5.08
强　奸	30248	33286	0.62	0.60
拐卖妇女儿童	2566	6513	0.05	0.12
盗　窃	3399600	3888579	69.59	69.69
诈　骗	273763	381432	5.60	6.84
走　私	1042	1200	0.02	0.02
伪造、变造货币,出售、购买、运输、持有、使用假币	1345	4758	0.03	0.09
其　他	724784	793397	14.84	14.22

注：2009年共破获刑事案件2447515起。

5-14-11 公安机关受理和查处治安案件数

案件类别	受 理(起)	查 处(起)	每万人口受理案件数(起/万人)
合 计	**11752475**	**11053468**	**88.2**
扰乱单位秩序	134120	133091	1.0
扰乱公共场所秩序	417580	415766	3.1
寻衅滋事	164377	157360	1.2
阻碍执行职务	36012	35535	0.3
非法携带枪支、弹药、管制工具	66628	66280	0.5
违反危险物质管理规定	18839	18520	0.1
殴打他人	3791080	3640805	28.4
故意伤害	208051	193177	1.6
盗 窃	2030135	1683624	15.2
敲诈勒索	38654	33007	0.3
抢 夺	52876	41036	0.4
盗窃、损毁公共设施	26008	23626	0.2
伪造、变造、倒卖有价票证、凭证	20065	20008	0.2
违反旅馆业管理	144905	144698	1.1
违反房屋出租管理	153017	152414	1.1
诈 骗	165975	128536	1.2
卖淫、嫖娼	126140	125175	0.9
赌 博	641991	639314	4.8
毒品违法活动	346907	346000	2.6
其 他	3169115	3055496	23.8

5-14-12 交通事故情况

类 别	发生数(起)	死亡人数(人)	受伤人数(人)	直接财产损失(万元)
总 计	**238351**	**67759**	**275125**	**91436.8**
#重大事故	59235	67759	35240	42159.1
#特大事故	1276	5058	3530	4604.4
机动车	225096	64781	262254	89374.7
#汽 车	158210	47896	178545	79770.9
摩托车	58160	13501	74825	7117.6
拖拉机	6177	2214	6432	1137.2
非机动车	10354	1718	10960	1218.5
#自行车	2591	548	2424	271.5
行人乘车人	2827	1227	1836	829.3
其 他	74	33	75	14.3

5-14-13 火灾事故情况

项 目	合 计	特 大	重 大	较大	一 般
发 生 (起)	129381	1	4	59	129317
死 亡 (人)	1236	1	49	222	964
受 伤 (人)	651	6	30	28	587
直接经济损失 (万元)	162390.7	15072.2	305.5	824.9	146188.1
平均每起事故损失 (元)	12551	150722000	763750	139814	11305

5-14-14 各地区交通事故情况

地 区	发生数(起)	死亡人数(人)	受伤人数(人)	直接财产损失(万元)
全 国	**238351**	**67759**	**275125**	**91436.8**
北 京	3814	981	4426	2054.8
天 津	3839	945	4608	2256.2
河 北	6802	2766	7422	4451.7
山 西	7697	2773	8829	3501.2
内蒙古	4166	1440	4632	1528.5
辽 宁	6973	2156	6657	3145.6
吉 林	5277	1483	6313	2261.4
黑龙江	3331	1419	3638	2110.0
上 海	2831	1042	2702	1216.3
江 苏	14542	5202	13997	5496.9
浙 江	23391	5689	25489	8847.0
安 徽	8191	2931	10307	2426.8
福 建	13633	2911	16247	4687.4
江 西	4262	1644	5163	3921.0
山 东	16166	4518	16948	5616.1
河 南	8587	2018	10159	3302.9
湖 北	6630	1952	8201	2850.3
湖 南	7444	2154	10082	3822.0
广 东	32455	6542	38598	8552.9
广 西	5196	2437	6504	1862.7
海 南	1323	499	1873	399.6
重 庆	5992	1031	9178	1048.4
四 川	21680	3057	25179	5769.6
贵 州	1816	1210	2606	1213.9
云 南	5075	1888	6549	2371.7
西 藏	678	369	748	585.1
陕 西	5501	2034	5404	2988.8
甘 肃	2937	1553	3353	1224.9
青 海	1146	578	1334	392.8
宁 夏	1856	457	2192	534.2
新 疆	5120	2080	5787	996.2

5-14-15 各地区火灾事故情况

地 区	发生数（起）	死亡人数（人）	受伤人数（人）	直接经济损失（万元）	人口火灾发生率（1/10万人）
全 国	**129381**	**1236**	**651**	**162390.7**	**9.70**
北 京	5615	33	50	15926.1	45.01
天 津	1328	15	13	940.8	13.49
河 北	3052	34	16	4105.5	4.23
山 西	4777	7	14	3608.8	13.79
内蒙古	9364	46	15	5353.0	38.17
辽 宁	2949	19	6	2755.9	6.93
吉 林	8209	44	11	3384.3	30.19
黑龙江	2802	24	9	5909.6	7.29
上 海	6086	63	41	3990.0	43.45
江 苏	5035	84	49	7714.2	6.79
浙 江	4323	87	28	6063.0	9.17
安 徽	5475	45	24	8400.4	8.06
福 建	3747	52	38	12157.7	10.71
江 西	5963	23	10	6710.4	12.87
山 东	6255	34	10	5334.1	6.62
河 南	2627	15	8	2679.6	2.46
湖 北	11358	42	21	5078.0	18.49
湖 南	2563	52	16	9964.1	3.66
广 东	4564	134	75	13391.6	5.46
广 西	1101	37	22	4993.1	2.12
海 南	1007	6	5	1472.3	11.45
重 庆	6017	43	28	3764.9	18.37
四 川	5682	51	42	7243.2	6.32
贵 州	912	80	29	3615.6	2.23
云 南	2175	64	27	5805.3	4.87
西 藏	206	10	14	411.7	7.11
陕 西	4696	31	5	6808.3	12.19
甘 肃	1244	5	6	1504.9	4.60
青 海	1349	8	5	850.7	24.84
宁 夏	3938	4		326.2	62.11
新 疆	4962	44	14	2127.4	23.39

5-14-16 人民检察院直接立案侦查案件情况

案件分类	受案(件)	立案件数(件)	#大案	立案人数(人)	#要案	结案件数(件)	结案人数(人)
合　计	**51868**	**32439**	**21366**	**41531**	**2670**	**32560**	**41505**
贪污贿赂案件小计	**39279**	**25408**	**18191**	**32176**	**2364**	**25376**	**32025**
贪污	17019	8865	5730	13294	397	9089	13430
贿赂	17794	12897	9875	14253	1755	12398	13707
挪用公款	3910	3412	2586	4152	136	3608	4340
集体私分	375	212		446	71	257	510
巨额财产来源不明	157	21		23	4	13	15
其他	24	1		8	1	11	23
渎职案件小计	**12589**	**7031**	**3175**	**9355**	**306**	**7184**	**9480**
滥用职权	4148	2262	1168	2853	164	2319	2901
玩忽职守	4996	3216	1457	4020	82	3293	4075
徇私舞弊	1926	809	283	1098	40	831	1101
其他	1519	744	267	1384	20	741	1403

注：结案中含上年旧存（以下各表同）。

5-14-17 人民检察院审查批准、决定逮捕犯罪嫌疑人和提起公诉被告人情况

案件分类	批捕、决定逮捕合计		决定起诉合计	
	件	人	件	人
合　计	**633118**	**958364**	**749838**	**1168909**
公安、安全、监狱机关提请小计	**617847**	**941091**	**723324**	**1134380**
危害国家安全案	484	1208	371	1095
危害公共安全案	50556	56115	86713	94329
破坏社会主义市场经济秩序案	23155	35890	25698	42473
侵犯公民人身、民主权利案	139807	191551	163369	227740
侵犯财产案	277346	438246	309033	502606
妨害社会管理秩序案	126304	217823	137928	265835
危害国防利益案	192	255	210	300
军人违反职责案	3	3	2	2
检察机关直接立案侦查案件小计	**15271**	**17273**	**26514**	**34529**
贪污贿赂案	13700	15388	21435	27593
渎职侵权案	1571	1885	5079	6936

5-14-18 人民检察院处理申诉案件情况

单位：件

案件分类	受　案	立案复查	结　案	
				#改变原决定
合　计	**6423**	**3570**	**3465**	**410**
不服检察机关处理决定	**3033**	**1980**	**1910**	**378**
不服不批捕	569	371	362	30
不服不起诉	1426	1071	1014	103
不服撤案	51	26	29	7
不服原免予起诉	75	57	43	9
其他	912	455	462	229
不服法院刑事判决裁定	**3390**	**1590**	**1555**	**32**
刑罚执行中被害人申诉	1022	480	445	4
刑罚执行中被告人申诉	1233	581	589	21
刑罚执行完毕后被害人申诉	297	128	124	1
刑罚执行完毕后被告人申诉	838	401	397	6

5-14-19 人民检察院出庭公诉情况

单位：件

案件类别	适用简易程序	出庭公诉					
			一　审	二　审			再　审
					上诉案	抗诉案	
合　计	**282909**	**446506**	**435149**	**10956**	**9192**	**1764**	**401**
贪污贿赂	1873	19898	18946	880	612	268	72
渎职侵权	777	3916	3790	110	72	38	16
刑事案件	280259	422689	412410	9966	8508	1458	313
军人违反职责		3	3				

5-14-20 人民检察院办理刑事抗诉案件情况

案件类别	提出抗诉(件)	撤回抗诉(件)	审判结果合计(件)	改　判		维持原判(件)	发回重审(件)
				件	人		
合　计	**3963**	**457**	**2391**	**1004**	**1501**	**700**	**687**
二审小计	**3332**	**435**	**2046**	**892**	**1355**	**653**	**501**
贪污贿赂案件	536	78	318	118	163	106	94
渎职侵权案件	81	1	48	12	16	19	17
刑事案件	2715	356	1680	762	1176	528	390
再审小计	**631**	**22**	**345**	**112**	**146**	**47**	**186**
贪污贿赂案件	106	6	40	14	17	3	23
渎职侵权案件	26	2	8	2	2	3	3
刑事案件	499	14	297	96	127	41	160

5-14-21 人民检察院办理民事、行政抗诉案件情况

单位：件

案件类别	合计	民事案件	行政案件
立案	41558	39490	2068
提请抗诉	14039	13580	459
抗诉	11556	11226	330
撤回抗诉	57	56	1
抗诉案件再审	7787	7469	318
改判	3026	2940	86
发回重审	703	687	16
调解	1877	1864	13
维持原判	1710	1610	100
其他	471	368	103

5-14-22 人民检察院受理举报、控告、申诉案件情况

单位：件

案件类别	受理	处理		
			#分送检察机关	#转其他机关
合计	**346504**	**344378**	**218180**	**67246**
首次举报	159822	159213	123065	11118
首次控告	76484	76209	29140	33048
首次申诉	110198	108956	65975	23080

5-14-23 人民检察院纠正违法情况

项目	书面提出纠正		已纠正	
	件次	人次	件次	人次
合计	**58023**	**32762**	**53862**	**31717**
立案监督小计	28014		26208	
监督立案	21191		19466	
监督撤案	6823		6742	
侦查监督小计	25974		24229	
审查批捕环节	14308		14005	
审查起诉环节	11666		10224	
刑事审判监督	4035		3425	
刑罚执行监督小计		32762		31717
监管活动		22268		21675
超期羁押		337		333
减刑、假释、保外就医		10157		9709

5-14-24 人民法院审理一审案件情况

单位：件

年 份	收 案	刑 事	民 事	经济纠纷	行 政	海事海商
1978	447755	146968	300787			
1979	513789	123846	389943			
1980	763535	197856	565679			
1981	906051	232125	673926			
1982	1024160	245219	778941			
1983	1343164	542648	756436	43553	527	
1984	1355460	431357	838307	84813	983	
1985	1319741	246655	846391	225541	916	238
1986	1611282	299720	989409	321220	632	301
1987	1875229	289614	1213219	366110	5940	346
1988	2290624	313306	1455130	513046	8573	569
1989	2913515	392564	1815385	694907	9934	725
1990	2916774	459656	1851897	591462	13006	753
1991	2901685	427840	1880635	566592	25667	951
1992	3051157	422991	1948786	650601	27125	1654
1993	3414845	403267	2089257	892580	27911	1830
1994	3955475	482927	2383764	1051742	35083	1959
1995	4545676	495741	2718533	1275959	52596	2847
1996	5312580	618826	3093995	1515848	79966	3945
1997	5288379	436894	3277572	1478822	90557	4534
1998	5410798	482164	3375069	1450049	98350	5166
1999	5692434	540008	3519244	1529877	97569	5736
2000	5356294	560432	3412259	1290867	85760	6976
2001	5344934	628996	3459025	1149101	100921	6891
2002	5132199	631348	4420123		80728	
2003	5130760	632605	4410236		87919	
2004	5072881	647541	4332727		92613	
2005	5161170	684897	4380095		96178	
2006	5183794	702445	4385732		95617	
2007	5550062	724112	4724440		101510	
2008	6288831	767842	5412591		108398	
2009	6688963	768507	5800144		120312	

注：1.一审案件指人民法院按照诉讼级别管辖按第一审程序审理的案件。
2.2002年起，经济纠纷和海事海商并入民事案件中。

5-14-25 人民法院审理刑事一审案件收结案情况

单位：件

项 目	收 案	结 案
合 计	**768507**	**766746**
危害公共安全罪	86987	86814
破坏社会主义市场经济秩序罪	25240	25020
侵犯公民人身权利民主权利罪	180677	180293
侵犯财产罪	314219	314173
妨害社会管理秩序罪	134380	133639
危害国防利益罪	196	197
贪污贿赂罪	22233	21942
渎职罪	4003	3970
其 他	572	698
合计中含自诉案件	14613	15004

注：结案中含上年旧存(以下各表同)。

5-14-26 人民法院审理刑事案件罪犯情况

单位：人

年 份	刑事罪犯总数	#青少年罪犯	不满18岁	18岁至25岁	青少年罪犯占刑事罪犯比重(%)
1997	526312	199212	30446	168766	37.9
1998	528301	208076	33612	174464	39.4
1999	602380	221153	40014	181139	36.7
2000	639814	220981	41709	179272	34.5
2001	746328	253465	49883	203582	34.0
2002	701858	217909	50030	167879	31.0
2003	742261	231715	58870	172845	31.2
2004	764441	248834	70086	178748	32.6
2005	842545	285801	82692	203109	33.9
2006	889042	303631	83697	219934	34.2
2007	931745	316298	87506	228792	33.9
2008	1007304	322061	88891	233170	32.0
2009	996666	302023	77604	224419	30.3

5-14-27 人民法院审理婚姻家庭、继承一审案件收结案情况

单位：件

项 目	收 案	结 案	调 解	判 决	驳 回	撤 诉	其 他
合 计	**1379692**	**1380762**	**659065**	**399461**	**5510**	**306697**	**10029**
婚姻家庭	1341029	1342726	641026	387710	5112	299330	9548
离 婚	1142586	1143267	545700	332779	4016	253269	7503
赡养纠纷	28885	29031	11721	8009	93	8861	347
抚养、扶养关系纠纷	49193	49567	28965	10731	229	9299	343
抚育费纠纷	25626	25668	11792	7838	146	5623	269
其 他	94739	95193	42848	28353	628	22278	1086
继承	38663	38036	18039	11751	398	7367	481
法定继承	22670	22302	11635	6260	210	3965	232
遗嘱继承	3340	3289	1358	1256	20	613	42
其 他	12653	12445	5046	4235	168	2789	207

5-14-28 人民法院审理合同纠纷一审案件收结案情况

单位：件

项 目	收 案	结 案	调 解	判 决	驳 回	撤 诉	其 他
合 计	**3151716**	**3154347**	**1010991**	**1103888**	**46648**	**943338**	**49482**
借款合同	978013	979094	332894	372961	10138	250444	12657
买卖合同	591425	594404	208923	203198	6112	165610	10561
电信合同	115663	115946	35223	5078	113	74917	615
租赁合同	135047	134649	35918	52962	1934	41870	1965
劳动争议	318643	317072	105666	125578	11743	66825	7260
房地产合同	127972	126821	42757	53194	1794	27290	1786
供用动力合同	79236	79620	19899	12431	773	46159	358
建设工程合同	87201	86418	25218	35512	1821	21768	2099
农村承包合同	38837	39254	13014	13104	1075	11530	531
承揽合同	75773	76895	25023	27314	1094	21854	1610
其 他	603906	604174	166456	202556	10051	215071	10040

5-14-29 人民法院审理权属、侵权纠纷及其他民事一审案件收结案情况

单位：件

项目	收案	结案	调解	判决	驳回	撤诉	其他
合计	**1268736**	**1262051**	**428968**	**456423**	**18894**	**244007**	**113759**
所有权及其相关权利	307532	306701	91818	110989	7517	91135	5242
特别程序	134864	135304	1425	19512	5102	10564	98701
人身权纠纷	667828	663058	280028	275873	3565	97579	6013
#人身损害赔偿	639746	635114	270715	264665	3187	90966	5581
特殊侵权纠纷	39792	38693	13090	15008	693	9331	571
不当得利	20366	20328	4487	7686	369	7305	481
票据、证券、股票纠纷	3797	3979	1024	1731	170	940	114
其他	94557	93988	37096	25624	1478	27153	2637

5-14-30 人民法院审理行政一审案件收结案情况

单位：件

项目	收案	结案	维持	撤销	驳回	撤诉	单独赔偿	其他
合计	**120312**	**120530**	**16010**	**8241**	**11004**	**46327**	**394**	**38554**
土地等资源	21150	21352	2580	2301	2918	8722	79	4752
公安	9601	9563	2632	615	511	3739	61	2005
城建	22493	22741	2374	2328	2377	8836	86	6740
交通运输	2498	2529	260	133	151	1236	11	738
工商	3142	3179	358	177	202	1607	7	828
环保	2647	2628	73	8	52	2162		333
计划生育	4788	4794	228	40	160	2166	1	2199
税务	293	343	56	13	30	161		83
卫生	1529	1483	57	25	88	487	2	824
乡政府	3548	3543	601	255	362	1836	7	482
劳动和社会保障	9172	9126	2494	752	778	3048	4	2050
其他	39451	39249	4297	1594	3375	12327	136	17520

5-14-31 历年劳动争议处理情况

单位：件

项　　目	1998	1999	2000	2001	2002	2003	2004	2005	2006	2007	2008	2009
上期未结案件数	**3475**	**3840**	**6374**	**8739**	**12472**	**16276**	**17117**	**17829**	**22165**	**25424**	**33084**	**83709**
案件受理情况												
当期案件受理数	93649	120191	135206	154621	184116	226391	260471	313773	317162	350182	693465	684379
#集体劳动争议案件数	6767	9043	8247	9847	11024	10823	19241	16217	13977	12784	21880	13779
劳动者申诉案件数	84829	114152	120043	146781	172253	215512	249335	293710	301233	325590	650077	627530
劳动者当事人数(人)	358531	473957	422617	467150	608396	801042	764981	744195	679312	653472	1214328	1016922
#集体劳动争议	251268	319445	259445	286680	374956	514573	477992	409819	348714	271777	502713	299601
按争议原因分												
劳动报酬				45172	59144	76774	85132	103183	103887	108953	225061	247330
社会保险				31158	56558	76181	88119	97519	100342	97731		
变更劳动合同	2840	3469	3829	4254	3765	5494	4465	7567	3456	4695		
解除劳动合同	13069	18108	21149	29038	30940	40017	42881	54858	55502	67565	139702	43876
终止劳动合同	4752	8031	10816	10298	12908	12043	14140	14015	12366	12696		
其　他	9515	8626	12549									
案件处理情况												
结案数	92288	121289	130688	150279	178744	223503	258678	306027	310780	340030	622719	689714
按处理方式分												
仲裁调解	31483	39550	41877	42933	50925	67765	83400	104308	104435	119436	221284	251463
仲裁裁决	25389	34712	54142	77250	77340	95774	110708	131745	141465	149013	274543	290971
其他方式	35155	47027	34669	35096	50479	59954	64550	69974	64880	71581	126892	147280
按处理结果分												
用人单位胜诉	11937	15674	13699	31544	27017	34272	35679	39401	39251	49211	80462	95470
劳动者胜诉	48650	63030	70544	71739	84432	109556	123268	145352	146028	156955	276793	255119
双方部分胜诉	27365	37459	37247	46996	67295	79475	94041	121274	125501	133864	265464	339125
案外调解案件数				**63939**	**77342**	**58451**	**70840**	**93561**	**130321**	**151902**	**237283**	**185598**

5-14-32 各地区劳动争议处理情况

单位：件

地区	上期末结案件数	案件受理情况			劳动者当事人数(人)	
		当期案件受理数	#集体劳动争议案件数	#劳动者申诉案件数		#集体劳动争议
全国	**83709**	**684379**	**13779**	**627530**	**1016922**	**299601**
北京	5053	73463	665	72556	73463	15309
天津	2044	19133	85	18489	23835	4787
河北	886	17079	340	16094	27569	6160
山西	837	7049	235	6278	10417	3206
内蒙古	84	4452	87	4446	8226	3172
辽宁	3438	20507	302	19372	29004	7882
吉林	758	8544	408	8157	14010	4539
黑龙江	521	7569	178	6866	10283	2662
上海	22248	57392	257	56037	63659	6490
江苏	4899	74637	430	71678	96405	15555
浙江	1695	40560	665	27500	63593	23411
安徽	212	7873	201	7372	12065	2901
福建	927	16522	344	15107	30515	13174
江西	232	13108	863	12991	32526	10862
山东	5117	44036	1480	37966	70029	18517
河南	1080	18024	246	14208	22955	3687
湖北	1048	20616	417	20055	24698	4643
湖南	652	16500	1290	15486	55700	28300
广东	25116	118155	1776	107266	198881	72877
广西	657	11660	64	11553	14811	2972
海南	716	4008	104	3982	8463	3026
重庆	3048	21762	1420	20002	40819	20474
四川	789	24585	697	19297	31121	7588
贵州	675	8384	166	7799	9752	1413
云南	118	5733	355	4835	8765	4528
西藏	31	764	129	754	5291	3646
陕西	284	7707	242	7166	9946	1761
甘肃	446	3152	99	3134	4502	1441
青海	15	552	36	532	717	162
宁夏	73	2018	70	1853	3907	1959
新疆		8333	125	8220	10430	2456
新疆兵团	10	502	3	479	565	41

5-14-32 续表 1 单位：件

地区	案件受理情况						
	按争议原因分						
	劳动报酬	社会保险待遇及福利	#养老保险	#医疗保险	#工伤保险	#福利	解除劳动合同
全国	**247330**	**153546**	**57036**	**12414**	**63663**	**9861**	**43876**
北京	44203	3731	3185	310	154	82	30
天津	6475	5261	3632	323	771	434	1146
河北	3267	5428	2846	511	1649	423	1347
山西	1042	2510	1147	292	919	152	823
内蒙古	1028	1671	530	50	1059	25	313
辽宁	7325	4851	1858	736	1975	255	1554
吉林	2452	3020	1545	138	1243	77	643
黑龙江	2046	3306	785	229	2168	103	432
上海	29576	8097				2407	1906
江苏	29366	13960	3712	596	8308	276	4940
浙江	17202	13490	4310	842	7935	403	23
安徽	1707	2905	1136	290	1158	240	553
福建	6247	4022	710	249	2648	118	1388
江西	3617	3969	2088	448	1259	174	828
山东	11666	12841	4223	896	3892	1604	3039
河南	3963	5986	3613	941	1588	262	985
湖北	3720	8450	4124	1527	2577	222	1659
湖南	3135	2970	1515	743	446	59	3465
广东	47687	10994	1809	552	7213	1109	13207
广西	3208	2689	1430	349	582	204	952
海南	990	1639	1456	18	125	40	138
重庆	6682	6017	556	242	4751	381	1557
四川	3979	10901	3508	706	4920	287	1258
贵州	1031	3788	1009	169	2572	33	386
云南	834	1631	1023	492	829	44	173
西藏	492	152	64	5	76	7	5
陕西	1589	2730	1773	164	742	52	359
甘肃	559	1549	1049	323	131	46	230
青海	69	261	38	29	190	4	71
宁夏	403	809	436	57	291	25	78
新疆	1637	3745	1875	186	1378	306	345
新疆兵团	133	173	51	1	114	7	43

5-14-32 续表 2

单位：件

地　区	案件处理情况								案外调解案件数
	结案数	按处理方式分				按处理结果分			
		仲裁调解	仲裁裁决	仲裁撤诉	其他方式	用人单位胜诉	劳动者胜诉	双方部分胜诉	
全　国	**689714**	**251463**	**290971**	**104685**	**42595**	**95470**	**255119**	**339125**	**185598**
北　京	64215	18148	26681	17170	2216	10374	8342	45499	236
天　津	18106	7213	6859	3456	578	3522	7245	7339	9822
河　北	16298	5262	8853	1708	475	1586	10120	4592	4941
山　西	7177	3387	3076	273	441	355	5774	1048	
内蒙古	4324	1710	1872	384	358	433	2514	1377	977
辽　宁	21554	4741	10324	2890	3599	4385	12112	5057	2208
吉　林	8556	3346	3534	694	982	878	6085	1593	278
黑龙江	7313	3039	3508	583	183	932	5006	1375	1635
上　海	72749	17968	27700	20922	6159	13860	8944	49945	4258
江　苏	75686	39655	19817	11787	4427	7850	31266	36570	51128
浙　江	39568	21529	11497	5811	731	3189	13710	22669	6153
安　徽	7762	3333	3228	655	546	873	3412	3477	2525
福　建	16694	6501	7587	696	1910	876	9347	6471	9193
江　西	12072	7009	3831	887	345	2013	7392	2667	2052
山　东	44495	16883	16815	6838	3959	6658	22287	15550	11598
河　南	17748	7451	8230	1503	564	2127	7317	8304	3534
湖　北	19841	8245	7666	2147	1783	2927	8386	8528	
湖　南	16466	5150	8859	1891	566	1686	6461	8319	4732
广　东	120625	35884	65010	13885	5846	17923	31668	71034	39075
广　西	11611	3668	6250	1335	358	1724	4211	5676	3468
海　南	3663	949	1882	777	55	115	2774	774	266
重　庆	23866	7762	10386	2833	2885	3750	8891	11225	9139
四　川	24430	9111	10787	2748	1784	3327	12802	8301	9873
贵　州	8375	3506	3629	637	603	1159	3725	3491	1513
云　南	5591	2539	2481	201	370	311	4854	426	3650
西　藏	793	652	94	9	38	24	579	190	73
陕　西	7201	2350	3620	827	404	742	3773	2686	
甘　肃	2593	928	1514	106	45	450	840	1303	741
青　海	553	183	274	26	70	13	382	158	31
宁　夏	1882	782	835	250	15	242	868	772	866
新　疆	7457	2438	4018	709	292	1126	3864	2467	1167
新疆兵团	450	141	254	47	8	40	168	242	466

【主要统计指标解释】

公证人员 指在公证处工作的人员总称，包括公证处主任、副主任、公证员、公证员助理(助理公证员)和其他从事辅助性工作的人员。

公证文书 指公证处根据当事人申请，依照事实和法律，按照法定程序制作的，具有法律效力的司法证明文书。

调解员 指在人民调解委员会担负调解民间纠纷工作的人员，包括调解委员会的委员和调解小组的调解员。

调解民间纠纷 指调解委员会按照法律规定，根据自愿原则，用说服教育的方法调解民间发生的有关民事权利和义务争执的件数，包括调解成功数和调解未成功数。

特大火灾 指造成30人以上死亡，或者100人以上重伤，或者1亿元以上直接财产损失的火灾。

重大火灾 指造成10人以上30人以下死亡，或者50人以上100人以下重伤，或者5000万元以上1亿元以下直接财产损失的火灾。

较大火灾 指造成3人以上10人以下死亡，或者10人以上50人以下重伤，或者1000万元以上5000万元以下直接财产损失的火灾。

一般火灾 指造成3人以下死亡，或者10人以下重伤，或者1000万元以下直接财产损失的火灾。

人民检察院直接立案侦查案件 指按照管辖的规定，由人民检察院直接立案侦查的贪污贿赂犯罪、渎职犯罪、国家机关工作人员利用职权实施的侵犯公民人身权利和民主权利的犯罪以及经省级人民检察院决定立案侦查的国家机关工作人员利用职权实施的其他重大犯罪案件。

要案 指县、处级以上的干部犯罪案件。该指标主要反映职务犯罪案件中县、处级以上干部被人民检察院依法立案侦查的情况。

批准逮捕 指人民检察院对公安机关、国家安全机关、监狱管理机关提请逮捕的犯罪嫌疑人进行审查，根据事实，依法作出逮捕决定。

决定逮捕 指人民检察院对直接立案侦查的案件，认为需要逮捕犯罪嫌疑人时，依据法律作出的逮捕决定。

青少年罪犯 指人民法院在报告期内判决发生法律效力的有罪判决中14周岁以上不满25周岁的罪犯。其中14周岁以上不满18周岁的罪犯为未成年罪犯。

行政案件 指公民、法人和其他组织不服行政机关作出的具体行政行为，向人民法院提起行政诉讼，人民法院依法审理的案件。

单独赔偿 指单独提起行政赔偿的案件。当事人对行政行为的合法性没有争议，就行政侵权造成的损害赔偿单独提起赔偿诉讼。

受理劳动争议案件数 指劳动争议仲裁委员会根据国家有关规定，对劳动争议当事人的申请予以审查，符合受理条件而正式立案、准备处理的劳动争议案件数。

6 第三产业复合性行业情况

6-1 旅游业

简要说明

一、主要内容

入境旅游人数(外国人、港澳同胞和台湾同胞)、国内旅游人数，以及国际、国内旅游收入等。

二、统计范围

国际旅游和国内旅游。

三、调查方法

国内旅游人数、国际旅游收入和国内旅游收入等指标采取抽样调查方法,其余指标均为全面调查统计取得。

四、资料来源

本篇资料由国家统计局贸易外经统计司根据公安部和国家旅游局的资料编制。

入境国际旅游人数和国内居民出境人数来自公安部;各地区接待国际旅游者人数、国内旅游人数和国内旅游收入资料来自国家旅游局;国际旅游（外汇）收入，1994年以前由国家统计局贸易外经统计司根据国际旅游者在华花费外汇券统计资料整理提供,1994年及以后由国家旅游局整理提供。

6-1-1 历年入境旅游人数

单位：万人次

年份	合计	#过夜旅游者	外国人	港澳台同胞	#台湾同胞
1978	180.92	71.60	22.96	156.15	
1979	420.39	152.90	36.24	382.06	
1980	570.25	350.00	52.91	513.90	
1981	776.71	376.70	67.52	705.31	
1982	792.43	392.40	76.45	711.70	
1983	947.70	379.10	87.25	856.41	
1984	1285.22	514.10	113.43	1167.04	
1985	1783.31	713.30	137.05	1637.78	
1986	2281.95	900.10	148.23	2126.90	
1987	2690.23	1076.00	172.78	2508.74	
1988	3169.48	1236.10	184.22	2977.33	43.77
1989	2450.14	936.10	146.10	2297.19	54.10
1990	2746.18	1048.40	174.73	2562.34	94.80
1991	3334.98	1246.40	271.01	3050.62	94.66
1992	3811.49	1651.20	400.64	3394.34	131.78
1993	4152.69	1898.20	465.59	3670.49	152.70
1994	4368.45	2107.00	518.21	3838.72	139.02
1995	4638.65	2003.40	588.67	4038.40	153.23
1996	5112.75	2276.50	674.43	4422.86	173.39
1997	5758.79	2377.00	742.80	5006.09	211.76
1998	6347.84	2507.29	710.77	5625.00	217.46
1999	7279.56	2704.66	843.23	6425.52	258.46
2000	8344.39	3122.88	1016.04	7320.80	310.86
2001	8901.29	3316.67	1122.64	7778.65	344.20
2002	9790.83	3680.26	1343.95	8446.88	366.06
2003	9166.21	3297.05	1140.29	8025.92	273.19
2004	10903.82	4176.14	1693.25	9210.57	368.53
2005	12029.23	4680.90	2025.51	10003.71	410.92
2006	12494.21	4991.34	2221.03	10273.19	441.35
2007	13187.33	5471.98	2610.97	10576.36	462.79
2008	13002.74	5304.92	2432.53	10570.21	438.56
2009	12647.59	5087.52	2193.75	10453.84	448.40

注：港澳台同胞来自香港特别行政区、澳门特别行政区和台湾省(下同)。

6-1-2 历年入境旅游人数增长速度

单位：%

年 份	合 计	#过夜旅游者	外国人	港澳台同胞	#台湾同胞
1979	132.4	113.5	57.8	144.7	
1980	35.6	128.9	46.0	34.5	
1981	36.2	7.6	27.6	37.2	
1982	2.0	4.2	13.2	0.9	
1983	19.6	-3.4	14.1	20.3	
1984	35.6	35.6	30.0	36.3	
1985	38.8	38.7	20.8	40.3	
1986	28.0	26.2	8.2	29.9	
1987	17.9	19.5	16.6	18.0	
1988	17.8	14.9	6.6	18.7	
1989	-22.7	-24.3	-20.7	-22.8	23.6
1990	12.1	12.0	19.6	11.5	75.2
1991	21.4	18.9	55.1	19.1	-0.1
1992	14.3	32.5	47.8	11.3	39.2
1993	9.0	15.0	16.2	8.1	15.9
1994	5.2	11.0	11.3	4.6	-9.0
1995	6.2	-4.9	13.6	5.2	10.2
1996	10.2	13.6	14.6	9.5	13.2
1997	12.6	4.4	10.1	13.2	22.1
1998	10.2	5.5	-4.3	12.4	2.7
1999	14.7	7.9	18.6	14.2	18.9
2000	14.6	15.5	20.5	13.9	20.3
2001	6.7	6.2	10.5	6.3	10.7
2002	10.0	11.0	19.7	8.6	6.4
2003	-6.4	-10.4	-15.2	-5.0	-25.4
2004	19.0	26.7	48.5	14.8	34.9
2005	10.3	12.1	19.6	8.6	11.5
2006	3.9	6.6	9.7	2.7	7.4
2007	5.5	9.6	17.6	3.0	4.9
2008	-1.4	-3.1	-6.8	-0.1	-5.2
2009	-2.7	-4.1	-9.8	-1.1	2.2

6-1-3 入境外国游客分组构成

单位：万人次

指标	2008		2009	
	人数	比重(%)	人数	比重(%)
总计	**2432.53**	**100.0**	**2193.75**	**100.0**
按性别分				
男	1560.90	64.2	1430.15	65.2
女	871.64	35.8	763.60	34.8
按年龄分				
14岁及以下	98.52	4.1	92.05	4.2
15-24岁	206.13	8.5	171.90	7.8
25-44岁	1129.10	46.4	1004.28	45.8
45-64岁	871.70	35.8	796.56	36.3
65岁以上	127.09	5.2	128.95	5.9
按事由分				
会议/商务	567.77	23.3	523.72	23.9
观光/休闲	1203.96	49.5	1013.27	46.2
探亲/访友	6.79	0.3	8.01	0.4
服务员工	243.19	10.0	227.37	10.4
其他	410.82	16.9	421.38	19.2
按入境方式分				
船舶	274.85	11.3	234.18	10.7
飞机	1342.78	55.2	1254.88	57.2
火车	80.18	3.3	53.35	2.4
汽车	367.07	15.1	276.43	12.6
徒步	367.66	15.1	374.91	17.1

6-1-4 按国籍分入境外国游客人数

单位：万人次

地 区	2004	2005	2006	2007	2008	2009
总计	**1693.25**	**2025.51**	**2221.03**	**2610.97**	**2432.53**	**2193.75**
亚洲	**1073.14**	**1249.99**	**1358.82**	**1606.12**	**1455.10**	**1377.93**
#朝鲜	11.21	12.58	11.01	11.37	10.18	10.56
印度	30.94	35.65	40.51	46.25	43.66	44.89
印度尼西亚	34.98	37.76	43.30	47.71	42.63	46.90
日本	333.43	339.00	374.59	397.75	344.61	331.75
马来西亚	74.19	89.96	91.06	106.20	104.05	105.90
蒙古	55.38	64.20	63.12	68.20	70.53	57.67
菲律宾	54.94	65.40	70.42	83.30	79.53	74.89
新加坡	63.68	75.59	82.79	92.20	87.58	88.95
韩国	284.49	354.53	392.40	477.68	396.04	319.75
泰国	46.42	58.63	59.20	61.16	55.43	54.18
非洲	**17.34**	**23.80**	**29.38**	**37.91**	**37.84**	**40.12**
欧洲	**377.71**	**479.14**	**527.96**	**621.68**	**612.33**	**459.11**
#英国	41.81	49.96	55.26	60.51	55.15	52.88
德国	36.53	45.49	50.06	55.67	52.89	51.85
法国	28.11	37.20	40.22	46.34	43.00	42.48
意大利	12.24	19.70	19.53	21.52	19.44	19.14
荷兰	11.74	14.58	16.78	19.41	18.09	16.69
葡萄牙	3.95	4.38	4.45	4.83	4.39	4.36
瑞典	8.72	11.03	12.96	14.51	13.77	12.58
瑞士	4.07	5.14	5.79	6.46	6.34	6.26
俄罗斯	179.22	222.39	240.51	300.39	312.34	174.30
拉丁美洲	**13.25**	**16.05**	**19.58**	**15.95**	**26.03**	**23.10**
北美洲	**165.67**	**198.53**	**221.00**	**256.15**	**232.12**	**226.01**
#加拿大	34.80	42.98	49.91	57.72	53.47	55.03
美国	130.86	155.55	171.03	190.12	178.64	170.98
大洋洲及太平洋岛屿	**45.19**	**57.36**	**63.86**	**72.85**	**68.88**	**67.24**
#澳大利亚	37.63	48.30	53.81	60.74	57.15	56.15
新西兰	6.46	7.84	8.86	10.87	10.52	10.04
其他	**0.96**	**0.64**	**0.43**	**0.31**	**0.23**	**0.22**

6-1-5 历年国际旅游(外汇)收入及增长速度

单位：亿美元

年 份	收入合计			增长速度 (%)		
		商品收入	劳务收入		商品收入	劳务收入
1978	2.63	1.22	1.41			
1979	4.49	2.03	2.46	70.7	66.4	74.5
1980	6.17	3.15	3.02	37.4	55.2	22.8
1981	7.85	4.06	3.79	27.2	28.9	25.5
1982	8.43	4.31	4.12	7.4	6.2	8.7
1983	9.41	4.66	4.75	11.6	8.1	15.3
1984	11.31	5.65	5.66	20.2	21.2	19.2
1985	12.50	5.30	7.20	10.5	-6.2	27.2
1986	15.31	6.66	8.65	22.5	25.7	20.1
1987	18.62	7.78	10.84	21.6	16.8	25.3
1988	22.47	8.95	13.52	20.7	15.0	24.7
1989	18.60	6.30	12.30	-17.2	-29.6	-9.0
1990	22.18	7.75	14.43	19.2	23.0	17.3
1991	28.45	9.89	18.56	28.3	27.6	28.6
1992	39.47	12.90	26.57	38.7	30.4	43.2
1993	46.83	13.09	33.74	18.6	1.5	27.0
1994	73.23	26.45	46.78	56.4	102.1	38.6
1995	87.33	32.99	54.34	19.3	24.7	16.2
1996	102.00	34.50	67.50	16.8	4.6	24.2
1997	120.74	40.24	80.50	18.4	16.6	19.3
1998	126.02	41.39	84.63	4.4	2.9	5.1
1999	140.99	42.99	98.00	11.9	3.9	15.8
2000	162.24	47.54	114.70	15.1	10.6	17.0
2001	177.92	52.93	124.99	9.7	11.3	9.0
2002	203.85	58.71	145.14	14.6	10.9	16.1
2003	174.06	50.51	123.55	-14.6	-14.0	-14.9
2004	257.39	77.40	179.99	47.9	53.2	45.7
2005	292.96	91.26	201.70	13.8	17.9	12.1
2006	339.49	147.19	192.30	15.9	61.3	-4.7
2007	419.19	142.42	276.77	23.5	-3.2	43.9
2008	408.43	124.07	284.35	-2.6	-12.9	2.7
2009	396.75	127.63	269.12	-2.9	2.9	-5.4

6-1-6 国际旅游(外汇)收入

单位：亿美元

指　标	2004	2005	2006	2007	2008	2009
总计	**257.39**	**292.96**	**339.49**	**419.19**	**408.43**	**396.75**
商品收入	**77.40**	**91.26**	**147.19**	**142.42**	**124.07**	**127.63**
商品销售	57.98	63.78	112.07	104.94	85.34	91.49
餐饮	19.42	27.48	35.12	37.48	38.73	36.14
劳务收入	**179.99**	**201.70**	**192.30**	**276.77**	**284.36**	**269.12**
长途交通	66.88	82.94	73.76	111.43	124.87	117.41
民航	49.52	59.28	66.63	87.91	90.47	85.84
铁路	4.63	9.04	2.79	7.71	13.46	12.77
汽车	8.10	7.18	3.10	6.94	10.47	9.58
轮船	4.63	7.44	1.24	8.87	10.47	9.22
游览	31.24	12.27	9.86	18.00	22.02	20.80
住宿	8.81	37.75	48.97	59.38	48.60	44.34
娱乐	10.87	17.02	12.53	21.10	29.70	28.82
邮电通讯	13.07	8.44	5.11	7.61	10.02	9.55
市内交通	18.25	10.30	12.01	12.42	13.55	13.29
其他服务	30.87	32.99	30.06	46.83	35.60	34.91

6-1-7 各地接待入境旅游者情况

地区	人数（万人次）		#外国人		人天数（万人天）		#外国人	
	2008	2009	2008	2009	2008	2009	2008	2009
北京	379.04	412.51	335.72	342.92	1744.23	1730.22	1564.44	1494.02
天津	122.04	141.02	113.00	130.58	471.78	571.16	396.46	481.56
河北	75.02	84.22	67.02	74.69	173.60	190.85	156.85	172.46
山西	93.93	106.78	57.94	66.63	172.44	200.94	107.13	126.74
内蒙古	154.93	128.96	153.23	126.61	325.47	306.21	320.58	296.85
辽宁	241.87	293.20	207.27	250.74	735.74	916.77	637.81	794.68
吉林	61.73	68.05	52.46	58.29	116.35	137.51	101.08	120.39
黑龙江	200.61	142.51	193.34	135.03	428.65	311.61	411.88	298.37
上海	526.47	533.39	441.62	439.05	1955.90	1908.23	1619.53	1539.80
江苏	544.30	556.83	396.11	396.07	2247.62	2341.15	1622.27	1677.50
浙江	539.67	570.64	366.13	377.60	1410.10	1551.33	975.42	1062.27
安徽	132.09	156.16	90.82	97.75	241.19	305.48	171.26	198.81
福建	293.19	312.03	98.64	97.84	1194.85	1367.17	485.63	567.05
江西	80.21	96.43	30.83	38.76	169.75	195.13	63.81	79.56
山东	253.67	310.04	206.43	241.19	680.90	897.99	572.93	715.23
河南	104.36	125.85	67.91	82.76	230.87	254.75	138.95	167.88
湖北	118.75	133.46	92.66	101.76	221.72	264.04	173.42	202.60
湖南	111.02	130.87	71.10	64.08	320.47	359.38	234.24	213.34
广东	2567.97	2747.80	608.82	617.94	5078.66	5621.93	1426.85	1452.51
广西	201.02	209.85	120.01	117.38	329.99	350.76	207.52	205.77
海南	70.65	55.15	53.08	37.21	182.48	157.35	150.29	123.22
重庆	87.19	104.81	74.28	84.80	249.11	297.40	213.93	246.07
四川	69.95	84.99	47.77	61.49	127.98	157.37	92.95	117.53
贵州	39.54	39.95	18.22	16.28	69.09	65.30	28.83	27.80
云南	250.22	284.49	169.18	191.79	452.76	545.77	298.14	346.18
西藏	6.80	17.49	6.29	16.25	17.19	44.82	15.94	41.67
陕西	125.73	145.08	93.67	114.42	339.28	415.84	254.77	334.43
甘肃	8.32	6.07	5.98	4.51	10.79	8.23	8.08	6.37
青海	2.99	3.61	2.06	2.47	7.74	10.03	5.94	7.61
宁夏	1.16	1.45	0.93	1.16	2.11	2.85	1.78	2.29
新疆	36.32	35.49	32.77	31.84	82.42	78.54	75.87	72.48

6-1-8 分地区入境旅游者人均天消费情况

单位：美元/人天

地 区	人均天花费		外国人		香港同胞		澳门同胞		台湾同胞	
	2008	2009	2008	2009	2008	2009	2008	2009	2008	2009
北 京	255.79	252.46	254.21	249.36	264.83	263.55	263.59	282.03	274.04	273.47
天 津	203.65	198.84	202.62	198.17	209.48	204.41	184.85	210.75	211.41	191.03
河 北	158.24	163.39	159.91	162.09	136.52	171.71	170.00	173.67	151.51	173.11
山 西	182.93	176.01	176.27	172.75	195.90	178.59	224.02	200.03	191.94	178.88
内蒙古	181.51	183.68	178.98	184.29	218.09	176.08	180.00	198.08	197.11	173.67
辽 宁	207.84	202.38	207.61	201.64	211.90	206.60	217.54	202.39	199.01	204.73
吉 林	181.62	176.25	181.48	177.36	191.85	166.06	192.44	168.06	168.56	183.26
黑龙江	196.76	190.44	196.36	194.26	207.29	165.78	207.47	190.29	188.83	166.24
上 海	250.57	248.48	250.15	248.53	258.39	246.69	258.59	246.82	245.15	250.46
江 苏	216.26	212.57	215.88	211.13	230.06	218.70	227.83	206.80	201.81	215.74
浙 江	215.09	209.34	216.27	211.77	206.73	200.46	212.98	197.72	215.78	202.47
安 徽	185.11	181.66	187.57	179.26	180.47	191.68	148.78	191.27	182.01	189.83
福 建	194.71	195.08	195.19	199.58	196.52	190.88	181.79	180.05	193.26	187.95
江 西	156.60	153.45	160.97	153.77	150.23	146.77	138.07	157.08	150.53	161.25
山 东	211.62	205.27	209.22	202.20	232.87	211.85	206.14	222.95	213.89	208.69
河 南	156.47	150.89	159.76	151.08	162.85	144.10	75.47	147.50	92.67	155.16
湖 北	197.56	193.43	199.93	189.80	196.34	195.48	196.27	214.48	192.46	191.14
湖 南	192.21	188.76	193.45	188.63	187.22	186.75	162.06	187.26	193.13	195.20
广 东	164.48	174.84	166.60	177.00	157.62	169.74	169.89	171.80	164.95	173.94
广 西	181.17	181.73	178.90	179.44	185.49	186.31	183.27	174.08	189.63	189.72
海 南	168.48	172.47	169.71	173.18	167.11	177.06	126.17	135.68	170.75	176.78
重 庆	177.04	172.65	182.96	162.10	173.26	183.00	150.97	212.65	151.44	223.55
四 川	173.39	175.63	171.83	181.78	179.46	157.53	165.98	155.81	180.84	155.22
贵 州	169.01	170.62	171.16	171.61	169.03	176.29	143.87	150.83	161.15	164.37
云 南	187.29	180.85	184.15	178.74	219.69	196.59	229.07	181.93	168.05	181.84
西 藏	171.27	174.52	183.20	176.28	174.94	142.92	163.96	-	131.98	187.08
陕 西	195.82	186.49	196.30	187.09	193.64	193.77	168.25	172.92	192.94	163.02
甘 肃	154.41	155.36	156.27	163.49	161.10	153.81	139.97	96.59	106.45	85.33
青 海	149.95	153.65	150.15	157.16	160.23	156.42	119.43	52.63	147.10	141.85
宁 夏	152.78	155.56	152.20	158.24	164.73	146.53	95.79	164.68	149.89	131.99
新 疆	169.58	176.40	171.88	179.99	156.25	145.95	152.26	116.67	163.14	165.38

6-1-9 主要城市接待入境旅游者情况

单位：万人次

城　市	合计		#外国人	
	2008	2009	2008	2009
北　京	379.04	412.51	335.72	342.92
天　津	122.04	141.02	113.00	130.58
沈　阳	47.64	49.53	39.96	41.52
大　连	95.00	105.00	85.62	94.77
长　春	21.70	21.71	18.77	18.33
哈尔滨	29.71	24.03	23.12	18.83
上　海	526.47	533.39	441.62	439.05
南　京	119.18	113.45	77.71	74.40
无　锡	61.13	62.95	42.25	40.47
苏　州	168.23	169.51	121.72	116.03
杭　州	221.33	230.40	154.37	157.28
宁　波	75.68	80.05	47.72	46.46
黄　山	81.04	87.71	55.93	51.10
厦　门	104.53	94.49	41.56	43.08
济　南	17.02	18.70	10.74	11.61
青　岛	80.08	100.07	69.77	80.14
武　汉	53.40	66.90	42.78	52.63
广　州	612.48	689.40	214.49	231.18
深　圳	869.57	896.37	151.42	146.38
珠　海	286.22	297.84	49.31	47.86
中　山	65.18	47.58	11.90	10.96
桂　林	125.02	129.03	81.44	75.11
海　口	13.61	10.32	8.53	6.18
三　亚	51.15	31.78	41.16	23.29
重　庆	87.19	104.81	74.28	84.80
成　都	47.20	58.87	34.67	44.00
昆　明	70.07	77.83	49.82	56.16
西　安	63.20	70.06	53.58	61.61

6-1-10 国内旅游情况

年 份	旅游人数(百万人次)			旅游总花费(亿元)		
		城镇居民	农村居民		城镇居民	农村居民
1994	524.00	204.55	319.45	1023.51	848.21	175.30
1995	629.00	245.70	383.30	1375.70	1140.10	235.60
1996	639.50	256.20	383.30	1638.38	1368.36	270.02
1997	644.00	259.00	385.00	2112.70	1551.83	560.87
1998	695.00	250.00	445.00	2391.18	1551.13	876.05
1999	719.00	284.00	435.00	2831.92	1748.23	1083.69
2000	744.00	329.00	415.00	3175.54	2235.26	940.28
2001	784.00	375.00	409.00	3522.37	2651.68	870.69
2002	878.00	385.00	493.00	3878.36	2848.09	1030.27
2003	870.00	351.00	519.00	3442.27	2404.08	1038.19
2004	1102.00	459.00	643.00	4710.71	3359.04	1351.67
2005	1212.00	496.00	716.00	5285.86	3656.13	1629.73
2006	1394.00	576.00	818.00	6229.70	4414.70	1815.00
2007	1610.00	612.00	998.00	7770.60	5550.40	2220.20
2008	1712.00	703.00	1009.00	8749.30	5971.75	2777.55
2009	1902.00	903.00	999.00	10183.69	7233.79	2949.90

【主要统计指标解释】

旅游人数

1. 入境旅游人数：指报告期内来我国观光、度假、探亲访友、就医疗养、购物、参加会议或从事经济、文化、体育、宗教活动的外国人、港澳台同胞等入境游客。统计时，外国人、港澳台同胞每入境一次统计1人次。

2. 国内旅游人数：指在报告期内在中国（大陆）观光游览、度假、探亲访友、就医疗养、购物、参加会议或从事经济、文化、体育、宗教活动的中国（大陆）居民人数，其出游的目的不是通过所从事的活动谋取报酬。统计时，国内游客按每出游一次统计1人次。

国际旅游(外汇)收入 指入境游客在中国（大陆）境内旅行、浏览过程中用于交通、参观游览、住宿、餐饮、购物、娱乐等全部花费。

国内旅游总花费 指国内游客在国内旅行、浏览过程中用于交通、参观游览、住宿、餐馆、购物、娱乐等全部花费。

6 第三产业复合性行业情况

6-2 物流业

简要说明

一、主要内容

一个国家的物流发展水平，在一定程度上反映了综合国力和企业竞争力。本篇资料通过物流业的主要指标反映物流业发展的状况。

二、统计范围

本篇主要包括社会物流总额、社会物流总费用、物流业增加值、物流业固定资产投资额指标等。

三、资料来源

本篇资料来源于中国物流与采购联合会物流信息中心。

6-2-1 社会物流总额

单位：亿元

年 份	工业品	农产品	进口货物	再生资源	单位与居民物品	合计
1991	23418	3252	3395	198	27	30291
1992	31121	3335	4444	255	33	39188
1993	43780	4281	5990	382	42	54475
1994	62571	6104	9964	548	50	79237
1995	82584	7951	11029	607	59	102230
1996	89730	8618	11523	673	69	110614
1997	102501	8996	11817	746	78	124138
1998	107688	9160	11626	827	86	129388
1999	115827	9138	13736	917	98	139717
2000	142000	9634	18660	1017	116	171427
2001	163739	10291	20159	1127	126	195442
2002	196799	10986	24431	1249	132	233597
2003	249570	11261	34193	1385	187	296595
2004	324876	11970	46467	1535	190	383829
2005	413161	12748	54093	1776	205	481983
2006	516864	13546	63267	2059	240	595976
2007	660878	15849	72627	2436	493	752283
2008	798622	18638	78603	2529	1402	899793
2009	874058	19439	68570	2840	1632	966538

注：1.本表根据国家相关部门统计资料核算；
2.2009年数据按快报数据核算；
3.再生资源数据依据全国第二次经济普查数据进行了调整；
4.本表按当年价格计算，以下各表同。

6-2-2 社会物流总额构成

单位：%

年 份	工业品	农产品	进口货物	再生资源	单位与居民物品
1991	77.49	10.76	11.24	0.42	0.09
1992	79.62	8.53	11.37	0.40	0.09
1993	80.60	7.88	11.03	0.41	0.08
1994	78.97	7.70	12.58	0.69	0.06
1995	80.98	7.80	10.82	0.35	0.06
1996	81.36	7.81	10.45	0.31	0.06
1997	82.89	7.27	9.56	0.22	0.06
1998	83.65	7.12	9.03	0.13	0.07
1999	83.36	6.58	9.89	0.11	0.07
2000	83.25	5.65	10.94	0.09	0.07
2001	84.18	5.29	10.36	0.10	0.06
2002	84.61	4.72	10.50	0.10	0.06
2003	84.15	3.80	11.53	0.47	0.06
2004	84.64	3.12	12.11	0.40	0.05
2005	85.72	2.64	11.22	0.37	0.04
2006	86.73	2.27	10.62	0.35	0.04
2007	87.85	2.11	9.65	0.32	0.07
2008	88.76	2.07	8.74	0.28	0.16
2009	90.43	2.01	7.09	0.29	0.17

6-2-3 社会物流总额增长率

上年=100　　单位：%

年 份	工业品	农产品	进口货物	再生资源	单位与居民物品	合计
1992	132.9	102.5	130.9	128.9	122.0	129.4
1993	140.7	128.4	134.8	150.1	124.7	139.0
1994	142.9	142.6	166.4	143.4	119.5	145.5
1995	132.0	130.3	110.7	110.8	118.2	129.0
1996	108.7	108.4	104.5	110.8	117.6	108.2
1997	114.2	104.4	102.5	110.8	112.6	112.2
1998	105.1	101.8	98.4	110.8	110.3	104.2
1999	107.6	99.8	118.2	110.8	114.0	108.0
2000	122.6	105.4	135.8	110.8	118.4	122.7
2001	115.3	106.8	108.0	110.8	108.6	114.0
2002	120.2	106.8	121.2	110.8	104.8	119.5
2003	126.8	102.5	140.0	110.8	141.7	127.0
2004	130.2	106.3	135.9	110.9	101.6	129.4
2005	127.2	106.5	116.4	115.7	107.9	125.6
2006	125.1	106.3	117.0	116.0	116.9	123.7
2007	127.9	117.0	114.8	118.3	121.1	126.2
2008	120.8	117.6	108.2	103.8	284.4	119.6
2009	109.4	104.3	87.2	112.3	116.4	107.4

6-2-4 每单位GDP的物流需求系数

年 份	工业品	农产品	进口货物	再生资源	单位与居民物品	合计
1991	1.083	0.150	0.157	0.009	0.001	1.4
1992	1.168	0.125	0.167	0.010	0.001	1.5
1993	1.239	0.121	0.170	0.011	0.001	1.5
1994	1.298	0.127	0.207	0.011	0.001	1.6
1995	1.358	0.131	0.181	0.010	0.001	1.7
1996	1.261	0.121	0.162	0.009	0.001	1.6
1997	1.298	0.114	0.150	0.009	0.001	1.6
1998	1.276	0.109	0.138	0.010	0.001	1.5
1999	1.292	0.102	0.153	0.010	0.001	1.6
2000	1.431	0.097	0.188	0.010	0.001	1.7
2001	1.493	0.094	0.184	0.010	0.001	1.8
2002	1.635	0.091	0.203	0.010	0.001	1.9
2003	1.837	0.083	0.252	0.010	0.001	2.2
2004	2.032	0.075	0.291	0.010	0.001	2.4
2005	2.257	0.070	0.295	0.010	0.001	2.6
2006	2.468	0.065	0.302	0.010	0.001	2.8
2007	2.680	0.064	0.294	0.010	0.002	3.1
2008	2.543	0.059	0.250	0.008	0.004	2.9
2009	2.606	0.058	0.204	0.008	0.005	2.9

6-2-5 社会物流总费用

单位：亿元

年 份	运输费用	保管费用	管理费用	社会物流总费用
1991	2879	1612	691	5182
1992	3379	1922	836	6137
1993	4507	2317	1074	7898
1994	5579	3276	1483	10338
1995	6455	4459	1970	12884
1996	7633	5109	2250	14993
1997	8218	5820	2629	16667
1998	8668	5625	2728	17021
1999	9533	5344	2937	17814
2000	10070	5975	3185	19230
2001	10813	6458	3348	20619
2002	12000	7281	3460	22741
2003	14068	8057	3570	25695
2004	16932	8981	4089	30002
2005	18639	10632	4590	33860
2006	21196	12695	5066	38957
2007	26648	15544	6074	48266
2008	31436	18560	6745	56741
2009	33628	19955	7244	60826

注：1.本表根据国家相关部门统计资料核算；
2.本表数据依据全国第二次经济普查数据及GDP核算数据进行了调整；
3.2009年数据按快报数据核算；
4.本表按当年价格计算，以下各表同。

6-2-6 社会物流总费用构成

单位：%

年 份	运输费用	保管费用	管理费用
1991	55.6	31.1	13.3
1992	55.1	31.3	13.6
1993	57.1	29.3	13.6
1994	54.0	31.7	14.3
1995	50.1	34.6	15.3
1996	50.9	34.1	15.0
1997	49.3	34.9	15.8
1998	50.9	33.0	16.0
1999	53.5	30.0	16.5
2000	52.4	31.1	16.6
2001	52.4	31.3	16.2
2002	52.8	32.0	15.2
2003	54.7	31.4	13.9
2004	56.4	29.9	13.6
2005	55.0	31.4	13.6
2006	54.4	32.6	13.0
2007	54.0	33.1	12.9
2008	55.4	32.7	11.9
2009	55.3	32.8	11.9

6-2-7 社会物流总费用增长情况

上年=100 单位：%

年　份	运输费用	保管费用	管理费用	社会物流总费用
1992	117.4	119.3	120.9	118.4
1993	133.4	120.5	128.6	128.7
1994	123.8	141.4	138.0	130.9
1995	115.7	136.1	132.9	124.6
1996	118.3	114.6	114.2	116.4
1997	107.7	113.9	116.8	111.2
1998	105.5	96.7	103.8	102.1
1999	110.0	95.0	107.7	104.7
2000	105.6	111.8	108.4	107.9
2001	107.4	108.1	105.1	107.2
2002	111.0	112.7	103.3	110.3
2003	117.2	110.7	103.2	113.0
2004	120.4	111.5	114.5	116.8
2005	110.1	118.4	112.2	112.9
2006	113.7	119.4	110.4	115.1
2007	125.7	122.4	119.9	123.9
2008	118.0	119.4	111.0	117.6
2009	107.0	107.5	107.4	107.2

6-2-8 社会物流总费用与GDP的比例

单位：%

年　份	运输费用	保管费用	管理费用	社会物流总费用
1991	13.3	7.5	3.2	24.0
1992	12.7	7.2	3.1	23.0
1993	12.8	6.6	3.0	22.4
1994	11.6	6.8	3.1	21.4
1995	10.6	7.3	3.2	21.2
1996	10.7	7.2	3.2	21.1
1997	10.4	7.4	3.3	21.1
1998	10.3	6.7	3.2	20.2
1999	10.6	6.0	3.3	19.9
2000	10.1	6.0	3.2	19.4
2001	9.9	5.9	3.1	18.8
2002	10.0	6.1	2.9	18.9
2003	10.4	5.9	2.6	18.9
2004	10.6	5.6	2.6	18.8
2005	10.2	5.8	2.5	18.5
2006	10.0	6.0	2.4	18.4
2007	10.0	5.8	2.3	18.2
2008	10.0	5.9	2.1	18.1
2009	10.0	6.0	2.2	18.1

6-2-9 物流业增加值

单位：亿元

年份	交通运输业物流增加值	仓储业物流增加值	贸易业物流增加值	邮政业物流增加值	物流业增加值合计
1991	1498	87	247	20	1851
1992	1735	116	300	22	2174
1993	2314	155	409	27	2906
1994	2855	218	546	35	3654
1995	3294	277	654	40	4265
1996	3903	297	751	45	4996
1997	4204	325	822	47	5398
1998	4609	335	871	44	5858
1999	5072	359	943	42	6416
2000	5338	434	1050	66	6887
2001	5723	489	1149	68	7429
2002	5982	576	1303	65	7927
2003	6882	649	1517	64	9112
2004	8193	731	1764	87	10776
2005	9154	860	2163	93	12271
2006	10386	1033	2697	313	14430
2007	13612	1265	2940	383	18200
2008	15854	1570	3648	437	21509
2009	16809	1737	4035	498	23078

注：1.本表根据国家相关部门统计资料核算；
2.本表数据依据全国第二次经济普查数据及GDP核算数据进行了调整；
3.2009年数据按快报数据核算；
4.本表按当年价格计算，以下各表同。

6-2-10 物流业增加值构成

单位：%

年份	交通运输业物流增加值	仓储业物流增加值	贸易业物流增加值	邮政业物流增加值
1991	80.9	4.7	13.3	1.1
1992	79.8	5.3	13.8	1.0
1993	79.7	5.3	14.1	0.9
1994	78.1	6.0	15.0	1.0
1995	77.2	6.5	15.3	0.9
1996	78.1	5.9	15.0	0.9
1997	77.9	6.0	15.2	0.9
1998	78.7	5.7	14.9	0.7
1999	79.1	5.6	14.7	0.6
2000	77.5	6.3	15.2	1.0
2001	77.0	6.6	15.5	0.9
2002	75.5	7.3	16.4	0.8
2003	75.5	7.1	16.7	0.7
2004	76.0	6.8	16.4	0.8
2005	74.6	7.0	17.6	0.8
2006	72.0	7.2	18.7	2.2
2007	74.8	7.0	16.2	2.1
2008	73.7	7.3	17.0	2.0
2009	72.8	7.5	17.5	2.2

6-2-11 物流业增加值增长情况

上年=100　　单位：%

年　份	交通运输业物流增加值	仓储业物流增加值	贸易业物流增加值	邮政业物流增加值	物流业增加值合计
1992	115.9	133.3	121.9	112.2	117.4
1993	133.4	133.6	136.2	121.0	133.6
1994	123.4	140.6	133.5	129.5	125.8
1995	115.4	127.1	119.7	115.5	116.7
1996	118.5	107.2	114.8	111.1	117.1
1997	107.7	109.4	109.6	104.7	108.1
1998	109.6	103.1	105.9	93.3	108.5
1999	110.1	107.2	108.3	95.0	109.5
2000	105.2	120.9	111.3	158.2	107.3
2001	107.2	112.7	109.5	103.1	107.9
2002	104.5	117.8	113.4	96.7	106.7
2003	115.0	112.7	116.4	97.8	115.0
2004	119.1	112.7	116.3	135.9	118.3
2005	111.7	117.6	122.6	107.2	113.9
2006	113.5	120.1	100.0	336.0	117.6
2007	131.1	122.5	109.0	122.2	126.1
2008	116.5	124.1	124.1	114.1	118.2
2009	106.0	110.6	110.6	114.0	107.3

6-2-12 物流业增加值占GDP比重

单位：%

年　份	交通运输业物流增加值	仓储业物流增加值	贸易业物流增加值	邮政业物流增加值	物流业增加值合计
1991	6.9	0.4	1.1	0.1	8.6
1992	6.5	0.4	1.1	0.1	8.2
1993	6.5	0.4	1.2	0.1	8.2
1994	5.9	0.5	1.1	0.1	7.6
1995	5.4	0.5	1.1	0.1	7.0
1996	5.5	0.4	1.1	0.1	7.0
1997	5.3	0.4	1.0	0.1	6.8
1998	5.5	0.4	1.0	0.1	6.9
1999	5.7	0.4	1.1		7.2
2000	5.4	0.4	1.1	0.1	6.9
2001	5.2	0.4	1.0	0.1	6.8
2002	5.0	0.5	1.1	0.1	6.6
2003	5.1	0.5	1.1		6.7
2004	5.1	0.5	1.1	0.1	6.7
2005	5.0	0.5	1.2	0.1	6.7
2006	4.9	0.5	1.3	0.1	6.8
2007	5.1	0.5	1.1	0.1	6.8
2008	5.0	0.5	1.2	0.1	6.8
2009	5.0	0.5	1.2	0.1	6.9

6-2-13　物流业增加值占第三产业增加值比重

单位：%

年 份	交通运输业物流增加值	仓储业物流增加值	贸易业物流增加值	邮政业物流增加值	物流业增加值合计
1991	20.7	1.2	3.4	0.3	25.6
1992	19.0	1.3	3.3	0.2	23.8
1993	19.3	1.3	3.4	0.2	24.2
1994	17.5	1.3	3.4	0.2	22.4
1995	16.4	1.4	3.3	0.2	21.2
1996	16.6	1.3	3.2	0.2	21.3
1997	15.5	1.2	3.0	0.2	19.9
1998	15.0	1.1	2.8	0.1	19.0
1999	14.9	1.1	2.8	0.1	18.8
2000	13.7	1.1	2.7	0.2	17.7
2001	12.8	1.1	2.6	0.2	16.6
2002	11.9	1.1	2.6	0.1	15.8
2003	12.2	1.2	2.7	0.1	16.2
2004	12.6	1.1	2.7	0.1	16.6
2005	12.5	1.2	3.0	0.1	16.8
2006	12.3	1.2	3.2	0.4	17.0
2007	12.2	1.1	2.6	0.3	16.3
2008	12.1	1.2	2.8	0.3	16.4
2009	11.8	1.2	2.8	0.3	16.1

6-2-14　物流业固定资产投资额

单位：亿元

年 份	交通运输业	仓储、邮政业	贸易业	流通加工、包装业	物流业合计
1991	299.8	13.7	42.7	1.3	357.5
1992	496.6	27.5	122.7	3.3	650.0
1993	890.6	50.4	128.9	5.8	1075.6
1994	1284.5	70.6	163.1	9.1	1527.3
1995	1469.7	74.5	169.9	9.6	1723.6
1996	1776.3	86.3	150.1	8.1	2020.8
1997	2113.2	98.0	149.2	6.8	2367.2
1998	3082.0	128.0	185.0	6.5	3401.6
1999	3164.7	176.6	185.8	6.4	3533.5
2000	3194.6	158.0	194.5	7.7	3554.7
2001	3589.4	156.0	202.2	8.7	3956.4
2002	4154.9	154.9	231.7	12.0	4553.6
2003	4861.0	199.7	510.2	23.5	5594.4
2004	6319.6	378.0	838.7	34.2	7570.6
2005	7749.6	394.2	1103.8	45.5	9293.1
2006	9774.9	509.7	1827.0	57.8	12169.4
2007	10971.9	790.1	2444.0	74.9	14280.9
2008	13122.0	1122.0	3166.0	97.0	17508.0
2009	19475.0	1766.0	4451.0		25693.0

注：1.本表根据国家相关部门统计资料核算；
2. 2004年以后各年数据，在往年口径基础上，新增加城镇集体、个体50万元以上项目；
3. 2009年数据按快报数核算；
4. 本表按当年价格计算，以下各表同。

6-2-15 物流业固定资产投资构成

单位：%

年 份	交通运输业	仓储、邮政业	贸易业	流通加工、包装业
1991	83.9	3.8	11.9	0.4
1992	76.4	4.2	18.9	0.5
1993	82.8	4.7	12.0	0.5
1994	84.1	4.6	10.7	0.6
1995	85.3	4.3	9.9	0.6
1996	87.9	4.3	7.4	0.4
1997	89.3	4.1	6.3	0.3
1998	90.6	3.8	5.4	0.2
1999	89.6	5.0	5.3	0.2
2000	89.9	4.4	5.5	0.2
2001	90.7	3.9	5.1	0.2
2002	91.2	3.4	5.1	0.3
2003	86.9	3.6	9.1	0.4
2004	83.5	5.0	11.1	0.5
2005	83.4	4.2	11.9	0.5
2006	80.3	4.2	15.0	0.5
2007	76.8	5.5	17.1	0.5
2008	74.9	6.4	18.1	0.6
2009	75.8	6.9	17.3	

6-2-16 物流业固定资产投资额增长情况

上年=100

单位：%

年 份	交通运输业	仓储、邮政业	贸易业	流通加工、包装业	物流业合计
1992	165.6	201.2	287.2	265.0	181.8
1993	179.3	183.2	105.1	173.6	165.5
1994	144.2	140.2	126.5	157.2	142.0
1995	114.4	105.4	104.2	105.5	112.9
1996	120.9	115.8	88.4	84.5	117.2
1997	119.0	113.6	99.4	84.3	117.1
1998	145.8	130.6	124.0	95.3	143.7
1999	102.7	137.9	100.4	97.9	103.9
2000	100.9	89.4	104.7	120.8	100.6
2001	112.4	98.8	104.0	113.1	111.3
2002	115.8	99.3	114.6	138.2	115.1
2003	117.0	128.9	220.2	195.5	122.9
2004	130.0	189.3	164.4	145.7	135.3
2005	122.6	104.3	131.6	132.9	122.8
2006	123.3	129.3	122.9	127.0	123.4
2007	110.8	155.0	133.8	129.6	117.4
2008	119.6	142.0	129.5	129.6	122.6
2009	148.4	157.5	140.6		147.6

6-2-17 物流用主要设施

年份	铁路里程（万公里）	公路里程（万公里）	内河航道里程（万公里）	民用航空航线里程（万公里）	输油(气)管道里程（万公里）	民用货运汽车拥有量（万辆）	民用货运汽车吨位（万吨位）	民用运输船舶拥有量（艘）	铁路货车拥有量（辆）
1991	5.78	104.11	10.97	55.91	1.62	398.62	1633.11	385537	370054
1992	5.81	105.67	10.97	83.66	1.59	441.45	1834.00	373568	373233
1993	5.86	108.35	11.02	96.08	1.64	501.00	2114.27	372481	390097
1994	5.90	111.78	11.10	104.56	1.68	560.33	2396.34	353385	415919
1995	6.26	115.70	11.10	112.90	1.72	585.43	2370.93	364968	432731
1996	6.49	118.58	11.08	116.65	1.93	575.03	2280.62	326007	443893
1997	6.60	122.64	10.98	142.50	2.04	601.23	2392.50	265797	437686
1998	6.64	127.85	11.03	150.58	2.31	627.89	2408.94	260208	439326
1999	6.74	135.17	11.65	152.22	2.49	676.95	2730.42	242043	436236
2000	6.87	140.27	11.93	150.29	2.47	716.32	2889.22	229676	443902
2001	7.01	169.80	12.15	155.36	2.76	765.24	3056.67	210786	453620
2002	7.19	176.52	12.16	163.77	2.98	812.22	3244.33	202977	459017
2003	7.30	180.98	12.40	174.95	3.26	853.51	3405.50	204270	510327
2004	7.44	187.07	12.33	175.00	3.82	893.00	3563.42	210700	528005
2005	7.54	193.05	12.30	199.90	4.40	955.50	3866.86	207294	548368
2006	7.70	345.70	12.34	211.35	4.96	980.30		194360	564899
2007	7.80	358.40	12.30	234.30	5.56	1054.06		191771	577521
2008	8.00	373.00	12.30	246.20	5.83	1126.10		184190	588519
2009	8.55	386.08	12.37	234.51	6.90	1368.60		176932	603082

【主要统计指标解释】

社会物流总额 指报告期内从供应地向接受地实体流动的全部物品的价值总额。包括：进入需求领域的农产品物流总额；进入需求领域的工业品物流总额；进口货物物流总额；进入需求领域的再生资源物流总额；单位与居民物品物流总额。

社会物流总费用 指报告期内国民经济各方面用于社会物流活动的各项费用支出的总和。包括支付给运输、储存、装卸搬运、包装、流通加工、配送、信息处理等各个物流环节的费用；应承担的物品在物流期间发生的损耗费用；社会物流活动中因资金占用而应承担的利息支出；社会物流活动中发生的管理费用等。社会物流总费用划分为运输费用、保管费用、管理费用。

物流需求系数 指每单位GDP产出需要的物流总额。

物流业固定资产投资额 指报告期内物流相关行业建设项目累计完成的全部投资。

7 港澳台第三产业情况

7-1 香港第三产业情况

简要说明

一、本章资料反映香港特别行政区主要社会、经济发展情况。内容包括:土地、人口、就业、国民收入、国际收支平衡表、工业、能源、建筑、交通、对外贸易、财政金融、教育、房屋、卫生、社会保障等方面。

二、本章由香港特别行政区政府统计处向有关政府决策局/部门及公营机构搜集数据，国家统计局国际统计信息中心负责整理、编辑。

三、在统计工作方面，按中华人民共和国“香港特别行政区基本法”的有关原则，香港特别行政区保留其单独运作的统计系统，并负责编制和发布反映香港特别行政区情况的统计数据。由于香港和内地在使用统计名词及概念方面会有所不同，读者在比较两地数据时，请参考本章末的“主要统计指标解释”。

四、香港特别行政区是单独的关税地区，香港与内地之间的贸易，亦需办理进出口报关。在贸易统计方面，香港特别行政区对外贸易统计数据亦包括香港特别行政区与内地的贸易。

五、在外汇统计及与之有关的各方面，港币是香港特别行政区的法定货币，因此，除港币以外的货币（包括人民币）均视作外币。

六、更详细的统计资料及有关的技术细节，可参阅香港特别行政区政府统计处出版的《香港统计月刊》、《香港统计年刊》及各专题统计出版物。

七、本章节表中的符号使用说明:

本章节表中使用的部分符号与《中国统计年鉴》略有差异。“-”表示不适用;“空格”表示没有数字;“#”表示临时数字;“0#”表示数字少于单位的一半。

7-1-1 主要统计指标概览

项　　目		2005	2006	2007	2008	2009
人口及生命统计						
年中人口	(万人)	681.3	685.7	692.6	697.8	700.4
粗出生率	(‰)	8.4	9.6	10.2	11.3	11.7
粗死亡率	(‰)	5.7	5.5	5.7	6.0	5.7
婴儿死亡率	(‰)	2.3	1.8	1.8	1.8	1.6
(按每千名登记活产婴儿计算)						
劳动、就业						
劳动人口	(万人)	353.4	357.2	363.0	364.9	367.7
劳动人口参与率	(%)	60.9	61.2	61.2	60.9	60.7
失业率	(%)	5.6	4.8	4.0	3.6	5.4
就业人数	(万人)	333.66	340.08	348.38	351.88	348.00
选定行业的就业人数①	(万人)					
制造业					16.69	15.10
建筑业					26.93	26.90
进出口贸易及批发业					58.69	55.90
零售、住宿及膳食服务业					55.92	55.60
运输、仓库、邮政及速递服务、资讯及通讯业					43.20	42.60
金融、保险、地产、专业及商用服务					63.6	63.6
公共行政、社会及个人服务业					84.6	86.1
实际工资指数②	(1992年9月=100)	115.3	115.9	117.6	123.4	120.2
对外商品贸易						
进口	(亿港元)	23295	25998	28680	30253	26924
港产品出口	(亿港元)	1360	1345	1091	908	577
转口	(亿港元)	21141	23265	25784	27334	24113
对外服务贸易						
服务出口	(亿港元)	4954	5651	6607	7172	6690
服务进口	(亿港元)	2642	2879	3322	3665	3440
工业生产						
工业生产指数	(2008年=100)	106.4	108.7	107.2	100.0	91.7
工业电力消费量	(万亿焦耳)	14636	14015	13104	12182	11143
工业煤气消费量	(万亿焦耳)	898	903	895	905	902
土地、楼宇、建造及地产						
新落成私人楼宇						
楼宇数目	(栋)	778	812	358	755	669
实用楼面面积	(万平方米)					
住宅		70.9	71.5	45.1	43.4	44.3
非住宅		51.7	67.3	57.8	66.3	37.2
获批准可动工兴建私人楼宇	(栋)					
初次呈交		356	480	313	273	403
重大修改		463	164	853	111	182
房屋及物业						
永久性房屋单位	(万个)					
公营租住房屋③		70.92	71.69	71.74	72.16	74.12
资助出售单位③④		38.88	39.17	39.76	39.70	39.58
私人房屋④⑤		133.31	136.86	138.61	139.87	140.94
总计		243.12	247.72	250.12	251.73	254.64

7-1-1 续表 1

项目		2005	2006	2007	2008	2009
运输、通讯、旅游						
进出香港货物						
总卸下	(万吨)	16333	16366	16317	16571	15567
总装上	(万吨)	10914	11567	12229	12916	11745
集装箱吞吐量	(万标准集装箱)	2260	2354	2400	2449	2104
电话服务	(万条操作线路)	379	384	409	411	419
访港旅客⑥	(万人次)	2336	2525	2817	2951	2959
政府收支、货币、金融	**(亿港元)**					
政府储备结余⑦		3107	3693	4929	4944	5203
政府收入总额⑦⑧		2470	2880	3585	3166	3184
政府开支总额⑦⑧		2331	2294	2348	3151	2925
货币供应量M3						
港元⑨		23458	27955	33005	32613	36048
外币⑩		20614	22942	28393	30394	30220
总计		44072	50897	61398	63008	66268
港汇指数(贸易总值(进口及整体出口)加权)(2000年1月=100)		97.4	96.1	91.9	87.1	88.2
消费价格指数						
(2004年10月至2005年9月=100)						
综合消费价格指数		100.3	102.4	104.4	108.9	109.5
甲类消费价格指数		100.3	102.1	103.4	107.1	107.4
乙类消费价格指数		100.4	102.4	104.7	109.5	110.0
丙类消费价格指数		100.3	102.6	105.3	110.2	110.9
教育	**(人)**					
小学学生人数		425864	410516	385949	365056	344748
中学学生人数⑪		483450	489498	492410	489362	481188
大专院校学生人数⑫		91786	91564	171580	182499	168019
卫生						
医生	(人)	11505	11739	11961	12215	12424
中医	(人)	5133	5268	5540	5860	6048
病床	(张)	34119	34532	34928	35048	35062
社会保障						
综合社会保障援助⑦						
个案数目⑬	(个)	297434	294204	285773	289469	287822
发放款项	(亿港元)	177.66	176.38	180.00	186.00	190.00
公共福利金⑦						
个案数目⑬	(个)	574135	583474	594341	612128.0	627816.0
发放款项	(亿港元)	53.39	55.16	60.00	88.00	89.00
交通意外伤亡援助⑦						
获批个案数目	(个)	7893	7604	7841	7224	7350
本地生产总值						
按2008年环比物量计算⑭						
年增长率	(%)	7.1	7.0	6.4	2.2	-2.8
本地生产总值	(亿港元)	14403	15415	16398	16753	16291
人均本地生产总值	(港元)	211405	224796	236767	240096	232599
按当年价格计算						
年增长率	(%)	7.0	6.7	9.5	3.7	-2.6
本地生产总值	(亿港元)	13826	14754	16155	16753	16323
人均本地生产总值	(港元)	202928	215158	233248	240096	233060

7-1-1 续表 2

项　　目	2005	2006	2007	2008	2009
本地居民生产总值					
按当年价格计算					
本地居民生产总值 (亿港元)	13842	15027	16599	17586	16817
人均本地居民生产总值 (港元)	203170	219146	239664	252034	240113
国外净要素收入 (亿港元)	16	273	444	833	494
国际收支平衡表 (亿港元)					
经常帐户	1569.3	1781.7	1991.6	2281.3	1416.9
资本及金融帐户	-1824.3	-2099.4	-2592.5	-2311.6	-1649.2
净误差及遗漏	255.0	317.7	600.9	30.4	232.4
整体的国际收支	106.8	467.4	1145.0	2638.7	5492.6
	(盈余)	(盈余)	(盈余)	(盈余)	(盈余)
国际投资头寸⑮ (亿港元)					
国际投资头寸净值⑯	34061	40297	37736	48267	57682
对外金融资产	115883	149987	211941	175213	198125
对外金融负债	81822	109690	174205	126946	140443

注：①由2009年开始，数字是按“香港标准行业分类2.0版”编制，其数列已作出后向估计至2008年。

②实际工资指数是从名义工资指数中，以2004至05年为基期的甲类消费物价指数扣除通胀的影响而计算出来。由2009年3月开始，工资统计数字是按“香港标准行业分类2.0版”编制，其数列已作出后向估计至2004年。

③房屋委员会售出的公营租住房屋单位归类为资助出售单位。

④资助出售单位包括房屋委员会及香港房屋协会售出而不可在公开市场买卖的屋宇单位。可在公开市场买卖的资助出售单位则归类为私人永久性房屋。

⑤数字包括作住宿用途的非住宅屋宇单位。

⑥访港旅客数字包括经澳门访港的非澳门居民。

⑦数字是以相应的财政年度为根据。例如2009年的数字代表2009至2010财政年度数字。

⑧2009年的数字有待审计署署长核实。

⑨所列数字已包括外币掉期存款。

⑩所列数字已扣除外币掉期存款。《中华人民共和国香港特别行政区基本法》说明，港元是香港特别行政区的法定货币。外币指港元以外的其他货币，因而人民币亦视作外币。

⑪数字涵盖日、夜校。

⑫是指香港城市大学、香港浸会大学、岭南大学、香港中文大学、香港教育学院、香港理工大学、香港科技大学和香港大学就读学生。由2007年起，数字也包括修读自费课程的全部学生人数。

⑬于财政年度终结时的数字。除特别注明外，财政年度是由4月1日至翌年3月31日。

⑭以环比物量计算的本地生产总值及其组成部分的参照年，已由2007年重订为2008年。重订参照年会影响环比物量估算的数值，但不会改变其变动率。

⑮期末头寸。

⑯国际投资头寸净值是对外金融资产总值与对外金融负债总值之差。

7-1-2 按当年价格和以2008年环比物量计算生产法本地生产总值

单位: 亿港元

经济活动	2005	2006	2007	2008	2009
以当年价格计算的本地生产总值	**13825.90**	**14753.57**	**16154.55**	**16753.15**	
农业及渔业	8.47	8.49	8.95	8.24	
工业	1241.09	1249.05	1192.60	1251.49	
采矿及采石业	1.00	0.93	1.14	0.96	
制造业	455.47	457.61	393.19	387.10	
电力、燃气及水的生产和供应业	399.24	403.64	396.73	384.21	
建筑业	385.38	386.88	401.53	479.22	
服务业	12078.73	12975.45	14318.15	14419.08	
批发、零售、进口与出口贸易、饮食及酒店业	3867.26	3972.52	4173.39	4424.54	
运输、仓库及通讯业	1351.19	1371.66	1417.49	1206.47	
金融、保险、地产及商用服务业	2942.60	3563.71	4509.89	4183.89	
社区、社会及个人服务业	2533.12	2563.47	2651.08	2798.81	
楼宇业权	1384.55	1504.08	1566.31	1805.37	
以要素成本计算的本地生产总值	13328.30	14232.99	15519.70	15678.80	
生产及进口税	628.91	710.71	939.81	848.89	
统计差额①	-0.9%	-1.3%	-1.9%	1.3%	
以2008年环比物量计算生产法本地生产总值	**14403.00**	**15415.00**	**16398.00**	**16753.00**	**16291.00**
农业及渔业	11.40	10.83	10.14	8.24	8.32
工业	1271.01	1247.32	1241.09	1251.49	1230.63
采矿及采石业	0.79	0.87	0.99	0.96	0.81
制造业	411.88	420.80	414.36	387.10	351.52
电力、燃气及水的生产和供应业	375.94	378.91	383.56	384.21	391.42
建筑业	491.81	445.53	440.57	479.22	486.89
服务业	12273.73	13143.41	14064.98	14419.08	14135.94
批发、零售、进口与出口贸易、饮食及酒店业	3591.26	3907.14	4166.49	4424.54	4085.70
运输、仓库及通讯业	1049.36	1120.95	1178.67	1206.47	1147.51
金融、保险、地产及商用服务业	3298.56	3700.72	4199.84	4183.89	4246.43
社区、社会及个人服务业	2657.69	2691.25	2738.01	2798.81	2837.56
楼宇业权	1677.84	1717.56	1774.99	1805.37	1818.74
生产及进口税	685.23	732.01	852.06	848.89	794.57

注：以环比物量计算生产法本地生产总值数字，是采用按年重订权数及环比连接法编制而成，以取代之前按固定2000年价格计算的物量数字。整体物量数值与其组成部分相加的总和可能存在差额。“不可相加性”是环比物量计算的一个技术属性。

①统计差额是以支出法编制的本地生产总值与按经济活动划分的本地生产总值的差额，这差额是由于使用不同数据来源及估算方法而引起的。统计差额是以占本地生产总值(以当时市价计算)的百分比形式作表达。

7-1-3 按行业划分的就业人数

单位：万人

行业 (按香港标准行业分类1.1版分类)	2005	2006	2007
制造业	22.4	21.7	20.2
建筑业	26.4	26.9	27.5
批发、零售、进口与出口	109.4	110.5	114.4
贸易、饮食及酒店业			
运输、仓库及通讯业	35.7	36.9	37.2
金融、保险、地产及商用服务业	50.3	52.6	54.8
社区、社会及个人服务业	87.0	89.2	92.1
其它	2.4	2.3	2.2
总计	**333.7**	**340.1**	**348.4**

7-1-3 续表

单位：万人

行业 (按香港标准行业分类 2.0版分类)	2008	2009
制造业	16.7	15.1
建筑业	26.9	26.9
进出口贸易及批发业	58.7	55.9
零售、住宿及膳食服务业	55.9	55.6
运输、仓库、邮政及速递服务、资讯及通讯业	43.2	42.6
金融、保险、地产、专业及商用服务业	63.6	63.6
公共行政、社会及个人服务业	84.6	86.1
其它	21.7	21.6
总计	**351.9**	**348.0**

注：数字是根据每年1月至12月进行的「综合住户统计调查」结果，以及由统计处与跨部门人口分布推算小组共同编制按区议会分区划分年中人口估计数字编制。

从2009年开始，数字是按「香港标准行业分类2.0版」编制，其数列已作出后向估计至2008年。

7-1-4 按行业划分的就业人口名义和实际平均工资指数①

(1999年第一季度＝100)

行　　业	2005	2006	2007	2008	2009
名义平均工资指数					
制造业	144.6	148.5	153.8	158.8	155.6
进出口贸易、批发及零售业	155.7	158.3	161.5	169.6	166.6
运输业	146.3	146.1	148.9	153.5	151.8
住宿及膳食服务活动	125.9	127.9	129.2	134.5	130.2
金融及保险活动	161.2	167.3	167.9	178.1	173.5
地产租赁及保养管理业	153.2	155.5	158.1	164.8	163.1
专业及商业服务业	134.7	140.3	147.3	154.8	155.0
个人服务业	161.9	169.8	189.5	192.2	185.6
所有选定行业②	146.4	149.8	153.5	160.5	157.5
实际平均工资指数					
制造业	114.0	114.9	117.8	122.1	118.7
进出口贸易、批发及零售业	122.7	122.5	123.7	130.3	127.1
运输业	115.3	113.1	114.1	118.0	115.8
住宿及膳食服务活动	99.2	99.0	99.0	103.4	99.3
金融及保险活动	127.0	129.5	128.6	136.9	132.4
地产租赁及保养管理业	120.7	120.3	121.2	126.6	124.4
专业及商业服务业	106.2	108.6	112.9	119.0	118.2
个人服务业	127.6	131.4	145.2	147.7	141.6
所有选定行业②	115.3	115.9	117.6	123.4	120.2

注：指有关年度9月份的数字。由2009年3月开始，工资统计数字是按“香港标准行业分类2.0版”编制，其数列已作出后向估计至2004年。
①实际工资指数是从名义工资指数中，以二零零四至零五年为基期的甲类消费物价指数扣除通胀的影响而计算出来。
②指香港「劳工收入统计调查」内工资统计所涵盖的所有行业，包括电力及燃气供应业、污水处理及废弃物管理业与出版活动业。

7-1-5 商品进出口贸易总额

单位：亿港元

贸易种类	2005	2006	2007	2008	2009
进口	23294.69	25998.04	28680.11	30252.88	26923.56
港产品出口	1360.30	1345.27	1091.22	907.57	577.42
转口	21141.43	23265.00	25783.92	27333.94	24113.47
整体出口	22501.74	24610.27	26875.13	28241.51	24690.89
贸易总额	45796.43	50608.31	55555.24	58494.39	51614.45
商品贸易差额	-792.95	-1387.77	-1804.97	-2011.37	-2232.68

7-1-6 商品进口及出口的主要供应地和目的地

单位：亿港元

贸易种类／主要国家／地区	2005	2006	2007	2008	2009
进口(供应地)	**23294.69**	**25998.04**	**28680.11**	**30252.88**	**26923.56**
中国内地	10493.35	11929.52	13296.52	14107.35	12493.74
日本	2565.01	2681.40	2873.29	2975.52	2363.69
中国台湾	1682.27	1949.17	2051.02	1920.41	1756.49
新加坡	1351.90	1648.37	1947.75	1949.51	1746.59
美国	1192.52	1235.69	1387.68	1507.38	1421.37
港产品出口(目的地)	**1360.30**	**1345.27**	**1091.22**	**907.57**	**577.42**
中国内地	446.43	402.68	406.10	347.58	266.72
美国	377.67	331.59	238.78	188.60	73.17
新加坡	40.76	41.28	30.47	30.25	22.25
中国台湾	51.42	44.61	40.32	38.63	19.18
荷兰	53.86	79.58	29.22	22.52	18.63

7-1-7 商品转口的主要来源地和目的地

单位：亿港元

贸易种类／主要国家／地区	2005	2006	2007	2008	2009
转口(目的地)	**21141.43**	**23265.00**	**25783.92**	**27333.94**	**24113.47**
中国内地	9679.23	11159.41	12677.22	13356.87	12365.77
美国	3228.72	3379.71	3443.24	3403.95	2779.20
日本	1142.58	1154.90	1167.03	1186.63	1072.18
德国	683.67	707.53	780.96	920.11	788.30
英国	619.44	657.73	690.15	726.65	584.32
转口(来源地)	**21141.43**	**23265.00**	**25783.92**	**27333.94**	**24113.47**
中国内地	13132.11	14612.92	15977.70	17076.96	15033.19
日本	1860.65	1886.49	2094.19	2177.20	1776.90
中国台湾	1524.96	1667.31	1893.47	1782.04	1563.11
美国	643.04	695.89	747.99	928.46	837.90
韩国	740.30	849.96	969.91	870.70	820.75

7-1-8 按标准国际贸易分类划分商品进口和出口

单位：亿港元

标准国际贸易分类	2000	2005	2006	2007	2008	2009
进口	**16580**	**23295**	**25998**	**28680**	**30253**	**26924**
0 粮食及活动物	574	566	615	724	922	1004
1 饮料及烟叶	106	103	105	124	141	161
2 除燃料外的非食用未加工材料	232	212	242	256	294	214
3 矿物燃料、润滑油及有关物质	353	620	759	885	1119	901
4 动物及植物油、脂肪及蜡	32	16	14	24	34	14
5 未列明的化学及有关产品	1046	1442	1555	1671	1713	1409
6 主要按材料分类的制成品	2825	3443	3721	3870	3833	3132
7 机械和运输设备	7078	12169	14011	15412	16152	14894
8 杂项制成品	4324	4710	4963	5701	6031	5179
9 未列入其他分类的货物及交易	9	14	14	14	14	14
港产品出口	**1810**	**1360**	**1345**	**1091**	**908**	**577**
0 粮食及活动物	17	14	14	14	16	16
1 饮料及烟叶	10	18	20	23	22	23
2 除燃料外的非食用未加工材料	19	34	41	52	59	35
3 矿物燃料、润滑油及有关物质	8	21	22	21	25	25
4 动物及植物油、脂肪及蜡	1	0#	0#	1	1	1
5 未列明的化学及有关产品	63	83	94	107	111	98
6 主要按材料分类的制成品	159	87	86	81	80	47
7 机械和运输设备	448	356	365	213	204	162
8 杂项制成品	1078	741	697	574	385	164
9 未列入其他分类的货物及交易	6	6	5	5	5	5
转口	**13917**	**21141**	**23265**	**25784**	**27334**	**24113**
0 粮食及活动物	185	113	136	185	260	291
1 饮料及烟叶	62	52	58	68	78	78
2 除燃料外的非食用未加工材料	177	146	149	153	168	134
3 矿物燃料、润滑油及有关物质	34	44	49	45	58	33
4 动物及植物油、脂肪及蜡	10	4	3	4	5	3
5 未列明的化学及有关产品	750	1015	1117	1225	1247	1062
6 主要按材料分类的制成品	2163	2667	2884	3029	3062	2486
7 机械和运输设备	5608	11526	13111	14548	15597	14097
8 杂项制成品	4922	5559	5739	6507	6834	5904
9 未列入其他分类的货物及交易	7	16	19	22	25	25

注：0#少于0.5亿港元。

7-1-9 按主要服务组别划分的服务出口及进口

单位：亿港元

主要服务组别	2005	2006	2007	2008	2009
服务出口	**4953.94**	**5650.54**	**6607.28**	**7172.49**	**6690.15**
运输服务	1580.07	1741.86	1995.61	2249.53	1943.42
旅游服务	800.61	903.99	1073.04	1191.71	1276.16
保险服务	32.18	32.40	36.48	42.62	42.52
金融服务	487.53	719.97	969.30	920.44	841.38
商贸服务及其他与贸易相关的服务	1621.79	1782.70	1989.76	2159.39	2020.39
其他服务	431.76	469.63	543.10	608.79	566.28
服务进口	**2642.37**	**2879.00**	**3322.40**	**3664.84**	**3440.09**
运输服务	813.61	902.34	1086.27	1232.89	1060.33
旅游服务	1034.74	1090.88	1173.46	1253.26	1237.16
保险服务	47.10	47.64	55.43	56.51	50.59
金融服务	109.32	156.71	218.95	244.26	265.65
商贸服务及其他与贸易相关的服务	186.28	209.67	242.98	268.66	247.55
其他服务	451.32	471.76	545.30	609.25	578.81
服务出口净额	**2311.57**	**2771.54**	**3284.88**	**3507.65**	**3250.06**

7-1-10 按主要目的地和来源地划分的服务出口及进口

单位：亿港元

目的地／来源地	2005	2006	2007	2008	2009
服务出口①	**4857.21**	**5545.96**	**6478.90**	**7034.29**	**6594.60**
中国内地	1279.47	1370.07	1614.62	1755.20	
美国	1002.94	1190.30	1390.83	1502.82	
英国	334.71	442.38	519.33	533.62	
日本	348.03	401.31	449.53	458.87	
中国台湾	353.49	363.22	361.98	366.92	
其他	1538.57	1778.68	2142.62	2416.87	
服务进口①	**2631.90**	**2869.55**	**3309.85**	**3641.58**	**3401.88**
中国内地	711.89	764.86	879.28	933.23	
美国	395.66	426.41	486.48	537.86	
日本	227.22	242.76	272.88	305.37	
英国	203.48	224.58	246.99	263.63	
新加坡	111.54	152.02	184.67	212.25	
其他	982.12	1058.93	1239.55	1389.25	

注：①由于金融中介服务没有按区域细分数字，本统计表内的数字不包括金融中介服务数字，因此载于本统计表内所有目的地／来源地的数字不等同于表7-1-9所有服务的相关数字。

7-1-11 货物及服务进出口占本地生产总值比重

单位：%

指　标	2000	2005	2006	2007	2008	2009
本地生产总值（亿港元）	13177	13826	14754	16155	16753	16323
对外商品贸易						
进口	124.21	167.16	174.62	176.58	180.51	165.59
出口						
港产品出口	13.73	9.86	9.41	7.25	6.07	4.68
转口	105.62	153.00	157.83	159.81	163.69	148.16
对外服务贸易						
服务出口	23.91	35.83	38.30	40.90	42.81	40.99
服务进口	14.60	19.11	19.51	20.57	21.88	21.08

7-1-12 按居住国家和地区划分的访港旅客人数

单位：万人次

居住国家／地区	2005	2006	2007	2008	2009
中国内地	1254.1	1359.1	1548.6	1686.2	1795.7
南亚及东南亚	241.3	266.0	288.8	293.6	288.5
中国台湾	213.1	217.7	223.9	224.0	201.0
北亚	185.3	203.0	220.1	222.9	182.3
欧洲、非洲及中东	172.6	191.7	218.9	209.4	196.9
美洲	156.5	163.1	178.4	168.5	156.8
澳大利亚、新西兰及南太平洋	62.0	66.8	75.7	76.3	70.8
中国澳门	51.0	57.8	62.6	69.7	67.1
总计	**2335.9**	**2525.1**	**2816.9**	**2950.7**	**2959.1**
	(+7.1)	(+8.1)	(+11.6)	(+4.7)	(+0.3)

注：括号内数字表示与去年比较的变动百分比，根据未进位的数字计算。

7-1-13 按居住国家和地区划分的访港旅客人均消费和逗留时间

国家和地区	2000	2005	2006	2007	2008	2009
过夜旅客人均消费 (港元)	**4612**	**4663**	**4799**	**5122**	**5439**	**5770**
中国内地	4868	4554	4705	5193	5676	6620
南亚及东南亚	4268	4377	4550	4773	4744	4460
中国台湾	4839	4916	5329	5015	5126	5117
北亚	4571	4300	4316	4303	4306	3893
欧洲、非洲及中东	4591	5331	5366	5640	6045	5127
美洲	5076	5477	5505	5744	5760	4914
澳大利亚、新西兰及南太平洋	3983	5068	5463	5589	6181	5330
中国澳门	1622	2765	2802	2772	3041	3069
入境不过夜旅客人均消费 (港元)	**640**	**810**	**1015**	**1239**	**1498**	**1798**
中国内地	1143	1247	1537	1832	2138	2352
南亚及东南亚	437	244	269	353	458	706
中国台湾	500	195	225	229	268	568
北亚	340	204	198	221	394	444
欧洲、非洲及中东	347	301	420	417	409	567
美洲	369	320	325	373	339	476
澳大利亚、新西兰及南太平洋	377	547	464	510	574	560
中国澳门	721	1284	1590	1661	1576	2347
过夜旅客逗留时间 (夜数)	**3.0**	**3.7**	**3.5**	**3.3**	**3.3**	**3.2**
中国内地	3.3	4.2	3.9	3.6	3.5	3.4
南亚及东南亚	3.1	3.2	3.3	3.2	3.2	3.1
中国台湾	2.3	2.5	2.5	2.5	2.5	2.5
北亚	2.4	2.2	2.2	2.1	2.1	2.1
欧洲、非洲及中东	3.6	3.3	3.3	3.2	3.4	3.4
美洲	3.4	3.4	3.4	3.3	3.4	3.4
澳大利亚、新西兰及南太平洋	3.5	3.4	3.4	3.3	3.3	3.4
中国澳门	2.7	2.3	2.2	2.1	2.1	2.1

7-1-14　按主要货物装卸地点划分的集装箱吞吐量

单位：万标准集装箱单位

项　目	2005	2006	2007	2008	2009
集装箱吞吐量	**2260.2**	**2353.9**	**2399.8**	**2449.4**	**2104.0**
集装箱码头					
抵港					
载货集装箱	535.1	626.5	676.2	711.8	658.4
空集装箱	163.4	161.4	165.8	164.7	94.9
离港					
载货集装箱	689.2	767.7	837.3	835.6	696.8
空集装箱	40.6	49.2	52.9	60.5	65.8
集装箱码头以外					
抵港					
载货集装箱	364.4	310.1	276.3	272.2	211.6
空集装箱	97.0	108.4	85.8	91.4	86.1
离港					
载货集装箱	256.5	230.1	200.9	207.6	205.8
空集装箱	113.9	100.5	104.7	105.6	84.6

注：标准集装箱单位是以20英尺×8英尺×8英尺的标准集装箱为根据。

7-1-15　按运输方式划分的进出香港货物

单位：万吨

项　目	2005	2006	2007	2008	2009
卸下	**16333.2**	**16365.7**	**16316.9**	**16571.1**	**15566.9**
空运	124.6	130.0	135.2	132.7	126.3
水运	14095.6	14154.2	14132.4	14597.7	13929.3
海运	10669.5	10657.9	10943.5	11022.0	10561.2
河运	3426.1	3496.3	3188.9	3575.7	3368.1
道路运输	2096.4	2066.0	2037.2	1831.7	1504.4
铁路运输①	16.6	15.5	12.1	9.0	6.8
装上	**10914.3**	**11566.5**	**12228.6**	**12916.2**	**11744.6**
空运	215.6	228.0	239.0	230.1	208.4
水运	8918.3	9669.6	10410.9	11342.5	10367.3
海运	5477.2	5962.9	6791.2	6975.5	5597.9
河运	3441.1	3706.8	3619.7	4367.1	4769.4
道路运输	1775.5	1666.0	1576.7	1341.7	1167.2
铁路运输①	4.9	2.9	2.0	1.9	1.6

注：①数字不包括家畜。

7-1-16 通讯及互联网服务

项　　目		2005	2006	2007	2008	2009
邮递服务						
信件邮件	(亿件物品)	12.7	13.2	14.0	14.0	13.1
包裹	(万件)	92.7	92.9	104.6	118.9	125.4
电话服务①②	**(万条操作线路)**					
住宅		211.6	213.5	228.2	227.4	236.0
商用		167.7	170.1	180.7	183.4	182.9
总计		379.3	383.6	408.9	410.8	418.8
图文传真②	**(万条操作线路)**	**41.0**	**37.5**	**35.2**	**31.9**	**28.6**
对外电话通讯量	**(万分钟)**					
拨出③		563840	654220	723918	765677	775859
拨入④		216752	223301	226179	234355	227078
对外专用电报通讯量	**(万分钟)**					
发出		30.0	18.6	11.2	7.3	3.9
收到		84.3	57.7	40.8	27.8	14.1
转接⑤		56.5	35.9	9.6	5.4	-
本地电报机电讯	**(万分钟)**	**120.9**	**85.9**	**68.2**	**30.9**	**24.4**
公共无线电传呼接收器②	**(户)**	**131740**	**123102**	**140840**	**117997**	**117444**
移动电话用户系统②⑥⑦	**(户)**	**4753916**	**5153303**	**5698205**	**6089985**	**6377392**
		(8544255)	**(9444140)**	**(10588504)**	**(11374224)**	**(12206910)**
互联网服务						
持牌互联网服务供应商数目②⑧	**(个)**	**198**	**199**	**191**	**192**	**189**
持牌互联网服务供应商客户数目②⑨	**(个)**					
以拨号接驳的已登记客户户口(不包括互联网储值卡)⑩		974873	945193	959831	955000	979555
作拨号接驳用途的互联网储值卡		4800	1000	500	300	300
以私人租用线路接驳的已登记客户户口⑩		1925	1641	1913	1724	1571
宽带互联网接驳客户户口⑩		1648409	1744420	1879735	1948271	2060466
互联网使用量⑨						
客户通过公共电话网络接驳⑪	(万分钟)	105954	61860	40403	30461	25922
客户通过宽带网络接驳	(万亿比特)	5392294	7794032	9572815	10312632	11485518

注：①数字包括固定电话、图文传真线及电文线路的直拨服务。2007年12月起,也包括网际规约(IP)电话或网络电话(VoIP)服务的客户数目。②年底数字。③数字也包括图文传真及数据。④估计数字。⑤2008年11月1日起，相关的服务已经终止。⑥数字不包括储值智能卡。包括储值智能卡的数字于括号内展示。⑦数字包括3G服务。⑧营办商数目包括所有持牌获准提供互联网接驳服务的营办商。⑨数字为根据互联网服务供应商申报的估计数字，并不包括不属于持牌互联网服务供应商客户的使用者。⑩已登记客户户口指互联网服务供应商的客户户口(包括免费的客户户口)。拥有超过一个客户登入识别码的登记客户户口只算作一个已登记的客户户口。数字不包括只获提供电邮地址的客户户口。⑪不包括通过私人租用线路接驳及使用宽带服务的客户。

7-1-17 15岁及以上人口受教育程度

项 目	2005		2006		2007		2008		2009	
	人 数（万人）	百分比	人 数（万人）	百分比	人 数（万人）	百分比	人 数（万人）	百分比	人 数（万人）	百分比
总计										
男	274.41	47.31	274.96	47.15	277.95	46.88	279.61	46.65	282.82	46.70
女	305.66	52.69	308.26	52.85	314.89	53.12	319.77	53.35	322.84	53.30
未受教育/学前教育①										
男	8.43	1.45	7.65	1.31	7.27	1.23	7.28	1.21	7.36	1.21
女	28.79	4.96	26.46	4.54	25.51	4.30	25.45	4.25	24.41	4.03
小学										
男	51.01	8.79	48.93	8.39	48.11	8.11	48.43	8.08	47.39	7.83
女	60.79	10.48	59.74	10.24	60.03	10.13	60.89	10.16	59.83	9.88
初中										
男	50.49	8.70	51.01	8.75	50.30	8.49	50.23	8.38	50.28	8.30
女	43.58	7.51	44.99	7.71	46.93	7.92	46.26	7.72	47.43	7.83
高中										
男	95.75	16.51	96.30	16.51	98.02	16.53	98.85	16.49	100.14	16.53
女	108.86	18.77	109.26	18.73	112.38	18.96	114.97	19.18	117.20	19.35
专上教育										
非学位课程②										
男	22.38	3.86	23.07	3.95	24.25	4.09	24.15	4.03	23.92	3.95
女	22.21	3.83	23.74	4.07	23.99	4.05	24.84	4.14	24.07	3.97
学位课程③										
男	46.35	7.99	48.00	8.23	50.00	8.43	50.68	8.45	53.72	8.87
女	41.43	7.14	44.07	7.56	46.06	7.77	47.35	7.90	49.91	8.24

注：数字是根据每年1月至12月进行的“综合住户统计调查”结果，以及由统计处与跨部门人口分布推算小组共同编制按区议会分区划分年中人口估计数字编制。

① 包括所有幼儿园及幼儿中心班级。

② 包括所有在香港或以外地区专上学院的高级文凭、专业文凭及其它同等程度的专上课程。

③ 包括所有在香港或以外地区专上学院的学士学位、研究生修课及专题研究课程。

7-1-18 研究及发展经费支出及人员情况

年 份	研究及发展经费支出(万港元)			研究及发展人员数目①（以相当于全日制的人数计算）			
	总计	资本支出	经常支出	总计	研究人员	技术人员	其他辅助人员
2000	621840	49640	572200	9802	7728	1374	699
2004	950520	101660	848860	18845	14593	2904	1348
2005	1092180	222790	869390	22054	18024	2346	1683
2006	1194690	184390	1010300	22977	18325	3176	1475
2007	1240730	114680	1126050	23644	19553	2603	1487
2008	1229320	91430	1137890	22037	18482	2286	1269

注：① 研发人员的数目是以「相当于全日制的人数」计算，其定义为雇员于统计年内实际参与研发活动的工作月数除以12。

7-1-19 香港国际收支平衡表

标准组成部分①	2005	2006	2007	2008	2009
经常帐户②	**1569.33**	**1781.66**	**1991.60**	**2281.25**	**1416.87**
货物	-593.47	-1089.83	-1536.72	-1800.91	-2082.2
服务	2311.57	2771.54	3284.88	3507.65	3250.06
收益	16.48	273.48	444.37	833.06	493.92
经常转移	-165.24	-173.53	-200.93	-258.55	-244.91
资本及金融帐户②	**-1824.31**	**-2099.35**	**-2592.47**	**-2311.62**	**-1649.24**
资本转移	-49.39	-29.00	103.38	163.93	361.54
直接投资	499.96	6.35	-525.77	703.93	-296.1
有价证券投资	-2450.17	-2078.79	-214.52	-2951.48	-3423.29
金融衍生工具	305.02	259.25	435.34	633.38	256.41
其他投资	-22.94	210.19	-1245.92	1777.32	6944.83
储备资产（变动净值）③	-106.79	-467.35	-1144.98	-2638.69	-5492.62
净误差及遗漏④	**254.98**	**317.69**	**600.87**	**30.37**	**232.37**
整体的国际收支	**106.79**	**467.35**	**1144.98**	**2638.69**	**5492.62**
	(盈余)	**(盈余)**	**(盈余)**	**(盈余)**	**(盈余)**

注：①根据国际收支平衡表的会计常规，某标准组成部分的净贷方数字以正数显示，而净借方则以负数显示。

②经常帐户差额的正数显示盈余而负数则显示赤字。在资本及金融帐户方面，正数显示净资金流入而负数则显示净资金流出。由于对外资产的增加是属于借方帐目而减少则属贷方帐目，因此负数的储备资产变动净值显示储备资产的增加，而正数则显示减少。

③在国际收支平衡架构下储备资产变动净值的估计是指交易数字。因计价方式改变(包括价格变动及汇率变动)及分类重组所导致的影响并不包括在内。

④原则上，贷方和借方各项帐目的净总和应相等于零。但实际上，贷方和借方帐目的资料是透过不同的来源搜集，基于各种原因会有差异。为了令贷方和借方帐目的总和相等,便须加进一个余额项目,以反映平衡表的「净误差及遗漏」。

7-1-20 香港国际投资头寸（期末头寸）

概括组成部分	2005	2006	2007	2008	2009
资产	**115883.12**	**149987.00**	**211940.93**	**175212.61**	**198125.36**
在外地的直接投资	36539.05	52645.23	78889.93	59061.75	64687.74
有价证券投资	33847.31	45134.98	60740.91	43182.41	62884.14
金融衍生工具	1332.88	1752.04	3736.19	6753.11	3769.88
其他投资	34527.81	40094.63	56667.08	52068.23	46947.51
储备资产	9636.08	10360.11	11906.82	14147.10	19836.09
负债	**81821.76**	**109689.82**	**174205.03**	**126945.89**	**140443.37**
在香港的直接投资	40562.59	57719.14	91865.49	63258.37	70743.05
有价证券投资	13833.44	20187.54	37260.25	17819.04	26109.65
金融衍生工具	1325.75	1583.38	2538.36	5726.47	2999.95
其他投资	26099.98	30199.76	42540.93	40142.01	40590.72
国际投资头寸净值①	**34061.36**	**40297.17**	**37735.90**	**48266.72**	**57682.00**

注：①国际投资头寸净值是对外金融资产总值与对外金融负债总值之差。

7-1-21 外币兑换率及港汇指数

单位：每单位外币兑换港元（另有说明除外）

项目	2005	2006	2007	2008	2009
年内平均数字①					
澳元	5.93	5.85	6.55	6.63	6.16
加拿大元	6.42	6.85	7.30	7.34	6.83
人民币（每百港元）	105.26	102.65	97.09	89	88.16
欧元	9.68	9.77	10.7	11.45	10.82
日元	0.0707	0.0669	0.0664	0.0756	0.083
马来西亚林吉特	2.05	2.12	2.27	2.34	2.2
新台币	0.242	0.242	0.242	0.254	0.243
菲律宾比索	0.144	0.154	0.170	0.180	0.167
英镑	14.15	14.33	15.62	14.42	12.16
韩圆	0.0076	0.0081	0.0084	0.0072	0.0061
新加坡元	4.67	4.89	5.18	5.51	5.34
瑞士法郎	6.25	6.21	6.51	7.21	7.16
泰铢	0.193	0.205	0.242	0.236	0.226
美元	7.777	7.768	7.801	7.787	7.752
特别提款权	11.48780	11.43077	11.94216	12.31358	11.95320
港汇指数(2000年1月=100)					
贸易总值(进口及整体出口)加权	97.4	96.1	91.9	87.1	88.2
进口货值加权	98.1	96.8	92.5	87.1	87.9
整体出口货值加权②	96.7	95.5	91.3	87.2	88.5
年底数字③					
澳元	5.68	6.13	6.87	5.37	6.98
加拿大元	6.67	6.68	7.99	6.37	7.38
人民币（每百港元）	104.16	100.45	93.14	88.64	87.83
欧元	9.18	10.26	11.49	10.93	11.2
日元	0.0659	0.0654	0.0697	0.0860	0.0841
马来西亚林吉特	2.05	2.2	2.36	2.24	2.26
新台币	0.239	0.245	0.248	0.246	0.249
菲律宾比索	0.150	0.166	0.19	0.168	0.173
英镑	13.36	15.22	15.59	11.21	12.5
韩圆	0.0077	0.0084	0.0083	0.0062	0.0067
新加坡元	4.67	5.07	5.43	5.38	5.54
瑞士法郎	5.9	6.38	6.93	7.33	7.53
泰铢	0.189	0.22	0.262	0.223	0.233
美元	7.753	7.775	7.802	7.751	7.756
特别提款权	11.08113	11.69521	12.32911	11.93863	12.15900
港汇指数(2000年1月=100)					
贸易总值(进口及整体出口)加权	98.4	94.3	88.6	88.3	86.7
进口货值加权	99.1	94.9	89.0	87.7	86.3
整体出口货值加权②	97.7	93.6	88.3	89.0	87.2

注：《中华人民共和国香港特别行政区基本法》说明，港元是香港特别行政区的法定货币。外币指港元以外的其他货币，因而人民币亦视作外币。

①数字是指年内每日电汇或现钞收市中间兑换价的平均值。

②包括转口和港产品出口。

③数字是该年最后一个交易日的电汇或现钞收市中间兑换价。

7-1-22 货币供应量

(年底数字) 单位：亿港元

项　目	2005	2006	2007	2008	2009
法定纸币及硬币的流通量					
由商业银行发行	1492.95	1573.85	1634.35	1772.25	2001.85
由政府发行	69.64	71.15	78.00	85.72	87.30
总计	1562.59	1645.00	1712.35	1857.97	2089.15
由认可机构持有的法定纸币及硬币	139.52	142.69	132.22	153.17	145.96
由公众持有的法定纸币及硬币	1423.07	1502.31	1580.13	1704.80	1943.19
货币供应量：就外币掉期存款作出调整					
货币供应量 M_1					
港元	3482.48	3879.09	4543.42	4911.15	6712.41
外币	864.37	1037.39	1623.66	1547.18	2305.78
总计	4346.84	4916.48	6167.09	6458.33	9018.19
货币供应量 M_2					
港元①	23296.69	27776.79	32810.17	32398.57	35877.17
外币②	20493.88	22766.53	28253.31	30282.01	30145.93
总计	43790.57	50543.32	61063.48	62680.58	66023.10
货币供应量 M_3					
港元①	23458.38	27955.45	33005.00	32613.06	36048.43
外币②	20613.51	22941.96	28392.58	30394.45	30220.01
总计	44071.88	50897.41	61397.58	63007.51	66268.43
货币供应量：未就外币掉期存款作出调整					
货币供应量 M_2					
港元	23288.34	27769.55	32804.47	32393.75	35873.30
外币	20502.23	22773.77	28259.01	30286.82	30149.80
总计	43790.57	50543.32	61063.48	62680.58	66023.10
货币供应量 M_3					
港元	23450.03	27948.21	32999.30	32608.24	36044.56
外币	20621.86	22949.20	28398.28	30399.26	30223.87
总计	44071.88	50897.41	61397.58	63007.51	66268.43

注：《中华人民共和国香港特别行政区基本法》说明，港元是香港特别行政区的法定货币。外币指港元以外的其他货币，因而人民币亦视作外币。

①所列数字已包括外币掉期存款。

②所列数字已扣除外币掉期存款。

7-1-23 股票价格指数、证券交易成交额及市场总值

项　　目	2005	2006	2007	2008	2009
主板					
股票价格指数					
恒生指数①（1964年7月31日=100）					
最高	15508.6	20049.0	31958.4	27853.6	23099.6
最低	13320.5	14844.0	18659.2	10676.3	11344.6
收市	14876.4	19964.7	27812.7	14387.5	21872.5
分类指数					
(1984年1月13日= 975.47)					
金融					
最高	28392.0	32621.1	48000.5	39543.2	37385.1
最低	25748.2	26583.6	29619.9	17235.7	15457.9
收市	26614.3	32428.7	39526.3	21793.5	34170.8
公用事业					
最高	32537.5	35991.9	41664.0	45501.9	38609.9
最低	29259.8	30563.6	33291.0	27510.7	33049.6
收市	31866.0	35793.7	41065.1	33841.4	37585.2
地产					
最高	19632.1	23146.9	40025.0	39305.3	30271.8
最低	16160.0	17944.1	22149.3	13015.5	14226.0
收市	17977.8	23144.1	38080.0	16974.1	28147.4
工商业					
最高	7540.2	10714.6	19001.2	16619.8	11866.0
最低	5584.5	7115.0	9991.6	5290.1	6585.4
收市	7139.3	10620.3	16568.0	7894.2	11452.9
恒生中国企业指数②					
最高	5541.8	10455.5	20609.1	16323.7	13863.0
最低	4461.0	5318.9	8426.8	4792.4	6404.0
收市	5330.3	10340.4	16124.7	7891.8	12794.1
恒生中国H股金融行业指数③					
(2004年3月5日= 5 033.14)					
最高	-	13280.4	23956.5	18545.8	19325.7
最低	-	9745.6	10145.1	6636.1	8568.4
收市	-	12935.5	18121.1	10186.0	17677.0
恒生综合指数系列					
(2000年1月3日= 2 000)					
恒生综合指数					
最高	2001.0	2809.0	4580.1	3940.6	3186.1
最低	1720.9	1944.2	2557.1	1434.4	1634.8
收市	1947.7	2802.7	3935.4	1982.6	3052.0

7-1-23 续表 1

项　目	2005	2006	2007	2008	2009
恒生香港综合指数					
最高	2045.7	2454.2	3138.8	2947.4	2279.5
最低	1832.2	1973.0	2293.5	1240.7	1060.9
收市	1976.9	2454.0	2919.6	1425.9	2188.4
恒生香港大型股指数					
最高	1915.3	2111.5	2561.9	2437.2	1849.4
最低	1724.0	1811.1	1947.5	1095.8	846.8
收市	1815.0	2108.9	2401.0	1226.0	1760.4
恒生香港中型股指数					
最高	2882.1	4273.6	6079.1	5539.4	4618.2
最低	2282.9	2843.4	3980.6	2064.7	2264.6
收市	2850.5	4273.0	5521.4	2569.5	4515.2
恒生香港小型股指数					
最高	2046.9	2380.5	3544.7	3204.1	2406.7
最低	1723.9	1880.9	2299.3	831.9	1033.1
收市	1881.4	2338.1	3159.5	1101.3	2338.4
恒生中国内地综合指数					
最高	1957.2	3307.4	6338.8	5214.7	4286.1
最低	1470.3	1898.6	2893.9	1713.4	2227.6
收市	1901.6	3285.4	5201.3	2658.2	4089.7
恒生香港中资企业指数					
最高	2036.9	3363.5	7107.9	6162.6	4457.4
最低	1415.3	1931.3	3112.7	2172.6	2749.9
收市	1934.9	3330.1	6111.2	3292.4	4059.9
恒生综合行业指数④					
能源业					
最高	-	9440.7	20327.9	17106.9	13243.9
最低	-	7117.3	7696.3	4124.9	5811.0
收市	-	9331.7	16203.5	7225.8	12811.5
原材料业					
最高	-	10579.1	24423.1	19252.5	11465.4
最低	-	7452.1	10108.7	2636.3	4264.1
收市	-	10575.6	19031.0	5041.5	10822.5
工业制品业					
最高	-	1588.7	2205.1	1885.4	1474.5
最低	-	1396.0	1379.8	459.4	646.5
收市	-	1400.6	1867.4	760.5	1401.3
消费品制造业					
最高	2800.5	3772.0	5441.2	5164.9	5287.7
最低	2393.5	2614.7	3585.2	1817.7	2267.7
收市	2669.9	3769.5	5041.1	2389.4	5175.4

7-1-23 续表 2

项　目	2005	2006	2007	2008	2009
服务业					
最高	-	3439.7	5723.7	5285.6	3427.0
最低	-	2872.1	3409.6	1451.1	1685.0
收市	-	3436.3	5168.4	1960.3	3345.3
电讯业					
最高	-	1611.0	3291.5	2914.4	1916.2
最低	-	1157.5	1488.5	1114.1	1304.2
收市	-	1581.7	2885.3	1605.3	1529.3
公用事业					
最高	3738.7	4530.7	6057.9	5955.8	5141.7
最低	3353.2	3554.8	4299.4	3304.0	4098.7
收市	3667.4	4515.9	5909.5	4276.8	4953.6
金融业					
最高	2545.1	3418.0	4931.6	4096.7	3944.1
最低	2318.8	2428.2	2930.1	1752.6	1718.9
收市	2430.7	3382.2	3999.3	2280.9	3599.2
地产建筑业					
最高	2168.3	2885.5	4867.5	4353.0	3155.7
最低	1781.0	2068.2	2715.6	1223.0	1464.1
收市	2072.2	2884.7	4321.0	1809.3	2916.3
资讯科技业					
最高	1410.0	2136.6	2771.7	2372.8	2672.8
最低	908.0	1335.2	1767.0	649.7	762.5
收市	1363.1	2100.2	2367.9	874.9	2669.2
综合企业					
最高	1942.2	2138.4	3105.9	2923.4	2204.6
最低	1619.0	1757.3	2031.7	973.3	1144.4
收市	1821.5	2128.1	2815.2	1307.2	2171.3
恒生流通指数系列					
恒生流通综合指数					
最高	2110.3	2972.4	4879.2	4216.5	3434.9
最低	1812.5	2040.3	2699.7	1515.6	1650.4
收市	2044.2	2970.9	4207.0	2063.9	3282.8
恒生香港流通指数					
最高	1981.8	2420.5	3317.0	3137.0	2404.4
最低	1732.3	1905.7	2288.7	1233.1	1176.5
收市	1909.9	2420.2	3109.0	1480.6	2331.5

7-1-23 续表 3

项 目	2005	2006	2007	2008	2009
恒生中国内地流通指数					
最高	3176.7	5535.0	10906.7	8971.1	7322.2
最低	2524.1	3077.6	4783.1	2746.4	3587.6
收市	3084.1	5514.8	8927.6	4330.2	6983.7
恒生50					
最高	2054.5	2841.2	4602.5	3986.1	3254.6
最低	1740.8	1955.1	2531.4	1484.2	1591.2
收市	1959.1	2831.3	3979.2	2020.2	3072.3
恒生香港25					
最高	1881.5	2230.7	3126.1	3009.6	2287.3
最低	1646.2	1780.1	2094.5	1174.6	1125.4
收市	1784.5	2230.4	2965.0	1419.8	2207.3
恒生中国内地25					
最高	3743.8	6505.6	12203.3	9968.9	8285.9
最低	2812.5	3549.5	5383.2	3226.7	4186.9
收市	3557.7	6442.4	9870.5	5097.8	7720.0
标准普尔／香港交易所大型股指数					
(2003年2月28日= 10 000)					
最高	17797.4	24485.6	38944.5	33770.0	26799.4
最低	14787.3	16979.6	21886.4	13133.3	14169.8
收市	17025.5	24378.8	33709.0	17891.2	25565.0
成交金额（亿港元）	44981.0	83326.3	215062.7	176007.1	154394.9
市场总值(亿港元)	81133.3	132488.2	205364.6	102535.9	177692.7
创业板					
标准普尔／香港交易所创业板指数					
(2003年2月28日=1 000)					
最高	1014.7	1348.1	1823.7	1351.8	734.9
最低	859.1	1003.9	1195.1	334.4	342.8
收市	1007.3	1224.7	1349.6	385.5	677.0
成交金额（亿港元）	223.4	436.8	1592.6	520.9	757.6
市场总值⑤（亿港元）	666.0	888.9	1610.8	451.6	1050.4

注：所有最高和最低指数是根据期内每日即市指数所编制。
①恒生指数的计算方法由总市值加权法改为以流通市值加权法计算，并为每只成份股的比重上限设定为15%。
②由2006年3月6日起，计算方法改为以流通市值加权法计算，并为每只成份股的比重上限设定为15%。
③于2006年11月27日推出，2006年的最高及最低指数指由2006年11月27日至12月底期间的数字。
④2006年9月11日起，行业指数由9个增加至11个。“能源业”及“原材料业”是从原来的“资源矿产业”及“工业制品业”分拆，“电讯业”从“服务业”中分拆出来。
⑤年底数字。

7-1-24 按种类划分的固体废物量

单位：吨/日

种　类	2005	2006	2007	2008	2009
于堆填区弃置的固体废物					
都市固体废物①					
家居废物②	6830	6630	6370	6080	6020
商业废物③	1900	2060	2190	2280	2320
工业废物④	650	590	620	660	630
小计	9380	9280	9180	9020	8960
整体建筑废物①⑤	6560	4130	3160	3090	3120
特殊废物⑥	1750	1640	1560	1390	1240
总计	**17680**	**15040**	**13900**	**13500**	**13330**
已回收都市固体废物⑦	7110	7780	7700	8590	8720

注：①都市固体废物包括运往弃置设施的家居废物、商业废物及工业废物，但不包括建筑废物及已回收都市固体废物。
②家居废物包括使用后的住宅固体废物，及由公共洁净服务收集的废物。
③商业废物包括所有类型的商业活动产生的固体废物。
④工业废物包括由工业活动产生的固体废物，但不包括化学废物及建筑废料。自2007年开始运往堆填区处置并包括在工业废物类别的废弃混凝土已被重新归类于整体建筑废物，有关的数量已从工业废物类别中扣除。
⑤建筑废物包括由建筑及拆卸活动所产生的废物，但不包括可运往公众填土区作填海用途的物料。在堆填区弃置的整体建筑废物包括来自建筑地盘的建筑废物，以及在建筑地盘以外设立的混凝土配料厂和水泥/砂浆生产厂所产生的废弃混凝土。
⑥特殊废物包括弃置于堆填区的动物尸体、屠房废物、报废货物、滤水厂及污水处理后的污泥、污水处理厂的隔滤物、禽畜废物、医疗废物及化学废物。
⑦都市固体废物回收后会在本地或香港以外地方循环再造。

【主要统计指标解释】

年中人口　是以“居住人口”方法编制，利用“居住人口”方法所编制的人口估计称为“居港人口”。“居港人口”包括“常住居民”和“流动居民”。“常住居民”指两类人士：（a）在统计时点之前的6个月内，在港逗留最少3个月，又或在统计时点之后的6个月内，在港逗留最少3个月的香港永久性居民，不论在统计时点他们是否身在香港；及（b）在统计时点身在香港的香港非永久性居民。至于“流动居民”，是指在统计时点之前的6个月内，在港逗留最少一个月但少于3个月，又或在统计时点之后的6个月内，在港逗留最少1个月但少于3个月的香港永久性居民，不论在统计时点他们是否身在香港。根据新的编制方法，旅客并不包括在香港人口内。

粗出生率　指某一年内的活产婴儿数目相对该年年中每千名人口的比率。

粗死亡率　指某一年内的死亡人数相对该年年中每千名人口的比率。

婴儿死亡率　指某一年内一岁以下婴儿死亡人数相对该年每千名活产婴儿的比率。

总和生育率　指某年的每一千名妇女，若她们在生育龄期（即15至49岁）经历了一如该年的年龄别生育率，其一生中活产子女的平均数目。

出生时平均预期寿命　指某年出生人士，若其一生经历一如该年的年龄性别死亡率所反映的死亡情况，他／她预期能活的年数。

劳动人口　指15岁及以上陆上非住院人口，并符合就业人口或失业人口定义的人士。

劳动人口参与率　指劳动人口占所有15岁及以上陆上非住院人口的比例。

就业人口　包括在统计前7天内有做工赚取薪酬或利润或有一份正式工作的15岁及以上人士。无酬家庭从业人员及在统计前7天内正休假的就业人士亦包括在内。

失业人口　包括所有15岁及以上人士在（a）统计前7天内并无职位，且并无为赚取薪酬或利润而工作；（b）统计前7天内随时可工作；及（c）在统计前30天内有找寻工作。一名15岁或以上的人士，如果他/她符合上述（a）和（b）的条件，但由于相信没有工作可做而在统计前30天内没有找寻工作，仍会被界定为失业，即所谓“因灰心而不求职的人士”。失业人口亦包括那些并无职位，有找寻工作，但由于暂时生病而不能工作的人士；及并无职位，且随时可工作，但由于已为于稍后时间担当的新工作或开展的业务作出安排；或正期待返回原来的工作岗位而没有找寻工作的人士。

失业率　指失业人士在劳动人口中所占的比例。

每月就业收入　指上月从事所有工作所获得的收入。就雇员来说，收入包括工资和薪金、花红、佣金、小费、房屋津贴、逾时工作津贴、勤工津贴及其它现金津贴，但不包括补薪。就雇主和自营作业人士而言，收入是指从自己拥有的企业提取作个人及家居用途的款额。如果提取作个人及家居用途的款额资料未能提供，则将会搜集有关从业务所得的净收入数据。

本地生产总值　指一个国家或地区的所有常住生产单位，在一个指定的期间内，未扣除固定资本消耗的生产总值。

人均本地生产总值　指把该国家或地区在某统计年的本地生产总值除以该国家或地区在该年的人口总数而得的数字。

本地居民生产总值　指一个国家或地区的居民，由从事各项经济活动而赚取的总收益，不论该等经济活动是否在该国家或地区的经济领域内进行。换言之，编制本地居民生产总值应包括本地居民在经济领域内或领域外从事各类经济活动的收益，而扣除非本地居民在经济领域内从事经济活动的收益。计算本地居民生产总值，可用以下方程式：

本地居民生产总值= 本地生产总值+ 本地居民从经济领域外所赚取的要素收益-非本地居民从经济领域内所赚取的要素收益，而当中的要素收益组成部分主要分为投资收益及雇员报酬，而投资收益包括了直接投资收益、有价证券投资收益及其它投资收益。

人均本地居民生产总值 指把该国家或地区在某统计年的本地居民生产总值除以该国家或地区在该年的人口总数而得的数字。

国际收支平衡表 有系统地载录，在指定期间内，某经济体系与世界其它各地的各类经济交易的统计表。完整的国际收支平衡表包括以下两个主要核算帐：(甲) 经常帐；及(乙) 资本及金融帐。

经常帐户 是主要量度实质资源的流动，包括货物的进出口、服务的输入及输出，从外地应收及应付予外地的收益，以及往来外地的经常转移。

货物 包括所有可移动的货物，其拥有权由本地居民转至非本地居民（出口）或由非本地居民转至本地居民（进口）。货物包括一般商品、用作加工的物资、各种运输工具在港口购买的货物、货物修理，以及非货币黄金。

服务 包括由本地居民向非本地居民（输出）或由非本地居民向本地居民（输入）所提供的服务。服务交易是按服务类别分类，分别为运输服务、旅游服务、保险服务、金融服务及其它服务。

收益 是提供生产要素而赚取的所得，包括本地居民从非本地居民（应收收益）或非本地居民从本地居民（应付收益）所赚取的所得。

经常转移 指一个经济体系的本地居民，在无同等经济价值报偿的情况下，对非本地居民提供／从非本地居民接受实质或金融资源，而该等资源在转移后会被立刻或短时间内消耗。

资本帐户 量度资本转移及非生产、非金融资产的对外交易。

金融帐户 记录本地居民与非本地居民之间的金融资产及负债交易。它显示某经济体系如何融资以进行其对外交易。金融帐内的交易可归类为直接投资、有价证券投资、金融衍生工具、其它投资及储备资产。

资本转移 指在无经济价值报偿下，固定资产的转移或债务的减免。

直接投资 指一个经济体系的投资者对另一经济体系的企业所作的对外投资，并对该企业拥有持久利益及在管理经营决定上具有相当程度的影响力或控制权。

有价证券投资 指对非本地的股本证券及债务证券（例如中长期债券、货币市场工具）所作的投资，而投资者对投资于该等企业并无持久的利益或在管理方面的影响力。

金融衍生工具 是一种与某种特定的金融工具、指标或商品有连系的金融工具，使特定的金融风险本身能透过这种工具而进行交易（包括在交易所内及场外）。

其它投资 指直接投资、有价证券投资、金融衍生工具及储备资产以外对非本地居民的其它金融申索及负债。其它投资包括非作销售的贷款、货币和存款、贸易信贷及金融租赁等。

储备资产 指一个经济体系的金融当局（在香港是指香港金融管理局）可直接用来支付对外收支赤字，及可用于干预外汇市场以影响汇率从而间接调节该等赤字的外币资产。

国际投资头寸 是在一特定时点上一个经济体系的对外金融资产及负债存量的资产负债表。国际投资头寸中的对外金融资产意指本地居民透过拥有有商业和交易价值的指定投资工具方式而产生对非本地居民的申索，以及不牵涉债务人的其他金融资产（如黄金）。而对外金融负债则指本地居民对非本地居民所要承担的金融申索。国际投资头寸的分类与国际收支平衡表内的金融帐完全一致，资产及负债分为直接投资、有价证券投资、金融衍生工具及其它投资。国际投资头寸的资产项目亦包括储备资产在内。有关投资组成部分的详细解释，请参阅国际收支平衡表内金融帐组成部分的解释。

国际投资头寸净值 是对外金融资产总值与对外金融负债总值之差。

工业生产指数 量度本地制造业生产量的实际变动，即扣除价格调整因素后的本地生产量变动。

实用楼面面积 指各层楼面面积总和，但不包括楼梯、公共信道空间、升降机等候处、盥洗室、厕所、厨房、及为楼宇提供升降机、空调系统、或类似设施而安装的机械所占用的空间。

获批准可动工兴建楼宇 指获屋宇署签发《同意书》动工兴建的楼宇。这种《同意书》是发给私人发展计划（包括香港房屋协会的计划）及香港房屋委员会的私人机构参建居屋计划。

初次呈交 就一项建筑工程初次呈交建筑事务监督批准的图则。

重大修改 指经过大规模修改的建筑图则，而这些图则必须从根本上接受重新评估。

自置居所住户 指住户拥有其居住的屋宇单位业权。

全租户 指住户向居于别处的人士租住整个屋宇单位自住，没有分租，单位内也没有其它的住户。

合租户 指两个或以上的住户，分别向居于别处的人士租用部分单位居住。

二房东 指住户向居于别处的人士租住整个屋宇单位，并把部分单位分租予其它住户。

三房客 指住户向居于同一屋宇单位内的人士租用部分单位居住。

免租 指住户免费在屋宇单位内居住，不论是否获得业主同意，但不包括本身是业主或由雇主提供居所的住户。

居所由雇主提供 指住户居住在由其成员之一的雇主提供的居所，包括以象征式租金向雇主租住屋宇单位的住户。假如住户使用由雇主提供的房屋津贴租住居所，则租住权不属于“居所由雇主提供”类别。

进口货物 指在香港以外出产或制成的货物，输入香港供本地使用或转口，以及再进口的香港产品。其货值是以到岸价值计算。

港产品出口货物 指香港的天然产品或在香港经过制造工序，以致其基本原料的形状、性质、式样或用途受到永久改变的产品。如果产品在香港只进行简单的稀释、包装、入樽、烘干、简单装配、分类、装饰等过程，则该产品并不能以香港作为来源地。其货值是以离岸价值计算。

转口货物 指输出曾经自外地输入香港的货物，而这些货物并没有在香港经过任何制造工序，以致永久改变其形状、性质、式样或用途。其货值是以离岸价值计算。

输往中国内地作外发加工用途的出口货物 指那些从香港或经香港出口往中国内地加工的原料或半制成品，经加工后成为制成品，并以合约安排再进口香港。

有关外发加工从中国内地输入的进口货物 指那些加工后从中国内地进口香港的货物，其中全部或部分原料或半制成品是以合约安排从香港或经香港出口往中国内地加工。

原产地为中国内地而涉及外发中国内地加工、并输往其它地方的转口货物 指那些经香港转口的制成品，其中全部或部分原料或半制成品是以合约安排从香港或经香港出口往中国内地加工，而加工后的货物再进口香港。

直接投资 指一个经济体系的投资者对另一经济体系的企业所作的对外投资，并对该企业拥有持久利益及在管理经营决定上具有相当程度的影响力或控制权。在统计上，若投资者持有某一企业10%或以上的股权，便被视为能长期有效地影响有关企业的管理经营决定。直接投资包括股本资本、再投资收益及其它资本。股本资本包括所持有分行的股本，附属及联营公司的股票。再投资收益是指投资者从其附属或联营公司应得但未以股息形式分发的利润。其它资本主要涉及公司之间长期或短期的债务交易，包括母公司与其附属公司、联营公司及分行之间的借贷。

外来直接投资 指境外居民在香港的企业所作的直接投资。跨国企业在香港经营的分行或附属公司，是外来直接投资的典型例子。

直接投资头寸 指某一特定日子香港居民在境外投资的价值或接受外来投资的价值。

直接投资流动 指某一时段内香港居民于境外投资或接受外来投资的投入或撤走。

向外直接投资 指香港居民投资者在境外的企业所作的直接投资。

贷款基金 提供资金予如房屋贷款和教育贷款等贷款计划。基金收入主要来自政府一般收入帐目转拨的款项、偿还的贷款及贷款利息。

港汇指数 是量度港元兑主要贸易伙伴的货币的汇率加权平均值变动情况的指数，作为反映港元相对各种选定货币强弱的整体指标。在2002年1月1日，欧元的纸币及硬币取代各参与国家的货币成为法定货币。因此，港汇指数的货币篮子亦已更新。由2002年1月2日起，新系列港汇指数（包括14种货币及以2000年1月 = 100）已取代旧港汇指数系列。

外币兑换率 指外币兑港元的电汇或现钞收市中间兑换价。

认可机构 包括持牌银行、有限制牌照银行及接受存款公司。持牌银行可接受任何金额及期限的存款。随着撤销利率限制的最后阶段在2001年7月3日生效，各类存款利率再无任何限制。至于有限制牌照银行，它们可接受金额不少于港币50万元的任何期限的定期存款。接受存款公司则可接受金额不少于港币10万元而期限不少于3个月的定期存款。有限制牌照银行及接受存款公司均无任何存款利率限制。

外币掉期存款 指顾客在现货市场购买外币，然后存入认可机构，但同时订下远期合约，将该笔外币（本金加利息）在存款到期时售予认可机构。从分析角度来看，这类掉期存款应当作港元定期存款。

货币供应量（M_1） 指市民持有的法定纸币和硬币加上持牌银行的客户活期存款。

货币供应量（M_2） 指货币供应量M_1所包括的项目，加上持牌银行的客户储蓄及定期存款，再加上持牌银行发行而由非认可机构持有的可转让存款证。

货币供应量（M_3） 指货币供应量M_2所包括的各项，加上有限制牌照银行及接受存款公司客户的存款，再加上以上两类认可机构发行而由非认可机构持有的可转让存款证。

恒生指数 是以加权资本市值法计算（即发行股数乘以股价），该指数内的三十三只成份股划分为四个行业类别指数，包括工商、金融、地产及公用事业，其总市值占香港联合交易所有限公司所有上市股份总市值大约百分之六十。

消费物价指数 量度住户一般所购买的消费商品和服务的价格水平随时间而变动的情况。消费物价指数的按年变动率被广泛地用作反映消费者所面对的通货膨胀的指标。不同的消费物价指数数列反映消费物价转变对不同开支组别的住户的影响。甲类、乙类及丙类消费物价指数分别根据较低、中等及较高开支范围的住户的开支模式编制而成。综合消费物价指数是根据以上所有住户的整体开支模式而编制，反映消费物价转变对整体住户的影响。每个项目的开支权数，是其在住户总开支中所占的比重。开支权数是根据住户开支统计调查的结果而制订的。并会每隔五年更新一次，以确保相应的消费物价指数能准确地反映不同开支范围住户的最新开支模式。

教育程度 指某人在学校或其它教育机构修读达到的最高教育水平，不论他／她有否完成该课程。计算教育程度时，只包括正式课程，即须最少为期一个学年，入学须具指定学历资格（大部分由香港公开大学提供的副学位及学位课程除外），以及设有考试或指定评核成绩的程序。

社会保障计划 旨在帮助社会上需要经济或物质援助的人士，应付基本及特别需要。这个无须供款的社会保障制度，包括综合社会保障援助计划、公共福利金计划、暴力及执法伤亡赔偿计划、交通意外伤亡援助计划和紧急救济。

综合社会保障援助计划 是以入息补助方法，为那些在经济上无法自给的人士提供安全网，使他们的入息达到一定水平，以应付生活上的基本需要。申请人必须符合居港规定及通过入息及资产审查。

公共福利金计划 是为严重残疾或年龄在65岁或以上的香港居民，每月提供现金津贴，以应付因严重残疾或年老而引致的特别需要。这项计划包括普通伤残津贴、高额伤残津贴、普通高龄津贴及高额高龄津贴。除普通高龄津贴外，在本计划下发放的津贴均无须申请人接受经济状况调查。

暴力及执法伤亡赔偿计划 是提供现金援助给因暴力罪行或因执法人员使用武器执行职务以致受伤的人士或这些人士的受养人（如受害人因伤死亡）。申请人亦无须接受经济状况调查。

交通意外伤亡援助计划 是向道路交通意外受害士，或这些人士的受养人（如受害人因伤死亡）迅速提供经济援助，而无须考虑计划受惠人的经济状况，或有关交通意外是因谁人的过失而造成。援助金按意外受害人的伤亡情况支付；至于财物损失，则不在援助范围内。

紧急救济 天灾或其它不幸事故（例如火灾、台风、水灾、暴雨、山泥倾泻、塌屋）的灾民，及因楼宇成为危楼而遭发出封闭令以致被着令撤离家园的受影响人士，均可获得紧急救济。

7 港澳台第三产业情况

7-2 澳门第三产业情况

简要说明

一、本章资料反映澳门特别行政区主要社会、经济发展情况。内容包括：土地、人口、就业、国民经济核算、工业、能源、建筑、交通通讯、对外贸易、财政金融、物价、教育、卫生、房屋、社会保障等方面。

二、本章涉及的1999年及以前数据均指原名为“澳门地区”的数据。

三、本章由澳门特别行政区政府统计暨普查局提供所有数据，国家统计局国际统计信息中心负责整理、编辑。

四、在统计工作方面，按中华人民共和国“澳门特别行政区基本法”的有关原则，澳门特别行政区保留其单独运作的统计系统，并负责编制和发布反映澳门特别行政区情况的统计数据。由于澳门和内地在使用统计名词及概念方面会有所不同，读者在比较两地数据时，请参考本章末的“主要统计指标解释”。

五、澳门特别行政区是单独的关税地区，澳门与内地之间的贸易，亦需办理进出口报关。在贸易统计方面，澳门特别行政区对外商品贸易统计数据亦包括澳门特别行政区与内地的贸易。

六、在外汇统计及与之有关的各方面，澳门元是澳门特别行政区的法定货币，因此，除澳门元以外的货币（包括人民币）均视作外币。

七、更详细的统计资料及有关的技术细节，可参阅澳门特别行政区政府统计暨普查局出版的《统计月刊》、《统计年鉴》及各专题统计出版物。

八、本章节表中的符号使用说明：“_”表示绝对数值为零；“空格”表示没有数字或未能提供；“o”表示数据小于本表最小单位半数；“＊”或“①”等表示本表下有注解；“#”表示保密资料；“…”表示不适用。

7-2-1　主要统计指标概览

项　目		2005	2006	2007	2008	2009
人口及生命统计						
年中人口估计	(万人)	47.3	49.9	52.6	55.2	54.4
出生率	(‰)	7.8	8.1	8.6	8.5	8.8
死亡率	(‰)	3.4	3.1	2.9	3.2	3.1
劳动、就业						
劳动人口①	(万人)	24.8	27.5	31.0	33.3	32.9
劳动力参与率	(%)	63.4	65.9	69.2	70.6	72.0
失业率	(%)	4.1	3.8	3.1	3.0	3.6
就业不足率	(%)	1.4	1.0	1.0	1.6	1.9
就业人口	(万人)	23.7	26.5	30.0	32.3	31.8
建筑业		2.3	3.1	3.9	3.8	3.3
批发及零售业		3.5	3.6	3.8	4.0	4.1
酒店及饮食业		2.5	3.0	3.5	4.1	4.4
团体、社会及个人的其他服务		4.1	5.3	6.9	7.9	7.5
对外商品贸易						
出口	(亿澳门元)	198	205	204	160	77
本地产品出口	(亿澳门元)	144	144	135	96	30
再出口	(亿澳门元)	55	61	69	64	47
进口	(亿澳门元)	313	365	431	430	369
贸易价格比率	(2006=100)	103.0	100.0	96.2	93.5	93.7
工业生产						
工业电力消耗量	(亿千瓦小时)	2.5	2.4	2.4	2.1	1.6
建筑（私人部门）						
新建及扩建楼宇单位数目	(个)	1277	3026	2051	1177	3251
新建及扩建楼宇总面积	(万平方米)	39	128	193	58	141
新动工的楼宇单位数目	(个)	4947	3871	4390	2046	1547
新动工的楼宇总面积	(万平方米)	213	99	220	53	23
楼宇单位买卖数目	(个)	33644	26400	32250	21516	17310
不动产买卖契约数目	(宗)	20022	13593	14558	9712	9111
不动产按揭贷款数目	(宗)	14769	9156	13250	11847	8965
运输、通讯、旅游						
进出澳门重型货运车辆数目	(万次)	60.8	66.5	67.4	56.4	40.3
进出澳门的客船班	(万次)	9.2	9.6	10.5	10.5	13.2
澳门国际机场的商业航班	(万次)	4.3	4.8	4.9	4.6	3.7
登记车辆	(万辆)	15	16	18	18	19
电话线	(万条)	71	81	97	111	121
访澳旅客②	(万人次)	1871	2200	2699	2293	2175
酒店业入住率	(%)	71	72	77	74	71
财政收支、货币、金融	**(亿澳门元)**					
财政总收入③		282	372	537	623	699
财政总支出③		212	273	233	304	354
货币供应（广义货币供应量M_2）						
澳门元		367	453	510	541	597
港元		701	910	1015	992	1138
其他货币		288	326	331	365	387
总计		1357	1689	1855	1898	2122
本地/私人部门贷款及垫款		425	488	683	889	972

7-2-1 续表

项 目		2005	2006	2007	2008	2009
居民消费价格指数						
(2008年4月至2009年3月=100)						
综合消费价格指数		83.1	87.4	92.3	100.2	101.4
甲类消费价格指数		82.4	87.1	92.3	100.7	101.5
乙类消费价格指数		83.4	87.5	92.3	100.1	101.4
房屋(期末值)						
公共房屋(套)④		6936	6637	6681	6253	7165
教育⑤						
幼儿教育学生	(人)	10216	9453	9149	9270	
小学生	(人)	35187	32674	29995	27481	
中学生	(人)	45995	44988	41124	39463	
高等教育学生	(人)	15927	17462	18743	20917	
医疗卫生						
医生	(人)	1105	1235	1323	1373	1415
护士	(人)	1134	1212	1335	1415	1491
病床	(张)	984	980	1014	1030	1109
社会保障						
受益人数目	(人)	181117	204002	228125	250476	259280
供款单位数目		12305	13760	15278	17175	34260
总发放援助次数	(万次)	23.9	24.0	23.7	40.8	45.4
总发放金额	(万澳门元)	28556	26672	31753	43616	66815
治安						
罪案数目	(宗)	10538	10855	12921	13864	12406
囚犯数目	(期末值,人)	897	859	812	912	930
本地生产总值						
按2002年不变价格计算						
支出法本地生产总值实际增长率(%)		6.9	16.5	26.0	12.9	1.3
本地生产总值	(亿澳门元)	851.9	992.4	1250.3	1412.2	1430.9
人均本地生产总值	(万澳门元)	17.9	19.9	23.8	25.7	26.3
按当年价格计算						
支出法本地生产总值名义增长率(%)		12.1	23.3	32.1	15.5	-2.4
本地生产总值	(亿澳门元)	921.9	1137.1	1502.1	1735.5	1693.4
人均本地生产总值	(万澳门元)	19.4	22.8	28.6	31.6	31.1

注：①2009年起劳动人口的年龄下限由14岁改为16岁。
②自2008年开始访澳旅客不包括外地雇员及学生等。
③由于公共会计编制方法及概念的改变，2007年与前期的收支及入账方式有所不同，因此2007年的收支项目不宜与前期资料直接比较。2009年数字在日后得到更多资料时会作出修订。
④不包括已出售房屋。
⑤不包括特殊教育学生。第n年的学生人数是指n/n+1学年年终学生人数。

7-2-2 本地生产总值(按当年价格计算)

年份	本地生产总值		本地生产总值与上年比较的实际增长率(%)	人均本地生产总值	
	(亿澳门元)	(亿美元)		(澳门元)	(美元)
1992	365.2	45.8	13.3	98475	12352
1993	420.7	52.8	5.2	109563	13751
1994	467.2	58.7	4.3	117737	14791
1995	522.7	65.6	3.3	127715	16029
1996	528.1	66.3	-0.4	127211	15968
1997	532.3	66.7	-0.3	127563	15996
1998	493.6	61.9	-4.6	116884	14649
1999	472.9	59.2	-2.4	110637	13844
2000	489.7	61.0	5.7	113739	14171
2001	497.0	61.9	2.9	114501	14253
2002	548.2	68.2	10.1	125058	15567
2003	635.7	79.2	14.2	142825	17805
2004	822.3	102.5	27.3	179977	22434
2005	921.9	115.1	6.9	193619	24169
2006	1137.1	142.1	16.5	227721	28463
2007	1502.1	186.9	26.0	285695	35552
2008	1735.5	216.4	12.9	316143	39416
2009①	1693.4	212.1	1.3	311131	38968

注：①估算数字在日后得到更多资料时会作出修订。

7-2-3 支出法本地生产总值①

单位：亿澳门元

本地生产总值组成部份	2005	2006	2007	2008	2009①
按当年价格计算					
居民消费支出	251.5	281.6	330.7	393.7	416.0
政府最终消费支出	84.0	89.9	110.0	122.0	137.4
固定资本形成总额	247.7	393.3	541.9	505.0	305.9
存货增加	6.5	10.2	8.9	13.1	9.9
货物出口	198.2	204.6	204.3	160.3	76.7
减:货物进口	406.9	497.4	586.0	574.1	469.5
服务出口	672.7	813.0	1115.5	1405.7	1478.2
减:服务进口	131.8	158.1	223.1	290.1	261.3
本地生产总值	**921.9**	**1137.1**	**1502.1**	**1735.5**	**1693.4**
人均本地生产总值 （澳门元）	**193619**	**227721**	**285695**	**316143**	**311131**
按2002年不变价格计算					
居民消费支出	244.3	264.3	295.3	320.5	329.1
政府最终消费支出	78.2	81.2	91.7	91.7	101.2
固定资本形成总额	185.0	267.3	333.6	277.4	178.6
存货增加	5.9	8.7	7.3	9.7	7.7
货物出口	198.4	204.0	205.0	152.9	73.4
减:货物进口	387.1	458.0	522.1	473.2	389.0
服务出口	659.2	782.2	1057.8	1308.9	1376.5
减:服务进口	132.0	157.3	218.1	275.7	246.6
本地生产总值	**851.9**	**992.4**	**1250.3**	**1412.2**	**1430.9**
人均本地生产总值 （澳门元）	**178922**	**198754**	**237817**	**257253**	**262900**

注：①估算数字在日后得到更多资料时会作出修订。

7-2-4 生产法本地生产总值

单位：亿澳门元

经济活动	2004	2005	2006	2007	2008①
第二产业	72.1	107.7	170.8	207.1	200.4
采矿业	0.1	0.1	0.1	0.1	o
制造业	31.7	31.2	35.4	32.7	25.2
电力、煤气及水供应	13.0	13.4	14.7	12.4	14.0
建筑业	27.3	63.0	120.6	161.9	161.1
第三产业	563.5	639.4	761.1	977.0	1129.3
批发零售、维修、酒店、餐厅及酒楼业	74.8	81.9	96.1	123.0	155.3
运输、仓储及通信业	31.1	34.1	37.9	43.4	39.9
金融保险、不动产、租赁及商业服务	116.6	161.2	212.8	265.2	294.5
公共行政、社会服务及个人服务（包括博彩业）	340.9	362.2	414.3	545.5	639.7
减调整项：间接计算的金融中介服务	19.5	25.5	34.5	43.0	50.7
以基本价格按生产法估算的本地生产总值	616.1	721.6	897.3	1141.1	1279.0
加产品税	171.3	193.2	227.5	339.1	450.5
以当年市场价格按生产法估算的本地生产总值	787.4	914.8	1124.8	1480.2	1729.5
以当年市场价格按支出法估算的本地生产总值	822.3	921.9	1137.1	1502.1	1735.5
统计差额(%)	-4.2	-0.8	-1.1	-1.5	-0.3

注：①估算数字在日后得到更多资料时会作出修订。

7-2-5 生产法本地生产总值结构

单位：%

经济活动	2004	2005	2006	2007	2008①
第二产业	11.7	14.9	19.0	18.1	15.7
采矿业	o	o	o	o	o
制造业	5.2	4.3	3.9	2.9	2.0
电力、煤气及水供应业	2.1	1.9	1.6	1.1	1.1
建筑业	4.4	8.7	13.4	14.2	12.6
第三产业	91.5	88.6	84.8	85.6	88.3
批发零售、维修、酒店、餐厅及酒楼业	12.1	11.3	10.7	10.8	12.1
运输、仓库及通信业	5.0	4.7	4.2	3.8	3.1
金融、保险、不动产、租赁及商业服务	18.9	22.3	23.7	23.2	23.0
公共行政、社会服务及个人服务（包括博彩业）	55.3	50.2	46.2	47.8	50.0
减调整项:间接计算的金融中介服务	3.2	3.5	3.8	3.8	4.0
以基本价格按生产法估算的本地生产总值	100.0	100.0	100.0	100.0	100.0

注：①估算数字在日后得到更多资料时会作出修订。

7-2-6　按行业划分的就业人口

单位：万人

行　　业	2007	2008	2009 ①
总数	**30.04**	**32.30**	**31.75**
农业、畜牧业、狩猎、林业、捕渔业及采矿业	0.03	0.06	0.11
制造业	2.40	2.46	1.70
电力、气体及水的生产与供应业	0.12	0.09	0.10
建筑业	3.86	3.84	3.27
批发及零售业	3.84	3.96	4.15
酒店及饮食业	3.47	4.13	4.37
运输、仓储及通信业	1.64	1.60	1.67
金融业	0.79	0.75	0.75
不动产业务、租赁及向企业提供的服务	2,01	2.38	2.56
公共行政及社保事务	2.20	2.02	2.03
教育	1.19	1.15	1.23
医疗卫生及社会福利	0.60	0.65	0.73
团体、社会及个人的其他服务	6.91	7.89	7.52
雇用佣人的家庭	0.96	1.33	1.57
其他及不详	0.01	o	o

注：①2009年起劳动人口的年龄下限由14岁改为16岁。

7-2-7　按行业划分的每月工作收入中位数

单位：澳门元

行　　业	2007	2008	2009
总数	**7800**	**8000**	**8500**
制造业	4000	4000	5000
电力、气体及水的生产与供应业	14100	15000	15000
建筑业	8500	10000	9000
批发及零售业	6000	7000	7000
酒店及饮食业	5500	6100	6500
运输、仓储及通信业	7800	8500	8500
金融业	9800	11000	12000
不动产业务、租赁及向企业提供的服务	5500	5600	6000
公共行政及社保事务	14900	18000	19600
教育	9900	12000	13000
医疗卫生及社会福利	9900	10000	10300
团体、社会及个人的其他服务	11600	12000	12000
雇用佣人的家庭	2500	2700	2800

7-2-8　主要商品进出口总额及占本地生产总值比重

单位：亿澳门元

贸易种类	2005	2006	2007	2008	2009
商品进出口总额					
出口	**198.2**	**204.6**	**204.3**	**160.3**	**76.7**
本地产品出口	143.6	143.7	135.2	95.8	29.7
再出口	54.6	60.9	69.1	64.4	47.0
进口	**313.4**	**365.3**	**431.1**	**430.3**	**369.0**
进出口总额	**511.6**	**569.9**	**635.4**	**590.6**	**445.7**
进出口差额	-115.2	-160.7	-226.8	-270.1	-292.3
出口/进口比率（%）	63.3	56.0	47.4	37.2	20.8
占本地生产总值比重(%)					
出口	**21.5**	**18.0**	**13.6**	**9.2**	**4.5**
本地产品出口	15.6	12.6	9.0	5.5	1.8
再出口	5.9	5.4	4.6	3.7	2.8
进口	**34.0**	**32.1**	**28.7**	**24.8**	**21.8**

7-2-9　主要商品进口原产地和出口目的地

单位：亿澳门元

主要国家/地区	2005	2006	2007	2008	2009
进口(原产地)					
中国内地	135.2	164.7	183.8	169.3	115.7
中国香港	31.3	37.2	43.6	43.7	40.4
欧盟	41.2	47.9	67.6	71.0	78.1
日本	34.1	30.5	38.7	36.4	30.4
中国台湾	12.6	11.7	15.0	14.2	11.2
美国	12.8	20.0	24.3	23.8	22.2
出口(目的地)					
美国	96.5	90.2	82.9	64.0	13.1
欧盟	33.9	40.0	37.2	15.9	6.3
中国内地	29.5	30.4	30.3	19.7	11.2
中国香港	19.4	22.9	26.7	31.6	30.1

7-2-10 按标准国际贸易分类划分的商品进口和出口

单位：百万澳门元

标准国际贸易分类	2005			2008			2009		
	进口	出口	比率(%)	进口	出口	比率(%)	进口	出口	比率(%)
总数	**31340**	**19823**	**63.25**	**43034**	**16025**	**37.2**	**36902**	**7673**	**20.8**
0 粮食及活动物	2012	67	3.3	3120	101	3.2	3498	97	2.8
1 饮料及烟叶	1863	256	13.7	2296	364	15.9	2688	322	12.0
2 除燃料外的非食用未加工材料	196	54	27.6	234	76	32.5	164	67	40.9
3 矿物燃料、润滑油及有关物质	3041	808	26.6	5700	#	#	4741	#	#
4 动物及植物油、脂肪及蜡	57	o	o	115	o	o	121	1	0.8
5 未列明的化学及有关产品	1514	183	12.1	2406	327	13.6	2540	307	12.1
6 主要按材料分类的制成品	8129	2716	33.4	6576	1536	23.4	3381	933	27.6
7 机械和运输设备	7839	1616	20.6	10790	1768	16.4	8823	1175	13.3
8 杂项制成品	6672	14124	211.7	11779	10299	87.4	10907	4073	37.3
9 未列入其他分类的货物及交易	17	o	o	18	#	#	39	#	#

7-2-11 按居住国家和地区划分的入境旅客人数

单位：万人次

居住国家和地区	2004	2005	2006	2007	2008①	2009
总数	**1667.3**	**1871.1**	**2199.8**	**2699.3**	**2293.3**	**2175.3**
东亚	1605.9	1785.6	2075.1	2501.4	2059.7	1959.9
中国内地	953.0	1046.3	1198.6	1486.6	1161.3	1099.0
中国香港	505.1	561.5	694.1	817.4	701.7	672.8
中国台湾	128.7	148.3	143.8	144.4	131.6	129.3
日本	12.2	16.9	22.0	29.9	36.7	37.9
韩国	6.6	12.1	16.3	22.5	28.0	20.5
其他	0.4	0.5	0.4	0.5	0.5	0.5
南亚	2.6	3.2	4.2	6.4	9.4	11.8
东南亚	26.1	39.6	69.3	117.9	147.0	134.4
美洲	14.4	18.3	22.0	30.6	31.3	27.9
欧洲	12.5	16.3	19.1	25.7	27.2	25.4
大洋洲	5.0	7.2	8.4	13.4	15.7	13.5
其他	0.8	1.1	1.7	3.8	3.0	2.4

注：①自2008年开始，入境旅客人次不包括外地雇员及留学生等，故不适宜与2007年直接比较。

7-2-12 按居住国家和地区划分的被访旅客人均消费

单位：澳门元

国家和地区	2000	2005	2006	2007	2008	2009
人均消费①	**1367**	**1523**	**1610**	**1637**	**1729**	**1616**
中国内地	2401	3078	3215	3080	3571	3040
中国香港	934	898	955	1085	1109	1159
中国台湾	942	1336	1494	1447	1361	1349
日本	1187	952	871	995	967	1286
东南亚	1876	1458	1418	1452	1864	1659
欧洲	1117	824	894	905	1008	1226
美洲	1078	1317	1318	1304	1075	1311
大洋洲	1165	1042	1172	1267	1093	1284
其他	1425	996	928	893	1198	1574
非购物消费①	**754**	**851**	**863**	**945**	**1027**	**983**
中国内地	839	1221	1143	1152	1378	1122
中国香港	730	689	738	856	873	909
中国台湾	605	895	1003	998	1005	946
日本	481	670	620	798	784	1118
东南亚	1450	948	883	962	1269	1102
欧洲	864	691	777	741	872	1068
美洲	838	1038	976	1055	860	1043
大洋洲	919	800	926	1007	916	1053
其他	1129	754	668	776	1014	1306
购物消费	**612**	**672**	**747**	**692**	**702**	**633**
中国内地	1561	1856	2071	1928	2193	1918
中国香港	204	209	216	229	236	250
中国台湾	336	441	491	450	356	404
日本	706	282	250	197	183	169
东南亚	426	509	535	490	596	557
欧洲	252	132	117	164	136	159
美洲	240	279	341	249	215	267
大洋洲	246	242	246	260	177	231
其他	296	242	260	117	184	268

注：①不包括博彩消费。

7-2-13 零售业销售额

单位：亿澳门元

项目	2005	2006	2007	2008	2009
零售业销售总额	**87.79**	**106.59**	**141.95**	**193.91**	**223.39**
百货①	10.99	12.57	16.30	23.71	33.36
超级市场	9.78	11.79	13.79	17.41	19.07
汽车	13.77	13.45	17.44	16.21	15.28
钟表金饰	8.93	14.22	21.92	36.05	48.09
成人服装	7.01	8.73	12.10	16.68	20.93
车辆用燃料	5.01	5.88	6.72	8.69	6.81
家居用燃料	4.29	5.35	6.54	7.53	4.93
家庭电器	3.48	4.48	4.61	4.89	5.30
药房	3.06	3.78	4.54	5.49	5.88
其他	10.41	13.55	15.31	20.84	20.17

注：①包括出售粮食、饮品及烟草以外的非专门零售店铺。

7-2-14 按出入境方式统计的对外商品贸易

单位：万吨

项目	2005	2006	2007	2008	2009
入境①	**6638.4**	**7407.9**	**8152.0**	**8055.6**	**8081.6**
海路	278.5	384.8	400.6	309.6	169.1
空路	2.7	2.4	2.4	1.7	1.3
陆路	206.1	277.4	286.5	226.1	133.6
其他②	6151.2	6743.3	7462.4	7518.2	7777.6
出境①	**64.6**	**69.9**	**69.1**	**59.1**	**41.4**
海路	23.7	30.0	30.8	27.0	15.9
空路	7.7	6.6	6.0	3.6	2.5
陆路	16.4	13.9	11.4	10.7	8.1
其他②	16.8	19.4	20.8	17.7	14.8

注：①包括转运货物。
②包括邮递及以管道运输方式进出澳门的货物。

7-2-15 海路集装箱总吞吐量

单位：标准集装箱

项　　目	2005	2006	2007	2008	2009
入境	50209	60090	67011	66306	53071
出境	55603	62289	63741	57334	34574
转口	11670	10356	7935	2697	903

注：标准集装箱为 20英尺 × 8英尺 × 8英尺。

7-2-16 通信服务

项　　目	2005	2006	2007	2008	2009
邮递服务　　（万件）					
信件邮件	2482	2629	2775	3034	3069
包裹	0.6	0.7	0.7	0.8	0.8
电话服务　　（万户）					
固网电话用户	17.4	17.7	17.8	17.6	17.1
移动电话用户	25.9	30.2	35.6	39.6	42.0
储值卡	27.3	33.5	43.8	53.7	61.7
对外电话通讯量　（万分钟）					
拨出	18297	21000	24745	26707	25795
拨入	12540	16457	18988	20621	19635
传呼机用户　　（户）	2513	1891	2782	2780	3097
互联网					
登记用户　　（用户）	88592	105283	119913	128502	143353
总使用时数　（万小时）	7918	12152	17860	25291	34042

7-2-17 14岁及14岁以上人口受教育程度

项目	1996中期人口统计		2001人口普查		2006中期人口统计	
	人数(万人)	百分比	人数(万人)	百分比	人数(万人)	百分比
总计	**31.31**	**100.0**	**34.97**	**100.0**	**43.36**	**100.0**
男	14.68	46.9	16.45	47.0	20.97	48.4
女	16.62	53.1	18.52	53.0	22.39	51.6
从未入学/学前教育	2.63	8.4	2.10	6.0	2.06	4.7
男	0.69	2.2	0.48	1.4	0.50	1.1
女	1.94	6.2	1.62	4.6	1.56	3.6
小学	12.70	40.6	13.64	39.0	13.28	30.6
男	6.08	19.4	6.63	19.0	6.59	15.2
女	6.62	21.2	7.01	20.0	6.69	15.4
初中	8.93	28.5	9.45	27.0	12.07	27.8
男	4.25	13.6	4.43	12.7	6.00	13.8
女	4.68	14.9	5.02	14.3	6.07	14.0
高中	4.83	15.4	6.63	18.9	10.43	24.0
男	2.47	7.9	3.32	9.5	5.16	11.9
女	2.36	7.5	3.31	9.5	5.27	12.1
高等教育						
高等专科	0.25	0.8	0.75	2.1	0.64	1.5
男	0.09	0.3	0.29	0.8	0.26	0.6
女	0.16	0.5	0.46	1.3	0.38	0.9
大学	1.93	6.2	2.39	6.8	4.86	11.2
男	1.09	3.5	1.29	3.7	2.44	5.6
女	0.84	2.7	1.10	3.2	2.42	5.6
其他①	0.03	0.1	0.02	0.1	0.03	0.1
男	0.02	o	0.01	o	0.02	o
女	0.02	0.1	0.01	o	0.01	o

注：①在2001人口普查及2006中期人口统计时，有关数据指接受特殊教育的居住人口。

7-2-18 外币兑换率

单位：一单位外币兑换的澳门元

项目	2005	2006	2007	2008	2009
年内平均数字					
澳元	6.1064	6.0169	6.7351	6.8552	6.3269
欧元	9.9721	10.0272	11.0049	11.8092	11.1309
韩圆	0.0078	0.0084	0.0087	0.0074	0.0063
美元	8.0109	8.0006	8.0360	8.0206	7.9842
新台币	0.2494	0.2462	0.2447	0.2548	0.2418
英镑	14.5820	14.6993	16.0887	14.8965	12.5159
港元	1.0300	1.0300	1.0300	1.0300	1.0300
日元	0.0729	0.0689	0.0683	0.0776	0.0854
马来西亚林吉特	2.1155	2.1797	2.3374	2.4124	2.2669
新西兰元	5.6436	5.1889	5.9128	5.7341	5.0721
人民币	0.9778	1.0025	1.0560	1.1546	1.1688
新加坡元	4.8137	5.0294	5.3325	5.6788	5.4955
瑞士法郎	6.4424	6.3801	6.6998	7.4326	7.3721
年底数字					
澳元	5.8462	6.3291	7.0632	5.5103	7.1671
欧元	9.4555	10.5194	11.8411	11.2787	11.4645
韩圆	0.0079	0.0086	0.0086	0.0063	0.0069
美元	7.9871	8.0059	8.0341	7.9824	7.9878
新台币	0.2433	0.2451	0.2472	0.2437	0.2483
英镑	13.7598	15.7020	16.0501	11.5326	12.8428
港元	1.0300	1.0300	1.0300	1.0300	1.0300
日元	0.0679	0.0673	0.0716	0.0884	0.0864
马来西亚林吉特	2.1133	2.2673	2.4254	2.3021	2.3342
新西兰元	5.4468	5.6434	6.2341	4.6102	5.7920
人民币	0.9897	1.0244	1.0999	1.1678	1.1698
新加坡元	4.8043	5.2117	5.5630	5.5520	5.6938
瑞士法郎	6.0743	6.5485	7.1481	7.5569	7.7128

注：《中华人民共和国澳门特别行政区基本法》规定，澳门元是澳门特区的法定货币。外币指澳门元以外的其他货币，因而人民币亦视作外币。

7-2-19 货币供应

（年底数字） 单位：亿澳门元

项 目	2005	2006	2007	2008	2009
狭义货币供应量M_1	**127.9**	**182.6**	**226.1**	**247.3**	**306.1**
分类一：澳门元	68.5	83.8	96.0	130.1	149.7
港元	54.0	80.4	111.8	103.5	145.4
其他货币	5.4	18.4	18.2	13.6	10.9
分类二：流通货币(澳门元)	29.7	34.0	39.3	44.0	49.1
活期存款	98.1	148.5	186.8	203.3	257.0
广义货币供应量$M_2$①	**1356.6**	**1689.1**	**1855.4**	**1897.9**	**2122.3**
分类一：澳门元	366.9	453.2	509.8	541.0	597.5
港元	701.5	910.1	1014.9	992.4	1137.8
其他货币	288.3	325.8	330.7	364.5	387.0
分类二：狭义货币供应量$M_1$②	127.9	182.6	226.1	247.3	306.1
准货币负债③	1228.7	1506.6	1629.3	1650.6	1816.3
储蓄存款	364.3	451.9	518.8	582.6	825.0
通知存款	11.6	11.5	15.4	13.1	8.4
定期存款	852.7	1043.1	1094.9	1054.9	982.3

注：① M_2=M_1+准货币负债。
② 货币供应量M_1只包括流通货币及活期存款。储蓄存款则变为准货币负债的组成部份。
③ 准货币负债：包括储蓄存款、通知存款、定期存款、其他存款及存款证明书。

【主要统计指标解释】

紧急救济 天灾或其它不幸事故（例如火灾、台风、水灾、暴雨、山泥倾泻、塌屋）的灾民，及因楼宇成为危楼而遭发出封闭令以致被着令撤离家园的受影响人士，均可获得紧急救济。

本地生产总值 反映每年在澳门特区生产的货物和提供各种服务的总量。本年鉴中的本地生产总值用支出法及生产法估算，支出法等于私人消费支出、政府最终消费支出、固定资本形成总额、库存变化和货物及服务出口净值（出口减进口）的总和。而生产法等于各经济行业的增加值总额的总和，这种方法可以评估澳门特区的产业结构。

婴儿死亡率 参考期内年龄在1岁或以下的死亡人数与出生活婴数目的千分比。

自然增长率 参考期内出生人数和死亡人数差额与平均人口之千分比。

出生率 参考期内出生活婴数目与平均人口之千分比。

死亡率 参考期内死亡人数与平均人口之千分比。

幼儿教育 为期3年，对象是年龄3-5岁的儿童。在报名当年的12月31日年满3岁的幼儿可报读幼儿教育第一年。

小学教育 为期6年，完成幼儿教育或在报名当年的12月31日年满6岁的儿童可报读小学教育第一年。就读小学的最高年龄为15岁。

中学教育 由两个阶段组成：初中教育及高中教育。大学预科亦被视为中学教育。

1) 初中教育 为期3年，合格完成小学教育者可以入读。就读初中最大年龄为18岁，但在特别情况下，经教育机构决定，可以逾越此年限。

2) 高中教育 为期3年，合格完成初中教育者可以入读。就读高中最大年龄为21岁，但在特别情况下，经教育机构决定，可以逾越此年限。

职业技术教育 以培训初级及中级程度的技术及专业人员为目的之课程。

高等教育 包括大学教育及高等专科教育。

特殊教育 指专为有精神、感官、身体、沟通等方面有特殊需要人士所开办的课程。

成人教育 指小学、中学、高等教育系统以外为15岁或以上人士所开办的各种有组织、有系统的学习活动。

劳动人口 在参考期间，可参与生产商品或提供服务之14岁或以上人士的总合。包括就业人口及失业人口。

就业人口 在参考期间，为了报酬、利润或家庭收入而工作至少1小时的16岁或以上人士的总合。这包括了那些被雇用而没有上班，但与雇主保持正式的工作联系的人士，又或属公司东主，但因特别原因而暂时没有上班的人士。

失业人口 在参考期间，年龄在16岁或以上，没有工作或与雇主没有联系，但随时可接受有酬工作或自己做生意，并在过去30日有寻找工作的人士。

就业不足人口 在参考期间，不论其职业身份，非自愿地工作少于35小时，并可随时接受更多的工作或正在寻找更多工作之就业人口。

劳动力参与率 指劳动人口在16 岁或以上的澳门人口中所占的比例。

失业率 指失业人口在劳动人口中所占的比例。

就业不足率 指就业不足人口在劳动人口中所占的比例。

访澳旅客 指任何非以澳门特区为常居地的人士，其连续在澳门的逗留时间少于12个月，旅客之旅游目的并非在澳门特区参与任何有偿活动。

酒店入住率 入住客房数量与可供应客房数量之百分比。

进口 将产自外地的货物输入澳门特区，但再进口和转运制度下输入者除外。

出口 将货物输出澳门特区，但暂时出口和转运制度下输出者除外。

本地产品出口 将原产地为澳门特区的任何货物输出澳门特区。

再出口 指原进口的货物未经加工输出澳门特区；或虽加工，但不能取得澳门特区产地资格。

转运 货物经过澳门特区而运到下一目的地。

原产地 农业产品种植之国家／地区、矿产开采之国家／地区、工业产品生产之国家／地区，被视为原产地国家／地区。若工业产品的制造工序于两个或以上的国家／地区进行，应以进行最后转变成型工序的国家／地区为原产地，再包装、分类及混合等工序不能构成最后转变成型工序；当产品入口国对相关货物产地来源有特定规定时，应遵从有关规定。

目的地 指货物实际最后到达的国家或地区(不论在运输途中有或没有中断)。如有中间国家或地区，只要不在中间国家或地区内进行商业交易，最后到达的国家或地区都可被视为目的地。

贸易价格比率指数 即货物出口单位价格指数与货物进口单位价格指数之比率。

单位 指永久性楼宇之一个或多个间格及其附属建筑物。每一个单位具有独立入口与楼宇内之公用地方相通，具有合法条件进行分层物业登记和作独立转让。

楼宇建筑面积 等于所有楼层之面积总和。楼面面积的计算方法是从外墙起量度，同时亦包括大堂面积、楼梯、升降机所占面积以及所有公用地方面积。

居民消费价格指数 反映澳门特区住户于购买一篮子之指定商品或服务时，在不同时间该等商品或服务之价格变动。

狭义货币供应量M_1 为流通货币及活期存款之和。

广义货币供应量M_2 指狭义货币供应量M_1加上准货币负债。准货币负债指储蓄存款、通知存款、定期存款、其他存款和存款证明书。

财务活动 由财务资产及财务负债组成。

7 港澳台第三产业情况

7-3 台湾第三产业情况

简要说明

一、本章资料反映台湾省主要社会、经济发展情况，重点反映第三产业情况。内容包括:人口、就业、国民经济核算、工业、交通通讯、对外贸易、财政金融、物价、教育、社会保障等方面。

二、本章资料来自台湾省行政院主计处统计资料，国家统计局国际统计信息中心负责整理、编辑，表内另有说明除外。

三、由于台湾省和内地在使用统计名词及概念方面会有所不同，读者在比较两地数据时，请参考本章末的“主要统计指标解释”。

四、更详细的统计资料及有关的技术细节，可参阅台湾省行政院主计处出版的《统计月报》、《统计年鉴》及各专题统计出版物。

五、本章节表中的符号使用说明:“①”等表示本表下有注解。

7-3-1 主要统计指标概览

指标		2005	2006	2007	2008	2009
人口						
户籍登记人口数①	(万人)	2277	2288	2296	2304	2312
人口自然增长率	(‰)	2.92	3.01	2.76	2.40	2.07
人口密度①	(人/平方公里)	629	632	634	637	639
性别比①	(女=100)	103	103	102	102	101
劳动、就业						
劳动力人口	(万人)	1037	1052	1071	1085	1092
劳动力参与率	(%)	58	58	58	58	58
男		68	67	67	67	66
女		48	49	49	50	50
工业就业人口比率	(%)	36	36	37	37	36
服务业就业人口比率	(%)	58	58	58	58	59
失业率	(%)	4.1	3.9	3.9	4.1	5.9
工业及服务业月人均薪资(新台币元)		43163	43493	44414	44424	42176
工业		41908	42507	43302	43233	40032
服务业		44290	44359	45380	45450	43914
生活环境						
月人均用电量	(千瓦小时)	146	145	147	145	146
月人均用水量	(立方米)	10.7	11.1	11.1	11.0	10.7
公共安全						
刑案发生率	(件/10万人)	2442	2247	2146	1972	1673
犯罪人口率	(人/10万人)	913	1004	1160	1179	1135
刑案破获率	(%)	62	67	75	77	81
少年疑犯人数(12-17岁)	(人)	9620	10384	10881	11283	10762
火灾发生次数	(次)	5139	4332	3392	2886	2621
死伤人数	(人)	671	596	518	405	413
机动车肇事率	(件/万辆)	80	80	80	81	85
道路交通事故伤亡人数						
死亡	(人)	2894	3140	2573	2224	2092
受伤	(人)	203087	211176	216927	220346	239260
医保参保人数	**(万人)**	**2231**	**2248**	**2263**	**2292**	**2303**
社保参保人数	**(万人)**					
公教人员保险		59	59	59	59	60
劳工保险		854	868	880	880	903
农民保险		165	162	160	157	154
工业						
受雇者劳动生产力指数(2006年=100)		96.3	100.0	106.8	105.7	106.3
工业生产指数	(2006年=100)	95.5	100.0	107.8	105.9	97.3
制造业		95.7	100.0	108.3	106.7	98.2
房屋建筑工程业		91.7	100.0	99.5	90.3	73.1
工业生产价值	(新台币亿元)	116861	127203	140456	139777	114496

7-3-1 续表 1

指 标		2005	2006	2007	2008	2009
商业及对外贸易						
营利事业家数①	(万家)	116.9	117.9	117.7	117.9	118.6
营利事业销售额	(新台币亿元)	342975	345719	360317	354099	301443
货物进出口额	(亿美元)					
出口		1984	2240	2467	2556	2037
进口		1826	2027	2193	2404	1744
出(入)超		158	213	274	152	293
对日出(入)超		-309	-300	-300	-290	-217
对美出(入)超		79	97	56	45	54
对港出(入)超		319	355	362	312	283
外销订单	(亿美元)	2564	2993	3458	3517	3224
运输通信						
交通运输客运人数	(亿人)					
铁路		5.3	5.5	6.0	6.9	7.2
公路		10.1	10.1	10.2	10.5	10.4
航空	(万人)					
省内		1929	1737	1271	985	923
省外		2249	2377	2443	2320	2310
高速公路收费站通行车辆数	(万辆次)	57381	57471	56964	54355	53957
每百人机动车辆数①	(辆)	87.2	88.8	90.2	91.6	92.4
港埠货物装卸量	(万计费吨)	68793	70651	71026	66828	60575
旅游	(万人次)					
出省旅游人数		821	867	896	847	814
来台湾旅客人数		338	352	372	385	440
财政、金融						
赋税实征净额②	(新台币亿元)	15674	16008	17339	17604	15303
直接税	(%)	59.3	60.4	63.1	65.1	62.4
间接税	(%)	40.7	39.6	36.9	34.9	37.6
外汇存底①	(亿美元)	2532.9	2661.5	2703.1	2917.1	3482.0
汇率						
1美元③	(新台币)	32.8800	32.6500	32.4900	32.9100	32.0800
1日元③	(新台币)	0.2815	0.2760	0.2916	0.3656	0.3491

7-3-1 续表 2

指 标		2005	2006	2007	2008	2009
货币总计数$M_2$①	(新台币亿元)	245080	257988	260394	278632	294629
年增长率	(%)	6.6	5.3	0.9	7.0	5.7
存款①	(新台币亿元)	247095	259420	262088	279779	295559
放款与投资①	(新台币亿元)	193602	201539	206269	213315	214906
再贴现率①	(年息百分比率)	2.250	2.750	3.375	2.000	1.250
股价指数	(1966年＝100)	6092	6842	8510	7024	6460
国际收支余额	(亿美元)	200.6	60.9	-40.2	262.7	541.3
经常帐		175.8	263.0	329.8	252.1	420.6
资本帐		-1.2	-1.2	-1.0	-3.3	-1.0
金融帐		23.0	-196.0	-386.6	-18.7	135.9
价格指数年增长率（2006年=100)(%)						
批发		0.6	5.6	6.5	5.2	-8.7
消费者		2.3	0.6	1.8	3.5	-0.9
进口		2.4	8.8	9.0	8.8	-9.6
出口		-2.5	2.5	3.6	-2.1	-6.6
经济核算	**(新台币亿元)**					
本地居民生产总值		120311	125552	132433	130131	129304
本地生产总值		117403	122435	129105	126985	125127
最终消费		85540	87176	90276	91907	92198
固定资本形成总额		26355	27307	28414	26857	23416
商品及服务出口		73417	83257	93041	92265	78266
减：商品及服务进口		68233	75768	82769	85978	67111
GDP增长率	(%)	4.7	5.4	6.0	0.7	-1.9
农业		-4.2	13.8	-2.4	0.6	-3.1
工业		6.9	7.8	9.0	-0.2	-4.7
服务业		3.9	4.2	4.4	0.9	-0.3
产业结构	(%)					
农业		1.7	1.6	1.5	1.6	1.6
工业		31.3	31.3	31.4	29.3	29.8
服务业		67.1	67.1	67.1	69.2	68.7
人均本地居民生产总值	(新台币元)	529313	550099	577869	565846	560384
人均本地居民生产总值	(美元)	16449	16911	17596	17941	16969
居民储蓄总值	(新台币亿元)	33400	37095	40907	37285	36356
储蓄率	(%)	27.8	29.6	30.9	28.7	28.1

注：①为年底数。②为年度资料。③卖出汇率，且为年底数。

7-3-2 本地生产总值部门构成

单位：%

年 份	本地生产总值(新台币亿元)	农 业	工 业	制造业	水、电、燃气业及污染治理业	建 筑 业
2002	104116	1.82	30.38	25.02	2.34	2.52
2003	106963	1.71	31.20	26.13	2.31	2.36
2004	113653	1.68	31.75	26.81	1.99	2.53
2005	117403	1.67	31.26	26.53	1.93	2.42
2006	122435	1.61	31.33	26.46	1.84	2.72
2007	129105	1.49	31.38	26.52	1.62	2.78
2008	126985	1.60	29.25	24.98	1.03	2.87
2009	125127	1.55	29.79	24.67	2.11	2.55

7-3-2 续表

单位：%

年 份	服 务 业	批发、零售业	金融及保险业	不动产业	咨讯及通讯传播业
2002	67.80	16.81	8.02	8.25	3.80
2003	67.08	16.65	7.53	8.33	3.76
2004	66.57	17.08	7.56	8.15	3.59
2005	67.08	17.63	7.66	8.16	3.49
2006	67.06	17.88	7.28	8.54	3.39
2007	67.12	18.22	7.26	8.53	3.44
2008	69.16	18.80	7.24	8.77	3.62
2009	68.66	18.49	6.35	9.09	3.68

7-3-3 本地居民生产总值

年份	本地居民生产总值			人均本地居民生产总值	
	新台币亿元	实际年增长率 %	亿美元①	新台币元	美元①
2002	106541	5.7	3081	474294	13716
2003	110251	4.5	3203	488645	14197
2004	117374	6.4	3511	518280	15503
2005	120311	3.8	3739	529313	16449
2006	125552	5.5	3860	550099	16911
2007	132433	6.0	4033	577869	17596
2008	130131	0.5	4126	565846	17941
2009	129304	-1.1	3916	560384	16969

注：①按当年汇率折算。

7-3-4 劳动力和就业状况

项目	2005	2006	2007	2008	2009
劳动力总计 （万人）	**1037.1**	**1052.2**	**1071.3**	**1085.3**	**1091.7**
男	601.2	605.6	611.6	617.3	618.0
女	435.9	446.7	459.7	468.0	473.7
就业人数 （万人）	**994.2**	**1011.1**	**1029.4**	**1040.3**	**1027.9**
男	575.3	581.0	586.8	590.2	577.6
女	419.0	430.1	442.6	450.1	450.2
就业者行业构成 （%）	**100.0**	**100.0**	**100.0**	**100.0**	**100.0**
农、林、渔、牧业	5.9	5.5	5.3	5.1	5.3
工业	36.4	36.6	36.8	36.8	35.8
矿业及土石采取业	0.1	0.1	0.1	0.1	0.0
制造业	27.5	27.5	27.6	27.7	27.1
电力及燃气供应业	0.3	0.3	0.3	0.3	0.3
用水供应及污染整治业	0.6	0.6	0.6	0.7	0.7
建筑业	8.0	8.2	8.2	8.1	7.7
服务业	57.7	57.9	57.9	58.0	58.9
批发及零售业	17.4	17.4	17.3	17.0	16.9
运输及仓储业	4.1	4.1	4.0	4.0	3.9
金融及保险业	4.1	4.0	3.9	4.0	4.0
咨讯及通讯传播	2.0	2.1	2.0	2.0	2.0
住宿及餐饮业	6.4	6.6	6.6	6.6	6.7
教育服务业	5.6	5.6	5.7	5.8	6.0
公共行政	3.4	3.3	3.2	3.3	3.7
失业人数 （万人）	**42.8**	**41.1**	**41.9**	**45.0**	**63.9**
失业率 （%）	**4.1**	**3.9**	**3.9**	**4.1**	**5.9**

7-3-5 服务业就业人员月平均工资

单位：新台币元

年 份	服务业月平均工资	批发、零售业	运输、仓储业	金融、保险业	不动产业	专业、科学及技术服务
2002	44105	39152	46509	65703	40896	45672
2003	44153	39610	45934	64645	40431	47429
2004	44396	39819	46986	66671	39781	49311
2005	44290	39545	48618	65113	38819	50890
2006	44359	39380	48460	69054	38313	51740
2007	45380	39475	49234	75732	37877	53281
2008	45450	39980	49800	71319	40343	54524
2009	43914	40154	48068	67513	38720	49969

7-3-6 货物进出口额

年 份	按新台币计算（新台币亿元）			按美元计算（亿美元）		
	进出口总额	出口	进口	进出口总额	出口	进口
2002	85888	46704	39184	2485	1353	1132
2003	95830	51730	44100	2786	1506	1280
2004	117539	60972	56567	3512	1824	1688
2005	122517	63745	58772	3810	1984	1826
2006	138836	72793	66043	4267	2240	2027
2007	152997	80879	72118	4660	2467	2193
2008	155615	80104	75511	4961	2556	2404
2009	124661	67089	57572	3780	2037	1744

7-3-7 货物进口来源和出口去向

单位：亿美元

项目	2005	2006	2007	2008	2009
进口来源					
中国香港	21.1	18.8	18.3	14.9	11.2
日本	460.5	462.8	459.4	465.1	362.2
韩国	132.4	150.0	151.6	131.7	105.1
新加坡	49.6	51.1	47.9	48.3	48.1
马来西亚	52.2	60.5	61.9	67.6	45.5
泰国	28.9	33.2	36.1	32.5	26.8
法国	25.4	22.2	23.8	22.9	17.8
德国	61.8	61.4	70.7	74.7	56.7
意大利	14.5	15.5	14.8	16.4	18.3
英国	17.1	17.8	19.2	19.2	12.3
加拿大	13.2	13.7	17.0	17.9	11.5
美国	211.7	226.6	265.1	263.3	181.5
澳大利亚	47.3	53.5	61.2	82.7	59.7
印度尼西亚	45.4	52.0	57.8	72.9	51.8
菲律宾	28.0	27.8	22.8	22.4	16.1
越南	7.0	8.5	10.4	12.1	9.2
沙特阿拉伯	74.4	97.6	104.1	151.7	86.6
荷兰	20.7	23.4	27.8	23.5	18.6
出口去向					
中国香港	340.4	373.8	379.8	326.9	294.5
日本	151.1	163.0	159.3	175.6	145.0
韩国	58.8	71.5	77.9	87.1	73.0
新加坡	80.4	92.8	105.0	116.8	86.1
马来西亚	42.8	49.4	53.9	55.1	40.6
泰国	38.2	45.8	52.0	49.1	38.3
法国	14.5	15.7	17.1	17.3	13.7
德国	44.6	50.1	51.8	57.3	47.0
意大利	18.0	22.0	24.1	24.5	17.9
英国	32.6	35.1	36.2	36.3	29.8
加拿大	16.9	17.7	18.5	18.5	14.6
美国	291.1	323.6	320.8	307.9	235.5
澳大利亚		27.2	32.3	34.9	23.5
印度尼西亚	23.6	25.0	29.1	35.7	32.3
菲律宾	43.3	44.8	49.2	47.8	44.3
越南	41.0	48.7	68.6	79.5	59.9
沙特阿拉伯	5.0	5.3	7.3	9.9	6.7
荷兰	44.0	44.1	44.1	45.7	42.3

7-3-8 出口与进口货物分类

单位：亿美元

年份	出口				进口			
	出口额	农产品	农产加工品	工业产品	进口额	资本设备	原材料	消费品
2002	1353.2	3.6	17.0	1332.5	1132.5	261.2	759.4	111.8
2003	1506.0	3.9	17.7	1484.4	1280.1	262.6	897.1	120.4
2004	1823.7	3.9	20.8	1798.9	1687.6	361.8	1187.4	138.3
2005	1984.3	3.8	21.1	1959.4	1826.1	347.0	1321.7	157.5
2006	2240.2	3.5	18.5	2218.2	2027.0	345.2	1527.9	153.9
2007	2466.8	4.1	18.7	2444.0	2192.5	355.7	1677.6	159.3
2008	2556.3	5.4	21.7	2529.2	2404.5	326.9	1908.5	169.1
2009	2036.7	5.0	18.5	2013.3	1743.7	257.2	1325.0	161.5

7-3-9 旅游人数及外汇收入

指标		2005	2006	2007	2008	2009
离境旅游人数	**(万人次)**	**820.8**	**867.1**	**896.4**	**846.5**	**814.3**
来台旅游人数	**(万人次)**	**337.8**	**352.0**	**371.6**	**384.5**	**439.5**
华侨		58.0	66.4	72.7	88.3	162.5
外国人		279.8	285.6	298.9	296.3	277.0
旅游收入总额	**(亿美元)**			**118.8**	**117.7**	**123.9**
来台旅客						
旅游外汇收入	(亿美元)	49.77	51.36	52.14	59.36	68.16
旅客人均停留时间	(夜)	7.1	6.9	6.5	7.3	7.2
旅客人均每日消费	(美元)	208	211	215	211	216
旅客人均在台消费	(美元)	1473	1459	1403	1544	

资料来源：台湾《主计月报》、台湾交通部观光局。

7-3-10 铁路和公路客货运量

年份	铁路				公路			
	客运量(万人)	客运周转量(万人公里)	货运量(万吨)	货物周转量(万吨公里)	客运量(万人)	客运周转量(万人公里)	货运量(万吨)	货物周转量(万吨公里)
2002	50000	1214700	1820	94100	105700	1577000	49900	2834100
2003	47800	1117800	1670	86400	99200	1474400	51300	2873500
2004	52000	1205100	1700	90900	101900	1577800	54900	3102900
2005	53100	1225500	1930	98200	101300	1610000	56200	3121000
2006	55400	1235200	1910	99700	101400	1638600	59400	3121800
2007	60300	1576900	1740	89000	102100	1597900	61800	3054700
2008	69000	1906600	1660	93300	105400	1578300	60400	3016000
2009	71900	1927700	1410	77600	103900	1588200	59700	2907100

7-3-11 港口旅客、货物运量

年份	客运量(万人)			货运量(万吨)		
	总计	进港	出港	总计	进港	出港
2000	48.16	23.44	24.71	21738	16625	5114
2001	55.06	26.46	28.60	23407	17286	6121
2002	46.48	22.23	24.26	24702	18275	6427
2003	36.25	17.42	18.83	26144	19293	6850
2004	39.40	18.06	21.34	29168	21346	7821
2005	40.54	19.35	21.19	28062	20243	7819
2006	31.47	14.85	16.62	27423	19720	7702
2007	42.58	20.61	21.98	29234	21404	7830
2008	50.66	24.21	26.45	28126	20838	7288
2009	57.58	27.77	29.80	24871	18354	6517

资料来源：台湾交通部。

7-3-12 港口集装箱及货物装卸量

年 份	折合20英尺标准集装箱(TEU)			装卸量(万收费吨)		
	总计	进港	出港	总计	装货量	卸货量
2000	10510762	5230686	5280075	56695	22373	34322
2001	10427714	5193943	5233771	55287	22115	33172
2002	11608634	5778686	5829948	60671	24391	36280
2003	12094753	6068883	6025870	63558	25464	38094
2004	13034362	6543943	6490419	69624	27711	41913
2005	12796813	6421921	6374892	68793	27339	41454
2006	13107896	6516355	6591541	70651	27972	42679
2007	13726551	6888324	6838227	71026	28818	42208
2008	12977393	6488717	6488677	66828	27153	39675
2009	11710266	5875873	5834393	60575	24435	36140

资料来源：台湾交通部。

7-3-13 民航旅客、货物运量

年 份	客运量(万人次)	国际线	省内线	过境	货运量(万吨)	国际线	省内线
2000	4841	1978	2665	198	133.82	121.49	3.39
2001	4608	1950	2461	197	131.02	103.56	3.74
2002	4419	2006	2189	223	151.39	113.76	4.42
2003	3788	1591	2005	191	162.27	118.60	4.37
2004	4412	2076	2100	237	182.31	125.49	4.06
2005	4427	2249	1929	249	181.88	121.60	3.74
2006	4373	2377	1736	259	180.96	120.80	4.02
2007	3977	2443	1271	263	170.87	119.11	4.00
2008	3524	2320	985	218	158.72	103.54	3.67
2009	3438	2310	923	205	144.54	93.30	3.69

资料来源：台湾交通部民航局。

7-3-14 邮政及电信营运量

项 目		2005	2006	2007	2008	2009
邮政						
函件	(亿件)					
收寄		28.1	26.6	26.7	26.5	26.3
投递		32.6	31.9	31.1	31.9	29.4
包裹	(万件)					
收寄		1576.7	1789.7	1995.9	2426.9	2535.1
投递		1672.0	1890.1	2156.1	2622.9	2698.0
电信						
市内电话用户数	(万户)	1361.5	1347.3	1330.2	1308.2	1282.1
公共电话话机数	(万部)	11.9	11.1	10.0	9.6	9.1
移动电话用户数	(万户)	2217.1	2324.9	2428.7	2541.3	2695.9
无线寻呼机用户数	(万户)	109.5	107.0	105.0	113.7	112.1
数字式低功率无线电话用户数	(万户)	97.8	137.1	148.0	145.9	137.4
综合业务数字网用户数	(万户)	5.8	6.3	6.2	7.0	8.9
国际互联网用户数	(万户)	727.1	703.7	597.4	602.7	566.8
国际电话去话分钟数	(万分钟)	346829	384102	387945	399388	419273

7-3-15 入学率和教育经费

单位：%

年 份	粗入学率(6-21岁)			每千人口高等教育学生数②	15岁以上人口识字率③	教育经费占GNP比重	政府教育经费占政府支出比重
	初等教育(6-11岁)	中等教育(12-17岁)	高等教育①(18-21岁)				
1995	101.4	95.7	39.4	32.7	94.0	5.2	19.4
1996	101.1	95.8	40.9	34.3	94.3	5.3	19.5
1997	100.6	97.2	43.1	37.6	94.7	5.0	18.9
1998	99.8	98.6	47.0	40.7	94.9	6.3	18.5
1999	99.7	99.6	50.5	44.6	95.3	6.3	18.8
2000	100.5	99.2	56.1	49.4	95.6	5.4	17.8
2001	99.7	99.4	63.0	54.1	95.8	5.9	17.9
2002	100.0	99.3	67.6	56.8	96.0	5.9	19.8
2003	99.5	99.0	72.4	58.3	97.0	5.9	19.5
2004	100.8	98.3	78.1	58.8	97.2	5.8	19.8
2005	100.3	97.9	82.0	58.7	97.3	5.9	20.0
2006	99.5	99.1	83.6	59.1	97.5	5.8	21.3
2007	100.8	98.7	85.3	59.2	97.6	5.5	20.9
2008	100.7	99.2	83.2	59.4	97.8	5.9	21.0
2009	101.4	99.0	82.2	58.7	97.9		

注：① 不含五专前三年、研究所及进修教育。②不含五专前三年。③年底资料。

7-3-16 科技人员数和科研开发经费

年份	科技人员数(人)				科研开发经费			每万人口研究人员数(人)
	总计	研究人员	技术人员	支援人员	金额(新台币亿元)	占GDP比重(%)	政府投入经费所占比重(%)	
1994	95088	43115	39108	12865	1147	1.72	47.4	20.4
1995	105822	47867	44246	13709	1250	1.72	43.7	22.4
1996	116853	53754	46844	16255	1380	1.74	41.6	25.0
1997	129165	56419	54190	18556	1563	1.82	40.2	25.9
1998	129305	62586	51158	15561	1765	1.91	38.3	28.5
1999	134845	67165	51754	15926	1905	1.97	32.5	30.4
2000	137622	69526	51581	16515	1976	1.94	33.4	31.2
2001	138409	73239	48886	16283	2050	2.06	33.3	32.7
2002	162340	93139	51820	17381	2244	2.16	35.2	41.4
2003	172950	100164	55541	17245	2429	2.27	35.2	44.3
2004	187001	108891	60425	17684	2633	2.32	33.6	48.0
2005	195721	115954	62298	17469	2810	2.39	31.5	50.9
2006	212483	126168	67715	18600	3070	2.51	31.4	55.2
2007	228551	135918	72709	19924	3314	2.57	29.9	59.2
2008	240876	143862	77117	19897	3514	2.77	28.2	62.4

7-3-17 金融概况

年份	货币供应量(新台币亿元)	流动性负债①(新台币亿元)	储备货币(新台币亿元)	主要金融机构存款(新台币亿元)	主要金融机构放款与投资(新台币亿元)	再贴现率(年息%)	汇率(卖出价)(新台币/美元)
2002	54916	249750	15688	206098	160780	1.63	34.81
2003	65528	273807	16194	217469	165351	1.38	34.02
2004	73680	299984	17177	232565	179640	1.75	31.78
2005	78711	325466	17585	247095	193602	2.25	32.88
2006	82226	351722	18832	259420	201539	2.75	32.65
2007	82200	370012	19475	262088	206269	3.38	32.49
2008	81537	389321	21254	279779	213315	2.00	32.91
2009	105116	417377	23040	295559	214906	1.25	32.08

注：①含债券型基金。

7-3-18 国际收支

单位：亿美元

年份	A.经常帐户					B.资本帐户			合计(A+B)	C.金融帐户	
	合计	商品贸易净额	服务净额	收入净额	经常转移净额	合计	收入	支出		合计	对外直接投资
2002	263.6	249.2	-30.8	70.1	-24.9	-1.4		-1.4	262.2	87.5	-48.9
2003	305.0	261.4	-24.7	95.6	-27.2	-0.9		-0.9	304.2	76.3	-56.8
2004	197.3	173.6	-49.4	111.3	-38.3	-0.8	0.1	-0.8	196.5	71.7	-71.5
2005	175.8	194.6	-66.5	90.4	-42.6	-1.2		-1.2	174.6	23.0	-60.3
2006	263.0	242.0	-35.4	95.8	-39.4	-1.2		-1.2	261.8	-196.0	-74.0
2007	329.8	304.5	-37.9	101.3	-38.1	-1.0		-1.0	328.8	-389.8	-111.1
2008	251.2	184.8	-3.6	99.8	-29.8	-3.3		-3.4	247.9	-18.7	-102.9
2009	420.6	305.5	12.1	125.1	-22.1	-1.0		-1.0	419.6	135.9	-58.7

7-3-18 续表

单位：亿美元

年份	C.金融帐户							合计(A至C)	D.误差与遗漏	国际收支余额(A至D)	E.准备与相关项目
	外商直接投资	证券投资		衍生性金融产品		其他投资					
		资产	负债	资产	负债	资产	负债				
2002	14.5	-154.4	66.2	4.0	-6.4	119.9	92.7	349.7	-13.0	336.6	-336.6
2003	4.5	-347.6	295.7	5.2	-7.3	39.4	143.3	380.5	-9.5	370.9	-370.9
2004	19.0	-218.2	171.5	8.9	-17.3	4.1	175.2	268.2	-2.3	266.0	-266.0
2005	16.3	-339.0	310.5	9.1	-19.1	-62.5	168.2	197.6	2.9	200.6	-200.6
2006	74.2	-407.5	218.1	19.3	-29.0	-12.7	15.5	65.9	-5.0	60.9	-60.9
2007	77.7	-449.9	49.0	36.9	-39.8	-68.5	115.9	-61.0	20.8	-40.2	40.2
2008	54.3	32.9	-157.8	79.4	-63.5	106.5	32.4	229.2	33.5	262.7	-262.7
2009	28.0	-316.9	213.7	53.4	-44.9	257.6	3.6	555.5	-14.3	541.3	-541.3

【主要统计指标解释】

就业人口 于资料标准周内，年满15岁从事有酬工作者或工作在15小时以上的无酬家属工作者。

失业人口 于资料标准周内，年满15岁同时具有无工作、随时可以工作及正在寻找工作者。此外尚包括等待恢复工作者及已找到职业而未开始工作也无报酬者。

就业人员工资 包括经常性工资、加班费及其他非经常性工资。

劳动生产力指数 劳动生产力是指在单位时间内，每一劳工所能生产的产量。此项指数可衡量劳动生产力的变动趋势。

初等教育 小学教育。

中等教育 初中、高中、高职及五专前三年。

高等教育 大专院校(扣除五专前三年)及研究所硕士、博士班教育。

各级教育粗入学率 为(各该级教育学生人数/各该级教育学龄人口数)×100；其中高等教育学龄学生人数仅含大专院校扣除五专前三年及研究所(含硕士、博士班)的学生人数。

本地居民生产总值(GNP) 为某一期间本地常住居民提供生产要素从事生产所创造的附加值或报酬(不论在地区内或国外)，即等于地区内生产总值加国外要素所得收入净额。

本地生产总值(GDP) 为某一期间本地及非本国常住居民提供生产要素在地区内从事生产所创造的附加值。

经济增长率 指某一期间的实际本地生产总值的增长率。

储蓄率 据居民储蓄总值与本地居民生产总值之比。

商业与对外贸易 包括进口与出口。出口货物以通关放行装船(机) 离岸日为统计时间，以离岸价格(F.O.B.)计价；进口货物经办妥通关手续，或存入保税关栈的货物，以其提出关栈报运进口放行日为统计时间，以到岸价格(C.I.F.)计价。出口国别是以出口货物的出口商所申报的运销地分列，其运销地有数处得随时变更者，以最终的运销地为准；进口国别是按原产国别分列。

客运周转量 指于某特定时间内，铁路、公路客运运输所运送旅客运程的总和，或每架次飞机所载运的旅客人数与其航行里程乘积之和。可用以推算该时间内的客运收入。

货运周转量 指于某特定时间内，铁路、公路、航空货运运输所运送货物的重量与其运程乘积之和。可用以推算该时间内的货运收入。

批发价格 指企业间相互交易的地区内生产物品出厂价格及进出口物品的价格，以反映生产厂商出售原材料、半成品及制成品等价格变动情况。

消费价格 以台湾地区(包括城市和农村)为范围所编制的零售价格指数，以此衡量台湾地区一般家庭为消费需要所购买的商品与服务价格水平的变动情况。

进口及出口价格 以台湾地区进出口商品为调查价格范围，以此衡量进出口商品价格水平的变动情况。

道路交通事故 指造成人员死亡或受伤的案件，死亡人数包括立即死亡及事故发生后24小时内死亡。

社会保险 社会保险是包括全民健康保险(1995年3月开办)、劳工保险、就业保险(2003年1月开办)、公务人员保险、退休人员保险、私立学校教职员保险、农民健康保险及军人保险。

储备货币 包括存款货币机构与中华邮政公司储汇处的准备金及社会大众持有的通货二

项 。

流动性负债 指金融机构及债券型基金的流动性负债，包括金融机构以外部门持有通货，金融机构收受企业及个人的各种存款、货币市场共同基金与信托资金，保险业提列的人寿保险准备，以及企业及个人持有金融债券、央行发行的国库券与储蓄券；自 1994 年 1 月资料起，尚加计企业及个人持有上列机构的附买回交易余额与外国人持有的新台币存款；自 1999 年 1 月资料起，尚包括企业及个人持有债券型基金。

存款货币 指企业及个人在货币机构的支票存款、活期存款及活期储蓄存款。

货币总计数 M_{1a}指通货净额加企业及个人(含非营利团体)在货币机构的支票存款及活期存款；M_{1b}是通货净额加存款货币，或M_{1a}加个人(含非营利团体)在货币机构的活期储蓄存款(目前仅个人及非营利团体可以开设储蓄存款帐户)。M_2指M_{1b}加准货币。

附录一 世界及主要国家第三产业主要统计资料

简要说明

一、本章选取了四十余个国家和地区主要宏观经济指标和第三产业方面统计指标，力求反映国家或地区经济概貌同时重点介绍第三产业情况。如需了解这些国家和地区其他指标，请参阅国家统计局国际统计信息中心编辑的《国际统计年鉴》。

二、中国数据未包括中国香港特别行政区、中国澳门特别行政区和中国台湾省的相关数据。

三、所有国家和地区的数据均来自于有关国际组织，每张表均附有资料来源。

四、经过有关国际组织调整，数据口径基本一致。

五、一些数据的合计数或相对数，因受进位的影响，不一定等于分项的累加。

六、本章中使用的符号含义如下："空格"表示无该项数据或该项统计数据不详；"…"表示数据不够本表最小单位数的一半；"|"表示因统计口径的调整，与之前数据不严格可比。

附录1-1　国内生产总值

单位：亿美元

国家和地区	1990	2000	2005	2006	2007	2008	2009
世　界	**218484.3**	**320483.6**	**456028.4**	**494081.3**	**557314.3**	**613053.6**	**582281.8**
中　国	3569.4	11984.8	22570.7	27168.7	35055.3	45327.9	49847.3
中国香港	768.9	1691.2	1777.7	1899.3	2070.7	2153.6	
中国澳门	29.9	61.0	115.1	142.1	186.0		
孟加拉国	301.3	471.0	603.2	619.0	684.2	795.5	893.8
文　莱	35.2	60.0	95.3	114.7			
柬埔寨		36.5	62.9	72.7	86.3	103.4	100.3
印　度	3174.7	4601.8	8372.0	9491.9	12328.2	12142.1	13101.7
印度尼西亚	1144.3	1650.2	2858.7	3645.7	4322.2	5105.0	5402.8
伊　朗	1160.4	1012.9	1920.2	2228.8	2860.6	3381.9	3310.2
以色列	524.9	1247.5	1342.5	1458.4	1669.9	2021.0	1947.9
日　本	30182.7	46674.5	45522.0	43625.9	43779.4	48869.7	50675.3
哈萨克斯坦	269.3	182.9	571.2	810.0	1048.5	1334.4	1091.6
韩　国	2637.8	5333.8	8448.6	9517.7	10492.4	9314.0	8325.1
老　挝	8.7	17.4	27.2	35.2	42.9	54.8	59.4
马来西亚	440.2	937.9	1378.5	1565.2	1859.8	2211.6	1916.0
蒙　古	20.9	10.9	23.1	31.3	39.3	52.6	42.0
巴基斯坦	400.1	739.5	1096.0	1275.0	1432.0	1651.8	1665.5
菲律宾	443.1	759.1	988.3	1175.4	1440.4	1674.9	1604.8
新加坡	368.4	927.2	1254.2	1450.7	1767.7	1933.3	1822.3
斯里兰卡	80.3	163.3	244.1	282.8	323.6	407.2	419.8
泰　国	853.4	1227.3	1763.5	2072.4	2471.0	2724.6	2638.6
越　南	64.7	311.7	529.2	609.1	710.2	906.5	918.5
埃　及	431.3	998.4	896.9	1074.8	1304.7	1628.2	1883.3
尼日利亚	284.7	459.8	1122.5	1468.7	1659.2	2071.2	1689.9
南　非	1120.1	1328.8	2470.6	2610.1	2863.0	2764.5	2859.8
加拿大	5827.2	7249.2	11337.6	12786.1	14240.7	14991.1	13360.7
墨西哥	2627.1	5814.3	8489.5	9525.4	10255.8	10899.5	8749.0
美　国	57572.0	97648.0	125797.0	133362.0	140108.0	143694.0	142563.0
阿根廷	1413.5	2842.0	1831.9	2140.7	2624.2	3284.7	3087.4
巴　西	4619.5	6447.0	8821.9	10889.2	13659.8	16386.1	15719.8
委内瑞拉	470.3	1171.5	1456.8	1836.8	2267.9	3114.8	3265.0
捷　克	348.8	567.2	1245.5	1426.1	1742.2	2160.8	1902.7
法　国①	12444.6	13279.6	21465.3	22661.4	25940.1	28542.3	26493.9
德　国	17144.7	19002.2	27883.9	29168.0	33234.0	36559.1	33467.0
意大利	11334.1	10973.4	17776.9	18633.8	21162.0	22966.3	21127.8
荷　兰	2948.7	3850.8	6384.7	6776.9	7783.1	8728.7	7921.3
波　兰	589.8	1712.8	3039.1	3416.7	4253.2	5283.2	4300.8
俄罗斯联邦	5168.1	2597.1	7645.5	9894.3	13001.2	16676.0	12307.3
西班牙	5209.7	5806.7	11301.7	12347.7	14408.4	15944.7	14602.5
土耳其	1506.8	2665.7	4829.8	5309.0	6471.6	7303.4	6171.0
乌克兰	814.6	312.6	861.4	1077.5	1427.2	1799.9	1135.5
英　国	10125.8	14775.8	22801.1	24394.2	27990.4	26626.5	21745.3
澳大利亚	3145.2	4169.2	6960.3	7493.2	8568.2	10394.2	9248.4
新西兰	439.9	509.0	1091.0	1087.5	1346.8	1154.5	1251.6

注：①包括法属圭亚那、瓜德罗普、马提尼克和留尼汪。
资料来源：世界银行WDI数据库。

附录1-2 国内生产总值增长率

单位：%

国家和地区	2000	2005	2006	2007	2008	2009
中国	8.40	10.40	11.61	13.02	9.55	8.74
中国香港	7.95	7.08	7.02	6.38	2.15	-2.66
孟加拉国	5.60	6.30	6.52	6.30	6.03	5.43
文莱	2.85	0.39	4.40	0.16	-1.94	-0.49
柬埔寨	8.77	13.25	10.77	10.21	6.69	-2.46
印度	5.69	9.21	9.82	9.37	7.35	5.67
印度尼西亚	5.35	5.69	5.50	6.34	6.01	4.55
伊朗	5.14	4.67	5.85	7.82	2.51	5.03
以色列	9.20	5.10	5.28	5.20	4.00	0.71
日本	2.86	1.93	2.04	2.36	-1.19	-5.20
哈萨克斯坦	9.80	9.70	10.70	8.90	3.20	1.17
韩国	8.80	3.96	5.18	5.11	2.30	0.20
老挝	6.32	6.77	8.64	7.84	7.78	7.59
马来西亚	8.68	5.33	5.85	6.18	4.63	-1.72
蒙古	3.92	7.25	8.56	10.22	8.92	-1.61
巴基斯坦	4.26	7.67	6.15	5.64	2.04	1.97
菲律宾	5.97	4.95	5.34	7.08	3.84	0.92
新加坡	10.06	7.65	8.68	8.22	1.39	-2.02
斯里兰卡	6.02	6.24	7.67	6.80	5.95	3.50
泰国	4.75	4.60	5.15	4.93	2.46	-2.28
越南	6.79	8.44	8.23	8.46	6.18	5.32
埃及	5.38	4.47	6.84	7.09	7.17	4.67
尼日利亚	5.32	5.39	6.21	6.97	5.98	5.63
南非	4.16	5.28	5.60	5.49	3.68	-1.79
加拿大	5.23	3.02	2.85	2.53	0.41	-2.64
墨西哥	6.60	3.20	4.93	3.34	1.49	-6.54
美国	4.14	3.05	2.67	2.14	0.44	-2.44
阿根廷	-0.79	9.18	8.47	8.65	6.76	0.85
巴西	4.31	3.16	3.96	6.09	5.14	-0.18
委内瑞拉	3.69	10.32	9.87	8.15	4.78	-3.29
捷克	3.65	6.32	6.81	6.13	2.46	-4.29
法国	4.07	1.94	2.42	2.26	0.32	-2.19
德国	3.22	0.73	3.18	2.52	1.25	-4.97
意大利	3.69	0.66	2.04	1.48	-1.32	-5.04
荷兰	3.94	2.05	3.39	3.61	2.00	-3.98
波兰	4.25	3.62	6.23	6.78	5.00	1.70
俄罗斯联邦	10.05	6.39	7.68	8.06	5.62	-7.90
西班牙	5.05	3.62	4.02	3.56	0.86	-3.64
土耳其	6.77	8.40	6.89	4.67	0.66	-4.74
乌克兰	5.85	2.70	7.30	7.90	2.10	-15.10
英国	3.92	2.17	2.85	2.56	0.55	-4.92
澳大利亚	3.31	3.20	2.60	4.71	2.38	1.32
新西兰	3.82	3.16	1.01	2.78	-0.15	-1.59

资料来源：国际货币基金组织WEO数据库。

附录1-3 国内生产总值产业构成

单位：%

国家和地区	第一产业			第二产业			第三产业		
	2000	2007	2008	2000	2007	2008	2000	2007	2008
中　　国	15.1	11.1	11.3	45.9	48.5	48.6	39.0	40.4	40.1
中国香港	0.1	0.1		13.4	7.7		86.5	92.2	
中国澳门				15.7	17.7		84.3	82.3	
孟加拉国	25.5	19.2	19.0	25.3	28.4	28.5	49.2	52.4	52.5
文　　莱	1.0	0.7		63.7	71.0		35.3	28.3	
柬 埔 寨	37.8	31.9	34.6	23.0	26.8	23.9	39.1	41.3	41.5
印　　度	23.4	18.1	17.5	26.2	29.5	28.8	50.5	52.4	53.7
印度尼西亚	15.6	13.7	14.4	45.9	46.8	48.1	38.5	39.5	37.5
伊　　朗	13.7	10.2	10.1	36.7	44.5	44.9	49.5	45.3	45.0
日　　本	1.8	1.4		32.4	29.3		65.8	69.3	
哈萨克斯坦	8.7	6.1	5.7	40.5	40.6	43.3	50.9	53.3	51.0
韩　　国	4.6	2.9	2.6	38.1	37.1	37.1	57.3	60.0	60.3
老　　挝	52.6	35.5	34.7	22.9	27.2	28.2	24.6	37.3	37.1
马来西亚	0.9	10.2		48.3	47.7		50.8	42.1	
蒙　　古	32.7	23.0	21.1	20.3	41.5	39.8	47.0	35.6	39.2
缅　　甸	57.2			9.7			33.1		
巴基斯坦	25.9	20.5	20.4	23.3	26.9	26.9	50.7	52.6	52.7
菲 律 宾	15.8	14.2	14.9	32.3	31.6	31.7	52.0	54.3	53.5
新 加 坡	0.1	0.1	0.1	35.6	30.5	27.8	64.3	69.4	72.2
斯里兰卡	19.9	11.7	13.4	27.3	29.9	29.4	52.8	58.4	57.3
泰　　国	9.0	10.7	11.6	42.0	44.7	44.2	49.0	44.6	44.2
越　　南	24.5	20.4	22.1	36.7	41.5	39.7	38.7	38.2	38.2
埃　　及	16.7	14.1	13.2	33.1	36.3	37.5	50.1	49.6	49.3
尼日利亚		32.7	30.7		40.7	41.4		26.6	27.9
南　　非	3.3	3.2	3.3	31.8	31.9	33.7	64.9	64.9	63.0
加 拿 大	2.3			33.2			64.5		
墨 西 哥	4.2	3.7	3.8	28.0	35.9	37.1	67.8	60.3	59.1
美　　国	1.2	1.3		24.2	21.8		74.6	76.9	
阿 根 廷	5.0	9.4	9.8	27.6	33.7	32.3	67.4	56.9	57.9
巴　　西	5.6	6.0	6.7	27.7	28.1	28.0	66.7	66.0	65.3
委内瑞拉	4.2			49.7			46.1		
捷　　克	3.9	2.5	2.5	38.1	38.4	37.6	58.0	59.1	59.9
法　　国①	2.8	2.2	2.0	22.9	20.4	20.5	74.3	77.4	77.6
德　　国	1.3	0.9	0.9	30.3	30.4	30.2	68.5	68.7	69.0
意 大 利	2.8	2.1	2.0	28.4	27.5	27.0	68.8	70.4	71.0
荷　　兰	2.6	2.0	1.7	24.9	24.4	25.5	72.4	73.6	72.9
波　　兰	5.0	4.3	4.5	31.7	31.6	30.8	63.3	64.0	64.7
俄罗斯联邦	6.4	5.0	5.0	38.0	37.7	37.2	55.6	57.3	57.8
西 班 牙	4.4	2.9	2.8	29.2	29.8	28.9	66.4	67.4	68.3
土 耳 其	11.3	8.7	8.7	31.5	28.3	27.6	57.2	63.1	63.7
乌 克 兰	17.1	7.5	8.3	36.3	36.7	36.9	46.6	55.8	54.8
英　　国	1.0	0.7	0.7	27.3	23.0	23.7	71.7	76.3	75.6
澳大利亚	3.5	2.4	2.6	26.9	29.0	29.1	69.6	68.6	68.4
新 西 兰	8.9			25.3			65.8		

注：①包括法属圭亚那、瓜德罗普、马提尼克和留尼汪。
资料来源：世界银行WDI数据库。

附录1-4　按生产法计算的第三产业行业增加值

单位：亿本币

国家和地区	2000	2005	2006	2007	2008
中　　国					
按当年价格计算					
国内生产总值	**89468**	**183217**	**211924**	**249530**	
增加值总计(按基本价格计算)	**89468**	**183217**	**211924**	**249530**	
第三产业					
批发、零售贸易；机动车及个人、家庭用品修理业	7483	9331			
旅馆和饭店业	2146	4193	4792	5705	
交通运输、仓储和邮政业	5409	10836	12481	14604	
金融中介	4087	6307	8490	11057	
房地产、租赁及商务活动		11156	12944		
公共管理和国防；社会基本保障					
教育;卫生和社会工作;其他团体、社会和个人服务活动	10273				
按1990年价格计算					
国内生产总值	**50357**	**79436**	**87442**	**98101**	
增加值总计(按基本价格计算)	**50357**	**79436**	**87442**	**98101**	
第三产业					
批发、零售贸易；机动车及个人、家庭用品修理业；旅馆和饭店业	3283	5107	5713	6388	
交通运输、仓储和邮政业	3757	6527	6953	7938	
其他服务业①	4249	4614	5617	6074	
印　　度					
按当年价格计算					
国内生产总值	**208950**	**356718**	**412917**	**472340**	
增加值总计(按基本价格计算)	**190300**	**325093**	**384748**	**439945**	
第三产业					
批发、零售贸易；机动车及个人、家庭用品修理业	25236	49376	56816	65066	
旅馆和饭店业	1915	4666	6054	7135	
运输、仓储和通讯	14083	28452	32809	37998	
金融中介	11848	18021	21361	24240	
房地产、租赁及商务活动	12038	28429	32352	36639	
公共管理和国防；社会基本保障	12372	20834	21807	24197	
教育;卫生和社会工作;其他团体、社会和个人服务活动	15331	25979	30050	34751	
按1999年价格计算					
国内生产总值	**203000**	**284000**	**312000**	**340000**	
增加值总计(按基本价格计算)	**186000**	**260000**	**292000**	**318000**	
第三产业					
批发、零售贸易；机动车及个人、家庭用品修理业	24400	37000	40900	45000	

附录1-4 续表 1　　　　单位：亿本币

国家和地区	2000	2005	2006	2007	2008
印　　度(续)					
旅馆和饭店业	2380	3500	4420	4920	
运输、仓储和通讯	14800	27500	33200	38300	
金融中介	10400	15900	19300	22300	
房地产、租赁及商务活动	14000	19900	22600	24500	
公共管理和国防；社会基本保障	12500	15400	16100	16800	
教育；卫生和社会工作；其他团体、社会和个人服务活动	15500	21700	23100	25100	
印度尼西亚②					
按当年价格计算					
国内生产总值	**1265**	**2774**	**3339**	**3957**	
增加值总计(按基本价格计算)	**1265**	**2774**	**3339**	**3957**	
第三产业					
批发、零售贸易；机动车及个人、家庭用品修理业；旅馆和饭店业	199	432	502	591	
运输、仓储和通讯	62	181	232	265	
金融中介，房地产、租赁及商务活动	80	231	269	305	
公共管理和国防；社会基本保障	69	135	168	205	
教育;卫生和社会工作;其他团体、社会和个人服务活动	52	141	168	194	
按2000年价格计算					
国内生产总值	**1390**	**1750**	**1850**	**1960**	
增加值总计(按基本价格计算)	**1390**	**1750**	**1850**	**1960**	
第三产业					
批发、零售贸易；机动车及个人、家庭用品修理业；旅馆和饭店业	224	294	313	339	
交通运输、仓储和通讯业	65	109	125	143	
金融中介；房地产、租赁及商务活动	115	161	170	184	
公共管理和国防；社会基本保障	70	74	77	81	
教育;卫生和社会工作;其他团体、社会和个人服务活动	60	87	94	101	
日　　本②					
按当年价格计算					
国内生产总值	**511**	**502**	**507**	**516**	
增加值总计(按市场价格计算)	**530**	**522**	**525**	**528**	
第三产业					
批发、零售贸易；机动车及个人、家庭用品修理业；旅馆和饭店业	70	69	68	69	
运输、仓储和通讯	33	34	34	34	
金融中介	31	35	35	34	
房地产、租赁及商务活动	106	60	60	61	
公共管理和国防；社会基本保障	26	28	29	29	
教育；卫生和社会工作；其他团体、社会和个人服务活动	91	136	140	142	

附录1-4 续表 2

单位：亿本币

国家和地区	2000	2005	2006	2007	2008
日　　本(续)					
按2000年价格计算					
国内生产总值	**503**	**537**	**548**	**561**	
增加值总计(按基本价格计算)③	**523**	**559**	**567**	**573**	
第三产业					
批发、零售贸易；机动车及个人、家庭用品修理业；旅馆和饭店业	71	71			
运输、仓储和通讯	35	38			
金融中介	30	35			
房地产、租赁及商务活动	100	112			
公共管理和国防；社会基本保障	28	30			
教育；卫生和社会工作；其他团体、社会和个人服务活动	88	96			
韩　　国②					
按当年价格计算					
国内生产总值	**522**	**811**	**848**	**901**	**1024**
增加值总计(按基本价格计算)	**522**	**721**	**754**	**800**	**920**
第三产业					
批发、零售贸易；机动车及个人、家庭用品修理业	48	52	54	57	
旅馆和饭店业	15	19	20	21	
运输、仓储和通讯	35	52	54	57	
金融中介	36	60	64	71	
房地产、租赁及商务活动	63	90	96	102	
公共管理和国防；社会基本保障	22	45	49	51	
教育	25	42	45	47	
卫生和社会工作	10	23	26	29	
其他团体、社会和个人服务活动	19	21	23	24	
雇人的私人住户	1.1	1.0	1.1	1.2	
按2005年价格计算					
国内生产总值	**695**	**865**	**910**	**957**	**978**
增加值总计(按基本价格计算)	**621**	**776**	**816**	**860**	**881**
第三产业					
批发、零售贸易；机动车及个人、家庭用品修理业	62	67	70	73	74
旅馆和饭店业	16	18	19	20	20
运输、仓储和通讯	38	54	56	59	61
金融中介	38	53	56	62	64
房地产、租赁及商务活动	95	112	116	120	122
公共管理和国防；社会基本保障	43	48	51	52	53
教育	38	47	49	50	51
卫生和社会工作	23	29	30	33	35
其他团体、社会和个人服务活动	21	27	29	30	31
雇人的私人住户	0.3	0.2	0.2	0.2	0.2

附录1-4 续表 3

单位：亿本币

国家和地区	2000	2005	2006	2007	2008
马来西亚					
按当年价格计算					
国内生产总值	**3432**	**5224**	**5737**	**6419**	
增加值总计（按基本价格计算）	**3593**	**5334**	**5861**	**6547**	
第三产业					
批发、零售贸易；机动车及个人、家庭用品修理业	400	553	604	692	
旅馆和饭店业	80	112	124	144	
运输、仓储和通讯	249	360	386	423	
金融中介	326	441	485	533	
房地产、租赁及商务活动	157	212	235	284	
公共管理和国防；社会基本保障	226	344	382	442	
教育	16	24	26	31	
卫生和社会工作	15	28	31	35	
其他团体、社会和个人服务活动	175	215	223	233	
雇人的私人住户	7	9	10	10	
按2000年价格计算					
国内生产总值	**3564**	**4493**	**4752**	**5054**	
增加值总计（按基本价格计算）	**3679**	**4610**	**4883**	**5196**	
第三产业					
批发、零售贸易；机动车及个人、家庭用品修理业	400	512	548	616	
旅馆和饭店业	80	101	107	119	
运输、仓储和通讯	249	329	349	379	
金融中介	326	451	485	539	
房地产、租赁及商务活动	157	205	225	266	
公共管理和国防；社会基本保障	226	304	335	350	
教育	16	22	24	27	
卫生和社会工作	15	26	29	33	
其他团体、社会和个人服务活动	175	205	211	218	
雇人的私人住户	7	9	9	9	
菲 律 宾					
按当年价格计算					
国内生产总值	**33547**	**54440**	**60328**	**66482**	
增加值总计（按基本价格计算）	**33547**	**54440**	**60328**	**66482**	
第三产业					
批发、零售贸易；机动车及个人、家庭用品修理业	4730	7769	8775	9811	
旅馆和饭店业	630	959	1054	1192	
运输、仓储和通讯	1990	4139	4462	4784	
金融中介	1491	2634	3114	3620	
房地产、租赁及商务活动	2753	5056	5681	6318	
公共管理和国防；社会基本保障	3198	4139	4510	4722	
教育	778	1434	1550	1702	
卫生和社会工作	458	888	972	1074	
其他团体、社会和个人服务活动	1407	2287	2551	2823	

附录1-4 续表 4

单位：亿本币

国家和地区	2000	2005	2006	2007	2008
菲律宾(续)					
按1985年价格计算					
国内生产总值	**9730**	**12115**	**12769**	**13686**	
增加值总计(按基本价格计算)	**9730**	**12115**	**12769**	**13686**	
第三产业					
批发、零售贸易；机动车及个人、家庭用品修理业	1529	2036	2160	2338	
旅馆和饭店业	128	152	161	176	
运输、仓储和通讯	682	1048	1114	1207	
金融中介	467	646	719	813	
房地产、租赁及商务活动	568	777	835	900	
公共管理和国防；社会基本保障	485	538	551	565	
教育	80	97	100	102	
卫生和社会工作	114	158	164	173	
其他团体、社会和个人服务活动	301	384	412	445	
新加坡					
按当年价格计算					
国内生产总值	**1598**	**1944**	**2211**	**2516**	**2574**
增加值总计(按基本价格计算)	**1486**	**1833**	**2099**	**2351**	**2422**
第三产业					
批发、零售贸易；机动车及个人、家庭用品修理业④	205	288	395	434	443
旅馆和饭店业	34	36	43	49	54
运输、仓储和通讯	184	231	287	320	329
金融中介	172	209	248	311	338
房地产、租赁及商务活动	287	315	252	306	363
公共管理和国防；社会基本保障					
教育；卫生和社会工作；其他团体、社会和个人服务活动⑤	163	208	216	232	253
雇人的私人住户	67	69	86	111	134
按2000年价格计算					
国内生产总值	**1598**	**1935**	**2142**	**2309**	**2335**
增加值总计(按基本价格计算)	**1486**	**1805**	**2003**	**2153**	**2199**
第三产业					
批发、零售贸易；机动车及个人、家庭用品修理业④	205	306	347	373	383
旅馆和饭店业	34	35	38	40	40
运输、仓储和通讯	184	228	287	303	316
金融中介	172	208	241	278	294
房地产、租赁及商务活动	287	321	238	260	279
公共管理和国防；社会基本保障					
教育；卫生和社会工作；其他团体、社会和个人服务活动⑤	163	202	204	210	222
雇人的私人住户	67	78	80	81	81

附录1-4 续表 5 单位：亿本币

国家和地区	2000	2005	2006	2007	2008
泰 国					
按当年价格计算					
国内生产总值	**49227**	**70929**	**78413**	**84933**	
增加值总计(按基本价格计算)	**49227**	**70929**	**78413**	**84933**	
第三产业					
批发、零售贸易；机动车及个人、家庭用品修理业	8476	10420	11227	11927	
旅馆和饭店业	2752	3469	3861	4166	
运输、仓储和邮电业	3959	5196	5699	6221	
金融中介	1458	2649	2862	3115	
房地产、租赁及商务活动	1618	1985	2088	2154	
公共管理和国防；社会基本保障	2110	3261	3499	3732	
教育	1965	2810	3167	3602	
卫生和社会工作	967	1352	1500	1638	
其他团体、社会和个人服务活动	738	1237	1287	1199	
雇人的私人住户	70	85	87	92	
按1988年价格计算					
国内生产总值	**30084**	**38580**	**40597**	**42596**	
增加值总计(按基本价格计算)	**30084**	**38580**	**40597**	**42596**	
第三产业					
批发、零售贸易；机动车及个人、家庭用品修理业	4748	5419	5659	5921	
旅馆和饭店业	1134	1362	1513	1576	
运输、仓储和通讯	2904	3839	4079	4319	
金融中介	840	1363	1407	1498	
房地产、租赁及商务活动	1203	1512	1595	1648	
公共管理和国防；社会基本保障	953	1163	1153	1187	
教育	838	961	993	1092	
卫生和社会工作	414	485	509	542	
其他团体、社会和个人服务活动	573	852	876	833	
雇人的私人住户	34	37	36	37	
越 南②					
按当年价格计算					
国内生产总值	**442**	**839**	**974**	**1144**	**1478**
增加值总计(按基本价格计算)	**442**	**839**	**974**	**1144**	**1478**
第三产业					
批发、零售贸易；机动车及个人、家庭用品修理业	63	114	133	156	205
旅馆和饭店业	14	29	36	45	65
运输、仓储和通讯	17	37	44	51	67
金融中介	8	15	18	21	27
房地产、租赁及商务活动	19	34	37	44	54
公共管理和国防；社会基本保障	12	23	27	31	41
教育	15	27	31	35	39
卫生和社会工作	6	12	14	16	19
其他团体、社会和个人服务活动	15	27	31	36	46
雇人的私人住户	1	1	2	2	3

附录1-4 续表 6 单位：亿本币

国家和地区	2000	2005	2006	2007	2008
越　　南(续)					
按1994年价格计算					
国内生产总值	**274**	**393**	**425**	**461**	**490**
增加值总计(按基本价格计算)	**274**	**393**	**425**	**461**	**490**
第三产业					
批发、零售贸易；机动车及个人、家庭用品修理业	45	64	69	76	80
旅馆和饭店业	9	13	15	17	19
运输、仓储和通讯	11	15	17	19	21
金融中介	6	8	9	10	10
房地产、租赁及商务活动	12	15	15	16	16
公共管理和国防；社会基本保障	8	10	11	12	13
教育	9	13	14	15	17
卫生和社会工作	4	6	6	7	7
其他团体、社会和个人服务活动	9	13	14	15	16
雇人的私人住户	13	1	1	1	1
埃　　及					
按当年价格计算					
国内生产总值	**3587**	**5682**	**6430**		
增加值总计(按基本价格计算)	**3324**	**6006**	**6754**		
第三产业					
批发、零售贸易；机动车及个人、家庭用品修理业	539	631	660		
旅馆和饭店业	54	177	247		
运输、仓储和通讯	301	612	625		
金融中介	401	461	495		
房地产、租赁及商务活动	110	173	215		
公共管理与国防；社会基本保障	532	528	581		
教育		149	171		
卫生和社会工作⑥	11	74	90		
其他团体、社会和个人服务活动	285	229	245		
按1996年价格计算					
国内生产总值	**3200**				
增加值总计(按基本价格计算)⑦	**2970**				
第三产业					
批发、零售贸易；机动车及个人、家庭用品修理业	503				
旅馆和饭店业	50				
运输、仓储和通讯	276				
金融中介；房地产、租赁及商务活动	239				
公共管理和国防；社会基本保障	483				

附录1-4 续表 7

单位：亿本币

国家和地区	2000	2005	2006	2007	2008
南 非					
按当年价格计算					
国内生产总值	**9221**	**15440**	**17452**	**19991**	**22838**
增加值总计(按基本价格计算)	**8382**	**13750**	**15488**	**17750**	**20535**
第三产业					
批发、零售贸易；机动车及个人、家庭用品修理业；旅馆和饭店业	1227	1928	2165	2372	2603
运输、仓储和通讯	809	1341	1442	1558	1658
金融中介	686	1073			
房地产、租赁及商务活动	876	1862			
公共管理和国防；社会基本保障	1332	2100	2313	2602	3046
教育；卫生和社会工作；其他团体、社会和个人服务活动	282	494	573	658	718
雇人的私人住户	232	340	363	402	456
按2000年价格计算					
国内生产总值	**9221**	**11148**	**11741**	**12339**	**12717**
增加值总计(按基本价格计算)	**8382**	**10157**	**10689**	**11238**	**11593**
第三产业					
批发、零售贸易；机动车及个人、家庭用品修理业；旅馆和饭店业	1227	1546	1658	1745	1754
运输、仓储和通讯	809	1090	1162	1227	1276
金融中介；房地产、租赁及商务活动	1563	2123	2276	2431	2554
公共管理和国防；社会基本保障	1332	1439	1484	1540	1600
教育；卫生和社会工作；其他团体、社会和个人服务活动	282	337	359	375	390
雇人的私人住户	232	260	272	282	294
巴 西					
按当年价格计算					
国内生产总值	**11795**	**21472**	**23698**	**25976**	
增加值总计(按基本价格计算)	**10217**	**18423**			
第三产业					
批发、零售贸易；机动车及个人、家庭用品修理业	1692	3083			
旅馆和饭店业	182	300			
运输、仓储和邮电业	866	1647			
金融中介	609	1299			
房地产、租赁及商务活动	1154	1659			
公共管理与国防；社会基本保障	964	1838			
教育	536	825			
卫生和社会工作；	399	655			
其他团体、社会和个人服务活动	411	672			
按上年价格计算					
国内生产总值	**11100**	**20000**	**22300**		
增加值总计(按基本价格计算)	**9640**	**17200**	**19100**		
第三产业					
批发、零售贸易；机动车及个人、家庭用品修理业；旅馆和饭店业	1620	3150	3570		

附录1-4 续表 8 单位：亿本币

国家和地区	2000	2005	2006	2007	2008
巴　西(续)					
运输、仓储和邮电业	587	1480	1680		
金融中介	693	1020	1410		
房地产、租赁及商务活动	1180	1580	1710		
公共管理和国防；社会基本保障	1440	1620	1910		
教育		771	821		
卫生和社会工作		643	692		
其他社区、社会和私人服务活动		610	697		
加 拿 大					
按当年价格计算					
国内生产总值	**10766**	**13726**	**14505**	**15356**	
增加值总计(按基本价格计算)	**9999**				
第三产业					
批发、零售贸易；机动车及个人、家庭用品修理业	1096				
旅馆和饭店业	234				
运输、仓储和通讯	702				
金融中介	595				
房地产、租赁及商务活动	1904				
公共管理和国防；社会基本保障	565				
教育	468				
卫生和社会工作	602				
其他团体、社会和个人服务活动	285				
按2002年价格计算					
国内生产总值	**11000**	**12500**	**12800**		
增加值总计(按基本价格计算)	**10300**	**11600**	**12000**		
第三产业					
批发、零售贸易；机动车及个人、家庭用品修理业	1110	1390	1480		
旅馆和饭店业	246	264	273		
运输、仓储和通讯	724	837	865		
金融中介	613	700	738		
房地产、租赁及商务活动	1960	2340	2430		
公共管理和国防；社会基本保障	581	653	667		
教育	505	550	562		
卫生和社会工作	660	728	748		
其他团体、社会和个人服务活动	303	344	351		
墨 西 哥					
按当年价格计算					
国内生产总值	**54917**	**91993**	**103068**	**111397**	
增加值总计(按基本价格计算)	**50446**	**89220**	**100591**		
第三产业					
批发、零售贸易；机动车及个人、家庭用品修理业	8191	14521	16103		

附录1-4 续表 9 单位：亿本币

国家和地区	2000	2005	2006	2007	2008
墨 西 哥(续)					
旅馆和饭店业	2466	2379	2495		
运输、仓储和通讯	5568	8227	9223		
金融中介	1145	3281	3636		
房地产、租赁及商务活动	4910	15267	16784		
公共管理与国防；社会基本保障	1993	3536	3830		
教育	2872	4366	4737		
卫生和社会工作	1613	2599	2837		
其他团体、社会和个人服务活动	5688	1046	1119		
雇人的私人住户		435	463		
按2003年价格计算					
国内生产总值	**60206**	**81104**	**85009**		
增加值总计(按基本价格计算)		**78499**	**82546**		
第三产业					
批发、零售贸易；机动车及个人、家庭用品修理业		13115	13904		
旅馆和饭店业		2215	2250		
运输、仓储和通讯		7453	8005		
金融中介		2942	3426		
房地产、租赁及商务活动		13579	14252		
公共管理和国防；社会基本保障		3199	3170		
教育		3867	3871		
卫生和社会工作		2344	2398		
其他团体、社会和个人服务活动		954	975		
雇人的私人住户		406	415		
美 国					
按当年价格计算					
国内生产总值	**91002**	**114952**	**121901**	**127784**	
增加值总计(按基本价格计算)	**91002**	**114952**	**121901**	**127784**	
第三产业					
批发、零售贸易；机动车及个人、家庭用品修理业⑧	12541	15471	16398	16978	
旅馆和饭店业	2614	3336	3580	3795	
运输、仓储和通讯	6363	7388	7719	8194	
金融中介	7405	9895	10609	10914	
房地产、租赁及商务活动	23439	30310	32246	34417	
公共管理和国防；社会基本保障	6947	9351	9813	10384	
教育	4716	6258	6596	6983	
卫生和社会工作	5992	8561	9048	9574	
其他团体、社会和个人服务活动	3619	4661	4852	5091	
雇人的私人住户	136	150	161	177	
按2000年价格计算					
国内生产总值	**97648**	**109367**	**112406**	**114680**	

附录1-4 续表 10 单位：亿本币

国家和地区	2000	2005	2006	2007	2008
美　　国(续)					
增加值总计(按基本价格计算)	**91002**	**101773**	**104539**	**106587**	
第三产业					
批发零售、机动车及日用品修理、家庭用品修理业⑧	12541	15279	15768	16207	
旅馆和饭店业	2614	2862	2954	3004	
运输、仓储和通讯	6363	7635	7901	8229	
金融中介	7405	8899	9456	9461	
房地产、租赁及商务活动	23439	26629	27516	28678	
公共管理和国防；社会基本保障	6947	7616	7648	7748	
教育	4716	5004	5053	5147	
卫生和社会工作	5992	7239	7485	7631	
其他团体、社会和个人服务活动	3619	3871	3878	3917	
雇人的私人住户	136	129	133	141	
法　　国					
按当年价格计算					
国内生产总值	**14201**	**17261**	**18064**	**18946**	**19501**
增加值总计(按基本价格计算)	**13057**	**15478**	**16143**	**16974**	**17524**
第三产业					
批发、零售贸易；机动车及个人、家庭用品修理业	1308	1615	1645	1699	1743
旅馆和饭店业	362	367	383	403	402
运输、仓储和通讯	822	998	1027	1087	1124
金融中介	662	753	792	800	800
房地产、租赁及商务活动	3248	4226	4546	4869	5085
公共管理和国防；社会基本保障	1090	1182	1216	1262	1300
教育	655	842	861	892	910
卫生和社会工作	832	1304	1370	1436	1508
其他团体、社会和个人服务活动	396	546	574	598	618
雇人的私人住户	94	88	90	96	100
按2000年价格计算					
国内生产总值	**14400**	**15700**	**16000**	**16400**	**16400**
增加值总计(按基本价格计算)	**12900**	**14000**	**14300**	**14600**	**14700**
第三产业					
批发、零售贸易；机动车及个人、家庭用品修理业	1360	1420	1450	1500	1510
旅馆和饭店业	302	302	307	316	312
运输、仓储和通讯	776	933	982	1020	1040
金融中介	664	736	769	810	827
房地产、租赁及商务活动	3300	3680	3820	3940	3990
公共管理和国防；社会基本保障	1010	1030	1040	1060	1070
教育	722	714	708	708	707
卫生和社会工作	972	1080	1090	1110	1130
其他团体、社会和个人服务活动	422	492	502	507	509
雇人的私人住户	66	71	72	74	75

附录1-4 续表 11　　单位：亿本币

国家和地区	2000	2005	2006	2007	2008
德　国					
按当年价格计算					
国内生产总值	**39820**	**22432**	**23215**	**24229**	**24914**
增加值总计(按基本价格计算)	**37047**	**20249**	**20933**	**21712**	**22347**
第三产业					
批发、零售贸易；机动车及个人、家庭用品修理业	1988	2101	2206	2213	
旅馆和饭店业	233	330	341	346	
运输、仓储和通讯	1114	1147	1199	1265	
金融中介	819	1008	996	916	
房地产、租赁及商务活动	4803	4953	5168	5432	
公共管理和国防；社会基本保障	1168	1217	1217	1232	
教育	781	928	915	928	
卫生和社会工作	1163	1450	1478	1519	
其他团体、社会和个人服务活动	924	967	973	997	
雇人的私人住户	26	68	69	71	
按2000年价格计算					
国内生产总值	**20600**	**21200**	**21900**	**22400**	**22700**
增加值总计(按基本价格计算)	**18600**	**19300**	**19900**	**20500**	**20800**
第三产业					
批发、零售贸易；机动车及个人、家庭用品修理业	2050	2150	2220	2180	
旅馆和饭店业	301	292	299	294	
运输、仓储和通讯	1020	1140	1210	1270	
金融中介	778	687	736	773	
房地产、租赁及商务活动	4330	4740	4790	4950	
公共管理和国防；社会基本保障	1180	1160	1150	1170	
教育	834	838	837	825	
卫生和社会工作	1240	1410	1450	1490	
其他团体、社会和个人服务活动	912	891	885	896	
雇人的私人住户	62	62	63	64	
意大利					
按当年价格计算					
国内生产总值	**11665**	**14295**	**14854**	**15449**	**15722**
增加值总计(按基本价格计算)	**10821**	**12844**	**13248**	**13816**	**14129**
第三产业					
批发、零售贸易；机动车及个人、家庭用品修理业	1420	1500	1517	1530	
旅馆和饭店业	381	479	500	520	
运输、仓储和通讯	799	985	990	1037	
金融中介	658	621	633	699	
房地产、租赁及商务活动	2157	2834	2957	3092	
公共管理和国防；社会基本保障	581	837	864	871	
教育	544	622	642	680	
卫生和社会工作	512	739	774	781	
其他团体、社会和个人服务活动	371	362	374	383	
雇人的私人住户	83	120	125	136	

附录1-4 续表 12

单位：亿本币

国家和地区	2000	2005	2006	2007	2008
意 大 利(续)					
按2000年价格计算					
国内生产总值	**11900**	**12400**	**12700**	**12900**	**12800**
增加值总计(按基本价格计算)	**10600**	**11100**	**11400**	**11500**	**11400**
第三产业					
批发、零售贸易；机动车及个人、家庭用品修理业	1350	1350	1370	1390	
旅馆和饭店业	416	393	407	412	
运输、仓储和通讯	777	921	930	962	
金融中介	498	535	566	603	
房地产、租赁及商务活动	2130	2330	2390	2420	
公共管理和国防；社会基本保障	631	683	684	690	
教育	523	537	541	547	
卫生和社会工作	572	642	655	660	
其他团体、社会和个人服务活动	322	305	314	316	
雇人的私人住户	92	106	110	114	
荷　　兰					
按当年价格计算					
国内生产总值	**4023**	**5134**	**5399**	**5671**	**5946**
增加值总计(按基本价格计算)	**3711**	**4562**	**4787**	**5031**	**5284**
第三产业					
批发、零售贸易；机动车及个人、家庭用品修理业	492	592	627	659	
旅馆和饭店业	72	85	88	93	
运输、仓储和通讯	271	332	340	351	
金融中介	234	351	323	304	
房地产、租赁及商务活动	744	906	1007	1118	
公共管理和国防；社会基本保障	275	325	331	342	
教育	154	213	218	228	
卫生和社会工作	270	400	418	436	
其他团体、社会和个人服务活动	120	140	144	149	
雇人的私人住户	15	20	20	21	
按2000年价格计算					
国内生产总值	**4180**	**4463**	**4614**	**4781**	
增加值总计(按基本价格计算)	**3734**	**4000**	**4134**	**4285**	
第三产业					
批发、零售贸易；机动车及个人、家庭用品修理业	520	579	623	657	
旅馆和饭店业	76	67	69	70	
运输、仓储和通讯	266	321	331	345	
金融中介	227	270	284	304	
房地产、租赁及商务活动	791	807	843	881	
公共管理和国防；社会基本保障	261	278	279	282	
教育	162	165	165	165	
卫生和社会工作	272	321	328	338	
其他团体、社会和个人服务活动	114	120	124	127	
雇人的私人住户	15	16	16	16	

附录1-4 续表 13

单位：亿本币

国家和地区	2000	2005	2006	2007	2008
俄罗斯联邦					
按当年价格计算					
国内生产总值	**73022**	**216254**	**269035**	**331114**	**416680**
增加值总计(按基本价格计算)	**65273**	**189761**	**235422**	**292590**	**364692**
第三产业					
批发、零售贸易；机动车及个人、家庭用品修理业		36494	47261	58488	75351
旅馆和饭店业		1706	2112	2792	3622
运输、仓储和邮电业	5915	19251	22839	27332	34130
金融中介	912	7590	10501	13861	16969
房地产、租赁及商务活动	7030	18482	23111	31412	39994
公共管理与国防；社会基本保障	3161	9591	11892	14566	17979
教育	1794	4941	6205	7661	9418
卫生和社会工作	1460	5663	7676	9647	11353
其他团体、社会和个人服务活动	522	3260	4222	5249	6376
按2003年价格计算					
国内生产总值		**150967**	**162555**	**175659**	**185524**
增加值总计(按基本价格计算)		**134405**	**144515**	**155963**	**164799**
第三产业					
批发、零售贸易；机动车及个人、家庭用品修理业		30933	35284	39680	43016
旅馆和饭店业		1105	1198	1377	1519
运输、仓储和通讯		14847	16280	16828	18071
金融中介		4889	5390	6065	6467
房地产、租赁及商务活动		14563	16044	19178	21249
公共管理与国防；社会基本保障		6601	6770	7031	7283
教育		3209	3226	3264	3286
卫生和社会工作		3872	3930	4034	4060
其他团体、社会和个人服务		2533	2752	2957	3079
西 班 牙					
按当年价格计算					
国内生产总值	**6105**	**9088**	**9823**	**10506**	**10952**
增加值总计(按基本价格计算)	**5727**	**8138**	**8748**	**9420**	**10026**
第三产业					
批发、零售贸易；机动车及个人、家庭用品修理业	646	871	927	979	
旅馆和饭店业	464	610	645	675	
运输、仓储和邮电业	463	563	599	642	
金融中介	300	377	412	491	
房地产、租赁及商务活动	806	1341	1473	1591	
公共管理与国防；社会基本保障	352	485	527	570	

附录1-4 续表 14

单位：亿本币

国家和地区	2000	2005	2006	2007	2008
西 班 牙(续)					
教育	271	389	415	446	
卫生和社会工作	312	449	483	527	
其他团体、社会和个人服务	186	305	323	349	
雇人的私人住户	63	71	74	77	
按2000年价格计算					
国内生产总值	**6303**	**7401**	**7689**	**7971**	**8063**
增加值总计(按基本价格计算)	**5706**	**6644**	**6903**	**7181**	**7274**
第三产业					
批发、零售贸易；机动车及个人、家庭用品修理业	640	734	762	797	
旅馆和饭店业	434	476	485	493	
运输、仓储和邮电业	418	475	493	520	
金融中介	263	394	449	499	
房地产、租赁及商务活动	848	1018	1066	1111	
公共管理与国防；社会基本保障	355	412	429	448	
教育	279	323	333	345	
卫生和社会工作	290	359	372	389	
其他团体、社会和个人服务	204	251	257	268	
雇人的私人住户	58	67	69	70	
英　　国					
按当年价格计算					
国内生产总值	**9765**	**12525**	**13219**	**14005**	
增加值总计(按基本价格计算)	**8643**	**11151**	**11772**	**12474**	**12943**
第三产业					
批发、零售贸易；机动车及个人、家庭用品修理业	1039	1321			
旅馆和饭店业	260	327			
运输、仓储和通讯	693	811			
金融中介	461	939			
房地产、租赁及商务活动	1945	2665			
公共管理和国防；社会基本保障	427	549			
教育	481	623			
卫生和社会工作	554	815			
其他团体、社会和个人服务活动	382	535			
雇人的私人住户	40	53			
按2003年价格计算					
国内生产总值	**10415**	**11759**	**12103**	**12473**	**12753**
增加值总计(按基本价格计算)	**9618**	**10935**	**11301**	**11742**	**11369**
第三产业					
批发、零售贸易；机动车及个人、家庭用品修理业	1073	1282			
旅馆和饭店业	273	323			
运输、仓储和通讯	710	815			
金融中介	678	887			

附录1-4　续表 15　　　　单位：亿本币

国家和地区	2000	2005	2006	2007	2008
英　国(续)					
房地产、租赁及商务活动	2165	2656			
公共管理和国防；社会基本保障	472	528			
教育	564	595			
卫生和社会工作	633	756			
其他社区、社会和私人服务活动	445	490			
雇人的私人住户	45	50			
澳大利亚					
按当年价格计算					
国内生产总值	**6893**	**9675**	**10457**	**11322**	
增加值总计(按基本价格计算)	**6282**	**8880**	**9625**	**10398**	
第三产业					
批发、零售贸易；机动车及个人、家庭用品修理业	721	998	1040	1109	
旅馆和饭店业	158	201	205	214	
运输、仓储和通讯	503	671	730	773	
金融中介	449	692	766	813	
房地产、租赁及商务活动	1393	1881	2062	2289	
公共管理和国防；社会基本保障	256	378	407	430	
教育	305	411	430	454	
卫生和社会工作	393	569	617	654	
其他社区、社会和私人服务活动 ⑨	216	318	348	372	
按2006年价格计算					
国内生产总值	**8580**	**10100**	**10500**	**10800**	
增加值总计(按基本价格计算)	**7910**	**9310**	**9630**	**10000**	
第三产业					
批发、零售贸易；机动车及个人、家庭用品修理业	833	1010	1040	1080	
旅馆和饭店业	173	201	205	205	
运输、仓储和通讯	538	682	730	777	
金融中介	579	704	766	803	
房地产、租赁及商务活动	1690	2010	2060	2150	
公共管理和国防；社会基本保障	350	387	407	407	
教育	396	424	430	437	
卫生和社会工作	482	602	617	648	
其他社区、社会和私人服务活动 ⑨	284	330	348	360	

注：①指除“批发零售贸易；机动车及个人家庭用品修理；旅馆和饭店业”、“交通运输、仓储和邮政”以外的其他服务业。②万亿本币。③按市场价格计算。④指批发零售贸易。⑤包括金融管理和国防、社会基本保障。⑥指私人非营利机构提供居民的服务。⑦按要素价格计算。⑧修理业包括在其他团体、社会和个人服务中。⑨包括雇人的私人住户。
资料来源：联合国数据库。

附录1-5 按行业分类的第三产业就业人员

单位：万人

国家和地区	2000	2005	2006	2007	2008
中 国					
按第三版ISIC分类					
就业人员	**72085.0**	**11404.0**	**11713.2**	**12024.4**	**77480.0**
第三产业					
批发、零售贸易；机动车及个人、家庭用品修理业		544.0	515.7	506.9	
旅馆和饭店业		181.2	183.9	185.8	
运输、仓储和通讯	2029.0	613.9	612.7	623.1	
金融中介		359.3	367.4	389.7	
房地产、租赁及商务活动		592.7	626.1	657.1	
公共管理和国防；社会基本保障		1240.8	1265.6	1291.2	
教育		1483.2	1504.4	1520.9	
卫生和社会工作		508.9	525.4	542.8	
其他团体、社会和个人服务活动		122.5	122.4	125.0	
行业不明确		364.4	381.8	401.1	
印度尼西亚					
按第三版ISIC分类					
就业人员	**8983.8**	**9395.8**	**9545.7**	**9993.0**	**10255.3**
第三产业					
批发、零售贸易；机动车及个人、家庭用品修理业	1522.5	1674.8	1738.3	1653.1	1715.3
旅馆和饭店业	326.4	116.11	183.25	402.3	406.9
运输、仓储和通讯	455.4	565.3	566.2	595.9	618.0
金融中介	46.9	55.6	67.8	74.0	69.1
房地产、租赁及商务活动	41.4	58.6	66.8	66.0	76.9
公共管理和国防；社会基本保障	284.1	258.7	283.7	267.9	252.1
教育	241.3	287.2	317.9	346.0	328.6
卫生和社会工作	43.8	65.1	70.1	68.3	74.4
其他团体、社会和个人服务活动	181.7	145.0	217.2	324.6	421.3
雇人的私人住户	206.5	270.3	241.6	188.5	222.9
域外组织和机构		0.4	1.1	0.4	0.8
行业不明确		6.1	4.2	6.3	9.8
日 本					
按第三版ISIC分类					
就业人员	**6446.0**	**6356.0**	**6382.0**	**6412.0**	**6385.0**
第三产业					
批发、零售贸易；机动车及个人、家庭用品修理业		1186.0	1180.0	1178.0	1169.0
旅馆和饭店业		343.0	337.0	342.0	334.0
运输、仓储和通讯	414.0	385.0	396.0	397.0	391.0
金融中介		157.0	155.0	155.0	164.0
房地产、租赁及商务活动		729.0	741.0	761.0	771.0

附录1-5 续表 1

单位：万人

国家和地区	2000	2005	2006	2007	2008
公共管理和国防；社会基本保障		229.0	222.0	226.0	223.0
教育		286.0	287.0	284.0	288.0
卫生和社会工作		553.0	571.0	579.0	598.0
其他团体、社会和个人服务活动		355.0	360.0	354.0	357.0
行业不明确者		74.0	71.0	77.0	74.0
韩　国①					
按第三版ISIC分类					
就业人员	**2115.6**	**2285.6**	**2315.1**	**2343.3**	**2357.7**
第三产业					
批发、零售贸易；机动车及个人、家庭用品修理业	383.3	374.8	371.3	367.3	363.1
旅馆和饭店业	191.9	205.8	204.9	204.9	204.4
运输、仓储和通讯	126.0	142.9	147.0	149.8	187.5
金融中介	75.2	74.6	78.6	80.6	82.1
房地产、租赁及商务活动	136.1	203.7	216.8	235.0	221.9
公共管理和国防；社会基本保障	75.8	79.1	80.1	79.7	84.0
教育	119.1	156.8	165.8	174.0	178.4
卫生和社会工作	42.8	64.6	68.6	74.0	84.2
其他团体、社会和个人服务活动	125.1	172.7	178.1	172.4	178.2
雇人的私人住户	18.6	13.0	13.8	16.1	15.0
域外组织和机构	1.9	2.4	2.0	1.5	1.6
马来西亚①②					
按第三版ISIC分类					
就业人员	**932.2**	**1004.5**	**1027.5**	**1053.8**	**1066.0**
第三产业					
批发、零售贸易；机动车及个人、家庭用品修理业		162.0	165.1	171.2	172.9
旅馆和饭店业		67.2	72.13	76.07	78.36
运输、仓储和通讯	42.3	54.5	54.0	53.8	58.3
金融中介		24.7	24.2	28.2	27.6
房地产、租赁及商务活动		45.9	50.8	55.8	55.3
公共管理和国防；社会基本保障		72.9	67.4	71.6	75.1
教育		60.7	60.0	63.3	65.7
卫生和社会工作		21.3	22.3	23.9	25.3
其他团体、社会和个人服务活动		23.5	24.7	26.7	27.4
雇人的私人住户		26.1	25.5	27.3	25.3
域外组织和机构		0.2	0.1	0.2	0.1
菲 律 宾①					
按第三版ISIC分类					
就业人员	**2745.2**	**3231.3**	**3263.6**	**3356.0**	**3408.9**
第三产业					
批发、零售贸易；机动车及个人、家庭用品修理业		614.7	620.2	635.4	644.6

附录1-5 续表 2

单位：万人

国家和地区	2000	2005	2006	2007	2008
旅馆和饭店业		86.1	88.7	90.7	95.3
运输、仓储和通讯	198.6	245.1	248.3	259.9	259.0
金融中介		34.1	34.4	35.9	36.8
房地产、租赁及商务活动		73.4	78.3	88.5	95.3
公共管理和国防；社会基本保障		148.1	148.5	155.1	167.6
教育		97.8	99.9	103.5	107.1
卫生和社会工作		37.5	35.9	37.3	39.1
其他团体、社会和个人服务活动		77.5	80.1	84.9	83.3
个体经营单位		151.7	161.2	174.0	172.9
域外组织和机构		0.1	0.2	0.2	0.2
新 加 坡					
按第三版ISIC分类					
就业人员	**209.5**	**164.7**	**179.7**	**180.3**	**185.2**
第三产业					
批发、零售贸易；机动车及个人、家庭用品修理业	28.7	30.4	30.1	27.7	27.0
旅馆和饭店业	11.4	10.3	12.9	12.3	12.0
运输、仓储和通讯	23.3	22.8	24.9	26.8	26.9
金融中介	9.6	10.2	10.6	11.0	12.4
房地产、租赁及商务活动	19.6	20.7	21.7	22.4	23.8
公共管理和国防；社会基本保障;教育			22.3	22.4	
卫生和社会工作			7.1	7.2	
其他团体、社会和个人服务活动；雇人的私人住户;域外组织和机构			8.1	8.7	
泰　国①					
按第三版ISIC分类					
就业人员	**3300.1**	**3630.2**	**3634.5**	**3712.2**	**3783.7**
第三产业					
批发、零售贸易；机动车及个人、家庭用品修理业		529.7	540.2	552.5	563.5
旅馆及饭店业		230.0	221.5	230.3	235.3
运输、仓储和通讯	95.1	107.6	105.3	102.7	109.1
金融中介		34.0	35.0	35.0	39.6
房地产、租赁及商务活动		65.2	65.9	71.7	71.7
公共管理和国防；社会基本保障		109.6	117.0	128.7	130.3
教育		112.2	108.0	108.5	109.8
卫生和社会工作		61.1	60.3	64.7	72.0
其他团体、社会和个人服务活动		71.9	71.0	71.8	81.9
雇人的私人住户		24.2	22.2	22.9	19.6
域外组织和机构		0.2	…	0.1	0.1
行业不明确者		4.8	6.6	5.1	3.9

附录1-5 续表 3　　单位：万人

国家和地区	2000	2005	2006	2007	2008
越　南					
按第三版ISIC分类					
就业人员	**3836.8**	**4252.7**	**4333.9**	**4417.4**	**4491.6**
第三产业					
批发、零售贸易；机动车及个人、家庭用品修理业	411.6				
旅馆及饭店业	50.6				
运输、仓储和通讯	112.6				
金融中介	10.5				
房地产、租赁及商务活动	10.6				
公共管理和国防；社会基本保障	59.5				
教育	91.8				
卫生和社会工作	26.9				
其他团体、社会和个人服务活动	72.4				
雇人的私人住户	9.2				
域外组织和机构	0.3				
埃　及①②					
按第三版ISIC分类					
就业人员	**1720.3**	**1934.2**	**2044.4**	**2172.4**	
第三产业					
批发、零售贸易；机动车及个人、家庭用品修理业	200.7	214.1	217.2	230.7	
旅馆和饭店业	26.9	36.64	41.1	37.1	
运输、仓储和通讯	112.6	132.3	135.7	145.2	
金融中介	18.6	16.9	17.5	19.5	
房地产、租赁及商务活动	31.3	40.1	43.2	45.2	
公共管理和国防；社会基本保障	182.5	185.0	190.2	197.5	
教育	179.0	190.8	197.0	208.0	
卫生和社会工作	53.2	50.3	54.6	57.3	
其他团体、社会和个人服务活动	34.3	46.5	50.8	53.9	
雇人的私人住户	4.9	5.3	4.5	5.2	
域外组织和机构		0.3	0.3	0.1	
行业不明确者	0.2	3.4	4.6	3.4	
南　非					
按第三版ISIC分类					
就业人员	**1223.8**	**1230.1**	**1280.0**	**1323.4**	**1371.3**
第三产业					
批发、零售贸易；机动车及个人、家庭用品修理业；旅馆和饭店业	247.6	302.4	305.5	295.2	314.1
运输、仓储和通讯	58.2	61.6	61.1	59.6	76.7
金融中介;房地产、租赁及商务活动	97.6	129.6	130.9	134.0	164.6
公共管理和国防；社会基本保障；教育;卫生和社会工作;其他团体、社会和个人服务活动	208.4	219.2	231.9	245.2	262.4

附录1-5 续表 4

单位：万人

国家和地区	2000	2005	2006	2007	2008
雇人的私人住户	114.6	106.7	110.8	124.4	123.2
行业不明确者	10.3	2.9	3.3	5.1	0.3
巴　西③					
按第三版ISIC分类					
就业人员	**6563.0**	**8718.9**	**8931.8**	**9078.6**	
第三产业					
批发、零售贸易；机动车及个人、家庭用品修理业	1089.9	1550.3	1574.8	1630.9	
旅馆和饭店业	307.2	318.7	339.5	335.1	
运输、仓储和通讯	331.9	396.7	406.4	437.4	
金融中介	82.4	100.7	107.1	118.1	
房地产、租赁及商务活动	376.4	493.7	543.1	549.9	
公共管理和国防；社会基本保障	352.3	426.7	445.2	450.4	
教育	382.2	468.4	485.6	505.2	
卫生和社会工作	215.2	297.7	316.2	332.7	
其他团体、社会和个人服务活动	239.2	330.1	380.0	371.1	
雇人的私人住户	501.6	666.6	678.2	673.2	
域外组织和机构	0.3	0.7	0.4	0.3	
行业不明确者	83.6	19.8	21.8	20.9	
加 拿 大①					
按第三版ISIC分类					
就业人员	**1476.4**	**1617.0**	**1648.4**	**1686.6**	**1712.6**
第三产业					
批发、零售贸易；机动车及个人、家庭用品修理业	254.9	284.0	289.2	294.7	295.1
旅馆和饭店业	93.8	100.5	101.5	106.9	107.4
运输、仓储和通讯	112.3	115.4	109.7	112.5	114.8
金融中介	60.8	70.7	74.5	76.0	78.6
房地产、租赁及商务活动	173.1	199.2	207.1	214.3	217.6
公共管理和国防；社会基本保障	77.0	83.1	83.4	86.2	92.4
教育	97.4	110.6	115.8	118.3	119.3
卫生和社会工作	151.4	173.5	178.6	184.6	190.3
其他团体、社会和个人服务活动	66.0	74.2	81.7	86.8	86.7
雇人的私人住户	7.9	6.2	5.9	6.0	7.3
域外组织和机构	0.3	0.3	0.3	0.3	0.2
墨 西 哥④					
按第三版ISIC分类					
就业人员	**3804.5**	**4079.2**	**4219.8**	**4290.7**	**4386.7**
第三产业					
批发、零售贸易；机动车及个人、家庭用品修理业	834.2	933.3	959.5	982.1	997.4

附录1-5 续表 5

单位：万人

国家和地区	2000	2005	2006	2007	2008
旅馆和饭店业	180.1	243.8	251.5	267.1	283.7
运输、仓储和通讯	172.4	184.7	200.1	194.3	203.4
金融中介	29.5	30.7	36.3	40.4	40.6
房地产、租赁及商务活动	117.3	182.9	192.5	205.0	218.9
公共管理和国防；社会基本保障	174.3	191.7	203.2	204.1	217.2
教育	188.7	218.1	225.2	231.9	232.6
卫生和社会工作	106.5	113.6	116.1	121.3	125.3
其他团体、社会和个人服务活动	123.3	132.8	136.9	137.4	146.9
雇人的私人住户	170.0	169.4	175.6	185.8	185.2
域外组织和机构	0.2	0.4	0.3	0.7	0.4
行业不明确者	15.1	24.8	31.0	31.2	33.3
美　国①⑤					
按第三版ISIC分类					
就业人员	**13520.8**	**14173.0**	**14442.7**	**14604.7**	**14536.2**
第三产业					
批发、零售贸易；机动车及个人、家庭用品修理业		2140.4	2132.8	2093.7	2058.5
旅馆和饭店业		930.6	947.4	958.2	979.5
运输、仓储和通讯	829.4	618.4	626.9	645.7	650.1
金融中介		703.5	725.4	730.6	727.9
房地产、租赁及商务活动		1746.1	1810.5	1880.2	1848.9
公共管理和国防；社会基本保障		653.0	652.4	674.6	676.3
教育		1226.4	1252.2	1282.8	1316.9
卫生和社会工作		1691.0	1741.6	1783.4	1823.3
其他团体、社会和个人服务活动；雇人的私人住户；域外组织和机构和行业不明确者		1318.7	1333.2	1337.1	1345.8
法　国					
按第三版ISIC分类					
就业人员	**2368.9**	**2497.8**	**2513.4**	**2556.5**	**2591.3**
第三产业					
批发、零售贸易；机动车及个人、家庭用品修理业		333.5	335.3	353.9	342.1
旅馆和饭店业		85.1	91.1	87.9	87.1
运输、仓储和通讯		158.5	151.9	160.3	164.1
金融中介		75.3	80.7	82.6	79.3
房地产、租赁及商务活动		254.7	266.3	266.6	278.5
公共管理和国防；社会基本保障		234.8	240.7	256.3	265.3
教育		174.4	177.7	173.6	179.2
卫生和社会工作		297.0	306.6	314.3	321.5
其他团体、社会和个人服务活动		111.3	110.3	115.7	116.2

附录1-5 续表 6 单位：万人

国家和地区	2000	2005	2006	2007	2008
雇人的私人住户		60.5	58.1	59.2	60.8
域外组织和机构		1.6	1.8	1.9	1.9
行业不明确者		29.1	3.2	3.6	20.2
德 国					
按第三版ISIC分类					
就业人员	**3660.4**	**3656.6**	**3732.2**	**3816.3**	**3873.4**
第三产业					
批发、零售贸易；机动车及个人、家庭用品修理业	519.0	525.7	528.1	530.8	529.0
旅馆和饭店业	121.9	129.5	138.1	142.8	145.9
运输、仓储和通讯	200.8	194.9	206.0	214.8	214.7
金融中介	133.3	130.7	130.6	130.3	130.1
房地产、租赁及商务活动	292.3	352.2	373.5	390.9	417.2
公共管理和国防；社会基本保障	310.3	287.9	290.1	291.6	283.6
教育	192.8	210.0	217.4	223.7	229.0
卫生和社会工作	369.6	415.0	426.4	439.8	451.5
其他团体、社会和个人服务活动	194.4	215.3	212.5	205.8	211.2
雇人的私人住户	13.7	17.9	18.7	20.6	21.6
域外组织和机构	3.3	3.4	2.9	2.9	3.3
意 大 利					
按第三版ISIC分类					
就业人员	**2122.5**	**2256.3**	**2298.8**	**2322.2**	**2340.5**
第三产业					
批发、零售贸易；机动车及个人、家庭用品修理业	337.7	341.6	352.2	354.1	354.0
旅馆和饭店业	81.4	106.0	111.4	115.4	117.9
运输、仓储和通讯	119.0	123.9	122.4	125.7	129.4
金融中介	66.2	64.0	67.5	66.5	65.3
房地产、租赁及商务活动	147.8	237.6	243.4	254.2	261.8
公共管理和国防；社会基本保障	194.2	144.0	144.3	141.8	143.6
教育	146.7	154.1	159.7	160.6	158.4
卫生和社会工作	128.8	154.9	157.0	157.5	165.9
其他团体、社会和个人服务活动	90.5	109.3	116.4	116.7	113.6
雇人的私人住户	19.6	30.3	32.4	34.9	41.9
域外组织和机构	2.0	1.7	1.2	2.2	3.6
荷 兰					
按第三版ISIC分类					
就业人员	**779.8**	**795.8**	**810.8**	**831.0**	**845.7**
第三产业					
批发、零售贸易；机动车及个人、家庭用品修理业	125.2	115.3	120.0	121.1	118.6

附录1-5 续表 7

单位：万人

国家和地区	2000	2005	2006	2007	2008
旅馆和饭店业	27.4	31.9	33.4	35.2	33.7
运输、仓储和通讯	46.9	48.9	50.0	50.6	51.2
金融中介	27.4	25.8	26.4	25.8	24.5
房地产、租赁及商务活动	93.7	94.5	97.4	104.5	109.9
公共管理和国防；社会基本保障	48.9	52.9	52.9	54.1	54.1
教育	46.5	50.8	52.2	53.4	54.9
卫生和社会工作	105.2	120.4	124.9	131.0	135.3
其他团体、社会和个人服务活动	35.5	31.6	33.3	38.1	38.9
雇人的私人住户	0.3	0.4	0.5	0.5	0.6
域外组织和机构	0.2				
行业不明确者	35.9	39.0	35.9	36.0	47.9
俄罗斯联邦⑥					
按第三版ISIC分类					
就业人员	**6507.0**	**6816.9**	**6885.5**	**7057.0**	**7096.5**
第三产业					
批发、零售贸易；机动车及个人、家庭用品修理业	788.7	1038.3	1059.9	1109.6	1077.4
饭店和旅馆业	92.4	129.7	139.2	134.4	146.7
运输、仓储和通讯	548.4	624.9	621.1	657.3	656.0
金融中介	84.3	96.2	106.0	124.9	131.6
房地产、租赁及商务活动	202.8	403.9	414.8	441.0	444.8
公共管理和国防；社会基本保障	482.4	481.5	487.6	490.3	540.9
教育	591.1	620.4	619.8	642.0	644.2
卫生和社会工作	439.2	470.1	489.6	517.7	524.3
其他团体、社会和个人服务活动	483.6	224.7	238.8	243.9	258.0
雇人的私人住户	2.1	2.6	2.1	1.6	4.3
域外组织和机构	0.4	0.4	0.4		0.5
西 班 牙①⑤					
按第三版ISIC分类					
就业人员	**1550.6**	**1897.3**	**1974.8**	**2035.6**	**2025.8**
第三产业					
批发、零售贸易；机动车及个人、家庭用品修理业	251.2	288.7	298.4	312.9	323.9
饭店和旅馆业	100.4	129.1	140.3	145.1	145.3
运输、仓储和通讯	93.0	111.7	115.8	117.7	118.2
金融中介	41.2	45.7	47.3	50.0	50.7
房地产、租赁及商务活动	113.6	167.8	185.7	201.7	207.4
公共管理和国防；社会基本保障	97.5	119.7	122.2	123.8	127.7
教育	84.1	109.1	110.9	111.2	113.3
卫生和社会工作	83.0	113.5	118.1	122.9	127.7
其他团体、社会和个人服务活动	60.4	79.4	81.5	84.6	85.3
雇人的私人住户	42.7	68.3	76.1	77.0	75.3
域外组织和机构	0.2	0.6	0.7	0.2	0.2

附录1-5 续表 8　　　　单位：万人

国家和地区	2000	2005	2006	2007	2008
英　国⑤					
按第三版ISIC分类					
就业人员	**2739.9**	**2866.5**	**2892.6**	**2910.0**	**2947.5**
第三产业					
批发、零售贸易；机动车及个人、家庭用品修理业	421.6	435.5	423.7	416.0	431.6
旅馆和饭店业	115.8	124.9	127.0	129.9	128.3
运输、仓储和通讯	186.1	197.3	194.0	195.6	196.3
金融中介	118.8	120.6	125.3	126.3	127.9
房地产、租赁及商务活动	304.0	328.7	332.8	348.4	360.2
公共管理和国防；社会基本保障	169.1	199.5	204.5	203.8	209.2
教育	220.4	260.1	267.3	264.5	268.6
卫生和社会工作	299.3	348.3	358.2	346.2	364.1
其他团体、社会和个人服务活动	151.9	158.4	163.2	168.1	167.5
雇人的私人住户	13.5	12.1	12.5	12.0	13.8
域外组织和机构	2.3	0.8	2.1	1.1	1.3
行业不明确者	7.4	6.5	7.5	10.5	10.2
澳大利亚①					
按第三版ISIC分类					
就业人员	**895.1**	**996.9**	**1021.8**	**1051.2**	**1074.1**
第三产业					
批发、零售贸易；机动车及个人、家庭用品修理业	175.9	176.5	178.5	182.3	184.7
旅馆和饭店业	45.5	69.2	66.7	70.4	70.8
运输、仓储和通讯	58.8	63.4	64.1	67.9	69.6
金融中介	33.3	37.5	38.7	40.7	40.2
房地产、租赁及商务活动	106.2	121.3	128.0	129.2	132.6
公共管理和国防；社会基本保障	45.7	61.2	62.6	64.2	64.5
教育	61.3	72.0	74.2	77.1	80.8
卫生和社会工作	85.0	101.6	107.8	109.8	113.0
其他团体、社会和个人服务活动	43.6	46.0	47.1	50.0	50.3
雇人的私人住户	0.7	…	0.1	0.2	0.2
域外组织和机构	0.1	0.1	0.1	0.1	
行业不明确	0.2	2.4	2.8	3.2	

注：①不包括军人。②15至64岁。③10岁及以上。④14岁及以上。⑤16岁及以上。⑥15至72岁。
资料来源：国际劳工组织数据库。

附录1-6 按行业分类的第三产业雇员平均工资

单位：本币

国家和地区	2000	2005	2006	2007	2008
中 国					
按第三版ISIC分类					
雇员每月收入①	780.9	1530.3	1750.1	2077.7	2435.8
第三产业					
批发、零售贸易；机动车及个人、家庭用品修理业；旅馆和饭店业	599.2	1270.1	1478.0	1740.7	2128.2
运输、仓储和通讯	1026.6	1779.3	2051.9	2369.5	2733.0
金融中介	1123.2	2685.7	3273.3	4119.6	5153.4
房地产、租赁及商务活动	1051.3	1715.1	1881.5	2202.1	2527.3
公共管理和国防；社会基本保障②	836.9	1708.8	1906.9	2347.6	2746.3
教育③	790.2	1539.2	1761.2	2180.2	2515.4
卫生和社会工作④	910.8				
中国香港					
按第二版ISIC分类					
雇员每月工资率	11573.7	10671.1	10985.1	11378.5	11358.9
批发、零售贸易；旅馆和饭店业	11959.3	11704.9	11912.6	11916.3	12032.5
运输、仓储和通讯	12799.8	13303.6	12772.8	13061.1	14101.2
金融、保险、房地产及商务活动	11429.4	9815.3	10239.3	11195.0	10799.4
社团、社会及个人服务	6749.6	5934.3	6000.3	6570.1	6600.0
中国澳门					
按第三版ISIC分类					
雇员每月收入					
第三产业					
批发、零售贸易；机动车及个人、家庭用品服务业	4533.0	4888.0	5576.0	6000.0	7000.0
旅馆和饭店业	4099.0	4468.0	4885.0	5500.0	6100.0
运输、仓储和通讯	5649.0	6455.0	6924.0	7800.0	8500.0
金融中介	7726.0	8691.0	8825.0	9800.0	11000.0
房地产、租赁及商务活动	3957.0	4198.0	4675.0	5500.0	5600.0
公共管理和国防；社会基本保障	13742.0	14521.0	14793.0	14900.0	18000.0
教育	9095.0	9503.0	9636.0	9900.0	12000.0
卫生和社会工作	9137.0	9705.0	8029.0	9900.0	10000.0
其他社团、社会和个人服务	6156.0	7837.0	9537.0	11600.0	12000.0
雇人的私人住户	2816.0	2609.0	2543.0	2500.0	2700.0
以色列					
按第三版ISIC分类					
雇员每月收入		7324.0	7576.0	7749.0	8075.0
第三产业					
批发、零售贸易；机动车及个人、家庭用品服务业		6470.0	6617.0	6794.0	7023.0
旅馆和饭店业		3488.0	3575.0	3658.0	3765.0
运输、仓储和通讯		8676.0	8891.0	8931.0	9116.0
金融中介		13597.0	14966.0	14906.0	15732.0
房地产、租赁及商务活动		7344.0	7696.0	8015.0	8513.0
公共管理和国防；社会基本保障		11364.0	11845.0	12082.0	12381.0
教育		5746.0	5868.0	6004.0	6375.0
卫生和社会工作		6231.0	6329.0	6492.0	6705.0
其他社团、社会和个人服务		5072.0	5076.0	5230.0	5343.0

附录1-6 续表 1

单位：本币

国家和地区	2000	2005	2006	2007	2008
哈萨克斯坦					
按第三版ISIC分类					
雇员每月收入	14374.0	33807.0	40800.0	52500.0	60805.0
第三产业					
批发、零售贸易；机动车及个人、家庭用品服务业	12961.0	33500.0	40200.0	49300.0	59330.0
旅馆和饭店业	15979.0	47400.0	48700.0	56800.0	64382.0
运输、仓储和通讯	18788.0	49000.0	58900.0	70400.0	83012.0
金融中介	36140.0	79500.0	97500.0	121600.0	138544.0
房地产、租赁及商务活动	16672.0	50700.0	60500.0	78200.0	93557.0
公共管理和国防；社会基本保障	11758.0	31200.0	35600.0	45600.0	47276.0
教育	8512.0	20300.0	24000.0	31900.0	34454.0
卫生和社会工作	7267.0	18000.0	21300.0	33100.0	35775.0
其他社团、社会和个人服务	12857.0	39100.0	43100.0	52300.0	61369.0
域外组织和机构		137500.0	167200.0	177200.0	173860.0
印度尼西亚					
按第二版ISIC分类					
付酬雇员每月工资率⑤	473.1	395.0	473.1		
第三产业					
批发、零售贸易，旅馆和饭店业	518.3	412.6	518.3		
运输、仓储和通讯	781.2	660.2	781.2		
金融保险，房地产和和商务服务	1478.9	1197.1	1478.9		
团体、社会和个人服务	969.6	858.5	969.6		
行业不明确者	377.4	366.8	377.4		
按第三版ISIC分类					
付酬雇员每月工资率⑤				908.8	976.9
第三产业					
批发、零售贸易；机动车及个人、家庭用品修理业				858.9	963.7
旅馆和饭店业				859.7	903.7
运输、仓储和通讯				1135.1	1231.9
金融中介				1739.1	1847.1
房地产、租赁及商务活动				1465.5	1554.8
公共管理和国防；社会基本保障				1702.9	1835.3
教育				1357.8	1435.1
卫生和社会工作				1500.9	1577.4
其他团体、社会和个人服务活动				798.5	833.4
雇人的私人住户				463.8	548.9
域外组织和机构				2552.9	2590.9
行业不明确者				663.3	858.9
日　本					
按第三版ISIC分类					
雇员每月收入⑤					
第三产业					
批发、零售贸易；机动车及个人、家庭用品修理业⑥		306.1	295.7	295.5	305.3

附录1-6 续表 2 单位：本币

国家和地区	2000	2005	2006	2007	2008
旅馆和饭店业		239.4	240.5	239.5	244.6
信息和通讯		358.1	367.9	372.4	355.0
金融中介	355.0	373.3	373.1	377.3	368.6
房地产活动	335.6	334.0	335.8	339.3	327.0
公共管理和国防；社会基本保障					
教育		393.1	381.8	382.9	376.8
卫生和社会工作		276.5	272.4	269.8	273.9
其他团体、社会和个人服务活动					
韩　国					
按第三版ISIC分类					
雇员每月收入⑤⑦					
第三产业					
批发、零售贸易；机动车及个人、家庭用品修理业	1548.0	2408.4	2542.6	2693.3	2889.4
旅馆和饭店业	1106.0	1600.0	1615.1	1622.3	1929.1
运输、仓储和通讯	1744.0	2111.0	2381.9	2520.2	2659.6
金融中介	2396.0	3748.1	4077.0	4403.4	3906.7
房地产、租赁及商务活动	1495.0	2114.0	2290.2	2424.1	2556.8
公共管理和国防；社会基本保障					
教育	1932.4	2724.3	2874.8	2893.0	3182.7
卫生和社会工作		2259.0	2460.9	2544.2	2597.0
其他团体、社会和个人服务活动	1756.0	2224.3	2262.7	2362.1	2475.6
蒙　古					
按第三版ISIC分类					
雇员每月收入⑤		101.2	127.7	173.0	274.2
第三产业					
批发、零售贸易；机动车及个人、家庭用品修理业		73.0	85.7	123.1	193.8
旅馆和饭店业		116.1		153.2	
运输、仓储和通讯		112.4	129.7	174.1	255.6
金融中介		163.9	255.5	361.9	471.4
房地产、租赁及商务活动		68.3		132.4	
公共管理和国防；社会基本保障		106.2		194.0	327.3
教育		92.8		174.3	289.2
卫生和社会工作		84.6	116.5	166.0	295.8
其他团体、社会和个人服务活动		68.4	91.3	147.1	213.9
菲律宾					
按第三版ISIC分类					
雇员每日工资率					
第三产业					
批发、零售贸易；机动车及个人、家庭用品修理业		223.5	237.5	246.1	
旅馆和饭店业		220.6	238.8	247.2	
运输、仓储和通讯		295.5	310.7	340.2	
金融中介		477.8	477.9	460.8	
房地产、租赁及商务活动		342.7	366.7	390.1	
公共管理和国防；社会基本保障		422.2	417.9	419.1	
教育		439.6	471.0	477.3	
卫生和社会工作		402.9	415.0	416.6	
其他团体、社会和个人服务活动		271.0	287.1	278.3	
雇人的私人住户		108.1	119.4	119.6	
域外组织和机构		651.1	595.7	1491.6	

附录1-6 续表 3　　单位：本币

国家和地区	2000	2005	2006	2007	2008
新 加 坡					
按第三版ISIC分类					
雇员每月收入	3063.0	3444.0	3554.0	3773.0	3977.0
第三产业					
批发、零售贸易；机动车及个人、家庭用品修理业	2721.0	3017.0	3101.0	3262.0	3441.0
旅馆和饭店业	1332.0	1333.0	1381.0	1442.0	1504.0
运输、仓储和邮电业	3105.0	3610.0	3938.0	4222.0	
金融中介	4931.0	5949.0	6291.0	6768.0	7153.0
房地产、租赁及商务活动	3281.0	3477.0	3314.0	3518.0	
公共管理和国防；社会基本保障⑧	3336.0	3686.0	3831.0	4074.0	4168.0
教育					
卫生和社会工作					
其他团体、社会和个人服务活动					
域外组织和机构					
雇人的私人住户					
泰　国					
按第三版ISIC分类					
雇员每月工资率			7978.5	7357.4	
第三产业					
批发、零售贸易；机动车及个人、家庭用品修理业		6726.7	7399.2	7455.6	
旅馆和饭店业		5489.5	6055.6	6011.1	
运输、仓储和通讯		9843.5	13088.0	11745.9	
金融中介		18780.3	18479.9	18364.0	
房地产、租赁及商务活动		10010.3	11058.1	10792.6	
公共管理和国防；社会基本保障		28944.5	12236.0	11924.5	
教育		9840.1	16413.5	13531.8	
卫生和社会工作		11070.7	11043.8	10177.9	
其他团体、社会和个人服务		6510.3	6937.5	6825.6	
雇人的私人住户		4206.3	4792.7	4903.1	
域外组织和机构		19039.3	12275.0	33664.2	
行业不明确者		12986.5	11522.0	11087.3	
埃　及					
按第三版ISIC分类					
工资收入者每周收入	162.0	207.0	229.0	252.0	
第三产业					
批发、零售贸易；机动车及个人、家庭用品修理业	156.0	210.0	241.0	243.0	
旅馆和饭店业	104.0	156.0	149.0	178.0	
运输、仓储和通讯	138.0	247.0	286.0	301.0	
金融中介	215.0	367.0	359.0	480.0	
房地产、租赁及商务活动	261.0	386.0	227.0	246.0	
公共管理与国防；社会基本保障					
教育	111.0	93.0	98.0	111.0	
卫生和社会工作	77.0	86.0	130.0	132.0	
其他团体、社会和个人服务活动	105.0	154.0	133.0	137.0	

附录1-6 续表 4

单位：本币

国家和地区	2000	2005	2006	2007	2008
南　非					
按第二版ISIC分类					
雇员每月收入					
第三产业					
批发、零售业、旅馆和饭店业		4819.0	5259.0	5677.0	6411.0
运输、仓储和通讯		10422.0	10672.0	11170.0	12047.0
金融保险、房地产和商务服务		7444.0	8826.0	9782.0	10418.0
社会和个人服务活动		8384.0	8942.0	9809.0	10927.0
加 拿 大					
按第三版ISIC分类					
雇员每周收入⑨	655.6	737.3	755.5	788.2	810.5
第三产业					
批发、零售贸易；机动车及个人、家庭用品修理业	538.5	573.3	591.2	607.1	621.5
旅馆和饭店业	273.3	288.5	299.7	318.4	331.1
运输、仓储和通讯	747.6	859.5	858.3	896.6	909.6
金融中介	844.3	933.9	966.4	1010.8	1014.7
房地产、租赁及商务活动	697.6	777.2	798.8	847.5	878.3
公共管理和国防；社会基本保障	781.2	925.5	951.0	1007.5	1040.5
教育	673.9	779.6	808.2	834.6	862.6
卫生和社会工作	562.4	667.4	687.7	705.6	743.9
其他团体、社会和个人服务	459.3	551.1	557.8	582.8	605.7
墨 西 哥					
按第三版ISIC分类					
雇员每月收入	2938.5	4173.8	4425.9	4716.3	4800.9
第三产业					
批发、零售贸易；机动车及个人、家庭用品修理业	2538.4	3726.7	3971.1	4154.0	4236.4
旅馆和饭店业	2166.9	3330.9	3519.4	3760.6	3893.2
运输、仓储和通讯	3694.6	4795.9	5151.9	5647.3	5854.9
金融中介	6597.4	7773.7	8087.7	8876.9	8976.4
房地产、租赁及商务活动	3874.9	4658.1	5039.7	5155.0	5181.2
公共管理与国防；社会基本保障	4236.7	5812.4	6130.9	6498.4	6565.3
教育	4418.7	5938.1	6267.7	6549.6	6640.9
卫生和社会工作	4086.1	5929.8	6315.7	6620.5	6741.2
其他团体、社会和个人服务	2883.7	4031.9	4150.6	4622.8	4556.4
雇人的私人住户	1225.8	1980.9	2167.7	2340.7	2401.1
美　国					
按第三版ISIC分类					
工资收入者每小时收入					
第三产业					
批发、零售贸易；机动车及个人、家庭用品修理业	14.0	16.1	16.8	17.4	18.1
旅馆和饭店业	7.9	8.8	9.2	9.8	10.2
运输、仓储和通讯					
金融中介					
房地产、租赁及商务活动					
公共管理和国防；社会基本保障					
教育					
卫生和社会工作	14.0	17.1	17.8	18.5	19.3
其他团体、社会和个人服务					

附录1-6 续表 5

单位：本币

国家和地区	2000	2005	2006	2007	2008
法　国					
按第三版ISIC分类					
工资收入者每小时收入					
第三产业					
批发、零售贸易；机动车及个人、家庭用品修理业	12.3	14.4	14.7	15.2	
旅馆和饭店业	9.4	11.3	11.7	12.1	
运输、仓储和通讯	12.8	15.0	15.6	16.1	
金融中介	20.1	23.6	24.4	26.0	
房地产、租赁及商务活动	14.7	17.5	18.0	18.5	
公共管理和国防；社会基本保障					
教育					
卫生和社会工作					
其他团体、社会和个人服务活动					
雇人的私人住户					
德　国					
按第三版ISIC分类					
雇员每小时收入					
第三产业					
批发、零售贸易；机动车及个人、家庭用品修理业				16.6	17.0
旅馆和饭店业				11.0	11.1
运输、仓储和通讯				15.4	15.7
金融中介				23.0	23.8
房地产、租赁及商务活动				17.8	18.4
公共管理和国防；社会基本保障					
教育				18.0	18.6
卫生和社会工作				17.4	17.8
其他团体、社会和个人服务活动				17.1	17.7
意大利					
按第三版ISIC分类					
工资收入者每小时工资率指数⑩	112.4	99.2|	102.0	104.6	108.0
第三产业					
批发、零售贸易；机动车及个人、家庭用品修理业	116.6	99.2|	100.7	102.9	104.9
旅馆和饭店业	112.1	99.3|	100.5	101.6	107.5
运输、仓储和通讯	108.1	97.8|	101.5	103.9	107.6
金融中介					
房地产、租赁及商务活动	110.0	99.0|	101.2	103.3	105.5
公共管理和国防；社会基本保障					
教育		98.6|	100.2	101.4	108.7
卫生和社会工作		99.0|	100.0	106.0	106.0
荷　兰					
按第三版ISIC分类					
雇员每月收入	2368.7	2836.0			
第三产业					
批发、零售贸易；机动车及个人、家庭用品修理业	2125.5	2523.0			
旅馆和饭店业	1720.7	2018.0			
运输、仓储和通讯	2240.3	2575.0			

附录1-6 续表 6

单位：本币

国家和地区	2000	2005	2006	2007	2008
金融中介	2839.3	3613.0			
房地产、租赁及商务活动	2679.6	3164.0			
公共管理和国防；社会基本保障	2621.0	3058.0			
教育	2735.8	3221.0			
卫生和社会工作	2398.2	2972.0			
其他团体、社会和个人服务活动	2277.1	2773.0			
波　兰					
按第三版ISIC分类					
雇员每月收入	1893.7	2360.6	2475.9	2672.6	2943.9
第三产业					
批发、零售贸易；机动车及个人、家庭用品修理业	1589.9	1921.9	2014.2	2193.5	2400.6
旅馆和饭店业	1301.5	1512.6	1559.3	1660.9	1816.8
运输、仓储和通讯	2144.4	2591.9	2650.0	2803.3	3104.2
金融中介	3257.7	4244.6	4474.5	4882.4	5117.2
房地产、租赁及商务活动	2133.4	2483.8	2612.6	2834.2	3103.3
公共管理和国防；社会基本保障	2432.4	3060.7	3214.7	3369.0	3794.0
教育	1835.0	2471.0	2573.1	2711.9	2965.4
卫生和社会工作	1479.9	1954.1	2101.8	2463.5	2868.3
其他社区、社会和私人服务活动	1891.5	2294.9	2385.3	2506.7	2749.5
俄罗斯联邦					
按第三版ISIC分类					
雇员每月收入		8555.0	10634.0	13593.0	17290.0
第三产业					
批发、零售贸易；机动车及个人、家庭用品修理业		6552.0	8235.0	11476.0	14927.0
旅馆和饭店业		6033.0	7522.0	9339.0	11536.0
运输、仓储和邮电业		11351.0	13390.0	16452.0	20761.0
金融中介		22728.0	27886.0	34880.0	41872.0
房地产、租赁及商务活动		10237.0	12763.0	16642.0	21275.0
公共管理与国防；社会基本保障		10999.0	13477.0	16896.0	21344.0
教育		5430.0	6983.0	8778.0	11317.0
卫生和社会工作		5906.0	8060.0	10037.0	13049.0
其他团体、社会和个人服务		6291.0	7996.0	10392.0	13539.0
域外组织和机构		18922.0	26990.0	30339.0	36083.0
西 班 牙					
按第三版ISIC分类					
雇员每小时收入⑪					
第三产业					
批发、零售贸易；机动车及个人、家庭用品修理业	8.0	9.6	10.0	10.3	10.7
旅馆和饭店业	6.4	7.6	8.0	8.3	8.6
运输、仓储和邮电业	10.9	12.7	13.0	13.4	14.2
金融中介	18.5	22.8	23.5	24.6	25.4
房地产、租赁及商务活动	8.5	10.8	11.4	12.0	12.5
公共管理与国防；社会基本保障					
教育	12.4	15.4	15.9	16.5	16.9
卫生和社会工作	11.8	14.4	15.3	16.5	17.2
其他团体、社会和个人服务	8.8	10.2	10.6	11.1	11.6

附录1-6 续表 7

单位：本币

国家和地区	2000	2005	2006	2007	2008
英　国					
按第三版ISIC分类					
雇员每小时收入⑨	10.7	13.1	13.6	14.0	
第三产业					
批发、零售贸易；机动车及个人、家庭用品修理业	9.1	10.6	11.0	11.4	
旅馆和饭店业	6.8	7.9	8.4	8.5	
运输、仓储和通讯	9.9	11.9	12.4	13.0	
金融中介	16.2	19.5	19.9	20.9	
房地产、租赁及商务活动	12.4	15.1	15.6	16.1	
公共管理和国防；社会基本保障	11.0	13.4	13.7	14.1	
教育	12.0	14.6	15.0	15.3	
卫生和社会工作	9.9	13.0	13.4	13.8	
其他社区、社会和私人服务活动	10.3	12.6	13.1	13.0	
雇人的私人住户	7.0	8.3	9.1	9.1	
域外组织和机构	11.2		14.6	17.3	
澳大利亚					
按第三版ISIC分类					
雇员每小时工资⑫					
第三产业					
批发、零售贸易；机动车及个人、家庭用品修理业	16.5		22.6		
旅馆和饭店业	14.7		19.2		
运输、仓储和通讯	20.4		26.8		
金融中介	21.1		29.5		
房地产、租赁及商务活动	19.6		26.8		
公共管理和国防；社会基本保障	22.7		29.5		
教育	21.7		29.3		
卫生和社会工作	19.5		24.4		
其他社区、社会和私人服务活动	18.0		24.7		
新 西 兰					
按第三版ISIC分类					
雇员每小时工资					
第三产业					
批发、零售贸易；机动车及个人、家庭用品修理业	15.2	17.1	17.9	18.7	19.5
旅馆和饭店业	11.6	13.4	13.5	14.2	15.0
运输、仓储和通讯	17.7	20.1	21.7	21.8	23.2
金融中介	23.4	28.8	29.3	31.1	31.0
房地产、租赁及商务活动	20.0	23.3	25.0	25.9	26.6
公共管理和国防；社会基本保障	21.2	26.0	26.8	28.0	30.1
教育	20.6	26.1	28.9	29.3	30.3
卫生和社会工作	18.1	21.2	22.6	23.8	25.3
其他社区、社会和私人服务活动	17.4	20.3	20.1	21.3	22.7

注：①指城镇国有、集体和其他单位雇员工资。②指国家机关、社会组织。③包括文化艺术、广播电视。④包括体育活动。⑤千本币。⑥不包括机动车及个人、家庭用品修理业。⑦包括家庭补助和各种实物的价值，5人及以上企业。⑧包括"教育、卫生和社会工作；其他团体、社会和个人服务活动"、"雇人的私人住户"和"行业不明确者"。⑨包括加班收入。⑩2000年数据为2000年12月为100，其余为2005年12月为100。⑪包括加班收入和不定期报酬。⑫指从事非管理工作的雇员。

资料来源：国际劳工组织数据库。

附录1-7 货物贸易进口总额

单位：亿美元

国家和地区	2000	2005	2006	2007	2008	2009
世　界	**67240**	**108530**	**124350**	**142870**	**164930**	**126470**
中　国	2251	6600	7915	9561	11326	10057
中国香港	2140	3002	3358	3701	3930	3527
中国澳门	23	39	46	54	54	46
孟加拉国	89	139	160	186	239	218
文　莱	11	15	17	21	26	25
柬埔寨	19	39	47	54	65	54
印　度	515	1429	1784	2294	3210	2436
印度尼西亚	436	755	803	928	1270	917
伊　朗	139	400	408	449	574	515
以色列	377	471	503	590	677	492
日　本	3795	5159	5791	6222	7625	5507
哈萨克斯坦	50	174	237	328	379	284
韩　国	1605	2612	3094	3568	4353	3231
老　挝	5	9	11	11	14	14
马来西亚	820	1146	1312	1470	1569	1238
蒙　古	6	12	15	21	36	21
缅　甸	24	19	26	33	43	46
巴基斯坦	109	254	298	326	423	317
菲律宾	370	495	541	580	604	458
新加坡	1345	2000	2387	2632	3198	2458
斯里兰卡	72	88	103	113	140	99
泰　国	619	1182	1288	1400	1787	1338
越　南	156	368	449	628	807	689
埃　及	146	224	273	371	484	449
尼日利亚	87	208	265	348	500	390
南　非	297	623	787	884	995	720
加拿大	2448	3224	3590	3902	4190	3303
墨西哥	1795	2282	2635	2902	3183	2415
美　国	12593	17327	19181	20204	21695	16038
阿根廷	252	287	342	447	574	388
巴　西	591	776	958	1266	1824	1336
捷　克	320	765	932	1182	1420	1050
法　国	3389	5041	5419	6195	7035	5511
德　国	4972	7771	9067	10550	11851	9314
意大利	2388	3848	4426	5117	5549	4104
荷　兰	2183	3638	4168	4926	5809	4458
波　兰	490	1016	1270	1657	2088	1466
俄罗斯联邦	447	1254	1643	2235	2919	1919
西班牙	1561	2888	3287	3893	4208	2902
土耳其	545	1168	1396	1701	2020	1409
乌克兰	140	361	450	606	855	455
英　国	3481	5137	6014	6229	6330	4799
澳大利亚	715	1253	1393	1653	2003	1655
新西兰	139	262	264	309	344	256

资料来源：世界贸易组织数据库。

附录1-8 货物贸易出口总额

单位：亿美元

国家和地区	2000	2005	2006	2007	2008	2009
世　界	**64560**	**104890**	**121120**	**139930**	**160970**	**124610**
中　国	2492	7620	9690	12201	14307	12015
中国香港	2027	2921	3227	3494	3702	3297
中国澳门	25	25	26	25	20	10
孟加拉国	64	93	118	125	154	151
文　莱	39	62	76	77	105	69
柬 埔 寨	14	31	35	41	47	46
印　度	424	996	1218	1502	1948	1552
印度尼西亚	654	870	1035	1180	1396	1198
伊　朗	287	563	770	887	1137	781
以 色 列	314	428	468	541	613	477
日　本	4792	5949	6467	7143	7820	5808
哈萨克斯坦	88	278	383	478	712	432
韩　国	1723	2844	3255	3715	4220	3635
老　挝	3	6	9	9	11	11
马来西亚	982	1410	1607	1762	1995	1574
蒙　古	5	11	15	19	25	19
缅　甸	16	38	46	63	69	66
巴基斯坦	90	161	169	178	203	177
菲 律 宾	398	413	474	505	491	383
新 加 坡	1378	2296	2718	2993	3382	2698
斯里兰卡	54	63	69	77	85	74
泰　国	691	1109	1297	1539	1778	1525
越　南	145	324	398	486	627	566
埃　及	53	129	167	192	262	212
尼日利亚	210	505	587	645	818	525
南　非	300	516	582	698	808	626
加 拿 大	2766	3605	3882	4207	4565	3156
墨 西 哥	1664	2142	2500	2718	2913	2297
美　国	7819	9011	10260	11482	12874	10569
阿 根 廷	263	404	465	558	700	558
巴　西	551	1185	1378	1606	1979	1530
捷　克	291	781	949	1225	1468	1133
法　国	3276	4634	4959	5519	6012	4750
德　国	5518	9709	11081	13212	14462	11209
意 大 利	2405	3731	4169	4999	5380	4047
荷　兰	2331	4064	4636	5508	6379	4986
波　兰	317	894	1108	1401	1705	1345
俄罗斯联邦	1056	2438	3036	3544	4716	3040
西 班 牙	1153	1926	2137	2533	2815	2180
土 耳 其	278	735	855	1073	1320	1021
乌 克 兰	146	342	384	493	670	398
英　国	2854	3845	4487	4391	4597	3507
澳大利亚	639	1061	1234	1414	1873	1540
新 西 兰	133	217	224	269	306	249

资料来源：世界贸易组织数据库。

附录1-9　服务贸易进口总额

单位：亿美元

国家和地区	2000	2005	2006	2007	2008	2009
世　界	**14548**	**23587**	**26370**	**31265**	**35354**	**31145**
中　国	359	832	1003	1293	1580	1575
中国香港	246	338	369	424	469	442
中国澳门	8	16	19	27	35	
孟加拉国	15	20	21	27	37	32
文　莱	8	9	10	11	12	
柬 埔 寨	3	6	8	9	9	
印　度	189	470	583	703	884	744
印度尼西亚	154	218	212	241	280	250
伊　朗	22	104	114	148	171	
以 色 列	117	135	144	173	196	173
日　本	1052	1224	1339	1487	1633	1457
哈萨克斯坦	18	74	86	114	108	95
韩　国	330	581	680	821	918	741
老　挝	1	2	2	2	3	
马来西亚	166	218	234	286	301	265
蒙　古	2	5	5			
缅　甸	3	5	5			
巴基斯坦	21	72	81	84	91	56
菲 律 宾	52	58	62	74	86	79
新 加 坡	294	549	645	747	789	739
斯里兰卡	16	21	24	26	30	
泰　国	153	269	328	382	463	380
越　南	33	45	51	68	79	64
埃　及	72	95	103	131	163	135
尼日利亚	31	64	86	104	123	122
南　非	57	118	139	161	165	138
加 拿 大	436	649	719	818	866	772
墨 西 哥	167	209	223	232	247	224
美　国	2079	2801	3145	3388	3649	3308
阿 根 廷	90	74	82	105	127	112
巴　西	156	224	271	347	444	441
捷　克	54	101	119	144	173	173
法　国	596	1047	1109	1283	1417	1241
德　国	1358	2069	2210	2560	2832	2554
意 大 利	546	884	981	1187	1279	1136
荷　兰	499	724	747	838	919	874
波　兰	89	153	194	238	300	236
俄罗斯联邦	162	378	437	577	746	601
西 班 牙	328	667	782	959	1043	865
土 耳 其	76	102	104	142	162	149
乌 克 兰	26	70	86	111	158	108
英　国	969	1583	1703	1954	1969	1599
澳大利亚	186	299	316	392	476	413
新 西 兰	44	82	78	91	96	80

资料来源：世界贸易组织数据库。

附录1-10 服务贸易出口总额

单位：亿美元

国家和地区	2000	2005	2006	2007	2008	2009
世界	**14817**	**24832**	**28183**	**33812**	**38036**	**33116**
中国	301	739	914	1217	1464	1287
中国香港	404	637	727	846	920	864
中国澳门	33	84	102	139	175	171
孟加拉国	3	5	6	7	9	8
文莱	2	6	7	8	9	
柬埔寨	4	11	12	15	16	
印度	160	522	695	866	1026	863
印度尼西亚	51	126	111	121	147	129
伊朗	14	49	55	68	73	
以色列	153	174	191	211	241	219
日本	694	1021	1151	1271	1465	1243
哈萨克斯坦	9	20	26	32	39	36
韩国	297	437	484	617	741	559
老挝	2	2	2	3	4	
马来西亚	138	195	216	294	303	279
蒙古	1	4	5			
缅甸	5	2	3			
巴基斯坦	13	20	22	22	24	24
菲律宾	34	45	64	98	102	94
新加坡	281	532	640	805	829	737
斯里兰卡	9	15	16	18	20	
泰国	138	200	246	301	334	305
越南	27	42	51	60	71	58
埃及	97	144	158	197	247	210
尼日利亚	18	14	19	11	14	14
南非	49	110	119	135	124	112
加拿大	393	544	590	636	648	570
墨西哥	136	161	164	176	185	151
美国	2781	3621	4041	4708	5183	4702
阿根廷	48	65	79	102	119	110
巴西	90	149	179	226	288	263
捷克	68	117	139	169	222	203
法国	799	1214	1281	1490	1636	1404
德国	797	1573	1846	2170	2416	2148
意大利	560	881	976	1107	1184	1009
荷兰	484	782	827	942	1027	918
波兰	104	162	205	288	354	288
俄罗斯联邦	96	247	309	391	507	419
西班牙	521	939	1059	1271	1426	1223
土耳其	193	263	250	283	345	325
乌克兰	38	89	108	137	173	133
英国	1186	2041	2336	2806	2851	2397
澳大利亚	194	304	324	398	445	414
新西兰	44	86	81	93	90	72

资料来源：世界贸易组织数据库。

附录1-11 外汇储备与黄金储备

国家和地区	外汇储备（亿美元）			黄金储备（万盎司）		
	2000	2008	2009	2000	2008	2009
中　　国	1655.7	19460.3	23991.5	1270.0	1929.0	3389.0
中国香港	1075.4	1824.7	2557.7	6.7	6.7	6.7
中国澳门	33.2	159.3	183.5			
孟加拉国	14.9	56.9	95.0	10.9	11.3	11.3
文　　莱	3.6	7.1	10.0			
柬埔寨	5.0	22.9	27.4	40.0	40.0	40.0
印　　度	372.6	2466.0	2585.8	1150.2	1150.2	1793.2
印度尼西亚	282.8	493.4	605.7	310.1	235.0	235.0
以色列	231.6	423.2	590.9			
日　　本	3472.1	10036.7	9969.6	2454.7	2460.2	2460.2
哈萨克斯坦	15.9	178.7	201.8	184.0	231.3	226.5
韩　　国	958.6	2004.8	2652.0	43.9	46.0	46.4
老　　挝	1.4	6.1	6.2	1.7	28.3	28.3
马来西亚	274.3	906.1	928.7	117.0	117.0	117.0
蒙　　古	1.8	5.6	12.2	8.5	10.9	3.0
缅　　甸	2.2			23.1		
巴基斯坦	15.0	70.1	99.4	209.1	210.4	210.4
菲律宾	129.8	330.5	375.0	722.8	494.9	498.7
新加坡	797.2	1736.5	1860.1			
斯里兰卡	9.8	23.9	45.2	33.6	17.0	17.0
泰　　国	319.3	1083.2	1336.0	236.7	270.0	270.0
越　　南	34.2	238.8	160.3			
埃　　及	129.1	321.1	309.5	243.2	243.1	243.1
尼日利亚	99.1	530.0	423.8	68.7	68.7	68.7
南　　非	57.9	302.4	324.3	590.0	400.9	401.4
加拿大	290.2	415.4	426.0	118.4	10.9	10.9
墨西哥	351.4	939.9	941.0	24.9	20.0	27.6
美　　国	312.4	495.8	505.2	26161.1	26149.9	26149.9
阿根廷	244.1	443.6	429.2	1.9	176.0	176.0
巴　　西	324.3	1928.4	2318.9	211.8	108.0	108.0
委内瑞拉	126.3	325.8	176.9	1024.0	1146.0	1160.0
捷　　克	130.2	364.7	396.7	44.6	42.2	41.5
法　　国	321.1	303.8	277.3	9724.5	8012.5	7830.1
德　　国	496.7	385.6	369.3	11151.9	10971.8	10953.1
意大利	224.2	353.1	345.2	7882.9	7882.9	7882.9
荷　　兰	70.0	93.7	86.1	2931.5	1969.1	1969.1
波　　兰	263.2	589.3	733.9	330.6	330.9	330.9
俄罗斯联邦	242.6	4107.0	4058.3	1235.9	1670.5	2086.7
西班牙	295.2	115.4	127.9	1682.9	905.4	905.4
土耳其	223.1	702.3	691.8	373.9	373.3	373.3
乌克兰	11.0	307.9	254.9	45.4	85.4	86.8
英　　国	341.6	415.5	380.3	1567.4	997.5	997.5
澳大利亚	167.8	298.7	330.0	256.3	256.7	256.7
新西兰	36.2	108.5	139.8			

资料来源：国际货币基金组织数据库。

附录1-12 外商直接投资

单位：亿美元

国家和地区	外商直接投资			对外直接投资		
	2000	2008	2009	2000	2008	2009
世　界	**14014.7**	**17708.7**	**11141.9**	**12328.9**	**19288.0**	**11009.9**
中　国	407.2	1083.1	950.0	9.2	521.5	480.0
中国香港	619.4	596.2	484.5	593.7	505.8	522.7
文　莱	5.5	2.4	3.1	0.2	0.3	0.3
柬埔寨	1.5	8.2	5.3	0.2	0.2	
印　度	35.9	404.2	346.1	5.1	185.0	149.0
印度尼西亚		93.2	48.8		59.0	29.5
日　本	83.2	244.3	119.4	315.6	1280.2	747.0
韩　国	90.0	84.1	58.4	50.0	189.4	105.7
老　挝	0.3	2.3	1.6			
马来西亚	37.9	73.2	13.8	20.3	149.9	80.4
缅　甸	2.1	2.8	3.2			
菲律宾	22.4	15.4	19.5	1.3	2.6	3.6
新加坡	164.8	109.1	168.1	59.2	-84.8	59.8
泰　国	34.1	85.4	59.5	-0.2	25.6	38.2
越　南	12.9	80.5	45.0		1.0	1.1
加拿大	668.0	552.7	186.6	446.8	808.0	388.3
墨西哥	181.0	236.8	125.2	3.6	11.6	76.0
美　国	3140.0	3245.6	1298.8	1426.3	3304.9	2480.7
巴　西	327.8	450.6	259.5	22.8	204.6	-100.8
法　国	432.5	622.6	596.3	1774.5	1610.7	1471.6
德　国	1982.8	244.4	356.1	565.6	1345.9	627.1
意大利	133.8	170.3	305.4	123.2	438.4	439.2
俄罗斯联邦	27.1	754.6	387.2	31.8	560.9	460.6
英　国	1187.6	914.9	456.8	2333.7	1610.6	184.6
澳大利亚	156.1	467.2	225.7	42.2	328.2	184.3
新西兰	13.5	49.9	3.5	6.1	-2.4	-4.1

资料来源：联合国贸易和发展会议数据库。

附录1-13　货币汇率（年平均价）

单位：1美元合本币数

国家和地区	1990	2005	2007	2008	2009
中　　国	4.78	8.19	7.61	6.95	6.83
中国香港	7.79	7.78	7.80	7.79	7.75
中国澳门	8.02	8.01	8.04	8.02	7.98
孟加拉国	34.57	64.33	68.88	68.60	69.04
文　　莱	1.81	1.66	1.51	1.42	1.46
柬 埔 寨	426.25	4092.50	4056.17	4054.17	
印　　度	17.50	44.10	41.35	43.50	48.40
印度尼西亚	1842.81	9704.74	9141.00	9698.96	10389.94
伊　　朗	68.16	8963.96	9281.15	9428.53	9864.30
以 色 列	2.02	4.49	4.11	3.59	3.93
日　　本	144.79	110.22	117.75	103.36	93.57
哈萨克斯坦		132.88	122.55	120.30	147.50
韩　　国	707.76	1024.12	929.26	1102.05	1276.86
老　　挝	707.75	10655.17	9603.16	8744.06	
马来西亚	2.70	3.79	3.44	3.34	3.52
蒙　　古		1205.22	1170.96	1165.74	
缅　　甸	6.28	5.76	5.56	5.39	
巴基斯坦	21.71	59.51	60.74	70.41	81.71
菲 律 宾	24.31	55.08	46.15	44.32	47.64
新 加 坡	1.81	1.66	1.51	1.42	1.46
斯里兰卡	40.06	100.50	110.62	108.33	114.94
泰　　国	25.58	40.22	34.52	33.31	34.29
越　　南	6482.80	15858.92	16105.12	16302.25	
埃　　及	1.55	5.78	5.64	5.43	
尼日利亚	8.04	131.27	125.81	118.55	
南　　非	2.59	6.36	7.04	8.26	8.47
加 拿 大	1.17	1.21	1.07	1.07	1.14
墨 西 哥	2.81	10.90	10.93	11.13	13.51
美　　国	1.00	1.00	1.00	1.00	1.00
阿 根 廷	0.49	2.90	3.10	3.14	3.71
巴　　西		2.43	1.95	1.83	2.00
委内瑞拉	0.05	2.09	2.14	2.14	2.14
捷　　克		23.96	20.29	17.07	19.06
法　　国	0.83	0.80	0.73	0.68	0.72
德　　国	0.83	0.80	0.73	0.68	0.72
意 大 利	0.62	0.80	0.73	0.68	0.72
荷　　兰	0.83	0.80	0.73	0.68	0.72
波　　兰	0.95	3.24	2.77	2.41	
俄罗斯联邦		28.28	25.58	24.85	31.74
西 班 牙	0.61	0.80	0.73	0.68	0.72
土 耳 其		1.34	1.30	1.30	
乌 克 兰		5.12	5.05	5.27	7.79
英　　国	0.56	0.55	0.50	0.54	0.64
澳大利亚	1.28	1.31	1.20	1.19	1.28
新 西 兰	1.68	1.42	1.36	1.42	

资料来源：世界银行WDI数据库。

附录1-14 铁路货运和客运周转量

国家和地区	铁路货运周转量(亿吨公里)			铁路客运周转量(亿人公里)		
	2000	2007	2008	2000	2007	2008
世　界	**37.54**	**58.72**	**43.43**	**14.86**		**20.03**
高收入国家	**103.82**	**109.27**	**107.77**	**65.29**	**63.56**	**63.43**
中等收入国家	**32.60**	**48.30**	**42.96**	**12.00**	**12.01**	**11.20**
中低收入国家			**30.92**			**9.37**
中　国	13336.06	22112.46	25118.04	4414.68	6896.18	7728.34
孟加拉国	7.77	8.17	8.70	39.41	41.64	56.09
印　度	3052.01	4809.93	5213.71	4306.66	6947.64	7699.56
印度尼西亚			43.90			143.44
伊　朗	141.79	205.42	218.29	71.19	125.49	139.00
以色列	11.73	11.75	10.55	7.81	18.31	19.68
日　本	223.13	231.45	230.32	2407.93	2525.79	2558.65
哈萨克斯坦	1249.83	1911.89	2149.07	102.15	136.13	144.50
韩　国	108.03	109.27	115.66	280.97	315.96	320.25
马来西亚	9.07	13.55	13.50	13.12	21.93	22.68
蒙　古	42.93	13.55	82.61	10.70	12.93	14.00
巴基斯坦	37.54	59.07	61.87	184.95	256.21	247.31
泰　国	33.84		31.61	99.35		80.37
越　南	19.02	38.81	39.10	32.00	46.59	46.59
埃　及	39.80	39.17	41.88	349.60	408.37	408.30
尼日利亚	1.05	0.77		3.63	1.74	
南　非	1066.05	1085.13	1060.14	132.60	148.56	138.65
加拿大		3532.27	3581.54		28.58	30.56
墨西哥		756.00	711.36		0.84	0.84
美　国	21421.45	28200.61	27882.30		90.59	99.35
阿根廷		128.71	128.71			
巴　西		2322.97	2677.00			
捷　克	172.20	169.72	159.61	72.66	68.55	67.59
法　国	554.48	424.35	415.30	698.60	832.99	882.83
德　国	806.34	910.13	911.78	743.88	747.40	769.97
意大利	228.34	223.40	199.18	448.49	471.13	469.98
荷　兰	38.19			147.60	155.46	153.13
波　兰	555.62	435.48	392.00	242.26	170.81	179.58
俄罗斯联邦	13732.00	20903.37	24000.00	1671.00	1734.11	1758.00
西班牙	120.42	110.64	102.24	197.84	212.25	233.44
土耳其	97.61	96.80	101.04	58.32	55.53	50.97
乌克兰	1728.40	2408.10	2570.06	517.67	532.30	530.56
英　国	180.90	212.00	125.12	382.00	496.35	517.59
澳大利亚	340.50	460.36	610.19	12.65	13.09	15.26

资料来源：世界银行WDI数据库。

附录1-15 空运货物周转量和客运量

国家和地区	空运货物周转量（万吨公里）			航空客运量（万人）		
	2000	2007	2008	2000	2007	2008
世 界	**11825721**	**12462836**	**12455734**	**167406**	**205894**	**204963**
高收入国家	**9962524**	**9654310**	**9506927**	**135231**	**147553**	**143512**
中等收入国家	**1766125**	**2711364**	**2843069**	**30737**	**56057**	**58851**
低收入国家	**97072**	**97162**	**105738**	**1439**	**2284**	**2600**
中 国	390008	1118954	1138606	6189	18361	19100
孟加拉国	19387	8903	8422	133	124	122
柬埔寨		203	66		31	21
印 度	54765	96768	123394	1730	5190	4988
印度尼西亚	40854	48452	39458	992	3041	2977
伊 朗	7372	9543	9732	872	1392	1203
以色列	88570	113288	90186	444	466	456
日 本	867205	843507	817281	10912	9984	9702
哈萨克斯坦	1175	1721	1649	46	130	128
韩 国	765134	903972	872681	3433	3666	3608
老 挝	167	263	258	21	33	32
马来西亚	186384	266153	244446	1656	2133	2242
蒙 古	844	536	593	25	38	36
缅 甸	77	287	283	44	166	164
巴基斯坦	34031	31387	31980	529	544	561
菲律宾	28995	28558	27736	576	882	951
泰 国	171288	245455	228896	1739	2119	1999
越 南	11733	25849	29576	288	719	999
埃 及	27806	20683	19548	452	583	669
尼日利亚	882	1004	1004	51	136	146
南 非	68757	93920	76089	800	1287	1314
加拿大	189611	142985	138867	4177	5210	5372
墨西哥	30986	48234	48279	2089	2095	1883
美 国	3017198	4061774	3931360	66533	74430	70178
阿根廷	29665	13268	13169	892	704	615
巴 西	172790	147783	180706	3129	4529	5876
委内瑞拉	3310	209	217	430	550	577
捷 克	3222	3261	2717	223	487	497
法 国	522434	642497	618780	5258	6155	6121
德 国	712771	852896	835288	5796	10610	10794
意大利	174841	154994	127902	3042	3783	3067
荷 兰	436734	500560	490338	2090	2886	2960
波 兰	7783	8315	7892	234	427	463
俄罗斯联邦	104141	122431	239959	1769	3319	3794
西班牙	87950	120388	130644	3971	6067	5521
土耳其	38504	46610	48067	1219	2290	2551
乌克兰	1220	1801	6336	95	174	346
英 国	516087	615445	628383	7044	10162	10471
澳大利亚	173074	234808	221244	3258	4873	5149
新西兰	81714	86814	92085	1078	1255	1295

资料来源：世界银行WDI数据库。

附录1-16 信息和通讯技术支出占国内生产总值比重

单位：%

国家和地区	2003	2004	2005	2006	2007	2008
世界	**6.50**	**6.50**	**6.48**	**6.47**	**6.22**	**6.01**
高收入国家	**6.72**	**6.67**	**6.67**	**6.71**	**6.52**	**6.31**
中等收入国家	**5.51**	**5.77**	**5.77**	**5.63**	**5.29**	**5.13**
中国	7.88	7.99	7.90	7.45	6.57	5.97
中国香港	6.28	7.01	7.82	8.17	9.40	9.20
孟加拉国	1.93	2.41	4.07	5.86	8.04	9.04
印度	3.16	3.83	4.36	4.13	3.94	4.49
印度尼西亚	3.14	3.34	3.34	3.20	3.25	3.29
伊朗	2.41	2.61	2.68	3.23	3.49	
以色列	6.02	6.26	6.13	6.03	5.71	5.39
日本	6.71	6.60	6.69	7.00	6.88	6.69
韩国	8.97	9.48	9.21	9.42	9.20	9.07
马来西亚	12.83	13.42	12.05	12.23	11.05	9.70
巴基斯坦	3.17	3.33	3.87	4.17	4.36	4.37
菲律宾	5.03	6.01	5.34	5.40	5.87	6.12
新加坡	10.10	9.70	9.56	8.72	7.53	7.08
斯里兰卡	2.40	2.70	3.27	3.81	4.57	4.34
泰国	5.81	6.19	6.11	6.16	6.07	6.20
越南	7.49	7.28	6.74	6.36	5.93	4.85
埃及	3.96	4.69	5.32	5.36	5.23	5.70
尼日利亚	4.03	3.97	4.03	3.32	3.38	3.09
南非	7.99	8.00	9.49	9.80	9.45	10.10
加拿大	6.95	6.92	6.67	6.48	6.57	6.60
墨西哥	4.60	4.71	4.83	4.74	4.68	4.55
美国	7.50	7.50	7.41	7.37	7.34	7.36
阿根廷	4.25	5.05	4.57	5.37	5.19	4.83
巴西	5.70	6.22	5.86	5.67	5.46	5.28
委内瑞拉	3.14	3.18	3.67	4.04	3.94	3.53
捷克	8.16	8.27	8.32	8.40	8.24	7.60
法国	5.57	5.53	5.62	5.78	5.45	5.17
德国	5.78	5.86	5.90	6.01	5.57	5.39
意大利	5.15	5.26	5.33	5.48	5.13	4.95
荷兰	6.77	6.80	7.10	7.21	6.70	6.29
波兰	5.70	6.33	6.07	6.28	5.77	5.50
俄罗斯联邦	4.23	4.46	4.33	4.24	3.82	3.46
西班牙	5.61	5.02	5.21	5.19	4.88	4.79
土耳其	4.53	4.22	4.17	4.06	3.96	4.06
乌克兰	6.76	7.89	8.15	8.08	6.78	5.93
英国	6.28	6.25	6.12	6.06	6.03	6.34
澳大利亚	6.46	6.03	5.88	5.87	5.82	4.93
新西兰	5.67	5.49	5.51	5.50	5.14	5.48

资料来源：世界银行WDI数据库。

附录1-17 人均信息和通讯技术支出

单位：美元

国家和地区	2000	2004	2005	2006	2007	2008
世　界	**451.66**	**485.02**	**515.78**	**550.29**	**588.04**	**620.12**
高收入国家	**2060.64**	**2172.86**	**2270.10**	**2391.24**	**2517.09**	**2604.68**
中等收入国家	**60.34**	**105.23**	**123.51**	**140.83**	**160.86**	**183.17**
中　国	35.13	119.15	135.58	151.09	168.69	194.91
中国香港	1782.07	1713.38	2041.02	2261.94	2810.91	2839.37
孟加拉国	6.83	9.05	16.02	23.34	34.86	44.94
印　度	16.32	24.89	32.30	34.05	41.21	45.62
印度尼西亚	20.16	39.63	43.58	52.54	62.40	73.92
伊　朗	23.68	62.61	74.64	102.84	140.64	195.08
以色列	1500.25	1165.97	1186.80	1246.18	1328.82	1490.87
日　本	3160.49	2378.18	2384.88	2391.26	2358.00	2571.50
韩　国	744.67	1424.45	1616.82	1855.32	1991.15	1733.98
马来西亚	289.95	664.99	648.33	733.21	776.90	796.65
巴基斯坦	34.89	21.45	27.23	33.43	38.38	43.25
菲律宾	44.76	62.31	61.73	72.80	95.35	113.00
新加坡	2238.76	2554.16	2710.34	2758.76	2738.58	2663.04
斯里兰卡	42.15	28.64	40.61	54.16	73.96	87.44
泰　国	71.45	153.00	163.42	191.92	223.85	250.76
越　南		40.26	42.81	45.21	47.76	51.04
埃　及	15.77	48.87	61.80	73.27	85.23	113.45
尼日利亚		25.33	32.10	33.80	37.99	42.30
南　非	238.11	373.09	491.47	532.84	560.24	573.38
加拿大	1442.39	2144.81	2337.92	2536.54	2849.01	2976.75
墨西哥	186.47	350.19	396.91	431.95	454.94	465.71
美　国	3303.01	2977.22	3099.62	3238.50	3346.47	3411.96
阿根廷	332.77	201.54	215.94	294.18	344.72	397.60
巴　西	191.84	224.57	277.83	328.13	383.01	433.25
委内瑞拉	179.78	136.86	200.78	275.55	326.96	396.81
捷　克	409.43	886.35	1011.80	1167.10	1389.49	1570.29
法　国	1440.93	1883.64	1983.10	2136.00	2283.43	2371.96
德　国	1399.95	1950.69	1995.61	2125.26	2246.13	2396.89
意大利	897.83	1561.90	1616.78	1733.64	1827.21	1905.30
荷　兰	1610.56	2548.83	2775.90	2986.27	3172.62	3333.38
波　兰	182.60	419.25	483.07	562.80	643.94	761.78
俄罗斯联邦	62.29	183.45	231.43	294.77	347.94	408.96
西班牙	573.78	1227.10	1355.69	1450.20	1562.15	1687.91
土耳其	234.47	236.24	283.53	298.83	351.64	403.48
乌克兰	50.05	107.91	149.02	186.06	208.06	231.06
英　国	1983.11	2295.41	2317.09	2437.04	2770.08	2758.63
澳大利亚	1390.26	1792.07	1945.73	2052.88	2269.39	2334.39
新西兰	1534.37	1353.05	1453.11	1430.49	1636.38	1666.38

资料来源：世界银行WDI数据库。

附录1-18 国际互联网用户

单位：个/千人

国家和地区	2000	2004	2005	2006	2007	2008
世　界	**67.95**	**143.85**	**159.47**	**177.20**	**207.12**	**239.29**
高收入国家	**314.92**	**558.94**	**592.77**	**617.24**	**660.71**	**690.70**
中等收入国家	**18.22**	**71.12**	**84.75**	**102.80**	**135.26**	**173.44**
低收入国家	**1.68**	**15.70**	**23.19**	**32.94**	**38.71**	**46.44**
中　国	17.82	72.53	85.79	106.01	161.30	224.96
中国香港	278.35	569.46	614.20	653.52	652.06	670.44
中国澳门	136.09	314.84	348.63	433.18	463.87	492.23
孟加拉国	0.71	1.99	2.42	2.89	3.17	3.47
文　莱	89.96	297.16	364.66	421.86	488.24	553.18
柬埔寨	0.47	3.00	3.17	4.68	4.89	5.08
印　度	5.41	20.38	24.67	29.01	40.90	45.40
印度尼西亚	9.26	26.00	36.02	47.65	57.86	79.17
伊　朗	9.77	155.72	178.04	156.92	183.04	319.64
以色列	201.94	219.80	243.27	269.23	464.62	478.87
日　本	299.52	622.10	667.51	685.21	740.82	751.57
哈萨克斯坦	6.72	26.64	29.71	32.66	40.04	108.90
韩　国	405.04	696.24	710.46	732.86	747.30	757.85
老　挝	1.11	3.61	8.50	11.70	16.41	85.00
马来西亚	213.85	422.52	486.29	516.38	557.05	558.00
蒙　古	12.56	79.45	105.22	120.10	122.54	124.94
缅　甸		0.24	0.65	1.82	2.17	2.20
巴基斯坦		65.76	67.41	75.40	107.63	111.37
菲律宾	19.82	52.44	53.98	57.41	59.74	62.18
新加坡	322.75	635.75	618.54	593.16	676.66	696.37
斯里兰卡	6.49	14.39	17.80	25.14	38.57	57.72
泰　国	36.89	106.77	150.26	171.61	200.30	238.92
越　南	2.58	77.35	128.88	174.52	209.88	241.66
埃　及	6.41	51.51	117.00	125.53	147.63	166.48
尼日利亚	0.64	12.86	35.49	55.45	67.69	158.60
南　非	54.55	86.30	76.77	78.07	82.88	86.00
加拿大	421.55	659.23	679.08	703.20	727.79	753.08
墨西哥	51.63	169.50	188.67	197.31	212.46	221.60
美　国	439.45	662.55	696.19	706.26	735.92	758.50
阿根廷	70.39	160.37	177.21	209.27	259.47	281.13
巴　西	28.71	190.74	210.23	281.78	308.84	375.20
委内瑞拉	33.73	84.48	126.23	153.15	208.12	256.57
捷　克	97.34	314.41	319.77	440.62	483.27	578.24
法　国	143.64	392.13	429.65	468.84	633.34	679.47
德　国	301.67	609.76	648.37	692.75	724.82	754.76
意大利	231.79	314.28	336.84	361.80	382.38	417.69
荷　兰	439.55	683.52	790.87	812.07	847.83	869.81
波　兰	72.81	289.79	350.99	402.04	441.37	489.93
俄罗斯联邦	19.82	128.61	152.29	180.27	246.31	318.77
西班牙	136.25	401.68	440.38	472.69	510.60	554.05
土耳其	37.62	132.53	139.33	182.42	301.00	343.71
乌克兰	7.12	34.77	37.36	44.88	65.19	105.39
英　国	268.29	627.76	664.04	655.32	717.49	760.15
澳大利亚	468.00	614.30	632.47	649.34	678.61	707.83
新西兰	475.07	614.86	623.66	665.71	691.76	713.77

资料来源：世界银行WDI数据库。

附录1-19　国际旅游收支

单位：亿美元

国家和地区	国际旅游支出			国际旅游收入		
	2000	2007	2008	2000	2007	2008
世　界	**5277.33**	**9399.53**	**10287.51**	**5688.85**	**10370.34**	**11393.79**
高收入国家	**4383.44**	**7366.27**	**7903.77**	**4468.81**	**7481.28**	**8164.08**
中等收入国家	**843.07**	**1937.24**	**2271.80**	**1166.70**	**2739.23**	**3055.01**
中　国	141.69	332.64	409.87	173.18	411.26	441.30
中国香港	125.02	150.42	158.88	81.98	182.34	204.13
孟加拉国	4.71	5.30	9.18	0.50	0.76	0.91
柬埔寨	0.52	1.94	1.91	3.45	12.84	13.00
印　度	42.78	106.90	120.81	37.18	112.33	124.61
印度尼西亚	31.97	65.78	85.47	49.75	58.31	81.50
伊　朗	6.71	73.35	94.82	6.77	19.50	21.96
以色列	37.33	42.51	44.45	46.11	37.48	48.07
日　本	426.43	372.61	389.76	59.70	124.22	137.81
哈萨克斯坦	4.83	13.55	13.05	4.03	12.13	12.55
韩　国	79.45	233.59	195.12	85.27	89.47	127.83
老　挝	0.08			1.14	2.33	2.76
马来西亚	25.43	65.85	77.24	58.73	179.51	185.53
巴基斯坦	5.74	20.83	20.35	5.51	9.12	9.15
菲律宾	18.41	20.55	27.78	23.34	55.20	49.90
新加坡	45.35	124.77	141.89	51.42	91.79	105.83
斯里兰卡	3.83	7.09	7.77	3.88	7.50	8.03
泰　国	32.18	68.87	69.63	99.36	206.23	219.80
越　南					34.47	39.26
埃　及	12.06	28.86	33.90	46.57	103.27	121.04
尼日利亚	6.10	34.76	47.74	1.86	3.37	5.86
南　非	26.84	61.03	67.92	33.38	98.90	88.61
加拿大	151.25	311.99	340.07	130.35	178.33	177.71
墨西哥	63.65	98.31	101.85	91.33	139.88	146.47
美　国	913.17	1099.54	1179.69	1186.30	1454.16	1665.30
阿根廷	54.60	50.63	59.71	31.95	49.84	53.08
巴　西	45.48	104.34	132.69	19.69	52.84	61.09
委内瑞拉	16.47	22.27	25.66	4.69	8.94	9.84
捷　克	12.76	37.71	47.31	29.73	74.96	87.28
法　国	218.83	445.44	521.35	370.31	636.53	668.21
德　国	578.88	937.67	1033.86	249.43	469.03	512.25
意大利	181.69	327.54	377.28	287.06	461.44	487.93
荷　兰	136.49	194.77	222.12	112.85	199.22	205.26
波　兰	34.17	83.41	103.81	61.28	116.86	128.41
俄罗斯联邦	88.48	241.64	281.22	34.29	125.87	159.23
西班牙	77.10	243.66	268.29	326.56	650.20	702.34
土耳其	17.13	37.20	40.31	76.36	206.49	250.19
乌克兰	5.61	40.22	45.85	5.63	53.20	67.22
英　国	470.09	874.34	842.18	299.78	481.92	453.45
澳大利亚	87.80	206.11	249.03	130.16	266.33	284.70
新西兰	12.35	30.84	29.91	22.72	53.79	50.30

资料来源：世界银行WDI数据库。

附录1-20 国际旅游人数

单位：万人

国家和地区	国外游客到达人数			出国旅游人数		
	2000	2007	2008	2000	2007	2008
世　界	**68922.0**	**91202.3**	**92784.8**	**75564.1**	**100179.2**	**102706.2**
高收入国家	**45849.0**	**54744.4**	**54652.8**	**41675.7**	**52814.3**	**53144.6**
中等收入国家	**21025.9**	**33129.9**	**34586.9**	**24700.3**	**36313.3**	
低收入国家	**1103.4**	**2374.3**				
中　国	3122.9	5472.0	5304.9	1047.3	4095.4	4584.4
中国香港	881.4	1715.4	1731.9	461.1	8068.2	8191.1
中国澳门	519.7	1294.2	1060.5	14.4	21.2	22.9
孟加拉国	19.9	28.9	46.7	112.8	232.7	87.5
文　莱	98.4	17.9	22.6			
柬埔寨		187.3	200.1	4.1	99.6	78.6
印　度	264.9	508.2	536.7	441.6	978.0	1064.7
印度尼西亚	506.4	550.6	623.4		515.8	548.6
伊　朗	134.2	221.9	203.4	228.6		
以色列	241.7	206.7	257.2	353.0	414.7	420.7
日　本	475.7	834.7	835.1	1781.9	1729.5	1598.7
哈萨克斯坦	147.1	387.6	344.7	124.7	454.4	524.3
韩　国	532.2	644.8	689.1	550.8	1332.5	1199.6
老　挝	19.1	114.2	129.5			
马来西亚	1022.2	2097.3	2205.2	3053.2		
蒙　古	13.7	45.2	44.6			
缅　甸	20.8	24.8	19.3			
巴基斯坦	55.7	84.0	82.3			
菲律宾	199.2	309.2	313.9	167.0		
新加坡	606.2	795.7	777.8	444.4	602.4	682.8
斯里兰卡	40.0	49.4	43.8	52.4	86.2	96.6
泰　国	957.9	1446.4	1453.6	190.9	401.8	
越　南	214.0	424.4	425.4			
埃　及	511.6	1061.0	1229.6	296.4		
南　非	587.2	909.1	959.2	383.4	443.3	442.9
加拿大	1962.7	1793.5	1714.2	1918.2	2516.3	2703.7
墨西哥	2064.1	2137.0	2263.7	1107.9	1508.3	1445.0
美　国	5123.8	5597.9	5793.8	6132.7	6402.4	6354.9
阿根廷	290.9	456.2	466.5	495.3	416.7	461.1
巴　西	531.3	502.6	505.0	322.8	482.3	493.6
委内瑞拉	46.9	77.1	74.5	95.4	141.0	174.5
捷　克	477.3	668.0	664.9			
法　国	7719.0	8084.1	7844.9	1988.6	2513.9	2334.7
德　国	1898.3	2442.1	2488.4	7440.0	7040.0	7300.0
意大利	4118.1	4365.4	4273.4	2199.3	2773.4	2828.4
荷　兰	1000.3	1100.8	1010.4	1389.6	1755.6	1845.8
波　兰	1740.0	1497.5	1296.0	5667.7	4756.1	
俄罗斯联邦	2116.9	2290.9	2367.6	1837.1	3428.5	3653.8
西班牙	4640.3	5866.6	5731.6	410.0	1127.6	1122.9
土耳其	958.6	2224.8	2499.4	528.4	893.8	987.3
乌克兰	643.1	2312.2	2544.9	1342.2	1733.5	1549.9
英　国	2321.2	3087.0	3014.2	5683.7	6945.0	6901.1
澳大利亚	493.1	564.4	558.6	349.8	546.2	580.8
新西兰	178.0	243.4	241.1	128.3	197.8	196.5

资料来源：世界银行WDI数据库。

【主要统计指标解释】

国内生产总值 指生产活动总成果，等于所有常住单位创造的增加值的总和(包括产出价值中未包括的产品税，不包括各项产品补贴)，等于按购买者价格计算的货物和服务最终使用价值(不包括中间消费)减去进口的货物和服务价值，或等于常住生产单位初次收入分配的总和。

按当年价格计算的国内生产总值 是按报告期价格计算的国内生产总值，即名义国内生产总值。

不变价格国内生产总值 指国内生产总值的物量绝对量。不变价格国内生产总值等于按基期价格衡量的价值。理论上，价值量中的价格和数量应该是对应的，但是不变价格国内生产总值采用基期价格替代当期价格。实践中两种主要方法都在计算。

三次产业 根据《国际标准产业分类》（ISIC）第三版划分。

第一产业，即农业，指《国际标准产业分类》第三版中第1类至第5类，包括林业、狩猎业、渔业、种植业和畜牧业。

第二产业，指《国际标准产业分类》第三版中第10类至第45类，包括采掘业，制造业，电力、煤气和水的供应业以及建筑业。

第三产业，即服务业，指《国际标准产业分类》第三版中第50类至第99类。包括批发零售贸易业（包括旅馆和饭店业）、交通运输业、政府、金融、专业服务和个人服务，例如教育、卫生、房地产服务，还包括虚拟的银行服务费、进口税和加工或调整数据时的统计误差。

增加值总额 等于总产出减去中间消耗。用于衡量单个生产者、行业或部门生产活动对国内生产总值的贡献。增加值总额是国民核算账户（SNA）中初次收入形成的来源，因此被（从生产账户）结转到初次收入分配账户中进行反映。

按基本价格计算的增加值总额 等于按基本价格计算的总产出减去按购买者价格计算的中间消耗。基本价格等于生产者出售一个单位的货物和服务得到的收入，减去由此应付的税金，加上收到的补贴。基本价格作为生产或销售的价格单位，不包括生产者的运输费用。

按要素成本计算的增加值总额 等于按市场价格计算的增加值总额减间接税与产品补贴。

按生产者价格计算的增加值总额 等于按生产者价格计算的总产出减去按购买者价格计算的中间消耗。

就业人员 为一定年龄以上，在特定短期（一周或一天）内，属于下列类型的所有人：

（1）有酬从业人员，包括两类：①正在工作的人，指在参考期内做某些工作以得到现金或实物形式工资或薪金的人员；②有工作岗位但目前不工作的人，指现在有工作，却在短期内暂时不上班，但同时与工作单位有正式联系的人。这种正式联系，可以按照如下的一项或多项标准，根据各国的不同情况予以判断：1）持续领到工资或薪金；2）保证在暂时的不上班状态终止后返回该岗位，或对返回的时间有协议；3）在不工作的这段时间里，该从业者能得到补偿而无须接受其他工作。军人应被包括在有酬从业人员中。

（2）自营就业者，包括两类：①正在工作，指在短期时间内以利润或家庭收入为目的，从事某些工作得到现金或实物的人；②拥有企业而不工作的人，指自己拥有企业（如商业企业，农场，服务性企业），在一定时期内因特殊原因暂不工作的人。

工资 定期以现金或以实物形式支付给雇员的报酬，包括对雇员工作时间、完成的工作量和未工作的有酬时间（如年休假，法定假日）支付的劳动报酬。工资不包括雇主为其雇员支付的社会保险和养老金缴款、雇员因此而得到的收益、解雇和辞职时加发的工资。

收入 同雇员的总报酬相联系，即雇主付给的扣除各项费用(税收、雇员社会保险和养老保险费，人身保险费，工会费和其他支付费用)以前的总数。收入应包括直接工资和薪金、为未工作时间支付的报酬(不包括解雇费和解雇补偿费)奖金、赏金以及雇主直接为雇员支付的住户和家庭补贴。

贸易体系 是指贸易国家进行对外货物贸易统计所采用的统计制度。它有总贸易体系(又称一般贸易体系）和专门贸易体系(又称特殊贸易体系)两种类型。总贸易体系数值大于相应的专门贸易体系数值。

总贸易体系以货物通过国境作为统计进出口的标准。专门贸易体系则以货物通过关境或结关作为统计进出口的标准。

总贸易体系和专门贸易体系说明的是不同的问题。前者说明一国在国际商品流通中所处的地位和所起的作用；后者说明一国作为生产者和消费者在国际贸易中的地位。

出口 即货物离开一国的统计疆界。在总贸易体系中，一国的统计疆界与它的经济领土是一致的。在专门贸易体系中，一国的统计疆界只包括一部分经济领土，一般这部分与货物自由贸易区是一致的。自由贸易地区是一国经济疆界的一部分，在此间货物可以无进口税限制地流通。一般采用离岸价。

进口 指货物进入一国统计疆界。在总贸易体系中，进口包括直接为国内使用的进口，流入入境加工仓库的进口，注入海关仓库和自由区的进口；在专门贸易体系中，进口包括直接进入国内市场为国内使用的商品的进口，由海关仓库和自由区进入国内市场的进口，以及流向入境加工仓库的进口。一般采用到岸价。

服务贸易 服务(原为非要素服务)指无形商品的经济产出。它可以在同一时间产生、转让和消费。商品服务的出口（贷方和收入）和进口（借方和支付）来自于国际收支统计中的国际服务交易统计，其概念、定义和分类与国际货币基金组织1993年《国际收支手册》第五版一致。

外汇储备 一国当局可以使用和控制的外汇资产，它可直接用来弥补国际收支不平衡或间接用来平衡国际收支。

黄金储备（货币黄金）一国当局拥有的、作为储备资产的黄金。

信息和通讯技术支出 包括计算机硬件（计算机、存贮设备、打印机和其它外围设备）；计算机软件（操作系统、开发工具、运行环境、应用程序和内部软件开发）；计算机服务（信息技术咨询、计算机和网络系统集成、网络主机、数据处理服务和其它服务）；通讯服务（声音和数字通讯服务）及有线和无线通讯设备。

国际旅游支出 是指出境游客在他国的旅游消费，包括在国际旅行时，搭乘他国运输工具所支付的交通费（有些国家不包括这项交通费）。除非特别声明外，国际旅游支出包括境外一日游客（不过夜游客）在访问地的消费。

国际旅游收入 是指入境游客（过夜旅客）在本国的旅游消费，包括国际旅行时，入境游客搭乘本国运输工具所付给本国的交通费（有些国家不包括这项交通费）。国际旅游收入包括目的地国接受的所有商品和服务的支付。除特别声明外，国际旅游收入可以包括入境一日游游客（不过夜游客）在本国的消费。